A HISTÓRIA DO
OPUS DEI

José Luis González Gullón
John F. Coverdale

A HISTÓRIA DO OPUS DEI

Tradução
Élcio Carillo

São Paulo
2022

Título original
Historia del Opus Dei

Copyright © 2022 Fundación Studium

Capa
Gabriela Haeitmann

Dados Internacionais de Catalogação na Publicação (CIP)

Gullón, José Luiz González, - Coverdale, John F.,
    A história do Opus Dei / José Luiz González Gullón - John F. Coverdale; tradução de Élcio Carillo. – São Paulo : Quadrante Editora, 2022.

    Título original: *Historia del Opus Dei.*
    ISBN: 978-85-7465-372-3

    1. Opus Dei - História 2. Escrivá de Balaguer, Josemaria, Santo, 1902-1975
I. Título.

CDD 282.092

Índice para catálogo sistemático:
1. Santos : Igreja Católica : Histórias 282.092

Todos os direitos reservados a
QUADRANTE EDITORA
Rua Bernardo da Veiga, 47 - Tel.: 3873-2270
CEP 01252-020 - São Paulo - SP
www.quadrante.com.br / atendimento@quadrante.com.br

SUMÁRIO

Introdução	9
Precedentes	19
O chamado	21
Sacerdote e jurista	25
I. Fundação e primeiros anos (1928-1939)	31
1. A fundação da Obra	35
O fato fundacional originário	36
Desenvolvimento inicial	37
Novas luzes e primeiros seguidores	42
2. A academia e residência DYA	49
O início da obra de São Rafael	51
A residência DYA	57
3. A Guerra Civil espanhola	65
A Espanha republicana	65
A zona sublevada	70
II. Aprovações e expansão inicial (1939-1950)	75
4. A difusão entre os homens	81
De Madri às capitais universitárias de província	82
Opus Dei, pia união	88
No âmbito universitário e científico	92
Conflitos intraeclesiais	97
5. O desenvolvimento com as mulheres	103
Na «terceira tentativa»	103
A administração	107

A HISTÓRIA DO OPUS DEI

6. A Sociedade Sacerdotal e a propagação europeia 113
   Sacerdotes do Opus Dei 114
   Consolidação nas capitais de província espanholas.......................... 119
   O estabelecimento do fundador em Roma... 127
   A Europa ocidental... 131

7. As aprovações pontifícias 137
   Um instituto «inteiramente» secular 138
   Governo e organização 142
   Multiplicidade de sócios.. 146
   Novidades e dificuldades 150

III. Nos cinco continentes (1950-1962).................................... 157

8. Organização do Opus Dei... 159
   A Obra como família... 159
   A administração dos centros 163
   A «batalha da formação».. 167
   Estabelecimento do governo central em Roma 172

9. Irradiação mundial 183
   O Ocidente europeu 190
   Os países americanos.. 194
   Nairóbi, Ashiya e Sydney.. 199

10. Atuação individual na sociedade... 203
   Apostolado de «amizade e confidência».. 206
   Liberdade e responsabilidade na vida pública................................... 208

11. Atividades apostólicas institucionais 215
   As obras corporativas.. 216
   As obras comuns de apostolado 224
   As sociedades auxiliares 230
   Escritório do apostolado da opinião pública...................................... 234

IV. Consolidação (1962-1975).. 237

12. Governo de uma entidade global... 241
   Uma fundação aberta 242
   Os conselhos centrais e regionais 248

13. Labor formativo 261
   Atividades da obra de São Rafael 262
   A formação acadêmica dos numerários.. 265

O cuidado profissional e familiar da pessoa 269
Adscritos e supernumerários.. 276
Com o clero diocesano 283

14. Atividades coletivas... 291
Estudos superiores.. 292
Colégios dos ensinos fundamental e médio.......................... 295
Centros de formação técnica e profissional 298
Desenvolvimento e fim das obras comuns 304
Suporte econômico das atividades 309

15. Evolução teológico-jurídica 315
Uma situação anômala 316
A mensagem do Opus Dei no Concílio Vaticano II 321
O congresso geral especial 323

16. Uma herança em tempos pós-conciliares 333
Medidas doutrinais e litúrgicas... 336
Atuação pessoal na vida civil... 344
Últimos projetos, escritos e viagens.................................. 359

V. A sucessão do fundador (1975-1994)................................ 367

17. Uma nova mão no arado 371
O «Padre» no Opus Dei 372
Governo.. 376
Escritos e viagens pastorais 379
Relacionamento com João Paulo II..................................... 384

18. O itinerário jurídico 391
O processo de constituição da prelazia pessoal.................. 391
Primeiros passos da nova figura 405

19. Crescimento... 411
Evolução numérica.. 411
Novos países 414

20. Semear doutrina.. 419
Cooperadores e gente jovem.. 419
Formação das pessoas da Obra 422
O clero diocesano.. 427

21. Atividades apostólicas... 431
Educação... 434
Atividades sociais.. 439

A HISTÓRIA DO OPUS DEI

22. Na opinião pública 445
  Espanha. O caso Rumasa 447
  Grã-Bretanha. Intervenção do cardeal Hume 449
  Alemanha. O Opus Dei recorre aos tribunais 450
  Itália. Uma investigação parlamentar 452

23. A beatificação do fundador 455
  A causa de canonização 455
  Controvérsias 461

VI. A terceira geração (1994-2016) 467

24. Governo central e regional 471
  Um prelado preparado pelo fundador 471
  Conselhos centrais 476
  Evolução das circunscrições e novos países 487
  Implantação da prelazia pessoal 492
  Causas de canonização e estudos sobre o Opus Dei 495

25. Atividade formativa 503
  Formação da juventude 503
  Na obra de São Gabriel 508
  Numerários, numerárias auxiliares e adscritos 511
  Entre o clero secular 516

26. Iniciativas de apostolado coletivo 519
  Ensino superior 521
  Ensino fundamental e médio 528
  Centros de formação profissional e técnica 531
  Apostolado da opinião pública 536

27. «Um mar sem margens»: ação individual na sociedade 545
  Gente comum 548
  No âmbito do ensino 555
  Voluntariado e desenvolvimento social 558
  Família, vida e bioética 564
  Cultura, moda, arte e comunicação 568

A caminho do centenário 575

Notas 579

INTRODUÇÃO

O OPUS DEI É UMA MANIFESTAÇÃO do viver cristão, uma forma de encarnar e de irradiar o Evangelho*. Vem recordar às pessoas de todas as condições, credos e culturas que Deus as chama para serem seus filhos – santos e apóstolos – no meio do mundo, no contexto das atividades profissionais, familiares e de interação social. Esta missão tem um componente carismático que nos leva à sua origem. Seu fundador, Josemaria Escrivá de Balaguer, sentiu-se interpelado por Deus a transmitir uma mensagem espiritual e universal que se interligava com os primeiros cristãos e que expressava a vitalidade da Igreja**.

Nosso livro narra o nascimento e o desenvolvimento inicial do Opus Dei sob a direção do fundador e de seus dois primeiros sucessores, Álvaro del Portillo e Javier Echevarría. Durante esse período, que

---

(*) Escrivá de Balaguer usou a expressão «Opus Dei» a partir dos anos 1940, quando teve de traduzir para o latim os seus primeiros estatutos. Até então, referia-se à «Obra de Deus» ou, simplesmente, «*la Obra*», em espanhol. Utilizamos indistintamente uma denominação ou outra.

(**) O fundador do Opus Dei foi batizado como José María Julián Mariano. Em seus manuscritos, já desde os anos 1930, e em seus papéis timbrados, a partir de dezembro de 1963, uniu seus dois primeiros nomes num só: «Josemaria», por devoção à Sagrada Família; como os juntou tão cedo, em nosso livro usaremos «Josemaria». Em relação ao primeiro sobrenome, em outubro de 1940, a família modificou no registro civil «Escrivá» por «Escrivá de Balaguer» (Balaguer é a região de Lérida de onde procedia a ascendência dos Escrivá), a fim de se diferenciar de outros ramos familiares, pois haviam sido confundidos em algumas ocasiões. Desde então, são Josemaria usou poucas vezes o segundo sobrenome, Albás, em suas publicações. Para evitar anacronismos, utilizamos «Escrivá» na parte I deste livro e «Escrivá de Balaguer» no restante. Por sua vez, Álvaro Portillo y Diez de Sollano acrescentou a contração «del» ao seu primeiro sobrenome a partir de 1939. Cf. Nota geral, 104/63, no AGP, série E.1.3, 243-3; José Luis GONZÁLEZ GULLÓN, *DYA. La Academia y Residencia en la historia del Opus Dei (1933-1939)*, Rialp, Madri, 2016, 4.ª ed., p. 11.

A HISTÓRIA DO OPUS DEI

vai de 1928 a 2016 – ao qual acrescentamos um breve epílogo para os últimos cinco anos –, a Obra estabeleceu-se em países dos cinco continentes, com diversas idiossincrasias culturais, sociais e políticas; fixou sua posição jurídica na Igreja por meio da figura da prelazia pessoal; celebrou a canonização de Josemaria Escrivá de Balaguer, bem como as beatificações de Álvaro del Portillo, seu sucessor, e de uma fiel leiga, Guadalupe Ortiz de Landázuri; e impulsionou atividades corporativas de impacto educacional, sanitário e de desenvolvimento social.

O objeto histórico desta monografia é a análise da expansão da mensagem do Opus Dei na Igreja e na sociedade por meio da instituição e das pessoas que a ela pertencem ou que participam de seus apostolados. Utilizamos uma metodologia histórica que leva em conta aspectos complexos: a passagem de uma realidade que nasce na Espanha dos anos 1920, reunindo um pequeno grupo de membros, à presença em todos os continentes, com 93 mil integrantes e 175 mil cooperadores; sua origem de carisma, tanto com alguns elementos essenciais que configuram a sua mensagem e a sua espiritualidade quanto com certos elementos acessórios, alguns constitutivos e outros acidentais; a necessidade de lançar mão de explicações e raciocínios de caráter teológico e jurídico; as continuidades e descontinuidades em relação às formas de espiritualidade tradicionais e modernas; a peculiar evolução na etapa fundacional e a que ocorre posteriormente; e as controvérsias criadas no imaginário coletivo sobre o Opus Dei e seu fundador. Como ambos os autores pertencemos ao Opus Dei, o nosso estudo reflete também a autocompreensão das pessoas da Obra sobre sua identidade e vida ascética, bem como sua explicação da doutrina. Deste ponto de vista, estamos convictos de que – e sabemos que fazemos uma afirmação que ultrapassa a ciência histórica – a origem de carisma do Opus Dei manifesta a presença divina na vida dos homens.

A pesquisa sobre o Opus Dei exige uma metodologia precisa, própria da história religiosa, uma vez que contém aspectos intangíveis relacionados com o mistério da Igreja. Suas propostas fazem referência a Deus, à relação do homem com a divindade e a uma visão do mundo como âmbito de contato entre o temporal e o sagrado. E os que compartilham os ensinamentos da Obra são homens e mulheres que sustentam seu pensamento, suas formas de oração e seu

INTRODUÇÃO

relacionamento com os outros numa mensagem que une o humano e o religioso.

Das características específicas do espírito do Opus Dei, glosamos algumas que aparecerão ao longo do livro: o fato de que os fiéis da Obra são cristãos normais, a relação entre a atividade pessoal e a corporativa, a unidade e variedade de seus membros, o sacerdócio e o laicato, os homens e as mulheres.

Quando uma pessoa recebe o batismo, incorpora-se à Igreja e se torna participante da missão de seguir a Jesus Cristo para propagar o Reino de Deus. O simples fato de ter recebido o batismo gera uma posição na Igreja: a de fiel cristão ou, coloquialmente, a de *cristão comum*. Entre estes cristãos estão as pessoas do Opus Dei, que procuram levar a sério o chamado à santidade e ao apostolado, pois tentam imitar as virtudes de Jesus, assistem à Missa diariamente, dedicam tempo à oração e falam da bondade, da beleza e do amor de Deus aos seus parentes, amigos e colegas. Estes modos de viver não são especiais ou extraordinários, mas uma concretização, entre outras possíveis, do convite de Jesus a segui-Lo.

No direito da Igreja, alguns homens e mulheres assumem posição pública por meio da profissão dos conselhos evangélicos da pobreza, da obediência e da castidade, dando testemunho social de oração e apostolado. Essas pessoas denominam-se habitualmente *consagrados**. Por sua vez, os fiéis comuns, os que não dão testemunho oficial, também buscam a santidade e a difusão do Reino de Deus. Em sentido técnico, próprio da teologia e do direito ca-

---

(*) Com certa frequência, distinguiremos na monografia os cristãos *seculares* dos *consagrados*, denominados *religiosos* antes de 1983 (neste sentido, não nos referimos à acepção genérica de *religioso* como pessoa que crê em Deus). De modo breve, recordamos que, quando o Opus Dei foi fundado, religioso designava a pessoa que pertencia a uma ordem ou congregação religiosa: «O estado religioso ou forma estável de vida em comum» era o próprio de quem, «além dos preceitos comuns, professam os conselhos evangélicos através dos votos de obediência, castidade e pobreza» (*Codex Iuris Canonici*, 1917, cânon 487; a tradução dos textos de outros idiomas é nossa). Hoje existem *institutos de vida consagrada* – entre eles encontram-se os institutos seculares – nos quais os membros professam os conselhos evangélicos, e *sociedades de vida apostólica*, que têm vida fraterna em comum e se atêm a certas constituições, mas não proferem votos (cf. *Código de Direito Canônico*, 1983, cânones 573-746).

A HISTÓRIA DO OPUS DEI

nônico, esses fiéis e os presbíteros diocesanos são *seculares**. É o que acontece com os leigos e sacerdotes do Opus Dei: encontram o seu caminho para a santidade nas vicissitudes do seu trabalho ou ofício e no convívio com os outros.

O Opus Dei apresenta um componente institucional que ocupa boa parte da nossa pesquisa. Faremos referência aos dados demográficos e às estatísticas, às formas de governo central, regional e local, à explicação coletiva da mensagem da Obra, às atividades corporativas, à unidade orgânica de seus membros dentro de uma estrutura hierárquica eclesial de caráter específico, bem como à contextura formativa e evangelizadora que inspira a mentalidade e a atuação de dezenas de milhares de homens e mulheres**.

Ao mesmo tempo, a irradiação mais importante da chamada à santidade no meio do mundo é empreendida por cada membro e cada cooperador da Obra de modo capilar, em seu próprio ambiente profissional e familiar. Em consequência disso, a vida – e, portanto, a história – da maioria das pessoas do Opus Dei não é institucional nem se desenvolve em *espaços institucionais*. Não é fácil medir esta atuação. Não obstante, é preciso analisá-la para conhecer o impacto real do Opus Dei na Igreja e na sociedade civil. O capítulo 27 oferece uma proposta metodológica para este aspecto essencial.

(*) Diferentemente do significado que lhe é dado na Igreja, na linguagem moderna o termo *secular* costuma referir-se a realidades e formas de vida que não estão relacionadas com valores espirituais e religiosos. Parece-nos que os ensinamentos de Josemaria Escrivá apresentam um modo de vida secular que une, no pensamento e na ação, o âmbito sagrado e o profano. Cf. Ana Marta González, «Mundo y condición humana en san Josemaría Escrivá. Claves cristianas para una filosofía de las ciencias sociales», *Romana*, 65 (VII-XII-2017), pp. 368-390.

(**) Os dados demográficos e estatísticos que se conservam no Arquivo Geral da Prelazia do Opus Dei são bastante parciais até os anos 1980. Isto se deve ao fato de que os registros dos fiéis da Obra e dos cooperadores não estavam centralizados, mas se encontravam nos organismos de governo regional dos diversos países. A cada cinco anos, as regiões enviavam uma contagem aos conselhos centrais, particularmente quando era celebrado um Congresso Geral do Opus Dei. A partir de 1987, os diretores da Obra passaram a fornecer à Santa Sé o número total de membros para que fosse publicado no *Annuario pontificio*. Nessa altura, a melhora dos sistemas eletrônicos de dados ajudou a elaborar estatísticas centralizadas e mais exatas. Os números demográficos que apresentamos neste livro provêm, fundamentalmente, das atas dos congressos gerais do Opus Dei e do arquivo da secretaria geral da Obra.

INTRODUÇÃO

O Opus Dei está organizado em duas seções: uma de homens e outra de mulheres. As duas estão unidas na cabeça, isto é, no prelado do Opus Dei e seus vigários nas diversas circunscrições. Por outro lado, separam-se quando se trata do regime de governo, das atividades coletivas – por exemplo, da formação espiritual das pessoas, inclusive as casadas – e da gestão econômica. Esta configuração torna necessário o estudo simultâneo da ação das pessoas de uma e de outra seção em cada tempo e lugar, dando a cada qual o espaço necessário, de acordo com suas características comuns e peculiares. Também levaremos em conta elementos singulares, como o sacerdócio entre os homens, algumas formas de cuidado pessoal no lar entre as mulheres, o fato de a maioria de seus membros ser casada e a positiva evolução na liderança, igualdade e complementaridade da mulher na sociedade.

Com relação à presença do sacerdócio e do laicato no Opus Dei, analisaremos como surgiu e se desenvolveu a cooperação orgânica entre os dois, reflexo da estrutura ordinária da Igreja, enraizada no binômio constitucional entre o sacerdócio ministerial e o sacerdócio comum; e, junto com a natureza institucional e hierárquica, aparecerá a índole familiar e comunitária da Obra. Também observaremos que, do ponto de vista demográfico, organizacional e do alcance da mensagem, a história do Opus Dei é, majoritariamente, um fenômeno laical.

Este livro teve sua origem durante um curso sobre a vida do fundador do Opus Dei ministrado por José Luis González Gullón na Pontifícia Universidade da Santa Cruz (Roma), no ano acadêmico de 2016-2017. Enquanto preparava as aulas, surgiu a ideia de transformar os apontamentos num livro que condensasse a história da instituição fundada por Escrivá. Nesse momento, John Coverdale uniu-se ao projeto. Em seguida, iniciou-se um longo processo de busca de fontes e de encontros nas duas cidades onde residimos – Nova York e Roma –, além de algumas viagens a regiões em que o Opus Dei se expandiu mais, como Argentina, Espanha, Filipinas e México. González Gullón redigiu a história do Opus Dei durante os anos de Josemaria Escrivá e de Javier Echevarría, ao passo que Coverdale compôs o período de Álvaro del Portillo. Ambos os autores assinamos todo o livro, pois cada um de nós revisou com profundidade o texto do outro e o traduziu para seu idioma materno. No entanto, o leitor encontrará di-

A HISTÓRIA DO OPUS DEI

ferenças no modo de apresentar a história, pois procedemos de escolas distintas. Pensamos que essa variedade enriquece a pesquisa.

A historiografia sobre o Opus Dei interessou-se sobretudo por temas relacionados com a história social, cultural e política, como o papel que desempenharam os membros da Obra na vida pública espanhola. Além disso, entre a morte de Josemaria Escrivá de Balaguer (1975) e sua canonização (2002), alguns membros do Opus Dei publicaram perfis, recordações e biografias do fundador, em sua maioria com matizes hagiográficos. E, desde a criação do Istituto Storico San Josemaria Escrivá (2001), apareceram livros e artigos científicos e foram editadas fontes e biografias de pessoas do Opus Dei. Grande parte dessas pesquisas cinge-se a espaços concretos e utiliza cronologias que não ultrapassam as primeiras três décadas da Obra.

Os aspectos espirituais da mensagem do Opus Dei – como é o caso da consciência da filiação divina, da santificação do trabalho, da unidade de vida do cristão, do matrimônio como vocação humana e divina e do espírito de serviço – foram se desenvolvendo ao longo da história da Obra, tanto em sua compreensão como em sua explicação e implantação. Pois bem: situar a continuidade e a novidade do carisma do Opus Dei no contexto teológico, espiritual e canônico dos últimos cem anos, ou o seu papel dentro das diversas realidades que compõem a Igreja, são tarefas que vão além do objeto do nosso livro. Em boa medida, ficam nas mãos dos especialistas nessas matérias*.

Talvez a principal dificuldade para contar com mais contribuições historiográficas sobre a Obra resida em que o Arquivo Geral da Prelazia do Opus Dei (AGP) ainda não se encontra aberto à comunidade acadêmica. Neste sentido, agradecemos ao monsenhor Fer-

---

(*) Do ponto de vista teológico e canônico, dois livros fundamentais são, respectivamente, Pedro Rodríguez, Fernando Ocáriz e José Luis Illanes, *O Opus Dei na Igreja,* Rei dos Livros, Lisboa 1993, reimpressão; e Amadeo de Fuenmayor, Valentín Gómez-Iglesias e José Luis Illanes, *El itinerario jurídico del Opus Dei. Historia y defensa de un carisma,* EUNSA, Pamplona 1990, 4ª ed. Sobre o Opus Dei dentro do contexto espiritual do século XX, mencionamos os três volumes de Ernst Burkhart e Javier López, *Vida cotidiana y santidad en la enseñanza de san Josemaria. Estudio de teología espiritual,* Rialp, Madri 2010-2013; e Antonio Aranda, *El hecho teológico y pastoral del Opus Dei. una indagación en las fuentes fundacionales,* EUNSA, Pamplona 2020.

INTRODUÇÃO

nando Ocáriz, prelado do Opus Dei, que acolheu a nossa proposta de pesquisa e nos deu acesso à documentação. Ao mesmo tempo, manifestamos nosso desejo de que se conclua o processo de catalogação do acervo documental, de modo a que todos os pesquisadores interessados possam ter acesso a ele*.

O AGP é o arquivo mais importante para quem deseja conhecer o Opus Dei. Guarda uma enorme riqueza documental. Em nosso caso, utilizamos as fontes primárias que, segundo o nosso parecer, são essenciais para abordar uma história geral; por exemplo, lemos as atas dos congressos gerais, as visitas dos diretores da Obra aos organismos regionais, as notas de governo, os documentos sobre as principais atividades corporativas e muitos testemunhos pessoais. A qualidade e o volume desse material, bem como a necessidade de não alongar demais a extensão do nosso livro, fizeram-nos desistir de consultar outros arquivos, salvo o Arquivo Apostólico Vaticano (AAV), que tem acervos documentais disponíveis até o ano de 1958. Para os acontecimentos das últimas cinco décadas, entrevistamos duzentos homens e mulheres de vários países.

Em que pese a extensão desta obra, sugerimos que se faça uma leitura unitária, pois assim se compreenderá a continuidade e progressão dos diversos aspectos que configuram o Opus Dei, tais como a formação, as atividades corporativas e a incorporação pessoal da mensagem de santidade.

Nossa monografia vem estruturada em seis grandes capítulos cronológicos: quatro dedicados à etapa fundacional e dois aos anos em que del Portillo e Echevarría governaram o Opus Dei, além de um breve epílogo para os últimos cinco anos. Nessa apertada síntese, podemos dizer que o Opus Dei teve seu desenvolvimento inicial até o momento em que, aos oito anos, viu-se envolto nos dois grandes dramas coletivos que foram a Guerra Civil espanhola e, a seguir, a Segunda Guerra Mundial. Nos anos 1940, estendeu-se pela Espanha até

(*) Boa parte das fontes do AGP entre os anos 1928 e 1975 estão catalogadas. Nestes casos, a designação dos documentos começa com a série, seguida por três números, que são, respectivamente, o arquivo, a pasta e o expediente. A partir desse ano, a documentação está em um arquivo intermediário que, no melhor dos casos, só possui séries e arquivos. Citaremos o material de acordo com as designações que nos foram fornecidas pela equipe do AGP.

A HISTÓRIA DO OPUS DEI

ser possível ultrapassar suas fronteiras, primeiro pela Europa e depois pela América do Norte. Graças à aprovação pontifícia do Opus Dei, em 1950 a Obra propagou-se para quase todos os países da América e uns poucos da África e Ásia, e também iniciou importantes ações corporativas no campo da educação. Os anos 1960 foram testemunhas da multiplicação das atividades e da mais ampla exposição do espírito por parte do fundador, em tempos conciliares e de crise pós-conciliar. Após a morte de Escrivá de Balaguer, del Portillo assumiu a responsabilidade de levar adiante o espírito fundacional e enfrentar novos desafios, como a conclusão do itinerário jurídico, com a figura da prelazia pessoal; a beatificação do fundador; e a inserção da Obra em países com minorias cristãs. Com Javier Echevarría chegou um tempo de transformação social marcado pela era tecnológica, que levou os membros do Opus Dei a buscarem mais caminhos para irradiar sua espiritualidade na Igreja e no mundo.

A evolução institucional pode parecer um tanto repetitiva, pois existe uma continuidade marcante: a mensagem do Opus Dei é a mesma e os modos de atuação permanecem substancialmente iguais aos dos anos 1940 do século passado, em suas estruturas básicas de governo e de formação e no relacionamento com as autoridades eclesiásticas e outras instituições. Para dar coesão ao livro e facilitar a tarefa dos leitores que desejam encontrar temas específicos, procuramos explicar os conceitos uma vez e acrescentamos notas que remetam aos lugares em que os mesmos argumentos são tratados. Por tratar-se de uma história geral, não oferecemos ao final um elenco bibliográfico, o qual seria forçosamente incompleto*. As notas podem ser encontradas no final da monografia, com exceção das que correspondem a esta introdução e das explicativas, que vêm ao pé de página.

Agradecemos a José Antonio Araña, Eduardo Baura, Rafael Domingo Oslé, Joseluís González, Andrew Hegarty, Marlies Kücking, Javier Marrodán, Juan Manuel Mora, Santiago de Pablo Contreras, Pablo Pérez López, Joseba Louzao, José Manuel Martín Quemada,

---

(*) Com algumas exceções, optamos por citar somente a bibliografia que faz referência direta à história do Opus Dei. O *site* «Biblioteca Virtual Josemaria Escrivá de Balaguer y Opus Dei» oferece uma informação bibliográfica exaustiva e atualizada sobre o fundador da Obra, os seus sucessores, os membros do Opus Dei e as atividades institucionais: <https://www.unav.edu/web/centro-de-estudios-josemaria-escriva/biblioteca-virtual/index>.

INTRODUÇÃO

Stefan Moszoro, María Eugenia Ossandón, Antón M. Pazos, Ana Sánchez de la Nieta e Fernando Valenciano, que revisaram o manuscrito; às pessoas que leram alguns capítulos e seções; e às duas centenas de historiadores, fiéis do Opus Dei e cooperadores que entrevistamos. Os comentários e sugestões de uns e outros contribuíram decisivamente para melhorar a narrativa do livro. Somos especialmente gratos a Jesús Longares, a Feliciano Montero e a Stanley Payne, que nos ajudaram a fazer boas perguntas ao passado para encontrar respostas que engrandecem o futuro.

PRECEDENTES

A CHEGADA DE JOSEMARIA ESCRIVÁ ao mundo, em 1902, deu-se em plena *belle époque*, período histórico da Europa ocidental e da América do Norte que começou por volta de 1880, uma vez concluí-da a guerra franco-prussiana, e que durou até a eclosão da Primeira Guerra Mundial, em 1914. Essas quatro décadas caracterizaram-se pela prosperidade nos países desenvolvidos, com uma economia sustentada pela indústria, um constante aumento da demografia urbana, progressos científicos e tecnológicos em diversos setores – por exemplo, na medicina, na radiotelefonia, na aeronáutica, na cinematografia – e o desenvolvimento de novas expressões artísticas, como o impressionismo, a *art nouveau* e o cubismo.

O idealismo e o positivismo imperavam no mundo acadêmico, otimista com a ideia do progresso e com os avanços científicos e tecnológicos. A confiança na capacidade do homem impregnava também a vida das nações. As grandes potências incrementavam a expansão colonial com o desejo de levar o seu domínio a todo o orbe, beneficiando-se das matérias-primas desses países.

No Ocidente, a passagem das sociedades rurais para as industriais trouxe consigo uma brusca mudança social. Os paradoxos dos diversos sistemas liberais transformaram-se em desigualdades e confrontos, e, em parte como reação a isso, o pensamento e a ação do socialismo, do comunismo e do anarquismo cresceram exponencialmente.

Nessa época, a Espanha buscava de algum modo sua própria identidade. A perda da posse das Filipinas, de Cuba e Porto Rico no chamado *desastre de 1898* havia demonstrado que o país já não era uma potência no concerto das nações. Além disso, a monarquia constitu-

A HISTÓRIA DO OPUS DEI

cional instaurada em 1874 – a Restauração – dava sinais de cansaço e de desorientação política. A alternância de governo entre os liberais e os conservadores, baseada no caciquismo, tinha seus dias contados em razão do crescimento dos partidos de massas. Por isso não foram para frente os projetos regeneracionistas* do conservador Antonio Maura, nem as tentativas de melhora do liberal José Canalejas, assassinado por um anarquista em 1912. À necessidade de renovação política e social uniram-se outras dificuldades, como os milhares de soldados que morreram na guerra contra as tribos do Rife de Marrocos (1911--1927) e os conflitos sociais internos, alimentados pelo intenso êxodo rural para as grandes cidades e as ideologias revolucionárias.

Os 19 milhões de espanhóis viviam um lento despertar para o mundo contemporâneo. Deles, 70% viviam em zonas rurais e 63% eram analfabetos; além disso, a taxa de mortalidade infantil ultrapassava 1,5%. Por outro lado, cresciam as zonas urbanas, aumentava a classe média e a expectativa de vida dos adultos, que estava em torno dos cinquenta anos.

A Espanha era um país confessional. No início do século XX, a maior parte da população fora batizada e recebia a doutrina católica nos templos e escolas. Trinta e três mil sacerdotes diocesanos, 12 mil frades e 42 mil freiras constituíam uma forte presença institucional da Igreja no território nacional, desde as grandes cidades até os povoados mais remotos. Estavam nas mãos de instituições religiosas 25% da educação primária e 80% da secundária.

A Igreja também tinha um projeto regeneracionista para a Espanha, de acordo com a tradição católica. O cristianismo estava arraigado na vida social, numa religiosidade às vezes afetada pelo clericalismo e pela falta de reflexão pessoal. Em razão dos ensinamentos da Igreja e da herança cultural recebida, a mentalidade tradicionalista, favorável ao Estado confessional, era majoritária entre os católicos. Por isso foram aplaudidas as condenações do Papa Pio X (1903--1914) ao modernismo, postura intelectual que entendia a fé como um pensamento imanente.

(*) O regeneracionismo é o movimento ideológico iniciado na Espanha em fins do século XIX que, motivado principalmente pelo sentimento de decadência, propugna uma regeneração completa da vida espanhola. [N. T.]

PRECEDENTES

O chamado

Josemaria Escrivá Albás nasceu em Barbastro, Huesca, em 9 de janeiro de 1902. Seu pai chamava-se José Escrivá Corzán e havia nascido em Fonz, Huesca, em 1867; a linhagem procedia de Balaguer (Lérida). Sua mãe chamava-se Dolores Albás Blanc e era de Barbastro, com antepassados em Aínsa (Huesca). O casal havia contraído matrimônio quatro anos antes, em 1898, e residia na Calle Mayor de Barbastro, numa casa alugada à esquina da Plaza del Mercado. Em 1899, nascera sua primogênita: Carmen[1].

Barbastro contava com 7 mil habitantes. Apesar desse escasso número, era sede episcopal havia oito séculos. A economia da cidade girava em torno de diversas atividades agrícolas, como o plantio de cereal e a produção de vinho e azeite. Os comerciantes e pequenos empresários conviviam com os empregados e diaristas. Havia tendências políticas de gêneros diversos, desde as carlistas – tradicionalistas e partidários do Antigo Regime – até as republicanas e socialistas. Nos círculos recreativos e culturais dominava o pensamento liberal, sem que houvesse graves conflitos políticos ou sociais.

Em fins do século XIX, José Escrivá e outros dois sócios criaram uma empresa dedicada ao comércio de tecidos e à venda de chocolate. Em 1902, um sócio se retirou com o compromisso de não abrir um negócio do mesmo tipo em Barbastro. José Escrivá estabeleceu uma nova sociedade chamada Juncosa y Escrivá. De início, esta atividade empresarial deu bons resultados, e a família Escrivá gozou de posição relativamente acomodada. De acordo com os costumes da época, quatro pessoas cuidavam do serviço da casa. José Escrivá vivia a solidariedade cristã com as esmolas que dava a pessoas necessitadas, a colaboração econômica com o Centro Católico da cidade e a organização de conferências religiosas para seus empregados.

Aos quatro dias de seu nascimento, Josemaria foi batizado na catedral de Barbastro, que era a sua paróquia. Pouco depois – em 23 de abril –, recebeu a Confirmação. Quando tinha dois anos, padeceu de uma meningite aguda. Desenganado pelos médicos, sua mãe rezou uma novena a Nossa Senhora do Sagrado Coração prometendo que, se o menino ficasse curado, iria em peregrinação à ermida dedicada

A HISTÓRIA DO OPUS DEI

a Nossa Senhora de Torreciudad, a vinte quilômetros de Barbastro. O pequeno ficou curado, e sua mãe o levou nos braços até aquela capela, em agradecimento.

Nos anos seguintes, chegaram ao lar três meninas: María Asunción, a Chon, em 1905; María de los Dolores, a Lolita, em 1907; e María del Rosario, em 1909. Infelizmente, a mortalidade infantil levou uma após outra. Rosario faleceu com nove meses de idade, em 1910; Lolita, com cinco anos, em 1912; e Chon, com oito, em 1913.

Apesar destas cruéis contrariedades, a maior parte da infância de Josemaria foi normal e alegre, de progressiva abertura à sociedade e ao mundo. A família Escrivá estava unida. Com seus pais aprendeu a viver a liberdade com responsabilidade, bem como outras virtudes, qual a laboriosidade e a ordem. Também lhe ensinaram a rezar com uma piedade simples[2].

Entre 1905 e 1908, Josemaria frequentou um jardim de infância dirigido pelas Filhas da Caridade de São Vicente de Paulo; e de 1908 a 1915 foi aluno de um colégio dos padres escolápios. Em 1912, ano em que começava a sua educação secundária, recebeu a primeira Comunhão na escola, beneficiando-se da disposição de Pio X para que as crianças comungassem ao chegar ao uso da razão. Quando recebeu a Eucaristia, Josemaria pediu a graça de não cometer nunca um pecado grave.

Devido à conjuntura econômica do momento e ao fato de que o antigo sócio não havia cumprido o compromisso de não lhe fazer concorrência, a sociedade Juncosa y Escrivá entrou em crise. Juan Juncosa e José Escrivá processaram o antigo sócio, e o tribunal de primeira instância de Barbastro decidiu a favor da empresa, em 1910. Em consequência de uma apelação, o juízo cível do Tribunal Territorial de Saragoça também proferiu sentença favorável à Juncosa y Escrivá, embora reduzisse a indenização à qual tinha direito. A antiga sociedade – que estava em fase de liquidação por haver terminado o seu período social – apresentou um recurso de apelação. Em maio de 1913, o Tribunal Supremo rejeitou o recurso e a obrigou a pagar as custas do pleito. Juncosa y Escrivá faliu e, em consequência, cedeu o ativo social a uma comissão de credores. Em 1915, outra sentença do Tribunal Supremo decidiu a favor de um pleito apresentado por alguns credores. A empresa foi, então, definitivamente encerrada[3].

PRECEDENTES

Como o patrimônio social da empresa não era suficiente para ressarcir as dívidas, José Escrivá pagou os credores com seu capital familiar. Não estava legalmente obrigado a isso, mas julgou em consciência que devia fazê-lo. Esta resolução foi apoiada por sua mulher; outros parentes, contudo, não a entenderam, pois, com esta medida, a família Escrivá Albás ficava arruinada. Teve de prescindir das pessoas que trabalhavam no serviço da casa e começou a passar apertos econômicos. Em Josemaria desencadeou-se uma crise interior, uma vez que essas dificuldades econômicas se uniam à dor pela morte precoce de suas irmãs e à sua entrada na adolescência. A serena resignação cristã de seus pais o ajudou a manter a confiança em Deus e a esperança no futuro.

Em março de 1915, José Escrivá conseguiu um trabalho como empregado na La Gran Ciudad de Londres, uma loja de tecidos de Logroño. Depois do verão desse mesmo ano, trasladou a família para a capital de La Rioja, cidade que contava 24 mil habitantes. Os Escrivá enfrentaram os incômodos próprios da mudança e da inicial ausência de amizades. Carmen matriculou-se na escola de Magistério, curso que concluiria em 1921; e Josemaria continuou os estudos secundários no Instituto Geral e Técnico de Logroño. Durante as manhãs, ia ao instituto; à tarde, ao colégio de Santo Antônio de Pádua, onde estudava e recebia aulas complementares, como era habitual na época.

Em fins de 1917 ou início de 1918, depois de um dia de intensa nevasca na cidade, deu-se um fato que transformou para sempre a vida de Josemaria. «De repente, ao ver uns religiosos carmelitas, descalços sobre a neve»[4], perguntou-se: «Se outros fazem tantos sacrifícios por Deus e pelo próximo, não serei eu capaz de Lhe oferecer algo?»[5]. Veio-lhe, então, o pensamento de ser sacerdote, algo que até o momento considerava inadequado para si.

Procurou a direção espiritual de um carmelita, o padre José Miguel da Virgem do Carmo, e decidiu incrementar as práticas cristãs que – em suas próprias palavras – o levaram «à comunhão diária, à purificação, à confissão... e à penitência»[6]. Dois ou três meses mais tarde, o religioso lhe propôs que ingressasse na ordem carmelita. Josemaria Escrivá meditou com calma e chegou à conclusão de que seu caminho estava no sacerdócio secular.

A HISTÓRIA DO OPUS DEI

Devido à origem de sua vocação, rejeitou a ideia de ser presbítero apenas para ter um cargo fixo na estrutura diocesana: «Aquilo não era o que Deus me pedia e eu reparava nisso: não queria ser sacerdote para ser sacerdote, o *cura*, como dizem na Espanha. E tinha veneração pelos sacerdotes, mas não queria para mim um sacerdócio assim»[7]. Em seu íntimo, sentia um chamado diferente, ao mesmo tempo certo e indeterminado. Mais tarde, qualificou essas moções interiores de *vislumbres**, ou seja, pressentimentos de que Deus lhe convocava para uma missão que estava unida ao sacerdócio. Em suas palavras, «eu não sabia o que Deus queria de mim, mas era, evidentemente, uma escolha»[8]. Neste sentido, ser sacerdote se lhe apresentava como um elemento necessário e, ao mesmo tempo, insuficiente para esclarecer os vislumbres: «Por que me fiz sacerdote? Porque acreditei que era mais fácil cumprir uma vontade de Deus, que eu não conhecia»[9].

Intensificou então a oração de petição – «as luzes não vinham, mas evidentemente o caminho era rezar» –, pois «estava persuadido de que Deus *me queria para alguma coisa*»[10]. Com frequência, recitava duas breves frases em latim, com as quais rogava conhecer os desígnios de Deus: *Domine, ut videam!* [Senhor, que eu veja!]; *Domine, ut sit!* [Senhor, que seja!].

Quando comunicou ao seu pai que queria ingressar no seminário, José Escrivá quis certificar-se: «Você pensou no sacrifício que supõe a vocação de sacerdote?». Josemaria lhe respondeu: «Somente pensei, igual ao senhor quando se casou, no Amor»[11]. Ao vê-lo firme, seu pai se comoveu até as lágrimas «porque tinha outros planos possíveis, mas não se insurgiu»[12]. Aconselhou-o apenas que, além da Teologia, fizesse o curso de Direito – até esse momento, tinham pensado que Josemaria poderia ser arquiteto, advogado ou médico –, carreiras compatíveis com os estudos eclesiásticos.

No verão de 1918, Josemaria concluiu o curso colegial com boas notas. Estudou Filosofia com um professor particular nos meses do verão e, já em novembro, ingressou no seminário de Logroño. Durante os dois anos acadêmicos seguintes, foi aprovado nas matérias do primeiro ano de Teologia e participou de uma catequese nas

---

24   (*) *Barruntos*, no original em castelhano. [N. T.]

manhãs de domingo. Seus colegas recordavam-no como «responsável, bom aluno, alegre, amável com todos, um tanto reservado e piedoso»[13].

Na Espanha daqueles anos, os filhos homens responsabilizavam-se por levar adiante a própria família. Josemaria pensou que em sua casa necessitavam de outro menino e rezou pedindo por esta intenção. Na época, José Escrivá tinha 51 anos, e Dolores Albás, 41. Havia nove anos que não vinham filhos. Em 28 de fevereiro de 1919 – dez meses depois de Josemaria ter comentado com seu pai a respeito da vocação sacerdotal –, nasceu Santiago. Este acontecimento impressionou Josemaria. Compreendeu que isso também estava relacionado com os vislumbres e com o chamado ao sacerdócio: «Minha mãe me chamou para comunicar: "Vais ter outro irmão". Com aquilo toquei com as mãos a graça de Deus; vi uma manifestação de Nosso Senhor. Não o esperava»[14].

Sacerdote e jurista

Em setembro de 1920, Josemaria Escrivá trasladou-se para Saragoça para continuar seus estudos eclesiásticos[15]. A capital de Aragão tinha por volta de 150 mil habitantes, com uma crescente atividade agrícola e industrial. Em vez de ir à localidade de Calahorra para terminar o curso de Teologia, como era costume entre os seminaristas de La Rioja, Josemaria foi para Saragoça a fim de seguir o conselho de seu pai – a cidade contava com uma Faculdade de Direito – e concluir o curso eclesiástico na Pontifícia Universidade. Além disso, dessa maneira viveria perto de seus tios Carlos Albás, que era cônego da catedral de Saragoça, e Mauricio Albás, que era casado.

Carlos Albás facilitou os trâmites para que o sobrinho ingressasse no seminário de São Francisco de Paula, onde lhe concederam meia bolsa. Desde o primeiro dia de aula, o jovem frequentou a Pontifícia Universidade de São Valério e São Bráulio e recebeu a formação tradicional própria da época. Por outro lado, a fim de estudar bem ambas as disciplinas, postergou o início do curso de Direito até principiar o quinto ano de Teologia, em 1923.

A HISTÓRIA DO OPUS DEI

Josemaria Escrivá mantinha-se convicto de que Deus o chamava para algo que viria no futuro. Em si, os vislumbres eram claros em alguns aspectos e nebulosos em outros. Como disse depois, «continuava a ver, mas sem precisar o que é que o Senhor queria: via que o Senhor queria alguma coisa de mim. Eu pedia, e continuava a pedir». Sempre que tinha possibilidade, ia à capela da Virgem do Pilar para rogar o conhecimento da vontade divina. Utilizava uma jaculatória semelhante à que usava diante de Deus: *Domina, ut sit!* [Senhora, que seja!]; e reforçava sua súplica com frases do Evangelho que, às vezes, dizia em voz alta ou até mesmo cantava: *Ignem veni mittere in terram et quid volo nisi ut accendatur?* [Fogo vim trazer à terra, e o que quero senão que se acenda?]. E a resposta: *Ecce ego quia vocasti me!* [Aqui estou, porque me chamaste][16].

Coincidindo com sua chegada à capital aragonesa, desde 1920 sentiu-se «impelido a escrever, sem ordem nem concerto», em «notas soltas», sem clara ilação, diversas moções e acontecimentos de sua vida espiritual. Denominava algumas dessas intuições, nas quais percebia a providência de Deus, graças «operativas, porque dominavam de tal maneira a minha vontade que quase não tinha de fazer esforço». Eram ideias confusas; às vezes chegavam a apontar para uma nova fundação, mas sem nada concreto. Pelo contrário, o fundamento desses vislumbres era patente: uma profunda vida espiritual em que se sentia em íntima relação com Deus, «algo tão formoso como o apaixonar-se». Anos mais tarde, condensaria esta etapa de sua vida com as seguintes palavras: «[...] comecei a vislumbrar o Amor, a perceber que o coração me pedia algo de grande e que fosse amor.» Como fruto desse arrebatamento interior, somava-se o desejo de rezar e de cumprir a vontade de Deus: «Verdadeiramente, o Senhor dilatou meu coração, tornando-o capaz de amar, de se arrepender, de servir, mesmo apesar dos meus erros[17].»

As incompreensões com o reitor e com um inspetor do seminário, bem como os modos de alguns seminaristas, levaram-no a pensar que se tinha «enganado de caminho»[18]. No verão de 1921, Josemaria procurou a direção espiritual de um sacerdote em Logroño que, ao perceber que ele tinha as disposições adequadas, incentivou-o a seguir em frente. O jovem decidiu-se e, um ano depois, em setembro de 1922, recebeu a tonsura – que o incorporava oficialmente ao es-

PRECEDENTES

tado clerical – e foi nomeado inspetor do seminário pelo arcebispo de Saragoça, o cardeal Juan Soldevilla.

Em 1923, terminado o quarto ano de Teologia, Josemaria começou o curso de Direito, como aluno livre, na Universidade de Saragoça. Era uma pequena faculdade – 331 alunos – com professores de prestígio. Uma vez concluído o quinto ano de Teologia, em junho de 1924, passou a frequentar as aulas da Faculdade de Direito. Esses estudos, que prejudicavam o *fazer carreira* na diocese, desagradaram seu tio Carlos, que queria que Josemaria pleiteasse algum cargo eclesiástico o quanto antes. O jovem, por sua vez, «considerava que os estudos universitários lhe permitiriam estar mais disponível para o cumprimento da vontade divina»[19]. Neste sentido, talvez tenha pensado que a titulação em Direito fizesse parte daqueles vislumbres; mais adiante, a formação jurídica recebida o ajudaria a buscar caminhos para situar o Opus Dei no ordenamento canônico da Igreja.

No dia 14 de junho de 1924, recebeu o subdiaconato. Cinco meses depois, em 27 de novembro, seu pai faleceu repentinamente em Logroño, e Josemaria tornou-se o chefe da família. Decidiu então trasladar os seus para Saragoça. A mudança deu lugar a uma forte oposição de seu tio. Se, anos antes, Carlos Albás não havia entendido as resoluções tomadas por seu cunhado José Escrivá quando da falência de sua empresa, agora não desejava que sua irmã e seus sobrinhos residissem em Saragoça porque estavam em verdadeira penúria. Parecia-lhe mais oportuno que Josemaria se ordenasse presbítero e se situasse na diocese; depois disso, poderia se reencontrar com os parentes. Porém, como o sobrinho não seguiu seu conselho, deu-se a ruptura.

Em 20 de dezembro de 1924, Miguel de los Santos Díaz Gómara, bispo auxiliar de Saragoça, conferiu o diaconato a Josemaria; no dia 28 de março de 1925, ordenou-o sacerdote. Dois dias depois, Josemaria celebrou a primeira Missa na santa capela de El Pilar, em sufrágio pela alma de seu pai. Só a assistiram sua mãe, irmãos, alguns primos, a família de um professor amigo e poucos convidados mais; por outro lado, não estiveram presentes nenhum de seus três tios sacerdotes (um era da família Escrivá: Teodoro; e dois da família Albás: Carlos e Vicente). No fim da Missa, o jovem presbítero se retirou para a sacristia. Depois de retirar as vestes litúrgicas,

A HISTÓRIA DO OPUS DEI

desatou a chorar com a recordação de seu pai e dos problemas de que a família sofria.

Em seguida, passou um mês e meio em Perdiguera, pequeno povoado da província. Ali, deu seus primeiros passos pastorais na administração dos sacramentos e no acompanhamento espiritual dos paroquianos. Quando regressou a Saragoça, a cúria diocesana não lhe outorgou nenhuma nomeação para trabalhar na pastoral ordinária – como, por exemplo, numa paróquia. Escrivá obteve, antes, um posto de capelão na Igreja de São Pedro Nolasco, dirigida pelos jesuítas. Este cargo exigia-lhe celebrar a Missa e destinar algum tempo ao confessionário. Dedicava o resto do dia a assistir às aulas e ao estudo das matérias de Direito.

A relação com o mundo acadêmico foi muito enriquecedora para Josemaria Escrivá, que demonstrava uma mentalidade laical pouco comum entre o clero. Por exemplo, nos intervalos entre uma aula e outra, não se reunia só com os sacerdotes ou seminaristas, mas buscava dialogar com os estudantes leigos; não pedia privilégios na hora de fazer os exames ou de assistir às aulas; e tampouco *passava sermões* quando falava com as pessoas. Por isso, alguns colegas ganharam apreço por ele e lhe confidenciaram assuntos pessoais.

Em sua atividade ministerial relacionou-se com universitários das Congregações Marianas, dirigidas pelos jesuítas no intuito de formar católicos seletos. Além disso, junto com alguns jovens, aos domingos, ensinou a doutrina cristã a crianças de famílias carentes do bairro de Casablanca, na periferia de Saragoça. O contato com os necessitados aumentou o seu desejo de servir aos demais mediante o sacerdócio.

Já fazia tempo – de modo particular desde a morte de seu pai –, que tinha a ideia de fazer o doutorado em Direito e de ocupar uma cátedra universitária. Queria levar a doutrina cristã ao âmbito acadêmico porque, quando contemplava seus colegas de faculdade, os via «um pouco como "ovelhas sem pastor"». Além disso, e de acordo com o catedrático José Pou de Foxá, sacerdote e professor amigo, ele necessitava abrir caminho fora de Saragoça, pois, devido às dificuldades com seu tio, ali «não tinha campo»[20]. Por volta de setembro de 1926, Josemaria viajou a Madri para se informar sobre os estudos de doutorado. Quando regressou, deu aulas de revisão de Direito Ro-

PRECEDENTES

mano, Canônico, História do Direito e Direito Natural no Instituto Amado, a fim de sustentar sua família.

Em janeiro de 1927, formou-se em Direito. Passados dois meses, solicitou transferência do seu expediente acadêmico para Madri, para iniciar o doutorado na Universidade Central. Depois de substituir por um breve período um sacerdote em Fombuena (Saragoça), Josemaria deixou a capital aragonesa[21].

I. Fundação e primeiros anos
(1928-1939)

O tratado de Versalhes, ao final da Primeira Guerra, mudou a geopolítica internacional. Os vencedores da contenda – entre outros, o Reino Unido, a França e os Estados Unidos – declararam culpados a Alemanha e seus aliados e impuseram-lhe a desmilitarização. Criaram a Liga das Nações a fim de mediar as disputas internacionais, mas vetaram o ingresso alemão. Enquanto isso, a revolução bolchevique de 1917 derrubou o regime czarista na Rússia e deu lugar à União das Repúblicas Socialistas Soviéticas, um Estado oficialmente comunista. Dirigida primeiro por Vladimir Lênin e depois por Josef Stálin, a União Soviética estabeleceu uma férrea ditadura do proletariado que tirou a vida de milhões de russos e, posteriormente, de outros povos.

Os países ocidentais com sistemas democráticos viveram os *felizes anos 1920* como tempo de progresso científico; de crescimento econômico – baseado na indústria e no setor de serviços; do auge das grandes metrópoles nos Estados Unidos e na Europa; e da difusão massiva do rádio, do telefone e, entre a gente de posse, do automóvel e das primeiras viagens comerciais de avião. Os esportistas e os artistas de cinema – novas referências dos meios de comunicação –

A HISTÓRIA DO OPUS DEI

transformaram os modos de vida. A prosperidade econômica foi interrompida, em outubro de 1929 pela quebra na Bolsa de Nova York. A crise que se seguiu – a Grande Depressão – afetou também a Europa. Só na segunda metade dos anos 1930, Franklin Roosevelt, presidente dos Estados Unidos, conseguiu dinamizar novamente a economia e a sociedade com uma forma de intervencionismo estatal que denominou *New Deal*.

Em 1922, Benito Mussolini foi nomeado primeiro-ministro da Itália e começou a constituir o regime fascista; em 1933, Adolf Hitler impulsionou o nacional-socialismo alemão. Estes totalitarismos geraram uma profunda crise na democracia liberal do continente europeu. Em 1938, e perante o estupor internacional, a Alemanha anexou a Áustria e a região tcheca dos Sudetos. Depois, firmou um pacto de não agressão com outro Estado totalitário, a União Soviética. No Oriente, o Japão invadiu a China em 1937 e iniciou um conflito militar de grande envergadura entre os dois países. A ameaça de um novo conflito mundial pairava sobre o orbe.

Durante essa época, sucederam-se três sistemas políticos na Espanha. A ditadura do general Miguel Primo de Rivera, iniciada em 1923 com o apoio do rei Alfonso XIII, fracassou em 1930 porque não conseguiu renovar a vida política e social. A falta de liberdade provocou um forte movimento de reação contra a monarquia. Em 14 de abril de 1931, proclamou-se a Segunda República espanhola. Desde muito cedo, o novo sistema constitucional se viu sufocado pela falta de acordos políticos, pela intolerância e pela violência crescente. Em julho de 1936, alguns generais do exército deram um golpe de Estado. A sublevação militar só triunfou em metade da Espanha e deu lugar a três anos de uma cruel guerra civil que consumiu o país. Encerrado o conflito, em abril de 1939, o general vencedor – Francisco Franco – estabeleceu um regime autoritário pessoal.

O Papa dessas décadas foi Pio XI, que havia sido eleito como Sumo Pontífice em 1922. Conduziu a diplomacia vaticana com seus secretários de estado Pietro Gasparri e Eugenio Pacelli, sucessivamente. Chegou a um acordo com Mussolini nos Pactos Lateranenses de 1929, que reconheciam a Cidade do Vaticano como estado soberano e estabeleciam relações diplomáticas com a Itália fascista. Criticou, em diversos níveis, as ideologias dominantes. Em março

I. FUNDAÇÃO E PRIMEIROS ANOS (1928-1939)

de 1937, publicou duas encíclicas que condenavam o totalitarismo nacional-socialista alemão, o comunista soviético e o governo revolucionário mexicano. O Papa acompanhou atentamente a evolução da repressão católica na guerra *cristera* mexicana (1926-1929) e na Guerra Civil espanhola (1936-1939). Tentou dar apoio aos fiéis que estavam nas diferentes facções; por exemplo, só reconheceu o regime de Franco em maio de 1938, quando era evidente que venceria o conflito armado.

O lema do pontificado de Pio XI (1922-1939) foi *Pax Christi in regno Christi* [A paz de Cristo no reino de Cristo], a instauração de uma sociedade cristã no mundo moderno. Ele publicou várias encíclicas de caráter social e moral. De modo particular, impulsionou a Ação Católica, definida como a participação dos leigos no apostolado hierárquico da Igreja. Perante um processo acelerado de secularização, o Papa convocou os leigos para que, de maneira centralizada, colaborassem na implantação de uma ordem social com raízes cristãs. Dirigidos pelos bispos, os leigos levariam o Evangelho aos ambientes sociais e profissionais nos quais o clero não estava presente.

I. A FUNDAÇÃO DA OBRA

Josemaria Escrivá chegou a Madri em 20 de abril de 1927. Matriculou-se nos cursos de doutorado da Faculdade de Direito da Universidade Central e se alojou na Casa Sacerdotal para presbíteros extradiocesanos. Essa residência era administrada pelas Damas Apostólicas do Sagrado Coração de Jesus, uma congregação religiosa nova. Um mês depois, a fundadora das Damas Apostólicas ofereceu-lhe a capelania da igreja do Patronato dos Enfermos, sede central das religiosas e sítio de diversas atividades beneficentes. No dia 1º de junho, o padre Josemaria começou seu trabalho pastoral, que consistia na celebração da Missa, na exposição da Eucaristia, no atendimento do confessionário e, à tarde, na récita do Rosário e na bênção com o Santíssimo Sacramento. Além disso, nos fins de semana, estava disponível para confessar as crianças das escolas que as Damas Apostólicas promoviam às famílias necessitadas. E, ainda que não fizesse parte de suas obrigações como capelão, com frequência visitava, em seus domicílios, os doentes com poucos recursos, a fim de confessá-los e levar-lhes a Comunhão.

Cinco meses mais tarde, Escrivá alugou um apartamento para viver com sua mãe e seus irmãos. Movido pela necessidade de sustentar economicamente a família, conseguiu um posto como professor de Direito Romano e Canônico na Academia Cicuéndez, centro privado de ensino para o reforço de algumas matérias e preparação para o ingresso na Faculdade de Direito. O sacerdote ministrou aulas duas tardes por semana pelo menos até 1931[1].

A HISTÓRIA DO OPUS DEI

O fato fundacional originário

Em 30 de setembro de 1928, Josemaria Escrivá foi ao convento dos *paúles**, localizado na periferia norte de Madri, para fazer um retiro espiritual com outros seis sacerdotes. Na terça-feira, 2 de outubro, depois de celebrar a Missa, retirou-se para o seu quarto e se pôs a ler uns papéis em que havia anotado ideias e acontecimentos que considerava inspirados por Deus e que formavam parte dos vislumbres. De repente, «quis Jesus que se começasse a dar *forma concreta* à sua Obra»[2]: recompilou «com alguma unidade as notas soltas que até então vinha tomando»[3] e «*deu-se conta* da maravilhosa e pesada carga que o Senhor, na sua bondade inexplicável, tinha posto sobre os seus ombros»**. O que aconteceu nesse momento de grande intensidade?

O jovem sacerdote explicou depois que havia recebido uma graça de caráter sobrenatural, uma «iluminação *sobre toda a Obra*»[4], uma «clara ideia geral da minha missão»[5], e que abria um «panorama apostólico imenso»[6]. Comovido, porque acabava «de ver claramente a Vontade de Deus»[7] pela qual havia rezado tanto, ajoelhou-se e agradeceu. Então, escutou o som das campanas da paróquia de Nossa Senhora dos Anjos, que chamava os fiéis para a Missa; mais adiante, consideraria isso uma demonstração da intercessão de Santa Maria e dos anjos no momento fundacional.

Não se conserva um texto explicativo ou normativo sobre o conteúdo da visão original do Opus Dei. Talvez Escrivá não tenha desejado encerrar num relato único uma luz de tipo sobrenatural, preferindo explicá-la ao longo de sua vida. Pelo menos de palavra e por escrito, disse que havia recebido o núcleo de um ensinamento, aberto a um desenvolvimento posterior, que continha duas dimensões inseparáveis: uma mensagem e uma instituição.

(*) Assim eram popularmente conhecidos os padres e irmãos da Congregação da Missão, fundada por São Vicente de Paulo. [N. T.]

(**) *Apontamentos íntimos*, n. 306 (2-X-1931; se não houver especificação contrária, todos os destaques dos trechos citados estão grafados da mesma maneira no original). Não temos notas de 1928 porque o primeiro caderno dos *Apontamentos íntimos* ainda conservado começa em março de 1930. Cf. Josemaria Escrivá de Balaguer, *Camino* (edição crítico-histórica), Rialp, Madri, 2004, 3a ed., p. 19.

I. A FUNDAÇÃO DA OBRA

Por um lado, Josemaria Escrivá sentiu-se depositário de uma mensagem cristã que incorporava uma missão: proclamar a chamada universal à santidade no âmbito secular. Com palavras suas de alguns anos depois, devia «promover entre pessoas de todas as classes da sociedade o desejo da perfeição cristã no meio do mundo»*. Este carisma estava destinado a qualquer lugar, época e cultura e se dirigia em sua plenitude aos cristãos comuns – leigos e sacerdotes seculares –, convocados a descobrir nas realidades humanas e temporais um caminho que conduz à plenitude cristã.

Por outro lado, entendeu que devia existir uma instituição em que seus membros encarnassem e expandissem a mensagem. Seria composta de homens, leigos e presbíteros seculares que, com o passar do tempo, constituiriam uma multidão. Todos estariam unidos por um mesmo sentido vocacional e de pertença a uma família espiritual; cumpririam algumas práticas de piedade cristã e se esforçariam para buscar a santidade e viver o apostolado cristão no próprio contexto profissional, familiar e social.

A iluminação fundacional ficou impressa na cabeça e no coração de Escrivá. Falou sobre ela ao longo de sua vida, com a certeza que possui quem foi testemunha ocular de um acontecimento. Algo semelhante aconteceu mais tarde, com outros auxílios recebidos que completaram a mensagem fundacional. Denominou-os *graças tumbativas**, pois considerava que a ação de Deus em seu interior era tão evidente quanto inesperada[8].

Desenvolvimento inicial

De acordo com uma anotação de Josemaria Escrivá, em 2 de outubro de 1928 começa «a vida de gestação, ainda nascitura, mas ati-

---

(*) Josemaria ESCRIVÁ DE BALAGUER, *Conversaciones com Mons. Escrivá de Balaguer* (edição crítico-histórica), Rialp, Madri, 212, n. 24 (entrevista realizada em 1967). Durante a sua vida, Escrivá explicou que Deus chama a todos os batizados para a santidade. O espaço que cada um ocupa no mundo não muda, não aumenta e nem diminui a qualidade da vocação: «a santidade não é coisa para privilegiados, pois podem ser divinos todos os caminhos da terra, todos os estados, todas as profissões, todas as tarefas honestas». *Ibidem*, n. 26.

(**) No sentido de tombar, derrubar. [N. T.]

A HISTÓRIA DO OPUS DEI

víssima», do Opus Dei; e, ao mesmo tempo, «*terminaram as primeiras inspirações*». Vieram depois treze meses de «silêncio do Senhor», «sem que Jesus falasse»[9]. Nesse tempo, Escrivá dedicou-se a rezar. Também recorreu à intercessão de Mercedes Reyna, dama apostólica que havia falecido com fama de santidade em janeiro de 1929 e que ele tivera oportunidade de conhecer. E pediu aos pobres, enfermos e moribundos que atendia em sua atividade pastoral que rezassem e oferecessem a Deus suas doenças por uma intenção sua.

No que se refere à mensagem recebida, a chamada universal à santidade ou perfeição estava presente na teologia e no magistério do momento; em 1923, por exemplo, Pio XI escrevera na encíclica *Rerum omnium* que «tender à santidade de vida» era uma «lei que obriga a todos nós, sem exceção»*. No caso de Escrivá, a originalidade do anúncio residia em que o havia acolhido de forma carismática, isto é, que o considerava um dom de Deus e não um fruto da reflexão pessoal; em que se dirigia de modo eminente ao âmbito secular da Igreja, às pessoas imersas na vida corrente; e em que seria transmitido por uma instituição na qual os membros tratavam de encarnar a mensagem da santidade para, depois, difundi-la a uma grande multidão de pessoas comuns.

Com relação à instituição, o padre Josemaria pensou que talvez já existisse alguma com os mesmos fins. Em suas palavras, teve «a aparente humildade de pensar que poderia haver no mundo coisas que não se diferenciassem daquilo que Ele me pedia». Adotou esta atitude – depois pediu perdão aos seus filhos espirituais pelo que considerou uma lentidão inicial – porque o Opus Dei não era ideia sua e porque não desejava ser fundador: «E, com uma falsa humildade, enquanto trabalhava procurando as primeiras almas, as primeiras vo-

---

(*) Pio XI, encíclica *Rerum omnium*, em AAS 15 (1923) 50. Em fins do século XIX e princípio do XX, houve intelectuais e instituições da Igreja que renovaram a teologia e despertaram a consciência cristã. Entre os temas abordados, estavam os estudos sobre a Bíblia e os Padres da Igreja, a renovação litúrgica, a pesquisa sobre o ser e o agir da Igreja e a missão dos sacerdotes seculares e dos leigos. O chamado de todos os cristãos à santidade – tema que já se encontrava em alguns autores espirituais, como São Francisco de Sales (1567-1622) – renasceu neste período entre os especialistas de ascética e mística, como Adolphe-Alfred Tanquerey, Otto Zimmermann ou Crisógono de Jesus Sacramentado (cf. Vicente BOSCH, *Llamados a ser santos. Historia contemporánea de una doctrina*, Palabra, Madri, 2008, pp. 33-65).

I. A FUNDAÇÃO DA OBRA

cações, e as formava, dizia: "Há demasiadas fundações, para quê mais uma? Porventura não encontrarei no mundo, já feito, isto que o Senhor quer? Se existe, o melhor é ir para lá, como soldado raso, em vez de fundar, que pode ser soberba"»[10].

Escrivá informou-se sobre diversas realidades eclesiais em que os membros viviam a entrega completa a Deus sem formar uma congregação religiosa tradicional e desenvolvendo atividades com leigos e sacerdotes seculares. As pesquisas mostraram que não existia algo semelhante àquilo que havia acolhido em seu coração: ora encontrava diferenças de caráter institucional – por exemplo, a presença de mulheres –, ora topava com desigualdades em relação à mensagem[11].

Não obstante, em junho de 1929, admitiu o primeiro seguidor. José (Pepe) Romeo era um estudante que se preparava para ingressar na Escola de Arquitetura de Madri, embora naquele momento vivesse em Saragoça. Naquele mês, estava em Madri para fazer o exame. Um dia, Escrivá explicou-lhe a Obra e Romeo se mostrou disponível para acompanhá-lo. De maneira semelhante, seis meses mais tarde, por volta do Natal, Norberto Rodríguez, sacerdote diocesano de Astorga e segundo capelão do Patronato dos Enfermos, solicitou a Escrivá que lhe permitisse segui-lo[12].

Em novembro de 1929, renovou-se «aquela torrente espiritual de divina inspiração com a qual se ia perfilando, determinando, o que Ele queria». A partir desse momento – como anotou Escrivá –, «começa outra vez a ajuda especial, muito concreta, do Senhor, e vou tomando notas»[13]. Estas novas moções interiores ajudavam o sacerdote a desenvolver a luz originária, a qual só havia ficado clara em seu núcleo.

No dia 14 de fevereiro de 1930, deu-se outro marco fundacional decisivo. Padre Josemaria celebrou a Missa na casa da mãe da fundadora das Damas Apostólicas. Depois da Comunhão, entendeu que também devia haver mulheres na instituição. Em suas palavras: «Não posso dizer que *vi*, mas que captei *intelectualmente*, em pormenor (depois acrescentei outras coisas, desenvolvendo a *visão intelectual*), o que havia de ser a Seção feminina do Opus Dei». Além disso, compreendeu que não devia continuar buscando o que havia visto em outubro de 1928. Deus o chamava a abrir um novo caminho na Igreja: «Era preciso fundar, sem dúvida alguma»[14], explicou adiante, ao re-

A HISTÓRIA DO OPUS DEI

cordar esta data. Deste modo, assumiu o encargo de iniciar uma nova instituição, que ficava configurada como realidade eclesial dotada de uma cabeça única – o fundador – e duas seções, uma de homens e outra de mulheres, ambas com atividades equiparadas a fim de irradiar a mesma mensagem.

Meses mais tarde, deu nome à instituição. Foi graças ao seu diretor espiritual, o jesuíta Valentín Sánchez Ruiz, com quem estivera se confessando desde julho de 1930. Um dia, Sánchez Ruiz lhe perguntou como ia «essa obra de Deus». «Obra» era um nome genérico com o qual se designava na época qualquer atividade pastoral ou apostólica. Escrivá considerou que esse era o nome que se podia aplicar a uma realidade que, por ter sido inspirada, era com propriedade «Obra de Deus»*.

Até então, Josemaria Escrivá registrava em papéis soltos considerações de caráter espiritual. Em meados de 1930, transcreveu em dois cadernos algo mais de 250 notas. Na década seguinte, manteve o costume de preencher cadernos, até chegar a nove, no total, aos quais chamou *Apontamentos íntimos* ou *Catalinas*, por devoção à santa de Sena. Conservam-se todos, com exceção do primeiro, que ele queimou porque havia recolhido alguma graça extraordinária e não queria que o tomassem por santo. Nestes escritos, Escrivá incluiu temas espirituais, reflexões sobre o relacionamento com Deus e com pessoas conhecidas, projetos de estruturas jurídicas concordes com o direito e a vida da Igreja e aspectos do espírito, fins e atividades do Opus Dei.

Servindo-se de frases provenientes da tradição cristã, Josemaria Escrivá anotou os fins, exclusivamente espirituais, da Obra de Deus: dar a Deus toda a glória (*Deo omnis gloria*), santificar-se e colaborar na Igreja para a salvação dos homens (*Omnes cum Petro ad Iesum per Mariam*) e fazer com que Cristo impere, com reinado efetivo, na sociedade (*Regnare Christum volumus*). Seu olhar se abria à atividade que realizaria o Opus Dei, «um ser com entranha divina, que dará a

---

(*) Cf. *Apontamentos íntimos*, n. 1868 (14-VI-1948). Escrivá começou a utilizar a tradução latina de Obra de Deus – *Opus Dei* – depois da Guerra Civil espanhola, quando teve de apresentar uns estatutos ao bispo de Madri-Alcalá. Não aceitou, entretanto, que as pessoas da Obra fossem designadas por um apelativo – como acontece habitualmente com os membros das congregações religiosas – porque eram leigos, cidadãos como os demais na sociedade civil.

I. A FUNDAÇÃO DA OBRA

Deus toda a glória e afirmará o seu Reino para sempre», com uma propagação universal e eficaz: «Vai chegar em breve o Pentecostes da Obra de Deus... e o mundo inteiro ouvirá em todas as suas línguas as aclamações delirantes dos soldados do Grande Rei: – *Regnare Christum volumus!*»[15].

Sobre o espírito ou conteúdo essencial do Opus Dei, apontou que podia se expresso por meio de três aspectos da vida cristã: a oração *(oratio)*, a mortificação e a penitência *(expiatio)* e a ação apostólica *(actio)*, que levam a se mover no mundo sob o lema: «Deus e audácia!». A esta tríade acrescentou o que definia como os amores de um filho de Deus, que também eram um fim da Obra: Jesus, Maria e o Papa[16].

Com relação à estrutura jurídica que a instituição teria, revisou o direito canônico da Igreja e não encontrou uma figura que unisse uma doação plena a Deus com a plena secularidade de seus membros. Pensou nas ordens militares, criadas à época das cruzadas a fim de atender e defender os peregrinos que iam à Terra Santa, mas logo descartou esta solução. Também considerou que a expressão canônica mais oportuna para as duas seções da Obra talvez fosse a de uma pia união ou associação de fiéis, à qual poderia aderir uma irmandade de sacerdotes seculares. E, para reforçar a ideia de que os membros do Opus Dei eram fiéis correntes, anotou que trabalhariam em instituições civis, que não usariam sinais externos particulares, como insígnias ou hábitos, e que seriam cidadãos como os demais na vida social[17].

Também em 1930, o fundador traçou alguns esquemas organizativos. A Obra seria composta de duas seções, uma para homens e outra para mulheres, que se desenvolveriam em paralelo, unidas na cabeça. Acrescentou também os tipos de membros que haveria – solteiros e casados, sacerdotes e leigos – e a formação que receberiam. E, sobre as atividades dos fiéis, indicou que seu principal apostolado seria pessoal, ou seja, que cada um difundiria a doutrina do chamado à santidade em seu lugar de trabalho e em suas relações sociais. Ao mesmo tempo, a Obra teria atividades corporativas de caráter civil, dirigidas por profissionais e sujeitas à legislação de cada país. Seriam realizadas por meio de residências, sanatórios, casas de retiro, bem como nos ambientes sociais dos intelectuais, jornalistas, médicos, industriais e empresários do entretenimento[18].

A HISTÓRIA DO OPUS DEI

Diante de tantas ideias e desenvolvimentos, Escrivá pensava que suas anotações eram como «um embrião que talvez venha a parecer--se com o ser completo tanto como um ovo com o arrogante pintinho que sairá da sua casca». Como anotou no verão de 1930, «fico assustado ao ver o que Deus faz: eu não pensei – nunca! – nestas Obras que o Senhor inspira, tal como se vão concretizando. No princípio, vê-se uma ideia vaga. Depois é Ele Quem faz daquelas sombras esbatidas algo preciso, determinado e viável. Ele! Para toda a sua glória». Distinguia assim entre os fins e o espírito da Obra – que haviam ficado definidos no momento fundacional – e a estrutura jurídica, o governo e a organização dos apostolados do Opus Dei, que se ajustariam com o tempo e com a experiência adquirida. A ausência de soluções para todos os assuntos particulares não lhe preocupava muito porque pensava que Deus o iluminaria «no momento oportuno»[19].

Josemaria Escrivá, que conhecia o modo como outras instituições da Igreja viviam o Evangelho, adotou termos e práticas tradicionais de devoção. No que se refere à natureza da Obra, pelo fato de ter um substrato original, buscou, sobretudo na oração, o modo de explicar sua teologia subjacente. Ao longo de sua vida, sentiu-se sempre livre para alterar o plano de atividades de piedade cristã dos membros do Opus Dei, para modificar as expressões que empregava, caso adquirissem outro valor semântico, para reelaborar os modos pelos quais a Obra oferecia formação cristã e para ajustar a forma das atividades corporativas e pessoais.

Também desde o princípio rejeitou ofertas para unir a Obra e suas atividades a outras instituições da Igreja. A origem do carisma do Opus Dei o afastava de qualquer agrupação, cópia ou dissolução em outras realidades eclesiais. Caso contrário – pensava –, a iluminação inicial se esbateria.

Novas luzes e primeiros seguidores

Josemaria Escrivá considerou – e assim corroborou o seu confessor, o padre Sánchez Ruiz – que o Opus Dei devia dar seus primeiros passos em Madri, cidade que «foi a minha Damasco, porque aqui

I. A FUNDAÇÃO DA OBRA

caíram as escamas dos olhos da minha alma [...] e aqui recebi a minha missão»[20]. Por isso, renovou junto aos bispos de Saragoça e de Madri-Alcalá as licenças para viver na capital espanhola; dilatou a finalização dos cursos de doutorado, que acabaria em 1935; prosseguiu com a tese doutoral, razão oficial pela qual residia em Madri; e procurou uma ocupação pastoral mais estável do ponto de vista jurídico e econômico (por exemplo, tomou providências, embora sem sucesso, para ser capelão militar, pleitear um posto canônico ou iniciar a carreira diplomática).

Pe. Josemaria não tinha patrimônio, contatos influentes ou prestígio social. Era um sacerdote extradiocesano que estava em Madri por motivos acadêmicos e que morava com a própria família, de poucos recursos. Mais tarde, resumiria sua situação dizendo que tinha «vinte e seis anos, graça de Deus e bom humor»[21]. Estas palavras condensavam alguns elementos-chave: uma idade jovem, que lhe permitia empreender a difusão da mensagem a longo prazo, a consciência de gozar de uma ajuda particular de Deus e um caráter alegre que caminhava de mãos dadas com um coração magnânimo.

Escrivá falou da Obra às pessoas que se lhe apresentavam ou que ele conhecia por meio da direção espiritual. Mostrava-lhes um panorama evangelizador universal, que consistia em levar Deus à sociedade civil para transformá-la a partir de dentro. Empreenderiam esta tarefa homens e mulheres comuns que, por meio de uma constante vida de oração e de penitência pessoal, proclamariam a verdade de Deus nas circunstâncias ordinárias do trabalho, da família e das relações sociais. Diante dessa abordagem grandiosa, pedia fé em que o Opus Dei era divino – «o Senhor fundou a sua Obra», repetia – e confiança nele, por ser testemunha de «luzes» e «inspirações» de caráter sobrenatural. Por exemplo, quando um estudante lhe disse certa vez que a proposta da Obra era maravilhosa, mas que a via como um sonho irrealizável, o sacerdote respondeu: «Escuta, isto não é uma invenção minha, é uma voz de Deus»[22].

Aumentou de modo progressivo o número de pessoas com as quais se relacionava. Intensificou o relacionamento com amigos recentes e antigos, como Isidoro Zorzano, com quem havia estudado no colégio de Logroño e que, então, vinha trabalhando em Málaga, nas Ferrovias Andaluzas. No dia 24 de agosto de 1930, Zorzano passou por Madri

A HISTÓRIA DO OPUS DEI

e se encontrou com Escrivá na rua. O fundador lhe explicou a Obra, e Zorzano lhe pediu a admissão naquele mesmo dia[23].

Com frequência, passeava com José Romeo e seus amigos pela rua, ou os acompanhava ao El Sotanillo, uma cafeteria próxima à Puerta de Alcalá. Nesses encontros, o sacerdote conversava sobre todo tipo de temas, com exceção de questões políticas, sobre as quais preferia não se pronunciar. Alguns desses jovens, como Adolfo Gómez Ruiz, estudante de Medicina, incorporaram-se à Obra; o mesmo aconteceu com um pintor chamado José Muñoz Aycuens. Também conheceu outros sacerdotes diocesanos. Dois deles, Sebastián Cirac e Lino Vea-Murguía, manifestaram o desejo de segui-lo no Opus Dei. E, num sentido mais amplo, valeu-se da mensagem da Obra quando falou com os operários e artesãos que compareciam a atividades doutrinais organizadas pelo Patronato dos Enfermos; por exemplo, em fevereiro de 1930, pregou a trabalhadores numa missão que teve lugar na Capela do Bispo, junto à paróquia de Santo André. Já naquela época, ponderava – como escreveu mais tarde – que a irradiação do Opus Dei era uma «imensa catequese»[24].

Quando achava que alguém podia entender e viver o espírito da Obra, convidava-o a meditar se não seria esse o seu caminho cristão. Confiava em que, se a Providência lhe havia confiado um carisma, também lhe daria as pessoas e os meios para levá-lo adiante. Ao mesmo tempo, lançava mão de todo o esforço possível, a começar por uma oração e uma mortificação intensas. Não fez *atos promocionais* nem publicou explicações sobre o Opus Dei em revistas ou jornais católicos; achava que a mensagem devia se expandir um a um, em conversas entre amigos. Como anotou, «a Obra crescia para dentro, ainda nascitura, em gestação: só havia apostolado pessoal»[25].

Estas circunstâncias da fundação cruzaram-se com o devir da Espanha. Em abril de 1931, proclamou-se a Segunda República, e o rei Alfonso XIII exiliou-se para evitar uma guerra civil. Poucas semanas depois, o cardeal primaz publicou uma carta pastoral na qual criticava a nova forma de governo e seu projeto laicista. Como reação, em 11 de maio, produziu-se uma *queima de conventos*. Grupos de sindicalistas saquearam e incendiaram igrejas e conventos – em Madri, queimaram dez –, em sua maioria de religiosos. O próprio Escrivá

I. A FUNDAÇÃO DA OBRA

retirou apressadamente a Eucaristia da capela do Patronato dos Enfermos e procurou uma moradia segura para a sua família.

Naqueles meses, o fundador tentava mudar de atividade pastoral. Por um lado, necessitava de um trabalho sacerdotal que lhe permitisse dedicar tempo ao desenvolvimento do Opus Dei; por outro, não era oportuno que procurasse mulheres para o Opus Dei no atendimento ao confessionário do Patronato dos Enfermos, pois era a casa-mãe das Damas Apostólicas. Além disso, houve certo desentendimento com as superioras porque não haviam secundado sua tentativa de promover a causa de canonização da religiosa Mercedes Reyna.

No verão de 1931, encontrou uma nova ocupação pastoral. O mosteiro de clausura das agostinianas recoletas, que fazia parte do Patronato de Santa Isabel, necessitava de um capelão. O posto era incerto do ponto de vista jurídico e não lhe era atribuído um salário, que fora suprimido pela República. No entanto, a Escrivá era conveniente porque passava a depender da jurisdição palatina – sobre pessoas e propriedades da antiga Coroa –, com mais estabilidade para residir em Madri e tempo para desenvolver a fundação. O sacerdote aceitou a posição, ainda que com sofrimento, pois sua família passou necessidade durante os meses seguintes.

O fundador manteve o costume de visitar enfermos para os atender humana e espiritualmente. Inscreveu-se numa atividade de voluntariado no Hospital Provincial de Madri nas tardes de domingo e foi – sozinho ou acompanhado de estudantes e padres amigos – a outros hospitais. Em certo sentido, acabava uma etapa de visitas aos domicílios humildes e começava outra de atendimento a pacientes nos hospitais. Como escreveu de si mesmo, entre os enfermos se dilatava o seu «coração de sacerdote»[26]. Além disso, pedia-lhes orações e o oferecimento de seus males a Deus, para que se abrisse o caminho da Obra.

Nesse tempo, o mundo interior de Escrivá crescia, e a ideia geral sobre o Opus Dei se perfilava. No dia 7 de agosto, enquanto celebrava a Missa no Patronato dos Enfermos, teve uma compreensão nova das palavras de Jesus Cristo: «Quando eu for levantado sobre a terra, atrairei todos a mim» (Jo 12, 32). Entendeu que o cristão se identifica com Cristo e o faz presente no mundo por meio das atividades

A HISTÓRIA DO OPUS DEI

que desempenha. De acordo com um apontamento desse dia, «compreendi – escreveu – que hão de ser os homens e as mulheres de Deus que levantarão a Cruz com as doutrinas de Cristo sobre o pináculo de todas as atividades humanas... E vi triunfar o Senhor, atraindo a Si todas as coisas». O trabalho se afigura, deste modo, como a matéria que os «homens e mulheres de Deus santificam» e o instrumento com o qual se santificam e santificam os outros. Este ensinamento converteu-se numa chave hermenêutica para compreender o espírito do Opus Dei, que «se apoia, como em seu eixo, no trabalho ordinário, no trabalho profissional exercido no meio do mundo»[27].

Esses acontecimentos mesclavam-se com a complexa situação política da Espanha, que Escrivá suportava com pena em razão dos ataques e críticas contra as pessoas e instituições da Igreja. Em outubro de 1931, as Cortes aprovaram os artigos da nova Constituição republicana, os quais estabeleciam um modelo de separação em que as ordens religiosas subordinavam-se ao Estado e ficavam proibidas de atuar no ensino. Além disso, dissolvia-se a Companhia de Jesus, congregação que dava formação a boa parte das elites católicas do país.

No outono de 1931, Josemaria Escrivá experimentou algumas inspirações de caráter fortemente cristocêntrico. Em 16 de outubro, enquanto viajava num bonde, sentiu de repente «a ação do Senhor, que fazia germinar no meu coração e nos meus lábios, com a força de algo imperiosamente necessário, esta terna invocação: *Abba! Pater!*»[28]. Perdeu momentaneamente a noção de espaço e de tempo, pois viu-se inundado da alegria de ser e saber-se filho de Deus. Passou a indicar desde então que o fundamento do espírito do Opus Dei é o profundo sentido da filiação divina.

Cultivou o relacionamento com o Amor Misericordioso – forma particular de devoção ao Sagrado Coração de Jesus – e viveu o *caminho da infância espiritual* que havia admirado na dama apostólica Mercedes Reyna, cujo lema era «ocultar-me e desaparecer»[29]. Escrivá sentia a presença paternal de Deus em sua alma e se via como um menino em suas mãos. Sob essa atmosfera espiritual, num dia da novena à Imaculada de 1931, escreveu de uma só vez uma pequena obra que intitulou *Santo Rosário*. O escrito, de agradável estilo literário, convida o leitor a acompanhar o narrador em cada uma das cenas do Rosário. A contemplação de Jesus, Maria, José e os outros personagens

I. A FUNDAÇÃO DA OBRA

do Evangelho verte-se em frases de afeto e de propósitos de melhora na vida cristã. O fundador reproduziu o manuscrito num *velógrafo* – uma copiadora caseira – e o distribuiu para os que se aproximavam do seu apostolado[30].

Em 1932, aprofundou-se no *Decenário ao Espírito Santo,* de Francisca Javiera del Valle, mulher de condição humilde – tinha sido costureira – que escreveu diversas meditações de grande profundidade espiritual; além disso, cumpriu o propósito de ler a *História de uma alma,* de Santa Teresa de Lisieux. Quando chegou o verão daquele ano, reuniu algumas anotações, selecionadas em sua maioria dos *Apontamentos íntimos,* e fez uma tiragem datilografada em forma de fascículo sob o título *Considerações espirituais.* A publicação era composta de 246 sentenças que visavam conduzir o leitor por uma espécie de plano inclinado, de modo a que chegasse a se propor o chamamento que Deus faz e a resposta do homem[31].

Nesse ano acadêmico de 1931-1932, reuniu e explicou o Opus Dei a pequenos grupos de estudantes, em sua maioria amigos de José Romeo; a homens de diversas profissões ou ofícios manuais que auxiliavam os enfermos no Hospital Provincial; a mulheres – jovens profissionais, algumas, e enfermas, outras – que havia conhecido ao atender no confessionário de Santa Isabel; e a padres diocesanos com os quais tivera algum contato pessoal ou que conhecera por meio de Lino Vea-Murguía.

De 22 de fevereiro de 1932 em diante, reuniu-se com os presbíteros todas as segundas-feiras para uma atividade formativa. À primeira reunião compareceram cinco. O fundador desejava que esses sacerdotes se identificassem com o espírito da Obra e o ajudassem a transmiti-lo aos leigos. A maior parte desses clérigos tinha bom preparo espiritual, manifestava certa preocupação social e não exercia seu ministério em paróquias, mas como capelães de monjas ou de hospitais. Por essas razões, dispunham de capacidades e tempo para atender às atividades pastorais e formativas do Opus Dei[32].

Com as mulheres, padre Josemaria encontrou mais dificuldades. Ao chegar ao Patronato de Santa Isabel, dirigiu espiritualmente algumas jovens daquela região que se aproximaram de seu confessionário. Uma delas, Carmen Cuervo, pediu-lhe para pertencer à Obra no dia 14 de fevereiro de 1932. Tratava-se de uma mulher com experiência,

A HISTÓRIA DO OPUS DEI

que ocupava um cargo de funcionária do Estado e falava vários idiomas. O fundador explicou-lhe paulatinamente o espírito do Opus Dei. Confiava em que, uma vez que o assimilasse, seria um apoio para a sua difusão entre as mulheres. Nos meses seguintes, solicitaram a admissão na Obra duas enfermas crônicas – María Ignacia García Escobar e Antonia Sierra – e outras duas moças do bairro de Santa Isabel, Modesta Cabeza e Hermógenes García. Em seguida, outras três se incorporaram ao Opus Dei. Cuervo, porém, afastou-se do fundador por falta de assimilação da mensagem da Obra, e García Escobar morreu de tuberculose[33].

No verão de 1932, dois acontecimentos frearam momentaneamente a difusão do Opus Dei. Por um lado, o sacerdote que parecia melhor compreender a Obra – José María Somoano – faleceu, em 16 de julho, depois de passar três dias com fortes dores e vômitos. As ameaças de morte recebidas nos meses anteriores, bem como a virulência da doença, apontavam para um envenenamento por ódio à fé. Por outro lado, José Romeo e alguns amigos seus – partidários da volta a uma monarquia autoritária, não parlamentar – participaram de uma tentativa de golpe de Estado, encabeçada pelo general Sanjurjo, em 10 de agosto. A maioria foi para a prisão ou se exilou, e assim o padre Josemaria – que não se havia envolvido nessas atividades políticas – viu dispersar-se o grupo de estudantes que conhecia[34].

Depois de quatro anos, a fundação avançava com enorme dificuldade. Escrivá não conseguia apoios, meios econômicos, nem um certo número de pessoas que o seguissem. Porém, de acordo com seu raciocínio, o êxito de uma empresa sobrenatural não se media com os mesmos critérios que o de uma iniciativa humana. Transmitia uma mensagem cristã com a consciência de cumprir uma vontade de Deus, «um mandato imperativo de Cristo», segundo anotou. E pensava também que, de algum modo, os primeiros passos ou o fracasso da Obra dependiam de sua própria busca da santidade. Como disse ao seu confessor depois de apresentar-lhe uma exigente lista de mortificações corporais: «Não hesites em aprovar. – Olha que Deus mo pede e, além disso, é mister que eu seja santo e pai, mestre e guia de santos[35].»

2. A ACADEMIA E RESIDÊNCIA DYA

DE ACORDO COM OS POSTULADOS do Iluminismo – que, neste particular, lança suas raízes no período greco-romano –, os intelectuais constituem uma minoria que se encontra na origem da cultura e da ciência, que tem uma visão de conjunto da sociedade, que dita as leis que regem os povos e influi no pensamento e nos costumes dos cidadãos. Na França do século XIX, o intelectual foi um humanista – muitas vezes, um escritor – vinculado ao liberalismo e comprometido existencialmente com os destinos de seu país. Adentrando o século XX, a acepção de intelectual ampliou-se para qualquer pessoa que participe da comunidade universitária, tanto os professores e alunos como os que possuem títulos. A Igreja, por sua vez, capacitava os intelectuais para que levassem a doutrina cristã à sociedade. A hierarquia reunia estudantes e graduados na Ação Católica e em outras organizações, estimulando-os a estar unidos em torno de partidos e publicações confessionais. Essas ações mostravam-se pouco eficazes no âmbito acadêmico porque a cultura ocidental dominante nos países da Europa e da América do Norte havia afastado o discurso sobre Deus da esfera pública e do âmbito intelectual. A filosofia era imanente e a ciência teológica – central no pensamento dos mestres medievais – havia, em muitos países, se limitado às universidades confessionais. Muitos catedráticos sustentavam como proposição indiscutível que a razão e a fé constituíam duas esferas autônomas, sem capacidade de contato.

Desde jovem, Josemaria Escrivá também desejou difundir o Evangelho no âmbito acadêmico. Em 1927, enquanto conversava com um sacerdote amigo, falou-lhe «da necessidade de fazer apostolado tam-

A HISTÓRIA DO OPUS DEI

bém com os intelectuais, porque, dizia, são como os cumes nevados: quando a neve se derrete, desce a água que faz frutificar os vales.»[1] Perante a «rebelião das inteligências», anotou, é necessário que «outros intelectuais respondam com um decidido servirei! Eu Te servirei, ó Deus!»[2].

O Opus Dei, no entanto, não havia surgido como uma ideia oposta às correntes culturais do momento, quer fossem as abordagens laicistas da Instituição Livre de Ensino, as proclamas excludentes do socialismo ou, de um ponto de vista diferente, do integralismo. Tampouco pretendia solucionar o problema da escassa influência dos intelectuais católicos na sociedade civil espanhola ou internacional. A mensagem tinha uma raiz carismática e levava a identificar a vida de cada um com a de Jesus Cristo.

Para Escrivá, a Obra formaria com a seiva cristã a cabeça e o coração dos que se aproximassem de seus apostolados[3]. Depois, cada um levaria a doutrina católica ao seu respectivo lugar de trabalho – independentemente da relevância – e aos demais relacionamentos sociais. Unido espiritualmente a Jesus Cristo, consciente de ser filho de Deus, o membro do Opus Dei daria testemunho de uma vida íntegra por meio do prestígio profissional, sem se manifestar – pois não o é – como representante da Igreja.

O fundador priorizou a difusão do Evangelho entre os intelectuais, homens que, como disse certa vez utilizando a frase de um amigo seu, eram «a aristocracia da inteligência»[4], pessoas que buscavam o encontro com Cristo no âmbito da ciência e que uniam a fé e a razão. Acreditava que começar pelos intelectuais era o meio mais eficaz de alcançar todos os estratos sociais.

Essa ideia se concretizava, no caso dos professores, na busca pela melhor condição acadêmica possível, tanto no ensino superior como no médio. Já em 1930, quando havia conversado pela primeira vez com aquele que seria seu confessor – o jesuíta Sánchez Ruiz –, «este falou-lhe da necessidade de ocupar cátedras etc., e o P. [Padre], que não se atrevera a falar-lhe do assunto, replicou-lhe: "Era precisamente isso que vinha dizer-lhe"»[5]. Do mesmo modo, propunha-o aos estudantes «para lhes transmitir a ideia da gravidade da situação universitária, mas esclarecendo sempre muito bem que não é a Obra que

2. A ACADEMIA E RESIDÊNCIA DYA

atua, são as pessoas que, com a sua liberdade pessoal, fazem o possível por aceder ao ensino universitário»[6]. Aos universitários, destinados a ser os futuros dirigentes da sociedade, estimulava a que se dedicassem intensamente ao estudo: «A quem puder ser luminária, não se lhe perdoa que não o seja[7].»

Ao mesmo tempo, explicava que a mensagem da Obra tinha um alcance universal, tanto nas pessoas como no espaço e no tempo. De modo gráfico, comentou que «de cem almas interessam-nos as cem», e – acrescentava – «não temos vocação de catedráticos, mas de santos»[8]. Por isso, fomentou o contato com gente de profissões liberais, com operários e com sacerdotes diocesanos*.

O início da obra de São Rafael

Em junho de 1932, Josemaria Escrivá pensou em promover uma associação confessional de estudantes para impulsionar sua atividade entre os intelectuais. Esta possibilidade durou apenas algumas semanas, pois concluiu que estava mais de acordo com o espírito da Obra que cada um recebesse formação cristã a título pessoal, e não associativo. Ficou assim estabelecido que os jovens que recebem formação cristã segundo o espírito do Opus Dei não adquirem vínculos com a instituição.

No mês de outubro, padre Josemaria foi ao convento de carmelitas da Segóvia para fazer um retiro espiritual. Na quinta-feira, dia 6, enquanto rezava junto à tumba de São João da Cruz, teve uma moção interior. Estruturaria os apostolados do Opus Dei em três obras, que poria sob o patrocínio de três arcanjos: a obra de São Rafael, para a formação cristã da juventude; a obra de São Miguel, para os que rece-

---

(*) Começar pelos intelectuais para chegar a todas as pessoas foi a orientação adotada por Escrivá. Em um apontamento de 1940, por exemplo, conta-se que o fundador visitou o bispo de Barcelona, o qual, «compreendendo tudo, [comentou] que "a universidade não era mais que o ponto de partida"». (Relato da viagem a Barcelona, 31-III a 2-IV-1940, em AGP, série A.2, 47-2-2). Esta fórmula de difusão da mensagem manteve-se até o presente. Os Estatutos do Opus Dei estabelecem que «a Prelazia busca trabalhar com todas as suas forças para que pessoas de todas as condições e estados da sociedade civil, e em primeiro lugar os denominados intelectuais, adiram de todo o coração aos preceitos de Cristo Nosso Senhor» (*Codex iuris particularis Operis Dei*, 1982, n. 2 §2).

A HISTÓRIA DO OPUS DEI

bessem o chamado a viver o celibato no meio do mundo; e a obra de São Gabriel, para as pessoas casadas ou sem compromisso de celibato. A estas três invocações, acrescentou a seguir a intercessão dos apóstolos São João, São Pedro e São Paulo, respectivamente.

Em fins de 1932, conheceu Juan Jiménez Vargas, aluno do quinto ano de Medicina. Este estudante havia recebido a fé em sua família, tinha ideais tradicionalistas e pertencia a várias associações confessionais, políticas e esportivas. Depois de algumas conversas de direção espiritual, no dia 4 de janeiro de 1933 Jiménez Vargas solicitou a Escrivá a admissão no Opus Dei. Duas semanas depois – em 21 de janeiro –, compareceu com dois amigos da Medicina a uma aula de formação cristã ministrada pelo fundador da Obra. O encontro teve lugar no asilo Porta Coeli, para meninos abandonados. No dia seguinte, Jiménez Vargas e outros amigos explicaram o catecismo num colégio para meninos de poucos recursos, ao norte de Madri. Segundo o pensamento de Escrivá, estas duas atividades davam início à obra de São Rafael.

A economia doméstica dos Escrivá continuava em grandes dificuldades. Padre Josemaria pediu um empréstimo bancário e mudou sua família para um apartamento na rua Martínez Campos. Era uma casa pequena, mas, diferentemente do domicílio anterior, ela lhe permitia reunir-se com pessoas que desejavam conversar sobre a vida cristã, de modo particular com os estudantes que lá compareciam no período da tarde. Em algumas ocasiões, a mãe do padre Josemaria os convidava para lanchar. E, antes de que regressassem a suas casas, o fundador lhes comentava a passagem do Evangelho lida na Missa do dia.

Na primavera de 1933, o sacerdote propôs aos primeiros seguidores na Obra que vivessem diariamente um programa de práticas ou normas de piedade cristã, um *plano de vida*. Este programa, que totalizava cerca de duas horas diárias, era semelhante ao que se aconselhava a um presbítero secular ou a um leigo devoto. Incluía um tempo de oração mental, Missa e Comunhão, visita ao Santíssimo, a récita do Rosário e do Ângelus, leitura do Evangelho e de um livro de caráter espiritual e exames de consciência. Escrivá explicou-lhes que cada um deveria realizá-lo ao longo do dia, acomodando o horário às suas obrigações profissionais e sociais.

2. A ACADEMIA E RESIDÊNCIA DYA

Como o apostolado com os estudantes crescia de modo progressivo – nove rapazes participavam das aulas de formação cristã no asilo de Porta Coeli e um grupo um pouco mais numeroso à sua casa –, padre Josemaria considerou que havia chegado o momento de buscar uma sede própria. Já no verão de 1932, havia solicitado assessoramento a alguns sacerdotes conhecidos, como Pedro Poveda, fundador das teresianas. Por fim, decidiu abrir uma academia universitária. Parecia uma fórmula adequada, pois os estudantes espanhóis tinham de ser aprovados em um ou em vários exames de ingresso nas faculdades e escolas superiores; e, como os colégios do ensino secundário não os haviam preparado para passar nessas provas, muitos frequentavam uma academia. Outros, ademais, iam às academias para receber ajuda complementar para determinada disciplina da universidade.

No verão de 1933, desenhou o projeto de uma academia composta de duas realidades. Por um lado, seria uma instituição que ofereceria cursos de preparação para o ingresso nas faculdades e escolas superiores e aulas complementares das matérias dos cursos universitários; contaria também com os professores necessários e com uma boa biblioteca. Por outro lado, a academia ofereceria formação cristã a quem a desejasse. Nas palavras do fundador, as academias promovidas pela Obra seriam «um meio de captação de intelectuais para o apostolado secular e um instrumento para a formação dos nossos que tenham de ocupar cátedras oficiais, mas *nunca um fim* da O. [Obra], que informará o espírito dos que dirijam essas academias»[9]. Nessas sedes, portanto, os universitários («intelectuais») se aproximariam da fé por meio do conhecimento da doutrina cristã e, por sua vez, a transmitiriam aos amigos («apostolado secular»); ao mesmo tempo, se daria formação cristã aos membros da Obra que se preparavam para trabalhar na universidade.

A ideia da excelência acadêmica fazia parte do projeto. Diante da separação que se apresentava na Espanha entre o ensino estatal e o confessional – em especial na educação fundamental e média –, Escrivá considerava que sua mensagem se dirigia a católicos que trabalhavam em centros oficiais do Estado. Sua presença no âmbito público faria com que se abrissem em leque, sem ficar entrincheirados em instituições católicas. Poucos católicos defendiam esta ideia – um deles, seu amigo Pedro Poveda –, uma vez que a maioria considerava mais

A HISTÓRIA DO OPUS DEI

oportuno que os católicos estivessem unidos em estruturas educativas, comunicativas e políticas confessionais.

Depois de uma longa busca, em novembro de 1933 os membros da Obra encontraram um pequeno apartamento disponível na rua Luchana, 33. Uma vez alugado, executaram os procedimentos administrativos oportunos, procuraram professores e o mobiliaram. No Natal, o fundador disse-lhes que a academia se chamaria DYA. Oficialmente, a sigla significava *Derecho y Arquitectura* [Direito e Arquitetura], dado que a academia prepararia estudantes para o ingresso nesses ou em outros com matérias comuns. No entanto, para os membros da Obra e os que conheciam suas atividades, DYA era também a abreviatura de *Dios y Audacia* [Deus e Audácia].

A academia DYA abriu suas portas em 15 de janeiro de 1934. Como diretor da iniciativa, Escrivá nomeou Ricardo Fernández Vallespín, estudante do último ano de Arquitetura que acabava de pedir admissão ao Opus Dei. O pagamento mensal do apartamento ficou a cargo de dois membros da Obra, Isidoro Zorzano e José María González Barredo – que contribuíram com uma parte dos seus salários –, e de alguns amigos.

Durante esse ano, a academia DYA teve um desenvolvimento pequeno do ponto de vista acadêmico, pois fora aberta quando o ano acadêmico já havia iniciado e não houve tempo de fazer a sua promoção. O próprio Fernández Vallespín deu aulas de preparação para o ingresso na Arquitetura, e outros professores lecionaram Latim e Apologética. Por outro lado, a transmissão do espírito do Opus Dei aconteceu em ritmo acelerado, sobretudo na primavera de 1934. Uma centena de estudantes conheceu as atividades que se organizavam na academia, trinta participaram dessas aulas de formação cristã e sete pediram admissão à Obra.

Os universitários que frequentaram a academia vinham de famílias católicas e tinham recebido a doutrina cristã em paróquias e colégios de religiosos, algo que se manifestava em seus modos de pensar e agir. Em muitos casos, recebiam assiduamente os sacramentos e viviam práticas de piedade cristã. Estavam matriculados em diversas faculdades e escolas superiores – Medicina, Direito, Arquitetura e Engenharias – e militavam em várias associações estudantis e políticas; alguns desejavam que voltasse a monarquia na

2. A ACADEMIA E RESIDÊNCIA DYA

Espanha, enquanto outros reivindicavam uma república que respeitasse a Igreja.

Individualmente, o padre Josemaria explicou-lhes, por meio da direção espiritual, a mensagem do Opus Dei; em grupo, puderam melhorar sua vida cristã com as aulas de formação, os recolhimentos mensais – organizados na igreja dos redentoristas, próxima à rua Luchana –, as catequeses de preparação para a primeira Comunhão e as visitas aos enfermos. Além dos livros clássicos de espiritualidade, como a *História da Sagrada Paixão,* do padre Luis de la Palma, Escrivá deu-lhes para a meditação suas publicações: *Santo Rosário* e *Considerações espirituais.* Com relação às *Considerações*, ele as havia aumentado, ultrapassando quatrocentos pontos.

O fundador reuniu-se semanalmente na academia com os membros do Opus Dei; ali, fazia o acompanhamento espiritual de cada um e tinha um encontro com todos, ao qual denominou *emendatio* e, pouco depois, círculo breve. O objetivo do círculo era o conhecimento, com exemplos práticos, do espírito do Opus Dei. Escrivá dizia-lhes que o sentido de suas vidas estava enraizado na união com Deus; que eles eram livres para adotar as próprias resoluções em temas de caráter político e cultural, os quais, por sua própria natureza, admitem diversas opiniões; e que, dado o caráter secular – não clerical – do Opus Dei, deviam viver sua dedicação a Deus com naturalidade e sobriedade, sem manifestações exteriores particulares no vestir ou no falar.

Com relação às mulheres, na primavera de 1934, o fundador contava com nove que tinham pedido admissão. Durante um trimestre, reuniu-as semanalmente para explicar-lhes todo o espírito do Opus Dei. Esta experiência se encerrou porque a família de uma delas dificultou os encontros. Ao que parece, de acordo com o ambiente sociocultural da época, era difícil compreender que uma mulher tivesse vocação de celibato no meio do mundo; o celibato feminino era então concebido como realidade própria das congregações religiosas, tanto as de clausura como as dedicadas ao ensino e ao atendimento de enfermos. Devido a essa dificuldade, e também porque pensava que devia acompanhar especialmente o atendimento pastoral dos homens, mais numerosos, Josemaria Escrivá de Balaguer solicitou ao sacerdote Lino Vea-Murguía que desse palestras

A HISTÓRIA DO OPUS DEI

de formação a essas mulheres e que atendesse suas confissões junto com Norberto Rodríguez. Paralelamente, elas se reuniam em um roupeiro, no qual confeccionavam e distribuíam roupas para várias crianças e famílias necessitadas.

Nessa época, cresceu a sensação de paternidade em Josemaria Escrivá. No dia 11 de março de 1934, disse aos membros da Obra que era preferível que o chamassem *Padre* em vez de *dom* Josemaria, pois essa expressão definia a sua missão no Opus Dei. Também lhes rogou que se preocupassem uns com os outros, com carinho, pois uma característica essencial do espírito do Opus Dei era formarem uma família espiritual cristã.

Tinha em mente que, em pouco tempo, seus filhos espirituais iriam para outros lugares a fim de difundir a Obra e, portanto, já não estariam a seu lado. Para lhes recordar ideias permanentes, que recolhiam as inspirações fundacionais e os modos práticos de buscar a santidade e exercer o apostolado, e que também pudessem servir como experiência para o futuro, redigiu dois documentos. Intitulou o primeiro *Instrução sobre o espírito sobrenatural da Obra de Deus.* Nele, que data de 19 de março de 1934, destacava que o Opus Dei era um querer divino, que Deus chamava cada um à Obra e que a resposta dos interessados devia estar impregnada de um amor disposto a qualquer sacrifício. Escrivá indicava ali que a Obra não se uniria a outras instituições eclesiais – como a Ação Católica, com sua participação leiga no apostolado hierárquico – devido à sua origem de carisma[10].

O segundo documento foi a *Instrução sobre o modo de fazer proselitismo*, de 1º de abril. O fundador expunha nesse escrito a natureza da entrega a Deus no Opus Dei e o modo de explicá-la aos que pudessem seguir esse caminho cristão*.

(*) Nos anos 1930, a palavra *proselitismo* não tinha a atual conotação desfavorável de ganhar adeptos forçando a consciência e manipulando a liberdade pessoal. Escrivá o entendia como o anúncio de Cristo, a incorporação de novos fiéis à Igreja e a solicitude por aproximar os conhecidos ao Opus Dei com liberdade, sem coações. Cf. Josemaria Escrivá de Balaguer, *Camino* (edição crítico-histórica), *op. cit.*, pp. 892-893, n. 4; Congregação para a Doutrina da Fé, «Nota doutrinal sobre alguns aspectos da evangelização», 3-XII--2007, n. 49. Como se generalizou a acepção negativa, monsenhor Javier Echevarría sugeriu que se usassem vocábulos alternativos ao *proselitismo, mas* que expressassem o conteúdo positivo original (cf. *Aviso general*, 104/16 [6-XII-2016], em AGP, série E.1.3 e Q.1.3).

A residência DYA

As posturas empreendedoras de Escrivá surpreendiam seus filhos espirituais. Tão logo inaugurada a academia, em janeiro de 1934, disse-lhes que no ano acadêmico seguinte, que começaria em outubro, tencionava abrir uma residência de estudantes.

Esta mudança permitiria difundir a doutrina cristã e a explicação do conteúdo do Opus Dei de modo mais sistemático; ter à disposição uma capela – um oratório, como ele gostava de dizer, pois tratava-se de um espaço para rezar a Deus, para ter um encontro pessoal com Jesus Cristo; e ter uma moradia para alguns membros da Obra, a começar por ele mesmo[11].

No verão de 1934, encontraram três apartamentos que estavam para alugar na rua Ferraz, 50. O lugar parecia adequado porque era próximo da Cidade Universitária, que naquela época vinha sendo construída no noroeste da capital. Em 12 de setembro, o diretor da residência, Ricardo Fernández Vallespín, assinou o contrato de aluguel dos imóveis.

Os membros da Obra obtiveram os regulamentos de outras residências e elaboraram um próprio. Começava assim: «Pretende esta Residência dar aos estudantes uma eficaz formação religiosa, profissional e física»[12]. Contrataram um administrador e quatro pessoas para trabalhar no serviço da casa: dois camareiros – *criados,* na terminologia da época –, um cozinheiro e um mensageiro encarregado de pequenos recados. A roupa de cama e do refeitório para os futuros 25 residentes foi comprada a crédito. Para a aquisição de móveis, decidiram pedir a cada residente o pagamento adiantado da primeira mensalidade. No entanto, como não houve tempo para fazer a divulgação, no início do ano acadêmico apresentou-se somente um estudante. Começava assim um período repleto de tropeços econômicos.

O padre Josemaria pediu à sua mãe e irmãos que doassem à residência DYA parte do valor da venda de umas terras que haviam herdado em Fonz, Huesca. A família concordou, apesar de ser a única propriedade de que dispunha. Além disso, o fundador solicitou dinheiro a fundo perdido a pessoas ricas de Madri. Para intensificar

A HISTÓRIA DO OPUS DEI

sua oração a Deus, em dezembro de 1934 nomeou intercessor para os assuntos econômicos da Obra são Nicolau de Bari, bispo do século IV a quem muitos devotos recorriam para a solução de dificuldades econômicas, uma vez que havia atendido às necessidades materiais dos pobres de sua diocese.

No dia 21 de fevereiro de 1935, padre Lino Vea-Murguía disse-lhe que fechasse a residência, pois as dívidas eram insolúveis. Depois de escutá-lo, padre Josemaria reuniu na DYA três leigos do Opus Dei – Juan Jiménez Vargas, Ricardo Fernández Vallespín e Manuel Sainz de los Terreros – e lhes comunicou que, a partir daquele momento, formavam parte do Conselho da Obra, ao qual também pertenciam Isidoro Zorzano e José María González Barredo, que trabalhavam fora de Madri; o Conselho seria um órgão consultivo que o ajudaria em sua tarefa de governo da Obra. Nessa ocasião, pediu-lhes opinião sobre a difícil situação econômica que estava atravessando. Todos ratificaram a ideia de continuar com o projeto DYA. Deixaram o apartamento onde estava a academia e continuaram com o aluguel dos dois da residência, habilitando-os também para atividades docentes[13].

Essa medida foi suficiente para evitar a falência da DYA. Além disso, Josemaria Escrivá recebeu o dinheiro proveniente da venda das terras de sua família e surgiram novas solicitações de vagas na residência, com o correspondente incremento de receitas.

Este acontecimento demonstrava que os sacerdotes aos quais Escrivá recorrera explicando a mensagem da Obra desde fevereiro de 1932 não acreditavam que o Opus Dei iria para a frente – custava-lhes aceitar sua origem sobrenatural –, ou talvez não confiassem nele como fundador. Por isso, suspendeu as reuniões formativas com os presbíteros diocesanos, embora tenha conservado a amizade com cada um deles. Ademais, resolveu que, por ora, só haveria sacerdotes do Opus Dei saídos das filas dos leigos.

Por outro lado, conforme passaram os meses, aumentou o número de jovens que frequentavam a residência para estudar, fazer um tempo de oração diante da Eucaristia, receber aulas de formação cristã e colaborar nas catequeses de crianças e nas visitas a pessoas necessitadas – aos «pobres da Virgem», como dizia Escrivá. Durante o ano acadêmico, mais de 150 pessoas – estudantes e graduados – passaram

2. A ACADEMIA E RESIDÊNCIA DYA

pela residência para assistir a alguma atividade formativa. Metade deles participou das aulas de São Rafael e sete pediram ao fundador para segui-lo na Obra. Quando chegou o verão, solicitaram a admissão Álvaro del Portillo e José María Hernández Garnica, estudantes de Engenharia[14].

Durante esses meses, o fundador redigiu um novo escrito intitulado *Instrução sobre a obra de São Rafael*, datada de 9 de janeiro de 1935. A espinha dorsal desta instrução é o caráter espiritual e familiar deste apostolado, instrumento formativo que conduz a juventude ao encontro com Cristo – «Se não fizerdes dos rapazes homens de oração, tereis perdido o vosso tempo»[15], anotou – e ao serviço aos demais.

O ano escolar seguinte, 1935-1936, iniciou-se em ritmo intenso. As vagas da casa foram ocupadas desde o princípio, o que solucionava os problemas econômicos. A residência fortaleceu sua identidade, com as tertúlias culturais, a celebração de festas e aniversários e as atividades acadêmicas e esportivas. Uma característica singular era não se falar de política nas reuniões coletivas, pois, além de ser tema polêmico pela tensa situação social que o país atravessava, padre Josemaria não queria que ninguém se sentisse coibido por suas opiniões pessoais. Alguns homens da Obra que tiveram vida política ativa, como Jiménez Vargas, reduziram sua atuação pública a fim de dedicar mais tempo à difusão do Opus Dei.

DYA foi a *vitrine* com que Escrivá explicou a Obra às autoridades eclesiásticas. Como era um lugar em que se oferecia doutrina cristã, enviou informações frequentes ao bispo da diocese de Madri-Alcalá, Leopoldo Eijo y Garay, por meio do vigário geral, Francisco Morán. O vigário não compreendeu totalmente a entranha secular da Obra, mas apoiou Escrivá porque era um dos poucos sacerdotes que realizava um trabalho pastoral de relevo com universitários; em dezembro de 1934, por exemplo, facilitou a sua nomeação como reitor do Patronato de Santa Isabel. Naquela altura, tanto o bispado como o próprio Escrivá consideravam que, dado o desenvolvimento incipiente da Obra, ainda não havia chegado o momento de que recebesse aprovação jurídica na Igreja[16].

Do ponto de vista da transmissão da mensagem do Opus Dei, a formação cristã que se dava na academia DYA era sustentada por três

A HISTÓRIA DO OPUS DEI

pilares. O primeiro era uma intensa vida espiritual. Padre Josemaria dizia aos estudantes que não podiam se contentar com a religiosidade cultural que tinham recebido. A relação com um Deus que era Pai devia ser pessoal, de «tu a tu», e cuidada com delicadeza. Era esse o clima adequado para aumentar a amizade com Cristo e aceitar sua vontade. Como formas concretas de piedade, estimulava a que dedicassem tempo à oração mental diante da Eucaristia, a que frequentassem a Missa durante a semana e a que rezassem o Terço.

O segundo pilar era o estudo. Escrivá situava-o no mesmo nível de exigência que o relacionamento com Deus, algo que chamava a atenção dos jovens. Dizia-lhes que passar as horas necessárias diante dos livros era o seu trabalho profissional. O estudo, o conhecimento das matérias, a presença às aulas e a preparação para os exames constituíam uma *obrigação grave*, isto é, um dever moral. Por meio do estudo, santificavam-se e faziam com que Deus se fizesse presente em suas vidas. Escrivá acrescentava que a forma mais eficaz de levar o Evangelho à sociedade no âmbito acadêmico consistia em que fizessem bem seus estudos. Doía-lhe que alguns estudantes católicos, que podiam influir na universidade e na sociedade, se dedicassem a tarefas apostólicas alheias, que os afastavam do dever profissional: «Ter em consideração que *os inimigos da ideia cristã se ajudam uns aos outros* no terreno profissional e, com mais ou menos justificação intelectual – geralmente, com menos –, ocupam o cume das atividades científicas. Em contrapartida, inutiliza-se o talento de muitos jovens católicos de valor afastando-os do seu trabalho cultural e fazendo-os perder tempo com secretarias e presidências de juntas e juntinhas, e com propagandas: hoje, é dar uma conferência; amanhã, é escrever um artigo. Tudo coisas admiráveis, mas que nada têm que ver com a sua formação profissional»[17].

O terceiro pilar consistia na amizade e na abertura aos outros. Se uma pessoa participava da academia DYA por convite, regressava por amizade. Certos amigos convidaram outros para conhecer padre Josemaria porque atraía e criava ao redor de si um clima alegre, que facilitava a confidência. O fundador explicou-lhes que um cristão não pode limitar seus contatos aos mais chegados, nem formar grupos fechados ou *panelinhas*, como se dizia na época. A mensagem do Evangelho está aberta aos amigos e conhecidos no lugar de trabalho e

2. A ACADEMIA E RESIDÊNCIA DYA

nas relações sociais, tanto públicas como privadas. Do mesmo modo, estimulava a que se esmerassem com as pessoas necessitadas ou desfavorecidas, como as crianças e os enfermos.

Esta tríade – relacionamento com Deus, estudo e convivência – não era estritamente nova para os jovens católicos que escutavam Escrivá. A originalidade estava em que os convidava a dar sentido pleno às suas vidas, pois Deus os chamava a «materializar a vida espiritual», afastando-se de «uma vida dupla: a vida interior, a vida de relação com Deus, por um lado; e por outro, diferente e separada, a vida familiar, profissional e social, cheia de pequenas realidades terrenas»[18]. E essa era uma ideia que plasmava mais com o exemplo que com a palavra.

A quem se mostrasse interessado, padre Josemaria convidava para integrar o Opus Dei. Naquele momento, buscava homens e mulheres que se comprometessem a viver o celibato. Queria formar um grupo de pessoas que, além de sentir um chamado específico de Deus, estivesse disponível para estender o Opus Dei e dirigir suas atividades; uma vez que tivesse criado este primeiro núcleo – a obra de São Miguel –, o Opus Dei se difundiria para todo tipo de pessoas, casadas ou solteiras, dos mais diversos ambientes sociais.

Até 1934, a incorporação ao Opus Dei se fez de palavra. Nesse ano, um dos sacerdotes que estavam na Obra comentou que deviam manifestar sua pertença à instituição de algum modo. Escrivá tomou uma dupla resolução. Por um lado, a incorporação ao Opus Dei se faria por meio de uma breve cerimônia que incluía uma declaração de entrega plena a Deus, sem vínculos sagrados, e que se faria em três momentos, chamados admissão; oblação, ou incorporação temporária; e fidelidade, ou incorporação definitiva*. Por outro lado, num ato separado do anterior, cada um expressaria seu vínculo espiritual com a emissão dos votos privados de pobreza, obediência e castidade, de acordo com o espírito do Opus Dei. Este procedimento, de acordo com a tradição teológica e canônica, não afetava a secularidade dos membros da Obra, que se comprometiam perante Deus a viver essas virtudes no meio da vida corrente[19].

(*) Esses nomes eram provenientes, sobretudo, do âmbito acadêmico e civil. Escrivá procurava diferenciar-se da terminologia das ordens religiosas, nas quais as etapas de incorporação se realizam com o noviciado, a profissão temporária e a profissão perpétua. Cf. *Apontamentos íntimos,* n. 278 (10-IX-1931).

A HISTÓRIA DO OPUS DEI

Na residência DYA também houve atividades para graduados, alguns deles casados. Já em 1934, os chamados Amigos da DYA compareciam à residência nas tardes de sábado para ter encontros nos quais um deles, alternadamente, ministrava uma conferência de sua especialidade. Durante o ano acadêmico de 1935-1936, o projeto ampliou-se com uma associação profissional e civil – a Sociedade de Colaboração Intelectual (SOCOIN) – que, de acordo com a legislação vigente, dava cobertura legal às atividades culturais e formativas da DYA. Os membros dessa sociedade – pouco mais de vinte – reuniram-se semanalmente na residência. Com esta associação, Escrivá acreditava ter em andamento a primeira atividade da obra de São Gabriel.

A sociabilidade que criava Escrivá refletia algumas das características do estilo familiar do Opus Dei. Em muitas manhãs de domingo, pregava uma meditação aos membros da Obra; depois, tomavam juntos o café da manhã e se reuniam para que o fundador lhes comentasse algum aspecto do espírito do Opus Dei. Por exemplo, dizia-lhes que a plenitude da vida cristã – no caso deles, a entrega plena a Deus no meio do mundo – era igual à entrega dos tempos apostólicos, imersos nas realidades normais, tal como expôs numa carta a um conhecido: «Tenho uma grande vontade de o ver e de lhe contar a vida heroica dos meus rapazes. São bastantes os que vivem as virtudes de pobreza, castidade e obediência: passam despercebidos e são levedura»[20]. Noutro momento, referiu-se a esses estudantes como «apóstolos com coluna vertebral», homens que viviam «em plenitude a vida dos primeiros cristãos, lutando no mundo, contra o mundo, com as armas do mundo, escolhendo do escol da juventude universitária os campeões de Deus, para recristianizar o pensamento universal»[21].

Em fevereiro de 1936, houve eleições gerais na Espanha. Por uma margem relativamente pequena, ganhou a Frente Popular, composta de partidos de esquerdas republicanas, socialista e comunista. A vida social turvou-se. Em Madri surgiu o *pistoleirismo*, com assassinatos e atos de violência contínuos entre extremistas das duas orientações. Um dos residentes da DYA, Alberto Ortega, de vinte anos, foi detido e condenado a 25 anos de prisão pelo suposto assassinato de um policial. Padre Josemaria pediu aos seus amigos que o atendessem na prisão; na residência, porém, manteve o critério de que não se falasse de política nas reuniões coletivas.

2. A ACADEMIA E RESIDÊNCIA DYA

Quando chegou a primavera, o fundador contava com 21 homens da Obra, conhecidos em sua maioria graças à residência DYA. Por outro lado, só havia cinco mulheres, pois, diferentemente dos homens, não havia aparecido uma que pudesse ser diretora e não contava com um local. O padre Josemaria rezava e pedia orações a conhecidos, pois considerava que os números eram pequenos, mas suficientes para uma extensão a outras cidades. De modo concreto, preparava dois grupos para abrir, depois do verão, residências de estudantes em Valência e Paris; além disso, buscava com seus filhos uma nova sede para a academia DYA em Madri, pois a que tinham na rua Ferraz havia ficado pequena.

Josemaria Escrivá pedira a Isidoro Zorzano e a outros três membros da Obra que criassem uma sociedade econômica de caráter civil. A Fomento de Estudos Superiores (FES) havia sido constituída em novembro de 1935 com a finalidade de colaborar na formação cultural e profissional dos estudantes por meio da aquisição de imóveis. Em 16 de junho de 1936, a FES comprou a propriedade do edifício da rua Ferraz, 16, avaliada em 400 mil pesetas, para que fosse a sede definitiva da residência estudantil. A seguir – de 1 a 13 de julho –, os membros da Obra transladaram o mobiliário para esta nova sede.

Concluía-se assim um ano acadêmico em que mais de 190 pessoas haviam assistido a alguma atividade formativa na academia DYA. Vinte eram residentes; 144, estudantes que moravam com seus parentes ou em pensões; e 23 graduados. Pertenciam a diversas organizações católicas, sobretudo à Ação Católica e a associações acadêmicas e esportivas; alguns estavam afiliados a agremiações políticas que não lesavam os direitos da Igreja – identificadas quase todas com a direita –, e outros não se definiam politicamente. Ninguém pressentia o abismo em que o país estava prestes a cair.

3. A GUERRA CIVIL ESPANHOLA

Em 17 e 18 de julho de 1936, parte do exército espanhol deu um golpe de Estado. A sublevação fixou como seu objetivo o restabelecimento da unidade territorial e a ordem pública, fortemente deteriorada havia meses. Contudo, dado que o alçamento militar só triunfou em algumas regiões, o país ficou dividido em duas partes durante os três anos seguintes: uma sob o controle governamental e a outra em poder dos militares revoltados.

A Espanha republicana

Em julho de 1936, o fundador e os membros da Obra que residiam em Madri estavam acondicionando a nova sede da residência DYA, na rua Ferraz, 16[1]. Diante do edifício estava o Quartel da Montanha, que se revoltou contra a República. Na segunda-feira, dia 20, as forças policiais, os militares leais ao Executivo e grupos de milicianos assaltaram o quartel. Depois de sufocada a rebelião militar, Madri ficou em mãos republicanas.

O governo entregou armamento aos membros dos partidos e sindicatos que formavam a coalizão da Frente Popular. Imediatamente, desencadeou-se um processo revolucionário sob a bandeira de milicianos socialistas, comunistas e anarquistas. Um propósito comum desses grupos foi o uso da violência, incluindo a eliminação física e o confisco de bens dos militares não republicanos, de pessoas de alto nível econômico e do clero. Os comitês e tribunais revolucionários

A HISTÓRIA DO OPUS DEI

interrogaram e assassinaram milhares de pessoas sem julgamento prévio. No caso do clero, dos dois mil sacerdotes que residiam em Madri, 306 seculares e 398 religiosos – um terço do total – foram assassinados, quase todos entre julho e novembro de 1936.

Diante de uma repressão tão feroz e sistemática, o fundador e os jovens que pertenciam à Obra buscaram refúgio nos domicílios de seus respectivos familiares. O fato de ser sacerdote, declarar-se católico ou se mostrar alheio às ideias da Frente Popular era motivo suficiente para ser detido e fuzilado. No entanto, ninguém estava em perigo por pertencer ao Opus Dei, pois, salvo em ambientes católicos da Universidade de Madri, a instituição não tinha ainda relevância pública.

Durante os primeiros três meses de guerra, Josemaria Escrivá se escondeu em oito casas distintas de amigos e parentes de membros da Obra. Mudou de domicílio com frequência, uma vez que os milicianos praticavam revistas contínuas em busca daqueles que consideravam inimigos do movimento revolucionário. Nessas mudanças sempre o acompanhou Juan Jiménez Vargas, que tinha fixado como objetivo pessoal salvar a vida do fundador do Opus Dei.

No dia 7 de outubro, Jiménez Vargas conduziu Escrivá a um sanatório psiquiátrico privado. O lugar era mais seguro e estável do que os apartamentos de familiares e amigos. No entanto, havia o inconveniente de que o fundador ficava incomunicável com o resto de seus filhos espirituais e devia aparentar, diante da equipe sanitária, sofrer algum transtorno mental.

Os demais membros da Obra que estavam em Madri permaneceram em seus domicílios ou em casas de gente conhecida. Com o passar do tempo, os milicianos detiveram quatro deles – José María Hernández Garnica, Juan Jiménez Vargas, Álvaro del Portillo e Manuel Sainz de los Terreros – e os aprisionaram.

Novembro de 1936 foi um marco na Guerra Civil espanhola. O líder dos militares revoltados, general Francisco Franco, conduziu suas tropas até o oeste de Madri. Se ingressasse na cidade, a contenda penderia a favor do chamado *bando nacional*, e de modo quase definitivo. Depois de três semanas de combates intensos, o exército republicano, ajudado por combatentes de outros países – as Brigadas Internacionais –, rechaçou o ataque. Franco estabeleceu naquela

3. A GUERRA CIVIL ESPANHOLA

parte de Madri uma frente permanente e dirigiu os combates do norte peninsular.

Aquele mês também representou o ápice da violência na retaguarda republicana. Cerca de 2.500 homens presos nos cárceres de Madri acabaram fuzilados em Paracuellos del Jarama, povoado a leste da cidade. Para mitigar o escândalo desta ação repressiva perante a opinião pública internacional e para centralizar o poder, o governo substituiu os milicianos por carcereiros nas prisões e libertou os que não haviam cometido delitos. No caso dos membros da Obra, em janeiro foram postos em liberdade Jiménez Vargas, Sainz de los Terreros e del Portillo. Hernández Garnica, por sua vez, foi condenado a oito meses de prisão porque encontraram com ele um panfleto a favor de um partido de direita.

Até esse momento, padre Josemaria Escrivá havia se escondido, tal como seus filhos espirituais, com a esperança de que o conflito armado acabaria logo. No entanto, ao ter-se estabilizado a frente de guerra a oeste de Madri, parecia provável que a contenda armada se prolongasse por muito tempo. Por outro lado, a situação na zona republicana não permitia a organização e o desenvolvimento do Opus Dei. Ainda que os assassinatos por motivos religiosos tivessem diminuído a partir de dezembro de 1936, o culto público estava proibido, os sacerdotes continuavam escondidos, os fiéis não recebiam os sacramentos e muitas igrejas haviam sido destruídas. No lado nacional, por sua vez, a Igreja gozava de liberdade de movimentos. Por estes motivos, Escrivá decidiu que devia passar para a outra zona com os demais membros da Obra.

Desde alguns meses antes, o corpo diplomático acreditado na Espanha vinha oferecendo asilo aos que se sentiam perseguidos. Nos começos de 1937, o número de pessoas refugiadas em Madri era superior a 10 mil, fato sem precedentes na diplomacia internacional. Os chefes das diversas missões diplomáticas negociaram com o governo republicano a evacuação de seus asilados; a Argentina, por exemplo, evacuou trezentos cidadãos. Quando os membros da Obra souberam destes detalhes, tentaram unir-se a alguma expedição de refugiados. Para consegui-lo, era necessário pedir asilo em uma embaixada ou consulado.

Graças à intermediação de um amigo, em fevereiro de 1937, José María González Barredo foi acolhido no consulado de Honduras,

A HISTÓRIA DO OPUS DEI

que ficava no centro de Madri, no passeio da Castellana. Depois, entraram Josemaria Escrivá e seu irmão Santiago, Juan Jiménez Vargas, Álvaro del Portillo e Eduardo Alastrué. Outro membro da Obra, Vicente Rodríguez Casado, refugiou-se na legação da Noruega.

A presença de Escrivá e de seus acompanhantes no consulado de Honduras prolongou-se além do previsto. Durante cinco meses e meio – de 13 de março a 31 de agosto –, sofreram grandes penúrias pela superlotação e pela insuficiência de alimentos. Trinta pessoas moravam na residência do cônsul, pensada para uma ou duas famílias. A situação melhorou relativamente em maio, quando os membros da Obra foram transladados para um pequeno quarto só para eles. Ali o fundador celebrou a Missa, pregou meditações e os animou a manter a fé e a esperança[2].

Padre Josemaria passou então por um tempo de purificação interior. Com frequência, rogava a Deus que seus filhos espirituais sobrevivessem à guerra e conservassem firme o seu chamado ao Opus Dei. Pedia aos membros da Obra que fomentassem o relacionamento pessoal com Deus e mantivessem contato epistolar. Ele mesmo enviou inúmeras cartas aos que estavam fora do consulado, tanto em Madri como em outros lugares da Espanha republicana.

Nessas circunstâncias, houve uma incorporação singular ao Opus Dei. O fundador conseguiu contatar por carta um membro da Obra, Miguel Fisac. Para superar a censura, enviou as missivas à sua irmã Dolores. Já na primeira carta, padre Josemaria convidou Dolores a incorporar-se ao Opus Dei, embora não a conhecesse pessoalmente. Depois de um tempo de meditação, em agosto, Dolores lhe disse que estava disposta. Foi a única mulher que pediu admissão na zona republicana durante a Guerra Civil[3].

Josemaria Escrivá fez consultas sobre alguns assuntos referentes ao andamento do Opus Dei aos que o acompanhavam no consulado, sobretudo a Juan Jiménez Vargas, a quem considerava seu provável sucessor. Insistiu em três temas: no final das negociações para que fossem evacuados por via diplomática; na reclamação, perante o governo da República, de uma indenização pelos danos que havia causado um comitê anarquista às instalações da residência DYA; e na oração para que sua mãe e sua irmã atendessem a residência DYA ao acabar a guerra, de modo a que criassem um ambiente familiar na casa.

3. A GUERRA CIVIL ESPANHOLA

As duas primeiras negociações não foram bem-sucedidas, apesar de Isidoro Zorzano ter feito todo o possível.

Com o passar do tempo, convenceram-se de que a evacuação por via diplomática não era factível; a República de Honduras havia reconhecido o regime de Franco e, portanto, sua representação na zona republicana não tinha capacidade de negociação com o governo espanhol. Zorzano tentou então, ainda sem sucesso, incluir Escrivá e os membros da Obra nos planos de evacuação de outras sedes diplomáticas. Diante de tanta dificuldade, o fundador decidiu que passariam para a zona nacional por seus próprios meios e que ele seria o último a ir.

Entre os meses de agosto e setembro, padre Josemaria, seu irmão Santiago e Juan Jiménez Vargas deixaram o consulado de Honduras munidos de uma documentação falsa da Frente Popular. Uma vez na rua, Josemaria desenvolveu uma atividade ministerial clandestina com jovens da Obra e conhecidos. Pregou para cinco jovens um retiro espiritual peculiar, pois, para evitar possíveis revistas policiais, cada meditação sobre a vida de Jesus Cristo aconteceu num apartamento diferente.

No começo de outubro de 1937, Jiménez Vargas convenceu Escrivá a ir embora da zona republicana, ainda que alguns membros da Obra ficassem para trás. Organizada a expedição, o grupo se encontrou em Barcelona no início de novembro. Era composto de Josemaria Escrivá, Juan Jiménez Vargas, José María Albareda, Pedro Casciaro, Francisco Botella, Miguel Fisac, Manuel Sainz de los Terreros e Tomás Alvira. Todos eram do Opus Dei, com exceção de Alvira, a quem o fundador disse que, como tinha vocação matrimonial, o receberia na Obra quando pudesse contar com pessoas casadas.

A fuga da Espanha republicana foi feita através dos Pireneus, cordilheira montanhosa que separa a península ibérica do resto da Europa. De Barcelona, a expedição se transladou a Peramola, povoado ao norte da província de Lérida. Em 21 de novembro, dormiram em locais anexos a uma igreja saqueada pelos milicianos, no limite da Baronia de Rialp. Nessa noite, Escrivá sofreu uma grande angústia, pois acreditava que a vontade de Deus era que permanecesse na zona republicana até que não restasse ali nenhum filho seu. Na manhã seguinte, movido pela incerteza e contrariando sua conduta habitual, solicitou

A HISTÓRIA DO OPUS DEI

um sinal do Céu; pensou concretamente «numa flor ou adorno de madeira dos retábulos desaparecidos»[4]. Entrou de novo na igreja e, no solo, em um lugar por onde já havia passado no dia anterior, encontrou uma rosa de madeira estofada. Encheu-se de alegria porque entendeu que Deus lhe indicava que seguisse adiante.

Depois de alguns dias de espera emboscados numa cabana, uns guias os tiraram da zona republicana. Durante cinco noites, caminharam 87 quilômetros com um desnível acumulado de 5.800 metros. No dia 2 de dezembro, chegaram ao Principado de Andorra, pequeno país localizado entre Espanha e França. Ali descansaram e, logo que a neve permitiu, viajaram de ônibus, pelo sul da França, até a Espanha nacional. Na zona republicana, permaneceram até o final da contenda Isidoro Zorzano – que se movimentava com certa liberdade por ter nascido na Argentina – e outros membros da Obra e parentes, entre eles a mãe e os irmãos do fundador. Todos suportaram o duro fim da guerra, marcado pela carestia de alimentos e de outras matérias-primas.

A zona sublevada

Quase todos os membros do Opus Dei – entre eles o fundador – estiveram muito perto de sofrer uma morte violenta no lado republicano. Quando chegaram à zona nacional, encontraram uma situação completamente diferente. A Igreja gozava de liberdade de culto, e o regime do general Franco era confessional. Inclusive a Santa Sé, em maio de 1938, reconheceu por via diplomática o governo da parte sublevada. A exemplo da maioria dos católicos espanhóis, as pessoas da Obra eram favoráveis ao triunfo do exército rebelde. Neste caso – o mesmo acontecera durante a Segunda República – a difusão da mensagem do Opus Dei condicionava suas prioridades.

Josemaria Escrivá e seus companheiros chegaram à outra zona da Espanha no dia 11 de dezembro de 1937; horas antes, o sacerdote havia celebrado a Missa no santuário de Lourdes. Os jovens da Obra incorporaram-se ao exército porque estavam em idade militar. Escrivá, por sua vez, foi a Pamplona a convite do bispo da diocese, a fim

3. A GUERRA CIVIL ESPANHOLA

de descansar uns dias. Aproveitou a estada no palácio episcopal para fazer um retiro espiritual a sós.

No dia 8 de janeiro mudou-se para Burgos, sede de alguns departamentos administrativos do governo. Acreditava que, por sua centralidade geográfica e por ser um nó de comunicações, tratava-se da cidade mais adequada para reorganizar as atividades da Obra. Lá ele poderia receber os antigos estudantes da DYA quando dispusessem de licenças, pois quase todos estavam militarizados. Nesses primeiros dias da estadia em Burgos, redigiu uma carta circular para os membros do Opus Dei. Na missiva, datada de 9 de janeiro de 1938, assegurava-lhes sua proximidade e destacava algumas ideias: cultivar o relacionamento com Deus por meio do plano de vida, aumentar o carinho pela Obra e aproximar de Deus as pessoas conhecidas[5].

Ainda que desejasse alojar-se numa casa que lhe permitisse acolher convidados, Escrivá teve de se contentar com o aluguel de um quarto pequeno numa pensão. Acompanharam-no José María Albareda, Pedro Casciaro e Francisco Botella. Por outro lado, não conseguiu que ficasse com ele quem mais o ajudara até ali: Juan Jiménez Vargas. Destinado à frente de guerra de Teruel, a centenas de quilômetros de Burgos, Jiménez Vargas não obtinha licenças militares porque era oficial médico.

O fundador do Opus Dei escreveu nesses dias ao bispo de Madri--Alcalá, monsenhor Eijo y Garay: «Cumprindo a minha vocação específica, continuo a fazer apostolado com jovens e professores universitários»[6]. Também visitou o vigário geral dessa diocese, Francisco Morán, que residia em Salamanca. Com esses contatos – e com as oportunas licenças ministeriais do bispo de Burgos –, retomou sua tarefa pastoral.

Os que moravam com ele – Casciaro e Botella, sobretudo – observaram que Escrivá praticava uma penitência intensa, com disciplinas e jejuns. Além disso, acompanharam com certa inquietação a doença de que padeceu durante semanas e que lhe deu febre, dor de garganta e expectorações de sangue. Temiam que fosse um processo tuberculoso, mas o médico acabou por diagnosticar uma faringite crônica. Esses jovens da Obra, no entanto, não captaram ali toda a riqueza da oração do fundador. Jiménez Vargas foi o destinatário de algumas cartas com profundas confidências espirituais: «*descobri* um Mediterrâneo: a Chaga Santíssima da mão direita do meu Senhor.

A HISTÓRIA DO OPUS DEI

E ali me tens: o dia todo entre beijos e adorações. Verdadeiramente, é amável a Santa Humanidade do nosso Deus! Pede-Lhe tu que Ele me dê o seu verdadeiro Amor; assim ficarão bem purificadas todas as minhas outras afeições.»[7]

Para contatar pessoas conhecidas, Escrivá obteve um salvo-conduto que lhe permitiu movimentar-se pela zona nacional. Visitou, um a um, seus filhos espirituais, reuniu-se com estudantes da época da residência DYA, enviou cartas aos que se encontravam espalhados pelo território peninsular, elaborou uma publicação caseira em que se davam notícias de uns e outros e, na medida em que lhe permitiam as circunstâncias, travou correspondência com seus filhos e com sua família em Madri. Além disso, explicou o Opus Dei a vários bispos espanhóis que passavam por Burgos ou visitou-os em suas próprias dioceses. Preparava deste modo o desenvolvimento da Obra para quando finalizasse o conflito armado.

Em Burgos, contatou Amparo Rodríguez Casado, irmã de Vicente, um jovem da Obra. Amparo pediu admissão ao Opus Dei, e junto com sua mãe ajudou o fundador confeccionando toalhas e ornamentos litúrgicos – atividade típica entre as mulheres piedosas da época –, os quais seriam usados nos oratórios da Obra depois da contenda militar. A este ateliê de costura caseiro uniram-se mais algumas mulheres, às quais o padre Josemaria ministrou palestras de formação cristã. Segundo Amparo, «as aulas diziam respeito à vida interior, com aplicações práticas para melhorar o comportamento pessoal»; por exemplo, na vida social deviam atuar «com naturalidade, vestindo-nos à moda, com elegância e discrição, mas sem afetações»[8].

O fundador aumentou os textos de seu livro *Considerações espirituais*, chegando a 999 pontos, número escolhido em honra à Trindade divina. Meses mais tarde, decidiu que o intitularia *Caminho*. Além disso, preparou sua tese doutoral em Direito; este projeto, que vinha de longe, havia sido postergado pela fundação da Obra e o início da guerra. Escolheu como tema a jurisdição isenta de que haviam gozado durante séculos as abadessas de Las Huelgas Reales, mosteiro de clausura localizado nos arredores de Burgos. Do mesmo modo, em agosto e setembro pregou diversas rodadas de retiros espirituais a religiosas e a sacerdotes da diocese de Vitória. Em fins de setembro, fez o seu retiro no mosteiro de Silos.

3. A GUERRA CIVIL ESPANHOLA

Em 12 de outubro, teve a alegria de rever Álvaro del Portillo, Eduardo Alastrué e Vicente Rodríguez Casado. Estes membros da Obra haviam se alistado no exército republicano dois meses antes. Colocados na mesma unidade, no fronte de guerra, cruzaram as linhas inimigas. Del Portillo ficou durante certo tempo num acampamento militar próximo de Burgos, a fim de receber instrução militar. Escrivá conversou longamente com ele sobre a Obra e, com o passar das semanas, convenceu-se de que era a pessoa idônea que buscava para ajudá-lo no governo do Opus Dei. Nessa época, denominou-o *saxum* – «rocha» – em suas cartas porque o considerava um apoio firme.

O fundador desejava regressar a Madri logo que fosse possível a fim de recomeçar as atividades interrompidas pela guerra. Enquanto aguardava esse momento, empenhou-se em recolher objetos que pudessem ser úteis. Por exemplo, o grupo de mulheres que atendia confeccionou mais ornamentos e roupas para o altar do futuro oratório; recebeu de um conhecido um sacrário; com a ajuda de Albareda, solicitou livros para a biblioteca da residência DYA a catedráticos de vários países europeus; e guardou alimentos para levar a Madri, onde passavam por grande escassez.

Em novembro de 1938, o exército sublevado ganhou uma longa batalha no canal inferior do rio Ebro. Exausta, a república não tinha mais força militar para vencer a guerra. Só restava saber se a contenda acabaria com a rendição incondicional, como queria o general Franco, ou mediante um acordo, como pretendia parte do governo republicano.

Em 9 de janeiro de 1939, Escrivá redigiu uma nova carta circular para os membros do Opus Dei. Sua finalidade era fazer um balanço e tratar dos tempos vindouros. Assinalou que a palavra «otimismo» resumia seu pensamento e os incentivou a permanecer unidos: «Não vejo senão um *obstáculo terrível*: a vossa falta de *filiação* e a vossa falta de *fraternidade*, se alguma vez se derem na nossa família.»[9] Semanas mais tarde – em 24 de março –, escreveu uma terceira circular. Diante da iminente perspectiva do regresso a Madri, insistiu em que estivessem alegres, pois havia chegado o tempo de recomeçar e de se expandir a outros países: «Semeai, pois: eu vos asseguro, em nome do Amo da messe, que haverá colheita. Mas semeai generosamente... Assim, o mundo!»[10]

A HISTÓRIA DO OPUS DEI

Padre Josemaria entrou em Madri em 28 de março de 1939, num caminhão militar. As pessoas vinham beijar um crucifixo que ele levava nas mãos, pois era o primeiro sacerdote que viam com batina desde o início do conflito. Imediatamente, reuniu-se com sua mãe, seus irmãos e os membros da Obra que estavam na cidade.

Quatro dias depois, terminava a Guerra Civil espanhola. Chegava o momento de reconstruir um país consumido após três anos de confrontos armados. Trezentas mil pessoas haviam falecido, 250 mil estavam encerradas em campos de concentração ou encarceradas e 500 mil haviam se exilado. A Igreja Católica, que voltava a recuperar a liberdade de culto, também devia recompor sua estrutura, maltratada tanto no clero como nos edifícios. Além disso, era grande a demanda pastoral nas paróquias e nas tarefas educativas, beneficentes e sociais que realizava.

No caso do Opus Dei, o fundador sonhava em estender a mensagem recebida uma década antes. Contava com um punhado de homens e mulheres, a maioria com menos de trinta anos, curtidos depois da dura prova da Guerra Civil e dispostos a cumprir sua missão. Doze eram homens: Isidoro Zorzano, Juan Jiménez Vargas, José María González Barredo, Ricardo Fernández Vallespín, Álvaro del Portillo, José María Hernández Garnica, Pedro Casciaro, Francisco Botella, Eduardo Alastrué, Vicente Rodríguez Casado, Miguel Fisac e Rafael Calvo Serer. Com relação às mulheres, só o seguiam Dolores Fisac e Amparo Rodríguez Casado, que haviam pedido admissão durante o conflito. A estas pessoas somavam-se os quarenta ou cinquenta estudantes e profissionais que tinham direção espiritual com ele, mais amigos e conhecidos. Dois jovens do Opus Dei – Jacinto Valentín e José María Isasa – haviam morrido durante o conflito, e outros sete tinham deixado a Obra. Além disso, a sede da residência DYA fora destruída pelas bombas. Este era, de certa forma, o saldo de uma instituição da Igreja que se dispunha a começar uma nova página de sua história.

II. Aprovações e expansão inicial
(1939-1950)

A década 1940 está entre as mais trágicas da história da humanidade. No dia 1º de setembro de 1939, o exército de Hitler invadiu a Polônia como primeiro passo para assumir o controle da Europa. Imediatamente, a França e o Império Britânico declararam guerra. Duas semanas mais tarde, os soviéticos irromperam no oriente polonês. Começava a Segunda Guerra Mundial.

Depois de dois anos de vitórias, em 1942 as potências do Eixo – Alemanha, Japão e Itália – perderam batalhas decisivas em Stalingrado (União Soviética), no norte da África e em diversos confrontos navais. Os triunfos dos Estados Unidos no Pacífico e o início da campanha na Itália desequilibraram a balança em favor dos Aliados em 1943. No ano seguinte, libertaram Paris; enquanto isso, a URSS entrava pelo Leste Europeu. No dia 8 de maio de 1945, a Alemanha rendeu-se incondicionalmente. Após o bombardeio atômico sobre Hiroshima e Nagasaki e a invasão russa da Manchúria, a guerra teve fim em 15 de agosto, com a rendição japonesa.

Nas conferências de Yalta e Potsdam, em 1945, os chefes de governo dos principais países ganhadores – a União Soviética, o Reino Unido e os Estados Unidos – chegaram a um acordo quanto ao destino da Europa e a reorganização do Extremo Oriente.

A HISTÓRIA DO OPUS DEI

Além disso, criaram as Nações Unidas (ONU), organização inter-governamental que pretendia promover a paz e a cooperação internacional. Em 1948, a Assembleia Geral das Nações Unidas aprovou a Declaração Universal dos Direitos Humanos. O documento reconhecia o direito à liberdade de pensamento, religião, deslocamento e educação, bem como a um nível de vida adequado.

O mundo ficou dividido em duas grandes esferas de influência. De lado, um bloco ocidental liderado pelos Estados Unidos, que estabeleceu uma aliança militar – a OTAN (1949) – e elaborou um plano de auxílio econômico e político, o Plano Marshall (1947); do outro, o bloco oriental, composto de países com regimes comunistas que orbitavam ao redor da União Soviética.

O Papa destes anos foi Pio XII. Logo após ser eleito, em março de 1939, tratou de evitar que eclodisse um novo conflito internacional. Quando começou a guerra, definiu protocolos para ajudar as pessoas perseguidas pelas potências do Eixo – entre outros, os judeus – e fomentou a assinatura de acordos de paz por meio dos núncios que viviam nos países envolvidos. O próprio pontífice testemunhou a ocupação nazista de Roma entre setembro de 1943 e junho de 1944.

Durante e depois da guerra mundial, Pio XII impulsionou uma nova ordem social que promovesse a convivência entre os Estados. Esta ordem deveria respeitar as opções políticas dos indivíduos e dos povos; ao mesmo tempo, o sistema democrático liberal teria de se apoiar nas normas morais que Deus outorgara ao homem. Seguindo esse princípio, o Papa pediu às chamadas democracias populares dos regimes comunistas que modificassem suas políticas segundo fórmulas que dessem primazia à pessoa em detrimento do sistema.

Na Espanha, o desenlace da Guerra Civil em 1939 deu lugar ao regime nacionalista e autoritário do general Francisco Franco. O general recorreu a princípios culturais e sociais tradicionalistas: unidade política e territorial, unidade religiosa católica e autoridade no exercício do poder; por outro lado, rejeitou o comunismo, a maçonaria e os sistemas democrático-liberais. Estabeleceu a unidade política com um único partido: a Falange Espanhola Tradicionalista e das Juntas de Ofensiva Nacional Sindicalista. A unidade territorial foi assegurada pelas forças armadas, enquanto a unidade moral da sociedade ficou

II. APROVAÇÕES E EXPANSÃO INICIAL (1939-1950)

sob os auspícios da Igreja, que apoiava Franco porque ele a havia protegido durante o conflito armado frente à repressão revolucionária.

Franco foi chefe de Estado e chefe de governo. Dirigiu o regime com o Conselho de Ministros. As Cortes Espanholas colaboraram na tarefa legislativa, embora não tivessem capacidade para limitar a autoridade de Franco. Em sua maioria, os políticos pertenciam às diversas tendências que se tinham sublevado em 1936, ou seja, falangistas, carlistas e monárquicos. Esses homens criaram minorias políticas que disputaram a direção da sociedade, do âmbito político até o cultural e científico.

Ainda que simpatizasse com a Itália e a Alemanha, Franco declarou a neutralidade da Espanha na Segunda Guerra Mundial. Em junho de 1940, o país passou da neutralidade à não beligerância e prestou mais ajuda às ditaduras totalitárias. Não entrou formalmente na guerra porque, além das penalidades econômicas que arrastava, necessitava do fornecimento de alimentos e petróleo que chegavam dos Aliados. Um ano depois, em junho de 1941, aplaudiu a invasão da União Soviética pelas tropas alemãs porque lutavam contra o comunismo. Franco enviou mais de 40 mil voluntários espanhóis – a chamada Divisão Azul, pela cor da camisa falangista – para combater na Rússia. Apresentou este fato como uma nova Cruzada, ideia que foi rejeitada pela Santa Sé[1].

A Espanha voltou à neutralidade em outubro de 1943. Contudo, os vencedores da guerra penalizaram o regime franquista porque havia proporcionado apoio diplomático e econômico às potências do Eixo. Na Conferência de Potsdam, celebrada no verão de 1945, proibiram a entrada da Espanha na ONU, veto que durou uma década. Em dezembro de 1946, a própria ONU condenou a Espanha por ser um regime com afinidades fascistas, motivo pelo qual muitos embaixadores se retiraram dali e Juan de Bourbon – filho de Alfonso XIII – pediu o restabelecimento da monarquia constitucional. Com seu pragmatismo de sempre, Franco diluiu o tom falangista do regime de modo progressivo e adotou formas menos rígidas. Ao mesmo tempo, aprovou as Leis Fundamentais que o reconheciam como governante vitalício, destacavam a confessionalidade do Estado e estabeleciam mecanismos de leve participação política a representantes das famílias, aos municípios e aos sindicatos verticais, que engloba-

A HISTÓRIA DO OPUS DEI

vam patrões e operários. A sociedade espanhola acomodou-se a este regime peculiar, em alguns casos por identificação emocional e, em outros, porque não havia outras opções.

Durante os primeiros anos, o regime franquista mostrou-se fortemente totalitário. A autarquia e o protecionismo dominaram a política econômica de um país destroçado pela Guerra Civil e fechado à ajuda estrangeira. As entidades estatais ditavam a ordem trabalhista, controlavam os preços dos produtos de consumo, edificavam grandes infraestruturas e instituíam empresas como a Renfe (ferrovias) ou o Instituto Nacional da Indústria. Essas medidas de reconstrução frutificaram lentamente, pois o país era paupérrimo, a população passava fome – as cartilhas de racionamento para produtos alimentícios estiveram em vigência até 1952 – e os padecimentos relacionados com a desnutrição faziam estragos: por exemplo, no quinquênio 1940-1945, cerca de 200 mil pessoas faleceram por indigência ou doenças.

O regime desenvolveu uma forte ação repressiva contra os maçons, comunistas, socialistas e anarquistas; com menos intensidade, também contra os republicanos e os nacionalistas bascos e catalães, pois os considerava responsáveis pela Segunda República e o posterior conflito bélico. Entre 1939 e 1945, cerca de 30 mil pessoas morreram por execuções. No período imediatamente posterior à guerra, a população encarcerada chegava a 270 mil homens, cifra que diminuiu gradualmente até chegar a 44 mil, em 1945. A repressão também se fez presente em setores tão variados como a cultura, a educação e a arte. Na vida social, diferenciavam-se os vencedores e os perdedores da guerra com abusos de poder e favorecimentos. Só com o passar do tempo, e com a garantia de que não seriam processados, alguns intelectuais liberais exilados no início da Guerra Civil – como Gregorio Marañón ou José Ortega y Gasset – regressaram à Espanha, mas sem manifestar em público suas ideias, pois não havia espaço para a dissidência política ou cultural; outros, pelo contrário, preferiram não voltar a uma nação autoritária.

A Falange Espanhola e das Juntas de Ofensiva Nacional Sindicalista tentou controlar todos os estratos sociais, desde a iniciativa empresarial, os operários e o mundo sindical até a política, a cultura e o ensino. Por exemplo, na universidade só estava autorizado o Sindi-

II. APROVAÇÕES E EXPANSÃO INICIAL (1939-1950)

cato de Estudantes Universitários, que era dirigido pela Falange e teve filiação obrigatória a partir de 1943; a vida social estava enquadrada pela censura da imprensa, do rádio e da propaganda.

O regime franquista restaurou a subvenção estatal do culto e do clero, financiando a reparação de Igrejas e colégios religiosos; entre outras medidas, aboliu também a legislação contrária à doutrina católica, como o divórcio, e proibiu a propaganda anticlerical. A hierarquia da Igreja compartilhava com o Estado do anseio de reconstrução nacional, que incluía a restauração espiritual do país.

Muitos católicos colaboraram ativamente com o poder político, no intuito de criar uma nova sociedade que impregnaria de valores cristãos a legislação e os costumes. No entanto, houve algumas discrepâncias devido ao caráter tendencialmente totalitário do regime. Por exemplo, nas relações entre a Igreja e o Estado, Franco participou na nomeação dos bispos, substituiu várias associações católicas por grupos submetidos ao controle estatal e censurou certos escritos eclesiásticos, como a solicitação de clemência feita por Pio XII, em abril de 1939, para os derrotados na Guerra Civil ou a pastoral do cardeal Isidro Gomá, de agosto do mesmo ano, em que pedia perdão para os que tinham perseguido os católicos.

A partir de 1939, a Igreja espanhola viveu uma etapa de restauração, manifestada nos altos índices de assistência aos atos de culto e devocionais, no retorno das ordens religiosas à direção de colégios do ensino fundamental e médio, na eclosão de vocações sacerdotais e religiosas e no ingresso de fiéis em associações confessionais. Junto com a pastoral ordinária, cresceram os retiros espirituais, as missões populares e os Seminários de Cristandade. Entre os estudantes, multiplicou-se a afiliação às Juventudes da Ação Católica e a outras organizações religiosas com atividades piedosas e de ajuda social. Na universidade, era habitual que alguns jovens decidissem entregar a vida a Deus em celibato e entrassem em seminários e noviciados, sem falar nos que tinham como modelo de vida formar uma família cristã. Este clima favoreceu a atividade do Opus Dei.

4. A DIFUSÃO ENTRE OS HOMENS

QUANDO JOSEMARIA ESCRIVÁ DE BALAGUER e os demais membros da Obra chegaram a Madri, em março de 1939, tiveram de enfrentar dificuldades devido à penúria produzida pela guerra. Ao mesmo tempo, estavam cheios do entusiasmo de encarar um tempo novo em que a Igreja gozava do apoio do Estado e em que a mensagem do Opus Dei se podia abrir para diversos ambientes e pessoas.

O fundador não havia elaborado um plano estratégico geral – seus *Apontamentos íntimos*, bem como os demais escritos de governo e formação anteriores à guerra, não eram programáticos –, e sim um desenvolvimento em sintonia com as circunstâncias do presente. Colocara algumas prioridades, como o restabelecimento da direção do Opus Dei, a abertura de uma residência de estudantes, a explicação do seu espírito a estudantes e graduados e a retomada das atividades com mulheres.

Contava somente com uma dúzia de pessoas com pouca experiência, e por isso projetou uma estrutura de governo simples. Nomeou Álvaro del Portillo – que tinha 25 anos e estava no terceiro ano da faculdade de Engenharia – secretário geral e administrador econômico da Obra. Juan Jiménez Vargas foi o diretor, Isidoro Zorzano o administrador e Ricardo Fernández Vallespín o representante legal da residência de estudantes de Madri. Francisco Botella e Vicente Rodríguez Casado acompanharam as atividades com os estudantes – a obra de São Rafael –, enquanto coube a José María Albareda a Sociedade de Colaboração Intelectual (SOCOIN), que, dentro da obra de São Gabriel, se dirige a graduados e profissionais. Com o passar do tempo, o fundador foi delegando mais responsabilidades. Reunia-se pe-

A HISTÓRIA DO OPUS DEI

riodicamente com del Portillo, Jiménez Vargas, Fernández Vallespín e Albareda para conversar sobre o andamento das atividades[1].

O fundador continuou a tarefa formativa dos membros do Opus Dei – tanto a coletiva, nos círculos breves e meditações, como a individual, nas conversas de discernimento espiritual. Ao mesmo tempo, solicitou aos que estavam havia mais tempo na Obra – era o caso de Jiménez Vargas e del Portillo – que o ajudassem no acompanhamento espiritual dos jovens. Em geral, eles travavam conversas informais, baseadas na fraternidade e na amizade, a fim de orientar os jovens nos primeiros passos de sua vocação, com conselhos de caráter espiritual e apostólico. Constituía novidade que um leigo recebesse uma confidência de outro leigo sobre sua situação pessoal porque, de modo habitual, eram os religiosos ou sacerdotes seculares que exerciam a direção espiritual. Escrivá de Balaguer também sugeriu a seus filhos que se confessassem com sacerdotes conhecidos seus; assim, tinha a liberdade para dialogar com eles sobre assuntos espirituais sem a incidência do sigilo sacramental, evitando também que as pessoas se apegassem a ele ou dependessem do seu acompanhamento espiritual.

Pessoalmente, padre Josemaria levou a cabo algumas tarefas pendentes ou que lhe haviam sido solicitadas. Em dezembro de 1939, defendeu sua tese doutoral na Universidade Central de Madri. A pesquisa tinha por título *Estudo histórico canônico da jurisdição eclesiástica «ullius dioecesis» da abadessa de las Huelgas de Burgos*. Depois, no ano acadêmico 1940-1941, e por desejo de monsenhor Eijo y Garay, foi professor de Ética e Moral Profissional num curso oficial para a especialização de jornalistas, em Madri; e, a pedido do ministro da Educação, foi vogal do Conselho Nacional de Educação durante alguns meses. Além disso, em fevereiro de 1942, recebeu por escrito sua colação canônica como reitor de Santa Isabel e passou a ficar incardinado na diocese de Madri-Alcalá[2].

De Madri às capitais universitárias de província

A primeira atividade de caráter corporativo da Obra após a Guerra Civil foi uma residência de estudantes. Como a artilharia havia destroçado a da rua Ferraz, os membros do Opus Dei buscaram outro local. No verão de 1939, alugaram alguns apartamentos na rua

4. A DIFUSÃO ENTRE OS HOMENS

Jenner, 6: dois no quarto andar, onde puseram o oratório, os quartos para cerca de trinta e cinco estudantes, a sala de estudo e a sala de estar; e um no primeiro, com o refeitório, a área de serviços da residência e os quartos do fundador, sua mãe e seus irmãos[3].

Escrivá de Balaguer informou a autoridade eclesiástica sobre o recomeço da atividade pastoral com os estudantes e solicitou vênia para erigir um oratório na residência da rua Jenner. No dia 2 de setembro de 1939, teve a primeira entrevista com monsenhor Eijo y Garay, que durou cinco horas. A partir de então, foram frequentes as audiências no palácio episcopal, a correspondência postal e as chamadas telefônicas entre os dois. Monsenhor Eijo manifestou um apoio incondicional a Escrivá de Balaguer. Cria tratar-se de um homem de Deus e que o Opus Dei constituía um bem para a renovação da Igreja.

A residência da rua Jenner seguiu os mesmos parâmetros da DYA. O estudo e a assistência às aulas ocupavam as principais horas dos universitários, e se organizaram também diversas atividades culturais, beneficentes e esportivas. Escrivá de Balaguer desenvolveu um trabalho sacerdotal centrado na pregação e na celebração dos sacramentos; por sua vez, seus filhos espirituais encarregaram-se de ministrar aulas de formação. Durante alguns meses, por exemplo, Vicente Rodríguez Casado e José María Hernández Garnica deram aulas sobre a obra de São Rafael.

Nos meses de junho e setembro de 1939, padre Josemaria pregou retiros espirituais para universitários em Valência. Alguns jovens – entre outros, Amadeo de Fuenmayor, José Manuel Casas Torres e José Orlandis – integraram-se ao Opus Dei. Nesse mês de setembro, Rafael Calvo Serer alugou um apartamento em Valência, na rua Samaniego. Por suas pequenas dimensões, chamou o apartamento de O Covil. Calvo foi o diretor da casa e deu ali aulas sobre a vida cristã. Um ano depois, mudaram-se para uma sede maior, com capacidade para dezesseis pessoas, que denominaram Residência Samaniego.

Escrivá de Balaguer modificou a maneira como havia pensado expandir o Opus Dei para outras localidades. Antes da guerra, planejara abrir várias residências. Agora, considerava mais oportuno começar com viagens periódicas, pelo menos até que tivessem um grupo suficiente de conhecidos. Estas estadas serviriam para animar a vida cristã dos membros da Obra e de seus amigos. No pensamento do funda-

A HISTÓRIA DO OPUS DEI

dor, os deslocamentos seriam semelhantes aos «que os apóstolos faziam, construindo igrejas nas cidades e deixando os cristãos atuar de forma independente, apoiando-os com cartas e visitas frequentes»[4].

De novembro de 1939 em diante, os jovens da Obra passaram a fazer viagens de fim de semana de Madri a Barcelona, Salamanca, Valladolid e Saragoça, a fim de conhecer estudantes. Cada um colaborou na medida de suas possibilidades, reduzidas às vezes pela necessidade de estudar ou de cumprir os deveres militares. Costumavam tomar um trem ou ônibus no sábado, depois do fim das aulas ou do trabalho, e regressavam no domingo à noite ou nas primeiríssimas horas da segunda-feira. Vários jovens dessas cidades solicitaram a admissão, com exceção de Salamanca, onde custou mais que se entendesse a mensagem do Opus Dei.

No dia 23 de abril de 1940, começou-se a utilizar um apartamento na rua Montero Calvo, de Valladolid. Fora cedido pelo pai de Teodoro Ruiz Jusué, um rapaz que acabava de se incorporar ao Opus Dei. Pedro Casciaro ajudou a instalar a casa, denominada El Rincón (O Canto), por seu tamanho reduzido. Em Barcelona, Amadeo de Fuenmayor e outros membros da Obra, como Rafael Termes, encontraram uma sede no mês de junho. Tratava-se de um pequeno mezanino na rua Balmes, ao qual puseram o nome de O Palácio. Como nenhum deles possuía título profissional, quem alugou o apartamento foi um médico amigo chamado Alfons Balcells. Alguns conhecidos frequentaram essa casa – geralmente no período da tarde – para estudar, rezar, receber formação cristã e participar de reuniões informais[5].

Escrivá de Balaguer pediu-lhes que fizessem um plano para cada viagem, que rezassem pelas pessoas que encontrariam e pelo bispo da diocese correspondente, e também que oferecessem a Deus os incômodos próprios dos deslocamentos. Quando chegavam às cidades, propunham aos conhecidos que lhes apresentassem seus amigos. Depois, a explicação do Opus Dei seguia as diretrizes definidas: estimulavam-nos a realizar bem o próprio trabalho profissional – o estudo, para a maioria dos que os ouviam –, a manter um relacionamento pessoal com Deus e a cultivar a amizade. Ao fim, faziam um relato da viagem e uma ficha de cada um dos estudantes e profissionais conhecidos, para que houvesse continuidade[6].

4. A DIFUSÃO ENTRE OS HOMENS

Tal como tinham aprendido do fundador, os jovens do Opus Dei explicavam a seus coetâneos que a atividade apostólica que realizavam não exigia que se inscrevessem numa associação. Cada um recebia formação cristã a título pessoal: «Aqui, nós não dizemos: "Somos de tal associação", mas: "Somos estudantes de tal coisa"», anotou um deles. Transmitiam o espírito cristão na universidade «à base de estudar muito e de nos ajudarmos como irmãos. Nosso apostolado será confidencial, de amigo para amigo»[7]. Esta forma de agir não impedia que fossem filiados a associações confessionais, como as Juventudes da Ação Católica ou as Congregações Marianas. Em 1940, um terço dos membros da Obra pertencia ou participava de atividades de associações católicas ou de grupos políticos, esportivos e recreativos.

A atividade profissional – para quase todos, concluir o curso universitário ou a tese doutoral – e a difusão do Opus Dei absorveram as energias daqueles jovens da Obra. Rezavam com fé, estavam seguros do caráter sobrenatural do Opus Dei, sentiam-se protagonistas na aventura de expandi-lo – muitos estudavam idiomas – e estavam em sintonia com o padre Josemaria, que lhes manifestava carinho paterno e confiança.

Um modo de dar a conhecer a Obra foi *Caminho*. A primeira edição, com 2.500 exemplares, viu a luz em setembro de 1939. O livro, de capa atraente e moderna, continha 999 máximas espirituais que, por seu estilo direto, impressionavam os estudantes. Diversos temas, como o exercício das virtudes dos leigos, o trabalho realizado com perfeição, o matrimônio como vocação ou o prestígio profissional, eram inovadores. O fundador e os membros do Opus Dei foram distribuindo exemplares nas livrarias de diferentes localidades.

Escrivá de Balaguer explicava com detalhes o espírito do Opus Dei a todos os seus membros, a fim de que tivessem um elevado sentido de sua missão universal e conhecessem os modos de levá-la à prática. De 17 a 24 de março de 1940, celebrou na residência da rua Jenner um encontro formativo – denominado Semana de Estudo – do qual participaram 33 homens do Opus Dei, procedentes de Barcelona, Madri, Valência, Valladolid e Saragoça. O fundador fez pregações aos participantes e falou a sós com cada um. Alguns jovens que se tinham incorporado antes da guerra, como Álvaro del Portillo

A HISTÓRIA DO OPUS DEI

ou Juan Jiménez Vargas, deram aulas sobre o espírito e a atividade do Opus Dei. Também visitaram lugares onde a Obra havia começado, como o asilo Porta Coeli e os edifícios da rua Ferraz, em que havia estado a residência DYA[8].

No verão daquele ano, organizaram-se mais semanas de estudo para os membros da Obra. Em meados de agosto, celebraram uma delas com a assistência de 28 jovens; em começos de setembro, outra para 24, com gente de novos lugares, como Bilbau, San Sebastián e Múrcia. Nesses encontros, fortaleceu-se a sociabilidade dos membros do Opus Dei – a vida em família, como Escrivá de Balaguer gostava de dizer –, baseada na amizade e em um ideal cristão compartilhado. Para sublinhar a necessidade de estarem unidos nas intenções e nos afetos, o fundador recordou certa vez os quarenta mártires de Sebaste (na Armênia Menor do século IV), que morreram juntos num tanque gelado diante de uns verdugos que prometiam preservar a vida dos que renegassem a fé.

Deste modo, durante o curso acadêmico de 1939-1940, foram numerosos os grupos de estudantes e de profissionais de cidades espanholas que ouviram falar do Opus Dei. Destes, setenta solicitaram a admissão. A capital da Espanha era o centro a partir do qual se dava a conhecer a mensagem da Obra, tanto na residência da rua Jenner como num apartamento da rua Martínez Campos, onde viviam profissionais e graduados. Era o caso do arquiteto Ricardo Fernández Vallespín e dos professores do ensino médio José María González Barredo e José María Albareda. Além disso, haviam sido realizadas pouco mais de sessenta viagens a onze localidades espanholas; e, nos casos de Valência, Barcelona e Valladolid, alugaram-se apartamentos para sediar as reuniões.

O ano acadêmico de 1940-1941 começou com o aluguel de outra casa em Madri, destinada a ser sede central da Obra e residência de estudantes. Tratava-se de um edifício composto de três andares e um semissubsolo; ficava na esquina das ruas Diego de León e Lagasca. Ali foram morar o padre Josemaria, sua mãe e seus irmãos, Álvaro del Portillo e mais alguns da Obra. Nos primeiros meses, as condições materiais foram particularmente incômodas, uma vez que a casa tinha sido danificada durante a guerra e eles não contavam com o dinheiro suficiente para ativar a calefação[9].

4. A DIFUSÃO ENTRE OS HOMENS

No outono de 1941, a casa da rua Diego de León passou a ser um centro de estudos, isto é, uma residência onde os membros do Opus Dei, ao mesmo tempo que cursavam seus estudos universitários, recebiam durante dois anos formação cristã com aulas de Apologética, Filosofia, Latim e Oratória, além de sessões explicativas sobre o espírito que estavam chamados a encarnar em suas vidas. O primeiro grupo foi composto de dezesseis alunos. Entre outros docentes, José María Bueno Monreal, professor do seminário de Madri, amigo do fundador e futuro cardeal, deu aulas de Teologia. Escrivá de Balaguer dirigiu meditações e compartilhou com os estudantes encontros informais e tertúlias. Além disso, alguns dos primeiros da Obra, como Álvaro del Portillo e Juan Jiménez Vargas, deram aulas de formação. Como era de costume – a fim de não se ver condicionado pelo sigilo sacramental –, o fundador pediu a alguns religiosos amigos, como o agostiniano José López Ortiz e o dominicano José Manuel Aguilar, que atendessem as confissões dos estudantes e celebrassem as cerimônias litúrgicas da casa.

Devido ao crescimento do número de pessoas da Obra que acabavam os cursos universitários, o centro da rua Martínez Campos deu lugar, em outubro de 1941, a uma casa na rua Núñez de Balboa e, um mês depois, a outra na rua Villanueva, voltada para graduados e doutores; nesta última moraram, entre outros, Álvaro del Portillo e Isidoro Zorzano. Tratava-se de apartamentos onde residiam os *mais velhos* do Opus Dei, ainda que sua média de idade não ultrapassasse os trinta anos*.

(*) A palavra *centro*, que aparecerá com frequência em nosso livro, designa duas realidades relacionadas entre si. Por um lado, em sentido próprio, segundo o Direito particular da prelazia (cf. *Codex iuris particularis Operis Dei*, 1982, n. 166), consiste num ente de organização local que pode ser erigido pela autoridade do Opus Dei para o atendimento pastoral dos fiéis e das atividades apostólicas. Por extensão, com este termo costuma-se fazer referência a uma sede material, muitas vezes uma casa ou apartamento, que normalmente é de propriedade de uma entidade civil que responde pelos aspectos técnicos e econômicos e que coloca o imóvel à disposição do trabalho apostólico do Opus Dei. De acordo com as normas do direito canônico, os centros não exigem uma sede física; no caso de que a tenha, costumam nela residir membros numerários; dá-se nela também formação cristã e se realizam diversas atividades apostólicas (cf. *Codex iuris particularis Operis Dei*, 1982, n. 8, §1). O vigário do Opus Dei em determinada circunscrição solicita a vênia do ordinário do lugar antes de erigir canonicamente um centro com sede física, a partir da qual se realiza o apostolado coletivo (cf. *Codex iuris particularis Operis Dei*, 1982, n. 177, §1). As pessoas da

A HISTÓRIA DO OPUS DEI

No verão de 1943, fechou-se a residência da rua Jenner porque o dono dos apartamentos necessitava deles para uso de sua família. Os membros da Obra então alugaram três casas na avenida Moncloa. A nova residência Moncloa começou no outono desse ano com pouco menos de cinquenta residentes, ainda que tivesse capacidade para uma centena. Pouco depois, no mês de novembro, abriram outra casa em Madri, na rua Españoleto, e deixaram a da rua Núñez de Balboa por ser inadequada. Em Barcelona, instalaram-se em uma nova casa, a Clínica, onde viviam alguns médicos, como Juan Jiménez Vargas e Alfons Balcells, que nesse ínterim havia pedido admissão à Obra.

Opus Dei, pia união

Ano e meio após o final da Guerra Civil, a Obra era relativamente conhecida no mundo universitário espanhol. Umas 120 pessoas pertenciam ao Opus Dei, e muitos estudantes haviam ouvido falar sobre a mensagem de santidade no meio do mundo por meio da própria tarefa profissional. As atividades cresciam pouco a pouco por meio da amizade de uns e outros. Padre Josemaria desejava que as pessoas da Obra atuassem de forma discreta para não interferir com as associações católicas e para que não fossem confundidos com os religiosos consagrados. Assumia pessoalmente o relacionamento com os bispos das cidades em que havia gente do Opus Dei; por exemplo, antes de abrir um centro em determinada localidade, pedia ao ordinário do lugar a vênia ou licença para dispor de um oratório[10].

A Obra chamou a atenção no âmbito estudantil católico. Alguns eclesiásticos não compreenderam sua mensagem ou seus modos de atuar. Para que se visse que a hierarquia respaldava o Opus Dei, em março de 1940 monsenhor Eijo y Garay sugeriu a Escrivá de Balaguer que solicitasse uma aprovação canônica. Pela primeira vez, o fundador teve de pedir sanção jurídica de seu carisma, o carisma das pessoas que «hão de se santificar no mundo, a partir das entranhas da

---

Obra passam a depender de um centro, no sentido próprio acima mencionado, em função de suas circunstâncias pessoais e das necessidades apostólicas.

4. A DIFUSÃO ENTRE OS HOMENS

sociedade, ali onde estão, em seu trabalho profissional, sem excluir os cargos da administração pública, sem mudar de estado e sem constituir novo elo na evolução da vida religiosa»[11]. Tratava-se de uma tarefa que exigia prudência porque, como confiou aos seus filhos, era «difícil encontrar um lugar para essa novidade nas normas canônicas»[12]. Depois de se assessorar com o procurador da diocese, José María Bueno Monreal, concluiu que devia se conformar com uma solução provisória que respeitasse a essência e o espírito da Obra e que permanecesse aberta a futuras mudanças.

De acordo com o Código de Direito Canônico, Escrivá de Balaguer solicitou que o Opus Dei fosse uma associação de leigos e, concretamente, uma pia união. Redigiu os documentos oportunos e trocou impressões com Bueno Monreal, bem como com Albareda, del Portillo, Fernández Vallespín, Hernández Garnica e Jiménez Vargas. Depois, traduziu os textos para o latim, como era habitual à época. Quando entregou os documentos a monsenhor Eijo y Garay, Escrivá de Balaguer rogou-lhe que aprovasse o Opus Dei, mas que não o erigisse canonicamente, pois aquela era uma solução temporária.

Em 19 de março de 1941, o bispo de Madri-Alcalá aprovou o Opus Dei como pia união, com Estatutos compostos de seis documentos (Regulamento, Regime, *Ordo*, Costumes, Espírito e Cerimonial). A aprovação reconhecia os fins do Opus Dei, a estrutura de governo e a organização interna, os tipos de sócios, as formas de transmissão da mensagem e a complementaridade das atividades corporativas e pessoais.

O Opus Dei se definia como uma «Associação Católica de homens e de mulheres que, vivendo no meio do mundo, buscam sua perfeição cristã pela santificação do trabalho ordinário. Persuadidos de que o homem foi criado *ut operaretur* (Gn 2, 15), os sócios do Opus Dei obrigam-se a não deixar seu trabalho profissional ou outra atividade equivalente, ainda que tenham uma grande posição econômica ou social». Para alcançar este fim, comprometiam-se a «viver vida interior de oração e sacrifício, segundo o regime e o espírito aprovados pela Santa Igreja, e a desempenhar com a máxima retidão suas atividades profissionais e sociais»[13].

Os membros do Opus Dei eram leigos que viviam uma doação completa a Deus, com celibato secular: «Os sócios do Opus Dei não

A HISTÓRIA DO OPUS DEI

são religiosos, mas têm um modo de viver – entregues a Jesus Cristo – que, no essencial, não é distinto da vida religiosa», porque se trata de um compromisso «definitivo e de perfeição»[14], isto é, com uma vocação de entrega total, mas no mundo, inseridos na urdidura das realidades terrenas. Estas frases mostravam a provisoriedade da aprovação, pois a Obra reclamava a seus sócios um compromisso com Deus que ia além da mera pertença a uma associação de fiéis.

Com relação ao tipo de sócios, indicava-se que podiam ser supernumerários – pessoas com compromisso de celibato; numerários – supernumerários que desempenhavam cargos de direção; e inscritos, tanto casados como célibes. Os supernumerários podiam «consagrar-se ao serviço da Obra durante um período determinado, e nessa altura diz-se que fizeram a sua *oblação*, ou de modo perpétuo, caso em que se diz que fizeram a sua *fidelidade**. Os inscritos, pelo contrário, não se incorporavam formalmente ao Opus Dei. O motivo era que, naquele momento, Escrivá de Balaguer queria formar primeiro um grupo de homens e mulheres com celibato que estivessem disponíveis para expandir a Obra, além de encontrar a acomodação jurídica que reconhecesse uma entrega completa a Deus em uma vocação sem compromisso de celibato. De modo semelhante, os Estatutos olhavam para o futuro ao mencionar, sem maiores explicações, aos «que façam estudos eclesiásticos e cheguem ao sacerdócio», que «se dedicarão especialmente à formação espiritual dos demais membros da Obra»[15].

Dentro da associação, homens e mulheres tinham o mesmo regime de governo e de atividades, mas com um desenvolvimento em paralelo. As mulheres, além disso, atendiam a administração doméstica das casas do Opus Dei como uma tarefa específica*. Segundo os Estatutos, todos os sócios do Opus Dei «constituem uma família de vínculos sobrenaturais. Por isso, quando três ou mais sócios vivem juntos, se diz que *vivem em família»*. Este modo de vida, «que tem o mesmo tom e ambiente que o de um lar de família cristã», se caracterizava por um tom humano que «é a aristocracia da inteligência (nos homens) e uma extrema delicadeza no trato mútuo»**.

(*) Cf. capítulo 5, seção «A Administração».

(**) *Estatutos* (1941), «Espírito», art. 19, 24 e 25. O fundador tinha grande interesse em

4. A DIFUSÃO ENTRE OS HOMENS

Dirigia a associação um presidente, chamado *Padre*, ao qual ajudava um organismo chamado Senado, que era composto por um secretário geral, três vice-secretários e pelo menos um delegado para cada território. Além disso, um administrador geral «assessora, nas questões econômicas, o Padre e o Senado e inspeciona, encaminha e dirige a contabilidade geral e as atividades econômicas dos sócios»[16]. No caso das mulheres, uma Assessoria aconselhava ao presidente, de maneira semelhante ao que ocorria entre os homens. Junto com estes órgãos diretivos centrais, previa-se a existência de comissões e assessorias territoriais. Para melhorar a formação dos sócios, pedia-se que em cada território houvesse um centro de estudos para homens e outro para mulheres. Nele se seguiria um plano acadêmico de ilustração da doutrina cristã e do espírito da Obra.

Sobre a atividade apostólica da associação, os Estatutos explicavam que cada um devia procurar «exercitar o apostolado de amizade e confidência entre os melhores do seu ambiente». Esta tarefa manifestava-se em todo o espectro social: «Ao abrir-se em leque, evita-se a atuação dos sócios formando grupos». Perante a disjuntiva entre o trabalho no âmbito público ou no âmbito confessional, Escrivá de Balaguer entendia que sua mensagem se dirigia ao primeiro: «Os sócios exercitam ordinariamente o apostolado a partir dos cargos oficiais da administração pública» e, «em geral, [dos] postos de direção»[17].

No que se refere à estrutura das atividades institucionais, os Estatutos refletiam a situação em que se encontrava a Obra nesse momento, com seis centros de homens e pouco menos de uma centena de membros, em sua grande maioria universitários ou recém-graduados; e, no caso das mulheres, com dez jovens, quase todas com estudos secundários e ainda sem centro. De modo concreto, estabelecia-se que a obra de São Rafael para os homens se dirigia «aos jovens estudantes

---

que a mensagem da Obra ajudasse a promoção feminina, desde o mundo agrário e de serviço doméstico até o âmbito acadêmico e de profissionais liberais. Cf. Mercedes MONTERO, «Mujer y Universidad en España (1910-1936). Contexto histórico do ponto 946 de *Camino*», *Studia et Documenta* 6 (2012) 211-234. De acordo com o que expõe o fundador da Obra, neste livro a palavra *Administração* – com maiúscula – refere-se às pessoas, às tarefas e à área dos edifícios dos centros do Opus Dei onde se organizam e dirigem os trabalhos domésticos, de modo concreto o atendimento do oratório e os serviços de portaria, limpeza, refeições e cuidados com a roupa.

A HISTÓRIA DO OPUS DEI

universitários ou alunos de Escolas Superiores»; quanto às mulheres, «trabalha com o fim imediato de formar boas mães de famílias cristãs», tanto no mundo agrário como no urbano. Em relação à obra de São Gabriel, indicava-se que dava formação cristã aos colaboradores da Obra para que atuassem «nas distintas camadas sociais, ramificando-se nelas»; e, para as mulheres, acrescentava-se que também impulsionariam um «apostolado de propaganda escrita e oral, com editoras, bibliotecas etc.; e realizando de modo particular o apostolado eficaz e silencioso em conversas privadas e sem aparato»[*].

A associação era formada integralmente por leigos e leigas com o compromisso de celibato, na expectativa de receber depois sacerdotes e pessoas casadas. Naquela época – março de 1941 –, quase todos estes homens e mulheres estudavam ou trabalhavam nos ambientes acadêmicos ou das profissões liberais; ao mesmo tempo, dedicavam parte do seu tempo para atender os centros da Obra. Tinham um estilo de vida social igual ao de seus semelhantes, ainda que, como manifestação de sobriedade, geralmente não assistissem a espetáculos públicos como cinema ou teatro. Eram, enfim, pessoas da classe média alta da sociedade espanhola que seguiam práticas de piedade cristã, ofereciam a Deus pequenos sacrifícios pessoais e viviam o costume de usar um pequeno cilício durante duas horas ao dia e umas disciplinas de corda uma vez por semana, como penitência; prestavam contas mensalmente dos seus gastos pessoais e destinavam sua renda restante às atividades da Obra. Completamente seculares, os membros do Opus Dei tinham plena consciência do sentido de sua doação a Deus.

No âmbito universitário e científico

Depois da paralisação suscitada pela Guerra Civil, a Espanha necessitava regenerar-se em todos os âmbitos sociais, entre eles o intelectual. Eram necessárias pessoas que ocupassem os novos quadros dirigentes da sociedade e da cultura. Em novembro de 1939, o Estado

---

(*) *Estatutos* (1941), «Regime», art. 12, §1; art. 13, §1; art. 12, §§ 2 e 3. Naquele momento, a maioria das mulheres ainda não ingressava na universidade. Cf. capítulo 5 («O desenvolvimento com as mulheres»).

4. A DIFUSÃO ENTRE OS HOMENS

criou o Conselho Superior de Pesquisas Científicas, com a finalidade de impulsionar a pesquisa na Espanha. Este organismo liderou os principais avanços da vida científica espanhola, facilitou a organização e a assistência dos pesquisadores a congressos, concedeu pensóes e bolsas para completar estadas em instituições estrangeiras e assumiu a publicação de revistas científicas. O governo nomeou secretário geral deste Conselho a José María Albareda, catedrático de Agricultura do Ensino Médio e diretor do Instituto Ramiro de Maeztu. Além de sua competência profissional, influiu sua amizade com o ministro da Educação, José Ibáñez Martín. O trabalho de Albareda no Conselho intensificou a pesquisa na Espanha e lançou as bases de uma sólida instituição acadêmica[18].

Alguns pesquisadores pertencentes ao Opus Dei formaram parte de centros de pesquisa do Conselho Superior de Pesquisas Científicas. Deles, uns poucos receberam bolsas para ampliar seus conhecimentos fora da Espanha, coisa que ajudou a expansão da Obra para outros países. Por exemplo, das 177 pensóes outorgadas no ano de 1945, cinco foram para pesquisadores que pertenciam ao Opus Dei.

No caso da universidade, assim que o conflito se encerrou o governo ofereceu a possibilidade de que fossem cursados anos acadêmicos em um único semestre. Muitos dos 40 mil alunos que se matricularam aproveitaram essa oportunidade para avançar ou concluir seus cursos universitários em tempo mais breve.

Também havia a necessidade peremptória de ocupar as cátedras universitárias que estavam vagas em virtude da depuração, do exílio ou da morte dos professores. Para se obter uma cátedra era preciso ser aprovado num concurso com seis exercícios, os quais eram desenvolvidos perante um tribunal composto por cinco catedráticos; por outro lado, não se pediam muitas publicações além da tese doutoral. O governo convocou sem solução de continuidade concursos para a provisão das vagas em todo o país. Entre 1939 e 1945, 179 professores obtiveram uma cátedra universitária; em muitos casos, eram jovens de menos de trinta anos.

A dedicação ao ensino superior num posto relevante – numa cátedra, sobretudo – foi uma ambição compartilhada pelas pessoas e pelas instituições universitárias. Um catedrático era um funcionário do Estado que gozava de prestígio e influência na sociedade. Diversos

A HISTÓRIA DO OPUS DEI

grupos religiosos e políticos puseram como objetivo corporativo conquistar cátedras. No âmbito confessional, destacou-se a Associação Católica Nacional de Propagandistas, que preparava minorias católicas para a ação na vida pública. Os propagandistas – que, depois da Guerra Civil, eram algo mais de quinhentos homens – empenhavam-se em difundir os princípios católicos por meio da direção da política e da cultura em centros oficiais. Conseguiram bons resultados: conquistaram 34 cátedras no primeiro quinquênio dos anos 1940; além disso, os ministros da Educação do regime, até meados dos anos 1950, foram propagandistas.

Na esfera política, os falangistas tentaram obter cátedras para influir na cultura; contudo, só conseguiram um número relativamente pequeno porque se concentraram mais nas estruturas organizativas e de propaganda. Também houve catedráticos de tradição monárquica alfonsina que tinham como referência a interpretação histórica de Menéndez Pelayo e Ramiro de Maeztu e, como ponto de encontro, a *Acción Española,* revista publicada durante a Segunda República. Tampouco faltaram tradicionalistas, partidários da monarquia autoritária, do Estado confessional e das respostas únicas a questões opináveis.

A expansão da mensagem do Opus Dei a partir dos intelectuais perdurou nos anos 1940, ao mesmo tempo que Escrivá de Balaguer atendia espiritualmente pessoas de outros grupos sociais, como os trabalhadores de ofícios mecânicos ou as empregadas do lar. A maioria dos homens que solicitaram a admissão à Obra durante essa década foi de estudantes e graduados. O fundador incentivou-os a levar a mensagem cristã da santidade no meio do mundo aos que se sentiam chamados a trabalhar profissionalmente na administração pública, nos diversos níveis da educação e nos meios de informação. Assim, em junho de 1940, conversou com del Portillo, Albareda, Fernández Vallespín e Jiménez Vargas a respeito do alto número de vagas em concursos universitários e sobre a possibilidade de estimular os membros da Obra com inclinação a essa tarefa profissional[19].

Em novembro de 1940, José María Albareda tornou-se o primeiro membro da Obra a obter uma cátedra universitária, na Faculdade de Farmácia da Universidade de Madri. Cinco anos depois, quinze sócios do Opus Dei – entre outros, Rafael Calvo Serer, Antonio Fon-

4. A DIFUSÃO ENTRE OS HOMENS

tán, Amadeo de Fuenmayor, Juan Jiménez Vargas, Francisco Ponz e Vicente Rodríguez Casado – haviam obtido uma cátedra para si, o que representava 8,3% do total de vagas de catedráticos ocupadas desde 1939. A exemplo dos outros colegas seus, eles alcançaram o título acadêmico máximo por meio de concurso público, após terem se formado em diversos centros estatais ou estrangeiros. Depois, cada qual criou ou se inscreveu em plataformas – como centros de pesquisa e publicações periódicas – que lhes permitiram desenvolver sua dedicação à cultura e à ciência. O desejo de promover uma ordem cultural com raízes cristãs os unia a todos. Por outro lado, separava-os sua própria evolução intelectual. Por exemplo, no aspecto político havia falangistas, carlistas, monárquicos de Juan de Bourbon, democratas republicanos e apolíticos.

Contudo, alguns chefes da Falange Espanhola e professores universitários de «mentalidade laicista doutrinária»[20] espalharam o rumor de que o Opus Dei tinha como objetivo institucional o controle do ensino superior e do Estado e que havia fomentado favorecimentos quando da outorga das cátedras, dos postos de trabalho e das bolsas do Conselho Superior de Pesquisas Científicas. Por seu modelo autoritário e corporativo – era o partido único –, a Falange queria que os intelectuais abraçassem seus ideais. E, quando percebiam que sua influência decaía frente a outras pessoas ou instituições, as acusavam de ser contrárias ao *espírito nacional*. Neste sentido, disseram que o Opus Dei era uma instituição secreta infiltrada no sindicato universitário a fim de tomar os centros de poder e, a seguir, desvirtuar a essência do Estado nacional-sindicalista.

No verão de 1941, o Opus Dei foi denunciado perante o Tribunal Especial de Repressão da Maçonaria por praticar atividades clandestinas e descristianizar a juventude. Algumas das poucas pessoas da Obra com cargos na Falange – como Eduardo Alastrué, Miguel Fisac ou Juan Jiménez Vargas – não puderam frear a acusação. Iniciado o processo, a causa foi encerrada em fins de 1942 ou começos de 1943.

Em janeiro de 1942, a Delegação de Informação da Falange Espanhola, dirigida por David Jato, elaborou um *Relatório confidencial sobre a organização secreta Opus Dei*, em que indicava que sua finalidade era «a conquista do poder por meio das entidades culturais,

A HISTÓRIA DO OPUS DEI

manipulando o professorado universitário em todo tipo de centros de estudos»[21]. O relatório acrescentava que o Opus Dei controlava os tribunais de concursos para cátedras e o Conselho Superior de Pesquisas Científicas, graças a Albareda e outros intelectuais. Além disso, acusava a instituição de ser clandestina e internacionalista, em oposição aos princípios do Movimento Nacional. Aparentemente, esta denúncia desmoronou porque dois meses mais tarde monsenhor Eijo y Garay, bispo de Madri-Alcalá, disse ao chefe da organização sindical falangista: «Eu patrocino e autorizo as obras de piedade e apostolado de minha diocese, mas tenho especial predileção pelo Opus. Ponho a mão no fogo por ele»[22].

Como houve mais membros da Obra que se apresentaram aos concursos para cátedras, o próprio serviço da Falange elaborou outro relatório em junho de 1943. Nessa ocasião, apresentava o Opus Dei como uma organização secreta e o Conselho Superior de Pesquisas Científicas como um disfarce sob o qual se escondia o desejo de ocupar cargos no Estado e monopolizar a cultura espanhola. Dizia-se que o ministro da Educação, Ibáñez Martín, havia deixado a universidade nas mãos de Albareda e, portanto, do Opus Dei. Alguns meses mais tarde, houve um novo relatório falangista que voltava à ideia de que o Opus Dei se propunha «chegar à conquista do poder por meio das entidades culturais, manipulando o professorado universitário»[23].

Em meados de 1945, do total de membros do Opus Dei – 223 sócios homens e vinte mulheres –, os quinze catedráticos representavam 6,2%. Esta porcentagem, pequena, mas significativa, devia-se a que uma parte dos homens da Obra trabalhavam no âmbito acadêmico. Posteriormente, ela diminuiu drasticamente, uma vez que os membros do Opus Dei se abriram para todo o espectro profissional e para outros países. Assim, em 1951, do total de membros, apenas 0,77% eram catedráticos (olhando do ponto de vista acadêmico, do total de 614 catedráticos espanhóis, 23 pertenciam à Obra, ou seja, 3,7%)[24].

Os avatares políticos e culturais do franquismo não deveriam ter afetado o Opus Dei, que tinha como plano corporativo a difusão internacional da santidade no âmbito secular. Contudo, a acusação falangista de que o Opus Dei desejava dirigir o regime e de que atua-

4. A DIFUSÃO ENTRE OS HOMENS

va em grupo deixou uma marca duradoura. Além disso, em alguns casos, pessoas do Opus Dei viram sua carreira profissional truncar-se por pertencerem à instituição[25].

Conflitos intraeclesiais

A irradiação do Opus Dei entre os intelectuais deu-se em anos nos quais se debatia sobre as formas de organização do apostolado secular. O fundador do Opus Dei já se havia deparado com a falta de compreensão de sua mensagem e de sua atividade entre umas poucas pessoas nos anos 1930. Porém, a partir do verão de 1940, sofreu uma grave contrariedade no âmbito estudantil.

Tudo começou quando dois jovens das Congregações Marianas, Salvador Canals e Álvaro del Amo, que haviam se proposto ingressar no noviciado dos jesuítas, pediram admissão ao Opus Dei. Angel Carrillo de Albornoz, jovem jesuíta de caráter inflamado, dirigente das CC. MM. e antigo diretor espiritual de Canals e Del Amo, reagiu com dureza. Disse que Escrivá de Balaguer estava exposto à excomunhão por suas ideias sobre a vida cristã e que as atividades que se realizavam na residência da rua Jenner eram suspeitas. Quando lhe referiram estes comentários, Escrivá de Balaguer pediu uma entrevista ao padre Carrillo de Albornoz. Combinaram de comunicar reciprocamente as críticas que escutassem.

Em dezembro desse ano, Angel Carrillo de Albornoz pregou a novena da Imaculada a jovens das Congregações Marianas de Barcelona e refutou várias ideias recolhidas em *Caminho*. Três meses mais tarde, em fevereiro de 1941, o jesuíta Manuel Vergés, diretor das Congregações Marianas em Barcelona, afirmou numa palestra que Escrivá de Balaguer podia ser considerado herege por sua abordagem da vocação no meio do mundo e advertiu que o fundador do Opus Dei vinha recrutando membros das Congregações. Como não viu nenhuma reação entre os congregados relacionados com a Obra, entre abril e maio o padre Vergés expulsou das Congregações Marianas Ramón Guardans, Juan Bautista Torelló, Raimundo Pániker, Rafael Escolá, Jorge Brosa e Alfons Balcells – todos eram da Obra, exceto este último –,

A HISTÓRIA DO OPUS DEI

uma vez que frequentavam O Palácio. Outro congregado, Laureano López Rodó, saiu voluntariamente das Congregações. Começaram a circular escritos anônimos com supostas normas que seguiam os do Opus Dei, como ocultar ao diretor espiritual a pertença à Obra ou negar-se a fazer os exercícios espirituais. Certos jesuítas visitaram várias famílias para lhes dizer que seus filhos estavam em perigo de condenação eterna[26].

As acusações de Carrillo de Albornoz e dos jesuítas de Barcelona propagaram-se pelas demais províncias espanholas da Companhia de Jesus e, a seguir, por outras instituições eclesiais, tanto regulares como seculares. O presidente das Juventudes da Ação Católica, Manuel Aparici, comentou que o Opus Dei usava os jovens para seus próprios fins; neste caso, depois de falar com pessoas que conheciam a Obra, retratou-se de suas afirmações. O mesmo aconteceu com religiosos de diversas ordens, entre eles um dominicano que viera lançando algumas insídias em Valência; quando conversou com Pedro Casciaro, diretor da Residência Samaniego, modificou sua atitude.

Escrivá de Balaguer acreditava que a intriga se originara graças a pessoas que agiam de boa-fé; tratar-se-ia, portanto, de uma «contradição dos *bons*»[27]. Rogou a seus filhos espirituais que tivessem a atitude de «calar, trabalhar, perdoar, sorrir e rezar: e sofrer com alegria»[28], e lhes enviou uma carta em que pedia que amassem os jesuítas; recordava-lhes que por anos havia tirado ideias do livro dos exercícios espirituais para sua pregação e recomendava-lhes a leitura da biografia de Rivadeneyra sobre santo Inácio de Loyola.

O bispo de Madri-Alcalá, monsenhor Eijo y Garay, animou Escrivá de Balaguer e o defendeu perante terceiros. Quando Aureli Escarré, abade do mosteiro de Montserrat, consultou Eijo sobre a Obra, o prelado respondeu que a conhecia desde a sua fundação e que a havia aprovado pouco antes, para que cessasse a contradição: «Porque, acredite-me, Revmo. padre Abade, o *Opus* é verdadeiramente *Dei*, desde a sua primeira ideia e em todos os seus passos e trabalhos»[29].

O fundador explicou a diversos eclesiásticos, de palavra e por escrito, o que era e que atividades realizava o Opus Dei. Pediu por carta ao padre Carrillo de Albornoz que cessasse o que denominava uma campanha contra a Obra. Na primavera e no verão de 1941, visitou

4. A DIFUSÃO ENTRE OS HOMENS

os provinciais da Companhia de Jesus na Espanha e se entrevistou duas vezes com o núncio, monsenhor Gaetano Cicognani. A pedido do núncio, entregou-lhe uma cópia dos Estatutos da pia união do Opus Dei – aprovada no mês de março – e lhe explicou que sua mensagem consistia em recordar a chamada à santidade secular «como meio para servir à Santa Igreja, e não para dominar»[30]. Também lhe disse que «tudo o que há de objetivo, no fundo deste assunto, é a questão das vocações»[31], começando pelas de Canals e Del Amo.

A propaganda contra a Obra, suscitada em Madri e Barcelona, teve certa repercussão em outras cidades, como Valência, Valladolid e Saragoça. As acusações aumentaram, às vezes de modo desmesurado. A Obra, comentava-se, era uma sociedade maçônica que subtraía vocações das ordens religiosas. Escrivá de Balaguer solicitou aos membros do Opus Dei dedicados a tarefas de governo ou acadêmicas, como Álvaro del Portillo e José María Albareda, que o ajudassem a explicar às autoridades eclesiásticas e civis quais eram os fins da instituição; pediu também que lhes mostrassem a aprovação recebida do bispo de Madri-Alcalá. Por sua vez, os jovens da Obra não sofreram em demasia essas contrariedades. Escrivá de Balaguer preferia não lhes falar sobre os acontecimentos para que não se criasse uma sensação de vitimismo dentro do Opus Dei e para que estivessem centrados em seus trabalhos e atividades.

Em certo sentido, as dificuldades de compreensão sobre a natureza e a atuação do Opus Dei podem ser resumidas em três.

A primeira foi de caráter teológico. De acordo com uma mentalidade de séculos, a perfeição da vida cristã – a santidade perfeita – era alcançada no estado religioso. Dedicar-se às realidades do mundo – com os consequentes prestígio e competência profissional, com a remuneração econômica obtida e o uso de bens materiais – não era visto como algo compatível com o mais alto grau de santidade. Que o Opus Dei propusesse um ideal de perfeição no âmbito secular era coisa inimaginável para muitos. Em frase de Carrillo de Albornoz, que resume graficamente esta ideia, «um leigo com calça e paletó não pode, mas não pode mesmo, ser homem de entrega total»[32].

A segunda razão por trás da polêmica está em que a Obra atraía alguns jovens de prestígio acadêmico que pertenciam a famílias católicas conhecidas – em especial das Congregações Marianas –, para

A HISTÓRIA DO OPUS DEI

depois afastá-los de suas organizações anteriores, de seus diretores espirituais e, em alguns casos, da possibilidade de abraçar uma vocação religiosa.

Em terceiro lugar, era chocante, por sua novidade, a forma com que se apresentavam os leigos do Opus Dei na sociedade. Não faziam propaganda de suas atividades, mas explicavam a mensagem um a um; não usavam sinais externos de pertença à Obra, como as medalhas e insígnias típicas das associações religiosas; e não se reuniam em locais públicos e conhecidos, mas em casas particulares. Ainda que os membros não ocultassem que pertenciam à Obra, estes modos de atuar – que para Escrivá de Balaguer eram coerentes com a mentalidade laical – foram vistos como manifestações de uma sociedade secreta, e por isso chegou-se a tachar o Opus Dei de *máfia branca* ou *maçonaria cristã*.

Em julho de 1941, monsenhor Miguel de los Santos Díaz de Gómara, administrador apostólico de Barcelona, autorizou que os sócios da Obra se reunissem no centro que haviam aberto na rua Balmes. Além disso, tranquilizou o governador civil, que estava disposto a requisitar o local, uma vez que havia sido informado de que o centro era uma sede maçônica. Enquanto isso, o núncio Cicognani solicitou relatórios aos bispos diocesanos e aos jesuítas. Os prelados de Madri, Barcelona, Vitória, Pamplona, Saragoça, Valência, León, Toledo e Valladolid remeteram pareceres favoráveis ao Opus Dei. Nos meses seguintes, o núncio enviou vários despachos a Roma, nos quais acrescentava os relatórios recebidos. Monsenhor Cicognani era favorável à nova instituição, ainda que manifestasse reservas sobre a entrega completa a Deus no meio do mundo sem uma disciplina eclesiástica como a que sujeitava os religiosos e, também, sobre o modo de conjugar a vida escondida e a humildade coletiva dos membros da Obra – o não ostentar os êxitos corporativos – com a busca da excelência profissional e a abertura a todos os âmbitos sociais[33].

Escrivá de Balaguer soube que se comentava que os jesuítas iam apresentar uma denúncia contra o Opus Dei perante a Santa Sé. De momento, não fazia sentido que fosse a Roma, pois não havia uma acusação formal, a Obra já estava aprovada na diocese de Madri-Alcalá e desdobrava-se a Guerra Mundial. No entanto, rogou a dois de seus filhos – José Orlandis e Salvador Canals – que se transladassem

4. A DIFUSÃO ENTRE OS HOMENS

para a Cidade Eterna, no outono de 1942, a fim de ampliarem seus estudos, fazerem contatos e darem a conhecer a Obra a pessoas da cúria vaticana e do corpo diplomático[34].

A disposição favorável da maioria dos bispos espanhóis e do núncio, bem como as posteriores aprovações do Opus Dei a cargo da Santa Sé, desembocaram numa melhora da visão intraeclesial a respeito da Obra. Contudo, os eventos que tinham acontecido deixaram sua marca. Foi positivo que o âmbito católico espanhol tivesse conhecido direta ou indiretamente o Opus Dei e seu fundador e que esses fatos ajudassem seus integrantes a explicar sua mensagem. Por outro lado, foi negativo que, entre tantos embustes e meias-verdades, o Opus Dei aparecesse como uma organização que almejasse a conquista do Estado e o confronto no seio da Igreja[35].

5. O DESENVOLVIMENTO COM AS MULHERES

Terminada a Guerra Civil espanhola, o discurso social sobre a mulher sublinhou seu papel como mãe e esposa, centro do lar. As formas de protecionismo legislativo das mulheres as relegavam, em grande parte, à vida privada. Até os 25 anos, elas não podiam deixar a casa dos pais sem a licença deles, ao mesmo tempo que o marido era o representante legal da esposa e o único administrador dos bens da sociedade conjugal. Em 1939, apenas 8% da população trabalhadora era feminina.

As tendências renovadoras de promoção da mulher deram-se dentro das organizações católicas e, no setor político, na Seção Feminina da Falange Espanhola. Apesar de tratar-se de uma forma de associação reduzida, limitada às vezes a obras de caridade, pelo menos tornava possível que algumas mulheres estabelecessem relações sociais fora do perímetro doméstico. Um dos pontos de encontro para jovens com mentalidade empreendedora foram os grupos da Ação Católica.

Na «terceira tentativa»

Na primavera de 1939, dom Josemaria reuniu-se em Madri com Hermógenes García e Ramona Sánchez-Elvira, duas mulheres que haviam estado no Opus Dei antes da contenda militar. Ainda que tivessem boas disposições, não se mostraram capazes de ajudá-lo na expansão da mensagem da Obra, motivo pelo qual ele lhes proporcionou o contato com outras instituições religiosas.

A HISTÓRIA DO OPUS DEI

Por sua vez, Amparo Rodríguez e Dolores Fisac, que viviam fora de Madri, foram com regularidade à capital para conversar com o fundador. Lá conheceram Dolores Albás e Carmen Escrivá de Balaguer, que ajudavam Josemaria em suas atividades formativas com as mulheres. Amparo Rodríguez apresentou ao fundador María Jesús Hereza, estudante de Medicina que pertencia à Ação Católica. Depois de falar com o padre Josemaria durante um tempo, ela se incorporou ao Opus Dei em julho de 1940. Também por essas datas, aproximaram-se da Obra Dolores Jiménez Vargas – irmã de Juan – e as irmãs Concepción e Laura Fernández del Amo[1].

Essas jovens tinham procedência muito diversa, com alguns aspectos semelhantes. Haviam sido apresentadas a Escrivá de Balaguer por seus irmãos e por sacerdotes conhecidos, estavam associadas – ou eram dirigentes – da Ação Católica e trabalhavam como secretárias, professoras e enfermeiras. A mensagem do Opus Dei impressionava-as porque ia além da organização de algumas atividades confessionais. Encontravam ali um convite à santidade mediante o relacionamento pessoal com Deus e o trabalho profissional bem feito.

Josemaria Escrivá de Balaguer reuniu-se com elas na área da residência da rua Jenner onde viviam sua mãe e seus irmãos. Incentivava-as a seguirem um plano de vida e lhes dava aulas de formação cristã e do espírito da Obra. Dolores Albás e Carmen Escrivá de Balaguer acompanhavam as jovens nos encontros. Às vezes, faziam um tempo de meditação com *Caminho* ou comentavam o texto do Evangelho do dia. Também instalaram um ateliê caseiro de confecção de ornamentos litúrgicos e agregaram experiência sobre algumas tarefas do lar.

Em setembro de 1940, treze moças foram a um retiro espiritual que o padre Josemaria pregou no convento das madres reparadoras de Madri. Para as que já eram da Obra, Escrivá de Balaguer sugeriu que se confessassem com outro sacerdote; deste modo, teria liberdade para realizar sua orientação espiritual sem fazer referência a matérias ligadas ao segredo sacramental e evitava que se criasse uma dependência exclusiva dele. Insistiu-lhe, na pregação, em que a chamada de Deus era para sempre, pois elas mesmas comentavam que lhes faltava constância e compromisso.

Pouco depois, o fundador mudou-se com a sua família para a rua Diego de León. Sua mãe e sua irmã – Dolores e Carmen – dirigiram

5. O DESENVOLVIMENTO COM AS MULHERES

a administração doméstica da casa. O padre Josemaria estava preocupado com a falta de tempo para formar suas filhas espirituais. Para facilitar os encontros, alugou um apartamento na rua Castelló. Em 6 de novembro de 1940, abençoou o local. Contudo, um mês mais tarde, encerrou essa experiência. O fundador pediu que se fechasse o apartamento porque o porteiro fazia perguntas demais, a vizinhança comentava que não era habitual que um sacerdote se encontrasse com mulheres num apartamento e as moças se envolviam em conversas superficiais ou perdiam o tempo, demonstrando pouco envolvimento com o desenvolvimento da Obra.

Apesar dessas contrariedades, durante o trimestre seguinte Escrivá de Balaguer ministrou um curso de formação na área de serviço da casa da rua Diego de León. Depois disso, em 14 de fevereiro de 1941, seis daquelas jovens fizeram a cerimônia simples de admissão ao Opus Dei. Umas semanas mais tarde – em 22 de abril –, Dolores Albás, que tinha 64 anos, faleceu em decorrência de uma pneumonia, nos braços de Dolores Fisac. Nesse dia, seu filho estava pregando um retiro espiritual para sacerdotes da diocese de Lérida. Tão logo soube da notícia, regressou a Madri. Diante do cadáver de sua mãe, que estava sendo velado na casa da rua Diego de León, disse entre lágrimas: «Meu Deus, meu Deus, que fizeste? Vais-me tirando tudo; tiras-me tudo. Eu pensava que a minha mãe fazia muita falta a estas minhas filhas, mas deixas-me sem nada, sem nada!»[2].

Nessa primavera, incorporaram-se à Obra Narcisa (Nisa) González Guzmán, em León; e, em Valência, Encarnación Ortega e Enriqueta (Enrica) Botella. Diferentemente das que haviam pedido a admissão em Madri nos anos anteriores – as quais, com exceção de Dolores Fisac, tinham deixado a Obra pouco depois –, o fundador pôde se apoiar nelas porque assumiram um compromisso sólido. Ainda que o convite à santidade lhes desse certa vertigem, também lhes atraía. Segundo Encarnación Ortega, «assustou-me muito que Deus me pedisse para me lançar aos começos de uma coisa que me parecia maravilhosa, que estava perfeitamente de acordo comigo, mas que me exigia que desse tudo»[3]. Para o fundador, esta *terceira tentativa* – as duas anteriores haviam sido as de 1930-1936 e 1937-1941 – tornava realidade a expansão da Obra entre as mulheres.

A HISTÓRIA DO OPUS DEI

Elas seguiram a sugestão do padre Josemaria de manter um constante intercâmbio epistolar. As missivas entre elas transpiravam entusiasmo, com o desejo de secundar as propostas de Escrivá de Balaguer, compartilhar os mesmos ideais e sonhar com desenvolvimentos futuros. O fundador garantia-lhes que em pouco tempo haveria mulheres da Obra trabalhando em todo tipo de profissões. Em certa ocasião, comentou a Ortega e a González Guzmán as múltiplas atividades que ela realizariam, algumas corporativas e outras fruto da iniciativa pessoal: «Granjas para camponesas; distintas casas de capacitação profissional para a mulher; residências de universitárias; atividades de moda; maternidades em diversas cidades do mundo; bibliotecas itinerantes que fariam chegar leitura sadia e formativa até os povoados mais remotos; livrarias... E, como a coisa mais importante, o apostolado pessoal de cada uma das associadas, que não se pode registrar nem medir»[4].

O fundador pregou um retiro espiritual na rua Diego de León a doze mulheres – algumas da Obra e outras amigas – em agosto de 1941. Naquela época, ainda tinham dificuldades para abrir um centro em Madri. Amparo Rodríguez Casado contraíra tuberculose, e tanto Dolores Fisac como Enriqueta Botella deviam cuidar de suas famílias. De momento, só Narcisa González, que já tinha 34 anos, conseguiu a permissão paterna para se mudar para a capital.

Durante o ano acadêmico de 1941-1942, Dolores Jiménez Vargas trabalhou com Carmen Escrivá de Balaguer no atendimento doméstico do centro da rua Diego de León; por sua vez, Concepción Fernández del Amo atendeu a residência da rua Jenner. Padre Josemaria sugeriu-lhes que, como eram poucas, bastava que cuidassem do importante; mais adiante, melhorariam as circunstâncias. Deviam recordar que estavam chamadas a transformar o mundo, a levar a mensagem cristã a todos os ambientes. Ao mesmo tempo, disse-lhes que o Opus Dei não iria para a frente com personalidades geniais, mas com mulheres e homens que amavam Jesus Cristo com todo o coração e se sacrificavam por Deus nas tarefas ordinárias e pequenas. Elas confiaram no fundador. Sentiam-se pioneiras.

A pedido do padre Josemaria – que costumava viajar a Valência para se encontrar com suas filhas e filhos espirituais –, Enriqueta Botella e Encarnación Ortega dirigiram o atendimento doméstico da

5. O DESENVOLVIMENTO COM AS MULHERES

residência de Samaniego. Organizaram o trabalho das empregadas do lar, elaboraram cardápios e confeccionaram panos litúrgicos. Também lhes deram formação cristã e cultivaram seu espírito de oração.

Em 16 de julho de 1942, abriu-se em Madri o primeiro centro de mulheres: Jorge Manrique, situado na rua de mesmo nome. Foram morar ali Narcisa González Guzmán, Concepción Fernández del Amo, Encarnación Ortega e Visitación Alvira. Como fazia com os homens, Escrivá de Balaguer recordou-lhes que a entrega a Deus no Opus Dei era completa e que a relação com Deus e a preocupação pelos outros lhes ajudaria a ser simples e alegres. O entusiasmo por fazer o Opus Dei canalizava-se para a vida cotidiana, na qual se entrelaçavam o relacionamento com Deus, o trabalho, a constância nas tarefas empreendidas, o relacionamento com as amigas e conhecidas e o entusiasmo por contribuir para que a Obra fosse uma família cristã.

Em novembro de 1944, as mulheres do Opus Dei abriram Los Rosales, uma casa localizada nos arredores de Madri, no povoado de Villaviciosa de Odón. Um ano mais tarde, passou a ser o primeiro centro de estudos feminino.

A administração

Desde os primórdios, Josemaria Escrivá de Balaguer pensou na possível estrutura jurídica da Obra, nas atividades que desenvolveria e nos membros que a integrariam. Entre outras realidades, considerou que algumas pessoas trabalhariam para atender materialmente os demais, com a finalidade de que as casas da Obra fossem lares cristãos. Os que se dedicassem profissionalmente a estes trabalhos seriam tão do Opus Dei como os demais: «Hão de compreender bem a beleza do seu ofício diante de Deus, por muito humilde que seja. Ser-lhes-á inculcado o heroísmo de fazerem com perfeição as pequenas coisas de cada dia, como se a salvação do mundo dependesse de cada uma»[5], deixou escrito.

A residência DYA marcou o início desta profissão. A equipe de serviço era composta de um administrador e quatro empregados. Escrivá de Balaguer estabeleceu uma abordagem profissional. Os cama-

A HISTÓRIA DO OPUS DEI

reiros, por exemplo, usavam uniforme; recebiam aulas sobre o modo de fazer a limpeza, servir à mesa e abrir a porta; e seus horários de descanso eram respeitados. Além disso, o fundador ofereceu-lhes aulas de doutrina cristã para que crescessem em sua vida espiritual e considerou que aqueles que se sentissem chamados pediriam a admissão no Opus Dei.

A Administração da DYA funcionou relativamente bem, ainda que tropeçasse com algumas falhas na entrega semanal da roupa ou na ordem da cozinha e do refeitório. No entanto, por cima das deficiências materiais ou de organização, Escrivá de Balaguer comprovou que – apesar da boa vontade de todos – não havia conseguido criar um clima de lar na residência*.

Na primavera de 1937, enquanto esteve isolado na legação de Honduras, o fundador meditou sobre o modo de melhorar a Administração uma vez que acabasse a contenda armada. Pensando na vida familiar da casa de seus pais, resolveu solicitar ajuda à sua mãe e à sua irmã. Rezou e pediu orações a seus filhos espirituais por esta intenção; e, antes de fugir para a zona nacional, falou com sua mãe, que lhe disse que estava disponível. Desde então, os membros da Obra, homens e mulheres, passaram a chamar Dolores Albás de *avó* e Carmen Escrivá de Balaguer de *tia*, pois entendiam que esse era o lugar que lhes correspondia no Opus Dei[6].

O padre Josemaria rogou à sua mãe e à sua irmã que o ajudassem a explicar às mulheres da Obra como podiam responsabilizar-se pelo atendimento doméstico dos centros. Esta mudança – chave na história do Opus Dei – modificava a praxe vigente até a Guerra Civil, quando a Administração dos centros masculinos ficara a cargo de homens e a dos centros femininos, de mulheres. Agora, as mulheres liderariam o trabalho do lar em todos os centros, com uma administradora à frente de cada casa. Dolores e Carmen lhes ensinariam a infundir um ambiente de família cristã por meio de um trabalho que unia o gênio feminino e o profissionalismo.

(*) Recordamos que escrevemos a palavra *Administração* com maiúscula quando nos referimos às pessoas, às tarefas e às áreas dos centros do Opus Dei dedicadas aos trabalhos do lar.

5. O DESENVOLVIMENTO COM AS MULHERES

Na Espanha de então, o trabalho no lar era visto como tarefa humilde – não necessitava de uma qualificação específica –, mas também não era considerado depreciativo nem carregava qualquer estigma social. Muitas mulheres, em particular as do âmbito rural, viam no serviço doméstico uma forma de melhorar sua situação econômica e social. As que realizavam bem as tarefas de cozinha, limpeza e costura recebiam uma remuneração adequada e gozavam de reconhecimento nalguns casos; também havia outros em que este serviço era pouco estimado ou explorado, por vezes com graves injustiças.

Segundo o espírito do Opus Dei, este trabalho das empregadas continha uma riqueza superior à promoção humana e profissional. Josemaria Escrivá de Balaguer foi pioneiro ao explicar a tarefa doméstica como mais uma vocação humana e divina, uma chamada à identificação com Cristo no exercício das atividades domésticas. Ao mesmo tempo, considerava que este modo de contribuir para a criação do ambiente de família faria das casas do Opus Dei lares cristãos acolhedores. Do ponto de vista antropológico – ideia que contrastava com a tendência cultural do Ocidente –, entendia que a dedicação prioritária ao trabalho em casa podia levar a pessoa à realização plena se ela recebesse uma formação oportuna, e também que a mulher contribuía com um talento próprio para o cuidado e desenvolvimento de cada um.

Quando se abriu a residência da rua Jenner, no verão de 1939, Dolores Albás e Carmen Escrivá de Balaguer viveram na área da Administração e colaboraram com Josemaria na expansão da Obra entre as mulheres, tanto as estudantes como as empregadas do lar. Dolores, de 62 anos, passou boa parte do seu tempo dedicada à costura e à confecção de panos para o oratório. Carmen, que tinha 41 anos, arcou com o peso da cozinha, da limpeza e das compras para a despensa. Trabalhavam com ela três empregadas do lar – ou «servidoras», como se dizia então – e uma cozinheira.

A progressiva abertura de casas da Obra demandava o atendimento doméstico desses lugares. De 1939 em diante, padre Josemaria solicitou à maioria das mulheres que estavam na Obra que trabalhasse de modo prioritário na Administração dos centros e residências masculinas e, mais adiante, também nas femininas, ajudadas por sua

A HISTÓRIA DO OPUS DEI

irmã Carmen. Era consciente de que reduzia o panorama de suas opções profissionais a uma única, em evidente contraste com as funções intelectuais desenvolvidas pelos homens. Por outro lado, acreditava que assentar um ambiente de família cristã nas casas da Obra era essencial e, nesse momento, prioritário. Mais ainda: para o fundador este esforço dava início à verdadeira difusão do Opus Dei entre as mulheres, pois assumiam o peso de suas responsabilidades próprias, entre as quais se contava a Administração.

O fundador sublinhou que entendia este trabalho como uma atividade apostólica própria e específica das mulheres da Obra e, ao mesmo tempo, como uma característica essencial e permanente no espírito do Opus Dei. Transitório, por sua vez, era o fato de praticamente a totalidade das moças da Obra naquele momento dedicarem seu tempo profissional à Administração. Com o passar do tempo, 10% das mulheres do Opus Dei teriam essa ocupação profissional; o resto se dedicaria a todo tipo de trabalhos, de acordo com os interesses pessoais de cada uma. E, apesar de naqueles anos a presença feminina na universidade ser de menos de 15%, para sublinhar esta ideia ele comentou: «Haverá filhas minhas Catedráticas, Arquitetas, Jornalistas, Médicas...»[7]. O fundador pediu-lhes que tivessem fé em Deus «e um pouco neste pobre pecador»[8]. González Guzmán, Ortega, Botella e as demais acreditaram em Josemaria quando lhes dizia que esse variado horizonte futuro passava, em boa medida, por um presente concentrado no atendimento material dos centros masculinos.

A mudança da família do fundador para a rua Diego de León, em 1940, implicou em que Carmen Escrivá de Balaguer fosse a administradora da nova casa – ela manteve este encargo durante sete anos – e que as mulheres da Obra assumissem a Administração da residência da rua Jenner. O fundador estimulou suas filhas a que melhorassem suas competências profissionais e técnicas. Também lhes rogou que dessem aulas de formação profissional e espiritual às empregadas que trabalhavam na casa, que se adaptassem às suas necessidades e que tomassem a frente nas tarefas mais duras. E agradeceu a elas por seu trabalho, porque, quando punham em jogo seu profissionalismo e seu coração materno, criavam um ambiente familiar e acolhedor.

5. O DESENVOLVIMENTO COM AS MULHERES

Em 1943, as mulheres que se ocupavam da Administração da residência Moncloa moravam numa parte separada e independente dos residentes. Desta forma começaram o segundo centro feminino da Obra, após o da rua Jorge Manrique. Além disso, com esse centro se estabelecia uma divisão nas atividades formativas femininas: umas se dedicavam ao âmbito da academia ou das profissões liberais, e outras, ao mundo da administração doméstica. Narcisa González Guzmán, Encarnación Ortega e Amparo Rodríguez Casado se mudaram para lá. Enfrentaram o desafio de encabeçar a Administração de uma residência grande, que em pouco tempo albergaria cem estudantes. Escrivá de Balaguer incentivava-as com frequência porque, à falta de preparo e experiência, acrescentavam-se a sobrecarga de ocupações, as trocas de pessoal e a escassez de alimentos. Graças às religiosas do Serviço Doméstico, elas conheceram algumas empregadas, que passaram a trabalhar com elas. Estas jovens provinham, em sua maioria, de zonas rurais e já haviam trabalhado anteriormente em outras casas[9].

Dois anos mais tarde, em 1945, iniciou-se a Administração da residência Abando, em Bilbau; era o primeiro centro para mulheres longe da capital espanhola. Ali, contrataram moças para o trabalho, umas de Bilbau e outras conhecidas de Madri. Na metade do ano acadêmico, em março de 1946, duas empregadas – Dora del Hoyo e Concepción Andrés – pediram admissão à Obra. Foram as primeiras numerárias encarregadas do serviço doméstico, mulheres chamadas a viver o celibato apostólico e a se dedicarem profissionalmente ao cuidado das pessoas nas casas do Opus Dei, com o fim de criar lares de família. Nos meses seguintes, solicitaram incorporação à Obra outras mais, como Antonia Peñuelas, Rosalía López e Julia Bustillo. Em 1947, deu-se uma primeira tentativa de centro de estudos para estas numerárias na casa de Diego de León, em Madri*.

(*) Cf. Diário da Administração de Abando, Bilbau, 13-III-1946, em AGP, série U.2.2, D-243; e a biografia de Javier MEDINA BAYO, *Una luz encendida: Dora del Hoyo*, Palabra, Madri 2011. O nome de servidora [*sirvienta, em español*], empregado para as mulheres que trabalhavam no atendimento doméstico das casas, era habitual e tinha um sentido positivo na Espanha dos anos quarenta e cinquenta. Entre 1946 e 1965, usou-se no Opus Dei devido ao fato de que era o próprio da sociedade do momento. Como veremos, quando essa palavra adquiriu conotação pejorativa, nos anos 1960, Escrivá de Balaguer mudou o tratamento pelo de *empregadas do lar* e, no caso das que eram da Obra, pelo de *numerárias* *auxiliares*. O sentido atual da palavra *servidora* está nas antípodas da riqueza vocacional e pessoal das mulheres que abraçaram o celibato na Obra, com uma entrega a Deus por meio de uma vida de oração e de trabalho no cuidado das pessoas. Assim, para evitar anacronismos, usaremos o nome de *numerárias servidoras* na parte II e III deste livro e de *numerárias auxiliares* no resto.

6. A SOCIEDADE SACERDOTAL E A PROPAGAÇÃO EUROPEIA

Na primeira metade dos anos 1940, o número de pessoas do Opus Dei aumentava. Eram necessários homens e mulheres que assumissem tarefas de governo e de acompanhamento espiritual, bem como sacerdotes que administrassem os sacramentos e o culto litúrgico, pregassem e ocupassem alguns cargos de direção. Além disso, com o fim da Segunda Guerra Mundial, em 1945, o fundador podia empreender a desejada saída da Obra para a esfera internacional, primeiro nas nações da Europa Ocidental e, depois, na América do Norte. O próprio Escrivá de Balaguer se mudaria para Roma em 1946 porque convinha que uma instituição com regime universal tivesse seu governo central próximo da Santa Sé. Ao mesmo tempo, evitava que se visse o Opus Dei como entidade espanhola ou ligada ao regime político da Espanha.

Esta expansão internacional da Obra foi um processo gradual. Ainda que a Espanha vivesse um isolacionismo severo, havia a possibilidade de os professores universitários irem para o exterior com bolsas estatais, e os profissionais, por motivos de trabalho. Alguns jovens do Opus Dei, tanto da geração anterior à Guerra Civil como da posterior, aceitaram o desafio de propagar a mensagem da santidade secular em nações e culturas desconhecidas.

Sacerdotes do Opus Dei

Josemaria Escrivá de Balaguer entendia que Deus chamava os presbíteros diocesanos a cumprirem com perfeição seu ministério,

A HISTÓRIA DO OPUS DEI

que pode ser condensado na prática da sua vida de piedade pessoal, na administração dos sacramentos, na direção espiritual da comunidade cristã e no fomento à fraternidade sacerdotal. Entre 1932 e 1935, reuniu dez presbíteros de diversas dioceses que residiam em Madri. Manteve com eles reuniões semanais, às quais chamou *conferências sacerdotais.* Tentava que se identificassem com o espírito do Opus Dei para que o transmitissem aos leigos, tanto homens quanto mulheres.

Em fevereiro de 1934, alguns desses presbíteros se vincularam ao Opus Dei com uma promessa de obediência ao fundador. No entanto, os problemas econômicos gerados pela implantação da residência DYA provocaram certa incompreensão nesses sacerdotes. Parecia-lhes que Josemaria Escrivá de Balaguer se movimentava depressa demais. O fundador notou que, apesar de seus bons desejos, os padres mostravam pouca fé na missão fundacional. Em fevereiro de 1935, como vimos, deu por concluída aquela formação[1].

Durante a Guerra Civil e, sobretudo, no período imediatamente posterior, vários bispos espanhóis convidaram o fundador para pregar retiros espirituais a sacerdotes diocesanos, a comunidades religiosas e a leigos da Ação Católica. Logo ele se converteu num pregador afamado. No ano acadêmico de 1939-1940, deu cinco rodadas de retiros de uma semana a sacerdotes e seminaristas nas dioceses de Ávila, León e Madri; quatro rodadas a estudantes universitários, homens e mulheres; e muitos dias de recolhimento em Madri, Valência, Valladolid e Saragoça. Em fins de 1941, já havia pregado dezenove retiros espirituais a presbíteros e seminaristas de várias dioceses espanholas.

Frente à oratória algo barroca, típica daquela época, Escrivá de Balaguer falava com uma linguagem direta, quase coloquial. Costumava apresentar-se com um texto do Novo Testamento e um pequeno guia, e fazia em voz alta uma *lectio divina,* uma leitura da Escritura acompanhada de oração. Citava também os Padres da Igreja e autores espirituais. Em algumas ocasiões, inspirava-se em ideias dos exercícios espirituais de Santo Inácio de Loyola, adaptando-as à personalidade dos assistentes. Com mais frequência, glosava inspirações de sua vida espiritual e se servia de exemplos gráficos da vida cotidiana[2].

Nesses anos, a necessidade de clero próprio no Opus Dei se fez premente. Crescia o número de pessoas que se aproximavam dos pro-

6. A SOCIEDADE SACERDOTAL E A PROPAGAÇÃO EUROPEIA

gramas dos centros da Obra e aumentava o número dos que pediam admissão. Josemaria Escrivá de Balaguer rogou a Deus que tivesse presbíteros com seu mesmo espírito e dispostos tanto a colaborar na tarefa pastoral como, quando fosse necessário, no governo da Obra.

Em meados de 1940, Álvaro del Portillo e José María Hernández Garnica – que estavam prestes a terminar o curso de Engenharia – responderam livremente à chamada de Escrivá para o sacerdócio. Em janeiro de 1942, monsenhor Eijo y Garay dispôs que começassem os estudos no seminário de Madri e os dispensou da assistência às aulas, em razão da formação e da idade que tinham. José María Bueno Monreal, professor do seminário, coordenou o claustro de professores que lhes ensinou Filosofia e Teologia no centro da rua Diego de León. Em junho de 1942, foram aprovados nos primeiros exames. Na mesma época, outros dois membros da Obra, José Luis Múzquiz e José Orlandis, iniciaram os estudos eclesiásticos. No entanto, como Orlandis se mudou no outono para Roma, Múzquiz se incorporou ao grupo de Hernández Garnica e del Portillo[3].

Ainda que esses estudantes estivessem se preparando para o sacerdócio, o fundador não encontrava fórmula jurídica para que houvesse presbíteros no Opus Dei. Segundo o Código de Direito Canônico, os sacerdotes deviam se incardinar em uma diocese, em uma ordem religiosa ou em uma instituição equivalente, pois não podia haver presbíteros *vagos*, isto é, alheios a uma autoridade eclesiástica. Além disso, o candidato ao sacerdócio tinha um *título* de ordenação que lhe assegurava estabilidade jurídica e o sustento. Todavia, dado o traço secular do Opus Dei, excluía-se uma solução na linha das ordens religiosas; seu caráter pessoal o diferenciava das dioceses; e a possibilidade de atribuir um benefício ou patrimônio a cada sacerdote para que se sustentasse era inviável porque exigia uma despesa excessiva, além da incardinação em uma diocese.

No dia 14 de fevereiro de 1943, enquanto celebrava a Eucaristia no centro da rua Jorge Manrique, o fundador teve uma moção particular que resolvia o problema, como anotou mais tarde: «Eu comecei a Missa buscando a solução jurídica para poder incardinar na Obra os sacerdotes. Já levava muito tempo tratando de encontrá-la, sem resultado. E, naquele dia, *intra Missam*, depois da Comunhão, o Senhor quis dá-la a mim: a Sociedade Sacerdotal da Santa Cruz. Deu-me,

A HISTÓRIA DO OPUS DEI

inclusive, o selo: a esfera do mundo com a cruz inscrita»[4]. Escrivá de Balaguer entendeu que Deus lhe fazia uma petição de caráter fundacional que lhe permitiria contar com sacerdotes próprios. Consistia em criar uma associação sacerdotal ligada ao Opus Dei, composta por presbíteros provenientes dos leigos da Obra. De acordo com o Código de Direito Canônico, esta associação podia adotar a figura de uma sociedade de vida comum sem votos. Os clérigos ficariam adscritos de modo estável à Sociedade Sacerdotal da Santa Cruz e exerceriam seu ministério em primeiro lugar a favor da missão do Opus Dei, atendendo pastoralmente as pessoas e as necessidades sacramentais e de culto litúrgico da Obra[5].

Depois de obter parecer favorável do núncio na Espanha e do bispo de Madri-Alcalá, o fundador enviou Álvaro del Portillo, secretário geral do Opus Dei, a Roma para que solicitasse o necessário *nihil obstat* à Congregação para os Religiosos, da qual dependiam as sociedades de vida comum sem votos. Durante o mês que permaneceu na Cidade Eterna – de 25 de maio a 21 de junho de 1943 –, del Portillo entrevistou-se com o Papa Pio XII, com o secretário de Estado e com outras personalidades da Santa Sé.

Com a perspectiva de uma mudança jurídica iminente, de 29 de julho a 7 de agosto Escrivá de Balaguer reuniu catorze membros da Obra em Madri, naquilo que denominou Semana de Trabalho. Depois de repassar os principais aspectos do espírito da Obra, trocaram experiências sobre as atividades de apostolado realizadas e estudaram avanços futuros. De modo particular, analisaram o plano de vida, a forma de viver as virtudes cristãs, o andamento das obras de São Rafael e de São Gabriel, o funcionamento das residências e do centro de estudos para a formação dos que eram do Opus Dei e a gestão econômica dos centros. As conclusões das jornadas ficaram à disposição do fundador e do governo central da Obra.

Enquanto isso, a mensagem do Opus Dei e a solicitação de aprovação canônica tiveram boa acolhida na Cidade Eterna. A tramitação foi rápida na burocracia vaticana. No dia 11 de outubro daquele ano, a Congregação para os Religiosos concedeu o *nihil obstat* para a ereção diocesana. Recebida a notícia, monsenhor Eijo y Garay, bispo de Madri-Alcalá, erigiu canonicamente a Sociedade Sacerdotal da Santa Cruz no dia 8 de dezembro. Um mês e meio depois – em 25 de janei-

6. A SOCIEDADE SACERDOTAL E A PROPAGAÇÃO EUROPEIA

ro de 1944 –, aprovou as Constituições da sociedade. A notícia desta aprovação apareceu em 29 boletins diocesanos espanhóis.

As Constituições definiam a Sociedade Sacerdotal da Santa Cruz como «uma sociedade majoritariamente clerical de homens de vida comum sem votos», composta de presbíteros e por leigos que se preparavam para o sacerdócio, todos eles sócios do Opus Dei. De acordo com o direito vigente, distinguiam dois fins: o «fim geral é a santificação de seus membros pela prática dos conselhos evangélicos e a observância das próprias Constituições; o específico, trabalhar em especial para que os intelectuais, parte dirigente da sociedade civil, adiram plenamente aos preceitos e conselhos de Cristo Nosso Senhor»[6]. Com relação à vida em comum – e para evitar que se pensasse na vida comum canônica, própria das ordens e congregações religiosas –, o fundador acrescentou nas Constituições que se devia entendê-la em sentido lato; o importante não era a materialidade de viver sob o mesmo teto, mas a unidade de espírito e de regulamentos[7].

Os presbíteros da Sociedade Sacerdotal se incardinavam *ad titulum Societatis,* e essa entidade se responsabilizava por seu sustento. A respeito do regime de governo, a Sociedade Sacerdotal apresentava uma estrutura parecida com a que foi aprovada em 1941 para o Opus Dei, com um presidente geral à cabeça – a quem se chamava *Padre* – e com níveis de governo central, territorial e local.

Pela primeira vez, o Opus Dei se mostrava como um fenômeno pastoral e apostólico composto por leigos e presbíteros, com a presença do ministério sacerdotal configurada institucionalmente. A Sociedade Sacerdotal da Santa Cruz ficava unida ao Opus Dei, à associação de fiéis aprovada em 1941, que passava a ser sua obra própria, isto é, o lugar onde os sacerdotes desenvolviam seu serviço ministerial. De fato, e de modo semelhante aos Estatutos de 1941, as Constituições estabeleciam que o Opus Dei estava composto por uma seção de homens e outra de mulheres, e que tinha sócios supernumerários, numerários e inscritos; além disso, acrescentavam que podia haver «cooperadores auxiliares» que ajudavam com suas orações e donativos.

No entanto, a relação jurídica entre a Sociedade Sacerdotal e o Opus Dei ficava distorcida. A Sociedade Sacerdotal possuía nível jurídico superior e, por isso, segundo palavras do fundador, «o Opus Dei

A HISTÓRIA DO OPUS DEI

aparece como secundário: como uma associação própria e inseparável da Sociedade Sacerdotal da Santa Cruz, quando a realidade é que nenhuma destas duas partes da nossa Obra é secundária. São principais as duas». De acordo com as Constituições, o Opus Dei era o âmbito próprio no qual a Sociedade Sacerdotal desenvolvia sua atividade. Portanto, podia-se entender que o Opus Dei era «uma parte da Sociedade Sacerdotal da Santa Cruz, quando a realidade é que a Sociedade Sacerdotal da Santa Cruz é só uma pequena parte da Obra»[8].

Havia outro inconveniente. O direito da Igreja equiparava os membros das sociedades de vida comum sem votos aos religiosos, pois, ainda que não professassem publicamente os conselhos evangélicos, era-lhes pedido que tivessem alguma forma de vida em comum e que recebessem o *nihil obstat* da Congregação para os Religiosos; por outro lado, segundo o espírito fundacional do Opus Dei, tanto o clero como o laicato eram seculares. Contudo, e como já havia ocorrido em 1941, o fundador admitiu esta fórmula jurídica porque não afetava gravemente o núcleo ou essência carismática da Obra e porque estava impelido pela necessidade de ter sacerdotes. Em algumas ocasiões, Escrivá de Balaguer resumiu a aceitação de soluções menos adequadas com a expressão «conceder sem ceder, com ânimo de recuperar»[9].

Uma vez erigida a Sociedade Sacerdotal da Santa Cruz, seu presidente geral, Josemaria Escrivá de Balaguer, nomeou em dezembro de 1943 as pessoas que formavam parte do Conselho. Os cargos foram sancionados pelo bispo de Madri-Alcalá: Álvaro del Portillo, secretário geral; José Luis Múzquiz, vice-secretário da obra de São Miguel; José María Hernández Garnica, vice-secretário da obra de São Gabriel; Pedro Casciaro, vice-secretário da obra de São Rafael; e Ricardo Fernández Vallespín, administrador geral. Durante pouco menos de um quinquênio – até o Opus Dei se converter em instituto secular –, esses homens ajudaram o fundador no governo central. Nesse período, só houve duas mudanças, devidas ao translado do fundador para Roma: Álvaro del Portillo passou a ser procurador geral e Pedro Casciaro o substituiu como secretário geral, ao mesmo tempo que conservava o cargo de vice-secretário da obra de São Rafael.

Escrivá de Balaguer também erigiu, em dezembro de 1943, o centro de estudos eclesiásticos da Sociedade Sacerdotal da Santa Cruz,

6. A SOCIEDADE SACERDOTAL E A PROPAGAÇÃO EUROPEIA

que coordenou o claustro de professores e a formação dos que se preparavam para o sacerdócio. Os três primeiros leigos da Sociedade Sacerdotal que receberam a ordem sagrada foram Álvaro del Portillo, José Luis Múzquiz e José María Hernández Garnica. Entre maio e junho de 1944, foram-lhes conferidas todas as ordens, até culminar com a ordenação sacerdotal, recebida pelas mãos de monsenhor Eijo y Garay, em 25 de junho. Nesse dia, Josemaria Escrivá de Balaguer não quis estar presente na cerimônia porque desejava que os parabéns fossem dados aos novos presbíteros; ficou no centro da rua Diego de León celebrando a Missa.

Concluída a ordenação, o bispo de Madri-Alcalá e os novos sacerdotes almoçaram em Diego de León com o padre Josemaria e os da Obra ali presentes. À tarde, depois de acompanhar a despedida a monsenhor Eijo y Garay, Escrivá de Balaguer dirigiu a meditação. Um dos assistentes tomou algumas notas: «Voltou a insistir na necessidade de oração e sacrifício, fundamento da nossa vida interior. Humildade (individual e coletiva), obediência, trabalho profissional. Cumprimento amoroso das normas, como meio da nossa santificação. "Não quero fazer história hoje", disse-nos. "Por isso, quando passarem muitos anos e os que vierem vos perguntarem como foi o dia da ordenação, tereis de lhes dizer, muito simplesmente: na oração, o Padre repetiu-nos o que nos diz sempre: oração e sacrifício, cumprir bem as normas". A seguir, falou-nos da perseverança, do amor à cruz, de que morrer é lucro. E anunciou-nos que, dentro em breve, alguns irmãos nossos partiriam para longe…»[10].

Consolidação nas capitais de província espanholas

Em 1945, o Opus Dei era conhecido no âmbito católico espanhol. A notícia da aprovação da Sociedade Sacerdotal da Santa Cruz e da ordenação de três membros da Obra havia aparecido na imprensa nacional e em revistas confessionais como *Ecclesia, Signo, Illuminare* e *Catolicismo*[11]. Naquele momento, a Obra estava composta por 223 homens e vinte mulheres. Os primeiros contavam com dez centros, situados em seis cidades espanholas, enquanto elas viviam em dois centros de Madri, capital, e em duas casas para retiros espirituais na

A HISTÓRIA DO OPUS DEI

mesma província. Ambas as seções da Obra cresciam de acordo com as pautas marcadas pelo fundador, que priorizava a formação daqueles que se aproximavam das atividades do Opus Dei, a abertura de novos centros e a preparação dos candidatos ao sacerdócio.

A difusão da mensagem da santidade na vida corrente seguia os modos estabelecidos anos antes. Um amigo explicava a outro o espírito do Opus Dei e, se fosse o caso, convidava-o para participar de uma atividade ou para conhecer uma residência promovida por pessoas da Obra. Geralmente, o contato se produzia na universidade, ainda que tenha havido estudantes que entraram em relação com membros do Opus Dei durante os acampamentos de verão das milícias universitárias, em La Granja (Segóvia), ou, no caso das mulheres, algumas jovens do serviço doméstico que conheceram a Obra por meio de seu trabalho profissional.

Escrivá de Balaguer pediu aos seus filhos e filhas espirituais que consolidassem as atividades da obra de São Rafael, que ele definia como a menina dos seus olhos e a sementeira da Obra, porque daí surgiam vocações para o celibato e para o matrimônio. Eram os mesmos modos que já havia empregado nos anos 1930: estudo, atos acadêmicos, direção espiritual e círculos de estudo – nome com o qual se designaram as aulas de São Rafael a partir de março de 1946 –, meditações e recolhimentos mensais, visitas aos pobres – os «pobres da Virgem», como as denominavam –, catequese para crianças, tertúlias informais e atividades de lazer.

Caminho foi o texto com que se costumava dar a conhecer a mensagem do Opus Dei e facilitar a meditação pessoal. Isidoro Zorzano, que em julho de 1943 havia falecido prematuramente em razão de um tumor, se apresentava como modelo de santidade secular no âmbito profissional e como intercessor para favores espirituais e materiais. Sua vida era um exemplo porque havia unido à sua intensa atividade profissional como engenheiro de ferrovias uma piedade profunda e uma grande dedicação à missão apostólica, em estreita unidade com o fundador. O próprio Josemaria Escrivá de Balaguer impulsionou sua causa de beatificação e canonização, aberta em 1948.

Em meados dos anos 1940, o fundador passou a sentir que não podia manter a sua vigorosa atividade pastoral fora daquela que realizava na Obra. As tarefas de governo, os estudos de caráter jurídico

6. A SOCIEDADE SACERDOTAL E A PROPAGAÇÃO EUROPEIA

para acomodar a Obra no direito da Igreja, a formação de seus filhos espirituais e o relacionamento com as autoridades eclesiásticas consumiram boa parte do seu tempo.

No que diz respeito ao governo institucional, assumiu pessoalmente temas nucleares, como a situação canônica do Opus Dei, o relacionamento institucional com a hierarquia e com outras entidades da Igreja e os projetos formativos para os membros da Obra; por outro lado, delegou de modo paulatino os assuntos da organização geral e local. Contou com a ajuda imediata do secretário geral, Álvaro del Portillo, e com o assessoramento dos que integravam o Conselho.

O fundador acreditava que o espírito fundacional e a resolução das dificuldades que se apresentavam na vida da Obra lhe serviam para fixar pautas gerais. Resolvia os diversos assuntos – tanto os perenes como os transitórios – depois de rezar e consultar ao Conselho Geral. Periodicamente, repassava com os membros do Conselho os principais assuntos de governo, como a abertura de novas casas, a distribuição de diretores locais e de pessoal nos diversos centros e o andamento econômico das casas e residências.

Estabeleceram-se alguns protocolos de relacionamento entre o nível geral e o local. O contato era epistolar ou presencial. A secretaria do Conselho e os centros locais intercambiavam escritos sobre aspectos organizativos e de regime, como a explicação sobre o modo de viver as normas de piedade cristã e os costumes da Obra, o andamento das atividades da obra de São Rafael e as propostas de pessoas que podiam participar dos cursos de verão ou mudar para outras cidades. A administração geral cuidou de que os diretores de nível local – o diretor, o subdiretor e o secretário de cada centro – se responsabilizassem pela gestão econômica na cobrança das pensões dos residentes e no pagamento dos funcionários contratados; também recordou a necessidade de que cada membro da Obra estivesse pessoalmente desprendido dos bens materiais.

Tão logo se abriu o centro da rua Jorge Manrique, em 1943, o fundador explicou a suas filhas que tinha o desejo de que divulgassem a doutrina cristã também por meio da propaganda escrita – como se definia na época o mundo das publicações –, o que poderia se traduzir em editoras e gráficas, livrarias e bibliotecas populares, imprensa

A HISTÓRIA DO OPUS DEI

e revistas. Este afã se traduziu na criação da Editorial Minerva, que teve a sua sede social na Jorge Manrique. Provavelmente se tratava da primeira editora espanhola administrada só por mulheres e era dirigida por María Jiménez Salas, que não pertencia à Obra. Tinha um projeto ambicioso, pois desejava elaborar um guia de leituras e orientação bibliográfica, difundir obras de literatura e textos clássicos de espiritualidade e lançar uma coleção de contos de escritoras. No entanto, por falta de vendas, o negócio durou pouco. Publicou uma edição de *Caminho*, outra de *Santo Rosário* – obras de Josemaria Escrivá de Balaguer – e uma terceira, *Vitória do amor,* de Francisco de Osuna, franciscano do século XVI[12].

Em janeiro de 1947, a Editorial Minerva se transformou numa nova marca chamada Ediciones Rialp. Florentino Pérez Embid dirigiu a equipe editorial e contou com a colaboração de outros intelectuais, como Rafael Calvo Serer e Raimundo Pániker. Em pouco tempo, a empresa prosperou pela qualidade e a atratividade dos títulos publicados. Além das obras de Escrivá de Balaguer, entre suas coleções estão a Biblioteca do Pensamento Atual, que em meados dos anos 1950 já havia publicado cinco dezenas de livros sobre história, filosofia e política; Adonáis, dedicada a livros de poesia; os clássicos de espiritualidade Neblí; e a biblioteca de espiritualidade Patmos. Nesta coleção, *O valor divino do humano* (1948), do sacerdote Jesús Urteaga, que abordava o seguimento de Cristo na vida cotidiana, teve múltiplas reimpressões[13].

Com relação aos imóveis, membros da Obra e conhecidos que tinham capital e conhecimentos financeiros estabeleceram entidades proprietárias – em sua maioria, sociedades anônimas – que adquiriram, construíram e restauraram chácaras e apartamentos destinados a serem centros, residências e casas de retiro. O fundador denominou estas entidades *sociedades auxiliares* porque garantiam que os imóveis manteriam a finalidade apostólica e corporativa; por exemplo, em 1945, Pedro Casciaro, Miguel Fisac e Ramón Guardans, graduados e sócios da Obra, criaram a SAIDA – Sociedad Anónima Inmobiliaria de Andalucía –, que geriu a propriedade e o funcionamento de algumas casas que se iniciaram nessa época. Por sua vez, o administrador geral da Obra, ajudado por uma pequena assessoria jurídica e técnica, revisou os balanços dessas corporações e os resu-

6. A SOCIEDADE SACERDOTAL E A PROPAGAÇÃO EUROPEIA

mos mensais dos centros locais com a ideia de que cada entidade fosse autossuficiente. Ocasionalmente, fez sugestões ou pediu que se destinasse capital das sociedades auxiliares para as casas que o necessitavam, a fim de evitar déficits*.

A residência Moncloa tornou-se *vitrine* para a atividade corporativa do Opus Dei; era um paradigma de vitalidade e de encontro com gente jovem. A centena de residentes da Moncloa convidava seus amigos para conhecerem a residência e tomar parte nas atividades de estudo, na formação espiritual e no ambiente familiar. No dia 16 de setembro de 1944, o núncio Gaetano Cicognani e cinco bispos espanhóis visitaram a casa.

No resto das capitais de província, os membros do Opus Dei definiram como objetivo prioritário a abertura de residências de estudantes. Em fins do ano acadêmico de 1944-1945, começou a presença estável de membros da Obra em Bilbau, com o aluguel de um apartamento que denominaram Correo; e, em Santiago de Compostela, com uma casa que chamaram Rúa Nueva. Um ano depois, abriu-se a residência Abando, em Bilbau, e a residência Albayzín, em Granada. Em Sevilla, desde 1943 houve pessoas do Opus Dei na Casa Seras, uma residência universitária da Escola de Estudos Hispano-americanos que dependia da Universidade de Sevilha; dois anos mais tarde, inauguraram nessa cidade uma residência de estudantes que veio a se chamar Guadaira; e, já em 1948, começava a residência La Estila, em Santiago de Compostela.

As mulheres da Obra deram um passo à frente em 1945. Pela primeira vez, ministraram aulas de São Rafael e círculos breves, incrementaram as viagens a outras cidades espanholas para falar sobre o Opus Dei a amigas e conhecidas – sobretudo a Valência e Saragoça – e trocaram o centro da rua Jorge Manrique por um maior, Zurbarán, situado na rua madrilenha do mesmo nome. Além disso, começaram a diferenciar o governo central do local. Até esse momento, só tinham um conselho local em cada centro e uma diretora *sênior* que centralizava as atividades em Madri. Em março de 1946, o padre Josemaria nomeou como assessoras Narcisa González Guzmán e Encarnación

---

(*) Sobre as sociedades criadas por membros da Obra para atender a parte econômica das atividades apostólicas, cf. capítulo 11 («Atividades apostólicas institucionais»).

A HISTÓRIA DO OPUS DEI

Ortega. Formavam assim uma incipiente Assessoria Central, a qual, fundamentalmente, fazia com que viajassem aos diversos centros para fortalecer a formação, a organização e a gestão econômica.

Também em 1945, Los Rosales se converteu em centro de estudos. Como só havia vinte mulheres na Obra e elas trabalhavam em diversas administrações e na direção do centro Jorge Manrique, o fundador dispôs que, de momento, assistissem a cursos de formação durante os meses de verão. O primeiro foi em julho e agosto. Participaram doze mulheres. Procediam de famílias de classe média, tinham uma vida de piedade cristã intensa, grande dedicação ao trabalho e a rijeza própria do pós-guerra espanhol. Só uma delas – Guadalupe Ortiz de Landázuri – era graduada. O fundador e os sacerdotes da Obra deram conferências sobre a doutrina da Igreja, aulas teóricas e práticas sobre o espírito e os costumes do Opus Dei, explicações sobre o modo de realizar a direção espiritual e de mostrar a mensagem da Obra a amigas e conhecidas. O padre Josemaria convidou-as a sonhar. Dentro de poucos anos, disse-lhes, estariam presentes em muitos países e âmbitos profissionais. E elas acreditavam nessas propostas, que contrastavam com a realidade ainda pequena em que viviam.

Os cursos de formação continuaram – em turnos e na medida permitida pelo trabalho de atendimento das Administrações dos centros – nos verões dos anos seguintes. As mais antigas já se encarregavam de fazer o acompanhamento espiritual das mais jovens. Explicavam--lhes detalhadamente o Opus Dei e o seu espírito, principalmente a santificação do trabalho e a vida interior fundamentada na oração e no sacrifício. As que tinham experiência ensinavam como se dirigia uma Administração nas tarefas de cozinha, limpeza e costura.

Los Rosales contava com um tear, no qual teciam roupa para o lar e panos para os oratórios, uma horta com hortaliças e árvores frutíferas e uma granja com galinhas e coelhos. Vendiam os produtos aos centros da Obra e, com essas receitas, cobriam parte dos gastos da casa. Nos anos seguintes, a casa foi ampliada com uma área para retiros espirituais, e as instalações melhoraram; além disso, renovou-se o ateliê artesanal de costura para atender às necessidades dos oratórios dos centros, pois crescia a demanda e era mais econômico confeccionar ornamentos do que comprá-los. Em 1949, também houve um encontro de formação de verão para as mulheres

6. A SOCIEDADE SACERDOTAL E A PROPAGAÇÃO EUROPEIA

da Obra na Administração de La Estila, em Santiago de Compostela, do qual participaram 32 jovens. Até então, tinham pedido admissão ao Opus Dei pouco mais oitenta mulheres, que residiam em onze cidades espanholas.

Dentre as que se aproximavam da Obra, cresceu o número de empregadas que atendiam as administrações. O fundador impulsionou sua formação cultural, técnica e espiritual. Como muitas delas provinham de povoados agrícolas, era preciso dedicar-se com esmero à sua educação. Com frequência, ensinavam-lhes em primeiro lugar a ler e escrever (a taxa de analfabetismo feminino na Espanha dos anos 1940 era de 23%). Para dar continuidade a este ensino e melhorar os trabalhos no âmbito doméstico, na primavera de 1947 abriu-se um centro de estudos na rua Diego de León. Posteriormente, as diretoras elaboraram um plano de formação, tanto espiritual como profissional, que recolhia experiências sobre o preparo de cardápios, a limpeza da casa e o cuidado da roupa, bem como informações sobre a formação doutrinal cristã.

Em 1947, Zurbarán passou a ser uma residência universitária, com 33 vagas. As mulheres do Opus Dei estreavam no governo autônomo de uma residência feminina. Estavam seguindo o convite de Escrivá de Balaguer para desenvolver, de modo progressivo, os mesmos apostolados dos homens, embora isso fosse custoso, já que havia pouca tradição universitária entre mulheres na Espanha. A primeira diretora de Zurbarán foi Guadalupe Ortiz de Landázuri, e o atendimento sacerdotal ficou sob a responsabilidade de José María Hernández Garnica. Além das residentes, relacionaram-se com muitas outras pessoas na universidade e nos retiros espirituais que organizaram[14].

A propagação da mensagem foi variada, de acordo com as circunstâncias de cada uma. Por exemplo, Aurora Nieto era viúva, tinha três filhos e vivia em Salamanca. Em sua cidade, conheceu o padre Josemaria e solicitou-lhe admissão à Obra, em outubro de 1945. Cinco anos depois, quando já era possível ao fundador admitir pessoas sem compromisso de celibato, Nieto incorporou-se juridicamente ao Opus Dei. Outro caso foi o de Ramona Sanjurjo, enfermeira de Vigo. Pediu a admissão em abril de 1945, depois de um retiro espiritual pregado por Álvaro del Portillo. Logo depois, foi morar no centro da rua Jorge Manrique, em Madri. No entanto, poucas semanas depois,

A HISTÓRIA DO OPUS DEI

descobriu-se que estava com tuberculose, o que a obrigou regressar à sua cidade natal. Em Vigo, explicou a Obra a muitas amigas. Em abril de 1948, passou a ser supernumerária[15].

Os sacerdotes da Obra foram decisivos para o crescimento das atividades masculinas e femininas e para a difusão da doutrina cristã. Na pregação e na direção espiritual individual, encontraram pessoas que se entusiasmaram com a ideia de serem santas no meio do mundo e a contagiaram a seus colegas de trabalho e familiares. Quando se ordenaram os três primeiros, Álvaro del Portillo ficou em Madri para ajudar o fundador e atendeu também o norte da Espanha; José María Hernández Garnica assistiu às mulheres da Obra e se ocupou da Catalunha e do Levante; e José Luis Múzquiz percorreu a Andaluzia. Em 1946, ordenaram-se outros seis, multiplicando-se o atendimento sacerdotal das atividades. Outras turmas de ordenações se seguiram, de modo que, em 1950, havia 21 presbíteros no Opus Dei. Todos eram graduados em estudos civis e fizeram, ademais, um doutorado eclesiástico. Em sua maioria, renunciavam a um porvir profissional brilhante para servir aos demais por meio do ministério sacerdotal; este sacrifício podia ser comparado, em certo sentido, ao das mulheres que haviam decidido se dedicar à administração doméstica dos centros em vez de exercer outras profissões liberais. O fundador entendia que essa doação pessoal redundava no benefício de muitas pessoas.

Um instrumento de grande força evangelizadora foram os retiros espirituais. Os dias de silêncio exterior e de busca de Deus provocaram conversões, encontros com o conteúdo evangélico da Obra e desejos de entrega em diversas instituições da Igreja. Josemaria Escrivá de Balaguer impulsionou a abertura de casas de retiro que estivessem relativamente próximas de Madri. Molinoviejo (em Ortigosa del Monte) foi a primeira, em 1945, ainda que também usassem uma pequena casa chamada La Pililla (em Piedralaves) para alguns dias de trabalho ou de férias, afastados da agitação da capital. Durante os primeiros anos, estas casas se abriram durante breves temporadas para a realização de atividades concretas. A irmã do fundador, Carmen, coordenou a direção das administrações domésticas, até que as mulheres da Obra a substituíram.

Durante o verão, as casas de retiro e algumas residências foram utilizadas também como lugar de formação e de descanso para os

6. A SOCIEDADE SACERDOTAL E A PROPAGAÇÃO EUROPEIA

membros da Obra. Josemaria Escrivá de Balaguer propôs uma forma de repouso que, além da estreita convivência com outras pessoas do Opus Dei, incluía um tempo de estudo da doutrina cristã e do espírito da Obra. Os cursos de verão – que na década seguinte passaram a se denominar *cursos anuais* – começaram no ano de 1944 em La Pililla, para os homens. Nos anos seguintes, organizaram-se diversos cursos de três semanas de duração em Molinoviejo e nas residências Moncloa e Albayzín, aos quais, desde 1948, assistiram os primeiros da Obra de outras nacionalidades. Para as mulheres, os cursos de verão tiveram início em Los Rosales no ano de 1946, quando dois deles foram realizados; em 1949 já participaram mulheres de Portugal e da Irlanda.

O estabelecimento do fundador em Roma

Em novembro de 1942, o catedrático José Orlandis e o doutorando Salvador Canals se mudaram para Roma com uma bolsa do Ministério de Relações Exteriores. Escrivá de Balaguer disse-lhes que não se preocupassem com a situação jurídica do Opus Dei, que ele próprio acompanhava de Madri; bastava que falassem sobre a Obra às pessoas que encontrassem. Canals e Orlandis conheceram ambientes diversos, como famílias romanas tradicionais, chefes e funcionários da cúria vaticana – foram recebidos por Pio XII em janeiro de 1943 –, professores de universidades pontifícias e civis, diplomatas e jornalistas de vários países. Também viveram o final da Segunda Guerra Mundial, com os bombardeios, a ocupação nazista da cidade durante nove meses e a tomada de Roma pelos exércitos aliados[16].

Em fins de 1945, uma vez terminada a guerra, regressaram à Espanha por algumas semanas. Em janeiro de 1946, Canals e Orlandis estavam de novo na Cidade Eterna. Entre outras pessoas, estabeleceram contato com dois croatas refugiados que estudavam no Ateneu Lateranense. Um deles, Vladimiro Vince, solicitou admissão ao Opus Dei em abril. Era a primeira pessoa que se incorporava à Obra num país diferente da Espanha.

A HISTÓRIA DO OPUS DEI

Em fevereiro de 1946, Álvaro del Portillo chegou a Roma. Escrivá de Balaguer havia pedido ao secretário geral que conseguisse para a Sociedade Sacerdotal da Santa Cruz um *decretum laudis* (um «decreto de louvor», pelo qual se reconhecia que uma instituição eclesiástica era de direito pontifício). Del Portillo solicitou que a estrutura jurídica com a qual havia sido aprovada a Sociedade Sacerdotal da Santa Cruz e a associação de fiéis do Opus Dei, na diocese de Madri-Alcalá, passasse a ter um regime universal de direito pontifício. Concretamente, pensava em uma sociedade de vida comum sem votos, interdiocesana, que integrasse em unidade jurídica e pastoral as duas realidades da Obra – a Sociedade Sacerdotal e a Associação – e que fosse governada pelos mesmos diretores. Esta aprovação abriria as portas à expansão para todo o mundo.

Del Portillo foi a Roma com mais de sessenta cartas *comendatícias*, redigidas por cardeais e bispos espanhóis que conheciam as atividades formativas do Opus Dei; estas cartas mostravam o alcance da Obra e a aprovação dos prelados. Também aproveitou a celebração de um consistório no Vaticano para solicitar *comendatícias* aos cardeais Frings, de Colônia; Caggiano, de Rosário; Cerejeira, de Lisboa; Ruffini, de Palermo; e Gouveia, de Lourenço Marques.

No entanto, o secretário geral do Opus Dei não pôde completar o encargo recebido de Josemaria Escrivá de Balaguer. Por um lado, a doutrina da santidade no meio do mundo era muito inovadora. Por outro, a unidade dos dois entes – o Opus Dei e a Sociedade Sacerdotal – implicava em que se erigisse uma sociedade de vida comum sem votos com sacerdotes e leigos, homens e mulheres, celibatários e casados, o que era uma completa novidade. Uma pessoa da Congregação para os Religiosos comentou a del Portillo que o Opus Dei havia chegado à Igreja «com um século de antecedência»[17].

Álvaro del Portillo entendeu que o único modo de desbloquear a situação exigia a presença do fundador em Roma. Apesar do seu estado de saúde delicado – três anos antes haviam descoberto que estava com diabetes –, o padre Josemaria chegou à Cidade Eterna no dia 23 de junho. Alojou-se num apartamento alugado na Piazza Città Leonina, muito perto dos apartamentos pontifícios. Poucos dias depois, o Papa Pio XII concedeu-lhe uma audiência, e os dois conversaram sobre a aprovação. Apesar das dificuldades jurídicas e de que ainda se

6. A SOCIEDADE SACERDOTAL E A PROPAGAÇÃO EUROPEIA

tratasse de uma instituição pequena – 239 homens e vinte mulheres, quase todos residentes na Espanha –, o fundador percebeu que o Papa olhava o Opus Dei com interesse pela projeção que tinha[18].

De volta à Espanha, Escrivá de Balaguer pensou que, diante da iminente expansão internacional do Opus Dei, necessitava de homens e mulheres que trabalhassem com responsabilidade nas principais tarefas do governo institucional. No dia 24 de setembro, reuniu em Molinoviejo vinte homens da Obra, entre os quais aqueles que pertenciam ao Conselho. Na ermida da fazenda, todos fizeram um compromisso especial de zelar para que não se rompesse a unidade material ou espiritual do Opus Dei, de manter a unidade com os superiores – exercitando, quando fosse conveniente, a correção fraterna* – e de não permitir que se perdesse o espírito de pobreza vivido desde o princípio. Semanas mais tarde, o fundador regressou a Roma. No dia 8 de dezembro, o Papa o recebeu novamente.

Desde então, o fundador teve como residência a cidade do Tibre, ainda que tenha feito algumas viagens à Espanha, em particular para se reunir com os membros do governo central da Obra. Viver em Roma realçou a vocação internacional do Opus Dei e facilitou o contato regular com as autoridades vaticanas; além disso, afastou a possibilidade de que o regime franquista instrumentalizasse sua pessoa e a Obra.

Enquanto trabalhava no processo de aprovação jurídica, Josemaria Escrivá de Balaguer pôs em andamento uma ideia de anos antes. Convinha ter a sede central do Opus Dei perto da cúria romana porque era uma instituição de caráter universal. Depois de visitar vários lugares, encontraram uma casa de estilo florentino, com jardim edificável, no bairro Pinciano. Havia sido a representação diplomática da Hungria perante a Santa Sé. Devido à forte inflação e à instabilidade política italiana, a propriedade custava relativamente pouco: 75 mil dólares. Quando se firmou o contrato de compra a prazo, o dono aceitou a entrega de uma quantia inicial simbólica[19].

(*) Cf. AGP, série A.3, 87-7-7. A correção fraterna, de origem evangélica, é uma «advertência, cheia de delicadeza e de sentido sobrenatural, com a qual se procura afastar um sócio da Obra de algum hábito alheio ao nosso espírito»: *Catecismo*, 1947 (1ª ed.), n. 145, em AGP, série E.1.1, 181-1-1. Como manifestação de unidade e lembrança desses compromissos do ano de 1946, o fundador dava uma cruz de bolso – feita com a madeira de umas vigas da ermida de Molinoviejo – ao primeiro homem e à primeira mulher de cada país que pediam admissão à Obra, e também aos conselheiros de cada região.

129

A HISTÓRIA DO OPUS DEI

Os membros da Obra foram morar na nova casa – chamada *Villa Tevere* pelo fundador – no verão de 1947. A chegada foi complicada, uma vez que os inquilinos húngaros não queriam desocupá-la, recorrendo a uma suposta imunidade diplomática. Durante um ano e meio, não tiveram outra solução senão morar na parte que tinha sido a portaria da propriedade, um pequeno edifício de dois andares que denominaram *Pensionato*. Quando, em fevereiro de 1949, foram embora os antigos arrendatários, começaram as obras de Villa Tevere, nas quais estavam previstas diversas zonas, algumas dedicadas ao governo da Obra e outras aos estudantes e aos cursos de formação.

No outono de 1947, três espanhóis da Obra se matricularam no Ateneu Lateranense e um na universidade estatal La Sapienza. Esses jovens fizeram amizade com vários italianos e os convidaram a conhecer o fundador do Opus Dei e as outras pessoas do *Pensionato*. A maioria desses estudantes pertencia a associações confessionais, principalmente à Ação Católica e à Federazione Universitaria Cattolica Italiana. Dentro de pouco tempo, em novembro daquele ano, pediu admissão à Obra Francesco Angelicchio. Durante os três meses seguintes, Renato Mariani, Luigi Tirelli e Mario Lantini também se incorporaram ao Opus Dei. Sentiram-se atraídos pela alegria de seus colegas espanhóis e pelo carinho transbordante de Escrivá de Balaguer. Segundo Angelicchio, quando se encontrou com o padre Josemaria após solicitar a admissão, «abraçou-me e me chamou "meu filho", acrescentando com a emoção e a alegria de um verdadeiro pai: "meu primogênito italiano"»[20].

O fundador propôs a expansão do Opus Dei por outras cidades da Itália, de acordo com o sistema que havia seguido na Espanha uma década antes. Em janeiro de 1949, elaborou um plano de viagens junto com Álvaro del Portillo – que foi nomeado conselheiro da Itália, a primeira autoridade de governo do Opus Dei no país – e com outros membros da Obra. Ao longo desse ano, estudantes da Obra realizaram mais de oitenta viagens a diversas cidades, como Milão e Pisa, no norte, ou Palermo e Bari, no sul. Os estudantes saíam na manhã do sábado e regressavam na noite do domingo para não perder dias de aula; nalgumas ocasiões, acompanhava-os um sacerdote da Obra. Nas cidades, reuniam-se com universitários conhecidos e lhes explicavam o espírito do Opus Dei.

6. A SOCIEDADE SACERDOTAL E A PROPAGAÇÃO EUROPEIA

Em fins de 1949, alugaram dois apartamentos, que foram os primeiros centros da Obra na região italiana: um em Palermo, em novembro, e outro em Milão, em dezembro. Um ano depois, em novembro de 1950, abria-se outro centro em Roma e, em setembro de 1952, mais um em Nápoles.

O desenvolvimento do Opus Dei com as mulheres italianas esteve ligado inicialmente às pessoas com as quais se tinha entrado em contato na Administração do *Pensionato* de Villa Tevere; algumas eram mães e irmãs dos primeiros homens do Opus Dei. Em janeiro de 1952, pediu a admissão a primeira numerária italiana, Gabriella Filippone. Pouco depois, incorporou-se ao Opus Dei a primeira supernumerária do país, Gioconda Lantini. Um ano mais tarde, abriu-se um centro feminino em Nápoles.

A Europa ocidental

Concluída a Segunda Guerra Mundial, a Europa começou um lento processo de reconstrução econômica e social. O pós-guerra testemunhou a mudança de algumas fronteiras e, sobretudo, modificou a mentalidade dos europeus, convencidos de que não se podia repetir semelhante atrocidade. Contudo, a situação geopolítica era muito complexa. Os sistemas democráticos ocidentais precisavam recompor seus Estados de direito; a Alemanha estava ocupada por exércitos de várias nações; e os países orientais da Europa haviam ficado sob a órbita comunista soviética.

A liberdade de culto para a Igreja no Ocidente europeu permitia a expansão do Opus Dei. Além da Itália, Escrivá de Balaguer voltou sua atenção para Portugal e para a França – adjacentes à Espanha –, bem como para a Grã-Bretanha e a Irlanda. Entre 1946 e 1948, trinta membros da Obra abriram centros nesses cinco países europeus. Sua mensagem cristã transmitia-se assim em outros idiomas – português, francês, inglês e italiano –, e já se vislumbrava a fase seguinte, que consistiria na saída para o continente americano.

Para um acadêmico espanhol daqueles anos, era relativamente fácil viajar para fora do país, contanto que tivesse justificativas pro-

A HISTÓRIA DO OPUS DEI

fissionais. De acordo com o Conselho Superior de Pesquisas Científicas, o Ministério de Relações Exteriores seguia uma boa política de pensões para estadas no estrangeiro, tanto em universidades quanto centros de pesquisa. A exemplo de muitos de seus colegas, os universitários da Obra – doutores ou graduados em torno dos vinte e cinco anos – obtiveram o visto e as bolsas do Conselho que possibilitaram sua permanência e sustento nos países onde ampliariam seus estudos.

O começo em todos os lugares foi modesto, de acordo com as possibilidades pessoais. Começaram primeiro os homens, que estabeleceram centros da Obra em cidades com universidades de prestígio internacional, segundo a ideia de chegar a todas as camadas sociais a partir dos intelectuais. Logo que os homens estavam assentados, as mulheres da Obra iam às mesmas localidades.

A comunicação habitual com o fundador e com os organismos centrais da Obra era feita por carta. Também se utilizaram os meios modernos da época, pois se enviavam cumprimentos em fitas magnéticas e, inclusive, em gravações filmadas. Como o governo do Opus Dei estava em Madri e o fundador já residia em Roma, os membros da Obra escreviam a ambas as cidades para dar notícias pessoais, contar sobre as atividades que desenvolviam ou as necessidades que surgiam. Por sua vez, o fundador lhes assegurava sua oração e o seu apoio, além de acompanhar de perto a expansão; em algumas ocasiões, enviou algum diretor da Obra para que os visitasse.

Sem esquecer as pautas de atuação que haviam conhecido na Espanha, atuavam de maneira bastante espontânea na hora de transmitir a mensagem de santidade: trabalharam em suas respectivas áreas profissionais, abriram uma residência para estudantes quando possível, tiveram entrevistas com o bispo local para se apresentar e solicitar permissão para dispor de um oratório, empenharam-se no estudo do idioma correspondente, encararam a tarefa de traduzir *Caminho* e difundiram a devoção privada a Isidoro Zorzano.

Depois da Itália, Portugal foi o segundo país ao qual as pessoas da Obra foram residir de maneira permanente. Em 1944, Laureano López Rodó e Ángel López Amo fizeram um breve período de estudos na Universidade de Coimbra. No ano seguinte, Josemaria Escrivá de Balaguer viajou quatro vezes a Portugal a fim de preparar o início

6. A SOCIEDADE SACERDOTAL E A PROPAGAÇÃO EUROPEIA

do apostolado do Opus Dei. Entrou no país graças à mediação da irmã Lúcia de Jesus, vidente de Fátima, que facilitou os trâmites para a obtenção do visto. O fundador teve entrevistas com o patriarca de Lisboa e com o bispo de Coimbra.

Em fevereiro de 1946, chegou a Coimbra Francisco Martínez, doutor em Farmácia. Semanas depois, uniram-se a ele Gregorio Ortega, doutor em Direito, e Álvaro del Amo, doutor em Ciências Naturais. Além de completar os estudos de pós-doutorado na universidade, abriram um centro e seguiram o modelo de difusão conhecido na Espanha. A amizade com professores e estudantes permitiu abrir uma residência universitária, à qual chamaram Montes Claros. Também publicaram a tradução de *Caminho* em português. Em junho, solicitou admissão ao Opus Dei o primeiro português, Mário do Carmo Pacheco, aluno de Filosofia e Letras.

Nos dois anos seguintes, montaram a residência Boavista, na cidade do Porto, e um centro em Lisboa. Nesse período, publicou-se a tradução de *Santo Rosário* e solicitou admissão o primeiro indiano, de Goa, que se chamava Emérico da Gama. Enquanto isso, Xavier de Ayala, que chegara a Portugal em outubro de 1946, ordenou-se sacerdote em Madri e, em janeiro de 1949, regressou ao país como conselheiro do Opus Dei.

As mulheres da Obra fizeram viagens a Portugal a partir de 1949. Dois anos mais tarde, estabeleceu-se no país. Maria Sofia Pacheco – irmã de Mário –, Ester Teixeira e Julia García inauguraram um centro em Lisboa. Depois, em 1953, começaram a residência para universitárias Lar da Estrela, também na capital lusitana. Em seguida, abriu suas portas a residência da Carvalhosa, no Porto[21].

Por sua vez, o Reino Unido representou um novo desafio para o Opus Dei, pois se tratava de um país de maioria protestante que manifestara uma multissecular hostilidade para com o catolicismo; naqueles anos, um católico ainda não era considerado verdadeiro inglês em certos ambientes políticos e intelectuais. Não obstante, o número de católicos – de conversos e irlandeses imigrantes – aumentava ano a ano. Escrivá de Balaguer sonhava com o potencial de um país que abraçava um império global, com uma capital que era uma encruzilhada do mundo, com um idioma essencial para as relações internacionais.

A HISTÓRIA DO OPUS DEI

Designou três jovens para ir ao Reino Unido: Eduardo Alastrué, Juan Antonio Galarraga e Salvador Peris. Com uma bolsa de estudos do Conselho Superior de Pesquisas Científicas, chegaram a Londres em 28 de dezembro de 1946. Alugaram um apartamento próximo da City. Rafael Calvo Serer, que à época trabalhava no Instituto da Espanha em Londres, assinou o contrato. Quando entraram na casa, o porteiro ficou assombrado, pois chegaram só com as malas. Mobiliaram o apartamento pouco a pouco, à medida que foram conseguindo donativos de famílias amigas.

A explicação da mensagem da Obra concentrou-se no ambiente universitário. Nas tardes de sábados, convidavam à casa alguns conhecidos para estar um tempo conversando ou para compartilhar atividades ou propostas formativas. Em 1950, solicitou a admissão o primeiro britânico: Michael Richards, aluno do University College London. Pouco depois, seguiu-o Richard Stork, que residia temporariamente em Madri e regressou a Londres em 1951 para estudar Engenharia[22].

Na Irlanda, o Opus Dei começou em outubro de 1947 com a chegada solitária de um engenheiro chamado José Ramón Madurga. Ele se matriculou no programa de mestrado do Departamento de Engenharia da Universidade Nacional da Irlanda e se alojou com uma família até conseguir alugar um pequeno apartamento. Com o desejo de conhecer estudantes, inscreveu-se em alguns clubes e *societies*. No Clube de Espanhol, travou amizade com um jovem chamado Cormac Burke, que vivia no University Hall, residência dirigida pelos jesuítas e próxima da universidade.

Depois do Natal – passado em Londres, com os membros da Obra –, José Ramón Madurga explicou detalhadamente o Opus Dei a Burke e lhe sugeriu que talvez Deus o estivesse chamando para pertencer a essa instituição. Burke consultou um sacerdote, que o incentivou. No dia 9 de janeiro de 1948, solicitou a admissão por meio de uma carta ao fundador. Logo a seguir, Burke e Madurga lançaram-se à tarefa de traduzir *Caminho* ao inglês. Também rezaram, pedindo a intercessão de Isidoro Zorzano, para que mais irlandeses descobrissem seu chamado ao Opus Dei.

Em 1949, uniu-se a Madurga e a Burke um engenheiro industrial chamado Salvio Carreiras. Alugaram uma casa em Dublin,

6. A SOCIEDADE SACERDOTAL E A PROPAGAÇÃO EUROPEIA

Northbrook, onde desenvolveram diversas atividades formativas. No verão, organizaram na residência um curso de formação para membros do Opus Dei. Além dos que viviam em Dublin, assistiram ao curso os residentes do centro de Londres e cinco jovens espanhóis. No Natal, José Orlandis pregou um retiro para eles. Meses depois, Madurga mudou-se para Roma, a fim de terminar os estudos eclesiásticos que havia iniciado em Madri anos antes e receber a ordenação sacerdotal.

Durante esse tempo, travaram relações com muitas pessoas; algumas solicitaram a admissão à Obra, como Dick Mulcahy ou os irmãos Paul e Dan Cummings. Também a irmã de Cormac, Honoria Burke, e quatro amigas – Máire Gibbons, Anna Barrett, Olive Mulcahy e Eileen Maher – pediram para ingressar no Opus Dei entre junho de 1949 e março do ano seguinte. Quando teve notícia deste rápido desenvolvimento inicial entre as mulheres, Josemaria Escrivá de Balaguer se referiu ao «milagre da Irlanda», pois se haviam incorporado à Obra antes de que aparecessem em Dublin outras mulheres ou um sacerdote.

De Roma, o padre Josemaria escreveu a seus filhos espirituais de Londres e Dublin com frequência. Em 1951, pediu a Juan Antonio Galarraga e a Cormac Burke que fossem a Roma para acompanhá-lo durante alguns dias. Quando chegaram, sugeriu-lhes que estabelecessem uma residência universitária em Londres. Como não tinham meios econômicos, disse-lhes que os ajudariam na medida do possível, ainda que também em Roma andassem com pouco dinheiro devido aos gastos da construção de Villa Tevere. Ao regressar a Londres, tiveram a alegria de receber José López Navarro, o primeiro sacerdote da Obra que viveu de modo estável nas ilhas[23].

O início do Opus Dei na França teve mais dificuldades. Escrivá de Balaguer cogitara ir até lá antes da Guerra Civil espanhola, uma vez que muitas tendências culturais e artísticas nasciam em Paris e depois se difundiam por todo o mundo. No outono de 1947, Fernando Maycas foi à capital francesa para finalizar seus estudos de mestrado, enquanto Álvaro Calleja e Julián Urbistondo – alunos de Filosofia e Letras – viajaram para acabar o curso na Sorbonne. Alojaram-se no Colégio da Espanha da Cidade Universitária. Com frequência, o fundador os estimulava por cartas – «Que estejais con-

A HISTÓRIA DO OPUS DEI

tentes: arar é coisa muito dura»[24] –, porque lhes custou inserir-se na vida parisiense. Com efeito, no verão de 1949, Maycas e Calleja – Urbistondo já estava na Espanha – regressaram à península ibérica. As atividades do Opus Dei na França recomeçaram em 1952, desta vez de modo definitivo[25].

Em compensação, ocorreu algo inesperado entre as mulheres. Em 1948, uma galega, Lourdes Bandeira, incorporou-se ao Opus Dei com dezessete anos. Duas semanas depois de solicitar a admissão, mudou-se para Burdeos a fim de aprender francês na casa de uma família amiga de seus pais. Uma filha dessa família, Catherine Bardinet, se entusiasmou com o que Lourdes lhe dizia. Certa noite, leu de uma só vez todo o livro *Caminho,* apesar de seu castelhano não ser bom; em curto espaço de tempo, pensou em sua possível chamada para a Obra. No dia 15 de agosto de 1949, escreveu uma carta ao fundador pedindo a admissão como numerária. Em 1950, viajou com seus pais a Roma, onde conheceu Escrivá de Balaguer; em 1951, mudou-se para Los Rosales, a fim de cursar durante seis meses o centro de estudos. Foi a primeira francesa a se incorporar à Obra.

7. AS APROVAÇÕES PONTIFÍCIAS

Josemaria Escrivá de Balaguer chegou a Roma no verão de 1946 para solicitar o *decretum laudis* para o Opus Dei. O fundador entrevistou-se com o substituto da secretaria de Estado e futuro Papa, Giovanni Battista Montini, e com alguns consultores da Congregação para os Religiosos, como os claretianos Arcadio María Larraona e Siervo Goyeneche. Estes lhe disseram que a Santa Sé estudava um conjunto de instituições agrupadas sob a denominação de *formas novas* de vida cristã. Estas associações apresentavam elementos atípicos no modo de entrega a Deus e na atividade pastoral em relação aos estados de perfeição canônicos – por exemplo, alguns não professavam votos públicos, não tinham vida em comum e não usavam o hábito – e, consequentemente, careciam de espaço para um reconhecimento jurídico dentro do marco da legislação canônica.

O fundador da Obra percebeu que nessas instituições confluíam diversas tendências. Umas queriam ser religiosas ou semelhantes, mas sem uma vida em comum por razões pastorais; outras – era o caso do Opus Dei – pertenciam ao âmbito secular. Diante desta variedade, Escrivá de Balaguer moveu-se com prudência, tratando de alcançar meios-termos aceitáveis. Era impelido pela necessidade de que o carisma fundacional ficasse recolhido de modo íntegro. Com palavras suas, «o direito tinha uma particular importância. Porque um equívoco, uma concessão em algum ponto substancial, poderia ocasionar efeitos irreparáveis. Eu arriscava a minha alma, porque não podia adulterar a vontade de Deus»[1].

O padre Larraona – subsecretário da Congregação para os Religiosos – trabalhava na criação de uma figura jurídica que acolhesse as

A HISTÓRIA DO OPUS DEI

formas novas. Escrivá de Balaguer, del Portillo e Canals colaboraram ativamente na redação de um documento pontifício[2]. Seus esforços chegaram a bom termo poucos meses mais tarde. No dia 2 de fevereiro de 1947, Pio XII promulgou a constituição apostólica *Provida Mater Ecclesia.* O documento criava a figura dos institutos seculares, definidos como «sociedades clericais ou laicais cujos membros, para adquirir a perfeição cristã e exercer plenamente o apostolado, professam no mundo os conselhos evangélicos»[3]. As três notas fundamentais desses institutos eram a plena consagração a Deus mediante a profissão de votos, que – diferentemente das ordens religiosas – não eram públicos nem exigiam a vida em comum canônica; a natureza e condição secular de seus membros, que permaneciam no mundo; e o exercício do apostolado cristão.

Um instituto «inteiramente» secular

No dia 24 de fevereiro – três semanas depois da *Provida Mater Ecclesia* –, a Congregação para os Religiosos aprovou o Opus Dei como instituto secular de direito pontifício, com um *decretum laudis* intitulado *Primum institutum.* Também aprovou as Constituições, que, salvo algumas pequenas mudanças – por exemplo, utilizava-se a palavra *sócio* para designar os integrantes do instituto –, eram as mesmas de 1944. Como de costume na Santa Sé, esta era uma ratificação temporária, à espera de que, depois de um período de experiência, se concedesse uma definitiva[4].

O fundador da Obra recebeu com alegria a aprovação. Do ponto de vista teológico, a Santa Sé sancionava que o caminho do Opus Dei conduzia à busca da santidade no próprio estado e no exercício da própria profissão ou ofício. E, do ponto de vista canônico, o regime universal e centralizado outorgava ao Opus Dei maior estabilidade jurídica e a possibilidade de se estender pelo mundo inteiro.

Ao mesmo tempo, ele pensava que a mentalidade por trás da *Provida Mater Ecclesia* impunha certos limites e que os próprios textos da constituição apostólica apresentavam pontos duvidosos. A santidade dentro da secularidade plena havia se esbatido na Igreja desde os pri-

7. AS APROVAÇÕES PONTIFÍCIAS

meiros cristãos, e não seria simples a mudança de uma mentalidade que unira a entrega completa a Deus ao afastamento do mundo, isto é, ao ingresso numa ordem ou congregação religiosa. Neste sentido, o fato de o Opus Dei depender da Congregação para os Religiosos não ajudava. A Obra ficava situada no âmbito dos institutos e estados canônicos de perfeição, aos quais tradicionalmente se chegava por meio de uma consagração pública a Deus. Para contornar esta contradição, o fundador solicitou que o decreto de louvor indicasse de modo expresso que os sócios da Obra «não têm vida comum religiosa, nem emitem votos religiosos, nem vestem hábito religioso»[5].

Com relação aos votos exigidos pela *Provida Mater Ecclesia* aos membros de todos os institutos seculares, Escrivá de Balaguer destacou que no Opus Dei seriam sempre vínculos privados ou sociais – diferentemente dos das ordens e congregações religiosas, que professavam publicamente os três conselhos evangélicos –, pois à Obra só interessava que cada sócio vivesse as virtudes cristãs. Além disso, tanto as incorporações temporárias ao Opus Dei – a admissão e a oblação – como a definitiva – a fidelidade – seriam assumidas num momento distinto, mediante uma breve cerimônia na qual cada sócio manifestaria de palavra seu compromisso pessoal diante de Deus, sem votos ou outras fórmulas de consagração.

Um conceito teológico e jurídico que subjazia a estas dificuldades era o chamado *estado de perfeição*. O *estado canônico de perfeição* se alcançava com a profissão pública dos votos de pobreza, obediência e castidade, num modo de consagração que implicava uma forma de vida religiosa que se afastava do mundo de maneiras diversas*. Por

---

(*) Segundo uma concepção multissecular, com a profissão pública dos conselhos evangélicos os religiosos se afastavam em maior ou menor grau das realidades seculares para testemunhar que o fim do homem é Deus e não os bens criados, abraçando assim um estado ou condição de vida (chamado *estado de perfeição*) que facilitava a santidade cristã. Era doutrina comum que a pública profissão dos três conselhos evangélicos conduzia à plenitude da comunhão com Deus, uma vez que o religioso se obrigava a tender à perfeição não só em consciência, mas também juridicamente. Por isso, apresentava-se a vida religiosa como paradigma e plenitude da santidade. Não se negava que alguém secular pudesse alcançar a perfeição – neste caso, mediante o cumprimento dos mandamentos e preceitos da lei de Deus –, mas, com frequência, se entendia que era mais difícil (o mundo era visto como obstáculo) e que isso se dava num grau menor que o dos religiosos consagrados.

Ao longo do século XX, o Magistério e o pensamento teológico abandonaram paulatinamente a ideia de que os graus de perfeição dependem do próprio estado de vida ou que o

A HISTÓRIA DO OPUS DEI

outro lado, a figura do instituto secular criava um *estado secular de perfeição* que não modificava a personalidade canônica de seus membros. Eram, ao mesmo tempo, pessoas consagradas e seculares, fiéis correntes – alguns, sacerdotes seculares; outros, leigos comuns – que estavam no meio do mundo, imersos em uma situação social e de trabalho na qual se santificavam e davam testemunho cristão. A consagração a Deus, efetuada de modo privado mediante os conselhos evangélicos, era um meio com o qual manifestavam a plena entrega a Deus; por outro lado, a finalidade de buscar a santidade e exercer o apostolado vinha encarnada por cada um, em seu ambiente social e entre seus iguais.

O fundador recordou com frequência, aos seus filhos espirituais, o sentido que dava à consagração no Opus Dei, a qual ia unida à plena secularidade: «Disse que eram sócios consagrados, ou que havia consagração na Obra, mas só no sentido de uma dedicação total; nunca me ocorreu dar a estas palavras uma interpretação canônica ou técnica religiosa». Também foi uma constante em seus escritos

---

mundo seja um obstáculo para a santidade; a reflexão sobre o ideal cristão centrou-se então na chamada universal à santidade desde o batismo. Já em 1939, o Papa Pio XII afirmava que «Deus não chama a todos os seus filhos ao estado de perfeição, mas convida todos eles à perfeição em seu estado» (Audiência geral, 6-XII-1939, em *Discorsi e radiomessaggi di Sua Santità Pio XII,* vol. I, Tip. Poliglotta Vaticana, Citta del Vaticano, 1940, p. 414). A mensagem que Escrivá recebeu em 1928 situa-se nesta linha, que foi proclamada solenemente pelo Concílio Vaticano II. Dizia aos leigos e aos sacerdotes imersos nas realidades seculares que Deus lhes convida ao «vida corrente, ordinária, sem brilho, pode ser meio de santidade: não é necessário abandonar o próprio estado»: *Carta* 1, nn. 12 e 2, respectivamente, em Josemaria Escrivá de Balaguer, *Cartas (edición crítico-histórica),* vol. I, Rialp, Madri, 2020, pp. 64 e 56 (citamos as *Cartas* do fundador de acordo com os parâmetros estabelecidos nesta edição crítica). Esta era a finalidade da instituição que fundava: «A Obra nasceu a fim de contribuir para que esses cristãos, inseridos no tecido da sociedade civil – com sua família, suas amizades, seu trabalho profissional, suas aspirações nobres – compreendam que a sua vida, tal como é, pode vir a ser ocasião de um encontro com Cristo: quer dizer, que é um caminho de santidade e de apostolado.» Josemaria Escrivá de Balaguer, *Conversaciones con monsenhor Escrivá de Balaguer (edición crítico-histórica),* Rialp, Madri, 2012, n. 60. Sobre a relação entre a vida secular e a religiosa consagrada, cf. Ernst Burkhart e Javier López, *Vida cotidiana y santidad en la enseñanza de san Josemaria. Estudio de teología espiritual,* vol. I, Rialp, Madri, 2010, pp. 213-239; Sergio Lanza, «Secolarità», em Gianfranco Calabrese, Philip Goyret, Orazio Francesco Piazza, *Dizionario di Ecclesiologia,* Cittá Nuova, Roma, 2010, pp. 1301-1305; Juan Fornés, «Fiel», em Javier Otaduy, Antonio Viana, Joaquín Sedano, *Diccionario general de Derecho Canónico,* vol. III, Aranzadi, Pamplona, 2012, pp. 984-988. Sobre o conceito de estado na Igreja, cf. *Idem, La noción de status en Derecho Canónico,* EUNSA, Pamplona, 1975.

7. AS APROVAÇÕES PONTIFÍCIAS

que a entrega a Deus conservava os sócios da Obra no próprio estado de vida canônico: «Não somos como religiosos secularizados, mas autênticos seculares que não buscam a vida de perfeição evangélica própria dos religiosos, mas a perfeição cristã no mundo, cada um em seu próprio estado»[6].

Com o desejo de mostrar a secularidade dos sócios da Obra, além do reconhecimento pessoal, Álvaro del Portillo solicitou que Josemaria Escrivá de Balaguer fosse nomeado prelado de honra de Sua Santidade, pois em geral uma nomeação deste tipo só se fazia a sacerdotes seculares. Sem demora, em abril de 1947, a Santa Sé outorgou o título a Escrivá de Balaguer.

O fundador assumiu a tarefa de explicar a nova figura no âmbito eclesial, tanto à hierarquia como aos membros de outras instituições da Igreja. Em 16 de dezembro de 1948, pronunciou uma conferência na sede da Associação Nacional de Propagandistas. Definiu os institutos seculares como «um novo tipo da vida de perfeição». Durante a história, a Igreja havia assistido ao nascimento do ascetismo, da vida monástica, das ordens mendicantes e dos clérigos regulares, das congregações de votos simples e das sociedades de vida comum sem votos. Todas estas entidades tinham como característica comum o estado canônico de perfeição, que exigia o afastamento do mundo; não obstante, diferenciavam-se umas das outras por buscarem uma aproximação cada vez maior das realidades terrenas por razões pastorais.

O instituto secular – prosseguia em sua glosa Escrivá de Balaguer – se assemelhava às anteriores na busca radical da santidade; no entanto, era diferente porque descortinava na Igreja um caminho afirmativo do valor da vida cristã ordinária. Tratava-se de «uma nova forma de vida de perfeição, na qual os membros não são religiosos e, portanto, não se afastam do mundo, chegando a cumprir no século os conselhos evangélicos»; «é do próprio mundo que surgem estes apóstolos, que se atrevem a santificar todas as atividades correntes dos homens». Depois, se referia ao caso concreto do Opus Dei. A instituição buscava «a perfeição evangélica de seus membros por meio da santificação do trabalho ordinário, nos mais distintos campos da atividade humana». E, como seus sócios eram seculares, atuavam «no mundo sob a sua pessoal e exclusiva responsabilidade. Para

A HISTÓRIA DO OPUS DEI

isto, gozavam de uma absoluta liberdade profissional, uma vez que o Opus Dei não se imiscui nestas questões»[7].

Governo e organização

Obtida a aprovação pontifícia, Josemaria Escrivá de Balaguer nomeou os membros do Conselho Geral do novo instituto secular. Pedro Casciaro foi o secretário geral; Álvaro del Portillo, procurador geral; José Luis Múzquiz, vice-secretário da obra de São Miguel; Amadeo de Fuenmayor, vice-secretário da obra de São Gabriel; Odón Moles, vice-secretário da obra de São Rafael; Antonio Pérez, administrador geral; e Antonio Fontán, prefeito de estudos. O fundador pediu a todos que se esforçassem em viver com integridade o espírito e as normas de piedade previstos na Obra, pois o fundamento de suas vidas estava enraizado no relacionamento com Deus e na busca da santidade.

No dia 24 de setembro de 1947, o fundador se reuniu em Molinoviejo com um grupo grande de filhos seus. De acordo com as Constituições do instituto secular, nomeou sessenta inscritos, ou seja, numerários que receberiam encargos de formação e governo na Obra. Todos fizeram um compromisso espiritual diante de Deus de exercitar a correção fraterna quando necessário, de não ambicionar cargos nos Opus Dei e de consultar as questões importantes ao Padre ou ao conselheiro; depois, fizeram uma breve cerimônia de constituição dos sócios inscritos*. Dentre estes, o fundador nomeou dezenove eleitores. Teriam o encargo de votar em seu sucessor quando chegasse o momento oportuno e de participar dos congressos gerais da Obra. Também aprovou os cargos locais, a distribuição dos sócios nos 23 centros que havia na Obra e a expansão tanto em Roma – onde se pro-

---

(*) Além dos inscritos, também adquiriam esses três compromissos espirituais os que se incorporavam definitivamente à Obra e os sacerdotes. Esses compromissos tinham caráter de juramento: cf. *Constitutiones Societatis Sacerdotalis Sanctae Crucis et Operis Dei* (1950), nn. 20 e 58. A partir de 1969, certos compromissos substituíram os juramentos (cf. Atas do Congresso Geral Especial, 9-IX-1969, em AGP, D.3). Com relação à terminologia, vimos que nos Estatutos de 1941 os inscritos eram pessoas que não se incorporavam formalmente ao Opus Dei. Por sua vez, nas Constituições de 1950, os inscritos são numerários com cargos de direção.

7. AS APROVAÇÕES PONTIFÍCIAS

jetava a constituição de um centro inter-regional de estudos – como nos países da Europa e, logo que fosse possível, nos da América[8].

Nesses anos, produziu-se certo desdobramento no governo da Obra devido ao fato de Escrivá de Balaguer residir em Roma e de estarem em Madri a sede do Conselho Geral e, quando houve mais mulheres, a da Assessoria Central, além dos centros de estudos de Diego de León e de Los Rosales. Era necessário atuar assim porque a maioria das pessoas e das atividades da Obra se encontravam na Espanha. Por isso, periodicamente, o fundador e os diretores trocavam cartas com indicações e consultas.

Os diretores do Conselho Geral reforçaram a atividade de seus diversos escritórios, dedicados ao serviço da Obra. O envio de escritos ou de petições aos centros locais realizou-se por meio de notas numeradas, de modo que uns papéis fizessem referência a outros e se coordenassem melhor as diversas instâncias. Do ponto de vista econômico, os que haviam criado sociedades anônimas acompanharam o andamento dos entes proprietários ou gestores. O escritório da administração geral do Conselho revisou os balanços dessas corporações e recordou aos sócios da Obra a necessidade de que vivessem pessoalmente a virtude da pobreza.

Para dar a conhecer o espírito, o direito e a vida no Opus Dei, Josemaria Escrivá de Balaguer redigiu um Catecismo da Obra e um Diretório para os diretores. Estes documentos somaram-se a *Caminho* e *Santo Rosário,* às instruções *sobre o espírito sobrenatural da Obra de Deus, sobre o modo de fazer o proselitismo* e *para a obra de São Rafael,* redigidas antes da Guerra Civil espanhola, e às Constituições com as quais havia sido aprovado o instituto secular.

O Catecismo era composto de 150 perguntas e respostas breves. O texto resumia as principais características da mensagem, dos elementos jurídicos e da história da Obra, a fim de que todos os sócios as pudessem ler e, inclusive, memorizar. A partir de 1945, nos centros de estudos e nos cursos de verão, tanto das mulheres como dos homens, foi utilizada uma versão datilografada. Em 1948, fez-se uma edição impressa que recolhia as mudanças originadas pela aprovação da Obra como instituto secular. O Catecismo explicava, por exemplo, que os sócios eram fiéis comuns, que os sacerdotes e os leigos formavam uma só classe, que o espírito cristão da Obra estava aberto

A HISTÓRIA DO OPUS DEI

a pessoas de todas as condições sociais e que os meios empregados por seus membros eram «a santificação do trabalho ordinário e o perfeito desempenho das obrigações profissionais e sociais»[9].

O segundo documento, chamado Diretório, foi pensado para os diretores centrais e locais. Tratava-se de uma recopilação útil de critérios e de experiências sobre o governo e a gestão dos centros e das atividades apostólicas. Escrivá de Balaguer solicitou a todos os que o desejassem que lhe enviassem, por meio do Conselho Geral ou das assessoras, fichas com sugestões sobre os modos de viver o espírito do Opus Dei. Depois de revisar os rascunhos, publicou, em 1948, a primeira edição, com duas versões: uma para os homens e outra para as mulheres. O Diretório para a seção feminina, por exemplo, estava dividido em três partes: governo de um centro local; formação e vida das associadas à Obra; e a Administração das casas. Este documento esteve vigente durante os anos 1950[10].

O processo de implantação progressiva do governo e da formação foi simultâneo ao período em que o fundador revisou as Constituições do Opus Dei antes de receber a aprovação jurídica definitiva pela Santa Sé. Em 1948, ele deu mais um passo visando a expansão internacional da Obra. Por um lado, reuniu de novo os diretores e diretoras centrais e locais em duas semanas de trabalho; por outro, criou as primeiras circunscrições territoriais do Opus Dei.

De 24 a 29 de agosto de 1948, realizou-se em Molinoviejo a terceira Semana de Trabalho para os homens. Ao ver os 28 profissionais que se reuniram ali, muitos deles diretores centrais ou locais, Escrivá de Balaguer comentou com bom humor que seu principal problema consistia em que ainda eram jovens. Durante essas jornadas analisaram centenas de fichas que haviam recebido com experiências sobre a formação dos sócios, o modo de melhorar as atividades apostólicas e a forma de planejar o crescimento da Obra. Como lhes disse o fundador, havia chegado o momento de andar mais depressa, com horizontes universais, para levar a muitas pessoas a mensagem da santificação na vida corrente[11].

Em fins de setembro, Pedro Casciaro – que havia sido ordenado sacerdote dois anos antes –, Ignacio de la Concha – catedrático de Direito – e José Vila – graduado em História – regressaram à Espanha após uma longa viagem pela América. Durante seis meses haviam

7. AS APROVAÇÕES PONTIFÍCIAS

visitado os Estados Unidos, o Canadá, o México, o Perú, o Chile e a Argentina. Escrivá de Balaguer tinha-os encarregado de conhecer as circunstâncias de cada país em que poderia começar a difusão da Obra. O fundador estudou esses dados com o Conselho Geral[12].

Um mês depois, em 27 de outubro, teve início o governo do Opus Dei em nível regional. O presidente geral erigiu sete circunscrições e nomeou seus respectivos conselheiros, que, em alguns casos, ainda não haviam ido para os respectivos territórios: a região da Espanha (com Francisco Botella como conselheiro); as quase--regiões da Itália (Álvaro del Portillo), Portugal (Xavier de Ayala), México (Pedro Casciaro) e Estados Unidos (José Luis Múzquiz); e as delegações da Inglaterra (Juan Antonio Galarraga) e da Irlanda (José Ramón Madurga). Essas nomeações produziram algumas mudanças no Conselho Geral. O mais importante foi a de Francisco Botella como secretário geral, que acumulou momentaneamente cargos centrais e regionais*.

As mulheres da Obra tiveram sua primeira Semana de Trabalho em Los Rosales de 26 a 29 de novembro de 1948. As treze participantes avaliaram a atividade desenvolvida até o momento, de modo particular na obra de São Rafael e na Administração dos centros. Depois, fixaram metas para o futuro, muito promissor porque havia um amplo grupo de jovens que estavam discernindo sua chamada à Obra.

Narcisa González Guzmán e Guadalupe Ortiz de Landázuri compunham uma incipiente Assessoria Central. Em outubro de 1949, a sede da Assessoria estabeleceu-se na rua Juan Bravo. Embora não estivessem completos todos os quadros de governo, várias outras mulheres passaram a colaborar no governo central da Obra, como Rosario Orbegozo, que era a diretora *sênior* em Madri[13].

Os trabalhos na Administração dos centros melhoraram graças à experiência acumulada. As administradoras – numerárias que dirigiam as administrações – estavam mais bem capacitadas que em anos anteriores para o conjunto de tarefas que realizavam em cada casa, as

---

(*) Dois dias antes, a Santa Sé havia autorizado ao Opus Dei criar regiões, quase-regiões e delegações dependentes do presidente geral. As quase-regiões eram circunscrições territoriais que podiam se converter em regiões quando se completassem todos os organismos de governo e houvesse centros de formação para as duas seções. As delegações eram circunscrições territoriais menores (cf. Rescripto 25-X-1948, em AGP, série L.1.1, 10-1-22).

A HISTÓRIA DO OPUS DEI

quais abrangiam a distribuição das tarefas, o registro de entradas e saídas, a elaboração de cardápios e de folhas de cozinha e a revisão das diversas zonas da residência.

As administradoras elaboraram planos de formação para as numerárias encarregadas do serviço doméstico, começando pela parte profissional, que incluía atender as refeições, limpeza, cuidado da roupa e decoração das casas. Explicaram-lhes que seu esmero criava lares e que podiam dar a ele um sentido sobrenatural. Trataram de se adaptar e de colaborar no crescimento humano dessas mulheres, em sua maioria de origens sociais simples. Por exemplo, confiaram-lhes responsabilidades e ajudaram-nas a superar certa timidez e o complexo de aparente desvantagem diante de pessoas de outras categorias sociais. Ao mesmo tempo, as diferenças sociais eram muito marcantes naquela época; por isso, era habitual que as numerárias não fizessem refeições junto com as numerárias encarregadas do serviço doméstico, de forma que umas e outras pudessem participar com mais espontaneidade na vida familiar*.

Escrivá de Balaguer explicou que a separação no governo, nas atividades e no regime econômico das duas seções do Opus Dei era uma característica fundacional. Cada seção se governava com o presidente geral e os respectivos conselhos centrais e regionais. Esta característica se refletia na estrutura dos centros da Obra. Por exemplo, no primeiro regulamento para a Administração, redigido em 1947, especificava-se que ela só atenderia uma residência de homens se o edifício permitisse «uma separação absoluta das duas casas, que *de iure* e *de facto* são totalmente independentes»[14].

Multiplicidade de sócios

Depois da aprovação temporária de 1947, a Congregação para os Religiosos ratificou várias modificações que Josemaria Escrivá de Balaguer havia sugerido para as Constituições. Algumas foram muito

---

(*) A capacitação da mulher prosperou nas décadas seguintes. Veremos que esta mudança social trouxe consigo a identificação no regime de vida e nas condições materiais das pessoas que trabalham na Administração.

7. AS APROVAÇÕES PONTIFÍCIAS

importantes porque tornaram possível que solteiros, casados, leigos e sacerdotes pudessem ser do Opus Dei. Com esses acréscimos, a Obra ultrapassou os estreitos limites em que vinha se desenvolvendo até ali, com pessoas que tinham compromisso de celibato e que, em sua maioria, atuavam em âmbitos intelectuais.

Desde os anos 1930, o fundador acompanhava espiritualmente homens que o ouviam falar sobre a chamada à santidade no matrimônio e no trabalho. Ao acabar a Guerra Civil espanhola, pregou retiros espirituais a profissionais em Vitória e em Madri e atendeu a direção espiritual de um grupo de graduados, empregados e operários. Estimulou-os a buscar a santidade na vida corrente, em seu trabalho e nas relações familiares e sociais. Esta ideia soava não só incomum, mas chocante. Por exemplo, um pedagogo que estava casado, Víctor García Hoz, recordava sua alegria e sua surpresa quando padre Josemaria lhe comentou, em 1941: «Deus te chama por caminhos de contemplação»[15]. O fundador recomendou a ele e a outro professor também casado, Tomás Alvira, que vivessem as normas e costumes próprios do Opus Dei. E, quando se criou o Conselho da Sociedade Sacerdotal da Santa Cruz, em 1943, nomeou José María Hernández Garnica vice-secretário da obra de São Gabriel.

Coincidindo com as datas da aprovação como instituto secular, em fevereiro de 1947, Tomás Alvira solicitou sua admissão. Dois meses depois, o fizeram o advogado Mariano Navarro Rubio e o pedagogo Víctor García Hoz. Seu compromisso foi de caráter espiritual, pois não havia possibilidade de que se vinculassem juridicamente. Mas, em fevereiro de 1948, Escrivá de Balaguer conseguiu que a Santa Sé aprovasse uma emenda segundo a qual pessoas de qualquer condição, estivessem solteiras ou casadas, e mesmo sem plena disponibilidade para tarefas de governo e formação, podiam estabelecer um vínculo jurídico estável com o Opus Dei. Seriam chamados *supernumerários*.

Em setembro de 1948, reuniu quinze profissionais em Molinoviejo; seis já eram supernumerários, e o resto pediu então admissão à Obra. Durante uma semana de convivência, explicou-lhes como podiam viver o espírito do Opus Dei de acordo com suas próprias circunstâncias familiares e profissionais. Reiterou que a chamada a ser santos no matrimônio não era uma aspiração utópica, mas uma

A HISTÓRIA DO OPUS DEI

vocação divina; e, no caso da Obra, constituía uma entrega completa a Deus[16].

Nos meses seguintes, as atividades com pessoas sem compromisso de celibato e as incorporações de supernumerários à Obra cresceram nos centros, tanto de homens como de mulheres. Quando o fundador apresentou à Santa Sé a solicitação de aprovação definitiva, em começos de 1950, já havia no Opus Dei 692 supernumerários – 519 homens e 173 mulheres –, cifra que representava 23% do total de sócios da Obra[17].

Por outro lado, o fundador tinha conhecimento de alguns que haviam manifestado seu desejo de viver o celibato no Opus Dei em condições distintas das dos numerários. Em algumas ocasiões, circunstâncias pessoais, familiares ou profissionais impossibilitavam-nos de atender aos trabalhos de governo ou de morar em centros da Obra; noutras, tinham uma capacitação profissional de nível médio ou elementar. Escrivá de Balaguer propôs à Santa Sé a possibilidade de que também estes se incorporassem à Obra. Redigiu um complemento ao estatuto do ano anterior sobre os supernumerários e, como forma de distinção, os denominou supernumerários internos. Em 8 de setembro de 1949, recebeu um documento da Congregação para os Religiosos que admitia a nova categoria. Poucos meses depois, este dicastério solicitou que se mudasse o termo, e o fundador sugeriu o nome de *oblatos*, que foi o que ficou na aprovação definitiva do Opus Dei*.

Josemaria Escrivá de Balaguer também ponderava nesses anos como a mensagem da Obra poderia chegar ao clero diocesano. A luz fundacional estava dirigida a todo o âmbito secular da Igreja, tanto a leigos como a presbíteros. De fato, já antes da Guerra Civil espanhola havia recebido na Obra uma dezena de presbíteros. Mas deixou essa atividade porque não encontrou sacerdotes que tornassem próprio o espírito do Opus Dei. Passaram-se os anos e, uma vez obtida a apro-

---

(*) Cf. Rescripto, Roma 8-IX-1949 e nota, 2-VI-1950, em AGP, série L.1.1, 10-1-30 e série L.1.1, 12-1-5, respectivamente. Em 1967, Josemaria Escrivá de Balaguer mudou a denominação de *oblato* pela de adscrito, já que oblato podia evocar os religiosos consagrados, enquanto adscrito era um termo proveniente do mundo acadêmico. Cf. Nota geral 50/67 (13-VII-1967), em AGP, série E.1.3, 245-3. Para evitar anacronismos, usaremos o nome oblato nas partes II e III do livro e o de adscrito no resto.

7. AS APROVAÇÕES PONTIFÍCIAS

vação temporária – que incluía a presença do clero secular proveniente do laicato da Obra –, considerou que havia chegado o momento de dar um passo adiante.

Não podia receber sacerdotes diocesanos na Sociedade Sacerdotal porque estavam incardinados em suas respectivas dioceses; por isso, decidiu deixar o Opus Dei e fundar outro instituto secular para os sacerdotes seculares diocesanos, aos quais transmitiria o mesmo espírito da Obra. Comunicou-o oficiosamente à Congregação para os Religiosos, aos diretores e diretoras centrais da Obra e a seus irmãos Carmen e Santiago.

Em fevereiro de 1950, Escrivá de Balaguer solicitou ao Papa Pio XII a aprovação definitiva do Opus Dei como instituto secular, com um projeto de novas Constituições e com o aval de 110 cartas comendatícias de bispos e prelados de dezessete países. Dois meses depois, a Congregação para os Religiosos decidiu atrasar um pouco a aprovação para estudar melhor as futuras Constituições.

Essa circunstância foi providencial. Nessas semanas, o fundador compreendeu o modo como os presbíteros diocesanos podiam ser do Opus Dei: como sócios oblatos ou supernumerários da Sociedade Sacerdotal da Santa Cruz, pois com esta fórmula não mudava nem diminuía o seu caráter diocesano, e o ordinário do lugar seria o seu único superior. A Sociedade Sacerdotal lhes ofereceria a ajuda espiritual para que buscassem a santidade no meio do mundo, ao mesmo tempo que participavam do ambiente familiar próprio da Obra. Encontrariam a perfeição habitualmente no exercício do ministério sacerdotal: «Se tem cabimento falar assim, para os sacerdotes, o seu trabalho profissional, no qual devem santificar-se e com o qual devem santificar os outros, é o sacerdócio ministerial do Pão e da Palavra»[18]. O caráter espiritual da chamada ao Opus Dei reforçaria a união de cada um com o ordinário diocesano, de acordo com a máxima *Nihil sine episcopo* [«Nada sem o bispo»], e também com o presbitério da diocese.

Escrivá de Balaguer redigiu um estatuto sobre os sacerdotes diocesanos e o apresentou à congregação no dia 2 de junho de 1949. Este relatório juntou-se ao material que estava em estudo[19].

A HISTÓRIA DO OPUS DEI

Novidades e dificuldades

Apenas duas semanas depois, no dia 16 de junho, a Santa Sé concedeu a aprovação definitiva da Sociedade Sacerdotal da Santa Cruz e Opus Dei como instituto secular, mediante o decreto *Primum inter Instituta,* que incluía novas Constituições. O documento de aprovação trazia um capítulo inicial em que se resumia o espírito do Opus Dei – e no qual se destaca a secularidade de seus sócios – como critério hermenêutico para entender o texto jurídico. Indicava que o fundamento do espírito do Opus Dei era o sentido da filiação divina e que a busca da perfeição era proposta por meio do «exercício das virtudes morais e cristãs, e especialmente por meio da santificação do trabalho cotidiano e profissional»[20].

As Constituições recolhiam a natureza do instituto e expunham seu regime jurídico de caráter universal e centralizado. De acordo com o previsto pelo direito para os institutos de perfeição, distinguiam-se o fim geral do Opus Dei – a santidade mediante qualquer trabalho profissional – e o fim específico, que consistia em levar a luz do Evangelho aos intelectuais para chegar mediante eles a todas as classes da sociedade civil. Entre as tarefas corporativas de caráter apostólico que se podiam empreender mencionavam-se «casas e residências de estudantes, casas de retiros e outras análogas»[21]. Também apontavam a unidade do fenômeno pastoral: a Sociedade Sacerdotal da Santa Cruz, «sendo *aliquid intrinsecum* ao Opus Dei, tem seus mesmos superiores, que exercem na Sociedade Sacerdotal as mesmas faculdades que no Opus Dei»[22].

A aprovação indicava que o Opus Dei era uma instituição composta por duas seções: uma de homens e outra de mulheres. Cada seção gozava de grande autonomia jurídica e administrativa nas três ordens de governo, tanto a central como a regional e a local. O presidente geral – e, em cada região, o conselheiro regional e a secretaria regional – dava unidade ao regime de governo do único fenômeno pastoral e apostólico. Ao mesmo tempo, o direito outorgava amplo espaço para a colaboração dos fiéis leigos na organização das iniciativas, com espírito colegial.

Sacerdotes e leigos, solteiros e casados, encarnavam uma mesma chamada espiritual e formavam uma só classe. De acordo com

7. AS APROVAÇÕES PONTIFÍCIAS

a diversidade de condições pessoais, os membros podiam ser: numerários, que assumiam um compromisso de celibato, graduavam-se normalmente em carreiras universitárias, completavam os estudos eclesiásticos de grau superior, viviam habitualmente em centros do Opus Dei e se mostravam disponíveis para assumir tarefas de formação e governo na Obra; oblatos, que se comprometiam no celibato, residiam com seus parentes ou onde considerassem mais oportuno e estavam disponíveis para as atividades apostólicas em função de suas particulares circunstâncias pessoais e de trabalho; supernumerários, célibes ou casados, que empregavam «como meios de santificação e apostolado suas próprias ocupações familiares e sua profissão»[23]. No caso dos padres oblatos e supernumerários, o ordinário da diocese correspondente era seu único superior.

Além dos sócios, estava prevista a figura dos cooperadores do Opus Dei, pessoas católicas, cristãs ou de outras religiões que colaboravam material e espiritualmente na manutenção das atividades da Obra e se beneficiavam dos bens espirituais e formativos que o Opus Dei oferecia. Também eram cooperadores alguns sacerdotes diocesanos, chamados assistentes eclesiásticos – encarregados de conduzir a direção espiritual dos sócios em lugares onde não houvesse presbíteros da Obra –, os sacerdotes seculares e regulares que recebiam uma carta de irmandade porque ajudavam de diversos modos e as comunidades de religiosos e religiosas de vida contemplativa que rezavam pelo Opus Dei[24].

O decreto de aprovação indicava que as pessoas da Obra não eram religiosos consagrados. Mas, de algum modo, os aproximava aos religiosos porque exigia, tanto para os casados como para os solteiros, que emitissem votos privados de pobreza, obediência e castidade, cada um segundo o seu estado. O fundador expôs aos seus filhos espirituais que fariam esses votos como até o momento, ou seja, independentes das cerimônias de incorporação temporária ou definitiva ao Opus Dei. Também advertiu que custaria explicar a chamada à santidade do presbítero diocesano numa Sociedade Sacerdotal que, no fim das contas, dependia da Congregação para os Religiosos. Confiava, de qualquer modo, em que a aprovação definitiva ajudaria a que se compreendesse o Opus Dei. No entanto, logo se viu envolvido em outros problemas.

A HISTÓRIA DO OPUS DEI

Na Itália, aproximaram-se do Opus Dei vários jovens que haviam conhecido membros da Obra residentes no *Pensionato*. O pai de Umberto Farri – estudante que havia pedido admissão em março de 1949 – não entendeu a decisão de seu filho. Depois de consultar um jesuíta, que o preveniu contra a Obra, reuniu outros três pais com filhos no Opus Dei. Em 25 de abril de 1951, enviaram uma carta de protesto ao Papa Pio XII. Na missiva, mostravam-se preocupados, já que, em sua opinião, seus filhos faltavam aos deveres familiares e não eram leais com seus diretores espirituais, pois não lhes haviam referido sua entrega a Deus no Opus Dei. Então, pediam ao Santo Padre que interviesse para que os jovens regressassem aos seus costumes anteriores e tomassem uma decisão definitiva, uma vez que se houvessem consultado com sacerdotes doutos e experimentados[25].

O momento era delicado porque a aprovação pontifícia da Obra era recente. Além disso, o fundador se encontrava em viagem à Espanha a fim de presidir o primeiro Congresso Geral do Opus Dei para homens, que teve lugar de 1 a 5 de maio. Ao regressar à Cidade Eterna, soube do que estava acontecendo. No dia 14 de maio consagrou o Opus Dei à Sagrada Família, rogando que terminasse essa contrariedade. Com o passar dos meses, a denúncia desvaneceu-se, pois os que assinaram a carta se retrataram do que haviam dito.

No verão, surgiu um problema de maior consistência. Escrivá de Balaguer havia percebido uma «uma mudança quase imperceptível de atitude em algumas pessoas da Cúria. Um dia chegava aos seus ouvidos um comentário levemente crítico; outro, um Cardeal, seu velho conhecido, negava em público ter-se relacionado com ele»[26]. Resolveu recorrer à intercessão de Nossa Senhora. No dia 15 de agosto, celebrou a Missa na Santa Casa do santuário de Loreto. Ao acabar, consagrou o Opus Dei ao Coração Dulcíssimo de Maria. Depois, durante os dois meses seguintes, renovou a consagração nos santuários marianos de Pompeia, Divino Amor, Lourdes, Saragoça e Fátima. Recorreu à Virgem de modo particular com a invocação *Cor Mariae dulcissimum, iter para tutum!*: «Coração dulcíssimo de Maria, prepara-nos um caminho seguro!»

Em setembro, o cardeal Alfredo Ildefonso Schuster, arcebispo de Milão, disse aos membros da Obra residentes em sua diocese que uma contrariedade grave pairava sobre o Opus Dei. Havia ouvido

7. AS APROVAÇÕES PONTIFÍCIAS

acusações de promiscuidade entre seus membros e de serem muito expeditivos na hora de aceitar pessoas na Obra. Em poucos dias, o cardeal Schuster os recebeu de novo, e eles lhe contaram, da parte de Escrivá de Balaguer, sobre os falatórios e denúncias que haviam sofrido na Espanha uma década antes[27].

Quatro meses mais tarde, em janeiro de 1952, o fundador recebeu uma notificação do secretário da Congregação para os Religiosos na qual foi instado a enviar «cópia das Constituições do Opus Dei e do Regulamento interno da Administração, com um relato escrito – doutrinal e prático – do regime do Instituto em suas duas Seções e do modo concreto em que se realiza a singular colaboração»[28]; mostravam-se, portanto, dúvidas sobre a relação entre as duas seções e, em concreto, sobre o trabalho de atendimento doméstico das casas masculinas. Em vinte e quatro horas, Álvaro del Portillo remeteu um relato em que detalhava a estrita separação que existia no governo e nas atividades das duas seções da Obra. Ao mesmo tempo, manifestava sua estranheza porque a congregação solicitava uns textos aprovados por ela mesma um ano e meio antes.

Nesse mês de janeiro, o fundador recebeu outro aviso do cardeal de Milão. Com discrição diplomática, o cardeal Schuster comentou aos do Opus Dei residentes ali «que ele, lendo a história das obras de Deus e as vidas dos seus fundadores, tinha percebido que o Senhor sempre permitira contradições e perseguições, e que até tinham sido submetidas a visitas apostólicas, e o Fundador deposto do seu cargo de Superior»[29]. Ficava assim apontado que, sob a acusação de promiscuidade, o que realmente não se aceitava era a unidade de homens e mulheres sob uma mesma cabeça, e por isso se desejava afastar o fundador para, a seguir, desmembrar as seções do Opus Dei.

Em fevereiro, o cardeal Schuster conversou pela terceira vez com os sócios da Obra. Pediu-lhes que dissessem a monsenhor Escrivá de Balaguer que se lembrasse «de seu conterrâneo São José de Calasanz»[30], que havia sido deposto como superior geral dos escolápios. O fundador falou imediatamente com o secretário da Congregação para os Religiosos, que lhe confirmou, sem dar nomes, que algumas pessoas pressionavam na Cúria contra o estatuto do Opus Dei. Recorreu, então, prontamente a monsenhor Federico Tedeschini, que era cardeal protetor da Obra, uma figura de origem multissecular

A HISTÓRIA DO OPUS DEI

que tinha como finalidade amparar determinada instituição ou país perante a Cúria[31].

No dia 18 de março de 1952, o Papa Pio XII recebeu em audiência o cardeal Tedeschini. O prelado leu para ele uma carta de Escrivá de Balaguer na qual mostrava sua dor pelos ataques e rogava – são palavras suas – que «abertamente nos sejam manifestadas tais denúncias»[32], com provas concretas. Além disso, se mostrava disponível para modificar o Regulamento interno da Administração dos centros se em algum ponto não ficava clara a separação entre as duas seções. Durante a leitura do documento, monsenhor Tedeschini sublinhou que uma modificação da estrutura jurídica desacreditaria o Opus Dei. Pio XII perguntou: *Chi pensa a quello?* [«Quem pensou algo assim?»][33]. E, como não desejava tomar nenhuma medida, só indicou que o fundador revisasse o Regulamento da Administração[34].

Alguns meses mais tarde – em 26 de outubro de 1952 –, o fundador consagrou o Opus Dei ao Sagrado Coração de Jesus. Com a invocação *Cor Iesu sacratissimum, dona nobis pacem!* [«Coração sacratíssimo de Jesus, dai-nos a paz!], pediu a paz interior para cada membro da Obra, a paz para que o Opus Dei se estendesse por todas as partes, sem novas contradições, e a paz para o mundo.

Naqueles momentos, o arcebispo Traglia e outros prelados recordaram a monsenhor Escrivá de Balaguer a máxima *Bisogna fare il morto per non essere ammazzato* [«Convém fingir-se de morto para não ser assassinado»]. O fundador da Obra agradeceu e acatou a sugestão. Durante os anos seguintes, manteve as relações oportunas com a Santa Sé e com as autoridades civis, mas não compareceu a atos oficiais. Com esta atitude conseguiu que diminuíssem os comentários negativos ou de escárnio contra o Opus Dei. Este comportamento beneficiou também os membros do Opus Dei, pois Escrivá de Balaguer dedicou suas melhores energias à formação de seus filhos e filhas espirituais e à expansão da Obra.

Outro tema que podia ter afetado de forma imprevisível o desenvolvimento do Opus Dei foram as tentativas, na década de 1940 e na primeira metade dos anos 1950, de nomear Josemaria Escrivá de Balaguer bispo. Esta possibilidade surgiu em 1941, quando o fundador alcançou prestígio no mundo eclesiástico, em grande parte pelos exercícios espirituais que pregava e pelo trato que mantinha com

7. AS APROVAÇÕES PONTIFÍCIAS

muitos clérigos. Dizia-se que era um bom candidato para cobrir uma diocese vacante ou para abraçar um cargo de renome. Como Escrivá de Balaguer não desejava ser bispo nem receber reconhecimentos eclesiásticos, quando soube dos comentários que circulavam pediu permissão a monsenhor Eijo y Garay para fazer um voto de não aceitar o episcopado. O prelado negou-lhe o pedido.

A questão apareceu de novo, neste caso porque o Governo espanhol tinha o privilégio de apresentar à Santa Sé uma lista de candidatos a bispo. Em 1944, o ministro da Educação avaliou positivamente a candidatura de Escrivá de Balaguer num relatório do Governo, e o núncio na Espanha se mostrou favorável a que Josemaria Escrivá de Balaguer fosse vigário geral castrense. Em 1947, Álvaro del Portillo conversou em Roma com o cardeal Lavitrano – que, por sua vez, comentou ao Papa Pio XII – sobre a nomeação de Escrivá de Balaguer. Disse-lhe que convinha que fosse bispo castrense ou titular, mas não residencial de uma diocese, pois devia dedicar pelo menos parte do seu tempo ao governo do Opus Dei. De Madri, monsenhor Eijo y Garay também patrocinava esta opção, que, por fim, acabou por não ir adiante*.

Em 1950, Escrivá de Balaguer figurou outra vez nas listas de nomes que o Governo espanhol examinava para ocupar uma sede residencial. Por indicação do cardeal Tedeschini – que desejava promover o fundador a posto episcopal –, Álvaro del Portillo conversou sobre um possível episcopado com monsenhor Cicognani, núncio na Espanha, o qual se mostrou pouco partidário. Tendo sabido destas diligências pelo próprio cardeal Tedeschini, em 1955, Escrivá de Balaguer, que não desejava a dignidade de bispo, dirigiu-se à secretaria de Estado e disse ao monsenhor Tardini e ao monsenhor Samorè que «não aceitaria nem a mitra de Toledo»[35]. Com esta ação, cortou uma provável chamada ao episcopado.

(*) Estes movimentos davam ideia de certa afinidade do regime franquista com o fundador, coisa que não ajudava sua imagem no Vaticano. Cf. o capítulo 16, seção «Atuação pessoal na vida civil».

III. Nos cinco continentes
(1950-1962)

No início da segunda metade do século XX, a agenda internacional esteve marcada, em boa parte, pela Guerra Fria, conflito entre as grandes potências vencedoras da Segunda Guerra Mundial pela supremacia política, militar e econômica. Os Estados Unidos, de um lado, e a União Soviética e a China, de outro, enfrentaram-se indiretamente em territórios de países aliados – na Guerra da Coreia (1950-1953), por exemplo – e numa corrida armamentista incessante, que levou à fabricação de milhares de ogivas nucleares.

Graças à hegemonia financeira dos Estados Unidos, os países ocidentais se recuperaram da devastação do conflito mundial e experimentaram um ingente desenvolvimento econômico ao longo dos anos cinquenta. Os tratados de Roma (1957) criaram a Comunidade Econômica Europeia, composta pela Alemanha Federal, Bélgica, França, Itália, Luxemburgo e Países Baixos.

Os Estados Unidos marcaram também as tendências culturais do Ocidente. A televisão popularizou-se nesse período. Somaram-se às grandes estrelas do *jazz* as do *rock and roll,* com figuras como Chuck Berry e Elvis Presley. A economia de mercado abriu-se aos interesses e à moda dos adolescentes.

A HISTÓRIA DO OPUS DEI

Por sua vez, o bloco dos regimes comunistas – dirigido pela Rússia soviética e unido militarmente, desde 1955, no Pacto de Varsóvia – não instaurou a sociedade igualitária que augurava, apesar de controlar ferreamente a população. Contudo, a influência intelectual e social do comunismo estendeu-se pelos cinco continentes. Em 1959, triunfou a revolução cubana, liderada pelos guerrilheiros Fidel Castro e Che Guevara.

Acabada a guerra, o pontificado de Pio XII alcançou notável prestígio. A Igreja aparecia perante o mundo como uma instituição sólida. A evangelização alcançou uma expansão sem precedentes graças, em parte, às inúmeras pessoas que abraçaram o estado sacerdotal e religioso na Europa ocidental e no continente americano. Pio XII foi o primeiro pontífice de massas, com presença nos meios audiovisuais.

No âmbito acadêmico, os intelectuais católicos lamentaram a crescente separação entre a ciência e a religião, manifestada na investida da secularização, que afastava da esfera pública a fé e as práticas religiosas. Na União Soviética, em seus satélites europeus, na China e em outros países com sistemas totalitários comunistas, milhares de cristãos deram testemunho da sua fé com o martírio. Com frequência, esta repressão passou oculta aos olhos da opinião pública internacional.

8. ORGANIZAÇÃO DO OPUS DEI

OBTIDA A APROVAÇÃO DEFINITIVA, o fundador e seus filhos espirituais enfrentaram os novos desafios que tinham pela frente, tanto no desenvolvimento orgânico do Opus Dei como na difusão internacional da mensagem de santidade na vida profissional ordinária.

O Opus Dei começou a década de 1950 com 2.954 membros: 2.404 homens e 550 mulheres. Três quartos eram numerários e o resto, supernumerários. Entre os homens, 23 tinham sido ordenados sacerdotes e outros 46 estudavam ciências sagradas. A instituição contava com sete circunscrições territoriais ou regionais. Por seu crescimento, destacava-se a região da Espanha, com sedes em Madri, Valência, Barcelona, Valladolid, Bilbau, Sevilha, Córdoba e Santiago de Compostela; dois centros de estudos, um para mulheres e outro para homens; e duas casas de retiros[1].

A Obra como família

Como parte da Igreja, os membros do Opus Dei formavam e se sentiam parte da grande família cristã. A consciência de uma mesma chamada divina para ser e fazer o Opus Dei unia-os profundamente. Em expressão de Escrivá de Balaguer, os sócios da Obra estavam unidos por «vínculos sobrenaturais», por «laços mais fortes que os do sangue»[2]. Punha como modelo a Sagrada Família de Nazaré e recorria também ao paradigma de uma família cristã e secular, marcada pelo amor – «calor de lar»[3], dizia – nas relações de paternidade, filiação e fraternidade.

A HISTÓRIA DO OPUS DEI

O fundador encarnava a paternidade espiritual. Josemaria Escrivá de Balaguer era um homem que transmitia fé em Deus, firmeza para levar a Obra adiante e afeto aos seus filhos e filhas espirituais. Não tinha recato ao manifestar-lhes seu carinho e preocupação para que estivessem alegres e sadios: «Amo-vos porque sois filhos de Deus, porque decidistes livremente ser meus filhos, porque procurais ser santos, porque sois muito fiéis e muito simpáticos: todos os meus filhos o são. Amo-vos com o mesmo carinho que sentem as vossas mães: com os vossos corpos e as vossas almas, com as vossas virtudes e os vossos defeitos»[4]. Explicava-lhes constantemente as ideias essenciais de um carisma que levava à união com Jesus Cristo na vida corrente.

A filiação era a outra face da moeda. As pessoas do Opus Dei se sentiam próximas a ele, ao mesmo tempo que manifestavam respeito à sua condição de fundador e de sacerdote. Desde os anos 1940, a maior parte das pessoas da Obra já não podia vê-lo com frequência e, por isso, enviava-lhe cartas pessoais. Escrivá de Balaguer incentivou os membros da Obra a lhe escreverem diretamente quando quisessem.

Os diretores centrais relacionavam-se com ele todos os dias no trabalho e na vida familiar. Os outros habitantes de Villa Tevere podiam encontrá-lo em algum meio de formação coletiva, como as meditações e os círculos, e também nas tertúlias familiares. O fundador gostava de conversar sobre o divino e o humano, sem solução de continuidade. Por exemplo, o diário de Villa Tevere recolhe um acontecimento de 1950, quando estiveram «depois de tomar o café da manhã com o Padre. Todas são tertúlias em que nos enchemos de entusiasmo e em que também nos divertimos e rimos muito»[5].

Os que residiam com ele eram testemunhas de sua energia para impulsionar o Opus Dei e para empreender novos projetos. Com frequência, ouviam-no falar de Deus e da Obra com paixão. Josemaria Escrivá de Balaguer definia-se como um enamorado de Deus, da Humanidade Santíssima de Cristo, e falava de «rondar» e de «cortejar» o Senhor; de entoar canções de amor humano ao modo divino; de «mimos» e «carícias»[6]. Escrivá de Balaguer acompanhava com esmero a formação dos que estavam perto dele. Propunha horizontes exigentes de santidade e repreendia quando era necessário, esforçando-se para que ninguém se sentisse ferido. Recordava que o Opus Dei se fazia por meio de coisas pequenas e inadvertidas aos olhos dos de-

8. ORGANIZAÇÃO DO OPUS DEI

mais, como o cumprimento cotidiano do trabalho e do horário, a alegria, o tratamento amável para com os demais e o cuidado com a casa. Por exemplo, em dezembro de 1950, «falou-nos de que, ainda que na Obra tenham ocorrido muitos fatos que saem do ordinário, no entanto o principal não é isso, mas o fazer com amor os pequenos trabalhos e obrigações de cada um»[7].

Poucos sabiam que ele sofria de uma diabetes aguda que lhe causava uma cefaleia frequente, com alguns transtornos visuais e circulatórios, e da necessidade de injeções diárias de insulina. No dia 27 de abril de 1954, dia de Nossa Senhora de Montserrat, Álvaro del Portillo lhe aplicou uma dose com efeitos retardados. Pouco depois, Escrivá de Balaguer sofreu um choque anafilático. Sentiu-se tão mal que, antes de perder os sentidos, pensou que estava num transe de morte e solicitou a absolvição sacramental a del Portillo. Quando se recuperou do ataque alérgico, embora tenham permanecido algumas sequelas – em particular, a insuficiência renal –, foi diminuindo o uso da insulina até deixá-lo totalmente, algo inexplicável do ponto de vista médico.

Em 1952, Carmen Escrivá de Balaguer mudou-se para Roma a fim de ajudar nos trabalhos da Administração. Depois, se dedicou a atender seus *sobrinhos* e *sobrinhas* de diversos países que residiam na Cidade Eterna: «Preocupava-se com sua saúde, fazia ou enviava-lhes doces, especialmente nas festas, e saía em passeio com eles para os fazer descansar; acompanhava as moças nas compras. Seus *sobrinhos* corresponderam a esse carinho palpável com um relacionamento de confiança, carinhoso, cheio de respeito e agradecimento por sua livre dedicação ao Opus Dei»[8]. Em março de 1957, os médicos diagnosticaram um câncer no fígado. Carmen enfrentou a doença com altivez e sentido cristão, muito acompanhada de seu irmão, de Álvaro del Portillo, Encarnación Ortega e outras mulheres da Obra. Faleceu em 20 de junho e foi enterrada na cripta do oratório de Santa Maria da Paz, em Villa Tevere. Com grande dor, o fundador ofereceu a Deus essa perda, ainda que desde o princípio tivesse a certeza – que atribuiu a Deus – de que sua irmã estava no Céu.

Os membros da Obra estavam convidados a fortalecer a relação de fraternidade. A atenção material, física e espiritual de cada um podia manifestar-se de modos diversos, como os momentos de tertúlia, a celebração dos aniversários, o cuidado do descanso e a atenção aos

A HISTÓRIA DO OPUS DEI

doentes. Era algo para o qual todos os sócios da Obra eram chamados, inclusive os que viviam com suas respectivas famílias. Escrivá de Balaguer insistiu em que o carinho real de uns para com os outros era essencial: «No dia em que vivais como estranhos ou indiferentes, tereis matado o Opus Dei!»[9].

Para que dissessem cara a cara, uns aos outros, os aspectos em que deviam melhorar, deu forma ao modo de viver a correção fraterna, tal qual descrita por Jesus Cristo no Evangelho. Se alguma pessoa da Obra fizesse algo que era objeto de correção, convinha adverti-lo a sós e de maneira amável, depois de consultar o diretor local. Para que pudessem ajudar ele próprio, estabeleceu a figura dos *custodes*, duas pessoas que viviam com o presidente geral: um se encarregava da sua direção espiritual e o outro se ocupava de sua saúde e dos aspectos materiais. A partir de 1952, teve como *custodes* Álvaro del Portillo e Francisco Vives; em 1956, Javier Echevarría substituiu Vives.

Para promover a unidade e dar a conhecer o andamento da Obra nas diversas localidades, Escrivá de Balaguer coordenou a publicação regular de uma revista que se enviaria aos centros. Já nos verões de 1934 e 1935 havia editado umas folhas datilografadas intituladas *Noticias,* nas quais apareciam referências aos estudantes que frequentavam a residência DYA e alguns comentários de caráter espiritual; desta forma, uns sabiam o que os outros faziam e se sentiam protagonistas do projeto. Essas folhas impressas continuaram nos meses finais da Guerra Civil espanhola, entre março de 1938 e setembro de 1939.

A ideia foi retomada em fins dos anos 1940. Em 1948 e 1950, respectivamente, o Conselho Geral e a Assessoria Central passaram a publicar a cada mês a chamada *Folha informativa.* Embora se tratasse ainda de uma edição caseira, estava já um passo à frente de *Noticias.* Umas palavras de Escrivá de Balaguer abriam os números. Depois, vinham artigos e cartas em que se relatava o desenvolvimento da Obra nos países da Europa e América. Além disso, em algumas ocasiões, incluíam-se comentários de caráter ascético e lembretes sobre o modo de viver os costumes do Opus Dei.

Estas publicações continuaram em Roma de modo profissional, porque as mulheres da Obra que residiam em Villa Tevere assumiram a gestão de uma gráfica que editava e encadernava as revistas, além de outros documentos de governo e escritos do fundador. As revistas gráficas,

8. ORGANIZAÇÃO DO OPUS DEI

Crónica para os homens e *Notícias* para as mulheres, foram lançadas em janeiro de 1954. A estas duas *revistinhas* mensais, como as denominava o fundador da Obra, a fim de destacar o seu caráter familiar, somou-se nesse mesmo ano *Obras,* publicação bimestral que se dirigia aos cooperadores e pessoas que participavam nos apostolados do Opus Dei.

As revistas começavam com umas palavras do fundador tomadas de sua pregação oral – sobretudo de meditações e reuniões de família – ou escritas para a ocasião. A seguir, cada número incluía um editorial com temas de caráter espiritual ou apostólico e notícias sobre pessoas e atividades apostólicas do Opus Dei. Como se tratava de um material de uso familiar, os artigos não eram assinados por seus autores ou redatores. Escrivá de Balaguer pediu que incluíssem recordações históricas, como forma de promover a unidade. Por exemplo, as seções «Álbum antigo», «Enviaram-nos a foto» e «*De Villa Tevere*» publicavam, respectivamente, fotografias dos primeiros tempos da Obra; de pessoas da Obra presentes em diversos âmbitos seculares e laicais; e da sede central.

Também colaboraram para a unidade as canções que às vezes se cantavam nas tertúlias e momentos de descanso. O fundador chamou-as, em certa ocasião, versos de *amor humano ao modo divino,* dado que o ajudavam a rezar. Algumas eram tradicionais, como «*Tan buen ganadico*», do compositor Juan del Encina (†1529), ou «*Madre, en la puerta hay un Niño*», cantiga natalina que Dolores Albás havia cantado aos seus filhos quando pequenos; outras eram melodias, originais ou adaptadas, às quais se colocava uma letra. Incentivados por Escrivá de Balaguer, em fins dos anos 1940, Luis Borobio, Jesús Urteaga e Alfredo García escreveram algumas canções. Foi o caso de «*Fieles vale la pena*» ou «*Las aguas pasarán*», que faziam referência ao desenvolvimento da Obra.

A administração dos centros

O fundador desejava que as mulheres da Obra desenvolvessem na sociedade toda sorte de trabalhos, tal como faziam os homens. Nos anos 1950, deu-se isso com as oblatas e as supernumerárias, que atuavam em diversas profissões. Por outro lado, e devido às necessidades

A HISTÓRIA DO OPUS DEI

de crescimento do Opus Dei, a maioria das numerárias trabalhava em tarefas de governo e de formação, no atendimento das administrações e na direção de apostolados corporativos, como as residências de estudantes, as casas de retiro e as escolas domésticas[10].

A mensagem do Opus Dei – a busca da santidade por meio do trabalho cotidiano – foi transmitida às empregadas, aquelas dedicadas ao cuidado do lar, de duas maneiras. A primeira, por meio dos internatos das administrações, que tinham como finalidade a formação prática das servidoras nas atividades da casa. Com frequência, a promoção desses internatos era feita por meio de famílias conhecidas em cada povoado ou dos párocos dessas localidades que eventualmente pertencessem à Sociedade Sacerdotal da Santa Cruz. Como era costume à época, muitas jovens eram menores de idade e iam ao internato com a permissão paterna. As alunas custeavam a pensão e os estudos com o seu trabalho. Mediante um sistema de turnos, alternavam o trabalho com aulas de corte e costura, matemática, cultura e religião[11].

A segunda forma de promoção profissional, humana e religiosa das empregadas do lar foram as escolas dominicais. Oblatas e supernumerárias jovens ministravam aulas de leitura, escrita, matemática, corte e costura durante cerca de duas horas, duas vezes por semana – geralmente aos domingos e num dia útil –, em horários compatíveis com o trabalho das empregadas em hotelaria e em casas particulares. As alunas pagavam uma pequena quantia. Recebiam também aula de religião, dada por um sacerdote da Obra; além disso, era-lhes oferecida a possibilidade de ter direção espiritual. As numerárias encarregadas do serviço doméstico também assistiam às aulas a fim de ajudar a melhorar a vida profissional e cristã de suas colegas.

Iniciadas em Los Rosales e Molinoviejo, as escolas dominicais passaram para as cidades, geralmente na área da Administração das residências e em locais emprestados por cooperadoras do Opus Dei. Na Espanha, elas se desenvolveram bastante: em 1961, havia duas escolas em Barcelona, Bilbau e Madri e uma em Córdoba, Granada, Sevilha e Valência. As escolas de Madri, por exemplo, situavam-se na Administração do centro da rua Diego de León e num local próximo à basílica pontifícia de São Miguel[12].

Muitas jovens que trabalhavam em centros da Obra procediam de ambientes rurais. Valorizavam o trabalho da Administração, pois

8. ORGANIZAÇÃO DO OPUS DEI

as promovia profissional e culturalmente. Chamava-lhes a atenção porque era de vanguarda que mulheres – *senhoritas*, como eram chamadas então – provenientes de famílias abastadas e com o ensino médio completo trabalhassem profissionalmente no serviço do lar. Também estranhavam a naturalidade do trato demonstrado pelas administradoras e a ausência de discriminação*. Dentre as empregadas, algumas pediram admissão como numerárias encarregadas do serviço doméstico porque – seguindo o pensamento fundacional de Escrivá de Balaguer – entenderam que seu trabalho nas casas do Opus Dei lhes permitia unir o serviço às pessoas a uma chamada específica para alcançar a santidade.

Tal como outras companheiras do mesmo nível social, estas numerárias encontravam no trabalho doméstico um sentido profissional e de desenvolvimento humano. Por vezes, haviam se familiarizado com essas tarefas no lar paterno e em casas particulares. O descobrimento da vocação ao Opus Dei acrescentava uma dimensão transcendente às suas vidas e uma forma concreta de manifestar seu coração maternal. A entrega a Deus no celibato, sustentado por meio de uma vida de piedade pessoal e pela atenção tanto às pessoas da Obra quanto a quem participasse das suas atividades, enchia de significado suas vidas. Acreditavam em Escrivá de Balaguer quando lhes dizia que sua entrega configurava a Obra como família e que sua profissão era um modelo de dedicação a Deus nas tarefas cotidianas**.

O primeiro curso de verão ou curso anual para as numerárias que abraçaram este caminho ocorreu em Los Rosales, em 1951. Também naquela época, teve início o centro de estudos para as numerárias auxiliares em Molinoviejo, com seis meses de duração. O programa

---

(*) Marta Cojolón, primeira numerária auxiliar (assim foram chamadas as numerárias servidoras a partir de 1965) da Guatemala, recordava a impressão que lhe causou o tratamento de igual para igual que ela e suas amigas receberam de uma das numerárias que começaram o Opus Dei em sua terra: «Não sei como explicar, mas vi que aquela senhorita espanhola não fazia diferenciação, nem nos tratava de outro modo por sermos indígenas» (citado em Antonio RODRÍGUEZ PEDRAZUELA, *Un mar sin orillas. El trabajo del Opus Dei en Centroamérica*, 5.ª ed., Rialp, Madri, 2002, p. 144).

(**) Como veremos, com o tempo passou a haver mulheres na Administração com todo tipo de formação – tanto de nível médio como superior –, pois a procedência social ou o nível de educação não determinam a vocação das numerárias auxiliares. Neste sentido, as circunstâncias dos anos 1940 e 1950 felizmente se modificaram na sociedade, na Igreja e, portanto, também no Opus Dei.

A HISTÓRIA DO OPUS DEI

docente compreendia três áreas. Primeiro, a formação profissional, com aulas sobre cozinha, limpeza da casa e manutenção da roupa. Em segundo lugar, a formação espiritual, tanto na fé e na prática das virtudes cristãs quanto no espírito do Opus Dei. Por fim, a formação cultural, de modo a que todas aprendessem a ler e escrever bem e tivessem fundamentos de geografia e de aritmética. Uma vez acabado esse período, as alunas normalmente seguiam para as administrações grandes – residências e casas de retiro –, a fim de adquirir desenvoltura[13].

Por outro lado, as administradoras receberam uma qualificação profissional escassa – a que era possível na época. Aprenderam e melhoraram sobretudo com a prática. Contudo, à medida que foram contando com mais meios, passaram a ter formação teórica; por exemplo, receberam aulas de contabilidade, de gestão dos ordenados da equipe de serviço e de organização das equipes de trabalho.

Com a experiência adquirida na Espanha, em 1955 o governo central da Obra pediu a todas as circunscrições regionais que, logo que possível, construíssem casas de retiro novas. Contar com locais apropriados serviria para que os membros do Opus Dei e os que participavam das atividades de formação se sentissem imersos no ambiente de família da Obra. Além disso, as casas de retiro permitiriam acondicionar, em alguns casos, um centro de estudos de numerárias auxiliares na área da Administração.

Também foi aprimorado o serviço de compras nas administrações. Durante os anos 1940, em Madri, cada centro adquiria por si só o que necessitava ou comprava alguns produtos do campo de Los Rosales. O fundador pediu a suas filhas que concentrassem os esforços. Se comprassem as mercadorias por atacado, economizariam dinheiro, pois nos mercados gerais se encontravam gêneros mais baratos do que nas lojas, sem prejuízo da qualidade.

A centralização deste serviço foi alcançada por meio de um plano de compras e armazenamento denominado Gestoria. Em 1954, as mulheres da Obra começaram uma incipiente Gestoria na área da Administração do centro da rua Diego de León, lugar em que viviam as administradoras dos centros de Madri. Adquiriam alimentos por atacado e depois os distribuíam para os centros de homens e os de mulheres. Lourdes Bandeira dirigiu essa atividade, junto com Aurora Bel e Paula Gómez. O primeiro lugar onde compraram foi o Merca-

8. ORGANIZAÇÃO DO OPUS DEI

do Central de frutas e verduras de Legazpi, ao sul de Madri. Depois foram a outros atacadistas, também de povoados próximos à capital. E, quando ganharam experiência no âmbito da distribuição, também compraram artigos de perfumaria e limpeza[14].

Em 1957, a Gestoria passou para a rua Boldano, no bairro operário de Pueblo Nuevo, ao nordeste de Madri, porque havia mais facilidade de armazenagem e ordem na distribuição dos alimentos para as casas pequenas. Posteriormente, a ideia de compras por atacado em mercados gerais foi adotada em Barcelona, Sevilha, Valência e Valladolid, cidades que foram sede de delegações do Opus Dei. Em Pamplona, começou em 1962, com o nome de Decepal, e prestou serviço à Universidade de Navarra e à Clínica Universitária. Anos mais tarde, o modelo foi copiado em regiões onde a Obra estava mais desenvolvida. Por exemplo, na Cidade do México um serviço centralizado cuidou da compra de víveres e da lavanderia de todas as administrações.

A «batalha da formação»

No início dos anos 1950, a Obra crescia em bom ritmo. As poucas centenas da década anterior tornaram-se milhares em uma dúzia de países. Era necessário que todos tivessem um bom conhecimento da doutrina da Igreja e do espírito do Opus Dei. Escrivá de Balaguer dizia que «os fins a que nos propomos corporativamente são a santidade e o apostolado. E para conseguirmos estes fins, precisamos acima de tudo de uma formação. Para a nossa santidade, doutrina; e para o apostolado, doutrina. E para a doutrina, tempo, em lugar oportuno com os meios oportunos»[*].

Ao falar da formação, recorria a uma comparação militar. Explicava a seus filhos espirituais que o Opus Dei havia vencido a ba-

---

(*) Josemaria ESCRIVÁ DE BALAGUER, *En diálogo con el Señor* (edición crítico-histórica), Rialp, Madrid 2017, p. 106 (palavras de uma meditação de 21-XI-1954). Segundo o fundador da Obra, as três *paixões dominantes* dos membros do Opus Dei são «dar doutrina, dirigir de um modo ou de outro as almas que se aproximam do calor dos nossos apostolados e amar a unidade da Obra» *(Crónica* V-1958, p. 5, em AGP, Biblioteca, P01).

A HISTÓRIA DO OPUS DEI

talha ascética e teológica em 1943, quando a Igreja confirmara sua espiritualidade – a chamada à santidade no âmbito secular – mediante o *nihil obstat* para a ereção da Sociedade Sacerdotal da Santa Cruz dentro do ente ou corpo laical do Opus Dei. Em 1950, havia ganho a batalha jurídica, com a aprovação do fenômeno social – Opus Dei e Sociedade Sacerdotal da Santa Cruz – como instituto de direito pontifício, com regime centralizado e faculdade de incardinar. Agora, estava empenhado na batalha da formação, isto é, no esforço institucional por ensinar com profundidade a fé cristã e o espírito da Obra, de modo a que seus membros pudessem «levar à prática com o exemplo, com a doutrina e com o trabalho o fim específico do Opus Dei»[15]. Encarnar em sua plenitude o carisma tornaria possível a sua difusão integral.

Para o fundador, a tarefa formativa do Opus Dei abarcava os campos humano, profissional, doutrinal-religioso, espiritual e apostólico. Tinha caráter permanente – «não termina nunca»[16], insistia –, pois se atualizava ao longo da vida. E as formas em que se oferecia eram variadas – algumas pessoais e outras coletivas, como a direção espiritual, as aulas e os círculos doutrinais, os retiros espirituais e as convivências.

Em 1951, Josemaría Escrivá de Balaguer aprovou o *Studium generale* do Opus Dei e a *Ratio studiorum,* ou plano de estudos*.

O plano definia os cursos institucionais de filosofia e de teologia que os numerários fariam, com programas acadêmicos análogos aos dos ateneus pontifícios. Os professores seriam doutores das respectivas matérias; os alunos, por sua vez, cursariam o biênio filosófico nos centros de estudos e, a seguir, o quadriênio teológico. Em 1955, sancionou-se um plano de estudos semelhante para as numerárias, com um ano de filosofia e quatro de teologia. Em ambos os casos,

---

(*) O *Studium generale* designa um centro acadêmico de estudos superiores com o qual se atende ao regime de estudos de Filosofia e Teologia dos fiéis do Opus Dei. Desenvolve sua atividade docente nos centros de estudos inter-regionais e regionais, e por isso cada uma das circunscrições do Opus Dei pode erigir um *Studium generale*. Em cada circunscrição, é governado pelo vigário regional e seus respectivos conselhos, que nomeia os professores entre os membros de Obra que têm o correspondente título acadêmico. Seus estudos costumam ser reconhecidos por entidades educacionais eclesiásticas com capacidade para conferir graus acadêmicos (cf. *Constitutiones Societatis Sacerdotalis Sanctae Crucis et Operis Dei*, 1950, n. 2, e *Codex iuris particularis Operis Dei*, 1982, nn. 96-107).

8. ORGANIZAÇÃO DO OPUS DEI

seguiam um calendário dividido em semestres, que permitia harmonizar a formação acadêmica com a profissão civil. Entre seus aspectos particulares, o plano decretava que os sacerdotes fizessem exames de revisão dos estudos eclesiásticos e de prorrogação das licenças ministeriais, e também que recebessem conferências mensais de temas morais e litúrgicos. No caso das numerárias auxiliares, o plano adaptava a formação ao ensino da doutrina da Igreja e acrescentava ainda um programa de cultura geral[17].

Os alunos cursavam o plano de estudos em centros de formação inter-regionais ou regionais. Os centros de estudos inter-regionais estavam destinados à formação de futuros professores de centros de estudo, às pessoas que trabalhariam em cargos de governo e, no caso dos chamados ao sacerdócio, aos presbíteros; dependiam dos órgãos centrais de governo porque acolhiam pessoas de várias regiões. O primeiro centro deste tipo foi Diego de León, em Madri. Por sua vez, os centros de estudos regionais dependiam das comissões e assessorias regionais[18].

Escrivá de Balaguer criou em Roma dois centros de estudos inter-regionais, um para homens e outro para mulheres. Em 29 de junho de 1948, erigiu o Colégio Romano da Santa Cruz, para homens, e nomeou reitor Álvaro del Portillo. Numerários de todo o mundo passariam a ir ao Colégio Romano a fim de completar o quadriênio teológico e obter a licenciatura e o doutorado em Teologia, Direito Canônico ou Filosofia num ateneu pontifício; de crescer em amor à Igreja e ao Papa; e de aprender o espírito do Opus Dei dos lábios do próprio fundador. Destes homens, Escrivá de Balaguer chamou alguns ao sacerdócio. Os que estavam livremente dispostos serviram com o seu ministério à Igreja, de modo particular nas atividades pastorais do Opus Dei. Este ambicioso projeto – «as meninas dos meus olhos»[19], como o denominou certa vez – foi «como *instrumento de instrumentos,* para *romanizar* a Obra e mantê-la unida»[20].

O Colégio Romano da Santa Cruz inaugurou em outubro de 1948 com dez alunos, quatro dos quais estudaram no Pontifício Ateneu Angelicum, dirigido pelos dominicanos. Em 1950, os alunos eram vinte e, dois anos mais tarde, quarenta. Em 1953, verificou-se um salto: eram 120 numerários provenientes da Espanha, Irlanda, Itália, México e Portugal. Três anos depois, sessenta alunos obtive-

A HISTÓRIA DO OPUS DEI

ram o doutorado eclesiástico em algum ateneu romano. A presença desses jovens em Villa Tevere modificou as idiossincrasias da casa, repleta de estudantes que frequentavam aulas, dormiam em beliches e cuidavam de atender os operários que construíam os edifícios da sede central[21].

O escritório da administração geral criou um sistema de bolsas para subvencionar o custo dos alunos do Colégio Romano da Santa Cruz. Como critério fundamental, indicou que cada região pagasse os gastos de alojamento e estudo dos alunos que enviava a Roma. Além disso, acrescentou à Espanha um pedido de ajuda especial, pois ela contava com mais possibilidades econômicas. A partir de 1955, o Colégio Romano garantiu ao Opus Dei uma promoção anual de sacerdotes, junto com diretores e professores de centros de estudo. Os que regressaram às suas regiões, ou os que foram para outras, contribuíram de modo decisivo para a unidade e a visão universal dos membros da Obra.

Como Villa Tevere era uma casa apertada para o elevado número de pessoas que nela residiam durante todo o ano, Álvaro del Portillo buscou uma sede de verão para os jovens do Colégio Romano. Em 1952, foi comprada a crédito a fazenda agrícola Salto di Fondi, que tinha pouco mais de mil hectares e estava situada a uns cem quilômetros ao sul de Roma, junto ao povoado de Terracina. Uma pequena parte da fazenda foi destinada ao Colégio Romano. O resto do terreno ficou dividido em parcelas que se colocaram à venda para as trezentas famílias de camponeses que cultivavam essas terras, com condições de pagamento favoráveis. A operação beneficiou os colonos, porque se tornaram proprietários, representou um desafogo econômico para a Obra e garantiu produtos do campo aos residentes de Villa Tevere.

Quando Carmen Escrivá de Balaguer se mudou para a Itália, em 1952, dirigiu a administração doméstica de Salto di Fondi no primeiro curso acadêmico porque ainda não havia separação entre as áreas da residência e as de serviço. No verão seguinte, foram a Salto di Fondi os alunos do Colégio Romano e, em diferentes turnos, as mulheres da Obra, para receber formação e descansar por algumas semanas.

No dia 12 de dezembro de 1953, o fundador erigiu o Colégio Romano de Santa Maria, para as mulheres. Como no caso dos ho-

8. ORGANIZAÇÃO DO OPUS DEI

mens, este centro aspirava fortalecer a união pessoal de cada aluna com Deus, incrementar seu amor à Igreja e ao Papa, ser instrumento de unidade no Opus Dei e capacitar cada uma à transmissão de sua mensagem por todo o mundo. Assim, prepararia professoras para os centros de estudos e diretoras para o governo da Obra e das atividades corporativas.

Escrivá de Balaguer foi pioneiro no acesso da mulher aos estudos superiores de teologia (os ateneus pontifícios não permitiram a matrícula de mulheres nas faculdades eclesiásticas até o ano de 1965). Em 1954, começou a primeira turma do Colégio Romano de Santa Maria, com sete alunas provenientes da Espanha, Irlanda, Itália e México. Assim como para os homens, sistemas de bolsas foram concebidos a fim de custear a estadia e os estudos das participantes. Até 1959, foram se sucedendo turmas com representantes de nações nas quais havia centros do Opus Dei. Os cursos acadêmicos foram breves, não superiores a oito meses. Escrivá de Balaguer agiu assim porque as condições de espaço nos edifícios de Villa Tevere só permitiam ter uma turma de cada vez e porque era urgente contar com mulheres que expandissem a Obra pelas regiões.

Em julho de 1959, o centro inter-regional interrompeu suas atividades na sede de Villa Tevere. Poucos meses depois, começaram a construção e remodelação dos dois edifícios que compunham a Villa delle Rose, casa de retiros que se utilizava desde fins dos anos 1940 em Castel Gandolfo, ao sul de Roma, e que seria a nova sede do Colégio Romano feminino. Na medida de suas possibilidades, as regiões da Obra contribuíram para concluir o projeto, orçado em 170 mil dólares. No dia 14 de fevereiro de 1963, Escrivá de Balaguer celebrou a Missa. Uns dias depois, as aulas foram retomadas com uma *aula magna* de Amadeo de Fuenmayor, catedrático de Direito Civil[22].

A formação filosófica e teológica fortaleceu doutrinalmente o Opus Dei. De acordo com o Magistério da Igreja, o fundador indicou que os professores seguissem os princípios e a doutrina de São Tomás de Aquino. Ao mesmo tempo, defendeu a liberdade em temas opináveis, inclusive os intelectuais, desde que não contradissessem os ensinamentos da Igreja. Por este motivo, proibiu que os membros da Obra defendessem ou promovessem coletivamente uma escola filosófica, teológica ou canônica particular.

A HISTÓRIA DO OPUS DEI

A *batalha da formação* se deu também no âmbito das regiões. As comissões e assessorias regionais aplicaram progressivamente o plano de estudos e nomearam os correspondentes professores e diretores espirituais do *Studium generale*. Os primeiros centros de estudos na Espanha para numerários – Diego de León para os homens e Los Rosales e Molinoviejo para as mulheres – abriram caminho para outros centros de formação nesse mesmo país e também na Argentina, México, Colômbia, Estados Unidos, Irlanda e Itália. Em 1955, por exemplo, iniciou-se um centro de estudos para numerárias na Cidade do México e, em 1956, um curso de formação em Montefalco, que durava pouco menos de um ano, para numerárias que trabalhavam nas administrações.

Estabelecimento do governo central em Roma

Josemaria Escrivá de Balaguer empreendeu a progressiva organização institucional do Opus Dei. Um elemento essencial consistia em criar quadros dirigentes, pessoas que entendessem e exercessem o que denominava «a arte de «governar servindo»[23]. O fundador resumia o fundamento para «governar no Opus Dei: ter sempre visão sobrenatural, sentido de responsabilidade, amor à liberdade dos outros – escutá-los! – e à própria, convicção de que o governo tem de ser colegial, convencimento de que os Diretores podem enganar-se e de que, nesse caso, estão obrigados a reparar»[24].

Ele estabeleceu as normas e critérios que deviam ser vividos no Opus Dei e que se concretizariam na *Instrução para os diretores*. Neste documento, explica que o diretor deve ser consciente de que conta com a graça de Deus para levar adiante a tarefa atribuída. Portanto, qualquer atividade de governo na Obra tem de estar radicada na piedade sincera e no desejo de encarnar pessoalmente a mensagem de santidade e de apostolado no meio do mundo.

A tarefa de governo é uma forma de serviço. Brincando com as palavras, Escrivá de Balaguer explicava que, mais que um cargo, trata-se de uma carga. O diretor está chamado a ser um formador de homens que comunica o espírito do Opus Dei com o exemplo, a palavra e a

8. ORGANIZAÇÃO DO OPUS DEI

solicitude pelo bem humano e espiritual de cada um. Habitualmente, seu trabalho passa oculto, pois nas decisões conjuga o *nós*. Tem, ademais, de estar desprendido de seu cargo, sem ambicioná-lo, nem retê-lo, nem tornar-se imprescindível.

O governo no Opus Dei é mais um trabalho profissional. Os assuntos se estudam à luz do espírito e do direito com o pensamento colocado nas pessoas às quais se serve. Nem se deve resolver com precipitação – «as coisas urgentes podem esperar; e as coisas muito urgentes devem esperar»[25], dizia o fundador –, nem deve haver atrasos desnecessários. Ordinariamente, cada diretor dá a sua opinião por escrito, depois de ter reunido dados suficientes para emitir um juízo; desta forma, muitos temas se solucionam de modo expeditivo, sem longas reuniões. E, uma vez aprovado determinado assunto, se colocam os meios para levá-lo à prática.

Cada instância de governo se responsabiliza pela própria parcela de trabalho. A unidade e a confiança sustentam o relacionamento entre os diversos níveis. Se necessário, a instância inferior solicita conselho à superior, sem silenciar ou diluir, por temor a contristar ou ficar mal. Dizia o fundador que, quando se abordam os temas com transparência e simplicidade, sempre há tempo para melhorar uma ideia acertada ou para modificar outra desfocada. Por sua vez, a instância superior deve respeitar a liberdade da inferior nos temas que lhe correspondem, de modo a que não se diminua a iniciativa*.

Escrivá de Balaguer adaptou o sistema de governo às necessidades de cada momento. Devido ao progressivo aumento de sócios e da extensão territorial, estabeleceu uma estrutura mais articulada em todas as escalas, desde as gerais até as locais. O governo central estava composto pelo presidente geral, que, de acordo com as Constituições, era um sacerdote ao qual se chamava Padre. Governava com o Conselho Geral, no caso dos homens, e com a Assessoria Central, no caso das mulheres. Estes conselhos tinham voto deliberativo – consentimento para que sejam válidas as decisões – nos assuntos mais importantes.

(*) Outra característica essencial no governo do Opus Dei é a colegialidade. Com frase gráfica, o fundador mostra seu aborrecimento para com o *diretor proprietário* ou o *diretor tirano*, que faz e desfaz guiado por seu critério pessoal. Também alerta a quem inicia uma tarefa de governo para que seja prudente, evitando o preconceito de achar que é necessário mudar o que se fez até o momento ou de julgar a eficácia do esforço pelos resultados imediatos.

A HISTÓRIA DO OPUS DEI

Num segundo nível, uma Comissão Regional para os homens e uma Assessoria Regional para as mulheres dirigiam cada circunscrição, presididas por um sacerdote chamado conselheiro regional e por uma secretária regional, respectivamente; além disso, podiam criar-se circunscrições e delegações dependentes dos governos regionais. Finalmente, os centros do Opus Dei formavam parte do nível local; cada um vinha composto de um conselho local, formado por um diretor, um subdiretor e um secretário.

O fundador colocou especial interesse em reforçar os sistemas de unidade na Obra. Por exemplo, os delegados regionais – chamados naqueles anos pela palavra latina *missi* (enviados) – eram membros ao mesmo tempo dos conselhos centrais e dos governos regionais correspondentes, conheciam as atividades que se promoviam em sua região, davam informações diretas ao Padre e, se fosse o caso, tinham a faculdade de suspender uma decisão regional e passar a consulta ao nível central. Escrivá de Balaguer também sublinhou a necessidade de que o governo feminino da Obra fosse real, ou seja, que suas filhas espirituais assumissem a responsabilidade da direção, sem estar dependentes dos homens. Por este motivo, a secretaria regional presidia as reuniões da assessoria regional. O conselheiro, como representante do presidente geral, e outro sacerdote faziam-se presentes na qualidade de assistentes eclesiásticos, facilitando a unidade prática entre as propostas e as atividades das duas seções do Opus Dei.

O presidente geral e o procurador geral foram residir em Roma para manter uma comunicação frequente com a Santa Sé. Por outro lado, o Conselho Geral e a Assessoria Central ficavam em Madri, uma vez que a Espanha era o país com mais sócios do Opus Dei, e boa parte da expansão internacional se irradiava a partir dali. O fundador acreditava que esta incômoda separação não era um problema grave, pois confiava nas decisões que os diretores centrais adotavam em sua ausência. Assim, durante anos, viu-se obrigado a viajar e travar frequente correspondência entre Roma e Madri. Como não era fácil governar por meio de cartas – sobretudo quando se fazia necessário pedir o voto deliberativo ou consultivo do Conselho ou da Assessoria –, o fundador propôs, em 1951, que os governos centrais se estabelecessem em Roma. Depois de estudar com os eleitores, resolveu esperar um pouco e, enquanto isso, viver em ambas as cidades, alternando

8. ORGANIZAÇÃO DO OPUS DEI

dois meses em cada uma. Viu-se logo que isso não era viável, pois convinha que estivesse próximo à cúria vaticana; por isso, o secretário geral e o procurador geral fizeram muitas viagens de coordenação.

O translado dos conselhos a Roma foi realizado em duas fases. A Assessoria Central estabeleceu-se na Cidade Eterna no verão de 1953. O fundador e a Assessoria cessante nomearam Encarnación Ortega como secretária-central, María Luisa Sánchez de Movellán como secretária da Assessoria, María del Carmen Tapia como vice-secretária de São Miguel, María José Monterde como vice-secretária de São Gabriel, Lourdes Toranzo como vice-secretária de São Rafael, Pilar Salcedo como prefeita de estudos, Gabriela Duclaud como prefeita de servidoras e, como procuradora, Catherine Bardinet[26].

Em fins de agosto de 1956 – logo que terminou o segundo Congresso Geral do Opus Dei – deu-se o translado do Conselho Geral para Roma. Josemaria Escrivá de Balaguer ratificou as nomeações de Álvaro del Portillo como secretário geral; de Giorgio De Filippi como procurador geral; de Severino Monzó como sacerdote-secretário central; de Richard Rieman como vice-secretário de São Miguel; de Nuno Girão Ferreira como vice-secretário de São Gabriel; de Bernardo Fernández Ardavín como vice-secretário de São Rafael; de Julián Herranz Casado como prefeito de estudos; e de Joaquín Alonso Pacheco como administrador geral[27].

A maioria dos membros dos novos conselhos já residia em Roma, tinha uma exígua experiência de governo, pois eram jovens – poucos tinham mais de 35 anos –, e provinha de diversos países (Espanha, França e México, no caso das mulheres; e Espanha, Estados Unidos, Itália, México e Portugal, no dos homens). O fundador realizou essas nomeações porque viu nos órgãos centrais de governo uma escola de formação, uma vez que algumas pessoas seriam mais adiante membros das comissões e assessorias regionais; além disso, não queria deixar a Espanha sem alguns diretores experientes no governo daquela região.

Os escritórios dos governos centrais e, de modo análogo, os dos conselhos regionais foram reforçados. Os escritórios dos vice-secretários de São Miguel e de São Gabriel, por exemplo, acompanhavam a incorporação das pessoas ao Opus Dei e a vida dos centros nas diversas circunscrições; além disso, para as mulheres, a prefeitura de servidoras

A HISTÓRIA DO OPUS DEI

cuidava do atendimento e capacitação das administrações. No escritório de São Rafael, impulsionavam-se as atividades com os jovens. A prefeitura de estudos cuidava da formação doutrinal dos sócios da Obra e das iniciativas de ensino. A administração geral – na Assessoria, procuradoria geral – revisava os relatórios econômicos e orçamentos das regiões, com particular atenção às obras de Villa Tevere e às atividades corporativas. A direção espiritual cuidava da formação dos leigos e dos sacerdotes da Sociedade Sacerdotal da Santa Cruz. O procurador administrava as relações com as autoridades eclesiásticas. E a secretaria geral enviava e recebia as notas e avisos, controlava os diversos livros de registros e arquivava a documentação.

No caso das mulheres, ainda eram poucas as que trabalhavam na Assessoria Central porque havia um número menor de membros. Além disso, todas dedicavam certo tempo à Administração de Villa Tevere. Era preciso atender à demanda crescente de trabalho imposta pela construção dos novos edifícios e o atendimento dos que estudavam ciências sagradas nos ateneus pontifícios.

Além dos conselhos centrais, havia os congressos gerais como outros órgãos de governo colegial no Opus Dei. Os congressos deviam realizar-se a cada cinco anos, com uma fase para homens e outra para mulheres. Eram compostos pelos sócios eleitores, que participavam com voto deliberativo. Revisavam os projetos empreendidos desde o congresso anterior, formulavam um juízo sobre o andamento das atividades corporativas e institucionais, nomeavam os cargos do Conselho Geral e da Assessoria Central e estabeleciam linhas de ação apostólica para os cinco anos seguintes.

Escrivá de Balaguer convocou o primeiro Congresso Geral em 1951. De 1º a 5 de maio, foi celebrado em Molinoviejo o dos sócios; de 11 a 13 de outubro, em Los Rosales, o das associadas. Vinte homens e doze mulheres residentes em várias regiões estudaram e propuseram um plano quinquenal para a formação dos sócios e para o desenvolvimento do Opus Dei em suas três obras – São Miguel, São Gabriel e São Rafael –, para a consolidação e a expansão do apostolado em novos países e para a implantação de atividades corporativas, ali ainda incipientes[28].

O segundo Congresso Geral do Opus Dei teve lugar em Einsiedeln (Suíça) de 23 a 25 de agosto de 1956, para os homens; e, para as

8. ORGANIZAÇÃO DO OPUS DEI

mulheres, de 23 a 25 de outubro do mesmo ano, em Roma. Além das nomeações para os cargos centrais, o congresso aprovou transladar o Conselho Geral de Madri para Roma; criar circunscrições dependentes dos governos regionais da Espanha; adotar o castelhano como idioma oficial das assembleias e documentos da Obra e ensiná-lo nos centros de formação, uma vez que era a língua dos escritos do fundador; confiar ao secretário geral, Álvaro del Portillo, o término das obras da casa central, das sedes dos dois colégios romanos – da Santa Cruz e de Santa Maria – e da casa de Salto di Fondi; e dar um voto de confiança semelhante ao conselheiro da Espanha, Antonio Pérez, para o desenvolvimento do Estudo Geral de Navarra.

Por proposta do fundador da Obra, o segundo Congresso Geral aprovou como tarefa prioritária para o seguinte quinquênio *o apostolado da opinião pública,* que consistia em impulsionar iniciativas no âmbito da comunicação (imprensa, rádio, televisão, agências de notícias etc.), «com a finalidade de difundir entre todas as classes da sociedade civil o critério da Igreja sobre questões religiosas, científicas, docentes, sociais etc. da atualidade»[29]. Também se abordou a conveniência de nomear em todas as circunscrições delegados e delegadas regionais que estivessem há tempos no Opus Dei e tivessem já obtido responsabilidades de governo e formação; de criar dois centros de estudos inter-regionais dependentes dos conselhos centrais – um em Washington e outro em Pamplona; e de fomentar a emigração de famílias de supernumerários e de cooperadores que quisessem estender a mensagem do Opus Dei em outros lugares.

Escrivá de Balaguer colocou grande esforço para que fossem para a frente as obras de Villa Tevere. Pensava que o término da sede central consolidaria o regime de governo, a expansão e o desenvolvimento orgânico do Opus Dei; por outro lado, uma interrupção das obras implicaria um grave obstáculo. Os trabalhos de construção e de adaptação dos edifícios, que começaram em 1949, absorveram a maior parte dos recursos econômicos de que dispunham os sócios do Opus Dei. Durante seis anos, Álvaro del Portillo coordenou o pagamento dos créditos bancários e do pagamento semanal dos operários. Em várias ocasiões, viajou para Madri a fim de estudar com o administrador geral como se podiam enfrentar os pagamentos e vencimentos com sociedades financeiras e doações de particulares, em sua maioria espa-

A HISTÓRIA DO OPUS DEI

nholas. Do mesmo modo, organizou uma coleta nas regiões, inclusive nas que estavam começando, para que enviassem o que pudessem, ainda que se tratasse de pequenas quantias. Não obstante a contínua falta de fundos minasse a sua saúde física, del Portillo conseguiu o dinheiro necessário para seguir em frente.

A situação melhorou em 1955, porque contrataram uma construtora que ofereceu crédito e adiamentos nos pagamentos. Pouco a pouco, acabaram-se os diversos edifícios que compunham Villa Tevere, como a Villa Vecchia, para o presidente e os membros do Conselho Geral, e a Montagnola, para as mulheres da Assessoria Central. Dirigiram a construção os arquitetos Fernando Delapuente, Jesús Alberto Cagigal e, principalmente, Jesús Alvarez Gazapo. Outros profissionais trabalharam na parte decorativa, como os pintores Manuel Caballero e Salvador Pérez. Escrivá de Balaguer acompanhou atentamente as fases da construção e deu inúmeras sugestões. Em janeiro de 1960, teve a alegria de abençoar a última pedra dos edifícios.

Nos anos 1940, o fundador havia governado com um reduzido número de disposições; muitas vezes, quando com um diretor regional ou local, transmitia sua indicação por correspondência ou de palavra. Agora, do seu escritório romano, solicitou aos membros de todos os níveis centrais e regionais que os assuntos de governo – consultas, procedimentos e trâmites – respeitassem um protocolo numerado. Em abril de 1952, os governos centrais começaram a enviar notas, que continham comunicações para todas as regiões e de caráter permanente, e avisos, que davam indicações transitórias ou destinadas a uma região em particular. Este sistema de comunicação escrita facilitou a coordenação e o acompanhamento dos assuntos, ainda que aumentasse, inevitavelmente, a burocracia.

O relacionamento ordinário entre o governo central e o regional estabeleceu-se por meio de correio postal, das viagens dos delegados, da presença dos diretores regionais em Roma quando necessário e das visitas – ordinárias, extraordinárias ou econômicas – de um diretor central às regiões a cada cinco anos. Em algumas ocasiões, conselheiros de regiões vizinhas se reuniam para considerar assuntos comuns. Além disso, o fundador estabeleceu que houvesse semanas de trabalho para os eleitores e diretores regionais, bem como convivências nos diversos níveis de governo, de modo a que, por um lado, recebessem

8. ORGANIZAÇÃO DO OPUS DEI

ideias e sugestões dos diretores e, de outro, trocassem experiências e propusessem novos projetos. A primeira convivência de conselheiros regionais realizou-se em Roma no mês de outubro de 1957.

As comissões e assessorias regionais aumentaram. As sete circunscrições territoriais existentes no início dos anos 1950 seriam quinze uma década mais tarde. Em vários países, o governo regional foi reforçado com a nomeação de cargos outrora vacantes. Por exemplo, em 1956, devido ao crescimento das atividades com mulheres e com sacerdotes diocesanos, foi necessário designar os sacerdotes secretários e diretores espirituais de várias regiões. No caso da região da Espanha, reorganizou-se o governo devido ao aumento de pessoal e ao translado dos conselhos centrais a Roma. Apareceram as delegações da Catalunha (janeiro de 1957), Andaluzia (agosto de 1957) e Pamplona (abril de 1960), todas dependentes da Comissão e da Assessoria Regionais. Coincidindo com as novas circunscrições, abriram-se as casas de retiro espiritual de Castelldaura (Barcelona, 1955) e Pozoalbero (Sevilha, 1958). Contribuições de supernumerários e cooperadores locais ajudaram a financiar a construção.

A unidade entre as instâncias do governo central e do regional foi habitual. Por sua singularidade, destacam-se dois acontecimentos que fazem contraste com essa tônica. O primeiro, dos mais dolorosos daqueles anos para o fundador, foi protagonizado por Antonio Pérez Hernández. Homem com bons dotes de governo, Pérez Hernández constituía um apoio firme e era responsável pelo desenvolvimento das atividades apostólicas em todo o mundo. Havia sido secretário geral do Opus Dei de novembro de 1950 a setembro de 1956 e, desde então, conselheiro regional da Espanha. Escrivá de Balaguer observou que algumas indicações de governo que o Conselho Geral enviava à Comissão da Espanha não eram colocadas em prática. A repetição desses fatos o levou a escrever ou a se encontrar várias vezes com Pérez Hernández, no intuito de esclarecer as diferenças e manter sua confiança nele.

Em janeiro de 1958, Escrivá de Balaguer explicou a Pérez Hernández e aos demais membros da Comissão Regional da Espanha que sofria porque havia falta de unidade com algumas disposições emanadas de Roma. Depois desta reunião, e diferentemente do resto, o conselheiro se mostrou ainda mais distante. Parecia não aceitar o ritmo e

A HISTÓRIA DO OPUS DEI

o tom que o fundador punha no desenvolvimento do Opus Dei. Por conseguinte, Escrivá de Balaguer decidiu, pelo bem da Obra, trocar seu cargo. Aproveitando que o mandato dos governos regionais durava um triênio, em novembro de 1959 designou Florencio Sánchez Bella como novo conselheiro do Opus Dei na Espanha e Antonio Pérez Hernández como reitor da basílica pontifícia de São Miguel, em Madri. Cinco anos mais tarde, Pérez Hernández ausentou-se e foi para o México, onde abandonou o Opus Dei e o sacerdócio. Ao regressar para a Espanha, tornou-se um destacado membro do Conselho de Estado e sempre manifestou respeito por Escrivá de Balaguer e pelo Opus Dei[30].

O segundo caso ocorreu em meados dos anos 1950, quando integrantes da Comissão Regional da Itália assumiram dívidas econômicas que não informaram aos membros do Conselho Geral. Em julho de 1958, o fundador solicitou que fosse feita uma visita extraordinária à quase-região, seguida de mais outras duas. Devido à falta de unidade e à atitude crítica desses membros da Comissão, adotou várias resoluções entre dezembro desse ano e abril de 1959, todas aprovadas unanimemente pelo Conselho Geral: nomeou uma nova Comissão Regional, presidida por Juan Bautista Torelló e tendo Pedro Casciaro como *missus* ou delegado; inabilitou a quase todos os membros da Comissão anterior para as tarefas de governo; e destinou à região da Espanha aquele que havia sido seu conselheiro: Salvador Moret.

Ao tomar estas medidas, Escrivá de Balaguer destacou o seu amor à região da Itália, transladou a sede da Comissão e da Assessoria Regional de Roma para Milão, a fim de dar confiança ao governo dessa circunscrição, rogou que não se tornassem públicas as admoestações e pediu que fossem tratadas com carinho e sem desconfiança as pessoas implicadas, para que as feridas pudessem cicatrizar. Assim aconteceu com Moret, que fez florescer as tarefas pastorais que a Obra lhe confiou depois. Por outro lado, duas pessoas da antiga Comissão deixaram o Opus Dei. Além disso, para facilitar a resolução dos problemas econômicos, o administrador geral fez um plano de saneamento e solicitou à região da Espanha um empréstimo. Nas décadas seguintes, alcançou-se a estabilidade econômica.

A respeito do relacionamento com as demais instituições eclesiásticas – a Santa Sé, os bispos diocesanos e outros entes da Igreja –,

8. ORGANIZAÇÃO DO OPUS DEI

Josemaria Escrivá de Balaguer coordenou os encontros, ajudado por Álvaro del Portillo. Acompanhou com especial atenção os aspectos jurídicos, entre eles o desenvolvimento da figura do instituto secular.

Os governos regionais e locais colaboraram com o fundador e o informaram da relação travada com os ordinários diocesanos e os superiores das ordens e congregações religiosas. Os principais relacionamentos ocorreram nas dioceses onde havia presença estável de membros do Opus Dei e nas que se desejava começar. Segundo o direito aprovado pela Igreja, correspondia ao ordinário local conceder a vênia para a ereção de um centro do Opus Dei no território de sua jurisdição, para outorgar licenças ministeriais aos sacerdotes da Obra que residiam em sua diocese e para efetuar visitas pastorais aos centros a fim de revisar os oratórios. Por sua vez, o conselheiro – o representante do Opus Dei em cada região – rubricava o ato jurídico que erigia o centro e que trazia consigo a faculdade de ter um oratório. Uma vez estabelecido um centro da Obra, os diretores e as diretoras regionais informariam periodicamente os bispos sobre o desenvolvimento do seu apostolado.

Também houve contato regular com os núncios dos países onde a Obra estava estabelecida. Um caso totalmente excepcional se deu com monsenhor Ildebrando Antoniutti, núncio na Espanha. A pedido dele, em maio de 1958, umas profissionais do lar do Opus Dei se encarregaram do atendimento doméstico da nunciatura apostólica. Por ser um serviço direto à Igreja, o fundador indicou que os ordenados dessas pessoas corressem por conta da Obra. Em abril de 1962, chegou um novo núncio, monsenhor Antonio Riberi, que manifestou em público sua rejeição ao Opus Dei sem aduzir os motivos. Para que não o considerasse um despeito, o fundador manteve a administração doméstica na nunciatura por mais quase cinco anos e meio, até setembro de 1967, quando monsenhor Riberi deixou o posto[31].

Com relação à autoridade civil de cada país, no que diz respeito ao reconhecimento das entidades eclesiásticas o Opus Dei adquiriu personalidade jurídica quando isso se fazia necessário de acordo com o direito civil vigente. E, se a lei o requeria, constituiu-se também como sociedade civil.

9. IRRADIAÇÃO MUNDIAL

Os anos 1950 contemplaram a maior expansão internacional da história do Opus Dei, a qual não voltaria a se produzir num ritmo tão acelerado. Entre 1949 e 1962, seus membros foram residir estavelmente em 22 nações. De modo particular, destacam-se os cinco primeiros anos (1949-1953), quando a Obra iniciou sua atividade em onze países. Alguns pertenciam à Europa Ocidental: Alemanha (1952), França (1952), Suíça (1956), Áustria (1957) e Holanda (1959). O crescimento mais expressivo se deu no continente americano, de norte a sul: Estados Unidos e México (1949), Argentina e Chile (1950), Colômbia e Venezuela (1951), Guatemala e Peru (1953), Equador (1954), Uruguai (1956), Brasil e Canadá (1957), El Salvador (1958), Costa Rica (1959) e Paraguai (1962). Em 1958, somaram-se a estes países Quênia e Japão, abrindo a irradiação da Obra a dois novos continentes onde o catolicismo era minoritário. Em todos os casos – com exceção da França, onde se começava pela segunda vez –, o Opus Dei se arraigou na primeira tentativa. Uma vez implantado em tantos lugares, nas décadas seguintes as energias foram dedicadas ao assentamento em cada região, ainda que a porta tenha ficado aberta para novos lugares.

Josemaria Escrivá de Balaguer agiu de acordo com as possibilidades do momento, sem precipitação, e disse com frequência confiar na Providência. Antes de que membros da Obra fossem viver em determinado país, solicitava a algum deles que o visitasse e que redigisse um relatório sobre sua situação social e religiosa; além disso, solicitava que tivesse uma entrevista com o bispo local, circuns-

A HISTÓRIA DO OPUS DEI

tância que antecipou ou atrasou o início do Opus Dei em alguns lugares. Com esses dados, e também com o assessoramento do Conselho Geral e da Assessoria Central, o fundador propôs projetos que incluíam as pessoas que podiam se mudar, os meios econômicos com os quais poderiam contar no início e qual seria a primeira atividade de caráter corporativo.

Numa época de difíceis comunicações intercontinentais, a aventura de levar uma mensagem espiritual a um país novo – e, na maior parte das vezes, desconhecido – era sedutora e exigia audácia. O epistolário dos membros do Opus Dei que viajaram mostra sua mentalidade de pioneiros. Renunciando a um futuro profissional às vezes promissor, enfrentaram sacrifícios, falta de recursos materiais e, em algumas ocasiões, pouco conhecimento do idioma. Sentiram-se movidos pela fé em Deus, pela força de uma mensagem que procuravam encarnar, pela segurança que lhes dava o fundador e pelo entusiasmo de ser protagonistas de um projeto de transformação do mundo que – estavam convencidos – com o passar do tempo daria seus frutos.

Os que aceitaram o desafio de se transladar foram em sua maioria jovens graduados, sacerdotes e empregadas do lar, todos numerários. Para difundir a mensagem do Opus Dei, receberam uma formação específica, geralmente em convivências de alguns dias em Madri ou em Roma. Nessas reuniões, os diretores centrais recordavam-lhes a raiz sobrenatural do Opus Dei: diziam-lhes que, fosse qual fosse o lugar, a Obra iria para frente mediante a entrega a Deus da própria vida, que fincava suas raízes na oração e na mortificação pessoal. Também os incentivavam a se relacionar com as pessoas locais, sem criar um círculo fechado com os da mesma nacionalidade do país de origem, como acontece com alguns emigrantes. Segundo o fundador, cada um ia «para amar essa nação, para se fundir: não vai para se enquistar»[1].

Os que fizeram a primeira expansão do Opus Dei provinham da Espanha, uma vez que só a *região primogênita* tinha número suficiente de homens e mulheres que podiam sair para outros lugares sem deixar desatendida a atividade já iniciada. Parte dos mais antigos na Obra participou da irradiação. Entre os homens, foi o caso, por exemplo, de José María González Barredo (Estados Unidos), Ricardo Fernández Vallespín (Argentina) e Pedro Casciaro (México); e, entre as mulheres, de Narcisa González Guzmán (Estados Unidos), Sabina

9. IRRADIAÇÃO MUNDIAL

Alandes (Argentina) e Guadalupe Ortiz de Landázuri (México). Para Escrivá de Balaguer, a Obra era um projeto mundial. Ao enviar numerários a outros lugares, retardava um pouco o desenvolvimento na Espanha, mas, em compensação, acelerava a extensão universal.

No entanto, o fundador indicou que, logo que fosse possível, não se deslocassem pessoas de um só país; a mensagem do Opus Dei se acomodava à cultura e à sociedade de qualquer lugar. Alertou contra o perigo de se criar um Opus Dei *regionalista,* que quisesse implantar formas de ser da nação de origem ou que perdesse de vista a globalidade*. Desde meados dos anos 1950, também viajaram homens e mulheres não espanhóis: por exemplo, o primeiro irlandês, Cormac Burke, foi para os Estados Unidos em 1955; outra irlandesa, Kathleen Purcell, foi viver no Japão em 1960; e várias mexicanas se transladaram para os Estados Unidos. De modo semelhante, da Alemanha colaboraram com a Áustria e a Holanda; de Portugal, alguns foram ao Brasil; e dos Estados Unidos se deslocaram para a Austrália, Canadá, Filipinas, Japão e Quênia.

Não obstante o número de mulheres no Opus Dei fosse relativamente pequeno, Escrivá de Balaguer explicou que a expansão de sua mensagem correspondia às duas seções da Obra. No Congresso Geral de 1951, o fundador disse às suas filhas espirituais «que havia chegado o momento de mudar aquele *calma!* – que, como exigência dos começos, nos havia recomendado – por: *depressa, ao passo de Deus!*»[2]. Por isso, desde os primeiros anos da década de 1950, houve presença feminina estável na Europa e na América. Com frequência, viajavam depois de que os homens levassem dois ou três anos instalados, de modo a que os sacerdotes pudessem prestar assessoramento na hora de se situarem, além do atendimento ministerial. Quando chegavam aos seus novos países, realizavam uma dupla forma de apostolado: uma atividade corporativa – em geral, uma residência para estudan-

---

(*) «Se depois de o Senhor me ter chamado para prestar contas, alguns dos meus filhos, em algum lugar, pretendessem fazer um Opus Dei com uma conotação nacional – um Opus Dei irlandês, um Opus Dei francês, um Opus Dei espanhol, etc –, eu me levantaria da tumba para anatematizar esse mau espírito, porque seria ocasião de uma divisão diabólica dentro desta família na qual devemos estar todos muito unidos, interessar-nos todos por todos, sem erguer jamais barreiras de nacionalidades ou de discriminações de nenhum tipo!» (citado em Andrés Vázquez de Prada, *O Fundador do Opus Dei,* vol. III, Quadrante, São Paulo, 2004, p. 257).

A HISTÓRIA DO OPUS DEI

tes – e o trabalho doméstico nos centros. Escrivá de Balaguer indicou que não se dedicassem somente à Administração, pois as mulheres da Obra estavam chamadas a se dedicar a profissões tão extensas e variadas como os homens.

Costumava viajar um grupo de quatro ou cinco mulheres. Para a Argentina foi sozinha Sabina Alandes, porque em Buenos Aires duas jovens – Julia Capón e Ofelia Vitta – haviam solicitado admissão à Obra e era urgente formá-las; as outras duas previstas foram mais tarde, quando conseguiram resolver os trâmites para a obtenção dos vistos.

O número de pessoas que foi a um país ou outro variou segundo as circunstâncias. O fundador adaptou-se às possibilidades de cada lugar, sempre com números pequenos. Por exemplo, viajaram um ou dois leigos e um sacerdote para Argentina, Paraguai e Peru; quatro leigos e um sacerdote para os Estados Unidos; dois leigos para a Venezuela e apenas um para o Equador; um sacerdote sozinho para o Canadá, Chile e Colômbia; e dois para a Áustria, Costa Rica, El Salvador, Guatemala e Uruguai. As mulheres costumavam começar com um pequeno grupo de três ou quatro (Canadá, Chile, Colômbia, México, Equador e Venezuela), exceto naqueles lugares a que foi um grupo mais numeroso, composto de numerárias e numerárias encarregadas do serviço doméstico (Costa Rica, El Salvador, Guatemala e Paraguai).

Destaca-se por sua excepcionalidade o equatoriano Juan Larrea, que pediu admissão em Roma, em 1949, e voltou para a sua terra no outono de 1952, onde esteve sozinho durante quatro anos. O fundador recomendou-lhe que visitasse o arcebispo de Quito, a fim de lhe explicar o núcleo da mensagem do Opus Dei; que escolhesse um sacerdote piedoso como confessor; que buscasse amigos que pudessem entender a mensagem da santificação no meio do mundo; e, com a colaboração de sua mãe, que sugerisse a algumas senhoras que rezassem pelo Opus Dei e contribuíssem com alguns bens, como, por exemplo, objetos para o futuro oratório do centro da Obra[3].

Não houve nenhum padrão ou modelo único para a irradiação do Opus Dei. Cada um dos interessados resolveu sua situação profissional e econômica, às vezes com uma bolsa de estudos oferecida pelo país receptor ou com um contrato de trabalho. Quase sempre os expedicionários viajaram com uma quantia mínima de dinheiro, o

9. IRRADIAÇÃO MUNDIAL

suficiente para as primeiras semanas. Depois, os leigos se sustentaram com o seu ordenado. Por sua vez, muitos sacerdotes viveram graças ao exercício do ministério sacerdotal em alguma paróquia ou ministrando aulas de sua profissão civil; depois, recebiam o respaldo dos membros da Obra e dos cooperadores.

Como norma geral, as pessoas da Obra instalaram-se na capital de cada país ou em alguma cidade universitária. Muitos leigos trabalharam no âmbito acadêmico – pesquisa e docência – e em profissões liberais. Ao mesmo tempo, difundiram a mensagem da Obra entre os colegas de profissão e as pessoas que foram conhecendo. Logo que possível, abriram um centro da Obra num apartamento ou numa casa, alugados próximos a centros superiores de ensino; o segundo passo, que às vezes se deu desde o início, consistia em transformar o centro em uma residência universitária. Previamente, o sacerdote do Opus Dei que estava à frente da nova circunscrição solicitava a vênia ao bispo local para ter oratório; deste modo, explicava-lhe a mensagem da Obra e, para que conhecesse o direito pelo que se regia o Opus Dei, lhe entregava um sumário das Constituições de 1950.

Escrivá de Balaguer explicou a seus filhos que o processo de chegada ou, como disse certa vez, de *transplante* exigia paciência. As condições materiais de quase todos os inícios foram precárias – em algumas ocasiões, de bastante pobreza. Para alugar e acondicionar os centros, os membros do Opus Dei solicitaram ajuda, móveis e dinheiro a fundo perdido para pessoas conhecidas pouco tempo antes. Adaptaram-se às condições climáticas e alimentares, inseriram-se na cultura e idiossincrasias do novo país e aprenderam a distinguir entre o que eram costumes surpreendentes do local – por constituírem novidade aos recém-chegados – e o que eram defeitos. Os que foram a nações com idioma distinto do materno fizeram o esforço suplementar de aprendê-lo e, logo que possível, falá-lo no contexto da vida familiar dos centros da Obra. Com o passar do tempo, alguns se naturalizaram e permaneceram até o final de sua vida em seu novo país. Outros, pelo contrário, permaneceram ali alguns anos e regressaram à nação de origem, ou não se encaixaram nas novas localidades; o fundador dizia a estas pessoas que voltar não era uma humilhação ou um fracasso[4].

A HISTÓRIA DO OPUS DEI

A mensagem da Obra transmitiu-se com a palavra e com o testemunho de vida. Por exemplo, Manuel Botas – que viveu no Peru, na Colômbia e na Venezuela – recordava que, para dar a conhecer o Opus Dei, falava da santificação do trabalho e da vida corrente, doutrina que surpreendia por sua novidade; depois, mencionava a importância do apostolado pessoal como modo de influir cristãmente na sociedade; e, por fim, explicava a liberdade que tinham os cristãos na vida profissional e no pensamento político, econômico e cultural[5].

O apostolado baseado na amizade pessoal – com amigos apresentando outros amigos – deu seus frutos. Além dos colegas do âmbito profissional, os membros da Obra conheceram outras pessoas em associações católicas, culturais e esportivas. Nas nações em vias de desenvolvimento, adaptaram-se aos dois estratos em que a sociedade se dividia, tanto aos abastados quanto aos escassos de recursos, organizando atividades para uns e para outros.

Os centros da Obra organizaram os meios de formação da obra de São Rafael e de São Gabriel, com meditações e recolhimentos mensais, círculos e catequeses. *Caminho* foi fundamental para dar a conhecer o Opus Dei e seu fundador. Nos anos 1950, publicaram-se edições nos países da América de língua espanhola (a primeira, na Cidade do México, em 1949) e traduções para o português (Coimbra, 1946), italiano (Cidade do Vaticano, 1949), inglês (Cork, 1953), alemão (Bona, 1956) e francês (Paris, 1957). Também foram traduzidos *Santo Rosário* ao português, italiano e inglês, ainda que com menor impacto, por se tratar de um texto breve. Falava-se frequentemente de Isidoro Zorzano, a quem se punha como exemplo de homem que havia buscado a santidade no meio do mundo. Em 1949, fizeram-se estampas para a devoção privada e uma *Folha informativa* com notícias da vida de Isidoro e do andamento de sua causa de beatificação, editada em diversos idiomas; nesse mesmo ano, por exemplo, foram impressas 10 mil folhas informativas em inglês e outro tanto em italiano. Em 1954, o escritor Daniel Sargent publicou nos Estados Unidos uma biografia de Zorzano intitulada *God's Engineer.*

O contato de cada região com o fundador da Obra e com os conselhos centrais desenvolveu-se por carta, muitas vezes com frequência semanal. Só usaram o telefone – que era caro – quando surgiram imprevistos graves. Monsenhor Escrivá de Balaguer dava grande liberda-

9. IRRADIAÇÃO MUNDIAL

de a seus filhos. De Roma, enviava-lhes critérios gerais ou sugestões práticas, ao mesmo tempo que pedia a cada região que agisse com autonomia própria, sem empequenecer-se ou delegar a responsabilidade a instâncias superiores: «Mais vale retroceder em uma coisa do que deixar de fazer noventa e oito por medo de errar»[6]. Por exemplo, respeitou tanto a decisão de José Luis Múzquiz de começar a Obra em várias cidades dos Estados Unidos em pouco tempo como a de Xavier de Ayala, que decidiu fortalecer as atividades em São Paulo antes de partir para outras cidades do Brasil.

Além do correio postal, estabeleceram-se outros protocolos de comunicação, como os deslocamentos periódicos dos diretores regionais a Roma, as estadias dos delegados do Padre numa só região e as visitas de alguns sócios que viajavam por motivos profissionais às distintas regiões e levavam mensagens de proximidade da parte do fundador. Escrivá de Balaguer tinha ciência de que os inícios em quase todos os países eram duros do ponto de vista material e econômico. Alentava seus filhos, acompanhava com desvelo as dificuldades que tinham e lhes recordava que não estavam sozinhos, que ele os acompanhava de Roma.

Alguns dos primeiros numerários e numerárias daqueles variados países foram a Roma para cursar, nos respectivos colégios romanos e nos ateneus pontifícios, o quadriênio teológico, além de receber a formação no espírito do Opus Dei dos lábios do próprio fundador. Logo que completaram seu período de estudo, regressaram como diretores ou formadores e, no caso dos homens, muitos como sacerdotes. Aproveitaram a estadia na Europa para conhecer os apostolados corporativos da Obra – de modo particular, os da Espanha, que estavam mais desenvolvidos –, pois algumas soluções podiam ser úteis quando regressassem às suas respectivas regiões. Por serem nativos – ou de segunda geração, como os *nisseis* japoneses, os croatas ou, mais tarde, os poloneses –, o retorno a seus países de origem foi decisivo para a expansão da Obra entre os nacionais. O fundador achava que, com o passar do tempo, o assentamento mais extenso e profundo do Opus Dei corresponderia aos habitantes do próprio país.

Dentro de cada nação, cresceram paulatinamente as estruturas de governo regionais e locais. Também se organizaram a gestão econômica dos centros e outros apostolados por meio de sociedades ou fundações criadas por sócios e cooperadores do Opus Dei com essa

A HISTÓRIA DO OPUS DEI

finalidade. Além disso, os diretores da Obra estabeleceram contato periódico com as autoridades eclesiásticas – tanto das dioceses como de outras instituições da Igreja – a fim de dar a conhecer a natureza, a forma jurídica e as atividades do Opus Dei, bem como para se colocar à disposição para o que fosse necessário e possível em cada lugar.

Uma novidade importante nesses anos 1950 com relação às décadas anteriores foi a chegada ao Opus Dei de oblatos e de supernumerários, tanto leigos como presbíteros da Sociedade Sacerdotal da Santa Cruz. A Obra enriqueceu-se com esses homens e mulheres de ambientes sociais diversos.

O Ocidente europeu

Em Portugal, aumentou o número de pessoas conhecidas em Coimbra – onde havia um centro desde 1946 – e no Porto, além da presença estável de sócios da Obra em Braga e Viseu. Um dos primeiros numerários portugueses do Opus Dei, Hugo de Azevedo, foi ao Colégio Romano da Santa Cruz e recebeu a ordenação sacerdotal em 1955. Em 1958, os membros da Obra abriram uma casa de retiros na Quinta do Enxomil, perto do Porto.

O patriarca de Lisboa, cardeal Manuel Gonçalves Cerejeira, protagonizou um episódio singular. De 1945 a 1951, não concedeu vênia para que fosse erigido um centro na capital lusa porque tinha más referências sobre a Obra. E, depois de dá-la, em 1956 de novo levantou inconvenientes. Em setembro de 1957, Álvaro del Portillo foi visitá-lo. Após um longo encontro, no qual não se resolveram os empecilhos, o cardeal proibiu a presença do Opus Dei no patriarcado de Lisboa. O possível fechamento de umas casas da Obra já erigidas levantava um problema de direito canônico e, por isso, o fundador recorreu à Santa Sé. No dia 13 de novembro de 1957, o núncio em Portugal confirmou que o Opus Dei tinha direito a continuar suas atividades nos três centros que haviam sido erigidos anos antes em Lisboa. Anos mais tarde, o cardeal Cerejeira mudou seu parecer sobre a Obra[7].

O Opus Dei também encontrou problemas com o arcebispo de Dublin, o religioso John Charles McQuaid, desde os primórdios,

9. IRRADIAÇÃO MUNDIAL

em 1947. O prelado acreditava que o Opus Dei era uma congregação religiosa e que não se fazia necessária em sua diocese. O núncio apostólico, Pedro Casciaro e José María Hernández Garnica conversaram com ele, mas em vão. Em agosto de 1952, Álvaro del Portillo teve uma entrevista com monsenhor McQuaid. O arcebispo mudou de opinião e concedeu a vênia para que se abrissem os dois primeiros centros em Dublin: um para homens e outro para mulheres. Em 1954, começou a Nullamore Residence, para estudantes universitários. E, durante os anos seguintes, os homens abriram outro centro em Dublin, o Ely, e a residência Gort Ard, em Galway. As mulheres abriram em Dublin os centros Northbrook e Glenard University Residence[8].

No verão de 1952, os homens do Opus Dei que viviam na Inglaterra começaram uma residência de estudantes, a Netherhall House, no norte de Londres, com capacidade inicial para quarenta pessoas. Um grupo de mulheres, que se mudara da Espanha para a Inglaterra em junho desse mesmo ano, trabalhou na Administração; quatro anos mais tarde, começaram a residência universitária feminina de Rosecroft House. Uma das primeiras irlandesas do Opus Dei, Anna Barrett, mudou-se para a capital britânica a fim de trabalhar como secretaria regional e dirigir a residência.

Em princípios dos anos 1960, os homens da Obra instalaram uma nova sede para a Comissão Regional da Inglaterra, abriram uma entidade juvenil no sul de Londres e deram início ao Greygarth Hall, em Manchester. Da mesma maneira, as mulheres do Opus Dei tinham na época as residências de Ashwell House, em Londres (haviam deixado a Rosecroft House), a Rydalwood, em Manchester, e a Derwen Deg, em Bangor.

Chegaram à França, em 1952, três membros do Opus Dei – Francisco Lobato, Fernando de Silió e José Vila – para residir ali estavelmente. Após um tempo alojados na Cidade Universitária, alugaram um apartamento. Meses depois, uniu-se a eles um dos que haviam ido na primeira tentativa de 1947-1949, Fernando Maycas, que nesse ínterim se ordenara sacerdote. Em junho de 1958, começou a atividade apostólica das mulheres com a chegada de Catherine Bardinet e Thérèse Truel, às quais se juntaram, poucas semanas depois, outras oito numerárias. Alojaram-se em um centro que denominaram Rouvray.

A HISTÓRIA DO OPUS DEI

A Itália tinha a peculiaridade de contar com o próprio fundador em sua capital. Escrivá de Balaguer procurou que a proximidade do governo central não diminuísse a responsabilidade do regional. Por exemplo, de Villa Tevere interagiu com a cúria vaticana, ao passo que deixou que os diretores da região italiana se encarregassem do relacionamento com os bispos diocesanos e com as autoridades civis. Em 1950, abriu-se o primeiro centro de homens da região, Orsini, situado na rua romana de mesmo nome. Dois anos mais tarde, as mulheres da Obra estabeleceram a sede da Assessoria Regional. Além disso, organizaram-se recolhimentos para as mães de alguns dos numerários italianos na Administração de Villa Tevere.

As viagens a diversas cidades da Itália possibilitaram a abertura de centros em Nápoles (1952), Catânia (1955), Bolonha (1956), Verona (1961) e Bari (1964). As mulheres da Obra estabeleceram-se em Milão no ano de 1954. Poucos meses depois, incorporaram-se à Obra a primeira numerária servidora italiana, Marietta Pedretti, e a primeira oblata, Maria Gatti. Os membros da Obra empreenderam também atividades corporativas de maior envergadura. Em 1955, adquiriram o Castello di Urio, antiga vila senhorial junto à margem do lago de Como, que se transformou em casa de retiros. Em Milão, foram criadas a residência feminina de Viscontea (1954) e a masculina de Torrescalla (1960); em Roma, fundou-se a residência feminina de Villa delle Palme (1958) e, um ano depois, a Residenza Universitaria Internazionale (RUI), para homens; em Bolonha, estabeleceu-se a residência masculina de Torleone (1959); e a de Segesta (1956) e Rume (1966), em Palermo.

A presença estável de gente do Opus Dei na Alemanha deu-se em 1952, com a chegada a Bona – capital da República Federal – dos graduados Fernando Inciarte, Fernando Echeverría e Jordi Cervós, bem como do sacerdote Alfonso Par. Pouco depois, começaram a residência universitária Althaus. Em 1958, abriram um centro em Colônia que tornou-se a sede da Comissão Regional[9].

Em 1956, as espanholas Carmen Mouriz, Ana María Quintana e Hortensia Viñes começaram uma residência para estudantes em Colônia; ali conheceram Katharina Retz, Maria Elisabeth (Marlies) Kücking e Helene Steinbach, duas numerárias e uma supernumerária alemãs que haviam solicitado admissão antes de sua chegada[10].

9. IRRADIAÇÃO MUNDIAL

Além de acompanhar o desenvolvimento da Obra, Escrivá de Balaguer saía de Roma – geralmente de automóvel – para passar alguns dias com seus filhos espirituais das nações europeias ou para realizar o que chamava de *pré-história,* ou seja, o estudo, no próprio terreno, das possibilidades de início em novos países e o contato com os bispos locais. Entre 1955 e 1958, visitou várias vezes Alemanha, Áustria, Bélgica, França, Holanda e Suíça. Em Viena, cunhou a oração *Sancta Maria, Stella Orientis, filios tuos audiuva!* [Santa Maria, Estrela do Oriente, ajuda os teus filhos!] para pedir pelos católicos do Oriente, tanto da Ásia como dos países comunistas do Leste, onde padeciam a privação da liberdade.

Durante cinco anos consecutivos, de 1958 a 1962, passou grande parte do verão em Londres. Ficou impressionado com a potência econômica e cultural da capital inglesa, uma encruzilhada mundial. Rezou para que o espírito do Opus Dei se transmitisse nessa nação cristã não católica. Um dia, passeando pela cidade, sentiu-se impotente para levar a mensagem da Obra a pessoas de tantos credos e lugares. De repente, segundo suas palavras, «dentro de mim, no fundo do meu coração, senti a eficácia do braço de Deus: tu não podes nada, mas Eu posso tudo»[11]. Projetou com seus filhos a abertura de uma residência internacional na Universidade de Oxford. O plano foi adiado em razão da oposição do capelão católico e porque as autoridades da universidade negaram um reconhecimento oficial. Tiveram que contentar-se com abrir, em 1959, a residência para graduados de Grandpont House e passaram a concentrar esforços para a ampliação da Netherhall House, em Londres.

Depois da Alemanha, o Opus Dei iniciou suas atividades estáveis em outros dois países de mesmo idioma. Em 1956, Juan Bautista Torelló e Pedro Turull se transladaram para Zurique. Depois, a eles uniram-se outros, como Hans Freitag, o primeiro numerário suíço. Cinco anos mais tarde, abriram nessa cidade a residência universitária de Fluntern. O segundo país foi a Áustria. Em maio de 1957, os sacerdotes Joaquín Francés e Remigio Abad se mudaram para Viena, após passar uns meses em Bona a fim de se ambientarem com a língua. Três anos depois, chegaram Katharina Retz, María Josefa Elejalde e Marga Schraml, que puseram em andamento a residência feminina de Wahring[12].

193

A HISTÓRIA DO OPUS DEI

O início na Holanda se deu em 1959, com a viagem a Amsterdá de Hermann Steinkamp, alemão que havia pedido admissão ao Opus Dei na Espanha e depois se ordenara sacerdote. Viveu sozinho durante dois anos – visitavam-no regularmente da Alemanha –, até que começou na capital holandesa a residência universitária de Leidenhoven, com outros membros da Obra[13].

Os países americanos

Nos anos 1950, o Opus Dei se expandiu para treze países da América Latina. Várias circunstâncias favoreceram o rápido desenvolvimento: eram nações com maioria católica multissecular; os que iam da Espanha falavam o mesmo idioma local, com exceção do Brasil; e havia elementos da cultura compartilhados com a *mãe pátria* e que facilitavam a inserção dos recém-chegados[14].

As pessoas da Obra se encontraram com algumas circunstâncias sociais novas. Os países que se haviam configurado como resultado de uma imigração forte e que tinham zonas urbanas desenvolvidas – Argentina e Uruguai, por exemplo – apresentavam uma estrutura flexível, com poucas barreiras entre as classes sociais. Por outro lado, as nações com uma alta porcentagem de população indígena – como o México, Equador, Paraguai e Peru – ofereciam pouca mobilidade, com diferenças sociais marcantes, tanto de etnia como de estratos sociais e, sobretudo, de nível econômico familiar. De início, as mulheres da Obra tiveram mais facilidade para se relacionar com as camponesas porque tinham vivido experiências semelhantes nas atividades para empregadas do lar na Espanha.

Ainda que o México se regesse por uma constituição marcantemente laicista, era alta a prática religiosa na maioria dos setores sociais, tanto universitários como populares. Em janeiro de 1949, Pedro Casciaro deu início à presença estável do Opus Dei no México, juntamente com o catedrático Ignacio de la Concha e o engenheiro José Grinda. O arcebispo da Cidade do México abençoou o oratório do apartamento que alugaram. Em novembro, publicaram a primeira edição mexicana de *Caminho*.

9. IRRADIAÇÃO MUNDIAL

A essa altura, tinham acabado de abrir uma residência para estudantes que, em 1961, se transladou para uma sede maior, com o nome de Residencia Universitaria Panamericana (RUP)[15].

A segunda cidade mexicana onde começou o Opus Dei foi Culiacán (Sinaloa), em 1951. Ela não teria sido escolhida tão cedo, pois era uma cidade pequena, afastada da capital e com certa atmosfera de Velho Oeste. No entanto, um engenheiro espanhol que trabalhava numa construtora e era numerário do Opus Dei – Gonzalo Ortiz de Zárate – foi destinado para trabalhar ali. Dois anos depois, deram início às atividades em Monterrey, um dos principais centros de negócios e crescimento industrial do país.

As mulheres da Obra chegaram ao México em 1950, tendo Guadalupe Ortiz de Landázuri como secretária regional. Desde a sua chegada, ela coordenou o apostolado da Obra, destinado tanto às universitárias e às senhoras da alta sociedade como às camponesas e às mulheres de poucos recursos. Por este motivo, as pessoas da Obra abriram, praticamente ao mesmo tempo, uma residência para universitárias e uma escola do lar para camponesas de famílias indígenas, ambas na Cidade do México. Algumas jovens frequentaram esta escola graças à mediação do bispo de Tacámbaro, que apreciava o Opus Dei. Houve camponesas que solicitaram ingresso na Obra. Ajudou-as a entender o Opus Dei o fato de as professoras da escola do lar as tratarem como iguais e as promoverem humana e profissionalmente. Em janeiro de 1951, deu-se o primeiro curso de formação – para catorze numerárias e cinco numerárias encarregadas do serviço doméstico que haviam pedido admissão[16].

Posteriormente, as mulheres abriram casas nas cidades de Culiacán (1951) e Monterrey (1953). Algumas numerárias também foram para Roma a fim de receber formação no espírito do Opus Dei e atender as casas de Villa Tevere; outras foram a Chicago para colaborar na expansão da Obra.

Em 1951, uma família fez a doação de uma antiga fazenda açucareira de quase trinta hectares, situada no município de Jonacatepec, a cento e trinta quilômetros ao sul da Cidade do México. O lugar, que incluía uns edifícios em ruínas e cobertos de mato, converteu-se na casa de retiros de Montefalco, depois de árduas obras de acondicionamento. Em 1959, começou também a granja-escola Montefalco, com

A HISTÓRIA DO OPUS DEI

33 jovens. Os estudos ali duravam dois anos. As alunas trabalhavam durante as manhãs em ofícios rurais ou em suas casas e, durante as tardes, recebiam aulas de alfabetização, cozinha, costura e artesanato com vime[17].

A presença de membros do Opus Dei nos Estados Unidos remonta a 1946, com José María González Barredo, que trabalhou em pesquisas físico-químicas no Massachusetts Institute of Technology, na Universidade de Columbia e na Universidade de Chicago. Em 1949, chegaram o sacerdote José Luis Múzquiz e os leigos Salvador Martínez Ferigle, Antonio Martorell e José María Viladas. Escrivá de Balaguer deu-lhes poucas sugestões: estender a mensagem da Obra por toda parte, não ter medo de cometer erros e tornar própria a cultura norte-americana. Sentiram-se ali bem acolhidos pela hierarquia da Igreja Católica, que estava numa etapa de crescimento, com uma estrutura de governo organizada, numerosas vocações para a vida religiosa e uma Ação Católica pujante; ao mesmo tempo, notaram que o catolicismo norte-americano manifestava certa mentalidade isolacionista e de gueto frente à cultura majoritária, de cunho protestante[18].

De acordo com o modelo aprendido na Espanha, em agosto de 1949, abriram uma residência de estudantes: a Woodlawn Residence, junto à Universidade de Chicago. Um ano depois, chegaram as três primeiras mulheres da Obra: Narcisa González, Blanca Dorda e Margarita Barturen. No princípio, trabalharam na Administração de Woodlawn. Em 1952, começaram uma residência feminina chamada Kenwood. Tanto os homens como as mulheres trataram de se estabelecer profissionalmente, de se adaptar ao novo idioma e de travar contatos com outros católicos. Deram também formação cristã nos círculos de São Rafael e no acompanhamento espiritual. Um modo de conhecer muitos estudantes do ensino médio foram os recolhimentos pregados por Múzquiz em Woodlawn, Kenwood e em colégios católicos de diversos estados. O sacerdote surpreendia pela ênfase que colocava na vida de oração, no acompanhamento espiritual e na formação em questões dogmáticas e morais frente à componente organizativa e devocional por parte do catolicismo norte-americano. Em 1952, alguns membros e conhecidos da Obra criaram a Editora Scepter, que, em 1953, publicou em inglês *Santo Rosário* e, em 1954, *Caminho*.

9. IRRADIAÇÃO MUNDIAL

Dick Rieman, estudante que estava para começar a faculdade de Sociologia depois de ter sido artilheiro naval na Guerra Mundial, incorporou-se à Obra em julho de 1950. Um ano depois, imitava--o sua prima, Pat Lind. O primeiro supernumerário foi Howell J. Malham, agente comercial de uma gravadora, que pediu a admissão em julho de 1953; e as primeiras supernumerárias, em 1954, foram Helen Healy, Marie Kenley e Mildred Baird. José Luis Múzquiz cuidou com esmero da formação dos que iam se incorporando. A partir de 1954, enviou a Roma uma grande porcentagem de numerários e numerárias norte-americanos, a fim de que fizessem próprio o ser do Opus Dei por meio dos lábios do fundador. Foi tal o empenho que colocou nisso que, em 1957, havia vinte homens e seis mulheres norte-americanos nos correspondentes Colégios Romanos, razão pela qual, poucos anos depois, já contava com formadores autóctones e com um grupo de sacerdotes.

A segunda cidade para onde a Obra se expandiu foi Boston, em 1952, com um pequeno apartamento. Um ano mais tarde, os membros do Opus Dei compraram dois edifícios contíguos, que se transformaram na residência de Trimount House. Na segunda metade dos anos 1950, um dos sacerdotes numerários que viviam em Boston, Guillermo Porras, foi nomeado capelão católico da Universidade de Harvard; além de ter contato com muitas pessoas da comunidade universitária, animou os estudantes católicos a transmitirem a fé cristã no âmbito profissional, sem ficar encerrados em ambientes culturais confessionais[19]. Entre 1955 e 1957, estabeleceram-se outras residências universitárias masculinas em Madison, Washington e St. Louis, bem como outro centro em Milwaukee. As mulheres da Obra abriram a Petawa Residence, em Milwaukee, e foram para Madison. Em 1959, a Bayridge Residence, em Boston, e a Stonecrest, em Washington, começaram suas atividades para as estudantes universitárias. Na época, um cooperador doou uma casa de campo entre Boston e Montreal que foi utilizada para convivências e retiros.

A rápida expansão nos Estados Unidos, com residências para homens e para mulheres em seis cidades, a possibilidade de estender o apostolado em um país de grande influência cultural e as grandes distâncias internas levaram o fundador do Opus Dei a dar um novo passo organizativo. Em novembro de 1957, dividiu os Estados Unidos

A HISTÓRIA DO OPUS DEI

em duas quase-regiões, o que era uma novidade nas circunscrições do Opus Dei, que não haviam tido até então separações dentro de um mesmo país: Chicago teve José Ramón Madurga como conselheiro; Washington ficou com Cormac Burke.

As atividades cresceram nos anos seguintes, e se abriram centros em Nova York e South Bend, junto à Universidade de Notre Dame. No outono de 1958, começou a funcionar o Maryland Institute of General Studies, em Washington, centro de estudos inter-regional pensado para ser, no futuro, um *college* com a carreira de Jornalismo. Em 1961, havia nos Estados Unidos um pouco mais de quatrocentos membros, homens e mulheres: cem numerários – dos quais 25 eram sacerdotes, entre eles sete norte-americanos de nascimento –, um punhado de oblatos, trezentos supernumerários e uma dezena de sócios da Sociedade Sacerdotal da Santa Cruz. Um bom número dessas pessoas estava a grandes distâncias dos centros. Esta particularidade, distinta do que acontecia na Europa, exigiu soluções que permitissem formar bem aos que solicitavam a admissão.

No resto dos países americanos, os modos de começar o Opus Dei seguiram modelos semelhantes. Os poucos centros da Obra abertos inicialmente em cada lugar – em geral, num apartamento ou numa casa pequena – deram lugar a residências de universitários. Por exemplo, em Rosário (Argentina) estabeleceu-se a residência Paraná sete meses depois da chegada da gente da Obra, em 1950; a Residencia Ciudad Vieja inaugurou-se na Cidade da Guatemala em 1957, quatro anos depois da chegada dos primeiros; e a Residencia Universitaria Iará começou em 1958, dois anos após o início da presença estável de membros da Obra na república uruguaia.

Por sua vez, as mulheres do Opus Dei realizaram duas atividades simultâneas em quase todos os países. Por um lado, abriram residências universitárias, como a Residência Cheroga (Rosário, 1955), a Residência Universitária Inaya (Bogotá, 1956) ou a Residência Universitária Jacamar (São Paulo, 1960); nesses lugares davam-se encontros com estudantes do ensino médio, universitárias e senhoras casadas, em sua maioria donas de casa. Por outro lado, criaram escolas para a capacitação de jovens que, procedentes do mundo rural, desejavam trabalhar no setor de hotelaria; foi o caso, entre outras, das escolas Fontanar (Santiago do Chile, 1954), Etame (Caracas, 1954),

9. IRRADIAÇÃO MUNDIAL

Ataupaba (Marília, 1958) e Zunil (Cidade da Guatemala, 1958)[20].

Depois de instalados em uma cidade – quase sempre na capital da nação correspondente –, os membros do Opus Dei estabeleceram centros e residências de estudantes em outras localidades. Em muitos países, antes de se completar a primeira década do início da atividade da Obra, seus sócios já haviam construído uma casa de retiros. Foi o caso das casas Guaycoral (Medellín, 1956) e Altavista (Cidade da Guatemala, 1959).

Nairóbi, Ashiya e Sydney

A ida do Opus Dei a dois novos continentes, em fins dos anos 1950, conferiu-lhe uma perspectiva global. Em circunstâncias análogas – o desejo das autoridades eclesiásticas de que houvesse universidades com substrato católico –, a Obra chegou ao Japão e ao Quênia em 1958. Tratava-se de dois países com expressões culturais e sociais muito diferentes dos lugares de procedência da maioria dos membros da Obra que foram para lá. A Igreja os denominava *territórios de missão,* isto é, lugares em que se desenvolveria o que Escrivá de Balaguer definia como apostolado *ad fidem:* a aproximação das pessoas à plenitude da fé por meio do Evangelho, do exemplo e da explicação da doutrina católica.

No escritório do procurador geral, o fundador criou em Roma uma procuradoria de missões para gerir a ajuda a esses lugares. Esclareceu que agia assim para se acomodar à terminologia eclesiástica, mas que as pessoas iam a essas nações para expandir o Opus Dei mediante seu trabalho profissional: «Sua atividade ali não é mais missionária que a que fazemos em todos os outros países que não se chamam de missão, e que talvez estejam tão necessitados de um trabalho realmente missionário»[21].

A presença de membros do Opus Dei no Japão começou porque o bispo de Osaka, Paul Yoshigoro Taguchi, desejava estabelecer na diocese uma universidade com orientação católica. Josemaria Escrivá de Balaguer conversou com ele em Roma. Depois, enviou ao Japão José Luis Múzquiz, para que coletasse informações em primeira mão.

A HISTÓRIA DO OPUS DEI

Ao seu regresso, pensou que não era possível abrir um centro superior num futuro imediato, mas decidiu que alguns membros da Obra deveriam morar ali[22].

O fundador nomeou conselheiro da Obra no Japão a José Ramón Madurga, que nesse momento ocupava o mesmo cargo na quase-região de Chicago. Antes de viajar para a Ásia, passou uns dias em Roma. Escrivá de Balaguer lhe sugeriu como primeiros objetivos buscar uma casa, solicitar a personalidade jurídica para o Opus Dei e preparar a chegada das mulheres da Obra. Acrescentou que rezava a Santa Maria *Stella maris* [Estrela do mar] pelo fruto de sua atividade evangelizadora. Não seria fácil, pois só 0,3% da população japonesa era católica. No dia 8 de novembro de 1958, Madurga chegou ao país nipônico; pouco depois, seguiram-no os sacerdotes espanhóis Fernando Acaso e José Antonio Armisén, que viviam nos Estados Unidos. Em seguida, José Luis Múzquiz esteve uns dias com eles. Incentivou-os a que se cuidassem, a que estudassem pouco a pouco o idioma e a que alternassem a alimentação japonesa com a europeia, para que o *transplante* fosse gradual. Em julho de 1960, foram morar ali oito mulheres da Obra, encabeçadas por María Teresa Valdés.

Como não estavam em condições de criar um centro de estudos superior, empreenderam outro projeto acadêmico que, ao mesmo tempo, ajudasse a difusão do cristianismo. Em 1960, muito perto de Osaka, na cidade de Ashiya, puseram em andamento uma academia que se converteu dois anos mais tarde no Seido Language Institute, dedicado ao ensino de idiomas e ao conhecimento da cultura ocidental e da doutrina católica. Sob direção do irlandês Desmond Cosgrave, o Seido concebeu um método próprio para aprender idiomas, adaptado às características dos nipônicos. Por sua vez, as mulheres da Obra começaram em Osaka uma escola do lar.

Durante os anos seguintes, chegaram ao Japão outros jovens do Opus Dei. Alguns eram *nisseis* nascidos no Brasil ou no Peru que conservavam o idioma de seus pais. Em novembro de 1960, veio a público a versão japonesa de *Caminho*. Os dois primeiros numerários do Japão, Soichiro Nitta e Koichi Yamamoto, eram conversos.

No continente africano, o início se deu um ano antes, em 1957. monsenhor Gastone Mojaisky Perrelli, delegado apostólico para a África Oriental e Ocidental Britânica, solicitou a monsenhor Escrivá

9. IRRADIAÇÃO MUNDIAL

de Balaguer que o Opus Dei estabelecesse uma universidade católica no Quênia. Desejava uma instituição de ensino superior que colaborasse com o arraigamento do catolicismo entre os intelectuais africanos. Além disso, vivia-se um momento culminante no país, uma vez que o Reino Unido preparava sua independência com a implantação de um governo interracial.

Pedro Casciaro visitou o Quênia e comprovou que, dada a situação política, não se podia garantir a autonomia e a propriedade de um centro de educação superior. Com esta informação, o fundador decidiu começar com algo mais modesto: um *college* ou escola pré-universitária que incluísse uma residência de estudantes. Dadas as circunstâncias do país e do continente africano, indicou que fosse interracial, intertribal, aberto a estudantes de qualquer religião e não confessional, a fim de preservar o caráter secular dos sócios da Obra. Os alunos também haveriam de pagar pelo menos uma quantia simbólica, pois assim valorizariam o ensino[23].

Os homens da Obra chegaram ao país em 1958. Três anos depois, em março 1961, inaugurou-se o Strathmore College para africanos, europeus e indianos, independentemente de religião ou tribo. Era dirigido por David Sperling, numerário norte-americano graduado nas universidades de Harvard e Yale. Quando o Quênia alcançou a independência, em 1963, o governo confiscou muitas escolas confessionais dirigidas por estrangeiros, mas respeitou o Strathmore porque havia sido o primeiro instituto multirracial da África. Em 1966, acrescentou-se ao projeto uma escola de contabilidade.

Por sua vez, oito mulheres do Opus Dei – à frente das quais estava a filóloga e educadora Olga Marlin – foram viver no Quênia em 1960. Um ano depois, davam início a duas instituições. Kianda College tornou-se o primeiro centro educacional do país para a formação de secretárias. Foi concebido também como uma obra de promoção social, pois admitia alunas de qualquer procedência ou condição social nas aulas e na residência anexa. Outorgava diplomas homologados pelo governo. A segunda atividade corporativa foi a escola de hotelaria Kibondeni, que atendia a Administração do Strathmore College. As africanas ficavam impressionadas ao ver as europeias trabalhando com elas nos mesmos serviços da casa; segundo um delegado do Conselho

A HISTÓRIA DO OPUS DEI

Geral que esteve ali em 1962, «não se viu outro caso semelhante na África Oriental»[24].

Na Austrália, tal como já havia acontecido em outros países – Canadá e Uruguai, por exemplo –, a presença de membros do Opus Dei começou com os supernumerários, antes mesmo que os numerários estabelecessem um centro. Em 1960, o engenheiro Ronald Woodhead regressou a Sydney, depois de um ano sabático no Massachusetts Institute of Technology de Boston, onde havia solicitado admissão à Obra como supernumerário.

Naquela época, o cardeal Norman Gilroy, arcebispo de Sydney, buscava uma instituição que abrisse um *college* católico e se responsabilizasse pela capelania da Universidade de New South Wales, que havia instalado um novo *campus* ao sul de Sydney. Depois de conhecer em Roma a Residenza Universitaria Internazionale, solicitou aos membros da Obra que fossem à sua diocese.

Em 1963, chegaram a Sydney dois sacerdotes numerários norte-americanos: James Albrecht e Christopher Schmitt, que se encontraram com Ronald Woodhead. Pouco depois, começaram o centro cultural Nairana e deram os primeiros passos do que viria a ser, oito anos mais tarde, o Warrane College, residência da Universidade de New South Wales.

De modo semelhante, Margaret Horsch, professora australiana do ensino fundamental, que havia pedido admissão como supernumerária nos Estados Unidos em 1955, regressou ao seu país em 1964 para ajudar no começo do Opus Dei. Um ano depois, recebeu quatro numerárias: Silvia Pons, Rosemary Salaz, María Inmaculada Berazaluce e Janis Carroll[25].

10. ATUAÇÃO INDIVIDUAL NA SOCIEDADE

A PRESENÇA E A AÇÃO PESSOAL na sociedade é uma característica essencial do Opus Dei. O impacto mais relevante de seu espírito se realiza de modo individual. Quem pede admissão ao Opus Dei não modifica o seu estado de vida. Cada membro é uma pessoa igual às outras, chamado a exercer seus direitos e cumprir com suas obrigações sociais. Vive e trabalha na sociedade de acordo com sua situação pessoal. Nesse lugar e emprego, sabe-se chamado a se identificar com Cristo e a difundir a mensagem evangélica da Obra com o exemplo e a palavra. Escrivá de Balaguer anotou: «No trabalho de cada um dos meus filhos, é constante o método de agir como cidadãos – porque cidadãos normais são –, que os faz assumir valentemente a responsabilidade pessoal na esfera da ação temporal, estar presentes nos problemas modernos do mundo e buscar lealmente o bem da pátria. E, desta maneira, com um apostolado individual, silencioso e quase invisível, levam a todos os setores sociais, públicos ou privados, o testemunho de uma vida semelhante à dos primeiros cristãos»[1].

Escrivá de Balaguer amava a autonomia e a liberdade nos assuntos alheios à fé. Pedia a cada um que adotasse as resoluções que lhe pareciam oportunas na vida pública, de acordo com o seu modo de ser e de pensar, e que ali desse um testemunho pessoal de vida cristã. Considerava sinal de bom espírito na Obra o desacordo e a diversidade de pareceres em temas temporais como a política, a literatura ou o esporte, e também sobre aspectos filosóficos e teológicos que, por sua matéria, admitem distintas opiniões. Em algumas ocasiões, usava

A HISTÓRIA DO OPUS DEI

como ponto de comparação uma fração. O denominador comum dos sócios da Obra é composto pela doutrina da Igreja e o carisma do Opus Dei. O numerador, na realidade, não tem limites, pois se abre à liberdade de pensamento e de ação humanas[2].

Na atividade profissional acontece algo semelhante. As pessoas atuam no amplo espectro do trabalho, no «exercício de suas tarefas e ofícios públicos, ou por meio de associações legitimamente constituídas»[3], às vezes em cidades ou povoações onde não há outros sócios do Opus Dei. Escrivá de Balaguer gostava de dizer que os da Obra estavam na rua, na sociedade civil, abertos em leque. Em 1960, indicou aos governos regionais que deviam «tender a que, quanto antes, haja em todas as regiões membros da Obra que exerçam sua profissão e trabalhem em cargos de responsabilidade profissional, social e pública, que lhes sirvam para se santificar, para exercer o apostolado e para ajudar com seu ordenado os trabalhos apostólicos»*.

Só o presidente geral, o secretário geral e os conselheiros das circunscrições da Obra representavam o Opus Dei na sociedade civil ou eclesiástica. Nas obras corporativas, os dirigentes representavam suas respectivas sociedades. O resto dos sócios do Opus Dei – a imensa maioria – participava na vida profissional e cidadã a título individual.

Do ponto de vista institucional, o fundador e os governos regionais mantiveram relacionamento periódico com a hierarquia e as demais instituições da Igreja. Com frequência, reuniram-se com as autoridades eclesiásticas das dioceses onde residiam pessoas da Obra. E, de modo pessoal, os sócios da Obra mantiveram relações de amizade com os membros de diversas realidades eclesiais.

Escrivá de Balaguer indicou que os sócios da Obra falassem com discrição e naturalidade sobre o Opus Dei e sobre sua pertença a esta instituição da Igreja. Acreditava que os cristãos seculares que exerciam

---

(*) Nota geral 336, n. 2 (5-VII-1960), em AGP, série E.1.3, 242-2, e Nota geral 255, n. 2 (23-VII-1960), em AGP, série Q.1.3, 3-16. A ideia de se fazer presente em todas as atividades da sociedade civil aparece com frequência nesta época. Por exemplo, em 1959 a Assessoria Central incentivou as mulheres que quisessem a se dedicarem aos meios de comunicação: «Umas poucas trabalharão nos cargos de direção das nossas publicações e agências [obras comuns]. Outras, a maioria, desenvolverão seu trabalho profissional em muitas empresas alheias: nos jornais, nos semanários gráficos, nas revistas informativas e culturais de maior difusão e influência em todos os países» (Nota geral 166, n. 2 [22-IV--1959], em AGP, série Q.1.3, 2-14).

10. ATUAÇÃO INDIVIDUAL NA SOCIEDADE

seu ofício ou seu trabalho no meio do mundo deviam ser conhecidos entre os amigos e colegas principalmente por sua competência profissional e sua caridade amável. Não ostentariam seu catolicismo e sua condição de membros do Opus Dei, mas tampouco os ocultariam. O fundador usava o exemplo de Jesus em seus anos de Nazaré, onde levou uma vida redentora e, ao mesmo tempo, oculta aos olhos dos seus coetâneos: «Sejamos discretos: admiremos a fecundidade dos trinta anos de vida oculta de Jesus Cristo»*.

Junto a este critério permanente, nesses anos existia uma circunstância transitória que exigia particular prudência. Alguns eclesiásticos ainda identificavam os membros da Obra com os religiosos consagrados. Nessas condições, era necessário deixar claro que a pertença dos fiéis ao Opus Dei não tinha nenhuma relevância pública, uma vez que o testemunho que podem oferecer é o que é próprio dos cristãos correntes, que não têm nenhuma missão oficial de representar a Igreja. Tratava-se de uma forma de defender os direitos dos fiéis que, pelo fato de se incorporarem ao Opus Dei, não mudavam seu estatuto jurídico, tampouco dentro da Igreja. Em palavras do fundador, a discrição «não é nunca segredo nem secretismo, que sempre aborreci e rejeitei. É simplesmente uma defesa, para não sermos confundidos com os religiosos; e para que as nossas casas – que são casas de família, onde vivem cidadãos como os outros, profissionais comuns – não sejam consideradas conventos nem casas religiosas»[4]. Voltava assim a uma ideia crucial: «Nossa entrega a Deus não é pública, como a dos religiosos: são fenômenos heterogêneos»[5]. Os religiosos manifestavam sua consagração de modo patente no modo de se vestir e na vida conventual. Os membros do Opus Dei, por outro lado, eram seculares e não se diferenciavam de seus concidadãos na sociedade. Por exemplo, não usavam insígnias ou vestes particulares, nem utilizavam uma ter-

---

(*) *Estatutos* (1941), «Espírito», art. 59, em AGP, série L.1.1, 1-3-3. Nos anos 1960, Escrivá de Balaguer indicou que se deixasse de usar a palavra *discrição* porque, em algumas ocasiões, havia sido interpretada como sinônimo de segredo ou fingimento: «Não quero nem ouvir falar de discrição: é melhor dizer e fazer as coisas *com naturalidade*» (Carta de Josemaria Escrivá de Balaguer a Jesús Martínez Costas, Roma, 21-XI-1966, em AGP, AGP, série A.3.4, 285-5, 661121-2; o grifo é do original). Escrivá de Balaguer também modificou paulatinamente a ideia inicial de não comunicar – por discrição, e a não ser que se fizesse necessário – a vinculação ao Opus Dei à própria família, em prol de uma manifestação aberta da pertença à Obra. Cf. capítulo 15 («Evolução teológico-jurídica»).

A HISTÓRIA DO OPUS DEI

minologia determinada. Neste sentido, indicou também que não se difundissem as Constituições da Obra, pois, dada a derivação para a vida consagrada que tinham os demais institutos seculares, poderiam ser interpretadas equivocadamente, obscurecendo a secularidade dos fiéis do Opus Dei; inclusive para os membros da Obra, explicava-se a situação jurídica que atravessavam evitando a leitura direta do texto das Constituições e utilizando, em seu lugar, o Catecismo preparado para explicar seu conteúdo*.

A Obra também não se apropriava do sucesso ou fracasso profissional, econômico ou político dos sócios. As conquistas individuais eram fruto das decisões adotadas ao longo da carreira profissional de cada um. E, de modo institucional, Escrivá de Balaguer rejeitava o aplauso e o reconhecimento público: «A fama ou o mérito das atividades dos membros nunca poderão ser atribuídos à Obra. Toda a glória é para Deus e, em termos humanos, para outras associações»[6]. Denominava esta forma de agir *humildade coletiva*. Para evitar o alarde dos êxitos corporativos, a tentação de se acharem melhores que os demais e a comparação com outros entes eclesiásticos, indicou que se publicassem poucas estatísticas institucionais – somente as necessárias: por exemplo, as que se enviavam ao *Anuário pontifício* junto com o nome dos diretores do Opus Dei. Por outro lado, estimulou a que se desse publicidade às obras corporativas – endereço, natureza, finalidade e atividades – e se alegrou pelo prestígio profissional que seus filhos ganharam nos mais variados setores[7].

Apostolado de «amizade e confidência»

A expansão da mensagem cristã do Opus Dei comunicou-se principalmente de pessoa a pessoa. Não houve campanhas de publicidade ou propaganda, nem grandes concentrações em atos públicos. A maioria dos sócios da Obra transmitiu a doutrina cristã aos amigos feitos em seus ambientes de trabalho e em suas relações sociais e familiares. Escrivá de Balaguer definia esta alegria do encontro com Cristo em contextos de confiança, no clima de proximidade do «tu

---

206   (*) Cf. capítulo 15, Evolução teológico-jurídica.

I0. ATUAÇÃO INDIVIDUAL NA SOCIEDADE

a tu», como um apostolado de *amizade e confidência*[8]. Devido a esta forma de agir, a rede se multiplicou paulatinamente. Na forja da amizade, em geral um colega de profissão conversava sobre a fé cristã com outro; e, se o conhecido manifestava interesse, então o convidava a aprofundar-se no conteúdo e na prática da vida cristã*.

A Obra projetava algumas realizações coletivas de transcendência e influência social que exigiriam estruturas institucionais que lhes garantissem a continuidade. Estas iniciativas – indicava o fundador – seriam poucas e variadas, pois o Opus Dei não tinha um modo específico de ação corporativa. Além disso, a difusão da vida cristã que se operava nas atividades coletivas era a soma do apostolado pessoal de cada um dos que ali trabalhavam**.

Os diretores da Obra, de acordo com as indicações expressas do fundador, respeitaram as iniciativas e a espontaneidade individual dos sócios na hora de transmitir a mensagem de santidade no meio do mundo. Ao dar primazia à liberdade sobre o controle, favoreceram o pluralismo na ação dos leigos e sua presença em diversos âmbitos da sociedade.

Ao mesmo tempo, o apostolado dos sócios do Opus Dei se definia como *dirigido* no sentido de que cada pessoa podia admitir sugestões na direção espiritual sobre as possíveis prioridades na atividade evangelizadora com os colegas de profissão, os familiares e as amizades. Em novembro de 1956, Escrivá de Balaguer acrescentou

---

(*) Também se propagava a mensagem dentro das famílias. Por esse motivo, entre os sócios da primeira geração houve parentes próximos; com o tempo, gerações sucessivas de familiares também pediram admissão à Obra. Estas formas habituais de contato com o espírito do Opus Dei não anulam outras singulares, dadas sem qualquer interação familiar ou relação de amizade. A suíça María Casal, por exemplo, relatou o modo como conheceu e pediu admissão ao Opus Dei, em Sevilha, no ano de 1950. Ela era protestante à época, e naquela cidade não havia mulheres da Obra. Provavelmente foi a primeira pessoa que se converteu ao catolicismo por meio do Opus Dei. Cf. María Casal, *Una canción de juventud. Mi vida tras los pasos de san Josemaria*, Rialp, Madri 2019.

(**) Os sócios da Obra deviam ser conscientes da «responsabilidade que pessoalmente têm de alcançar a melhor formação profissional possível e de se destacar em seu campo concreto de trabalho, como meios de santificação e de apostolado» (Nota geral 182, n. 4 [6-XII-1959], em AGP, série Q.1.3, 2-14). Em outra nota desse mesmo ano para os que trabalhariam no Estudo Geral de Navarra, lê-se «que a realização destas obras corporativas de ensino não implica nunca – ao contrário, é um complemento necessário – que se abandone o trabalho nos centros universitários do Estado» (Nota geral 167, n. 4 [18-VI-1959], em AGP, série Q.1.3, 2-14).

A HISTÓRIA DO OPUS DEI

um elemento novo a seu modo de abordar o *apostolado pessoal dirigido*. Pensou em que os diretores podiam propor mensalmente aos sócios da Obra um tema doutrinal sobre o qual refletir e rezar. Este tema, que se chamou *intenção mensal,* viria acompanhado de um roteiro e de algumas orientações bibliográficas, a fim de que cada um o meditasse, aprofundasse e difundisse em seu ambiente. A originalidade da intenção mensal estava em que era transmitida a todos os membros e cooperadores da Obra e, ao mesmo tempo, em que cada um a levava à prática como queria. O fundador qualificou-a como «a manifestação mais clara do dom de línguas, que venho pedindo a vocês desde há tantos anos»[9].

Também na década de 1950, o acompanhamento das diversas atividades nas quais se difundia a mensagem da Obra foi conduzido com mais ordem, de modo a que ficassem cobertas todas as frentes formativas e cada pessoa do Opus Dei colaborasse de acordo com as suas possibilidades. Os sócios passaram a receber uma tarefa específica com o chamado *encargo apostólico*, que era um modo de concretizar a colaboração de cada um na atividade evangelizadora da Obra além do apostolado pessoal – por exemplo, organizar um programa de ajuda social ou dar aulas sobre doutrina cristã. Os conselhos locais de cada centro coordenavam a distribuição dessas tarefas.

Liberdade e responsabilidade na vida pública

O regime autoritário do general Franco foi evoluindo ao longo do tempo rumo a fórmulas menos isolacionistas. O diálogo com as democracias ocidentais acentuou-se nas instâncias acadêmicas, científicas e econômicas. O Ocidente tolerou o regime porque se opunha ao comunismo. A Espanha, que já tinha um comércio florescente com os países democráticos da Europa, estabeleceu convênios em matéria de defesa e de economia com os Estados Unidos (1953), firmou uma concordata com a Santa Sé (1953), integrou-se à ONU (1955) e aderiu à Organização Europeia para a Cooperação Econômica, ao Banco Mundial e ao Fundo Monetário Internacional (1958).

10. ATUAÇÃO INDIVIDUAL NA SOCIEDADE

No interior do país, Franco sancionou nas Leis Fundamentais os princípios nacionais e confessionais que configuravam seu Estado. O Fórum dos Espanhóis (1945) limitou os direitos e deveres dos cidadãos, a Lei do Referendo Nacional (1945) estabeleceu o voto para assuntos importantes e a Lei de Sucessão na Chefia do Estado (1947) decretou que a Espanha era uma monarquia e, ao mesmo tempo, que o general Franco era chefe de Estado vitalício. Mais tarde, Franco promulgou a Lei de Princípios do Movimento Nacional (1958), que estabelecia os elementos reitores do ordenamento jurídico estatal.

Quando considerava que era necessária uma mudança de governo, Franco não hesitava em executar as reformas oportunas; entre 1939 e 1962, modificou o Gabinete sete vezes. Antes das designações dos ministros e altos cargos, recebia relatórios de seus assessores mais imediatos, nos quais se levava em consideração a trajetória profissional e política do candidato, escolhido geralmente nos âmbitos universitário, empresarial, sindical, da administração do Estado e do exército. No Gabinete ministerial procurava rodear-se de pessoas de diversas tendências políticas, todas leais à sua pessoa e aos princípios do regime.

A política estava nas mãos de minorias intelectuais. Tradicionalistas, falangistas, monárquicos partidários de Juan de Bourbon e propagandistas aglutinavam as principais tendências que disputavam a influência sobre o chefe de Estado e a direção do aparelho governamental. Todos aceitavam as Leis Fundamentais que organizavam os poderes do Estado e tinham planos corporativos de atuação política e social.

Talvez um dos choques mais substanciais desses anos produziu-se entre os partidários de posturas tradicionais e os falangistas, de modo concreto na análise cultural dos elementos históricos que recolhiam a essência da Espanha. Uma personalidade influente foi Rafael Calvo Serer, catedrático de Filosofia da História, monárquico partidário de Juan de Bourbon e membro do Conselho Superior de Pesquisas Científicas, onde dirigia a revista cultural *Arbor*. As pessoas vinculadas à *Arbor* buscavam a regeneração da Espanha de acordo com o pensamento de Menéndez Pelayo e de Ramiro de Maeztu, nutrindo uma visão monárquica, católica e tradicional do país[10].

O nacional-sindicalismo, por sua vez, apresentou formulações menos autoritárias depois da derrota dos totalitarismos na Segunda

A HISTÓRIA DO OPUS DEI

Guerra Mundial. Em 1951, o ministro da Educação Nacional, Joaquín Ruiz-Giménez, iniciou um processo de reformas e, entre outras nomeações, conferiu as reitorias das universidades de Madri e de Salamanca aos catedráticos falangistas Pedro Laín Entralgo e Antonio Tovar, respectivamente. Ambos os cargos defenderam a reabilitação e o diálogo com as abordagens culturais de nomes como Miguel de Unamuno, que havia falecido, ou José Ortega y Gasset, que acabava de regressar do exílio. Por esta forma de abertura, os falangistas eram tachados de liberais ou de esquerdistas.

Os enfrentamentos culturais entre tradicionalistas e falangistas alcançaram um ponto culminante em setembro de 1953. Rafael Calvo Serer redigiu o artigo «A política interior na Espanha de Franco» e, como havia censura prévia da imprensa na Espanha, publicou-o na revista francesa *Écrits de Paris*. O texto de Calvo Serer criticava tanto a Falange, que havia sido incapaz de configurar o país durante os anos do conflito mundial, como os democratas cristãos colaboracionistas, que haviam asfixiado qualquer tentativa de modernização política na segunda metade dos anos 1940. A fim de superar o estancamento, Calvo Serer advogava por uma *terceira força* que proporcionasse liberdades econômicas e restaurasse a monarquia popular e representativa.

A imprensa dependente da Falange Espanhola censurou com dureza o artigo de Calvo Serer. Esta campanha de desprestígio teve efeitos políticos e acadêmicos imediatos. Ruiz-Giménez – com a anuência de Franco – retirou Calvo Serer da direção da *Arbor* e dos demais cargos que ocupava no Conselho Superior de Pesquisas Científicas. Diante de uma tal medida, Calvo Serer ausentou-se da Espanha com a justificativa de conduzir pesquisas em Londres durante alguns meses. Pouco depois, a aparente vitória falangista sobre os tradicionalistas veio abaixo. Após um confronto entre falangistas e universitários que desejavam a democratização do sindicato estudantil, Franco destituiu Ruiz-Giménez; além disso, Laín Entralgo demitiu-se da reitoria da Universidade Central.

Calvo Serer e uns poucos homens do entorno de suas iniciativas culturais eram do Opus Dei. Os falangistas e os que se viram fora do poder após a queda de Ruiz-Giménez propalaram que Calvo havia formado um grupo de pressão política que desejava impor seu pensamento à sociedade espanhola e que o Opus Dei o aglutinava.

10. ATUAÇÃO INDIVIDUAL NA SOCIEDADE

Na ocasião, Escrivá de Balaguer pediu aos membros da Obra que não dessem «demasiada importância a essas informações jornalísticas de escândalo, em que nos atribuem um trabalho político que o nosso Instituto não fez nem fará jamais»[11]. O problema, de novo – e não seria a última vez –, estava em que se tomava a parte pelo todo: «Atribuir ao Opus Dei a opinião ou a atuação profissional, política, econômica etc. de algum de seus membros é tão ilógico como atribuir ao Colégio, à Associação ou ao Sindicato de Jornalistas o pensamento ou a atividade de dois ou três de seus membros»[12].

Em 1956 e começos de 1957, algumas autoridades regionais da Obra na Espanha fizeram contatos políticos. Franco desejava uma mudança ministerial capaz de ajudar a superar o sistema autárquico e intervencionista dos anos 1940, que havia levado o país a um beco sem saída, com uma produção anquilosada e inflação crescente. Entre os altos cargos que o assessoraram na elaboração da lista de ministros estavam Luis Carrero Blanco, ministro da Presidência, e José Luis Arrese, ministro secretário geral do Movimento. Com eles falaram o catedrático de Direito Administrativo Laureano López Rodó, a quem Carrero havia nomeado secretário geral técnico do Ministério da Presidência em dezembro de 1956, Antonio Pérez, conselheiro do Opus Dei na Espanha, e Luis Valls-Taberner, administrador regional da Obra*.

(*) Cf. Mariano Navarro Rubio, *Mis memorias. Testimonio de una vida política truncada por el «Caso Matesa»*, Plaza & Janés, Barcelona 1991, pp. 70-73; Laureano López Rodó, *Memorias,* Plaza & Janés, Barcelona 1990, pp. 89-101; Pablo Hispán Iglesias de Ussel, *La política en el régimen de Franco entre 1957 y 1969. Proyectos, conflictos y luchas por el poder,* Centro de Estudios Políticos y Constitucionales, Madri, 2006, pp. 13-22; Alberto Moncada, *Historia oral del Opus Dei,* Plaza & Janés, Esplugues de Llobregat, 1992; entrevistas dos autores a Fernando de Meer e Jesús María Zaratiegui, 30-I-2021 (De Meer e Zaratiegui, especialistas na história da Espanha do século XX, conversaram com Rafael Calvo e Antonio Fontán sobre esses fatos). Também revisamos em AGP as atas do Conselho Geral e o epistolário dos anos 1956 e 1957 de Josemaria Escrivá de Balaguer, Rafael Calvo Serer, Laureano López Rodó, Mariano Navarro Rubio, Antonio Pérez, Luis Valls-Taberner e Alberto Ullastres.

Esses materiais bibliográficos, documentais e de história oral mostram que a ingerência do conselheiro e do administrador regional do Opus Dei tinha uma finalidade de caráter apostólico: a melhor difusão da mensagem do Opus Dei e, concretamente, o progresso das atividades coletivas. Não consta, pelo contrário, que fosse uma ação corporativa, ou seja, que estivesse planejada pela Comissão Regional da Espanha ou pelo Conselho Geral

A HISTÓRIA DO OPUS DEI

Em fevereiro de 1957, Franco reformou seu Gabinete. Dos dezoito ministros que nomeou, dois estavam chamados a exercer papel fundamental na mudança econômica espanhola: Alberto Ullastres, ministro do Comércio, era regente da cátedra de História da Economia Universal e da Espanha na Universidade de Madri e presidente de uma financeira; e Mariano Navarro Rubio, ministro da Fazenda, provinha da organização sindical e era subsecretário de Obras Públicas. Com estes homens, o Governo implementou uma política de livre mercado. Em 1958, a Espanha entrou no Fundo Monetário Internacional, na Organização Europeia para a Cooperação Econômica e no Banco Mundial. Depois, Navarro Rubio e Ullastres, com os correspondentes técnicos de seus ministérios, deram vida ao Plano Nacional de Estabilização Econômica, aprovado por Franco e pelas Cortes espanholas em 1959. Em pouco tempo, as medidas de liberalização fortaleceram a peseta, melhoraram a arrecadação fiscal, reduziram a inflação e o gasto público e favoreceram o investimento

---

do Opus Dei; tampouco consta que tenham informado a Escrivá de Balaguer sobre essas manobras. Contudo, a mediação do conselheiro nos anos 1956-1957 prejudicou a linha seguida ao longo de sua vida pelo fundador, que defendeu a liberdade de pensamento e de atuação política de cada membro do Opus Dei. Como vimos, Pérez deixou de ser conselheiro em 1959, enquanto Valls-Taberner deixou de ser administrador regional em 1961. Adiante, explicaremos que, em 1962, correu na opinião pública a ideia de que o Opus Dei queria controlar o Governo da Espanha. Nesse momento, Escrivá de Balaguer sublinhou com insistência, tanto dentro como fora da Obra, que cada um goza de liberdade em temas políticos e culturais e que o Opus Dei tem finalidade espiritual e evangelizadora; também recordou aos membros da Comissão Regional da Espanha que evitassem interferências políticas. De acordo com a documentação, o novo conselheiro, Florencio Sánchez Bella, adotou esta linha de forma escrupulosa.

Por outro lado, o fundador recebeu notícias dos que iam ocupar esses cargos pelos próprios interessados e em contextos da relação paterno-filial própria do Opus Dei, geralmente para pedir sua bênção sacerdotal. Assim, entre as escassas referências nos epistolários a este assunto, destacamos que, meses antes de ser ministro, Navarro Rubio lhe disse: «O Caudilho e Arrese falaram da minha designação para a pasta da Fazenda» (Carta a Josemaria Escrivá de Balaguer, Madri, 16-III-1956, em AGP, série M.1.1, 1025-C6). E López Rodó escreveu-lhe pouco depois de sua nomeação como secretário do ministério designado por Carrero: «Continuo invocando com frequência a São Tomás More, e não deixam de se apresentar ocasiões de dar a conhecer a liberdade que temos na Obra em matéria política, econômica etc.» (Carta a Josemaria Escrivá de Balaguer, Madri, 16-III-1957, em AGP, série M1.1, 472-C1).

212

10. ATUAÇÃO INDIVIDUAL NA SOCIEDADE

estrangeiro. No entanto, Ullastres e Navarro Rubio tiveram progressivas diferenças sobre os modelos econômicos.

Nem as diatribes entre os tradicionalistas e os falangistas, nem o fato de Ullastres e Navarro Rubio pertencerem à Obra, deveriam ter afetado o Opus Dei: a instituição não atuava na sociedade como grupo; a maioria de seus membros espanhóis não participava ativamente nos debates políticos e culturais; entre os franquistas que pertenciam à Obra, havia diferenças políticas, e eles próprios rejeitavam a ideia de um projeto comum; e as pessoas da Obra de outros países eram alheias a esses temas. Além disso, Franco não dava tratamento privilegiado ao Opus Dei; por exemplo, o Estado não havia concedido subvenções significativas ao Estudo Geral de Navarra.

Contudo, os falangistas reagiram contra as mudanças ministeriais – haviam deixado de ser o principal pivô ideológico do regime – e reabriram as polêmicas de anos anteriores. De acordo com eles, que primavam pela presença corporativa na sociedade, as pessoas da Obra tinham um plano político coletivo, acordado com as autoridades do Instituto, para dirigir os destinos da Espanha. Este raciocínio passou para a imprensa nacional e internacional quando se soube que eram do Opus Dei dois dos novos ministros, além de Laureano López Rodó e algum outro alto cargo. Vários noticiários europeus e norte-americanos difundiram a imagem de um grupo político-religioso que se propunha ocupar as responsabilidades-chave da vida nacional e que era inimigo da Falange[13].

Autoridades eclesiásticas de alguns países onde a Obra havia se estabelecido, como os Estados Unidos, manifestaram inquietação. Escrivá de Balaguer respondeu que não podia limitar a liberdade de seus filhos espirituais na vida social em nenhum sentido e que os êxitos ou fracassos que colhessem não podiam ser atribuídos à Obra. Quando um cardeal felicitou-o pela nomeação de Ullastres, respondeu: «Isso não me aquece nem me arrefece; não me interessa; dá-me na mesma que seja ministro ou varredor de rua; a única coisa que me interessa é que se faça santo no seu trabalho»[14].

Ao mesmo tempo, compreendeu que era preciso dar uma resposta institucional à opinião pública e aos sócios da Obra. A comunicação corporativa foi feita por meio das secretarias dos governos regionais do Opus Dei. O fundador solicitou-lhes que, quando conveniente,

A HISTÓRIA DO OPUS DEI

enviassem cartas aos diretores dos jornais e das agências de informação que atribuíam ao Opus Dei alguma atividade política. Convinha que as missivas explicassem o caráter exclusivamente espiritual da Obra e a plena liberdade de que gozavam seus sócios na vida profissional e política. Além disso, minimizou o problema perante seus filhos espirituais: «Não deveis dar demasiada importância a estas pequenezas inevitáveis»[15].

Em abril de 1957, Julián Herranz, prefeito de estudos do Conselho Geral, publicou na revista *Nuestro tiempo* o artigo «O Opus Dei e a política». Herranz destacava que os membros da Obra gozavam de liberdade de pensamento e de atuação na sociedade civil, sem representar a instituição. Acrescentava, como elemento de reflexão, que seria impossível explicar a rápida difusão do Opus Dei entre tantos países e profissões «se o Instituto obrigasse seus membros a seguir uma particular opinião política»[16].

Algumas semanas depois, jornais de diversos países difundiram um relatório anônimo, atribuído ao Opus Dei, que criticava alguns grupos de opinião espanhóis. Em julho, os diretores regionais do Opus Dei na Espanha distribuíram uma nota oficial na qual rejeitavam que a Obra estivesse envolvida com o relatório, repudiavam o uso de notas anônimas e desautorizavam «qualquer grupo ou indivíduo que utilizasse o nome do Instituto para suas atividades políticas»[17].

Em 1960, o teólogo José Luis Illanes publicou um artigo na revista *Studi cattolici* em que comentava o fato de alguns ministros do Governo de Franco serem do Opus Dei. Illanes explicava que a hierarquia da Igreja – a vaticana e a espanhola – via com bons olhos tanto os católicos que aceitavam responsabilidades no regime como os que se opunham ao franquismo. Matizava que a ditadura de Franco – à qual qualificava de paternalista – não se fundava sobre o terror e o anticatolicismo, como acontecia nas repúblicas comunistas. Mas, ao mesmo tempo, criticava a injusta concentração de poder nas mãos de Franco e a limitação das liberdades políticas e de imprensa[18].

Contudo, a ideia da liderança política do Opus Dei no regime franquista e, em termos mais gerais, a de se tratar de uma tendência política conservadora persistiu em grande parte dos meios de comunicação internacionais.

II. ATIVIDADES APOSTÓLICAS INSTITUCIONAIS

Desde a fundação, Josemaria Escrivá de Balaguer pensou nos modos com os quais transmitiria a doutrina cristã e o espírito da Obra. Já em 1930, deixou registrado que haveria formas individuais e coletivas. Por um lado, os sócios do Opus Dei difundiriam a mensagem cristã pessoalmente, cada um em sua profissão, família e ambiente; esta forma de agir seria a mais característica. Por outro lado, a instituição organizaria atividades coletivas nas quais seus membros dariam a conhecer o espírito de santidade no âmbito secular. Essas ações seriam variadas porque o carisma do Opus Dei estava aberto a todos os espaços humanos, sem se limitar a apostolados específicos.

Sobre a organização das ações coletivas, indicou que o Opus Dei como tal seria uma instituição eclesiástica com reconhecimento civil em cada país e que os diretores da Obra se dedicariam aos fins espirituais e apostólicos da Obra; por seu cargo, não seriam proprietários dos bens móveis ou imóveis utilizados. Os demais membros da Obra, por sua vez, organizariam *empresas de apostolado,* isto é, entes civis sem caráter confessional, criados na vida acadêmica, profissional e cultural, em setores como a educação, a agricultura, o empreendedorismo, a saúde, a imprensa e o entretenimento*.

(*) O fundador da Obra «não tinha qualquer prevenção contra as universidades, os jornais ou as iniciativas oficialmente católicas. Seus ensinamentos eram diferentes, mas não opostos" (Julián Herranz, *En las afueras de Jericó. Recuerdos de los años con San Josemaria y Juan Pablo II*, Rialp, Madri, 2007, p. 231).

A HISTÓRIA DO OPUS DEI

A academia e residência DYA foi a primeira ação corporativa de onde se irradiou a mensagem cristã do Opus Dei. Depois de suspenso o projeto em função da Guerra Civil espanhola, as atividades foram retomadas em 1939 com a progressiva abertura de mais residências de estudantes, casas de retiro e centros de formação.

Com a aprovação definitiva do Opus Dei em 1950, o fundador deu novo passo nas iniciativas de apostolado coletivo. Tanto nas Constituições do Opus Dei como no Catecismo da Obra, distinguiam-se dois tipos de realizações, denominadas *obras corporativas* e *obras comuns*. As obras corporativas eram organizadas pelo Opus Dei como corporação e eram dirigidas por sócios da Obra; algumas já existiam então, como as casas de retiro e as residências, e a elas acrescentaram-se outras no campo da educação e da assistência social. As obras comuns seriam projetos desenvolvidos pelos sócios do Opus Dei e outras pessoas mediante entidades profissionais que difundiriam valores cristãos nas publicações e nos meios de comunicação[1].

Os que criaram e dirigiram esses dois tipos de atividades assumiram a correspondente responsabilidade civil. Os aspectos administrativos e econômicos das obras comuns – e, quando necessário, das corporativas – correram sob a responsabilidade de empresas civis que, dentro do Opus Dei, chamavam-se, já desde os anos 1940, *sociedades auxiliares.* Com a finalidade de garantir a dimensão espiritual e apostólica dos projetos, os conselhos centrais da Obra acompanharam o desenvolvimento das iniciativas e o presidente geral do Opus Dei confirmou a nomeação dos dirigentes propostos pelas entidades proprietárias. Esses entes evoluíram ao ritmo das mudanças sociais e da legislação de cada país. E, como explicaremos, depois de quinze anos de existência, o fundador do Opus Dei encerrou a experiência das obras comuns e das sociedades auxiliares.

As obras corporativas

Historicamente, a primeira forma de atividade institucional foram as obras corporativas de apostolado. O Opus Dei «como tal, como corporação»[2], as organizava, as declarava suas e garantia que a

II. ATIVIDADES APOSTÓLICAS INSTITUCIONAIS

formação estivesse de acordo com a doutrina católica. Por ter assumido a responsabilidade última, os diretores da Obra nomeavam os dirigentes das obras corporativas. Por sua vez, os dirigentes das iniciativas assumiam perante as autoridades civis a responsabilidade jurídica e econômica que correspondia à figura jurídica utilizada. Ao mesmo tempo, mantinham reuniões com as autoridades do Opus Dei a fim de tratar da orientação cristã da atividade e enviavam periodicamente à Comissão ou à Assessoria Regional informações sobre o andamento dos projetos.

Cada obra corporativa teve uma gestão econômica autônoma. Em alguns países, as iniciativas de caráter docente ou assistencial solicitaram o costumeiro financiamento público para projetos beneficentes e sociais. Estas ajudas somaram-se às contribuições privadas de membros da Obra e de cooperadores.

Escrivá de Balaguer destacou que as obras corporativas eram um meio, e nunca um fim; a finalidade do Opus Dei consistia em oferecer formação para que cada pessoa buscasse a santidade e desse testemunho de Jesus Cristo em sua vida familiar, profissional e social. Por se tratar de um meio entre outros para transmitir a mensagem cristã, podiam adotar modificações, ser suprimidos ou ampliados. Ao mesmo tempo, explicou que as atividades corporativas só cumpririam sua missão se cada trabalhador, da Obra ou não, encontrasse ali um caminho para viver e dar testemunho de sua fé: «Meço a eficácia desses trabalhos pelo grau de santidade que alcançam os que trabalham neles»[3].

Os âmbitos em que se desenvolveram as iniciativas corporativas foram muito variados – desde projetos de caráter espiritual e formativo, como centros, casas de retiro, residências de estudantes e escolas do lar, até realizações no âmbito educacional e de assistência e promoção humana. A primeira, a Academia e Residência DYA (1933-1939) combinou dois elementos que, de formas diversas, vieram depois a ocorrer nas demais. Por um lado, tratava-se de uma sede acadêmica com uma abordagem profissional: alojamento de estudantes, aulas de revisão de matérias, sustentação econômica com base nas cotas dos residentes e em donativos e reconhecimento civil. Por outro lado, consistia num espaço de formação sobre a vida cristã e a mensagem do Opus Dei, um lugar em que Escrivá de Balaguer dava aulas de

A HISTÓRIA DO OPUS DEI

doutrina e meditações, além de se encarregar da direção espiritual dos estudantes que a pedissem.

Em 1939, a Residência Jenner seguiu o modelo DYA. Em pouco tempo, foram promovidas obras corporativas em outras cidades. Se olharmos para o caso espanhol, durante os anos 1940 estabeleceram-se vários centros, as casas de retiro de Molinoviejo e Los Rosales, uma residência de estudantes para mulheres – Zurbarán (Madri) – e oito residências para homens: Abando (Bilbau), Albayzín (Granada), Guadaira (Sevilha), La Alcazaba (Córdoba), La Estila (Santiago de Compostela), Miraflores (Saragoça), Moncloa (Madri) e Monterols (Barcelona).

No início, Escrivá de Balaguer não considerava oportuno que a Obra promovesse centros educacionais. Diante da separação que se apresentava na Espanha de então entre o ensino público e o confessional, entendia que o espírito do Opus Dei incentivava seus membros a trabalhar preferencialmente em instituições públicas, ampliando assim o campo de ação na vida social. Seu desejo era o de que muitos intelectuais católicos – e, entre eles, alguns da Obra – exercessem seu trabalho profissional em centros públicos[4].

Conseguida a aprovação provisória do Opus Dei como instituto secular, em 1947, o fundador deu um passo à frente com a criação de obras corporativas no campo do ensino. A abertura de centros docentes de ensino fundamental, médio e superior supunha certa evolução em seu pensamento. Escrivá de Balaguer mantinha o princípio de que o fim do Opus Dei não era promover colégios ou universidades, mas estava aberto à ideia de impulsionar alguns deles como outra via de serviço social e de difusão da mensagem de santidade no meio da normalidade do mundo. Para consegui-lo, era necessário que a atividade tivesse identidade cristã, excelência profissional, gestão acertada e, no caso dos centros de educação fundamental e média, a colaboração dos pais de família.

As duas primeiras obras corporativas no âmbito educacional foram o Colégio Gaztelueta (Bilbau, 1951) e o Estudo Geral de Navarra (Pamplona, 1952). Em Bilbau, alguns empresários e pais de família, coordenados por Luis María Ybarra Oriol – vice-presidente da empresa elétrica Iberduero e membro do conselho de administração do Banco de Vizcaya –, manifestaram o desejo de criar um colégio de en-

II. ATIVIDADES APOSTÓLICAS INSTITUCIONAIS

sino médio. Em 1947, Ybarra constituiu um grupo promotor. Depois de estudar várias propostas, em agosto de 1951 compraram uma casa e um terreno no município de Lejona, dentro da área metropolitana de Bilbau. Depois, fizeram as reformas para a adaptação do edifício. Dois meses mais tarde – em 15 de outubro –, o Colégio Gaztelueta abria suas portas aos 63 alunos da primeira turma.

O Conselho Geral da Obra estudou o translado de pessoal para cobrir, na medida do possível, o quadro de professores de Gaztelueta. Membros do Opus Dei que trabalhavam no âmbito acadêmico foram docentes do colégio, como o pedagogo José Luis González-Simancas – que conhecia o sistema educacional britânico –, o geógrafo Pedro Plans e o químico Isidoro Rasines.

Os dirigentes e professores de Gaztelueta desenvolveram um estilo educativo próprio, baseado na qualidade docente e na transmissão das virtudes relacionadas com a verdade e a sinceridade. O fundador do Opus Dei propôs algumas ideias gerais: que os professores organizassem um sistema de tutorias quinzenais com cada aluno; que não houvesse quadros de honra ou lugares nas salas de aula segundo as notas obtidas, como era habitual em outros lugares; que usassem um uniforme escolar *alegre;* e que o colégio fosse um prolongamento da família. Convinha envolver toda a comunidade educativa, tanto os pais e os alunos como os professores e o quadro não docente. Por outro lado, ele não fez sugestões sobre o plano pedagógico da nova escola.

Em pouco tempo, o Colégio Gaztelueta alcançou grande prestígio em Bilbau pela cuidadosa didática das matérias, pelo sistema de tutorias, pela educação física, pelas atividades extraescolares e pelos atos de piedade e de formação cristã. Além disso, desenvolveu uma linha de estudos noturnos que permitia que os alunos que trabalhavam obtivessem o diploma do ensino médio[5].

A segunda obra corporativa foi desenvolvida no âmbito do ensino superior. Escrivá de Balaguer escolheu Pamplona como sede. Com uma população de pouco mais de setenta mil habitantes, a capital do antigo Reino de Navarra era uma cidade de tradição católica, com orgulho dos foros conseguidos na época medieval – Navarra gozava de certa autonomia financeira e administrativa –, mas carente de qualquer centro universitário. Em maio de 1952, Ismael Sánchez

A HISTÓRIA DO OPUS DEI

Bella, catedrático de História do Direito, recebeu o encargo de implementar o projeto. O novo centro de educação superior chamou-se Estudo Geral de Navarra (EGN), nome dado na Idade Média às instituições de ensino universitário. Do ponto de vista da emissão dos títulos acadêmicos oficiais, este centro ficou agregado à Universidade de Saragoça.

Sánchez Bella estava tão cheio de entusiasmo como carente de meios. Embarcou numa aventura que nascia do zero, sem patrimônio fundacional. O Governo local – o Conselho Provincial de Navarra – acolheu com bons olhos o projeto e firmou um convênio com o Estudo Geral. Outorgou uma subvenção anual, que cobria parte dos gastos, e permitiu o uso do edifício da Cámara de Comptos Reales*, situada no centro histórico de Pamplona. Nesse local, a Escola de Direito começou suas atividades em outubro de 1952, com um claustro de oito professores e 41 alunos. Dois anos depois, e por sugestão de monsenhor Escrivá de Balaguer, abriram as Escolas de Medicina e de Enfermagem. Em 1955, iniciou-se a licenciatura na Escola de História, com aulas no Museu de Navarra.

Em 1954, teve início outra obra corporativa em Barcelona, neste caso uma escola esportiva chamada Brafa. Situada então próxima de Montjuic – em 1971, trasladou-se para Nou Barris, bairro no extremo norte de Barcelona –, a Brafa cuidava da preparação física dos jovens e da promoção dos valores do esporte. Além disso, os dirigentes ofereciam assistência espiritual aos sócios da escola.

As iniciativas educacionais seguintes foram duas obras corporativas abertas em Culiacán (México). Em 1955, começou o Colégio Chapultepec para meninas – um jardim de infância que depois passou a ser um centro de ensino fundamental e médio – e, um ano depois, o Instituto Chapultepec para meninos. Ambos os colégios implantaram um horário noturno para operários, oferecendo capacitação em atividades de técnico em vendas, supervisor e funcionário bancário. Além disso, os promotores criaram um centro cultural operário que ministrava os cursos do ensino fundamental e dava certificados de carreiras técnicas de contabilidade e desenho construtivo.

(*) Órgão responsável pela fiscalização da gestão econômica e financeira do setor público da Comunidade de Navarra. [N. T.]

II. ATIVIDADES APOSTÓLICAS INSTITUCIONAIS

Em agosto e outubro de 1956, os participantes do segundo Congresso Geral do Opus Dei dedicaram especial atenção às atividades institucionais. Ao analisar as obras corporativas, constataram o bom andamento das residências para estudantes, do Estudo Geral de Navarra, do Colégio Gaztelueta e dos dois centros educacionais de Culiacán. As mulheres revisaram essas iniciativas e, além disso, a evolução da Escola de Enfermagem, os jardins de infância, as granjas--escola, as casas de retiro e as escolas do lar.

Entre outras iniciativas, o fundador da Obra apresentou aos diretores centrais uma ideia de anos antes. Tratava-se da criação de uma escola de jornalismo e outra de estudos econômicos e comerciais*. Da primeira, recebeu o encargo Antonio Fontán, catedrático de Filologia Latina e especialista em jornalismo que, em 1956, transladou-se de Madri para Pamplona a fim de ser o decano da Faculdade de Filosofia e Letras do Estudo Geral de Navarra. Dois anos mais tarde, Fontán começou e foi diretor do Instituto de Jornalismo, predecessor da Faculdade de Comunicação. Diferentemente dos programas oficiais do Estado, de caráter técnico, Fontán estabeleceu um plano acadêmico que elevava os estudos de Jornalismo a nível universitário e proporcionava a especialização profissional dos comunicadores. O programa de estudos harmonizava aspectos humanísticos com os ensinamentos práticos. Fontán projetava assim a preparação de jornalistas que participassem na opinião pública mediante os meios de comunicação, com uma visão de inspiração cristã e de serviço à sociedade[6].

Para os altos estudos em economia, Escrivá de Balaguer sugeriu que se estabelecesse um centro educacional em Barcelona, pois a Catalunha era uma região de grande tradição e desenvolvimento empresarial, com um bom número de membros do Opus Dei. An-

---

(*) Em novembro de 1950, o Conselho Geral já havia aprovado que ao presidente geral se reservasse «tudo o relacionado com a criação de uma Escola de Jornalismo, uma Escola Social e outra de altos estudos econômicos e comerciais na Espanha» (Atas do Conselho Geral, 26-XI-1950, p. 9, em AGP, série E.1.2). Em 1957, pensou-se em criar uma escola de jornalismo em Washington, além da que se ia abrir em Pamplona. Um ano depois, começou o Maryland Institute of General Studies, mas se fechou pouco depois por falta de alunos.

A HISTÓRIA DO OPUS DEI

tonio Valero – catedrático na Escola Técnica Superior de Engenheiros de Tarrasa (Barcelona) e membro da delegação do Opus Dei na Catalunha – estudou a viabilidade de um projeto educacional e formativo na área de empresas. Em seguida, propôs o início do Instituto de Estudos Superiores da Empresa (IESE), em Barcelona. Com o parecer favorável do Conselho Geral, Josemaria Escrivá de Balaguer aprovou o projeto em março de 1958. Explicou que dava completa liberdade profissional e científica aos seus promotores. Só pediu que a finalidade apostólica fosse clara: o Opus Dei impulsionava o IESE para preparar empresários que, junto com a máxima competência profissional, soubessem encarnar no mundo do empreendedorismo os valores do Evangelho, sem se limitarem à busca do sucesso econômico.

Valero e os demais dirigentes do IESE estabeleceram um sistema docente baseado no método do caso, definiram as matérias dos diversos planos de estudos, pensaram no perfil dos alunos que desejavam ter e concretizaram as formas de financiamento por meio de várias sociedades financeiras. O programa de Alta Direção de Empresas teve início em novembro de 1958, com vinte empresários inscritos[7].

Em Pamplona, o Estudo Geral de Navarra em fins dos anos 1950 para um novo *campus*, situado ao sul da cidade. Em 1959, inaugurou-se o germe da futura Faculdade de Ciências e o Instituto de Direito Canônico, que ficou agregado à Pontifícia Universidade Lateranense (Roma), com autorização da Santa Sé. Nesse momento, tanto o Conselho Provincial de Navarra como o fundador da Obra desejavam que os títulos tivessem o reconhecimento oficial. E, como a lei das universidades estabelecia que só o Estado e a Igreja podiam estabelecer centros superiores, a Santa Sé solicitou que o Estudo Geral fosse erigido como universidade católica. Uma vez obtida a aprovação do Governo espanhol, a Congregação de Seminários e Universidades erigiu a Universidade de Navarra em 6 de agosto de 1960 e, a seguir, nomeou monsenhor Escrivá de Balaguer como grão-chanceler e José María Albareda como reitor. Este ato rompia quase um século de monopólio oficial no âmbito universitário espanhol, desde a criação, em fins do século XIX, das universidades de Deusto (jesuítas) e El Escorial (agostinianos).

Seguiu-se então uma complexa negociação entre a Santa Sé e o Es-

II. ATIVIDADES APOSTÓLICAS INSTITUCIONAIS

tado para que a Universidade de Navarra pudesse emitir títulos com validade oficial. As dificuldades provinham de algumas autoridades falangistas e membros da Associação Católica Nacional de Propagandistas, que resistiam a dar fim ao centralismo estatal do ensino superior. Escrivá de Balaguer viajou a Madri a fim de se queixar perante Franco. Finalmente, a Santa Sé e o Estado espanhol firmaram um convênio, em abril de 1962, pelo qual se estabeleciam as condições para a validade dos títulos conferidos pelas universidades católicas. Do ponto de vista acadêmico, o convênio era muito exigente, pois obrigava que 75% do claustro de professores tivesse a categoria de catedrático do Estado. Pouco depois, em setembro, o Ministério da Educação Nacional outorgou plenos efeitos civis aos títulos acadêmicos conferidos pela Universidade de Navarra[8].

No novo *campus*, levantaram-se, ao longo dos anos seguintes, os edifícios da reitoria, a biblioteca, um colégio maior masculino e outro feminino, a Faculdade de Medicina e a primeira fase da Clínica Universitária, que contava com 27 camas. Naquele momento, 7% dos alunos da Universidade de Navarra eram estrangeiros, de 25 países distintos.

A universidade manteve seus ideais de alta qualificação profissional e de matriz cristã. O catedrático de patologia Eduardo Ortiz de Landázuri disse ao fundador da Obra em certa ocasião: «Bem, Padre, o senhor me pediu para vir a Pamplona para fazer uma universidade, e já está feita...». Monsenhor Escrivá lhe respondeu: «Eu não te pedi que fizesses uma universidade, mas que te fizesses santo fazendo uma universidade»[9].

Em 1961, a Universidade de Navarra estabeleceu outro *campus* em San Sebastián com a Escola Superior de Engenheiros Industriais, que começou suas atividades em um edifício cedido pelo Conselho Provincial de Guipúzcoa. Este conselho e o de Navarra concederam subvenções; no entanto, o Estado não ofereceu senão pequenas ajudas, em especial empréstimos para construções, como forma de promoção de novas vagas universitárias. Uma vez que as receitas das matrículas e as ajudas públicas não cobriam a sustentação dos centros acadêmicos e das bolsas dos alunos, a universidade criou uma Associação de Amigos, que buscou fundos privados.

O Colégio Tajamar teve início em 1958, no bairro periférico de

A HISTÓRIA DO OPUS DEI

Vallecas, ao sudeste de Madri, no meio de um descampado rodeado de favelas. Alguns anos antes, Tajamar havia dado seus primeiros passos como associação esportiva que desejava promover os meninos do bairro. Dado que muitos jovens não estavam escolarizados, nasceu a ideia de criar um centro educativo. O primeiro curso foi inaugurado com 58 alunos no período da manhã e 18 aprendizes no período noturno. Depois, o colégio arrendou um antigo curral, remodelou-o e acrescentou dois pavilhões pré-fabricados, com capacidade para 160 alunos. Em 1962, foi inaugurado um grupo de edifícios em uma zona chamada Cerro del Tío Pío. Cinco anos mais tarde, construíram-se mais pavilhões, nos quais puderam funcionar todos os cursos do ensino fundamental, médio e de formação profissional. Também se estabeleceu um período noturno para alunos que trabalhavam durante o dia[10].

Depois da escola de Chapultepec (Culiacán, México), a seguinte obra corporativa promovida pelas mulheres da Obra foi o Colégio Guadalaviar (Valência, Espanha). Começou em 1959, com jardim da infância e ensino fundamental. Quatro anos depois, teve início o ensino médio[11].

As obras comuns de apostolado

As publicações e os meios de comunicação – editoras, imprensa escrita, publicidade, rádio, televisão e cinema – contribuíram decisivamente para configurar o pensamento e a atuação dos cidadãos e das nações no século XX. Em face do grande auge desses instrumentos, a Igreja apontou várias linhas de pensamento e de ação na doutrina social. Surgiram então soluções confessionais, como as editoras e as publicações periódicas católicas.

Josemaria Escrivá de Balaguer tinha alta estima pelos meios de difusão. Via-os como caminho decisivo para impregnar o âmbito secular com os valores humanos e cristãos, pois esses meios transmitem informações a todo o mundo de forma massiva e veloz. Junto com a expressão de ideias, os meios de comunicação proporcionam ou prometem maior liberdade, pois dão notícias sobre as atualidades,

II. ATIVIDADES APOSTÓLICAS INSTITUCIONAIS

satisfazem a curiosidade e favorecem o descanso. Com suas palavras, formam as pessoas a tal ponto que se apresentam como uma cátedra de ciência, «um canal – ou, inclusive, uma fonte – de influxo educativo quase comparável à da família e da escola»[12].

Preocupava o fundador do Opus Dei que vários dos grandes grupos de comunicação sustentassem postulados contrários ou afastados da verdade e da revelação cristã. Mencionava três ondas ou manchas: a vermelha do marxismo, a verde do pansexualismo e a negra do secularismo materialista, as quais propalavam o relativismo e afastavam Deus e a Igreja da vida pública. Em parte, esta situação vinha do fracasso dos cristãos leigos. Por abandono, eles tinham permitido que fossem outros os que dirigissem os meios de comunicação social: «Dizei-me quantos jornais de relevo – desses que têm milhões de leitores, e que fazem e desfazem a opinião pública mundial – conheceis que sejam dirigidos por católicos praticantes: nenhum»[13]; e, continuava, acontecia o mesmo com as agências internacionais de notícias e de publicidade, as produtoras e distribuidoras de cinema.

Em face deste panorama, ele rejeitava a lamentação estéril. Os meios de comunicação eram uma realidade positiva, e os católicos – e, concretamente, as pessoas do Opus Dei – deviam estar presentes nos lugares onde nascia e ganhava rumo a opinião pública, a fim de «devolver às estruturas temporais, em todos os países, a sua função natural de instrumentos para o progresso da humanidade, e a sua função sobrenatural de meios para chegar a Deus»[14]. Cada um poderia contribuir, de uma forma ou de outra, para que as informações e os espetáculos inspirassem os indivíduos e as famílias, de acordo com a lei moral natural.

Alguns membros da Obra trabalhariam individualmente em diversos espaços de informação oral e escrita. Outros dariam vida a realidades coletivas em âmbitos comunicativos e de entretenimento. Em ambos os casos, levariam para frente essas tarefas profissionais com audácia e competência, enfrentando os grandes temas com liberdade e responsabilidade pessoais, na condição de homens e mulheres que assumiriam o risco como um fator irremissível e que voariam alto com o desejo de «envolver o mundo em papel impresso»[15] por meio de formas seculares, laicais, atraentes, modernas.

Além disso, a partir de 1951, os membros do Opus Dei or-

A HISTÓRIA DO OPUS DEI

ganizaram atividades nos meios de comunicação, denominando-as *obras comuns de apostolado**. Tal como as outras entidades do setor, estes meios tiveram uma vertente editorial e outra econômica. Na primeira, o diretor da empresa de comunicação foi o responsável pela linha editorial, pelos conteúdos – opiniões políticas, sociais e culturais – e pela seleção do pessoal. Dada a finalidade dos projetos, cada dirigente buscou redatores capacitados profissionalmente que, ao mesmo tempo, compartilhassem de um projeto jornalístico baseado nas virtudes do amor à verdade, no pluralismo, na liberdade e na caridade.

A parte econômica e as questões trabalhistas e contratuais desses meios ficaram sob a competência das correspondentes entidades de caráter civil, proprietárias ou gestoras. Consequentemente, a responsabilidade jurídica e econômica recaiu sobre o conselho de administração de cada empresa. Essas atividades, de modo particular as de caráter cultural ou informativo, como as revistas, demandavam com frequência um considerável investimento inicial. Algumas alcançaram equilíbrio a longo prazo; outras fecharam porque não se mostraram viáveis.

Os diretores da Obra garantiram a dimensão apostólica destas iniciativas e ofereceram assessoria no que dizia respeito à viabilidade econômica dos projetos. Com esta finalidade, o presidente do Opus Dei ratificou a nomeação do diretor de cada obra comum e nomeou um assessor espiritual da publicação. Por sua vez, cada obra comum enviou seu balanço econômico ao departamento de administração central ou regional da Obra, que assessorava tudo quanto tocava a sustentabilidade dos projetos**.

No entanto, os órgãos de governo do Opus Dei não dirigiram

(*) As *obras comuns* foram mais uma tentativa impulsionada pelo fundador de levar a mensagem cristã à sociedade. Tiveram, porém, vida curta. Como veremos, em 1966 Escrivá de Balaguer encerrou a experiência porque essas iniciativas exigiam total autonomia, sem intervenção direta dos diretores do Opus Dei.

(**) Esta imbricação da instituição não ajudou a mostrar a independência dessas iniciativas, sendo compreensível que gerasse diferentes interpretações. Como veremos, foi um dos motivos pelos quais o fundador finalizou a experiência das obras comuns quinze anos depois do seu nascimento.

II. ATIVIDADES APOSTÓLICAS INSTITUCIONAIS

os conselhos de administração nem os comitês de redação; tampouco deram indicações sobre os conteúdos informativos. Por esse motivo – e ao contrário das obras corporativas –, na publicidade destas iniciativas não se mencionava a Obra. Com palavras de Escrivá de Balaguer, «nunca afirmei que se tratava de iniciativas do Opus Dei enquanto tal, mas apenas que a sua atividade – no que tem de puramente apostólico – está enxertada no trabalho apostólico da Obra, através da atuação pessoal e profissional – livre e responsável – dos seus membros. Ou seja, não é a Obra que garante o funcionamento destes jornais, revistas, emissoras etc.; nem se trata de empresas que possam ser jamais consideradas órgãos de expressão do Opus Dei»[16].

Como vimos, uma espécie de experiência-piloto deste tipo se deu nos anos 1940, com a criação da Editora Minerva, à qual seguiram-se as Edições Rialp. Quando as mulheres da Obra concluíram sua breve aventura no setor editorial, o fundador propôs-lhes que trabalhassem no mundo da difusão e venda de livros. Depois de estudar o assunto, em dezembro de 1951, cinco homens da Obra – a legislação jurídica da época dificultava que fossem mulheres – constituíram a SADEL, que, pouco depois, passou a se chamar DELSA (Distribución, Edición y Librerías, S. A.), com um capital de 2 milhões de pesetas. A sociedade anônima tinha como missão o estabelecimento de uma rede de livrarias que contribuísse para a melhora da cultura e da sociedade por meio da venda de livros[17].

A primeira loja do grupo foi a livraria Neblí. Aberta em 1951, situava-se na rua Ferraz, de Madri. Nos anos seguintes, a sociedade estabeleceu mais lojas, dirigidas por mulheres da Obra, e aumentou o capital. Em 1958, o grupo ampliou-se com uma segunda empresa, a LINESA (Librerías del Norte de España), que unificava sua contabilidade com a da DELSA. Em fins dos anos 1950, a DELSA possuía treze lojas, com forte presença na Catalunha (Barcelona, Badalona, Tarrasa, Sabadell, Gerona, Vich e Igualada), além do Levante (Valência e Gandía), Madri, Málaga, Granada e Cáceres. A LINESA, por sua vez, possuía lojas em Pamplona e San Sebastián. Vendiam todo tipo de livros, desde os científicos e literários até os escolares e religiosos; além disso, tinham um setor de papelaria e artigos de escritório. A distribuidora contava também com uma seção de estudos biblio-

A HISTÓRIA DO OPUS DEI

gráficos, uma rede de uma centena de correspondentes nas cidades – deixavam um depósito de livros com pessoas de confiança, para que vendessem entre os seus concidadãos – e um serviço de vendas por meio de «ônibus de livros»[18].

Nos anos 1950, a contabilidade geral, os contratos de trabalho e a gestão comercial das distribuidoras dependiam de uma sociedade financeira chamada ESFINA; as mulheres da Obra, por sua vez, gerenciavam a designação da encarregada e das funcionárias das livrarias, bem como a contabilidade de cada loja. Em 1960, María del Pilar Larrinaga, Presentación Miralbés, María Pilar Fernández Cordeiro e outras responsabilizaram-se pela direção da DELSA, que teve sua sede na loja Neblí, transladada meses antes para a rua Serrano, de Madri[19].

No campo das publicações, Josemaria Escrivá impulsionou seus filhos espirituais que já trabalhavam ou tinham inclinação para esses temas. Abordou a possibilidade de que criassem revistas culturais e gráficas com bom *design*, conteúdos de altura literária, um enfoque cristão nas ideias de fundo e ausência de polêmicas com outros católicos. O homem-chave para dar vida a alguns projetos foi Antonio Fontán. Em janeiro de 1952, Fontán lançou o primeiro número do semanário *La actualidad española*. Tratava-se de uma revista familiar ilustrada que adquiriu, com o passar do tempo, um marcante ritmo jornalístico, tanto na informação geral como nas crônicas de atualidade política e cultural. Dois anos mais tarde, Fontán começou a *Nuestro tiempo,* revista mensal de pensamento. A parte econômica dessas revistas era de responsabilidade da Editora SARPE.

Em 1956, os eleitores do Opus Dei constataram no segundo Congresso Geral da Obra o bom desenvolvimento das oito obras comuns que havia nesse momento, como as revistas *La actualidad española* e *Nuestro tempo,* ou as Edições Rialp. O fundador estimulou que se criassem mais instrumentos de comunicação – imprensa, rádio, televisão, agências de notícias – para difundir a mensagem cristã «entre todas as classes sociais da sociedade civil»[20]. O congresso aprovou como objetivo que em cada região da Obra se pusesse em andamento uma revista mensal de caráter cultural e um jornal da capital do país correspondente. A revista devia ter personalidade própria, com respostas às exigências do momento e com um formato interessante e economicamente rentável.

II. ATIVIDADES APOSTÓLICAS INSTITUCIONAIS

Um ano mais tarde – outubro de 1957 – organizou-se uma reunião em Roma para pessoas que trabalhavam no âmbito acadêmico e de comunicação. Revisaram as abordagens das obras comuns e se comprometeram a ativá-las em todas as regiões do Opus Dei. Este plano teve relativo sucesso na Espanha e um resultado bastante discreto em outros países. Concretamente, no final dos anos 1950, pessoas da Obra haviam implementado 38 obras comuns em sete regiões. O setor das publicações periódicas era o mais amplo, com cinco revistas culturais: *Nuestro tiempo* (Pamplona, 1954), *Rumo* (Lisboa, 1957), *La table ronde* (París, 1958), *Istmo* (Cidade do México, 1959) e *Arco* (Bogotá, 1959); cinco revistas universitárias: *Moncloa, Pórtico, Diagonal, Miraflores, University Gazette;* três jornais: *El Alcázar, Diario regional, Diario de León;* duas revistas profissionais: *La actualidad económica* e *Revista de medicina del Estudio General de Navarra;* o semanário gráfico *La actualidad española;* a revista de teologia prática *Studi cattolici* (Milão, 1957); a revista de cinema *Filme* (Lisboa, 1959); e a revista popular de bairro *Vallecas.* Também se contavam entre as obras comuns as agências de imprensa Europa Press (Madri) e Anco (Bogotá); as editoras Rialp (Madri, 1947), Scepter (Dublin-Chicago, 1953), Aster (Lisboa, 1955), Ares (Roma) e Adamas (Colônia, 1957); e vários fóruns culturais, como o Cine-Club Monterols[21].

No campo da arte religiosa, houve uma singular atividade coletiva. Sua origem está no desejo de Josemaria Escrivá de Balaguer de dignificar a liturgia e as expressões do culto cristão. A celebração pausada e consciente das cerimônias litúrgicas, a beleza dos templos e dos ornamentos, a riqueza dos sacrários e vasos sagrados eram para o fundador uma manifestação de adoração e de amor sincero a Deus. Escrivá de Balaguer apreciou o movimento litúrgico que se aprofundava na natureza do culto e em suas projeções externas. Não propôs formas inovadoras, mas adotou as que, segundo o seu critério, ajudavam a piedade dos fiéis.

Em Madri, no ano de 1940, ele entrou em contato com os irmãos Félix e Cándida Granda, que dirigiam uma empresa de arte sacra, com oficinas de ourivesaria, carpintaria, esmaltes e joalheria. Por motivos comerciais, a empresa sofreu graves dificuldades econômicas nos anos seguintes. Escrivá de Balaguer pensou em como podia ajudá-la, para que não se perdesse esse patrimônio. Em 1953, uma sociedade

A HISTÓRIA DO OPUS DEI

organizada por membros da Obra adquiriu a empresa, que ficou registrada sob o nome Talleres de Arte, S. A. Esteve sob a direção financeira de Ctesifonte López. As fábricas localizavam-se no norte de Madri. A elas se acrescentaram também os ateliês de confecção de duas casas de retiro: o de confecção geral de Molinoviejo e o de ornamentos e tapetes de Los Rosales; em ambos os casos trabalhavam artesãs dos povoados da região.

Talleres de Arte recebeu inúmeras encomendas de residências e colégios dirigidos por membros do Opus Dei no mundo, bem como de outras instituições católicas. De acordo com as normas litúrgicas, realizaram «desde projetos complexos de igrejas, oratórios e altares até objetos litúrgicos de arte menor, como medalhas, crucifixos e reproduções, quer em estilos clássicos, quer em estilos mais modernos»[22]. Da mesma forma, compraram imagens e outros objetos de culto em antiquários, que foram recuperados para a devoção e para as cerimônias litúrgicas[23].

As sociedades auxiliares

Nos anos 1930, Josemaria Escrivá de Balaguer consignou em seus *Apontamentos íntimos* a configuração das estruturas jurídica e econômica que deveriam ter as atividades apostólicas promovidas pelo Opus Dei. Pensou em uma fórmula que permitisse que cada uma se sustentasse por si mesma e, simultaneamente, que garantisse a identidade cristã dos projetos. As ideias fundamentais eram: a Obra como instituição não desenvolveria atividades econômicas; os membros do Opus Dei criariam sociedades titulares ou gestoras dos bens móveis e imóveis, que se colocariam à disposição de projetos com os quais se difundiria a mensagem do Opus Dei; as sociedades seriam constituídas segundo as leis civis de cada país e seriam dirigidas por profissionais especialistas na matéria; os bens geridos não seriam eclesiásticos, mas propriedade privada dos cidadãos que investissem seu capital.

Esta abordagem tornou-se realidade nas sociedades desenvolvidas por membros da Obra para sustentar as atividades corporativas.

II. ATIVIDADES APOSTÓLICAS INSTITUCIONAIS

As formas legais foram variadas: sociedades por ações, imobiliárias, fundações, entidades com fins beneficentes, corporações e patronatos. As entidades funcionaram de modo autônomo, sem formar uma cadeia e, portanto, sem que houvesse contas consolidadas do Opus Dei ou do conjunto das iniciativas apostólicas.

As sociedades, constituídas por membros do Opus Dei com a cooperação de outras pessoas, foram proprietárias desses bens civis, os quais alugaram ou cederam a entidades criadas para desenvolver atividades de tipo docente, beneficente e cultural. Os proprietários e os gestores das corporações eram homens e mulheres de procedência diversa que compartilhavam da mesma finalidade cultural, evangelizadora ou beneficente. Como em qualquer empresa, os sócios adquiriram quotas de capital ou deram dinheiro; por exemplo, alguns doaram o que haviam recebido como herança. Uma vez aportado o capital inicial, desenvolveram-se os negócios. Em alguns casos, consistiram na aquisição, compra e aluguel de bens móveis e imóveis, na gestão econômica da sociedade, na contratação e pagamento dos funcionários e na venda dos produtos produzidos.

Escrivá de Balaguer entendia que esta abordagem – entidades civis proprietárias que sustentam projetos apostólicos com plena responsabilidade jurídica e econômica – se adequava ao espírito da Obra, secular e laical. O Opus Dei como instituição não era proprietário de bens, nem civis nem eclesiásticos; por exemplo, nem possuía imóveis nem recebia legados, salvo em casos muito excepcionais. Não sendo entidades eclesiásticas, as sociedades não comprometiam a Igreja ou o Opus Dei nas gestões econômicas e profissionais. Além disso, se evitava um possível perigo de confisco de bens eclesiásticos por iniciativa estatal (o fundador havia experimentado pessoalmente a expropriação do patronato de Santa Isabel na primavera de 1936).

Dentro do Opus Dei, denominavam-se sociedades auxiliares aos entes proprietários porque mobilizavam pessoas e recursos materiais necessários «para financiar atividades de apostolado»[24]. Em palavras de Escrivá de Balaguer, «as Sociedades Auxiliares são o arcabouço econômico, gerido tecnicamente, para que, paralelamente, se possam criar, sustentar e desenvolver os apostolados *comuns* e, às vezes, os apostolados *corporativos* do nosso Instituto»[25]. Estas sociedades

A HISTÓRIA DO OPUS DEI

proprietárias configuravam-se, portanto, como «meio ordinário para a administração dos bens e para a abordagem jurídica dos nossos labores comuns e corporativos»[26]. Concretamente, o fundador estabeleceu que, se o sentido apostólico de uma atividade se desvirtuasse, o Opus Dei deixaria de considerá-la como iniciativa sua.

Para garantir a finalidade apostólica das sociedades auxiliares – motivo pelo qual eram criadas –, os diretores da Obra designavam um conselheiro técnico com a missão de zelar para que a sociedade cumprisse sua finalidade direta ou, geralmente, indireta de evangelização; não era necessário que ele ocupasse um cargo de governo na entidade, mas tinha um lugar na junta diretiva ou no conselho de administração para facilitar sua intervenção. Além disso, pelo menos 51% do capital da empresa estava em mãos de pessoas que compartilhavam do desejo de irradiação cristã da atividade, fossem ou não da Obra. E, para assegurar que os bens investidos nessa iniciativa fossem geridos com critérios profissionais e finalidade apostólica, as sociedades auxiliares enviavam periodicamente ao departamento de administração regional – procuradoria regional, no caso das mulheres – as contas e uma memória explicativa. Os administradores regionais revisavam o andamento dos projetos e, se fosse oportuno, faziam sugestões aos dirigentes das sociedades auxiliares[27].

O fundador explicou que o amparo das empresas por parte da autoridade do Opus Dei se devia a que seus filhos espirituais tinham ainda pouca experiência e, por esse motivo, algumas pessoas haviam tentado cometer abusos. Escreveu em princípios dos anos 1940: «Quando escrevi que os diretores controlam as atividades econômicas dos sócios, referia-me exclusivamente à reta administração dos instrumentos apostólicos necessários para desenvolver o labor». Ao mesmo tempo, acrescentou que essas formas de intervenção nas sociedades auxiliares eram «prescrições circunstanciais, insisto, [que] não têm outro objetivo senão o de tutelar o emprego dos meios que se utilizam para o serviço de Deus»[28]; como veremos, em 1969 esta figura deixou de existir no Opus Dei.

A primeira sociedade auxiliar foi a Fomento de Estudios Superiores (FES). Constituída em novembro de 1935 por quatro profissionais do Opus Dei, a FES era uma sociedade civil particular e sem fins lucrativos que tinha por finalidade adquirir bens móveis e

II. ATIVIDADES APOSTÓLICAS INSTITUCIONAIS

imóveis dedicados à formação cultural e profissional de estudantes. Em junho de 1936, os sócios da FES assinaram a escritura de compra e venda do imóvel da rua Ferraz, 16, em Madri, com a ideia de que fosse a sede definitiva da residência DYA. No mês seguinte, começou a Guerra Civil espanhola. Depois dos três anos de contenda e de a FES não arcar com os pagamentos adiados e os reparos do edifício, que havia ficado completamente destruído, a propriedade retornou ao antigo dono.

A partir de 1939, membros da Obra e pessoas que colaboraram com suas finalidades evangelizadoras estabeleceram na Espanha – e, já ao final da década seguinte, em outros países – diversas sociedades anônimas que adquiriram imóveis; em seguida, arrendaram-nos a entidades estabelecidas por sócios do Opus Dei para que fossem sedes de centros, casas de retiro e residências de estudantes. Por sua vez, os diretores regionais do Opus Dei estimularam aos que tinham feito estudos de economia a que trabalhassem nessas sociedades.

Nos anos 1950, algumas entidades cresceram notavelmente, sobretudo na Espanha. O caso mais significativo foi a ESFINA (Sociedad Española Anónima de Estudios Financieros, 1956), *holding* de fundos de investimentos que possuía a maioria das ações de diversas empresas comerciais abertas com fins essencialmente apostólicos. Presidia o conselho de administração Alberto Ullastres, com os vice-presidentes Luis Valls-Taberner e Andrés Rueda Salaberry, assim como o conselheiro-delegado Fernando Camacho. A ESFINA possuía a maioria das ações da editora SARPE (Sociedad Anónima de Revistas, Periódicos y Ediciones), iniciada cinco anos antes para ter participação em empresas dedicadas aos meios de comunicação. A editora publicava as revistas *La actualidad española* e *Nuestro tiempo*. Em 1955, a SARPE passou a ter participação acionária no *Diario regional* de Valladolid; em 1956, no *Diario de León;* e, em 1958, no vespertino madrilenho *El Alcázar* e no boletim semanal *Actualidad económica*. O grupo ESFINA também logrou participação nos conselhos de administração de outras empresas, como a distribuidora de livros DELSA; as distribuidoras cinematográficas Dipenfa e Filmayer; as empresas de publicidade Clarín e ALAS; e a agência de informação

A HISTÓRIA DO OPUS DEI

Europa Press*.

Como ocorreu a outras entidades configuradas por instituições civis e religiosas, essas sociedades serviram como caminho para transmitir as virtudes cristãs ao conjunto da sociedade e aos profissionais que nelas trabalhavam ou colaboravam. Além disso – segundo dizia o fundador –, estavam chamadas a ser o meio profissional específico de santificação para os sócios da Obra que as geriam.

Escritório do apostolado da opinião pública

O segundo Congresso Geral do Opus Dei (1956) aprovou que o apostolado da opinião pública – difundir os valores do Evangelho através dos meios de comunicação – seria tarefa prioritária no seguinte quinquênio. A transmissão de ideias a toda a sociedade devia ser feita com instrumentos de grande relevo na opinião pública, como a imprensa e as publicações, o rádio, a televisão e o cinema. A partir de então, algumas pessoas da Obra começaram ou se incorporaram a iniciativas profissionais relacionadas com os meios de informação, deram início à Escola de Jornalismo do Estudo Geral de Navarra e iniciaram mais obras comuns relacionadas a essa esfera.

Em 1957, Escrivá de Balaguer criou o Escritório do apostolado da opinião pública no Conselho Geral, um organismo auxiliar destinado a informar sobre o espírito e atividades do Opus Dei, coordenar o relacionamento com os meios de comunicação, favorecer o intercâmbio de notícias e explicar a doutrina cristã sobre os direitos e deveres dos leigos na Igreja e na sociedade civil.

Em sua origem, o trabalho desse escritório abarcou três áreas: a informação sobre o Opus Dei a jornalistas profissionais; a difusão de notícias sobre as atividades coletivas; e o desenvolvimento de um centro de documentação sobre doutrina cristã e temas culturais de interesse nos diversos países. A partir de 1959, este organismo edi-

---

(*) Estas iniciativas criadas durante o regime franquista favoreceram um âmbito mais aberto e plural do que o dos meios de comunicação controlados pelo Estado. Cf. Carlos BARRERA, «El Opus Dei y la prensa en el tardofranquismo», *Historia y Política* 28 (2012) 139-165.

II. ATIVIDADES APOSTÓLICAS INSTITUCIONAIS

tou mensalmente o boletim SIDEC (Servicio Internacional de Colaboraciones), ao qual acrescentou um suplemento no ano seguinte. O boletim recolhia notícias de atualidades da vida pública, cultural e religiosa de diferentes países, informações sobre as ações corporativas e artigos sobre temas doutrinais e culturais, como a liberdade de ensino, a atuação dos católicos na vida pública e as discussões intelectuais relativas ao marxismo. Era enviado aos centros do Opus Dei e aos dirigentes das obras comuns a fim de favorecer o intercâmbio de notícias e a atualização permanente[29].

O escritório central elaborou também um classificador informativo, ou seja, um arquivo documental que ordenava, por conceitos, materiais diversos – argumentações inovadoras, citações interessantes, recortes de imprensa, episódios – que podiam ser úteis na hora de preparar colaborações para os meios de comunicação. O classificador foi organizado em seções, com temas como secularidade, amor à liberdade, finalidade apostólica do Opus Dei ou apostolados corporativos da Obra[30].

A partir de 1959, criaram-se escritórios regionais do apostolado da opinião pública, muitas vezes com uma só pessoa encarregada, que dependia da secretaria da comissão correspondente. Deste modo, as propostas gerais foram implementadas em cada país. Segundo as circunstâncias e possibilidades, os escritórios regionais se dedicaram a várias tarefas: análise e envio de informações ao Conselho Geral sobre a atualidade religiosa, pública e cultural do país para eventual utilização no próximo boletim SIDEC; relacionamento com jornalistas, escritores locais e assessores de imprensa das embaixadas; assessoramento aos membros da Obra que escreviam esclarecimentos na imprensa quando se publicavam coisa inexatas sobre o Opus Dei; estímulo aos sócios para que realizassem uma ampla tarefa de difusão cultural – por exemplo, com novos assinantes das obras comuns; e busca de alunos para a Escola de Jornalismo da Universidade de Navarra[31].

No entanto, os comunicados de imprensa oficiais eram assinados pela secretaria geral do Opus Dei ou pela secretaria regional de cada circunscrição. Geralmente, trataram-se de informações específicas, enviadas por ocasião das aprovações jurídicas do Opus Dei ou para esclarecer mal-entendidos sobre a atuação de seus membros na vida pública.

IV. CONSOLIDAÇÃO
(1962-1975)

No INÍCIO DOS ANOS 1960, a Guerra Fria dividia o mundo em dois blocos. Os principais atores da ordem bifronte – Estados Unidos e União Soviética – protagonizaram momentos de grande tensão, como a construção do muro de Berlim (1961), a crise dos mísseis em Cuba (1962) e a guerra do Vietnã (1965-1975, ainda que o conflito tenha começado já em 1955). Apesar do confronto, os líderes das democracias liberais e das populares atuaram com certo pragmatismo, com entrevistas e acordos. Existia uma mútua convicção de que qualquer novo conflito mundial levaria a uma catástrofe irremediável.

Outros fatores sobressalentes da geopolítica internacional e das relações sociais foram os movimentos migratórios e o rápido processo de descolonização pelo qual 38 países – em sua maioria africanos – alcançaram a independência, entre 1959 e 1965; uma maior integração econômica no oeste europeu; e a lei norte-americana de direitos civis de 1964, que proibiu a discriminação por motivos de raça, sexo ou religião.

Os Estados Unidos lideraram o desenvolvimento científico, econômico e cultural do Ocidente. Após duas décadas de recuperação, milhões de pessoas tiveram ao alcance da mão automóveis, eletro-

A HISTÓRIA DO OPUS DEI

domésticos e formas de lazer no cinema, na música e no turismo. A televisão converteu-se num poderoso meio de entretenimento e de comunicação. Os programas e os anúncios introduziram estilos de pensar e modelos de vida nos lares. O progresso econômico e tecnológico – notadamente nas ciências naturais e aplicadas – viveu também uma época inaudita. Em 1961, realizou-se o primeiro voo espacial tripulado; oito anos mais tarde, Neil Armstrong caminhava na superfície da Lua.

Ao mesmo tempo, aqueles foram anos de crise. A filosofia e a cultura reagiram em face de um mundo regulado que só desejava a prosperidade econômica. O descontentamento traduziu-se em movimentos reivindicativos e alternativos, que rejeitavam a autoridade, o sistema estabelecido e as normas legais e morais, vistas como repressoras da liberdade pessoal. Muitos intelectuais abraçaram os novos ideais marxistas e freudianos, que realçavam a individualidade e o instinto. As correntes contraculturais e disruptivas estouraram nos protestos de maio de 1968 e no movimento *hippie,* com grandes concertos de música jovem e assembleias multitudinárias nos *campi* universitários. A rebeldia derivou para formas provocativas, traduzidas no uso do álcool, da sexualidade e das drogas. Os excessos se justificavam com o direito à autorrealização do eu.

Na órbita comunista, a União Soviética e seus aliados mantiveram uma enérgica repressão ideológica e prática. Em alguns países da América Central, da América do Sul, da Ásia e da África foram implantadas ditaduras comunistas. Mao Tsé-Tung iniciou em 1966 a Revolução Cultural a fim de se consolidar no poder. O movimento transformou-se numa violenta luta de classes que incluiu a perseguição e execução de centenas de milhares de pessoas, uma purga massiva de funcionários e deslocamentos da população. Nas repúblicas latino-americanas houve fortes intromissões de outros países, tanto do regime cubano como dos Estados Unidos. Doze nações, desde a Guatemala até a Argentina, caíram sob o controle de ditaduras militares.

Esses anos foram fundamentais para a inserção da Igreja na cultura contemporânea. Em outubro de 1958, faleceu Pio XII, e os cardeais elegeram João XXIII. A imprensa afirmava que seria um pontificado de transição porque Angelo Roncalli tinha 76 anos. Contudo, três meses após sua eleição, o Papa surpreendeu o orbe

IV. CONSOLIDAÇÃO (1962-1975)

com a convocação de um concílio ecumênico. João XXIII achava que a Igreja devia refletir sobre a sua identidade em um momento de mudança cultural.

O Concílio Ecumênico Vaticano II iniciou-se em outubro de 1962. Tiveram direito a voto 2.778 padres conciliares, em sua grande maioria bispos diocesanos. João XXIII rogou-lhes que abrissem a Igreja à era moderna, que buscassem pontos de união no âmbito ecumênico e que os documentos não lançassem anátemas, diferentemente dos concílios anteriores. Pouco depois, em junho de 1963, o Papa faleceu em decorrência de um tumor. Reunido o conclave, foi eleito Paulo VI, que desde o primeiro momento continuou a obra conciliar.

Os padres conciliares refletiram sobre temas fundamentais, como a Igreja, a Revelação, o papel dos bispos, sacerdotes, leigos e religiosos, a liturgia, o movimento ecumênico e o diálogo com a sociedade moderna. Desde o princípio, houve duas grandes correntes: uma majoritária, que estava aberta à inovação teológica e ao diálogo com o mundo, e outra que se mostrava preocupada com a salvaguarda da doutrina e da disciplina eclesiástica. Uma e outra unificaram suas posturas e chegaram a grandes consensos, pois todos os documentos foram respaldados por pelo menos 95% dos votos. Entre 1963 e 1965, aprovaram uma constituição sobre a liturgia *(Sacrosanctum Concilium)*; duas constituições dogmáticas: uma sobre a Igreja *(Lumen gentium)* e outra sobre a Revelação *(Dei Verbum);* uma constituição pastoral sobre a Igreja no mundo atual *(Gaudium et spes)*; nove decretos sobre diversos aspectos, como os presbíteros, o apostolado dos leigos ou os meios de comunicação; e três declarações, entre as quais se destacava uma, referente à liberdade religiosa *(Dignitatis humanae)*. O Concílio se encerrou no dia 8 de dezembro de 1965.

Os meios de comunicação, que viviam uma época de auge, davam notícias diárias sobre a assembleia conciliar. Tiveram enorme impacto na opinião pública mundial, católica e não católica. De acordo com sua linha editorial, cada meio ampliou, minimizou ou distorceu os acontecimentos e as opiniões dos padres conciliares. Alguns setores pediram que se mudassem fórmulas dogmáticas e soluções pastorais. Paulo VI lamentou em várias ocasiões as propostas que não estavam de acordo com a grande obra renovadora do Concílio.

12. GOVERNO DE
UMA ENTIDADE GLOBAL

Em 17 de outubro de 1960, Escrivá de Balaguer celebrou Missa na basílica pontifícia de São Miguel, em Madri. Pela primeira vez, teve experiência visual de centenas de homens e mulheres que pertenciam ou eram cooperadores do Opus Dei. Na homilia, recordou sua chegada à capital espanhola, 33 anos antes: «O Senhor me trouxe aqui com vislumbres da nossa Obra. Então eu não sonhava que veria esta igreja cheia de almas que amam tanto a Jesus Cristo. Estou comovido»[1]. Mencionou também o dia da fundação, quando viu a difusão da santidade no meio do mundo entre todo tipo de gente.

O Opus Dei havia duplicado o número de membros em relação à década anterior. Entre os dados recolhidos durante o terceiro Congresso Geral, celebrado em Roma no ano de 1961, calculava-se que havia 5.997 sócios na Obra: 3.694 homens – dos quais 263 eram sacerdotes numerários – e 2.303 mulheres. Do total, 45% – 2.683 pessoas – eram supernumerários, ou seja, homens e mulheres sem compromisso de celibato, em sua maioria casados. Além disso, 335 presbíteros eram adscritos e supernumerários da Sociedade Sacerdotal da Santa Cruz. Havia também crescido a expansão geográfica. Os membros do Opus Dei residiam estavelmente em catorze países da América, dez da Europa, um da Ásia e um da África. Metade das pessoas da Obra pertencia à região da Espanha[2].

Nos anos seguintes, o número de homens e de mulheres se equilibrou, salvo algumas exceções regionais. Outro fenômeno da década de 1960 foi a presença de famílias com duas gerações que conheciam

A HISTÓRIA DO OPUS DEI

ou haviam pedido admissão ao Opus Dei, sobretudo nos países onde a Obra tinha sido implantada há mais tempo.

Certa vez o fundador comentou que a proporção desejável de membros da Obra – para cada numerário, dois adscritos e oito supernumerários – não se realizava porque a cadência de numerários e supernumerários se havia cumprido, porém, havia menos adscritos que numerários[3]. Assim, em 1966, na Espanha, para cada mil supernumerários havia 130 numerários e quarenta adscritos, tanto homens como mulheres[4].

A chegada de universitários ao Opus Dei nos anos 1930, de numerárias auxiliares nos anos 1940, de adscritos e – de modo muito significativo – de supernumerários nos anos 1950, bem como a variedade de atividades desenvolvidas nos anos 1960, foi modificando o panorama, com presença de homens e mulheres das diversas camadas sociais. Por exemplo, em 1965, e no âmbito urbano de uma grande cidade como Madri, 5% dos supernumerários tinham alto nível aquisitivo, 65% eram graduados, 25% eram de peritos, funcionários e pequenos comerciantes e os 5% restantes eram operários. Essas porcentagens mostravam que a mensagem da Obra, dirigida às pessoas correntes, chegava a pessoas variadas, com predomínio da classe média e média alta[5].

Uma fundação aberta

Permanecendo em Villa Tevere, sede central do Opus Dei, Josemaria Escrivá de Balaguer seguiu adiante com sua tarefa específica de ser fundador de um novo caminho vocacional na Igreja, pai de família do Opus Dei e governante da instituição. Com frequência, recordou que o fundamento da vida de cada um e de cada projeto fincava suas raízes «em uma intensa vida interior, em que sejamos todos eficaz e realmente contemplativos»[6]. A busca da santidade exercitava-se em primeiro lugar com a frequência aos sacramentos, com a oração, com o conhecimento da doutrina cristã e com o apostolado. Aí se encontrava, como mais de uma vez recalcou, o segredo do Opus Dei. Disse a Encarnación Ortega que ele media o desenvolvimento

I2. GOVERNO DE UMA ENTIDADE GLOBAL

da Obra «não pelo número de novas cidades em que trabalhamos, ou pelas atividades que nelas se realizam, mas pelo crescimento na vida interior de cada uma das minhas filhas»[7].

Também se sentia movido pelo pensamento de que lhe correspondia, «por especialíssima graça de Deus, pela qual hei de responder em consciência, indicar o que é e o que não é o espírito da Obra, e como deve ser vivido nas diversas circunstâncias»[8]. Nos anos 1960 e 1970, redigiu novos documentos, onde explicou aspectos do espírito do Opus Dei, perfilou o modo de cumprir as normas do plano de vida e os costumes, impulsionou as atividades de formação dos membros da Obra e cooperadores e reorganizou a estrutura das ações coletivas. Como fruto da experiência e das consultas que lhe fizeram, introduziu pequenas modificações nos exercícios de devoção e nas práticas de piedade cristã. Por exemplo, indicou que a recitação do Rosário fosse dos mistérios do dia e que se meditassem os demais, e também que se recitasse às quintas-feiras o hino eucarístico *Adoro te devote*[9].

Escrivá de Balaguer definiu os santos aos quais confiava os diversos apostolados do Opus Dei. No começo da Obra, havia nomeado como patronos a Virgem Maria e São José, os arcanjos São Miguel, São Gabriel e São Rafael, e os apóstolos São Pedro, São Paulo e São João. Depois, havia acrescentado alguns intercessores. Em dezembro de 1934, pôs São Nicolau de Bari como intercessor para as necessidades econômicas das atividades apostólicas dos fiéis do Opus Dei. Em novembro de 1957, designou São Pio X como intercessor para as relações do Opus Dei e dos seus membros com a Santa Sé; São João Batista Maria Vianney, como intercessor para as relações com os ordinários locais; e São Tomás More como intercessor para as relações com as autoridades civis. E, por último, no dia 13 de maio de 1964, acrescentou Santa Catarina de Sena como intercessora do apostolado da opinião pública[10].

O fundador acompanhou as causas de beatificação e canonização de membros do Opus Dei, pois eram exemplos de homens e mulheres seculares que tinham vivido a chamada à santidade no cotidiano. Além da causa de Isidoro Zorzano, iniciou-se uma segunda, a de Montserrat Grases, jovem barcelonesa falecida em 1959, aos dezoito anos, em decorrência de um câncer ósseo. Ao final dos anos 1960, a difusão de folhas informativas para dar a conhecer a vida desses servos

A HISTÓRIA DO OPUS DEI

de Deus, assim como a de estampas para difundir a devoção privada, havia ultrapassado as centenas de milhares de exemplares[11].

Josemaria Escrivá de Balaguer achava que, na etapa fundacional, era prioridade essa difusão do espírito recebido entre muitas pessoas e por meio de muitas atividades. Por outro lado, deixava como tarefa para os que viriam depois os estudos e tratados teológicos sobre o carisma. Escreveu novos textos, pregou meditações – nesses anos, especialmente para os conselhos centrais – e participou de tertúlias com seus filhos espirituais, de modo particular nos colégios romanos. Além disso, desde o final dos anos 1950, recebeu com frequência em Villa Tevere visitas de pessoas da Obra e cooperadores, leigos e sacerdotes.

Os que viviam próximos ao fundador tomaram notas ou gravaram em fitas magnéticas algumas meditações e tertúlias. Parecia-lhes que continham um rico legado fundacional para as gerações futuras. Além disso, a transcrição dessas palavras serviu como material documental ao próprio Escrivá de Balaguer e às publicações internas da Obra. Entre 1964 e 1974, foram editados seis volumes de *Meditações* para ajudar a fazer oração pessoal; trata-se de uma coleção de textos para cada dia do ano que, geralmente, comentam as leituras da Missa com glosas do fundador e de outros autores espirituais. A partir de 1970, também foram publicados como editoriais de *Crónica* e *Noticias* meditações do fundador, com título próprio e assinatura impressa[12].

Escrivá de Balaguer não quis redigir tratados teológicos que recolhessem seu espírito de modo sistemático. Também não compôs muitos livros espirituais, embora *Caminho*, já em 1965, houvesse se convertido num *best-seller* da literatura ascética, com mais de 2 milhões de exemplares vendidos e com traduções para mais de vinte idiomas. Por outro lado, preparou vários textos onde explicou o Opus Dei. Os mais importantes formam duas coleções: uma de *Instruções* e outra de *Cartas*. Esses documentos, que são fruto de sua oração e de sua experiência, resumem e estabelecem por escrito o espírito fundacional. Em algumas ocasiões, reafirmam ideias de trinta anos antes, como a sinopse que fez, em 1968, do ideal de santidade na Obra: «Simples cristãos. Massa em fermento. Nossa característica é o ordinário, com naturalidade. Meio: o trabalho profissional. Todos santos! Entrega silenciosa»[13].

12. GOVERNO DE UMA ENTIDADE GLOBAL

As *Instruções* oferecem disposições e pautas concretas, à luz dos elementos substanciais da mensagem da Obra, que podem ajudar no governo e desenvolvimento do Opus Dei. O fundador escreveu três delas nos anos 1930: *Instrução sobre o espírito sobrenatural da Obra de Deus, Sobre o modo de fazer o proselitismo* e *Para a obra de São Rafael;* e, em 1950, a *Instrução para a obra de São Gabriel.* Na década seguinte, concluiu a *Instrução para os diretores* e a *Instrução para a obra de São Miguel.* Em 1967, as seis *Instruções* foram enviadas aos centros com notas de Álvaro del Portillo.

As *Cartas* são «documentos que algumas vezes contêm normas de caráter doutrinal, ascético, jurídico etc., e outras apontam orientações apostólicas, de ordem prática»[14]; tendem a fazer uma exposição detalhada sobre determinado tema à luz do espírito da Obra. São no total 42 cartas, 39 trabalhadas ao longo de várias décadas, sobretudo entre o final dos anos 1950 e o ano de 1967, junto com uma de 1971, duas de 1973 e outra de 1974. Para as escrever, o fundador utilizou materiais prévios: fichas, rascunhos antigos e transcrições de suas palestras e meditações. Também teve presentes os ensinamentos do Concílio Vaticano II, contemporâneo à redação final das *Cartas.* Em algumas delas consta a data da última redação; outras têm datas de anos anteriores porque Escrivá de Balaguer desejava sublinhar que esses escritos recolhiam a inspiração fundacional, os materiais prévios e a pregação de quatro décadas.

Em dezembro de 1964, o fundador enviou às regiões as primeiras oito *Cartas* em latim, pois, além de sua alta estima pela língua de Cícero, desejava fixar a explicação fundacional do espírito do Opus Dei no idioma universal da Igreja[15]. Mas, como o latim trazia dificuldades de compreensão, a fim de facilitar sua leitura foi enviada em 1965 uma nova versão em latim e castelhano, com duas *Cartas* a mais; pouco depois, descartou-se a ideia da tradução latina. Desde o momento da recepção das *Instruções* e das *Cartas* nas regiões, elas passaram a ser utilizadas nos meios de formação dos membros da Obra.

Nos anos seguintes, Escrivá de Balaguer revisou as *Cartas* que vinha publicando no intuito de polir os textos e corrigir erratas. Como estava preparando a versão definitiva de algumas e preferia que não circulassem edições anteriores, pediu que fossem retiradas dos centros. Além disso, como o Opus Dei estava em um momento delicado de

A HISTÓRIA DO OPUS DEI

seu desenvolvimento jurídico, ele queria evitar que esses originais fossem mal interpretados ou utilizados indevidamente por pessoas alheias à Obra. No entanto, como ele faleceu antes de concluir essa tarefa, coube aos seus sucessores publicar a versão definitiva das *Cartas*[16].

As *Cartas* expõem traços perenes que definem o espírito, a atividade apostólica e a história do Opus Dei, como a santificação da vida corrente, o trabalho profissional e a vida familiar, a amizade, o início da Obra em mais países, o sacerdócio no Opus Dei e a formação de seus membros. As que estão relacionadas com o itinerário jurídico da Obra refletem de maneira clara a mente do fundador, de modo particular ao explicar a secularidade. Escrivá de Balaguer emprega em todas elas um estilo epistolar direto e familiar, alheio a formulações acadêmicas e sistemáticas. Ainda que tenham sido redigidas para as pessoas da Obra, ele previu que, com o passar do tempo, seriam disponibilizadas para todo o mundo.

Dos grandes temas das *Cartas*, em seu núcleo já presentes em *Caminho* (publicado em 1939), destacamos alguns transversais. O primeiro é a filiação divina. Para o fundador, a consciência de ser filho de Deus é uma «verdade gozosa que fundamenta toda a nossa vida espiritual, que enche de esperança a nossa luta interior e as nossas tarefas apostólicas»[17]. O conhecimento da própria identidade torna possível exercitá-la tanto no relacionamento pessoal e íntimo com Deus, por meio das práticas de piedade, como no testemunho cristão.

O segundo faz referência aos cristãos correntes, convocados à santidade mediante o trabalho profissional e as relações familiares e sociais. Com a ajuda da graça, convertem-se em homens e mulheres de Deus, em pessoas com alma sacerdotal e, ao mesmo tempo, mentalidade laical, que amam apaixonadamente esta vida e o mundo. Estes cristãos seculares transformam a sociedade por dentro e a dirigem para Deus. «Sempre se produzirá este fenômeno: que haja pessoas de todas as profissões e ofícios que busquem a santidade em seu estado, nessa profissão ou nesse seu ofício, sendo almas contemplativas no meio da rua[18].»

E, em terceiro lugar, apresenta com frequência o Opus Dei como «uma família de vínculo sobrenatural»[19], uma parte da Igreja constituída segundo o modelo de uma família cristã secular. A realidade familiar marca de modo essencial o relacionamento dentro da Obra, com um pai e uns filhos que se tratam e se querem como irmãos.

12. GOVERNO DE UMA ENTIDADE GLOBAL

Em 1966, o fundador acrescentou outra forma de explicação da doutrina cristã e do conteúdo da Obra. Concedeu sete entrevistas a jornalistas da Espanha *(Gaceta Universitaria, Palabra, Telva)*, Estados Unidos *(The New York Times* e *Time)*, França *(Le Figaro)* e Itália *(L'Osservatore della Domenica)* que depois foram reunidas no livro *Entrevistas com mons. Escrivá de Balaguer.*

Os comunicadores perguntaram-lhe sobre a situação da Igreja depois do Concílio Vaticano II e sobre a natureza e os apostolados do Opus Dei. Escrivá de Balaguer glosou alguns aspectos fundamentais de sua espiritualidade, como a relação filial com Deus, a chamada divina à santidade secular no âmbito profissional e familiar e a liberdade de atuação dos sócios na vida social. Por exemplo, disse a Jacques Guilleme-Brulon, correspondente do jornal *Le Figaro:* «Desde 1928, tenho pregado que a santidade não é coisa para privilegiados, que podem ser divinos todos os caminhos da terra, porque o eixo da espiritualidade específica do Opus Dei é a santificação do trabalho cotidiano»[20].

Também evocou a doutrina cristã sobre o matrimônio e deu conselhos práticos para fortalecer o amor conjugal. Para a maioria dos homens, criar e desenvolver uma família é o seu caminho de santidade. Os esposos estão chamados a «cooperar com o poder criador de Deus, pela procriação e depois pela educação dos filhos; que o Senhor lhes pede que façam, do seu lar e da vida familiar inteira, um testemunho de todas as virtudes cristãs». A propósito do controle da natalidade – tema muito presente nos meios de comunicação nesses anos – recomendava aos esposos que buscassem a vontade de Deus e que vivessem com agradecimento a participação no poder de Deus, sem «estancar as fontes da vida». De acordo com a doutrina católica, aconselhava a continência periódica «em casos isolados e difíceis»* e rejeitava, por serem ilícitos, a pílula e os demais métodos anticonceptivos.

(*) Josemaria Escrivá de Balaguer, *Entrevistas com mons. Escrivá de Balaguer,* o. c., n. 94. Esta resposta fazia parte de uma entrevista concedida pelo fundador em fevereiro de 1968, cinco meses antes de que o Papa publicasse a encíclica *Humanae vitae.* Em Nota geral 67/63 (15-V-1963), em AGP, série E.1.3, 243-3, e Nota geral 21/69 (28-VI-1969), em AGP, série E.1.3, 246-1, recordava-se que o magistério indicava a continência periódica «só por graves motivos».

A HISTÓRIA DO OPUS DEI

Entrevistas com mons. Escrivá de Balaguer também incluiu a homilia pronunciada pelo fundador da Obra, em outubro de 1967, no *campus* da Universidade de Navarra, diante de mais de 20 mil pessoas. O texto, de grande beleza expressiva e conteúdo teológico, explica que a existência secular cristã é um âmbito vocacional: «[...] Deus os chama a servi-Lo *em* e *a partir* das tarefas civis, materiais, seculares da vida humana. Deus nos espera cada dia: no laboratório, na sala de operações de um hospital, no quartel, na cátedra universitária, na fábrica, na oficina, no campo, no seio do lar e em todo o imenso panorama do trabalho. Não esqueçamos nunca: há *algo* de santo, de divino, escondido nas situações mais comuns, algo que a cada um de nós compete descobrir»; «[...] nossa época precisa devolver à matéria e às situações aparentemente mais vulgares seu nobre e original sentido: pondo-as ao serviço do Reino de Deus, espiritualizando-as, fazendo delas meio e ocasião para o nosso encontro contínuo com Jesus Cristo». As situações correntes eram caminho para a união entre Deus e o homem: «[...] ou sabemos encontrar o Senhor em nossa vida de todos os dias, ou não O encontraremos nunca»; «Na linha do horizonte, meus filhos, parecem unir-se o céu e a terra. Mas não: onde de verdade se juntam é no coração, quando se vive santamente a vida diária»[21].

Os conselhos centrais e regionais

O terceiro Congresso Geral Ordinário do Opus Dei foi celebrado em Roma no ano de 1961: de 29 de setembro a 1º de outubro para os homens, com a assistência de 39 pessoas, e de 20 a 22 de outubro para as mulheres, com dezenove congressistas. Os participantes revisaram a situação da Obra e estabeleceram algumas linhas de atuação para os cinco anos seguintes: abertura de novos centros de estudos e de casas de retiro em todas as circunscrições; envio de alunos e alunas aos centros de estudos inter-regionais; melhora do trabalho do apostolado da opinião pública; início das atividades ordinárias do Opus Dei em uns poucos países mais, concretamente na Austrália e Bélgica; e estímulo à emigração apostólica de supernumerários e cooperadores

12. GOVERNO DE UMA ENTIDADE GLOBAL

para que transmitissem a mensagem do Opus Dei em outras nações[22]. Foram assuntos que se efetivaram nos anos seguintes, com exceção da emigração apostólica, que só ocorreu em poucos casos.

Na tarefa de governo central colaborou, em primeiro lugar, Álvaro del Portillo, secretário geral da Obra e *custos* [protetor] do fundador para assuntos espirituais. Del Portillo apoiou e secundou as decisões de Escrivá de Balaguer. Inclusive nos anos do Concílio Vaticano II, em que dedicou bastante tempo às comissões a que pertencia, del Portillo trabalhou com o fundador no governo e no relacionamento com as autoridades eclesiásticas presentes em Roma. Ajudaram-no também os demais membros do Conselho Geral e da Assessoria Central; neste caso, foram secretárias centrais Mercedes Morado (1961--1973) e Carmen Ramos (1973-1988). Todos o respeitaram como fundador e o consultaram sobre os diversos temas, para depois ajudá--lo a colocá-los em prática.

O trabalho de governo central consistia nessa época «em colocar as bases e consolidar a realidade institucional, bem como impulsionar seu desenvolvimento»[23]. O Conselho Geral e a Assessoria Central dedicaram grande parte do seu tempo ao avanço das atividades apostólicas das regiões e à solução de problemas. Além disso, trabalharam nos assuntos de sua competência, como a ereção e modificação das circunscrições; as nomeações de eleitores, inscritos, diretores dos centros de estudos inter-regionais e membros dos governos regionais; e o empréstimo de capital para as iniciativas corporativas de lugares com menos recursos.

Nesses anos, houve certa mobilidade entre os governos centrais e os regionais. A experiência adquirida em uns e outros lugares enriqueceu os pontos de vista. Por exemplo, María José Monterde foi secretária regional do México de 1960 a 1966, mas antes e depois desses anos esteve à frente da vice-secretaria de São Miguel, na Assessoria Central. Pedro Casciaro, que havia sido conselheiro do México entre 1948 e 1957 e, a seguir, delegado, tornou-se procurador geral do Conselho Geral e delegado da Itália em 1959; ocupou esses cargos durante os anos do Concílio e, em 1966, regressou ao México como conselheiro. José Luis Múzquiz foi sacerdote secretário central de 1961 a 1964; antes havia ocupado o cargo de conselheiro dos Estados Unidos durante nove anos e de delegado por outros quatro.

A HISTÓRIA DO OPUS DEI

A transmissão do espírito e das indicações de governo deu-se de cima – do fundador e os respectivos conselhos centrais – para baixo. O estilo de direção tratou de dar liberdade em tudo o que não fosse medular às respectivas instâncias, regionais e locais. Em certas ocasiões, a ação de um único sócio levou consigo o crescimento do número de pessoas que se aproximavam da Obra em certa cidade, com a consequente necessidade de prover sua formação. Para Escrivá de Balaguer, a autoridade superior não podia cortar a iniciativa ou cair na tentação de controlá-la; os diretores garantiam o espírito da Obra e orientavam suas atividades, mas não se imiscuíam na ação pessoal de cada um de seus membros. Brincando com as palavras, definia a estrutura do Opus Dei como uma «organização desorganizada» ou uma «desorganização organizada»[24], na qual «se dá primazia ao espírito sobre a organização, [na qual] a vida dos membros não se espartilha com lemas, planos e reuniões»[25].

Os diretores regionais viajaram a Roma quando foi preciso fazer consultas a respeito de alguma dificuldade ou intercambiar pareceres. Além disso, a partir de 1963, houve convivências regulares para conselheiros e delegados, bem como para secretárias regionais e delegadas. Durante os dias que passavam na sede central da Obra, mantinham encontros com o fundador e os diretores centrais. As reuniões tinham por finalidade intensificar o afã de santidade pessoal, impulsionar as atividades corporativas regionais e melhorar a formação dessas pessoas. Escrivá de Balaguer começava os encontros recordando que o *segredo* do Opus Dei residia na união de cada um com Deus.

Por outro lado, as viagens de membros do governo central às regiões, que haviam começado em 1953, tornaram-se periódicas. A cada cinco anos, um ou dois delegados do Padre visitavam determinada região para conhecer a sua situação, colaborar no estudo das soluções para os eventuais problemas e levar informações aos organismos centrais[26].

O relacionamento ordinário entre os governos centrais e os regionais realizou-se por meio do envio de notas, avisos e cartas. Nesses anos, viveu-se um processo de descentralização, em que se delegava mais assuntos às regiões.

Em cada Comissão e Assessoria, contava-se com as Constituições do Opus Dei, as *Instruções* do fundador, o documento *De spiritu*, que

12. GOVERNO DE UMA ENTIDADE GLOBAL

resumia a mensagem do Opus Dei e o modo de viver as normas e costumes, um regulamento para o governo regional, o Catecismo da Obra e folhetos de *Construções*, com experiências para a edificação ou reforma dos imóveis que serviam como sede dos centros[27].

Para que todas as regiões tivessem as mesmas indicações gerais e que não fosse necessário remeter pelo correio indicações sobre temas já resolvidos, entre 1963 e 1972 foram feitas 49 coleções denominadas *Recopilações*. Elas agrupavam as notas, avisos e fichas sobre aspectos da vida do Opus Dei, como o governo central, regional e local, as obras de São Miguel, São Rafael e São Gabriel, a formação e o modo de informar sobre a Obra. Além disso, os governos centrais redigiram práticas sobre aspectos materiais relacionados ao cuidado do culto e aos trabalhos da Administração[28].

Na primavera de 1966, celebrou-se o quarto Congresso Geral do Opus Dei. Trinta e quatro homens reuniram-se de 3 a 5 de maio em Villa Tevere e 24 mulheres, de 15 a 17 de maio, em Villa delle Rose. As conclusões do congresso, semelhantes para as duas seções da Obra, sublinhavam a responsabilidade dos adscritos, supernumerários e cooperadores nas atividades corporativas; a solicitação a todas as circunscrições para que tivessem centros de estudos; o impulso aos supernumerários que desejassem empreender uma emigração apostólica para outras nações; a promoção às iniciativas acadêmicas orientadas a se transformarem em universidades, sem prejudicar o labor que se fazia nos centros de ensino oficiais em cada país; o incremento do número de colégios nascidos dos labores pessoais; e o estudo do início da Obra em mais países da África e da Ásia*.

Nesse momento, o constante aumento de pessoas e atividades exigia o robustecimento dos governos regionais e locais. Certa delegada salientou com razão que se viviam anos de «crise de crescimento»[29] – de modo acentuado na Espanha, nos anos 1960, e no México uma década mais tarde. Como um adolescente que fica com a roupa pequena, em quase todas as instâncias de governo intermediário havia a sensação de que o crescimento era superior à capacidade de acompa-

---

(*) Cf. Conclusões do IV Congresso Geral Ordinário (5-V-1966 para homens; 17-V-1966 para mulheres), em AGP, série D.1, 457-5-4, e AGP, série D.1, 457-5-8, respectivamente. Sobre os labores pessoais, cf. capítulo 14, seção «Colegios de primaria y secundaria».

A HISTÓRIA DO OPUS DEI

nhamento das pessoas e dos projetos; que eram necessários mais numerários dedicados ao governo, à direção das iniciativas corporativas e às tarefas de formação espiritual; que os sacerdotes e as numerárias das administrações estavam sobrecarregados de trabalho; e que a dedicação heroica de muitos era, de momento, o único remédio perante a escassez de pessoal e de meios para atender os apostolados[30].

Já em 1957, o fundador havia proposto ao Conselho Geral frear a ida a mais países durante um tempo, pois convinha fortalecer o «desenvolvimento interno do labor nas circunscrições já erigidas», bem como, principalmente, «os centros de estudos e os quadros dirigentes dessas circunscrições»[31]. De fato, o período entre 1960 e 1975 foi marcado por um progressivo crescimento nos lugares onde já se haviam instalado as pessoas do Opus Dei, às vezes com grande impulso. A Obra só começou suas atividades em outras seis nações: Paraguai (1962), Austrália (1963), Filipinas (1964), Bélgica (1965), Nigéria (1965) e Porto Rico (1969).

Os organismos centrais e regionais elaboraram estratégias de organização do trabalho e de distribuição do pessoal. Por um lado, pediram que se cuidasse da formação nos centros de estudos, de modo a que se desse a conhecer toda a realidade vocacional do Opus Dei. Por outro, procuraram que houvesse na direção das obras corporativas e dos centros com muitas pessoas alguns numerários e numerárias que trabalhassem ali em período integral.

Uma preocupação particular dos diretores centrais foi o atendimento personalizado dos membros do Opus Dei, sobretudo dos que acabavam de pedir admissão. Os que faziam parte do conselho local de cada centro foram nisso o elemento-chave. Os diretores locais coordenavam a direção espiritual dos membros da Obra, ministravam o grosso da formação coletiva e acompanhavam o andamento das atividades. Os numerários desses conselhos locais deviam conhecer e ensinar o espírito e os costumes do Opus Dei, ser homens e mulheres com dotes de governo, visão de conjunto, compreensão das pessoas e capacidade de análise e solução dos problemas. No entanto, às vezes os delegados salientavam que havia conselhos locais um pouco frágeis devido à sua juventude, falta de experiência ou pouca continuidade no cargo.

Para melhorar a formação e os apostolados da Obra, criaram-se organismos de governo intermediário, dependentes das comissões e das

12. GOVERNO DE UMA ENTIDADE GLOBAL

assessorias regionais. Na Espanha, foram erigidas as delegações de Barcelona (1957), que passou a ser quase-região em 1965, Sevilha (1957), Pamplona (1960), Madri (1962), que por sua vez se dividiu nas delegações de Madri-leste e Madri-oeste (1971), Valladolid (1965) e Valência (1969). No México, as delegações de Guadalajara (1967), Monterrey (1970) e México-DF (1975). Na Itália, as de Roma (1968) e Palermo (1971). Além disso, em alguns países, foram erigidas delegações dependentes do governo regional de outros países: Paraguai (1963) e Uruguai (1973) dependiam da Argentina; a Costa Rica dependia da região da América Central (1968); e a Bélgica, da Holanda (1973)[32].

Cada vez com maior frequência, alguns integrantes desses conselhos intermediários eram originários do próprio país; até então, muitos provinham da Espanha. Assim aconteceu, por exemplo, com os conselheiros Nuno Girão Santos Ferreira (Portugal, 1958), Richard Mulcahy (Irlanda, 1959), James Albrecht (Washington, 1961) e Luigi Tirelli (Itália, 1964).

Algumas experiências anteriores foram modificadas porque não tinham dado o resultado esperado. As delegações de países com muitas pessoas da Obra ou com um território extenso, como a Espanha ou os Estados Unidos, haviam começado com a ideia de que depois se tornariam governos regionais. Concretamente, existiam as quase-regiões de Chicago e Washington (1957) e a de Barcelona (1965) – neste caso, dependente da região da Espanha. Depois, o fundador mudou essa proposta porque as divisões dentro de um mesmo país podiam frear as relações e a coordenação entre as instâncias de governo, a mobilidade de pessoas e o desenvolvimento das atividades. Em 1969, Barcelona voltou a ser uma delegação dependente da Comissão e da Assessoria Regional da Espanha e criou-se de novo a região dos Estados Unidos, com sede em Nova York e uma delegação em Chicago.

O novo plano melhorou o governo. Os diretores das delegações conheciam pessoalmente os membros da Obra de sua demarcação e podiam acompanhar a trajetória das atividades. No entanto, os cargos do governo regional e dos correspondentes escritórios assessores para os aspectos jurídicos, econômicos e de opinião pública só foram cobertos à medida que foi aumentando o número de numerários formados para a direção; enquanto isso, nas delegações foi necessário acumular dois ou mais cargos, pois não havia gente suficiente.

A HISTÓRIA DO OPUS DEI

Junto com o impulso aos órgãos de governo, Escrivá de Balaguer pediu que – como já acontecia com os adscritos e com os supernumerários – houvesse mais numerários dedicados a trabalhos profissionais não institucionais, de modo a que contribuíssem para difundir a mensagem da chamada à santidade nos âmbitos profissionais e sociais em que se desenvolve a vida comum dos cidadãos. Esta realidade aplicou-se especialmente às mulheres, dedicadas até então, em boa parte, à formação, ao governo e ao trabalho das administrações. No Congresso Geral da Obra de 1966, indicou-se que havia chegado o momento de que fossem «muito mais as associadas numerárias que trabalhem, exercendo sua profissão – a que for – para levar a todos os ambientes o espírito cristão e poder ampliar assim a base da nossa tarefa apostólica»[33]. Oito anos mais tarde, uma delegada que estivera na Espanha constatava que já havia mulheres da Obra que trabalhavam «em postos profissionais de especial repercussão apostólica (ensino universitário e médio), meios de comunicação etc.»[34].

No aspecto econômico, foram atribuídas competências aos governos intermediários para aprovar os orçamentos e decidir sobre a utilização dos fundos. As regiões mais desenvolvidas contavam com escritórios de assessoramento, concretamente um escritório jurídico, composto de advogados, e outro técnico, com economistas, engenheiros e arquitetos que supervisionavam os projetos de instalação dos centros das obras corporativas. Por sua vez, os administradores regionais tinham uma assessoria técnica que revisava a solvência das sociedades auxiliares, de forma a que não se deixassem levar por um critério inflacionista centrado no esforço da expansão, mas descuidando da rentabilidade do patrimônio.

O desenvolvimento das iniciativas apostólicas da Obra em cada região seguiu certa ordem, adaptada às circunstâncias do lugar. Costumava-se começar com uma obra corporativa, muitas vezes uma residência de estudantes. Depois, estabelecia-se uma casa de retiros para jornadas formativas. Quando havia um grupo suficiente de membros da Obra, abriam-se centros de estudos e se dava início aos cursos de estudos para adscritos e supernumerários. Depois, chegava o momento da abertura de atividades corporativas no âmbito do ensino, desde o fundamental até o superior, tanto para intelectuais como para operários e camponeses. Além disso, buscava-se que os sócios do Opus

12. GOVERNO DE UMA ENTIDADE GLOBAL

Dei, junto com outras pessoas, promovessem obras comuns com finalidade evangelizadora, quer fossem revistas, distribuidoras de livros ou editoras[35].

Todas as circunscrições trataram de abrir uma casa de retiro para oferecer dias de retiro espiritual e convivências de formação e descanso. Nesta época, houve um florescimento enorme. Na Espanha, acrescentaram-se às casas que já existiam La Pililla (1960), Solavieya (Gijón, 1965), Islabe (Bilbau, 1966) e La Lloma (Valência, 1968). Nas demais regiões, fundaram-se casas de retiro como Miranda (Quito, 1959), Toshi (Atlacomulco, México, 1960), Antullanca (Santiago do Chile, Chile, 1960), Centre International de Rencontres de Couvrelles (Soissons, França, 1964), Wickenden Manor (East Grinstead, Grã-Bretanha, 1964), Lismullin (Navan, Irlanda, 1964), Arnold Hall Conference Center (Boston, Estados Unidos, 1964), Manoir de Beaujeu (Montreal, Canadá, 1964), Torreblanca (Fusagasugá, Colômbia, 1966), La Chacra (Buenos Aires, Argentina, 1966), Sítio da Aroeira (São Paulo, Brasil, 1967), Okuashiya Study Center (Ashiya, Japão, 1967), Tigoni Study Center (Nairóbi, Quênia, 1970) e Makiling Conference Center (Manila, Filipinas, 1971). Também eram usados imóveis e casas de campo – emprestados por supernumerários ou por cooperadores – para convivências e retiros.

A região da Espanha constituía um caso particular. Ali havia nascido e se desenvolvido o Opus Dei de modo intenso, num ritmo de crescimento superior ao resto. Também era a região que mais sacrifícios havia feito para enviar pessoas a outros países. A *região primogênita* vivia uma época de grandes construções – residências, casas de retiro e novos edifícios da Universidade de Navarra – e de aumento dos que participavam dos diversos apostolados. Por exemplo, entre 1962 e 1965 as atividades com a juventude cresceram 40%, devido em boa parte aos clubes de colegiais; os centros de São Gabriel organizaram recolhimentos e encontros mensais em quase todas as capitais de província e cidades grandes, superando a etapa em que só se erigiam centros em cidades universitárias. Esta variedade fazia com que a Espanha fosse um banco de testes ou um modelo, ainda que os diretores centrais insistissem em que, devido à entranha universal do Opus Dei, haveria formas de fazer as coisas que seriam diferentes em outros lugares[36].

A HISTÓRIA DO OPUS DEI

Ao mesmo tempo, a internacionalização propiciou que se formassem equipes multinacionais, inclusive sem a presença espanhola. Por exemplo, em 1960, vinte numerárias – dez da Espanha e dez de países latino-americanos – foram viver nos Estados Unidos; em janeiro de 1961, o Conselho Geral decidiu pedir que mais sacerdotes e leigos numerários da Espanha e Portugal fossem para o Brasil a fim de impulsionar essa região; e, em dezembro de 1963, chegou um grupo de mulheres a Assunção (Paraguai) para começar as atividades da Obra. Esse grupo era formado pelas argentinas Ofelia Vitta Lara e Rosa Clara Pinotti, a peruana Elena Varillas Montenegro e a chilena María Angélica Cáceres Meza; dois meses depois, incorporou-se outra peruana, Ángela Galindo.

Os anos 1960 marcaram o início de várias obras corporativas de envergadura na Itália, com residências de estudantes em Roma, Milão, Bolonha, Verona, Nápoles, Bari, Palermo e Catania, um centro cultural em Gênova e duas escolas de hotelaria em Roma e Palermo. As mais importantes foram a construção da Residenza Universitaria Internazionale, em Roma, e a remodelação da casa de retiro Castello di Urio, junto ao lago de Como. Em 1969, fundou-se outra casa de retiro em Terrasini (Sicília)[37].

Em Roma, empreendeu-se um grande projeto de formação profissional e cristã de operários do Tiburtino, bairro periférico da cidade. O plano foi para a frente porque o barão Francesco Mario Oddasso entregou um donativo à Santa Sé para que fosse destinado a um centro internacional da juventude operária. A secretaria de Estado vaticana confiou o projeto de um centro social aos membros do Opus Dei. Em poucos meses surgiram quatro realidades: o Centro ELIS (Educazione, Lavoro, Istruzione, Sport), que oferecia formação profissional a desenhistas técnicos, ajustadores, soldadores, mecânicos e eletromecânicos; uma residência masculina com capacidade para duzentos estudantes; a escola de hotelaria SAFI (Scuola Alberghiera Femminile Internazionale); e a paróquia San Giovanni Battista in Collatino. No dia da inauguração – 21 de novembro de 1965 –, o Papa Paulo VI celebrou a Missa na paróquia e visitou o Centro ELIS e a escola SAFI. Ao concluir a visita, abraçou o fundador e lhe disse: *Qui tutto è Opus Dei!* [Aqui tudo é Opus Dei!][38].

Uma atividade formativa importante nos países com minorias católicas foram os cursos sobre a fé para cristãos que desejavam entrar

I2. GOVERNO DE UMA ENTIDADE GLOBAL

em plena comunhão com a Igreja Católica, para pessoas de outras confissões religiosas e para não crentes. Escrivá de Balaguer chamava de apostolado *ad fidem* a aproximação dessas pessoas à plenitude da verdade revelada. Por exemplo, indicou que nas residências da Obra se permitisse sempre «aos nossos amigos não católicos assistir aos atos do culto em nossos oratórios; sem lhes facilitar demasiado a vida, fazendo com que o desejem, de modo a destacar a liberdade pessoal»[39].

Na Netherhall House, a residência de universitários de Londres, 75% dos estudantes não eram católicos. A maioria pertencia à Commonwealth porque, segundo convênio entre a entidade gestora da residência e o British Council, só 20% dos residentes podiam ser britânicos. Em 1966, a residência concluiu uma ampliação que lhe permitia alojar mais jovens. A Rainha Mãe, que era *chancellor* da Universidade de Londres, inaugurou um novo edifício e visitou a Lakefield Center for Hospitality Training, escola para treinamento em hotelaria dirigida pelas mulheres da Obra na área dedicada à administração da residência. Naquela época, o Opus Dei também tinha centros em Oxford e Manchester, tanto de homens como de mulheres[40].

Monsenhor Escrivá de Balaguer visitou a Grécia na primavera de 1966 com a finalidade de reunir dados para um futuro trabalho apostólico do Opus Dei naquele país. Regressou a Roma decepcionado, pois a conexão entre as autoridades civis e a Igreja Ortodoxa não deixava espaço para que pessoas de outros países difundissem a doutrina católica. Resolveu que, de momento, era mais oportuno dar formação sobre o espírito da Obra a gregos que viviam em outros lugares. Depois, seriam eles que levariam a mensagem de santidade no meio do mundo à sua nação de origem[41].

O desenvolvimento no Quênia cresceu fundamentalmente em torno do projeto do Strathmore College. Em meados dos anos 1960, possuía cem alunos internos do ensino médio. Contava também com outros 75 externos que cursavam contabilidade. A maioria dos estudantes não era católica. O centro gozava de grande prestígio, mas os dirigentes faziam pouca publicidade. Preferiam esperar que houvesse mais africanos da Obra que pudessem conduzir pelo menos parte da direção do Strathmore, de forma a que não se pensasse que era uma escola estrangeira. Como o custo do ensino e da estadia era elevado em comparação com o nível africano, para dar acesso a jovens com

A HISTÓRIA DO OPUS DEI

poucos recursos eles recebiam bolsas do governo, de fundações estrangeiras e de doações particulares. Por sua vez, as mulheres da Obra também buscavam meios para o desenvolvimento do Kianda College, onde a porcentagem de alunas católicas era reduzida[42].

O início do Opus Dei nas Filipinas, em 1964, encheu de entusiasmo a monsenhor Escrivá de Balaguer. Denominava essa nação a *vanguarda do Oriente*. Dizia a seus filhos espirituais filipinos que, do mesmo modo como haviam recebido a fé, deviam transmiti-la – em seu caso, ao sudeste asiático, majoritariamente não cristão. Em 1964, Jesús Estanislao e Bernardo Villegas, filipinos que haviam pedido admissão à Obra quando eram estudantes em Harvard, voltaram a Manila. Pouco depois, uniram-se a eles o engenheiro José Rivera e os sacerdotes José Morales e Javier de Pedro. Um ano depois, chegaram as primeiras mulheres da Obra: Soledad Usechi, Eulalia Sastre e María Teresa Martínez Barón. Em pouco tempo, começaram a Mayana School of Home and Fine Arts, escola do lar e belas artes que oferecia aulas para donas de casa e empregadas domésticas[43].

Um aspecto delicado é o caso das pessoas que deixaram a instituição. Descoberto o Opus Dei como possível caminho pessoal dentro da Igreja, quem se sentisse chamado solicitava a admissão. Os formadores explicavam-lhe de modo paulatino o espírito, as normas de piedade e as atividades do Opus Dei. Contudo, em algumas ocasiões, o próprio interessado ou os diretores da Obra chegavam à conclusão de que era melhor que não continuasse no itinerário empreendido.

Essas situações foram diferentes segundo as circunstâncias. Quem havia pedido a admissão ou havia sido admitido sem ter feito ainda a oblação não tinha vínculo jurídico com o Opus Dei. Estava em período temporário, no qual tanto os diretores como o próprio interessado deviam comprovar se a chamada à Obra se adequava à sua vida. Caso se entendesse que não era o seu caminho, a pessoa não continuava. Diferente era a situação de quem se havia comprometido temporariamente por meio da oblação ou definitivamente por meio da fidelidade. Caso não desejasse continuar na Obra, a pessoa não renovava seu compromisso, no primeiro caso, ou solicitava dispensa ao presidente geral, no segundo. Em geral, a pessoa deixava de pertencer ao Opus Dei por iniciativa própria ou depois de um diálogo com os diretores. Raras vezes, e por motivos graves, os diretores deram baixa a alguém[44].

12. GOVERNO DE UMA ENTIDADE GLOBAL

Em algumas ocasiões – de modo particular, entre os diretores locais – houve precipitação: considerou-se adequada a incorporação de alguém e depois se comprovou que não havia conhecimento o bastante dessa pessoa, que ela não havia sido suficientemente ajudada no discernimento da chamada ou que tinha faltado dedicação e competência para explicar o plano de formação inicial. Outras vezes, o interessado manifestou depois do pedido de admissão carências formativas, incompreensão de algumas circunstâncias próprias da chamada ao Opus Dei ou pressões externas[45].

Fosse o motivo qual fosse, para quem tivera um sincero afã de entrega pessoal foi doloroso deixar a instituição; e, para a Obra, constituía também motivo de sofrimento. O fundador solicitou a seus filhos que mantivessem um relacionamento de amizade e afeto com os que haviam estado no Opus Dei, ajudando-os em sua vida espiritual se eles o desejassem. Os que quisessem podiam ser nomeados cooperadores imediatamente ao deixarem de ser da Obra. E se, passado certo tempo, se sentia com vocação, podia solicitar de novo a admissão como supernumerário[46]. Mas, de fato, nem sempre foi assim. Em algumas ocasiões, a desvinculação envolveu certa frustração, às vezes traumática. Com o tempo, algumas pessoas expressaram seu mal-estar de maneira pública – como veremos adiante –, e os diretores da Obra pediram perdão e retificaram algumas práticas.

Nesses anos, talvez se destaquem dois casos particulares. O primeiro se refere a Raimundo Pániker, numerário desde 1940. Ordenado sacerdote em 1946, publicou alguns estudos sobre a relação entre a natureza e a graça que não foram bem recebidos pelos bispos de Salamanca e de Sevilha. Trasladado para Roma em 1953, situou-se no âmbito acadêmico e realizou várias estadias na Índia porque buscava pontos de encontro entre o cristianismo, o hinduísmo e o budismo. De modo progressivo, distanciou-se da dedicação às tarefas pastorais e do espírito da Obra. Depois de quatro advertências canônicas, ativou-se um processo jurídico que determinou sua demissão do Opus Dei, em junho de 1966*.

(*) Após esses acontecimentos, Raimundo Pániker – também conhecido como Raimon Panikkar (seu pai era indiano) – incardinou-se na diocese de Vanarasi (Índia) e trabalhou em várias universidades dos Estados Unidos. Com relação ao Opus Dei, manteve sempre

A HISTÓRIA DO OPUS DEI

O segundo caso doloroso é o de María del Carmen Tapia. Após ter trabalhado durante três anos na Assessoria Central, foi nomeada secretária regional da Venezuela em novembro de 1956. Depois de alguns anos, Escrivá de Balaguer e as diretoras centrais souberam que havia formado em Caracas um grupo paralelo de governo, com críticas ao espírito e às atividades da Obra, e que se enfrentou abertamente com o sacerdote Roberto Salvat, conselheiro do Opus Dei na Venezuela, e também com outras pessoas da Assessoria Regional. O fundador a chamou a Roma em outubro de 1965, suspendeu-a de seu trabalho como secretária regional, proibiu-a de regressar à Venezuela ou de contatar com pessoas da Obra dali e lhe pediu que modificasse sua conduta. Durante os seis meses seguintes, Tapia viveu em Villa Tevere, onde lhe atribuíram trabalhos de pouca envergadura. Contatou, mediante correio postal, as mulheres que a apoiavam na Venezuela e criticou os acontecimentos perante as venezuelanas que viviam no Colégio Romano. Para evitar que regressasse à Venezuela, pois se temia que pudesse causar prejuízos ao desenvolvimento do Opus Dei, as diretoras centrais lhe retiram o passaporte venezuelano; conservou, no entanto, o passaporte espanhol. A situação não melhorou. Depois de duas advertências canônicas, Escrivá de Balaguer lhe propôs, em maio de 1966, que solicitasse dispensa de sua vinculação à Obra ou, se não quisesse, que se submetesse a um processo na Santa Sé. Tapia decidiu pedir por escrito a dispensa de seus compromissos e voltou a viver com sua família na Espanha*.

---

uma relação filial com o fundador. Em 1984, contraiu matrimônio civil e foi suspenso *a divinis*. A suspensão foi levantada em 2008, quando já havia se separado. Dois anos mais tarde, faleceu reconciliado com a Igreja. Manteve contato até o final com pessoas do Opus Dei. Pániker goza de um reconhecido prestígio internacional no âmbito da filosofia inter-religiosa e intercultural. Cf. Josep-Ignasi Saranyana, «Raimon Panikkar: a propósito de una biografía», *Studia et Documenta* 11 (2017) 323-348.

(*) Não encontramos documentos contemporâneos aos fatos. Em livro publicado em 1992, Tapia escreveu que em Roma havia sofrido um período de violência psicológica e verbal, sentindo-se praticamente encarcerada (María del Carmen Tapia, *Tras el umbral. Una vida en el Opus Dei*, Ediciones B, Barcelona, 1992). Marlies Kücking, que foi nomeada secretária da Assessoria Central em maio de 1966, explicou esses acontecimentos de modo completamente diferente. Segundo Kücking, Escrivá de Balaguer tratou Tapia com carinho, e ela participou como uma pessoa a mais na vida familiar do centro onde estavam as diretoras da Assessoria Central (Marlies Kücking, *Horizontes insospechados. Mis recuerdos de*

13. LABOR FORMATIVO

A EXPANSÃO GEOGRÁFICA DO Opus Dei manifestou-se nos anos 1960 entre pessoas de todos os continentes e estratos sociais, sacerdotes e leigos, solteiros e casados. Ampliava-se definitivamente o panorama precedente, de início limitado a homens e mulheres celibatários e, no caso dos homens, ao âmbito universitário. Pessoas de condições variadas compartilharam a mesma chamada e missão de ser santos no trabalho e nas relações familiares e sociais.

O crescimento do Opus Dei exigiu que a estrutura formativa se adequasse às necessidades. Os itinerários de explicação da fé cristã e do espírito da Obra foram revisados e ampliados, tanto nos meios individuais como nos coletivos. Os meios de formação pessoal são a confissão, o acompanhamento espiritual e a correção fraterna. Na formação em grupo, incluem-se as aulas e círculos, as meditações, as tertúlias informais, as convivências e recolhimentos de algumas horas ou retiros de vários dias.

Escrivá de Balaguer recordou que dar doutrina era uma das três «paixões dominantes» dos membros do Opus Dei, junto com a direção espiritual e o fortalecimento da unidade da Obra. Ensinar a doutrina ajudava cada um a encontrar modos próprios de viver o

---

san Josemaria, Rialp, Madri, 2019, pp. 162-164). Veremos que, por ocasião da beatificação e da canonização de Escrivá de Balaguer, houve certa evolução em Tapia e contatos flutuantes com pessoas do Opus Dei até o seu falecimento (cf. AGP, série T.3.2, 1-6).

A HISTÓRIA DO OPUS DEI

Evangelho, segundo o espírito da santidade secular, e a irradiá-lo ao seu redor. Esta realidade estava patente nos apostolados das obras de São Rafael, São Gabriel e São Miguel, que, com palavras de Escrivá de Balaguer, constituíam «a espinha dorsal da Obra»[1].

Atividades da obra de São Rafael

A obra de São Rafael estava dirigida aos jovens, «para os aproximar do Opus Dei e lhes dar uma formação sobrenatural e humana», com a finalidade de fazê-los «conhecer e amar Jesus Cristo, que é a razão de ser de todas as nossas atividades»[2]. O início e as primeiras iniciativas com a juventude haviam tido como protagonistas os universitários espanhóis dos anos 1930, sobretudo os que participavam das atividades da Residência DYA. Já naquela época, o fundador havia estabelecido orientações para a extensão do espírito da Obra entre os jovens. Os três eixos sobre os quais giravam a Residência DYA eram o estudo, o relacionamento pessoal com Deus e a abertura aos demais.

O relacionamento com estudantes também foi o modo habitual de começar a difusão do Opus Dei em outros países, por meio das poucas pessoas conhecidas. Assim, uns amigos apresentaram outros. Depois, logo que possível, começaram centros e residências universitárias, tanto para mulheres como para homens, o que permitiu que se arraigasse uma estrutura mais estável. Organizaram-se cursos de estudo e de orientação profissional, encontros sobre temas espirituais, reuniões culturais, cineclubes, aulas de idiomas, clubes de imprensa, torneios esportivos, tertúlias, convivências, excursões e acampamentos de verão, com os quais mais jovens foram sendo conhecidos. Nos anos 1960, iniciaram-se as associações de ex-alunos das residências[3].

O meio de formação pessoal mais importante da obra de São Rafael foi o acompanhamento espiritual de cada jovem. As aulas, as meditações e os retiros eram parte da formação espiritual coletiva. Algumas atividades da obra de São Rafael foram as catequeses – especialmente para meninos que se preparavam para a primeira comunhão –, as visitas a pessoas necessitadas, as coletas de pequenas esmolas e as romarias a um santuário ou ermida de Nossa Senhora[4].

13. LABOR FORMATIVO

De modo particular, as aulas ou círculos de formação marcavam o início da obra de São Rafael. As aulas eram organizadas em um curso preparatório, com um marcante caráter vivencial, no qual se aprendiam formas de rezar e de viver a fé, e um curso profissional, que oferecia orientação sobre dilemas morais ou questões doutrinais da atualidade.

Ainda que a maior parte das atividades juvenis se dirigisse aos universitários, desde os anos 1940 havia jovens dos últimos anos do ensino médio que iam aos centros ou assistiam aos recolhimentos pregados por sacerdotes do Opus Dei. Na década seguinte, o fundador impulsionou a organização e adaptação da formação humana e cristã aos estudantes de escolas secundárias, bem como para os que não estavam preparados para assistir às aulas de São Rafael. Desejava que os jovens entendessem os princípios cristãos desde cedo e vissem um exemplo de coerência cristã nos tutores. Enfrentava-se deste modo o avanço do secularismo entre os adolescentes[5].

Em 1956, os organismos centrais da Obra pediram a todas as regiões que organizassem entidades e associações culturais, acadêmicas ou esportivas para a juventude, de acordo com a legislação civil de cada país. As primeiras entidades para alunos do ensino médio foram o Club Gurkhas (Cidade da Guatemala, 1957), Daumar (Barcelona, 1958), Jara Club e Argüelles (Madri, 1958), para meninos; assim como o clube na residência de Verapaz (Cidade da Guatemala, 1958) e o Roca Club (Madri, 1963), para meninas. Cada clube era sustentado por um patronato ou uma junta de pais – Tomás Alvira, por exemplo, foi o presidente do patronato do Jara –, que estabeleceu sistemas de financiamento com cotas mensais para os sócios; em alguns casos, beneficiaram-se das ajudas estatais a organizações sem fins lucrativos. A direção dos clubes masculinos ficou a cargo de numerários e os femininos, de numerárias. Os pais dos jovens colaboraram em diversas atividades.

A expansão das entidades juvenis para todo o mundo foi imediata. As atividades para estudantes do ensino médio, entre catorze e dezoito anos, ampliaram-se para os mais jovens, de dez a catorze anos, com pequenos períodos de estudo ou de iniciação à vida espiritual, além de entretenimentos, esportes e excursões. O aumento do espectro de escolares levantou novos desafios, fundamentalmente

A HISTÓRIA DO OPUS DEI

pela necessidade de adaptação à idade e mentalidade dos meninos e meninas. Os planos foram pensados de modo a favorecer o desenvolvimento do caráter e do uso progressivo da liberdade na adolescência, com tempos para os jogos unidos a outros de diálogo com o preceptor e de ensino da doutrina cristã. Segundo as idades e países, umas iniciativas tiveram mais sucesso que outras. Por exemplo, os estudantes dos últimos anos na Espanha agradeceram os cursos de orientação sobre as carreiras universitárias; nos Estados Unidos triunfaram também os programas de liderança[6].

Também se abriram centros pequenos – casas em que moravam menos de quinze numerários – para jovens, algo que era inovador, pois, até aquele momento, estes frequentavam as residências. Nesses centros organizaram-se atividades de formação cristã, junto com diversos seminários e conferências, ciclos de técnicas de estudo e esportes. Diferentemente das residências, estes centros focaram-se em determinadas faixas sociais – por exemplo, universitários, pessoal de escritório, funcionários e jovens profissionais; além disso, foi mais fácil criar um ambiente familiar em função do número de pessoas, mais reduzido que o das residências. No entanto, houve o inconveniente de serem deficitários em muitos casos, pois neles moravam estudantes que dispunham de pouco dinheiro. Para solucionar o problema econômico, cada centro buscou fundos para o pagamento do aluguel por meio de donativos e subvenções privadas[7].

Entre outras consequências desta irradiação do Evangelho, muitos jovens encontraram seu caminho cristão no Opus Dei. Escrivá de Balaguer denominava *proselitismo* à proposta que se fazia a alguém para compartilhar a chamada de Jesus Cristo na Obra, algo que ele mesmo resumiu na frase: «Que procures Cristo. Que encontres Cristo. Que ames a Cristo». O termo proselitismo era isento da atual conotação negativa de coação. Para o fundador, o convite para fazer parte da Obra «não é como um empurrão material, mas abundância de luz, de doutrina; o estímulo espiritual da vossa oração e do vosso trabalho, que é testemunho autêntico da doutrina; o cúmulo de sacrifícios que sabeis oferecer; o sorriso que vos vem à boca porque sois filhos de Deus»; e acrescentava: «vosso garbo e vossa simpatia humana». Ao mesmo tempo que estimulava a liberdade para responder ao chamamento, Escrivá de Balaguer mostrava a beleza e as exigências que

13. LABOR FORMATIVO

a vocação envolve e que permite «enamorar-se de Cristo e servi-Lo plenamente segundo o espírito da Obra»[8].

No final dos anos 1960, surgiu uma atividade destinada ao período de Páscoa que, com o passar do tempo, ganhou corpo. Em abril de 1966, um grupo de universitárias alemãs da residência Müngersdorf (Colônia) foi a Roma para ver o Papa, viver lá as cerimônias da Semana Santa e conhecer os monumentos da cidade. O fundador da Obra teve uma tertúlia informal com elas. Como a experiência havia sido boa, a partir de 1968 organizou-se o Incontro Romano, uma convivência da qual participavam sobretudo estudantes relacionados com os apostolados da Obra e que iam viver a Semana Santa na Cidade Eterna, perto do Papa e também do fundador. O plano repetiu-se com sucesso nos anos seguintes, unido a um congresso universitário organizado pelo Istituto per la Cooperazione Universitaria (ICU), entidade sem fins lucrativos criada por Umberto Farri e outros sócios do Opus Dei para impulsionar projetos de desenvolvimento social. Em 1974, passou de mil o número de estudantes dos cinco continentes que participaram do Incontro Romano; foi o último ao qual assistiu monsenhor Escrivá de Balaguer[9].

A formação acadêmica dos numerários

Todas as pessoas que solicitaram a admissão ao Opus Dei receberam o chamado Programa de formação inicial sobre o espírito e a vida na Obra. Os formadores ministravam 32 aulas no tempo que mediava entre a petição da admissão e a admissão (pelo menos seis meses); outras cinquenta aulas entre a admissão e a oblação (um ano, no mínimo); e quarenta aulas de revisão dos fundamentos da fé e da moral cristãs. Este programa foi implantado em 1960 e aprimorado nos anos sucessivos[10].

Os numerários contaram com períodos de formação mais intensa para conhecer o espírito da Obra e depois explicá-lo ao resto dos sócios e cooperadores. De modo particular, os diretores centrais cuidaram do atendimento dos numerários que se dedicavam a tarefas formativas e de governo. Em alguns casos, estas ocupações foram o seu principal – ou, inclusive, único – trabalho profissional.

A HISTÓRIA DO OPUS DEI

O centro de estudos constituiu para muitos numerários um tempo idôneo para aprofundar-se no sentido e na missão da chamada à Obra. Todas as circunscrições territoriais do Opus Dei abriram centros de estudos para numerários, numerárias e numerárias auxiliares tão logo foi possível, pois o auge de vocações jovens exigia o seu alojamento e atendimento.

Esses anos contemplaram um grande desenvolvimento entre as mulheres, com centros de estudos nas circunscrições da Argentina e Washington (1960), Chile (1961), Alemanha e Portugal (1962), Colômbia e Venezuela (1964), Peru (1965), Irlanda e Inglaterra (1966), América Central e Itália (1967), Brasil e França (1969) e Filipinas (1974). Na Espanha, o centro de estudos de Los Rosales se trasladou, em 1960, para Pamplona com o nome de Izarbide e, a partir de 1967, ao colégio maior Goroabe. Em 1957, iniciou-se um segundo centro de estudos, El Pedroso, em Santiago de Compostela, que se trasladou em 1963 para a residência universitária Alcor, em Madri, e, quatro anos depois, para o colégio maior Zurbarán, também na capital. Depois, o fundador erigiu os centros de estudos de Dársena (Barcelona, 1965), Alborán (Sevilha, 1969), Saomar (Valência, 1972), Los Arces (Valladolid, 1974) e de novo Alcor (Madri, 1975)[11].

Entre os homens, na Espanha acrescentaram-se aos que já existiam – Diego de León (Madri), Monterols (Barcelona) e Aralar (Pamplona) – os centros de estudos de Barcelona, Valência, Valladolid, um segundo em Madri, Sevilha e Granada (neste caso, durante um breve período). Nas demais regiões, começaram os centros de estudos da Irlanda (1956), Colômbia (1959), Venezuela (1965), Argentina (1966), Peru (1967), Guatemala (1967), Alemanha (1970), Chile (1970) e Brasil (1972)[12].

Tratava-se de um notável esforço para o Opus Dei, pois cada centro de estudos contava com professores que ministravam matérias do biênio filosófico e com planos de formação que compaginavam os estudos institucionais dos alunos com os civis. Os jovens permaneciam nos centros de estudos durante dois anos – no caso das mulheres foi um ano até 1967, quando também passou para dois. Depois, iam morar em outro centro da Obra.

Os numerários e numerárias que haviam acabado o centro de estudos cursavam o quadriênio teológico no *Studium generale* de sua

13. LABOR FORMATIVO

região; em 1961, esse quadriênio era oferecido em dezenove países. A aplicação dos planos de estudo foi árdua porque se aspirava a dar cursos de nível acadêmico a numerários ou numerárias que, em muitos casos, estavam absorvidos por suas ocupações profissionais e outras atividades. Os organismos de estudo regionais ajustaram os horários em que a formação era ministrada. Com frequência, os estudos teológicos eram feitos em semestres de inverno e em cursos anuais de 25 dias, nas férias de verão.

Por sua vez, os centros inter-regionais de estudos, que estavam em Madri, Washington e Roma, experimentaram algumas mudanças. Em 1958, o centro inter-regional de Diego de León, para os homens, se transladou para Pamplona (colégio maior Aralar); em 1967, erigiu-se um centro inter-regional para as mulheres (colégio maior Goroabe). Deste modo, os alunos e as alunas de distintas regiões podiam concluir na Universidade de Navarra a licenciatura e o doutorado em ciências eclesiásticas; foi o caso, por exemplo, de Ursula Okondo, a primeira numerária que havia solicitado admissão no Quênia. No entanto, o centro de estudos inter-regional de Washington – que havia sido pensado como embrião de uma futura escola de jornalismo para pessoas de língua inglesa – teve vida curta. Depois de dois anos na capital da nação, transferiu-se, em 1960, para Boston. Por escassez de alunos, contudo, foi encerrada meses mais tarde.

Na Cidade Eterna continuavam os colégios romanos da Santa Cruz e de Santa Maria. Pelo masculino, até 1961, passaram 491 numerários, destacando-se numericamente 313 espanhóis, 59 norte-americanos e 32 mexicanos[13]. Na década de 1960, incorporaram-se pessoas dos cinco continentes. Por exemplo, do Japão, Filipinas, Quênia e Austrália chegaram ao Colégio Romano de Santa Maria, respectivamente, Kikuko Yoshizu e Yoko Ando (1963), Maria Lourdes Ygoa (1970), Christine Gichure (1972) e Graziella Montano (1974). Entre os homens, estiveram no Colégio Romano da Santa Cruz os japoneses Soichiro Nitta e Koichi Yamamoto (1967), o australiano Rom Josko (1968) e o filipino Fernand Cruz (1969).

O fundador encontrou uma fórmula para que suas filhas e filhos espirituais fizessem, além dos estudos eclesiásticos, também seus estudos civis superiores em Roma. Em fevereiro de 1963, coincidindo com a abertura de Villa delle Rose como nova sede do Colégio Roma-

A HISTÓRIA DO OPUS DEI

no de Santa Maria, erigiu o Instituto Internacional de Pedagogia. Esta instituição foi um centro de ensino superior destinado a numerárias, muitas das quais foram depois professoras do *Studium generale* das diversas regiões da Obra – de modo particular, do biênio filosófico –, de colégios e de centros de ensino profissional para a mulher. Um ano mais tarde, a Santa Sé autorizou que o Instituto Internacional de Pedagogia se incorporasse à Faculdade de Filosofia e Letras da Universidade de Navarra como seção especial, com sede em Roma[14].

Este centro educacional – que em 1968 passou a se chamar Instituto Internacional de Ciências da Educação – teve em cada curso acadêmico cerca de cinquenta alunas em Villa delle Rose; por exemplo, em 1964 estavam matriculadas 53 mulheres de dezenove nacionalidades diferentes. Cursavam um programa de estudos intenso, já que a licenciatura compreendia quatro anos acadêmicos sobre ciências da educação, com o acréscimo de algumas disciplinas teológicas; depois, a maioria das alunas completava o doutorado em Pedagogia. O quadro de professores era formado por doutores nas diversas especialidades[15].

Pioneiro no acesso da mulher aos estudos superiores de ciências eclesiásticas, Escrivá de Balaguer viu com alegria como, em 1969, algumas numerárias se matriculavam na Faculdade de Teologia da Universidade de Navarra. Na primavera de 1973, Mercedes Otero Tomé e Isabel Sánchez Sánchez obtiveram o doutorado em Teologia. Otero fez parte do claustro de professoras do Colégio Romano de Santa Maria durante os dez anos seguintes[16].

Em 1964, incluiu-se no Instituto Internacional de Pedagogia uma outra seção, agora para homens. Deste modo, também os alunos do Colégio Romano da Santa Cruz podiam fazer mestrado ou doutorado em Ciências da Educação na Universidade de Navarra. Esses estudos ficaram vigentes durante dez anos, pois, no começo dos anos 1970, a maior parte dos numerários que chegava ao Colégio Romano já havia terminado um curso superior civil e o biênio filosófico.

Com relação aos estudos de teologia, desde meados dos anos 1960 os alunos que ainda cursavam o quadriênio teológico concluíam-no na sede do Colégio Romano, sem ir aos ateneus pontifícios, pois o fundador desejava que, em momentos de permanente debate pós-conciliar, os estudantes se aprofundassem principalmente nos aspectos mais per-

13. LABOR FORMATIVO

manentes das ciências sagradas. A seguir, cursavam os graus eclesiásticos de licenciatura e doutorado em Filosofia e Teologia na Pontifícia Universidade Lateranense, bem como o de Direito Canônico na Universidade de Navarra. Em 1969, Escrivá de Balaguer erigiu em Roma o Instituto de Teologia, como seção da correspondente faculdade da Universidade de Navarra. Os alunos do Colégio Romano receberam desde então os graus de licenciado e doutor em Teologia pela Universidade de Navarra, com uma orientação marcantemente tomista. Três anos depois, em 1972, Escrivá de Balaguer erigiu em Roma o Instituto de Filosofia, dependente do *Studium generale* da Obra, que outorgava títulos próprios de licenciado e doutor em Filosofia[17].

Os numerários que decidiram responder livremente à chamada do fundador ao sacerdócio receberam o sacramento. A cada ano, se ordenaram entre vinte e trinta numerários. Como pauta geral, eles regressaram às suas regiões de origem, onde se entregaram às necessidades pastorais do Opus Dei. Dado o grande crescimento de pessoas e atividades na Obra, os anos 1973, 1974 e 1975 se mostraram especiais, pois foram ordenados um total de 149 numerários. Quando o fundador da Obra faleceu, em junho de 1975, havia chamado à ordem sacerdotal 692 filhos espirituais.

As atividades de verão do Colégio Romano da Santa Cruz – estudo, formação e descanso – continuaram na fazenda de Salto di Fondi até 1966. Uma vez que a urbanização de lugares próximos à fazenda e à praia prejudicava a tranquilidade que buscavam, a sede de verão passou, no ano seguinte, a uma zona montanhosa no meio dos Apeninos, perto da cidade de L'Aquila. A nova casa chamou-se Tor d'Aveia.

O cuidado profissional e familiar da pessoa

A visão e a compreensão que a mulher tinha de si mesma, de suas possibilidades e oportunidades modificaram-se ao longo do século XX, de modo particular nos anos 1960, quando se incorporou massivamente ao mercado de trabalho e evoluíram os paradigmas de comportamento na vida cívica. Consciente deste desenvolvimento social, o fundador do Opus Dei manifestou seu ponto de vista de

A HISTÓRIA DO OPUS DEI

palavra e por escrito. Por exemplo, a uma pergunta sobre a atuação feminina na sociedade – e, mais concretamente, na política espanhola –, respondeu: «A presença da mulher no conjunto da vida social é um fenômeno lógico e totalmente positivo, parte desse outro fenômeno mais amplo a que antes me referi. Uma sociedade moderna, democrática, tem que reconhecer à mulher o direito de participar ativamente da vida política, cumprindo-lhe criar as condições favoráveis para que exerçam esse direito todas as que o desejarem»[18].

Ao mesmo tempo, introduziu mudanças importantes na formação e nas atividades relacionadas com o trabalho da mulher nos diversos âmbitos, também no trabalho do lar*. Esta situação afetou a terminologia. Em 1964, as escolas dominicais passaram a se chamar escolas de lar e cultura[19]. Um ano mais tarde, indicou que se usasse o sintagma «numerária auxiliar» em vez de «numerária servidora», uma vez que havia aderido a essa palavra uma conotação pejorativa**.

Em 29 de julho de 1965, ele datou uma carta pastoral que trata da santificação do trabalho doméstico. O fundador assumia como coisa pessoal «o que hoje se chama processo de emancipação da mulher». Alegrava-se porque «no plano social fizeram-se importantes conquistas para alcançar uma justa igualdade de direitos com o homem, pois a mulher tem em comum com o homem sua dignidade pessoal e sua responsabilidade, e – na ordem sobrenatural – todos temos uma idêntica filiação divina adotiva». Trata-se de uma identidade que, «longe de suprimir as diferenças, exige e enobrece a diversidade» e que é distinta de «uma mal-entendida igualdade com o homem». Dos aspectos que caracterizam a mulher, destacava «sua cuidadosa delicadeza, sua forte generosidade, sua agudeza de engenho, sua tenacidade

---

(*) Vimos que, desde o início da obra, Josemaria Escrivá de Balaguer incentivou as mulheres que o acompanhavam a buscar altas metas profissionais e fomentou iniciativas intelectuais e educativas – como a criação de uma editora ou o desenvolvimento das residências universitárias – que normalmente ficavam sob os cuidados femininos.

(**) Cf. Nota geral 65/65 (9-VI-1965), em AGP, série Q.1.3, 6-29. A expressão *auxiliar* nem estabelecia uma classe entre os membros da Obra, nem se entendia como inferior em relação aos demais: «Chamam-se Auxiliares porque ajudam as outras Numerárias em todo tipo de trabalhos apostólicos; especialmente na Administração das nossas casas, que é o apostolado dos apostolados; mas, de fato, as outras Numerárias são também auxiliares das Auxiliares» (Recopilación sobre la Administración, 1969, em AGP, série Q.1.3, 21-142).

13. LABOR FORMATIVO

e sua constância, sua piedade religiosa»*. Esta contribuição peculiar se dava em todos os âmbitos da sociedade e na variedade de profissões que podia desempenhar.

O fundador recordava que o cuidado do lar de família era uma tarefa compartilhada pelo homem e a mulher. Tão valiosa era a contribuição masculina e paterna como a feminina e materna. É o que acontecia na Obra, pois a maioria de seus membros era casada, e ambos os cônjuges doavam suas capacidades no âmbito parental e familiar por meio do diálogo e da colaboração, acrescentando a ajuda dos filhos à medida que iam crescendo. Nos centros da Obra, tanto de homens como de mulheres, o cuidado da própria casa também competia a todos de formas e modos distintos, com a peculiaridade de que o atendimento dos centros constituía um apostolado particular e exigia, por se tratar de coletividades maiores que uma família composta de pais e filhos, uma gestão com maior grau de dedicação profissional.

Ao mesmo tempo, Escrivá de Balaguer considerava, como elemento fundacional, que o âmbito apostólico e formativo do trabalho de administração dos centros da Obra era uma atividade específica das mulheres e liderada por elas. Esta dedicação feminina, que não estava prevista no início do Opus Dei – como vimos, o atendimento dos serviços da residência DYA fora realizado por homens –, consolidou-se durante a Guerra Civil espanhola, quando o fundador achou que não havia conseguido dar vida a um ambiente familiar na DYA e resolveu pedir à sua mãe e à sua irmã que se encarregassem da Administração quando a guerra acabasse. A partir de 1939, Dolores Albás e Carmen Escrivá abriram um novo caminho na Administração e, depois, deram lugar às mulheres da Obra. Os elementos fundamentais desta nova compreensão eram a chamada vocacional, sua específica e ampla projeção apostólica, o alto profissionalismo e a criação de lares de família.

A sociedade demandava maior profissionalismo nos trabalhos do lar, tanto para as donas de casa como para as empregadas e para os que trabalhavam no mundo da hotelaria e dos restaurantes – em geral, para os que lidavam com os cuidados da pessoa. O estudo e o

---

(*) *Carta* 36, nn. 3 e 4, em AGP, série A.3, 95-1-1. O fundador refletia com o vocabulário e a compreensão dos conceitos próprios de sua época. Desde então – ocorre também em outros temas –, foi se transformando a visão da mulher na sociedade e na Igreja.

A HISTÓRIA DO OPUS DEI

preparo em campos como a alimentação e a limpeza devia crescer no mesmo ritmo da mudança social e dos progressos na técnica e na organização de equipes. Em alguns países, era possível obter uma boa habilitação com o ensino médio; noutros – de modo particular nos que se consideravam de primeiro mundo –, era preciso apontar para o ensino superior[20].

De acordo com seu carisma cristão, Escrivá de Balaguer desejava que os homens e mulheres do Opus Dei estivessem na vanguarda da promoção integral da mulher e da elevação da dignidade do trabalho. Mais do que assimilar as transformações sociais, o espírito do Opus Dei impulsionava a sua promoção. Neste sentido, pediu às diretoras da Obra que pusessem os meios necessários para que as numerárias administradoras fizessem licenciatura em ciências domésticas; as empregadas fossem bem remuneradas, com contrato, seguros sociais e médicos e dias de descanso; as condições materiais fossem adequadas; e os instrumentos de trabalho se adaptassem às modernas tecnologias.

Também indicou que, de modo progressivo e de acordo com os lugares, se igualasse o regime de vida e as condições materiais de todo o pessoal da Administração, tanto as administradoras como as numerárias auxiliares e as empregadas contratadas. Cada uma se ocuparia do trabalho e tarefas que lhe cabiam, em igualdade de tratamento e com as formas correntes na vida social. Esta maior capacitação profissional e cultural facilitou o crescimento da personalidade das auxiliares que, por exemplo, haviam recebido atribuições mais complexas e abriu a possibilidade de abandonar o uso de tratamentos distintos entre as numerárias e as numerárias auxiliares. Já nos anos 1970, e em um contexto de acesso massivo da mulher à universidade nos países ocidentais, o fundador comentou que «haverá graduadas e doutoras que serão numerárias auxiliares do Opus Dei»[21].

Junto ao profissionalismo, Escrivá de Balaguer sublinha a componente vocacional no cuidado do lar. Graças aos progressos na igualdade e na concepção do trabalho, abraçar o ofício de empregada do lar já não era uma solução que as jovens adotavam por não terem outras opções na vida. Tratava-se de uma escolha livre e ponderada, que exigia a correspondente formação específica; por isso, destacava a necessidade de que também o homem assumisse sua responsabilidade na área familiar. Segundo o espírito do Opus Dei, a atenção familiar configurava

13. LABOR FORMATIVO

um caminho de santidade, uma forma de encontro com Cristo por meio do trabalho ordinário. Dedicar-se de modo principal às tarefas domésticas era, em alguns casos – por exemplo, no das numerárias auxiliares –, uma chamada específica que dava sentido a uma existência. Quem ambicionasse a santidade por meio do cuidado dos demais estava convidado por Deus a que sua biografia fosse uma oração contínua. Modificava-se assim a perspectiva do exercício profissional doméstico, que não depende do nível que a sociedade lhe atribui, mas da categoria humana e espiritual da pessoa que o assume.

Nos anos 1960, o crescimento do nível de vida da sociedade ocidental podia dar a entender que os trabalhos no lar desapareceriam ou perderiam seu sentido. De algum modo, é o que acontecia nas regiões desenvolvidas do ponto de vista socioeconômico e cultural. Por exemplo, as assessorias regionais dos Estados Unidos, Itália ou Irlanda informaram ao governo central da Obra que era difícil encontrar jovens que quisessem frequentar as escolas para empregadas do lar. As jovens não se sentiam atraídas por essas tarefas porque o ambiente social as convidava a buscar ocupações fora de casa, e por isso trabalhavam nisso só por um tempo, até encontrar outra ocupação. Às vezes, o trabalho doméstico tinha pouco apreço social, ou era mesmo visto como ofensa à dignidade feminina. Pouco a pouco, a tradição do serviço no lar ia se diluindo.

O fundador louvava o desejo da mulher de se incorporar ao amplo espectro do trabalho, aspecto no qual ele havia sido pioneiro. Dentro dessa variedade, entendia o trabalho doméstico e manual como uma profissão a mais, tão digna como qualquer outra, talvez com o acréscimo de que com ele se favorecia o crescimento de cada pessoa. Considerava que esta profissão continuaria no futuro porque, em condições normais, o desenvolvimento harmônico de uma pessoa se alcança em primeiro lugar no ambiente familiar. O lar configura-se como um espaço único, em que cada um de seus membros se sente valorizado e querido pelo que é, desenvolve-se de modo equilibrado e aprende a encarnar as virtudes.

No caso dos centros da Obra, o fundador definia os trabalhos da Administração como «apostolado dos apostolados». Por um lado, eles tornavam possível que todas as pessoas que se aproximavam das atividades do Opus Dei experimentassem um ambiente de família

A HISTÓRIA DO OPUS DEI

cristã, onde Deus está no centro e onde se compartilha uma missão comum. Por outro, abriam na sociedade um horizonte luminoso sobre o valor das tarefas da casa e do cuidado das pessoas. Em terceiro lugar, desempenhavam um papel formativo, educando na responsabilidade pela família. Deste modo, convertia-se em modelo profissional da riqueza que envolve colocar a pessoa no núcleo de todo serviço prestado.

Dentro do programa de profissionalização dessas tarefas, Escrivá de Balaguer propôs às mulheres do Opus Dei a criação de um centro acadêmico que pusesse os estudos e práticas do lar em nível universitário. Se, como dizia de modo gráfico, a cozinha devia ser um laboratório e o *office* uma escola de arte, então fazia-se necessária uma formação específica em aspectos como a dietética e a bromatologia, a organização das tarefas e a contabilidade. Em 1964, começou uma atividade-piloto em um setor do colégio maior Alcor, centro de estudos de numerárias próximo à Cidade Universitária de Madri. O programa, chamado Escola de Administração (EDA), durava um ano acadêmico. As alunas compaginavam as aulas práticas com o aprendizado teórico. Nos quatro anos seguintes, cursaram a EDA turmas entre doze e quinze alunas[22].

Com a experiência adquirida e o conhecimento do que era aplicado em outros países – sobretudo os estudos de ciências de economia e administração doméstica nos Estados Unidos *(Home Economics)* –, foi elaborado uma programa acadêmico para as numerárias que pensavam ser administradoras. Em maio de 1968, Josemaria Escrivá de Balaguer erigiu a Escola de Ciências Domésticas como faculdade do *Studium generale* da região da Espanha. A médica Ana Sastre coordenou a equipe de doutoras que organizou o plano de estudos. O curso durava quatro anos – três para o diploma e um para a licenciatura –, com a possibilidade de fazer um curso suplementar para o doutorado. A Escola estava constituída pelos departamentos de nutrição, física e química, gestão empresarial e organização científica e humana do trabalho; além disso, dispunha de um quadro de estudo de outras disciplinas, como fisiologia, decoração e manutenção de equipamentos[23].

Seis meses mais tarde, em novembro de 1968, a Escola abriu suas portas nas instalações do colégio maior Zurbarán, de Madri.

13. LABOR FORMATIVO

Em 1971, uma fundação cedeu à Escola três andares de um edifício situado na rua Ríos Rosas. Ao mudar de sede, modificou-se o seu nome, passando a se chamar Centro de Estudos e Pesquisa de Ciências Domésticas (Centro de Estudios e Investigación de Ciencias Domésticas – CEICID), que outorgava um título privado, sem reconhecimento oficial. No novo espaço, este centro de capacitação superior contou com gabinetes para professores, biblioteca, cozinhas e laboratórios para as práticas com alimentos, com materiais têxteis, com limpezas e maquinarias. Desde então, todos os anos, umas trinta alunas se capacitam academicamente para a direção de trabalhos de hotelaria e restaurante[24].

O modelo do CEICID foi seguido por regiões onde havia mais pessoas da Obra, com variantes segundo os lugares. As regiões do México (1968), Peru (1972), Colômbia (1975) e América Central (1975) criaram faculdades e programas de ciências domésticas em seu *Studium generale*. O México organizou os cursos na Escola Superior de Administração de Instituições (ESDAI), com uma orientação voltada para o setor de hotelaria que estava reconhecida oficialmente[25]. Na Colômbia, o Instituto Superior de Ciências Sociais e Econômico-Familiares começou com um Programa de Administração em nível tecnológico, reconhecido pelo Governo. E, no Peru, as futuras administradoras frequentaram o Instituto Técnico Superior Montemar.

O critério de compras por atacado, que havia sido adotado nos itens de alimentação com a criação da Gestoria, aplicou-se também à decoração dos imóveis postos ao serviço dos apostolados da Obra. Durante os primeiros anos, compravam-se ou se adaptavam os móveis e os objetos decorativos de cada sede. Em 1971, em um momento de grande crescimento de residências e centros na Espanha, um grupo de mulheres do Opus Dei montou a empresa Instalaciones Comerciales y Decoraciones (Incodesa). Abriram também um pequeno ateliê com pessoal especializado em marcenaria e decoração, que estofava e reformava móveis, dourava molduras de quadros e confeccionava tapeçarias decorativas. A Incodesa encarregou-se da instalação das sedes dos centros da Obra, de domicílios particulares, de hotéis e grandes espaços, como o santuário de Torreciudad ou o centro interregional Cavabianca de Roma, que contrataram seus serviços[26].

A HISTÓRIA DO OPUS DEI

As que solicitaram a admissão ao Opus Dei como numerárias auxiliares foram aos centros de estudos para receber formação profissional, assimilar o espírito do Opus Dei e cursar um plano de estudos filosóficos e teológicos adaptado às suas circunstâncias. Na Espanha, ao centro de estudos de Molinoviejo se somaram as casas de El Pedroso (Santiago de Compostela, 1963), El Vallés (San Cugat del Vallés, 1969) e Los Rosales (Villaviciosa de Odón, 1969). Estes quatro centros podiam alojar 150 alunas, que recebiam um plano de formação durante um ano[27].

Outras regiões da Obra abriram também centros de estudos de numerárias auxiliares: Chicago (1961), Chile (1962), Portugal (1964), Itália (1965), Guatemala (1967), Peru (1968), Colômbia (1969), Venezuela (1974) e Quênia (1975). Geralmente, tratava-se de centros de capacitação profissional, alguns com reconhecimento oficial, que estavam localizados na Administração de uma casa de retiro com instalações adequadas. Às vezes – foi o caso de Altavista (Guatemala) –, o início se deu com poucas alunas e um crescimento paulatino; outras vezes, esses centros foram interrompidos por não haver novas solicitações, como no Enxomil (Portugal)[28].

Ao encerrar o período formativo, vários centros de estudos davam às numerárias auxiliares um diploma privado que certificava a capacitação profissional adquirida. Com o passar do tempo, os centros solicitaram ao Estado um título homologado, em particular nas áreas de hotelaria e cuidado do lar. Em 1970, El Vallés tornou-se o primeiro a conseguir reconhecimento oficial na Espanha como centro de formação profissional no ramo de hotelaria; também recebia uma pequena subvenção do Ministério de Educação e Ciência.

Algumas numerárias auxiliares e administradoras se mudaram para Roma a fim de trabalhar nas administrações de centros que dependiam dos conselhos centrais e receber uma qualificação profissional complementar à que haviam adquirido em seus países; além disso, melhoraram seu conhecimento do espírito da Obra ao ter contato direto com o fundador. Outras foram trabalhar nas diversas regiões do Opus Dei. A explicação da santidade nas tarefas no lar seguiu em frente com luzes e sombras. Por exemplo, em 1972 ainda não havia numerárias auxiliares do próprio país nos Estados Unidos; mas, ao mesmo tempo, um grupo de supernumerárias jovens que havia

13. LABOR FORMATIVO

trabalhado algumas semanas na Administração da casa de retiros de Arnold Hall reconheceu ter «descoberto o sentido e os aspectos positivos desse trabalho»[29].

Adscritos e supernumerários

A chegada ao Opus Dei de supernumerários, em 1947; de adscritos, em 1950; e de sacerdotes diocesanos, também em 1950, completou a tipologia de membros da Obra. Josemaria Escrivá de Balaguer explicou que a vocação era uma só e que se acomodava às circunstâncias de cada um. Em seu pensamento, todos os sócios do Opus Dei tinham a mesma chamada à santidade no meio do mundo e a mesma responsabilidade de manter e desenvolver o espírito e as atividades corporativas.

Francisco Navarro e Rafael Poveda foram os primeiros a se incorporar ao Opus Dei como adscritos. Pediram admissão em Madri, no ano de 1950. Foram receber formação, junto com os demais que se aproximavam da Obra, em um centro chamado Bravo Murillo. Além disso, participaram de convivências de formação e retiros espirituais, como os demais membros. Quatro anos depois, havia setenta adscritos que residiam em diversos lugares da Península Ibérica e em alguns outros países, como a Itália, o México e a Colômbia.

As primeiras entre as mulheres foram Elena Blesa, em Valência, e María Luisa Udaondo, em Bilbau[30]. Outras adscritas que se destacaram por sua trajetória profissional foram Pilar de la Cierva, doutora em Química, e Lourdes Díaz-Trechuelo, doutora em História da América e precursora dos estudos sobre as Filipinas na etapa colonial. Também em outros países houve logo pedidos de admissão de adscritas. Em 1953, María Teresa Pequich incorporou-se ao Opus Dei na Argentina; um ano depois, Isaura Santamaría Carrasco solicitava a admissão no México. Em 1956 já havia mais de 150 adscritas do Opus Dei.

Os adscritos entregavam-se a Deus no celibato apostólico secular, em todo tipo de estratos sociais e lugares geográficos. Formavam um grupo heterogêneo, tanto pelas idades – alguns pediram a admissão quando eram jovens; outros, em sua maturidade ou ao enviuvar –

A HISTÓRIA DO OPUS DEI

como pelo trabalho com o qual ganhavam a vida. No início dos anos 1960, havia adscritos, homens e mulheres, que eram graduados, comerciantes, escriturários, administrativos, operários, professores de povoados, camponeses, mineiros, enfermeiras, assistentes sociais, empregadas do lar e porteiras. Por exemplo, metade das adscritas havia cursado estudos superiores e técnicos, como Magistério ou Enfermagem, e trabalhavam como funcionárias da administração pública e de empresas; a outra metade só havia completado o ensino fundamental e médio. Nessa época, as adscritas enfrentaram uma cultura que não entendia que a mulher fizesse estudos superiores ou que trabalhasse fora de casa, a não ser que sua família estivesse passando por dificuldades econômicas.

A maioria dos adscritos permaneceu num mesmo lugar durante toda a sua vida. Difundiram a mensagem da Obra entre as pessoas conhecidas no ambiente profissional e familiar. Também houve adscritos que exerceram sua profissão em obras corporativas do Opus Dei, sobretudo no setor do ensino, como na Universidade de Navarra, nos colégios Tajamar, em Madri, e Brafa, em Barcelona, nas escolas-granjas de homens e de mulheres de Montefalco, no México, bem como no centro ELIS e na escola SAFI, em Roma.

Para receber formação e compartilhar o ambiente de família da Obra, os diretores erigiram centros de adscritos com sede em apartamentos nos quais não residia ninguém ou em sedes de centros de numerários. Já em 1952, havia um centro na rua Bravo Murillo, em Madri, apartamentos alugados em Valência, Barcelona, Tarrasa e Saragoça, e pequenos grupos de adscritos em várias províncias espanholas. Também a partir desse ano, os adscritos fizeram retiros e convivências anuais em casas de retiros e residências, agrupados segundo suas circunstâncias e ambientes de procedência. Deste modo, passavam uns dias de relacionamento mútuo, que os ajudava a se conhecer melhor e também ao espírito do Opus Dei. No entanto, como não viviam na sede de um centro da Obra, alguns residiam com seus pais ou irmãos, enquanto outros tinham o próprio apartamento ou iam morar em residências de estudantes ou de profissionais. E, como qualquer cidadão, fizeram suas previsões para os possíveis períodos de desemprego, doença e aposentadoria, com seguros e apólices[31].

Os conselhos centrais adaptaram o plano de formação dos nume-

13. LABOR FORMATIVO

rários para a situação de vida dos adscritos e orientaram os numerários para que entendessem as dinâmicas próprias de seu caminho de santidade. Por exemplo, solicitaram que se interessassem pelas questões ordinárias dos adscritos, como a moradia – sobretudo no caso dos que residiam sozinhos – e o atendimento dos que ficavam doentes. Alguns governos regionais começaram a contar com um diretor que se ocupava do acompanhamento e formação dos adscritos.

Na década dos 1960, os organismos de governo elaboraram um curso de estudos para os adscritos que já estavam incorporados ao Opus Dei. O plano de formação unia a explicação detalhada do espírito, normas e costumes da Obra aos modos práticos de vivê-los e os fundamentos doutrinais da conduta cristá. Nas décadas seguintes, o curso de estudos foi implantado nas circunscrições da Obra. Era dividido em duas temporadas de sessenta dias cada – nos meses de julho e agosto, nos países do hemisfério norte, e janeiro e fevereiro nos do sul –, com um programa de aulas de quatro horas diárias, compatíveis, na medida do possível, com os horários de trabalho[32].

A vocação ao Opus Dei como adscrito tornou possível que uma pessoa que se sentisse chamada por Deus a viver o celibato no meio do mundo se dedicasse em tempo integral a qualquer tipo de tarefa profissional, sem assumir as responsabilidades do governo central ou regional, que recaíam nos numerários. Por outro lado, os adscritos colaboraram nos labores formativos, sempre que fossem compatíveis com as suas circunstâncias. Alguns ficaram encarregados de grupos, ou seja, tornaram-se coordenadores das atividades formativas de determinado conjunto de supernumerários; outros fizeram-se zeladores que conduziram a direção espiritual de outros sócios da Obra[33].

A partir de 1974, alguns adscritos com preparação universitária e que haviam completado o curso de estudos levantaram a possibilidade de cursar o biênio filosófico e o quadriênio teológico no *Studium generale* do Opus Dei. O fundador alegrou-se com esta proposta. Indicou que o fizessem aqueles que quisessem, desde que não ficassem prejudicados seus deveres familiares e profissionais.

Quanto às pessoas casadas ou com previsível vocação para o matrimônio, Josemaria Escrivá de Balaguer promoveu este apostolado – que já se fazia desde os anos 1930 – a partir de 1947, ano em que Tomás Alvira, Mariano Navarro Rubio e Victor García Hoz pediram

A HISTÓRIA DO OPUS DEI

a admissão à Obra, seguidos, pouco depois, das primeiras mulheres, Aurora Nieto e Ramona Sanjurjo.

Em 1950, o fundador concluiu a *Instrução sobre a obra de São Gabriel*, onde apresentava o vasto panorama de uma «chamada vocacional a uma multidão de homens e de mulheres», uma «mobilização geral de almas, dedicadas ao serviço de Deus no meio de todas as atividades nobres e limpas deste mundo, com sua conduta exemplar e com sua doutrina». Os supernumerários da Obra, assim como os demais membros, estavam chamados a divinizar o temporal: «Todos, cada um sabendo-se escolhido por Deus para alcançar a santidade pessoal no meio do mundo, precisamente no lugar que ocupa no mundo, com uma piedade sólida e ilustrada, voltada para o cumprimento gozoso – ainda que custe – do dever de cada momento». Ao mesmo tempo, transmitiam o Evangelho mediante um apostolado «que abarca todas as atividades humanas – doutrina, vida interior, trabalho – e influi na vida individual e coletiva, em todos os aspectos: familiar, profissional, social, econômico, político etc.»[34].

Para se expandir em um horizonte tão amplo era necessária, por contraste, uma estrutura organizativa pequena e flexível. Deste modo, a parte institucional não diminuiria a espontaneidade das iniciativas pessoais e a disseminação em todo tipo de ambientes. A amizade, o relacionamento confiado de amigo com amigo, foi o elemento-chave para difundir o espírito do Opus Dei. Às vezes, a atividade da Obra começou em determinada cidade porque um supernumerário se mudara para esse local, reunira um grupo de amigos para lhes dar formação cristã e, tendo crescido o número deles, fizera-se necessário providenciar o atendimento doutrinal e pastoral dessas pessoas.

As atividades de formação doutrinal dos supernumerários eram os círculos de estudo, as convivências e os recolhimentos, que se davam nas sedes de centros da Obra ou em casas particulares. A primeira convivência para supernumerários teve lugar em setembro de 1948; a primeira para supernumerárias, em junho de 1955, ambas na casa de retiros de Molinoviejo. Os supernumerários e cooperadores compartilharam também a iniciativa e a responsabilidade de levar para a frente ações corporativas do Opus Dei, por meio de patronatos e da direção de programas educativos nas entidades juvenis.

13. LABOR FORMATIVO

Para atender à formação e ao acompanhamento dos supernumerários, constituíram-se centros de São Gabriel. Ao mesmo tempo, previu-se que, quando crescesse o número de supernumerários de determinada localidade, se organizassem grupos, compostos de vinte pessoas no máximo – sendo dois deles zeladores – e posto sob o encargo de um numerário ou adscrito. Sem que houvesse um critério único, estas «pequenas comunidades cristãs»[35] – como as definiu certa vez o fundador – constituíram-se, dentro do possível, de acordo com a idade, a instrução e a dedicação profissional dos participantes. Era bastante inovador na tradição da Igreja que um supernumerário – em sua ampla maioria, casado e com filhos – acompanhasse espiritualmente outro supernumerário.

Foi previsto que os supernumerários assistissem a dois ou três círculos de estudos e algumas horas de recolhimento a cada mês; e, uma vez por ano, se reunissem em uma convivência e em um retiro espiritual. Neste organograma, a figura do zelador fazia-se essencial. Ele devia constituir uma ponte de união e de ambiente familiar entre cada supernumerário e toda a Obra. Além de proporcionar aconselhamento espiritual e dar formação, devia estar próximo de cada um dos sócios que lhe estavam confiados, de modo particular dos doentes e dos que tinham dificuldades para comparecer aos meios de formação.

Os diretores da Obra recordaram aos supernumerários que o apostolado começava em sua própria casa, com o amor entre marido e mulher e com a amizade e o bom exemplo dado aos filhos. Muitos supernumerários encontraram tempo para colaborar nos programas de São Rafael e nas obras corporativas, algo que o fundador denominava *entrelaçamento* dos labores. Por exemplo, supernumerários jovens moraram nas residências universitárias; outros participaram dos encontros de formação para jovens e colaboraram para a sustentação econômica das entidades juvenis. Deste modo, nos núcleos de população mais numerosa, acontecia que, se num primeiro momento o Opus Dei havia se estabelecido mediante a amizade de uma pessoa com outra, com o passar do tempo tornou-se conhecido também pelas redes familiares e as atividades coletivas.

O programa de formação doutrinal religiosa adaptou-se às circunstâncias das pessoas casadas ou sem compromisso de celibato. Em 1972,

A HISTÓRIA DO OPUS DEI

deu-se um passo à frente com os cursos de estudos, que acomodavam o plano de estudos de filosofia e teologia do *Studium generale*. Os primeiros cursos foram organizados em Madri e, depois, se difundiram para as demais circunscrições da Obra em que houvesse número suficiente de supernumerários. Durante dois anos, aqueles que já haviam feito a oblação receberam aulas orientadas a melhorar o conhecimento da fé cristã e do espírito da Obra. As aulas foram programadas de acordo com os horários familiares e de trabalho dos supernumerários. Essa maior capacitação dos supernumerários beneficiou a Obra, pois, ao conhecer com mais profundidade o espírito e as atividades, cresceram em sentido de responsabilidade e, em alguns casos, se tornaram zeladores e dirigentes das iniciativas corporativas[36].

Os católicos, os cristãos, os membros de outras religiões e inclusive os não crentes que desejavam receber formação e colaborar com os diversos apostolados do Opus Dei pediram para se tornar cooperadores. Constituíam uma associação de fiéis «própria e inseparável da Obra»[37]. As formas de ajudarem eram a oração, os donativos e a dedicação a atividades concretas. Alguns cooperadores já tinham um longo relacionamento com o Opus Dei porque, em sua juventude, haviam participado da obra de São Rafael; outros tinham entrado em contato em idade adulta. No final dos anos 1960, havia no mundo pouco mais de 10 mil homens e mulheres do Opus Dei. Para atendê-los do melhor modo possível, os centros de São Gabriel coordenaram diversos projetos formativos e de assistência espiritual. Além disso, algumas regiões criaram uma associação de cooperadores do Opus Dei como entidade civil sem fins lucrativos, a qual tinha como finalidade secundar as iniciativas da Obra e apoiar os apostolados diocesanos[38].

O crescimento do número de membros da Obra diversificou os projetos destinados a irradiar os valores cristãos na sociedade. Um projeto de especial relevância foram os cursos de orientação familiar. A ideia surgiu em Barcelona, em meados dos anos 1960, entre alguns casais de supernumerários e cooperadores que refletiam sobre a educação dos filhos em casa. Naquela época, o ofício de pai e de mãe era cada vez mais complexo, pois desaparecia paulatinamente na sociedade a convivência entre as três gerações da família.

Coordenados por Rafael Pich-Aguilera e José Manuel Fontes de Albornoz, os cursos de orientação familiar começaram em 1968.

13. LABOR FORMATIVO

Oito casais assistiram à primeira sessão, que foi realizada na associação juvenil Daumar. Inspirando-se na metodologia do IESE, o curso aplicava o método do caso. Propunham-se situações concretas que permitiam a análise, o debate e a busca de soluções práticas e específicas para dificuldades familiares na educação dos filhos e no amor matrimonial. Esta metodologia facilitava o aprendizado, pois os participantes compartilhavam suas experiências, guiados por um moderador especialista. Em 1973, os grupos de casais que dirigiam os cursos constituíram a Associação Familiar FERT, em Barcelona, e a Aula Familiar, em Madri[39]. Essas atividades uniam-se a outras semelhantes de promoção de orientadores familiares, as quais eram realizadas pelo Instituto de Ciências da Educação da Universidade de Navarra.

Nos anos 1970, a orientação familiar estendeu-se para mais províncias da Espanha e para outros países europeus. Supernumerários da Itália, França, Bélgica e Alemanha estabeleceram organizações similares. Por sua vez, os diretores da Obra, que não dirigiam a orientação familiar, aconselharam os supernumerários a se envolverem e a difundirem essa iniciativa entre os seus amigos e conhecidos. Os cursos ajudavam a melhorar as relações familiares dos participantes, além de estimular a amizade. Deste modo, algumas pessoas entraram em contato com os meios de formação cristã da obra de São Gabriel[40].

Com o clero diocesano

Iniciada em 1943, a Sociedade Sacerdotal da Santa Cruz, em seus primeiros sete anos, circunscreveu-se aos numerários presbíteros e candidatos ao sacerdócio. Os sacerdotes numerários difundiram entre o clero diocesano a mensagem de santificação pessoal no exercício do próprio ministério, ajudaram seus amigos presbíteros a melhorar sua formação doutrinal e ascética, atenderam a direção espiritual de alguns deles e participaram de encontros informais com mais sacerdotes seculares.

A aprovação definitiva de 1950 permitiu admitir à sociedade sacerdotal presbíteros incardinados em dioceses e organizar reuniões

A HISTÓRIA DO OPUS DEI

de formação para presbíteros diocesanos. As atividades da Sociedade Sacerdotal da Santa Cruz foram precedidas e mantidas pela amizade entre os sacerdotes. Os encontros coletivos eram os recolhimentos mensais, os retiros, os círculos de estudos para cooperadores e os círculos breves para os sócios da Sociedade Sacerdotal, as tertúlias e reuniões informais e as convivências de formação e descanso. Por meio deste labor, o Opus Dei participava da corrente da chamada à santidade e ao apostolado do clero diocesano, tal qual propugnada pelo magistério pontifício do século XX, com a promoção da identidade, da formação, da vida de oração, do associacionismo e da missão sacerdotais.

Os presbíteros seculares se sentiam atraídos porque se lhes apresentava um horizonte de santidade sacerdotal diocesana e de afã pastoral, porque recebiam acompanhamento espiritual e porque encontravam fortaleza no espírito de família cristã da Obra em face do desalento e da solidão. Agradeciam as propostas de adotar um plano de vida espiritual, de manter um relacionamento epistolar entre si quando estivessem isolados e de se reunirem semanal ou quinzenalmente para receber formação constante. Assim eles podiam conversar e fortalecer a amizade. Além disso, entusiasmava-os saber que, a partir do seu lugar – a paróquia e os demais encargos pastorais –, estavam ajudando o Opus Dei com a oração e a explicação da mensagem de santificação na vida ordinária.

Alguns sacerdotes diocesanos solicitaram ser cooperadores da Sociedade Sacerdotal da Santa Cruz. Entre eles, vários receberam a nomeação de assistentes eclesiásticos, uma vez que acompanhavam espiritualmente os sócios do Opus Dei. Com o fim de que conhecessem melhor a vocação dos supernumerários leigos, nas convivências organizadas para os assistentes eclesiásticos os formadores leram e glosaram a *Instrução da obra de São Gabriel*.

Os presbíteros que se sentiram chamados pediram a admissão à Sociedade Sacerdotal da Santa Cruz como oblatos ou como supernumerários. O fundador orientou os sacerdotes numerários que se encarregaram de atendê-los. Para que um presbítero solicitasse admissão, devia entendê-la como uma vocação divina que aumentava o seu desejo de santidade. Os meios para alcançar a perfeição cristã eram os mesmos das demais pessoas da Obra: plano de vida, estudo

13. LABOR FORMATIVO

da doutrina e trabalho bem realizado, o qual, no caso do presbítero, consistia no exercício do seu ministério, isto é, em pregar a Palavra de Deus, celebrar os sacramentos e atender as pessoas que lhes estavam confiadas. Um elemento essencial de sua vocação sintetizava-se no lema *Nihil sine episcopo* [Nada sem o bispo], que se traduzia no carinho e obediência ao próprio ordinário diocesano. Além disso, deviam colocar seu entusiasmo na paróquia e no seminário, unidos aos seus irmãos sacerdotes, sem formar grupos dentro do presbitério da diocese[41].

Escrivá de Balaguer assinalou que, com o passar do tempo, os presbíteros da Sociedade Sacerdotal desenvolveriam outras atividades, como a emigração apostólica e a colaboração em obras corporativas da Obra – em ambos os casos, com a aprovação do próprio bispo –, a abertura de uma residência para sacerdotes em Roma e alhures, bem como uma ajuda fraterna aos que haviam abandonado o sacerdócio.

Para sublinhar a importância da expressão *Nihil sine episcopo*, estabeleceu – também nas Constituições – que os sacerdotes diocesanos se vinculassem à Sociedade Sacerdotal com a vênia de seu bispo e que fortalecessem seu espírito diocesano com a emissão de um voto de obediência perante o ordinário do lugar no momento em que passassem a integrar a Sociedade Sacerdotal*. Além disso, pediu a Amadeo de Fuenmayor, conselheiro da região da Espanha entre 1952 e 1956, que, junto com outros sacerdotes numerários, visitassem os bispos para lhes dar a conhecer a Sociedade Sacerdotal da Santa Cruz e para lhes entregar um sumário das Constituições na primeira vez que um sacerdote da diocese lhes pedisse permissão para ser admitido na Sociedade. Convinha explicar aos prelados que o acompanhamento espiritual que a Obra oferecia não interferia na atividade ministerial de cada presbítero, o qual dependia exclusivamente de seu bispo; que a pertença a uma associação sacerdotal que buscava a santidade do sacerdote o unia ao resto do presbitério diocesano; e que a Santa Sé

(*) O preceito de solicitar a vênia do respectivo ordinário e o voto de obediência «se suprime em 1963, porque a exigência desse requisito já não está em conformidade com a praxe da Santa Sé em casos análogos de associações sacerdotais» (Amadeo de FUENMAYOR et al., *El itinerario jurídico del Opus Dei*, o. c., p. 349, n. 150).

A HISTÓRIA DO OPUS DEI

estimulava essas associações, inclusive as que não haviam sido impulsionadas pela hierarquia.

A Sociedade Sacerdotal da Santa Cruz difundiu-se de modo paulatino, a começar pela Espanha e Portugal. Em setembro de 1952, sete sacerdotes diocesanos participaram em Molinoviejo da primeira convivência para sócios da Sociedade Sacerdotal da Santa Cruz. Um triênio mais tarde, havia na Espanha 177 sócios da Sociedade Sacerdotal, pertencentes a mais de trinta dioceses diferentes, em grande parte ecônomos e coadjutores jovens de paróquias rurais. Em 1957, 41 sócios portugueses da Sociedade Sacerdotal pertenciam a sete dioceses distintas; o primeiro a solicitar admissão foi Alberto Cosme do Amaral, que, anos mais tarde, tornou-se bispo[42].

A maioria dos prelados deram o beneplácito para que a Sociedade Sacerdotal da Santa Cruz difundisse a mensagem da santidade sacerdotal entre o clero de suas dioceses. Em 1953, 38 bispos espanhóis autorizaram as reuniões do clero organizadas pelo Opus Dei e a incorporação de alguns sacerdotes à Sociedade Sacerdotal; seis prelados, no entanto, opuseram alguma dificuldade. Os motivos eram o temor de que o ordinário do lugar perdesse autoridade – como se o sócio da Sociedade Sacerdotal tivesse dois superiores e, portanto, estivesse obrigado a uma dupla obediência –, ou o receio de que o presbítero da Sociedade Sacerdotal deixasse de mostrar afeto e se relacionar com o resto dos sacerdotes diocesanos.

No final dos anos 1950, a Sociedade Sacerdotal da Santa Cruz colaborou com o sonho do fundador de trabalhar num território necessitado de clero. A Santa Sé havia traçado um plano de evangelização em algumas zonas do Peru mediante o estabelecimento de prelazias *nullius* ou territoriais, as quais eram confiadas a diversas instituições da Igreja. monsenhor Antonio Samorè, secretário da primeira seção da secretaria de Estado, comunicou a monsenhor Escrivá de Balaguer que o Papa Pio XII desejava confiar uma dessas prelazias ao Opus Dei. O fundador respondeu que o próprio dos sacerdotes da Obra era trabalhar nas dioceses onde estavam incardinados ou onde havia atividades do Opus Dei. Mas, acrescentou, atenderiam com muito gosto o encargo porque vinha do Papa. Com relação à circunscrição, disse que não escolheriam uma – como assim foi –, mas que assumiriam aquela que sobrasse, depois de que as demais instituições eclesiais fizessem sua escolha.

I3. LABOR FORMATIVO

Em 12 de abril de 1957, a Santa Sé constituiu a prelazia de Yauyos e nomeou prelado ao sacerdote numerário Ignacio Orbegozo. A prelazia abarcava 15 mil quilômetros quadrados, localizados entre 2.500 e 6 mil metros de altitude, com 175 mil habitantes distribuídos em pequenos povoados e dispersos pelas montanhas. Orbegozo começou seu ministério pastoral com cinco sacerdotes adscritos da Sociedade Sacerdotal da Santa Cruz de diversas dioceses espanholas que, depois de obter a permissão de seus respectivos bispos, o acompanharam na aventura de estender a fé entre os indígenas andinos. Os primeiros anos foram gastos em um duro trabalho de deslocamentos e de administração de sacramentos em um território muito pobre e com lugares de difícil acesso.

A Santa Sé agregou à prelazia de Yauyos o território da província civil de Cañete, em 1962. Por situar-se na costa do Pacífico, Cañete gozava de melhores recursos, os quais podiam ser empregados no resto daquela prelazia. Meses mais tarde, em janeiro de 1964, Ignacio Orbegozo foi ordenado bispo titular para a prelazia e, nesse mesmo ano, o seminário menor abriu as suas portas. Em 1968, Luis Sánchez-Moreno o substituiu como prelado[43].

Durante os anos 1960 e 1970, a Sociedade Sacerdotal da Santa Cruz cresceu paulatinamente, sobretudo na Espanha, Portugal, México e Itália. Os trezentos adscritos e os 35 supernumerários de 1961 passaram a 904 e 170, respectivamente, em 1975; além disso, havia neste ano 817 sacerdotes cooperadores. Os presbíteros da Sociedade Sacerdotal colaboraram no atendimento espiritual dos supernumerários e cooperadores do Opus Dei, bem como dos jovens que viviam em residências e colégios impulsionados por membros da Obra; também suscitaram entre seus paroquianos vocações para diversas instituições da Igreja e para o Opus Dei[44].

As regiões abriram centros da Sociedade Sacerdotal para que os presbíteros recebessem formação e estivessem em contato; nesta tarefa colaboraram de modo particular os sacerdotes adscritos que eram zeladores. Por exemplo, em meados dos anos 1960, na Espanha, a Sociedade Sacerdotal tinha apartamentos alugados em várias cidades – Madri, Pamplona, Barcelona, Saragoça, Oviedo e Santiago de Compostela, onde organizava atividades formativas. Na Itália, havia centros em Milão, Verona, Roma e Palermo. Porto, Coimbra e Lis-

A HISTÓRIA DO OPUS DEI

boa eram os três centros de Portugal, e no México havia centros na capital e em Guadalajara. Dez anos mais tarde, tinham crescido e alcançavam o número de 65 centros: a metade na Espanha e a outra metade em dezoito circunscrições do Opus Dei. Entre os diversos programas, eram muito conhecidos os cursos de teologia pastoral que ocorriam na basílica pontifícia de São Miguel (Madri) e as semanas de teologia pastoral de Pozoalbero (Jerez de la Frontera), Castelldaura (Barcelona), Universidade de Navarra (Pamplona) e Castello di Urio (Como)[45].

Em 1959, Escrivá de Balaguer erigiu um centro da Sociedade Sacerdotal em Roma para atender aos sócios e cooperadores que cursavam a licenciatura ou o doutorado nas universidades pontifícias romanas. Para estimular o encontro e a formação dos sacerdotes seculares, Joaquín Alonso e outros presbíteros numerários deram-lhes um formato novo em 1968, sob o nome de Centro Romano di Incontri Sacerdotali (CRIS). Melhoraram o calendário de atividades periódicas, com os recolhimentos espirituais, grupos de estudo, conferências sobre temas de atualidade religiosa e círculos de formação. Alguns encontros para a formação permanente do clero tiveram certo eco porque participaram personalidades como o prefeito da Congregação para o Clero, o cardeal John Wright, o psiquiatra vienense Viktor Frankl e o cardeal arcebispo de Cracóvia, Karol Wojtyla.

Em fins de 1959, a Santa Sé confiou ao Opus Dei o atendimento pastoral da basílica pontifícia de São Miguel (Madri), propriedade da nunciatura apostólica. Pela primeira vez, os sacerdotes numerários se responsabilizavam por uma igreja pública. Em pouco tempo, monsenhor Escrivá de Balaguer comprovou que esse templo era uma concretização visível e adequada da presença do Opus Dei na cidade e um ponto de referência para a atenção pastoral, em particular para os supernumerários e os cooperadores. Por isso, incentivou as regiões da Obra para que, de acordo com os respectivos ordinários, se incumbissem de uma igreja reitoral na capital ou nas grandes cidades onde houvesse muitas pessoas da Obra.

Um decênio mais tarde, os sacerdotes da Obra dirigiam outras oito Igrejas na Espanha, México, Itália e Áustria: as paróquias de São João Batista no Collatino (Roma, 1964), da Santa Vera Cruz (Cidade do México, 1965) e de Santo Alberto Magno (Madri, 1965); as

13. LABOR FORMATIVO

igrejas do Senhor São José (Sevilha, 1965), de São João do Hospital (Valência, 1966), de Santa Maria de Montalegre (Barcelona, 1967) e da Santa Cruz (Saragoça, 1967); e a paróquia de São Pedro (Viena, 1970). Além disso, em 1968, a Congregação para a Propagação da Fé e a Pontifícia Comissão de Arqueologia Sagrada confiaram à Sociedade Sacerdotal da Santa Cruz a basílica e a catacumba de Santo Alexandre, situadas na via Nomentana, nos arredores de Roma[46].

A maioria das igrejas era de propriedade das dioceses correspondentes, e por isso firmou-se um convênio temporário ou indefinido, entre a diocese e a região do Opus Dei, para esse atendimento pastoral. Excepcionalmente – como no caso da igreja do Senhor São José de Sevilha –, a Sociedade Sacerdotal da Santa Cruz adquiriu a igreja a pedido do bispo. Os convênios estabeleciam que a igreja correspondente estivesse confiada ao Opus Dei *ad nutum Sanctae Sedis,* ou seja, enquanto a Santa Sé não dispusesse outra coisa. O Opus Dei, portanto, colocava à disposição os sacerdotes que atendiam as obrigações pastorais dos templos, enquanto o bispo nomeava os presbíteros designados para as paróquias ou para as igrejas reitorais. Assim aconteceu, por exemplo, com as nomeações de José Luis Saura como pároco de Santo Alberto Magno, de Salvador Moret como reitor de São João do Hospital e de Juan Bautista Torelló como vigário ecônomo da São Pedro.

As paróquias e igrejas reitorais colaboraram para o atendimento pastoral dos fiéis de acordo com as indicações recebidas da cúria episcopal e dos costumes diocesanos e locais: celebrações eucarísticas e outros sacramentos, catequese, preparação para o matrimônio, cursos de teologia para adultos, atos de culto e procissões. O fundador recordou aos sacerdotes do Opus Dei que, em tudo o que fizesse referência às instruções pastorais, normas litúrgicas e horários, se seguisse «o que o Ordinário diocesano prescreva para as demais igrejas regidas por sacerdotes seculares»[47]. Organizaram também as tradicionais associações de fiéis da doutrina cristã e do Santíssimo Sacramento, os grupos de coroinhas, as visitas às famílias, o atendimento pastoral de doentes e o serviço às pessoas com recursos escassos. Também ajudaram a irradiar a mensagem da Obra e o desenvolvimento de encontros espirituais com os recolhimentos mensais para cooperadores e supernumerários. Em alguns casos, os locais da casa reitoral se transformaram em sede de um centro da Obra, depois de adaptados às necessidades específicas.

14. ATIVIDADES COLETIVAS

As AÇÕES CORPORATIVAS DO Opus Dei desenvolveram-se utilizando tanto modos semelhantes aos dos primeiros tempos quanto formas novas, adaptadas às situações do momento. O fundador manteve o critério de não restringir as atividades a um aspecto particular, como o ensino, os meios de comunicação ou as iniciativas culturais. A mensagem devia chegar a todos os lugares por meio do testemunho cristão de seus fiéis. Por este motivo, urgiu às regiões da Obra para que as ações corporativas, que eram um meio e não um fim, não afogassem «o que é essencial: a formação dos numerários, adscritos e supernumerários; e o apostolado pessoal que estes realizam através de seu trabalho profissional em todas as atividades humanas»[1].

Nos anos 1950, os apostolados coletivos do Opus Dei haviam se concentrado nas obras corporativas – Universidade de Navarra, residências, colégios e escolas de formação profissional – e nas obras comuns no âmbito da comunicação e da cultura. Em ambos os casos, Escrivá de Balaguer insistiu em que o elemento fundamental para difundir a mensagem da santidade no meio do mundo era o testemunho de cada um, evitando que as estruturas tivessem prioridade sobre as pessoas ou que se caísse na tentação de se conformar apenas com o bom andamento da atividade corporativa.

Nos anos 1960, produziram-se três alterações que modificaram esta presença corporativa do Opus Dei na sociedade: a abertura de mais universidades, colégios e escolas técnicas, dirigidos aos diversos estratos da sociedade; o aparecimento dos chamados labores pessoais; e o fim das obras comuns de apostolado. Estas mutações afetaram também as obras corporativas, que, a partir de então, restringiram-se

A HISTÓRIA DO OPUS DEI

ao ensino, à assistência sanitária e à promoção social. Em particular, boa parte desse esforço institucional destinou-se aos centros de formação para operários e para o desenvolvimento da mulher. Escrivá de Balaguer impulsionou com firmeza esta fórmula, pois a prática utilizada nas primeiras décadas – começar com os intelectuais como método para chegar a todos os estratos sociais – dava agora seus frutos na atividade coletiva.

No campo do ensino, foram poucos os colégios que constituíam obras corporativas. Não obstante, o fundador convenceu-se de que era preciso incentivar os supernumerários e cooperadores a criarem os centros educativos que considerassem necessários. A ideia surgiu em função da demanda das famílias por projetos bem orientados, necessidade esta incrementada pelo desconcerto doutrinal dos anos 1960. A juventude precisava receber uma explicação coerente da fé e da vida cristã, de modo a que contasse com uma base intelectual e um exercício prático antes de chegar à idade adulta. Os diretores do Opus Dei estimularam e ofereceram suporte formativo e doutrinal aos que empreenderam essas iniciativas de educação, que pouco depois foram denominadas «labores pessoais».

Estudos superiores

Josemaria Escrivá de Balaguer manteve os apostolados com universitários e graduados porque se chega por meio deles a toda a sociedade: «Porque são os intelectuais quem têm a visão de conjunto, quem anima todo o movimento que tenha consistência, quem dá forma e organização ao desenvolvimento cultural, técnico e artístico da sociedade humana»[2]. Esta abordagem era um meio para estender depois a ação evangelizadora aos demais âmbitos humanos, já que o espírito do Opus Dei estava aberto a pessoas de todas as condições e grupos sociais.

A principal obra corporativa, a Universidade de Navarra, cresceu de forma vigorosa com a abertura de vários centros acadêmicos e com a construção de novos edifícios: a Escola de Assistentes Sociais (1963), o Instituto Superior de Secretariado e Administração

14. ATIVIDADES COLETIVAS

(1963), o Instituto de Filosofia (1964), a Escola Superior de Arquitetura (1964), as Ciências Biológicas (1964), a Faculdade de Farmácia (1964), as Ciências Físicas (1965), o Instituto Internacional de Ciências da Educação (1965) e a Faculdade de Teologia (1969). Em fins dos anos 1960, a universidade acolhia estudantes de 39 nações. Com 32% de alunos filhos de operários e camponeses, tratava-se do centro acadêmico espanhol que mais bolsas concedia[3].

Monsenhor Escrivá de Balaguer pediu aos docentes que não tivessem um pensamento corporativo próprio no âmbito acadêmico, pois o Opus Dei não seguia uma escola teológica, filosófica, educacional ou cultural determinada[4]. Cada professor era livre para sustentar as posições que considerasse mais razoáveis, de acordo com a doutrina católica. Também incentivou os alunos a contarem com um preceptor ou tutor acadêmico que os ajudasse em sua formação universitária. Convinha que lhes insistissem em manifestar suas opiniões com liberdade, sem se sentirem coibidos pelo modo de pensar de seus superiores.

O *campus* de Pamplona – e, em menor escala, os de Barcelona e de San Sebastián – abandonou o modelo de universidade urbana e passou ao estilo das universidades anglo-saxás, com a vantagem de contar com um amplo espaço comum e o inconveniente de afastar-se um pouco da vida social da cidade e de seus laços. Na capital de Navarra, iniciaram-se os colégios maiores Belagua (para homens, com quatrocentas vagas) e Goroabe e Goimendi (para mulheres, com duzentas vagas), os quais enriqueceram o ambiente universitário[5].

Em meados dos anos 1960, o fundador propôs aos membros do Opus Dei o início de obras corporativas que fossem universidades ou centros de estudos superiores em mais países. Recordou que a dedicação corporativa ao ensino privado não era um fim da Obra. Mas, ao mesmo tempo, a secularização tornava conveniente ampliar os espaços acadêmicos, mostrando a compatibilidade do Evangelho com os âmbitos do saber. Estas obras corporativas, que seriam poucas, tratariam de oferecer um modelo de trabalho profissional competente e de vida cristã a pessoas de todas as crenças.

A segunda universidade como obra corporativa começou em Piúra (Peru). O bispo local, monsenhor Erasmo Hinojosa, propôs essa possibilidade a monsenhor Josemaria Escrivá de Balaguer. Depois da cria-

A HISTÓRIA DO OPUS DEI

ção de uma entidade promotora local, composta de pessoas da Obra e cooperadores, o fundador aprovou a ideia. Além da transmissão de conhecimentos, o centro acadêmico teve, desde o início, um forte componente de promoção social e de ajuda ao desenvolvimento. O primeiro curso acadêmico foi aberto em abril de 1969.

Várias regiões empreenderam iniciativas que, em alguns casos, estavam orientadas para se transformar em universidades. Na Cidade da Guatemala, começou o Instituto Feminino de Estudos Superiores (1964), com escolas de trabalho social, *design* de interiores, secretariado e estudos administrativos, todas com reconhecimento oficial. No México, alguns membros do Opus Dei e cooperadores empresários e acadêmicos começaram o Instituto Panamericano de Alta Direção de Empresas (1967) e o Instituto Panamericano de Humanidades (1968); neste mesmo ano, tinha início também o Instituto de Capacitação e Treinamento de Mandos Intermediários. Em Manila, o Center for Research and Communication abriu suas portas em 1967, desenvolvendo, pouco depois, um programa de mestrado em economia de empresas. De modo semelhante, teve início em Bogotá o Instituto Superior de Educação (1971) e, em São Paulo, o Centro de Extensão Universitária (1972)[6].

Um caso particular, pelas prestigiosas universidades que já existiam, foram os Estados Unidos. Ali, em vez de se lançarem a criar um centro universitário – a tentativa em Washington não tinha saído bem, como já vimos –, os diretores preferiram promover residências de estudantes, tanto de homens como de mulheres, próximas dos melhores centros acadêmicos do país, como Harvard, o Massachusetts Institute of Technology, a Notre Dame, Columbia e Chicago.

Vicente Rodríguez Casado, catedrático de História Universal e Moderna na Universidade de Sevilha, protagonizou um caso singular de atividade profissional – neste caso, de caráter individual – no âmbito universitário. Entre 1943 e 1974, ele foi reitor da Universidade Hispanoamericana de Santa María de La Rábida. Pensada como universidade de verão, La Rábida oferecia cursos de natureza acadêmica que não faziam parte do currículo. A atraente personalidade de Rodríguez Casado conseguia reunir uns cinquenta professores e estudantes universitários. Durante um mês e meio, refletiam sobre temas ibero-americanos e de atualidade em um clima ao mesmo tempo profissional e descontraído[7].

14. ATIVIDADES COLETIVAS

Também se devem ao impulso de Rodríguez Casado os Ateneus Populares, associações civis que organizavam conferências, colóquios e debates culturais entre operários e universitários, todos convivendo em clima de igualdade. Os ateneus desejavam romper classismos sociais por meio de um diálogo aberto que ajudasse a superar o ressentimento de operários tratados com paternalismo ou utilizados com fins políticos. Conversava-se também sobre as causas do anticlericalismo no âmbito operário. Esta abordagem teve sucesso, ainda que também encontrasse oposição tanto dos falangistas como dos comunistas. No final dos anos 1960, havia 26 ateneus em diversas comarcas industriais da Espanha. Anualmente, reuniam-se na Universidade de La Rábida para dialogar sobre esses temas[8].

Colégios dos ensinos fundamental e médio

No verão de 1963, o fundador do Opus Dei passou umas semanas de descanso em Reparacea, casa situada na zona norte de Navarra. Certo dia, o conselheiro da região da Espanha, Florencio Sánchez Bella, falou-lhe de uma questão que haviam levantado na Comissão e na Assessoria Regionais. Nos últimos meses, supernumerários e cooperadores de diversas cidades haviam manifestado o desejo de que a Obra abrisse mais centros educacionais porque seus filhos recebiam uma doutrina cristã desacertada[9].

Depois de meditar sobre isso, monsenhor Escrivá de Balaguer disse que lhe parecia lógica a preocupação desses pais e que desejava ajudá-los. Não via possível criar uma rede de colégios que fossem obras corporativas, pois isso exigiria dispor de muitas pessoas preparadas, havendo o perigo de que o ensino absorvesse a atividade institucional do Opus Dei. Propôs outra possível solução. Se os pais promovessem colégios, assumindo a correspondente responsabilidade na direção, na contratação dos professores, na orientação pedagógica e na sustentabilidade econômica, então os diretores do Opus Dei proporcionariam capelães e se encarregariam de que houvesse professores de religião capacitados para contribuir para a vivificação cristã dos projetos. Acrescentou, como já havia sugerido para as obras corpora-

A HISTÓRIA DO OPUS DEI

tivas, que nesses colégios – que, desde 1966, se denominaram *labores pessoais* para sublinhar que não eram promovidos institucionalmente pela Obra – o primeiro lugar devia ser ocupado pelos pais, depois pelos professores e, a seguir, pelos alunos[10].

Em pouco tempo, algumas pessoas da Obra puseram em funcionamento a sociedade Fomento de Centros de Ensino, que se comprometia a promover novos colégios, nomear as equipes diretivas e assegurar juridicamente a continuidade do espírito inicial. O grupo promotor era composto de cinco pessoas, entre elas dois dos primeiros supernumerários, especialistas em pedagogia: Tomás Alvira, Víctor García Hoz, Antonio García de Gúdal, Félix Falcón e Vicente Picó. Além da qualidade docente, a Fomento optou por um modelo de educação diferenciada, tendo a tutoria pessoal dos alunos como elemento pedagógico, uma formação baseada nas virtudes e na doutrina cristã e sensibilidade para as humanidades e a cultura.

O primeiro centro educacional da Fomento de Centros de Ensino foi Ahlzahir (Córdoba), que começou em 1963, com 108 alunos. Era sustentado por um grupo promotor formado por três casais da região, aos quais se uniram mais famílias. No ano seguinte, começaram os colégios El Prado e Montealto, em Madri, e Canigó, em Barcelona.

Em 1965, os conselhos centrais incentivaram as regiões para que – diferentemente das obras corporativas, que eram poucas – houvesse muitos colégios que fossem labores pessoais[11]. Desde então, eles cresceram exponencialmente, graças a vários fatores, entre eles o profissionalismo dos dirigentes e professores e a grande demanda de vagas escolares provocada pelo *baby boom* – unindo-se a isso, no caso da Espanha, as facilidades que o Governo dava para abrir novas escolas, o baixo preço dos terrenos e os créditos para a construção de centros educacionais. Um decênio mais tarde, havia vinte colégios da Fomento nas cidades de Barcelona, Córdoba, Gijón-Oviedo, La Coruña, Madri, Múrcia, Pamplona, Sevilha, Valência, Vigo e Saragoça. Além disso, fundaram-se outras três sociedades educacionais: o grupo Attendis, com colégios em Granada, Jaén, Málaga e El Puerto de Santa María; a Institució Familiar d'Educació, com centros escolares em Barcelona, Tarragona e Igualada; e o grupo educacional Coas, que lançou escolas em Bilbau e San Sebastián.

14. ATIVIDADES COLETIVAS

Estabeleceram-se centros escolares semelhantes em muitos países, sobretudo na América Latina. Frequentemente, os promotores fundaram sociedades que, com poucos anos de diferença, abriram dois colégios em cidades grandes, um para meninos e outro para meninas, aos quais enviaram seus próprios filhos. Foi o caso, entre outros, do Ginásio de Los Cerros (1965) e do Ginásio Iragua (1969), em Bogotá; Cedros (1966) e Yaocalli (1970), na Cidade do México; Intisana (1966) e Los Pinos (1968), em Quito; Los Arcos (1967) e Caniguá (1974), em Caracas; Los Molinos (1970) e El Buen Ayre (1968), em Buenos Aires; Tabancura (1970) e Los Andes (1969), em Santiago do Chile; El Roble e Campoalegre (1972), na Cidade da Guatemala; e Argonne e Monforte, em Milão (ambos em 1974).

O número de colégios que eram obras corporativas também aumentou, embora em ritmo menor. Na Espanha, Viaró (Barcelona, 1963) e Retamar (Madri, 1966) estavam situados em zonas de expansão das respectivas cidades. Depois, abriram-se centros educacionais em bairros operários ou industriais de outras localidades: Irabia começou em 1964 como centro para ensino de segundo grau técnico no bairro de La Chantrea (Pamplona); Xaloc (1964) e Pineda (1968), em Hospitalet de Llobregat (Barcelona); e Altair (1967), no distrito Cerro-Amate (Sevilha).

Quando possível, as obras corporativas e os labores pessoais desenvolveram duas seções: uma diurna e outra noturna. Em horários compatíveis com o trabalho, os professores davam aulas, nos mesmos locais e com o mesmo material didático, a pessoas que necessitavam trabalhar para se manter – geralmente, operários e filhos de operários, que pagavam matrículas reduzidas. Por exemplo, Gaztelueta (Bilbau) tinha 525 alunos no período da manhã e 325 no noturno; e Los Cerros (Bogotá), 450 no diurno e 110 no noturno.

O início e a implantação desses colégios foi uma aventura pedagógica e profissional para muitos membros da Obra e, de algum modo, deu novo estilo à atividade institucional do Opus Dei. Os dirigentes e o professorado esforçaram-se por assumir os desafios educacionais que haviam se proposto, desde os acadêmicos até os religiosos. A mensagem de santidade no meio do mundo se fez presente em muitas cidades graças a diversos centros educacionais, que atraíram milhares de alunos e famílias, organizaram sessões de formação e reforçaram os

A HISTÓRIA DO OPUS DEI

laços com as autoridades locais, civis e religiosas. Também serviram para potencializar os apostolados das obras de São Rafael e de São Gabriel. Com frequência, estabeleceram-se centros da Obra em lugares próximos aos colégios a fim de facilitar que os jovens e os pais tivessem acesso aos meios de formação fora do horário escolar.

Pouco antes do nascimento dos labores pessoais, Escrivá de Balaguer havia recordado que o espírito do Opus Dei deveria ter ampla difusão também «entre os professores do ensino fundamental e médio das escolas públicas do Estado, nas Faculdades de Magistério e Pedagogia e nas Escolas Normais»[12]. Foi frequente, por exemplo, que alguns que tinham se formado em atividades corporativas trabalhassem depois em centros estatais e vice-versa*.

Centros de formação técnica e profissional

Segundo o espírito do Opus Dei, baseado na Doutrina Social da Igreja, o cristão está chamado a contribuir para a promoção dos que estão em situações de vulnerabilidade, de modo a que consigam os meios necessários para viver com maior dignidade. Nos anos 1960, o serviço prestado a partir da tarefa profissional multiplicou-se com escolas de secretariado, idiomas, hotelaria, lar e cultura, decoração e funcionários de escritório, bem como granjas-escola e centros de estudos pedagógicos. Estes espaços docentes basearam sua eficácia na competência técnica, na adaptação à demanda social e na certeza de que o trabalho profissional era um meio adequado para contribuir para o crescimento do nível de vida e para a irradiação da mensagem cristã.

Em muitos casos, os centros educacionais foram obras corporativas do Opus Dei, levadas adiante com as contribuições dos membros da Obra e com ajudas públicas e privadas. Além de capacitar e habilitar profissionalmente, ofereceram formação religiosa aos alunos e viabilizaram o conhecimento das atividades das obras de São Rafael e de São Gabriel.

(*) Ao mesmo tempo, a proliferação de centros de ensino e o número de pessoas da Obra que neles trabalhavam tornaram mais difícil explicar um traço essencial do Opus Dei: o trabalho em todo tipo de lugares e entidades, especialmente nas instituições públicas.

14. ATIVIDADES COLETIVAS

As escolas de secretariado entraram na moda na década de 1960. Evidenciavam o desejo da mulher de ter um trabalho remunerado que lhe proporcionasse maior autonomia. As mulheres da Obra criaram o Instituto Superior de Secretariado e Administração (ISSA) na Universidade de Navarra, o qual iniciou sua trajetória em San Sebastián, no ano de 1963. Os programas de estudo do ISSA eram teórico-práticos e incluíam o aprendizado de idiomas e estágios em empresas das futuras ajudantes de direção. Nesse mesmo ano, inaugurou-se em Córdoba o Instituto Superior Zalima, com cursos de secretariado, técnicas do lar, cozinha e decoração. Em Vigo, a Escola de Secretariado Aloya começou em 1967[13]. Também houve escolas de secretariado com vida curta na Itália (Palermo e Nápoles) e na Nigéria (Lagos).

À medida que os anos 1970 avançaram, decresceu o interesse pelas escolas de secretariado porque muitas jovens optavam por outros estudos. Algumas escolas dirigidas por mulheres da Obra passaram por um processo de adaptação à nova realidade. Assim, Aloya (Vigo) transformou-se em centro de estudos superiores; Albaydar (Sevilha), em centro de ensino médio e de formação profissional; e Kianda (Nairóbi), em colégio de ensino médio.

Outra iniciativa nascida na Espanha foram as escolas de lar e arte para donas de casa; iniciadas nos anos 1950, tiveram grande sucesso na década de 1960: Almenara (Saragoça, 1951), Llar (Barcelona, 1952), Montelar (Madri, 1956), Albaydar (Sevilha, 1956), Alsajara (Granada, 1958), Montealegre (Oviedo, 1964) e Leku-Eder (Neguri), entre outras. Em um contexto social de transformação de paradigmas, no qual muitas mães de família compartilhavam do trabalho doméstico com o pessoal de serviço ou o assumiam por completo, gerou-se uma notável demanda de cursos por parte das donas de casa que desejavam aprender a realizar de forma mais profissional as tarefas do lar e da educação dos filhos[14].

As escolas de lar e arte ministraram aulas de cozinha, decoração de interiores, jardinagem e cerâmica. Além dos cursos de capacitação doméstica, ofereceram formação cristã e atividades de voluntariado, como recolhimentos e catequese em zonas desfavorecidas. Por exemplo, Montelar tinha um roupeiro de ajuda social em que se preparavam cestas de alimentos distribuídas em dispensários voltados para pessoas de poucos recursos; dedicavam-se também à confecção de

A HISTÓRIA DO OPUS DEI

ornamentos sagrados para oratórios. Na década seguinte, e devido à incorporação generalizada da mulher à universidade, muitas destas escolas fecharam ou se transformaram em centros de ensino técnico com reconhecimento estatal. Foi o caso de Leku-Eder, que se constituiu em escola de arte e decoração.

Por sua vez, os internatos e as escolas de tarefas domésticas promovidos por mulheres da Obra foram relativamente pujantes na Espanha e em países da América Latina. Em 1966, havia vinte escolas espanholas de lar e cultura, frequentadas por cerca de 1.200 alunas, em sua maioria empregadas do lar em casas particulares; na Cidade do México, a Escuela Alhucema de Lar, Cultura e Artesanato albergava 190 estudantes; a Escola Pavas para a capacitação da mulher, em San José (Costa Rica), acolhia 110 alunas; e a seção de empregadas do lar da Academia de Estudos Fontanar, em Santiago do Chile, tinha umas 120. Em meados dos anos 1960, calculava-se que 2.900 alunas frequentavam esses centros em todo o mundo[15].

As escolas colaboraram decisivamente para o crescimento social e humano das mulheres. A maioria das jovens que dedicavam sua vida profissional aos trabalhos domésticos procedia do campo ou de famílias de recursos limitados; em algumas ocasiões, sua formação começava com a alfabetização.

Esses centros de ensino criados para as tarefas do lar analisaram como poderiam profissionalizar os programas formativos e pedagógicos, tanto teóricos como práticos. Em poucos anos, a melhora da qualificação profissional das escolas possibilitou que se transformassem em institutos de ciências domésticas, colégios de ensino médio e escolas para o trabalho no setor hoteleiro e de turismo. O tempo de aprendizado dos ofícios por imitação, sem conhecimentos específicos, havia chegado ao fim.

As escolas hoteleiras e do lar realizaram os trâmites administrativos para que seus estudos fossem reconhecidos oficialmente, uma vez que um título de qualificação técnica abria mais portas no mercado de trabalho. Solicitaram também as subvenções previstas pela legislação trabalhista de cada país. Por exemplo, as 45 alunas da Scuola Alberghiera Femminile Internazionale (SAFI), em Roma, recebiam ao concluir os estudos um diploma emitido pelo Ministério do Trabalho; em Buenos Aires, o Instituto de Capacitação Integral em Es-

14. ATIVIDADES COLETIVAS

tudos Domésticos (ICIED) preparava as jovens para trabalhar em hotéis, embaixadas, residências, centros educacionais e hospitais, com um currículo adaptado ao plano de estudos oficial; a Escola Hoteleira Dosnon (Couvrelles, França) outorgava um prestigioso certificado de aptidão profissional em hotelaria; o Lexington College, escola de hotelaria situada em Chicago, dava títulos próprios, reconhecidos no setor profissional; em Bogotá, o Instituto de Ciências Sociais e Familiares (1969) oferecia um programa de Administração de Instituições de Serviço aprovado pelo ministério; e a Escola Elca, em São Paulo, concedia o título oficial de auxiliar técnica do lar[16].

Na Espanha, algumas escolas do lar se transformaram em centros educacionais de formação profissional ou já nasceram com esse perfil. Assim aconteceu, entre outros, com Senara (Madri, 1964), Los Tilos (Madri, 1967), Ribamar (Sevilha, 1968), Fuenllana (Madri, 1974) e Arangoya (Bilbau, 1975). Ofereciam programas de capacitação em jardim de infância, economia sociofamiliar e administração hoteleira, com estágios em restaurantes, hotéis e casas particulares. Algo semelhante aconteceu com a escola para operárias Palmares, em Guadalajara (México), que começou o ensino médio em 1973; e com a Kibondeni School of Catering (Nairóbi), que recebeu autorização estatal para emitir seus próprios certificados, dado que o plano de estudos seguia as diretrizes estatais para as escolas do ensino médio e as indicações dos diplomas ingleses para as áreas de administração e serviços[17].

Os internatos de empregadas do lar também revisaram sua abordagem nos anos 1960. Muitos se transformaram em residências, com planos de formação estruturados de acordo com a legislação educacional e trabalhista. Deste modo, proporcionavam um título que comprovava a qualificação profissional das jovens. Geralmente, o diploma homologado facilitava a busca de trabalho no setor hoteleiro e culinário[18].

Outra área de ação pedagógica encaminhou-se para o ensino de ofícios manuais para pessoas dos distritos desfavorecidos das grandes cidades. Por exemplo, entre os homens, o centro educativo Kinal (Cidade da Guatemala, 1961), voltado para operários, estabeleceu-se em uma região deprimida, junto ao aterro sanitário municipal; desde o início, organizou cursos breves de capacitação para carpin-

A HISTÓRIA DO OPUS DEI

teiros, jardineiros, quitandeiros e eletricistas. Perto do Kinal, iniciou-se uma escola semelhante para mulheres, chamada Junkabal (1962), com estudos de secretariado, educação para o lar, balconista e *designer* de moda. Com objetivos semelhantes, o Centro Tundama (Bogotá, 1962) oferecia cursos de alfabetização, enquanto o Centro Social Morro Velho (São Paulo, 1963), situado num bairro periférico, dedicava-se ao ensino de técnicas de artesanato para as senhoras e de datilografia para as jovens.

Por fim, outro âmbito de colaboração para o desenvolvimento social foi o do trabalho no campo. Em seus *Apontamentos íntimos,* Josemaria Escrivá de Balaguer já havia considerado que a Obra impulsionaria o crescimento e a promoção do agro e, em concreto, facilitaria a qualificação profissional da mulher. A melhora do mundo rural dignificaria o ofício de agricultor e criador e faria com que muitas pessoas não se vissem obrigadas a emigrar.

No início dos anos 1960, começaram várias escolas agrícolas na Espanha e na América. Para os homens, por exemplo: o centro agropecuário experimental El Peñón (Montefalco, México, 1961); a escola Las Garzas (Chimbarongo, Chile, 1963), para mandos intermediários; o instituto rural Valle Grande, para agricultores (San Vicente de Cañete, Peru, 1966); e o Instituto Técnico Agrário Bell-lloc del Pla (Girona, Espanha, 1965), com um ensino médio profissionalizante na especialidade de agropecuária. Por outro lado, dirigida por mulheres, a granja-escola de Montefalco, que se transformou em colégio em 1968; a escola para camponesas da Hacienda Toshi (México), que desde 1960 teve um dispensário médico e um centro de alfabetização de adultos; e o centro de formação profissional Condoray (San Vicente de Cañete, 1963), que oferecia programas de aprimoramento profissional a mulheres das zonas rurais. Além disso, em Cañete, três leigos da Obra assumiram em 1964 a Rádio ERPA (Escolas Radiofônicas Populares Andinas), que transmitia programas de educação agropecuária, humana e espiritual às escolas e aos indígenas.[19] De modo semelhante, desde 1968 foram realizados telecursos de ensino médio em Montefalco.

Um labor pessoal de relevo foram as Escolas Familiares Agrárias (EFA). Joaquín Herreros Robles e Felipe González de Canales – aos quais se uniria pouco depois Teresa María Pérez-Payán – lideraram

14. ATIVIDADES COLETIVAS

um projeto de formação profissional no setor agropecuário. Tomaram algumas ideias das Maison Familiale Rurale (França) e da Federazione Coltivatori Diretti (Itália) e as desenvolveram segundo um estilo próprio. As EFA tinham por objetivo o ensino humano e profissional dos jovens, no intuito de criar empresários do meio rural. Os estudos eram orientados para a gestão técnico-agrícola, além de fornecer uma boa educação de base. Deste modo, os jovens ficavam capacitados a realizar uma exploração competitiva na produção e comercialização do fruto do campo. Ao mesmo tempo, a formação religiosa consolidava a fé nessas famílias.

O plano de estudos de uma EFA, com duração trienal, estava baseado na alternância escola-trabalho, ajudando os jovens a não se afastar do território. Os alunos permaneciam uma semana no centro escolar, em regime de internato; os monitores, que residiam também na EFA, ministravam-lhes as aulas teóricas. Depois, passavam duas semanas na casa de sua família, a fim de praticar em seu ambiente de trabalho.

As duas primeiras EFAs dirigidas por homens foram Molino Azul e Casablanquilla (1967), no nordeste de Sevilha. As primeiras femininas chamavam-se Elcható (Sevilha, 1968) e Yucatal (Córdoba, 1970). No início dos anos 1970, havia dezesseis EFAs na Espanha, com oitocentos alunos; cinco anos mais tarde, as escolas haviam duplicado. A maioria dos jovens era de filhos de pequenos proprietários agrícolas, com fazendas inferiores a dez hectares. Ao acabar os estudos, recebiam um certificado oficial de aprendizado agrário, pois o Estado reconheceu o plano de estudos como formação profissional de primeiro grau[20].

A proprietária das EFAs era uma sociedade anônima. O governo ordinário de cada escola ficava sob a responsabilidade de um comitê gestor, composto de dirigentes do centro e pais de alunos. Esses centros se sustentavam com as mensalidades dos alunos, as subvenções do Ministério da Educação e as ajudas de entidades promotoras locais, como caixas de poupança, cooperativas e prefeituras. Cada EFA tinha uma associação de famílias, as quais formavam uma federação em nível nacional, com a ideia de que os pais participassem do governo. Em 1975, a rede de EFAs participou do nascimento da Association Internationale des Maisons Familiales Rurales[21].

A HISTÓRIA DO OPUS DEI

Desenvolvimento e fim das obras comuns

As iniciativas de membros do Opus Dei no âmbito da comunicação tinham se consolidado como projeto nos anos 1950, assumindo sobretudo a forma de revistas culturais e universitárias, das Edições Rialp e da agência de colaborações e distribuição Europa Press, que mais tarde se converteu em uma agência de notícias. O fundador via em todas elas um caminho secular e moderno através do qual poderiam difundir-se valores cristãos e humanos de forma capilar*.

Em 1962, o Conselho Geral do Opus Dei propôs a todas as regiões que alguns sócios começassem em suas circunscrições uma revista popular de caráter informativo, a fim de «formar a consciência e o sentido de responsabilidade do leigo católico»[22]. A título de orientação, sugeria que as seções da revista fossem: cartas ao diretor; panorama da atualidade mundial; noticiário da vida e atividades dos católicos; e uma seção de crítica de livros, cinema, televisão e arte. Pouco depois, em fevereiro de 1963, apareceu o primeiro número de *Mundo cristiano,* do grupo SARPE. A publicação se apresentava como uma revista popular, gráfica e de atualidades, com informações gerais para a família sob um prisma cristão. Teve enorme acolhida. Após dois anos, sua tiragem ultrapassava 200 mil exemplares, número que se manteve até começos dos anos 1970. Outra revista do mesmo grupo editorial foi *Tria: uma revista para o campo,* que começou em 1964 com uma pequena tiragem.

No setor das publicações femininas, Pilar Salcedo, Covadonga O'Shea e mais algumas mulheres lançaram *Telva,* do grupo SARPE, também em 1964. A revista nasceu como resposta ao impulso do fundador para que as mulheres influíssem na imprensa feminina e na moda – criadora e transmissora de valores –, desde os *designers* de alta costura até as costureiras. Além dos conteúdos favoráveis à igualdade nos direitos civis e na vida profissional da mulher e ao ideal feminino da maternidade, a revista apresentava um *design* moderno e atraente. A arte do vestir manifestava uma feminilidade que compaginava a elegância e a figura atraente com a dignidade e o decoro. A «garota

---

(*) Cf. o capítulo 11, seção «As obras comuns de apostolado».

14. ATIVIDADES COLETIVAS

Telva» era uma mulher com classe, dinâmica, comprometida com o seu tempo e de convicções firmes[23]. A publicação mensal se tornou uma revista de referência na imprensa feminina nacional, com mais de 75 mil exemplares vendidos no início dos anos 1970.

Ainda que não fosse uma obra comum de apostolado, outra revista feminina importante foi *Ama*, lançada por três mulheres da Obra anteriormente, em 1959. Tratava-se de uma revista quinzenal subvencionada pelo Estado e dirigida às donas de casa. Oferecia reportagens de mulheres, conteúdos próprios do lar e uma linha editorial com valores familiares e cristãos. Publicava tiragens superiores a 175 mil exemplares.

Nas outras diversas regiões da Obra, nasceram iniciativas com tiragens modestas que, na maior parte dos casos, duraram só alguns anos. Foi o caso da revista *Report. The News of the Month in Perspective*, publicada por Carl Schmitt e outros três da Obra em Nova York (1963-1967); da *Gaceta social de México* (1963-1969); da *Analyse*, em Viena (1965-1969); dos *Cuadernos del Sur*, em Buenos Aires (1964--1970); dos *Catholic Position Papers*, de Ashiya (a partir de 1972); e dos *Position Papers*, de Dublin (a partir de 1974)[24].

Um projeto no qual se colocou grande esforço institucional foi *La table ronde,* revista literária de prestígio editada na capital francesa desde o final da Segunda Guerra Mundial. Em 1958, alguns membros da Obra que viviam em Paris passaram a fazer parte do grupo de professores e intelectuais católicos que escreviam sobre temas políticos, econômicos e artísticos contemporâneos. Depois, criaram uma sociedade que comprou a propriedade da revista a fim de manter a orientação católica. Nos anos seguintes, o comitê de redação conseguiu ilustres colaboradores que contribuíram com suas ideias para enriquecer o debate cultural. No entanto, a publicação não se sustentava economicamente. Para solucionar o problema, o Conselho Geral pediu a todas as regiões da Obra que conseguissem assinaturas de supernumerários e cooperadores, bem como de entidades interessadas. Este esforço teve resultado limitado. Em 1969, a revista publicou o seu último número[25].

Com relação à distribuição e venda de livros, a rede de livrarias DELSA se consolidou em meados dos anos 1960, com treze lojas em cidades espanholas, mais três do grupo LINESA e alguns correspon-

A HISTÓRIA DO OPUS DEI

dentes em cidades grandes. Além disso, a cadeia abriu em Madri, durante algum tempo, a sala de arte Neblí, na qual se realizaram exposições de pintura e colóquios. Nas livrarias havia também encontros culturais e formativos no final da tarde, após fechar para o público[26].

Na sede central de Madri, a DELSA contou com um departamento de estudos bibliográficos. Os que trabalhavam na OBISA (Orientação Bibliográfica, S. A.) liam as novidades editoriais espanholas e elaboravam fichas que incluíam uma resenha do livro, uma classificação da qualidade literária e uma avaliação moral dos conteúdos. Depois, enviavam as fichas às livrarias da rede – serviam para que as funcionárias das lojas assessorassem os clientes – e também aos assinantes. As tentativas de abrir livrarias em outros países tiveram curto alcance, como no caso da livraria Ibis, na Cidade do México, ou da Noray, loja que começou no ano de 1959 em Santiago do Chile[27].

Em fevereiro de 1964, celebrou-se em Villa Tevere uma reunião para numerários que trabalhavam em atividades relacionadas com o apostolado da opinião pública. Participaram, entre outros, José Luis Cebrián, diretor do jornal *El Alcázar*; Enrique Cavanna, editor da *La table ronde*; Manuel Fernández Areal, diretor do *Diario regional*; e Alfonso Nieto, do escritório regional do apostolado da opinião pública na Espanha. Além de constatar a eficácia de algumas publicações, como a *La actualidad española* ou *Mundo cristiano*, levantaram o desafio do uso da televisão como meio para dar a conhecer a doutrina cristã. Também estudaram como explicar a finalidade exclusivamente espiritual do Opus Dei, com a correspondente liberdade de pensamento e atuação de seus membros, e os modos pelos quais se poderiam difundir mais os valores do Evangelho nos meios de comunicação[28].

Nesses anos, porém, as obras comuns de apostolado apresentavam sérios inconvenientes. O próprio conceito de *comum* dava lugar a uma tensão insolúvel entre a independência profissional dos dirigentes e a ação dos diretores da Obra. Por um lado, constituíam um amálgama de iniciativas profissionais realizadas por membros da Obra que as dirigiam ou nelas trabalhavam a título individual; cada uma delas tinha sua equipe de direção e respondia economicamente à sociedade financeira que a sustentava. Por outro, os

14. ATIVIDADES COLETIVAS

diretores do Opus Dei conservavam peculiar tutela com o fim de assegurar a finalidade apostólica dos projetos e a sustentabilidade econômica. Concretamente, os departamentos das administrações regionais revisavam os balanços das sociedades proprietárias das obras comuns, enquanto o presidente geral do Opus Dei confirmava a designação do diretor de cada uma e nomeava o assessor doutrinal das publicações. Estas intervenções baseavam-se na confiança, sem acordos escritos.

Um segundo problema era de caráter profissional e, por consequência, econômico. O conselho de redação de alguns desses meios carecia, por excesso de juventude, de pessoal preparado. Passada a etapa de lançamento, os redatores não conseguiam definir o caráter da publicação periódica para situá-la no mercado. Em concreto, a maioria das revistas culturais editadas fora da Espanha, como a *Studi cattolici, La table ronde, Rumo, Report* ou a *Gaceta social de México* era deficitária. Por não cobrir os gastos com a venda direta, a publicidade e as assinaturas, as sociedades proprietárias das empresas enfrentavam o problema com doações a fundo perdido. Nesses casos, os departamentos das administrações regionais solicitavam a colaboração de particulares e de entidades estabelecidas por pessoas da Obra para ajudar as iniciativas apostólicas[29].

Em terceiro lugar, havia um problema de caráter cultural relacionado com a livre atuação dos católicos em uma sociedade plural. Naqueles anos, a imprensa católica havia se estabelecido em muitos países. Defendia publicamente a fé, estava reconhecida pela autoridade eclesiástica e tinha como proprietários os episcopados e as instituições religiosas. No entanto, os meios de comunicação criados e dirigidos por membros do Opus Dei não eram confessionais, e os entes proprietários eram empresas civis. Dada a mentalidade do momento, era muito difícil que se conseguisse desvincular as coisas e entender a diferença entre a atividade pessoal de uns membros e a ação corporativa dos diretores do Opus Dei. Se um membro da Obra pilotava um meio, então se concluía que a instituição era a responsável última pela linha editorial dessa publicação. E se os dirigentes do Opus Dei o negavam, eram então acusados de secretismo, de controlar nas sombras os meios de comunicação.

Na Espanha, somava-se a estas dificuldades a presença do tradi-

A HISTÓRIA DO OPUS DEI

cionalismo cultural, a concepção de partido único e a ausência de liberdade de associação. Muitos católicos não admitiam que as publicações que promovessem os valores cristãos não fossem confessionais ou que julgassem os acontecimentos políticos com liberdade de pensamento, às vezes em oposição aos postulados do regime político vigente. Como reflexo desta mentalidade bastante generalizada, deu-se inclusive o caso de algumas pessoas da Obra apelando aos diretores regionais com críticas por não concordarem com pontos de vista de um meio de comunicação dirigido por outro membro do Opus Dei. Até certo ponto, essas reclamações eram lógicas, pois os diretores da Obra haviam estimulado os sócios a fazerem a assinatura das revistas culturais que eram obras comuns.

Ao receber essas informações, Escrivá de Balaguer enfrentou o problema. Depois de quinze anos de vida, as obras comuns estavam dificultando a compreensão da mensagem do Opus Dei. Não era coerente que houvesse meios de comunicação que, por terem sido incentivados pelos diretores da Obra, tivessem certa aparência corporativa. Depois de um tempo de reflexão, no dia 5 de dezembro de 1966 comunicou que as obras comuns se encerravam nesse mesmo dia. Desde então, as tarefas apostólicas coletivas do Opus Dei ficavam divididas «*somente em dois grupos:* obras corporativas e labores pessoais»[30].

A indicação tornou-se efetiva de modo gradual. Os governos regionais do Opus Dei deixaram de dar orientações, nomear conselheiros técnicos e assessores doutrinais, bem como de realizar certo controle econômico das publicações. Um ano depois o Conselho Geral informou que, com relação aos meios de informação, «a Obra, nem oficial nem oficiosamente, nem através de fiduciários, participará – ordinariamente – na promoção de atividades que devem ser de iniciativa das pessoas que, no uso de sua liberdade profissional, trabalham individualmente ou associadas a outras, e que têm a plena responsabilidade moral e jurídica por aquilo que fazem»[31].

As empresas e meios de comunicação que haviam sido obras comuns seguiram a orientação que lhes foram dadas por seus respectivos conselhos de administração e adquiriram formas jurídicas de acordo com as leis de cada país e com evolução societária. Algumas se encerraram por falta de solvência econômica e outras modificaram

14. ATIVIDADES COLETIVAS

sua linha editorial. Por exemplo, *La actualidad española* teve mais alguns anos de grande auge até que, nos anos 1960, chegou a crise das revistas gráficas pelo crescimento da televisão; a *Studi cattolici* e a editora Ares passaram para as mãos do jornalista Cesare Cavalleri; *Telva* criou uma sociedade própria; o empresário Francisco Martín Fernández de Heredia comprou a agência Europa Press; a revista *Istmo,* do México, ficou vinculada à Universidade Panamericana; e a editora SARPE se desmembrou e desapareceu dez anos mais tarde. O grupo ESFINA, por sua vez, ficou nas mãos dos financistas Pablo Bofill e José Ferrer, que transferiram a gestão para o setor bancário, com a compra do Banco Atlántico e a criação do Bankunión e da Fundación General Mediterránea.

Nos anos seguintes surgiram mais iniciativas de caráter cultural, jornalístico e assistencial promovidas por sócios da Obra. Foram projetos nos quais as pessoas da Obra trabalharam a título pessoal. Por sua vez, o apostolado corporativo do Opus Dei – obras corporativas e labores pessoais – cingiu-se a aspectos educacionais, assistenciais e formativos.

Suporte econômico das atividades

Desde o início do Opus Dei, Josemaria Escrivá de Balaguer explicou que cada membro da Obra viveria a virtude da pobreza de acordo com o seu estado e condição de vida secular. Indicou alguns critérios que, em grande parte, aprendera na infância: agir com a mentalidade de um pai ou de uma mãe de família numerosa e pobre, evitar o supérfluo ou a compra do que se pode fazer em casa, não utilizar os bens materiais como algo exclusivamente pessoal, consultar gastos que saiam do ordinário, não se queixar quando faltar inclusive o necessário e empregar os meios para que cada pessoa e cada atividade se sustente por si mesma por meio do trabalho profissional. A história – dizia às vezes – ensinava que algumas instituições eclesiásticas tinham se desvirtuado por excessivo apego aos bens materiais ou por haver consentido em fraturas da unidade interna.

Também desde o primeiro momento, ficou estabelecido que os

A HISTÓRIA DO OPUS DEI

numerários e adscritos do Opus Dei e da Sociedade Sacerdotal da Santa Cruz empregariam o fruto do seu trabalho profissional para cobrir seus gastos pessoais e sustentar os apostolados da Obra. Com frequência, esses membros do Opus Dei conservam a propriedade dos bens não procedentes do trabalho, como as heranças, e cedem a administração, uso e usufruto a terceiros e, em algumas ocasiões, a atividades apostólicas da Obra[32]. Por sua vez, os supernumerários fazem uma contribuição mensal, de acordo com as suas possibilidades, sem que haja uma cota fixa. Essas contribuições destinam-se a projetos apostólicos e, se necessário, às necessidades institucionais do Opus Dei, que são principalmente os gastos de funcionamento das sedes dos governos centrais e regionais; dos centros inter-regionais e regionais de formação; e a sustentação do clero.

Tanto a maioria dos sócios e cooperadores do Opus Dei, cujas receitas são médias ou baixas, como a minoria com grandes recursos e patrimônio colaboram com suas contribuições. Essas quantias se destinam às obras corporativas de apostolado mediante donativos às entidades proprietárias e gestoras dessas atividades; assim começaram e se sustentam residências de universitários, clubes juvenis, colégios e casas de retiros.

Nos anos 1960, muitas obras corporativas e labores pessoais contavam com um grupo promotor e com um patronato. A entidade promotora assumia o esforço inicial: lançava um projeto financeiro e estabelecia a forma jurídica, de modo a garantir sua autonomia e continuidade e, ao mesmo tempo, permitir que o projeto pudesse receber ajudas públicas e privadas. Em algumas ocasiões, com apenas cinco ou seis famílias constituiu-se um grupo promotor que, reunido com um objetivo apostólico comum, adquiriu propriedade mediante os instrumentos jurídicos escolhidos, empreendeu a construção de edifícios, solicitou créditos bancários, elaborou um plano de amortização e conseguiu a participação entusiasmada de outros pais de família.

Posteriormente, um patronato – com as mesmas ou diferentes pessoas do grupo promotor – responsabilizou-se por enxugar os déficits dos primeiros anos de funcionamento. Muitos patronatos foram organismos dependentes do conselho de direção da atividade, sem personalidade jurídica própria. Elaboravam um orçamento anual de recursos que precisavam obter, buscavam pessoas que colaborassem

14. ATIVIDADES COLETIVAS

periódica ou esporadicamente e solicitavam subvenções oficiais para empreender ações sociais. Por exemplo, com frequência um centro de supernumerários de determinada cidade ajudava, por meio de um patronato, a instalar e pagar o aluguel de uma entidade juvenil da mesma cidade[33].

No início – e, às vezes, também durante o seu desenvolvimento –, a gestão de grande parte das iniciativas apostólicas foi deficitária, principalmente no caso dos colégios, das residências de estudantes e das casas de retiros, que tinham de amortizar o edifício e a instalação; além disso, com o desejo de dar acesso a pessoas de todos os grupos sociais, os centros de ensino concederam bolsas a quem não podia pagar a pensão completa. Por exemplo, muitas famílias numerosas enviaram seus filhos a estas instituições. Geralmente, os patronatos cobriram os custos com subvenções públicas, de fundações privadas e de empresas, e também com doações de membros da Obra e cooperadores[34].

Foram muitas as sociedades criadas, e raramente estavam conectadas entre si, pois a maior parte havia sido estabelecida por entidades diferentes. Um caso: em 1966, calculava-se que os homens da Obra haviam promovido 117 sociedades auxiliares (29 na Espanha; 14 no México e nos Estados Unidos; e algumas poucas no resto das regiões) e as mulheres, 21. A metade dos imóveis em que havia atividades apostólicas do Opus Dei era de propriedade de sociedades – denominadas na Obra *auxiliares* – e a outra, alugada de terceiros[35].

Em setembro de 1969, durante um Congresso Geral, os eleitores alertaram que pessoas alheias à Obra achavam que a instituição administrava empresas econômicas. Não era fácil explicar que os bens materiais dos projetos apostólicos pertenciam às pessoas ou entidades que os haviam obtido. Depois de estudar essa dificuldade, que afetava seriamente o modo de entender a atividade da Obra, o fundador decidiu suprimir a categoria de *sociedades auxiliares* para que se entendesse melhor «que os instrumentos materiais empregados no labor apostólico são realmente propriedade dos cidadãos; e que a Obra não administra as sociedades que eles eventualmente constituam para realizar seu desejo de ajudar na realização de obras de apostolado»*.

(*) Atas do Congresso Geral Especial, 12-IX-1970, em AGP, D.3. A proposta foi levantada por Escrivá de Balaguer na primeira parte do congresso, em setembro de 1969, e ratifica-

A HISTÓRIA DO OPUS DEI

Institucionalmente, o Opus Dei era proprietário de alguns poucos bens, como a sede central (os edifícios de Villa Tevere), o santuário de Torreciudad, as igrejas do Senhor São José (Sevilha) e de Santa Maria de Montalegre (Barcelona) e as sepulturas dos numerários e adscritos.

Já em 1950, o fundador havia decretado que só seriam bens eclesiásticos no Opus Dei: «1) As quantias de dinheiro necessárias para a formação e para a sustentação dos nossos sacerdotes; 2) as esmolas que o Presidente geral dê a cada ano, com o voto deliberativo do Conselho Geral ou da Assessoria Central»[36]. Com esta anotação, Escrivá de Balaguer declarava adscrito à Obra só o estritamente necessário para a formação e sustentação do clero que não contasse com outras receitas[37].

Ao mesmo tempo, as regiões da Obra enviavam a Roma uma contribuição anual de 10% dos donativos que os membros do Opus Dei – depois de cobrir a sua sustentação – haviam colocado à disposição das atividades apostólicas. Esta contribuição, que se encaminhava ao governo central de modos muito diversos, constituía a chamada obra de São Nicolau, intercessor do Opus Dei para as necessidades econômicas. Com o voto favorável dos conselhos centrais, o fundador destinava parte dos recursos acumulados a projetos apostólicos das regiões que estavam começando e que ainda não podiam sustentar-se por conta própria. Deste modo, mantiveram-se algumas residências de estudantes, escolas para empregadas do lar e casas de retiros, além dos colégios romanos e da sede central da Obra.

A maior parte das regiões necessitadas recebeu empréstimos em condições favoráveis, os quais se entregavam com uma planilha de amortização – ainda que também tenham sido concedidos donativos a fundo perdido quando necessário. Por exemplo, no período entre

---

da um ano depois, na segunda parte do congresso (falaremos com detalhes sobre esse congresso no próximo capítulo). A decisão de concluir as sociedades auxiliares não trouxe consigo a mudança dos proprietários das fundações e das sociedades estabelecidas. As que pertenciam aos meios de comunicação já haviam deixado de ter contato com as autoridades do Opus Dei em razão do encerramento das obras comuns. No entanto, as que se consideravam atividades apostólicas da Obra – em particular, as sociedades que sustentavam os colégios que eram obras corporativas e labores pessoais – não modificaram sua relação com as comissões e assessorias regionais, pois continuaram a prática de enviar seus balanços econômicos e a receber sugestões sobre eles (cf. Sac 469/84 Anexo I, 2, j, em AGP, Q.1.3, 55-9).

I4. ATIVIDADES COLETIVAS

1961 e 1966 as entidades da obra de São Nicolau deram 48 créditos e seis ajudas a fundo perdido, num valor de 2.360.000 dólares por parte dos homens e outros 470 mil dólares por parte das mulheres, a fim de promover e sustentar residências, casas de retiros, centros de ensino e escolas do lar em 21 regiões. A gestão financeira dessas quantias foi feita de acordo com os parâmetros econômicos do momento e as práticas habituais de doações às fundações e entidades sem fins lucrativos[38].

Mais adiante – em março de 1972 –, Antonio Zweifel constituiu a Fundação Limmat, com sede em Zurique, com a ideia de que fosse uma entidade beneficente de âmbito internacional, para iniciativas sociais. Desde o começo, a Limmat teve como princípios programáticos que os projetos fossem propostos e realizados por instituições privadas e locais; que se favorecesse a promoção da mulher e a formação profissional em zonas rurais; que a comunidade rural se integrasse cada vez mais aos projetos de melhora de seu nível de vida; e que as instituições locais financiassem pelo menos um terço dos custos totais da atividade. Alguns programas da Limmat colaboraram com iniciativas de membros do Opus Dei, como a escola de formação profissional para a mulher Condoray (San Vicente de Cañete, Peru), ou o centro de formação profissional para camponesas El Alto (ao sul de Medellín, Colômbia); outros se dirigiram a entidades nas quais não havia membros da Obra, «como as escolas ORT, para refugiados judeus, ou asilos para órfãos da minoria budista de Bangladesh»[39]. Já nos anos 1980, algumas pessoas do Opus Dei criaram organismos afins que promovem atividades beneficentes no mundo[40].

A título individual, e sem impulso ou intervenção das autoridades do Opus Dei, foi significativa a ajuda prestada por Luis Valls-Taberner, vice-presidente – e depois presidente, de 1957 a 2004 – do Banco Popular Espanhol. Valls-Taberner conseguiu que os membros do conselho de administração do banco renunciassem à sua participação estatutária nos lucros para dedicá-los a fins sociais. Essas contribuições foram a origem de que o banco canalizasse sua ação social através da Fundação Hispânica, que financiou durante anos – com créditos em condições favoráveis e com as garantias adequadas às características do beneficiário – diversos projetos de cooperação social com instituições civis e eclesiásticas. Entre outras, beneficiaram-se

A HISTÓRIA DO OPUS DEI

centros de formação e educação que ajudavam jovens a encontrar um meio de vida, muitos conventos de clausura, diversas paróquias, estudantes de Teologia da Universidade de Navarra e também algumas residências e casas de retiros promovidas pelo Opus Dei[41].

15. EVOLUÇÃO TEOLÓGICO-JURÍDICA

Uma vez sancionada a constituição apostólica *Provida Mater Ecclesia* e aprovado o Opus Dei em 1947, a Congregação para os Religiosos erigiu mais institutos seculares de direito pontifício, ao mesmo tempo que nasciam na Igreja outros institutos de direito diocesano. Em contraste com a *Provida*, que destaca o caráter secular da nova figura jurídica, a congregação equiparou com frequência esses institutos às congregações religiosas e lhes aplicou normas próprias do direito dos religiosos. Aprovou, por exemplo, institutos seculares que emitiam votos públicos, levavam vida em comum canônica, usavam hábito ou utilizavam terminologia própria dos religiosos; a Congregação do Concílio proibiu que os membros dos institutos seculares se dedicassem profissionalmente ao comércio e às finanças[1]; e os representantes dos institutos seculares foram convidados a fazer parte das federações de religiosos.

Josemaria Escrivá de Balaguer protestou perante a Santa Sé pelo recorte da plena secularidade. Uma atuação assim desvirtuava o espírito fundacional do Opus Dei, dirigido a leigos correntes e a sacerdotes diocesanos. Caso considerassem os membros da Obra religiosos, então eles não seriam vistos como o que eram: pessoas iguais aos demais em seu trabalho e em suas relações sociais. Quando solicitou esclarecimentos ou propôs pequenas mudanças nas Constituições do Opus Dei, a Congregação para os Religiosos lhe deu razão com declarações que, de certo modo, constituíam um privilégio. Esta posição ambígua continuou, pois a congregação apro-

A HISTÓRIA DO OPUS DEI

vou mais institutos seculares com elementos tomados do direito dos religiosos. Na realidade, como o cardeal Arcadio Larraona disse a Álvaro del Portillo, com o Opus Dei «se quebrou "o molde", e desde então já não se aprovou mais nenhuma outra instituição com as características seculares da Obra»[2]. Durante as três décadas seguintes, a equiparação dos membros do Opus Dei aos religiosos constituiu um grave problema institucional.

Uma situação anômala

Devido à progressiva mudança do conceito de instituto secular, Escrivá de Balaguer adotou algumas medidas que ajudavam o fortalecimento da secularidade no Opus Dei. Em torno de 1955, solicitou a filhos seus especialistas em direito canônico – sobretudo a Álvaro del Portillo, Salvador Canals e Julián Herranz – que publicassem estudos sobre a doutrina, a legislação e o desenvolvimento histórico desses institutos[3]. E, com a aprovação da Santa Sé, indicou aos conselheiros e às secretarias regionais da Obra que não assistissem às reuniões de superiores de religiosos ou aos encontros das federações de religiosos.

A partir de 1959, desistiu de sua petição à Congregação para os Religiosos para que se mantivesse o direito genuíno dos institutos seculares. Se o afastamento da primitiva figura dos institutos seculares era muito adequado para os outros, mas nocivo para o Opus Dei, então a Obra tinha de buscar outro caminho jurídico[4]. A derivação da normativa e da vida dos institutos seculares impediam que o Opus Dei desenvolvesse com plenitude seu carisma fundacional. Também não era possível referir-se ao conceito de estado de perfeição cristã como modo de consagração ou entrega a Deus no meio do mundo, uma vez que se equiparava com a perfeição no estado religioso. No entanto, para Escrivá de Balaguer, nem existia um modo único de viver o radicalismo cristão, nem a profissão dos conselhos evangélicos da pobreza, castidade e obediência era o paradigma da vida cristã. Ele entendia que a entrega plena a Deus e a prática dos conselhos evangélicos – para ele, conceito mais amplo do que o dos três vo-

15. EVOLUÇÃO TEOLÓGICO-JURÍDICA

tos do estado religioso – se faziam realidade para os simples fiéis nas circunstâncias ordinárias da vida secular. Ali podiam eles alcançar o ápice da santidade.

No começo dos anos 1960, além do Opus Dei havia quatro institutos seculares masculinos de direito pontifício e nove femininos. Dos masculinos, dois realizavam atividades semelhantes às dos religiosos e dois exigiam de seus membros o segredo da pertença ao instituto como método apostólico para estar presente nos ambientes da vida pública considerados hostis ao catolicismo. Algo semelhante acontecia com os institutos femininos, dos quais cinco se assemelhavam aos institutos religiosos e quatro eram secretos. Todos esses institutos estavam em conformidade com as aprovações recebidas, seja porque sua consagração a Deus era reconhecida pela Igreja, seja porque essa consagração passava reservada na sociedade civil[5].

No dia 5 de março de 1960, Josemaria Escrivá de Balaguer teve sua primeira audiência com João XXIII. O fundador entregou-lhe folhetos e impressos de algumas obras corporativas do Opus Dei. O Papa, por sua vez, recordou que havia visitado as residências de La Estila (Santiago de Compostela) e Miraflores (Saragoça) em uma viagem à Espanha, quando era cardeal de Veneza. No encontro, muito cordial, trataram brevemente do problema jurídico da Obra[6].

Algumas semanas mais tarde, Escrivá de Balaguer enviou uma consulta oficiosa ao cardeal Domenico Tardini, secretário de Estado e cardeal protetor do Opus Dei. A nota propunha que a Obra deixasse de ser instituto secular e passasse a depender da Congregação Consistorial, pois «os membros do Opus Dei nem eram nem podiam ser equiparados aos religiosos»[7]. Como possível solução jurídica, e sem que isso constituísse uma situação de privilégio, Escrivá de Balaguer sugeria a figura da prelazia *nullius* ou territorial, com um território mínimo – bastava uma Igreja – que permitisse incardinar os sacerdotes. Deu como exemplo a Mission de France, instituição secular de tipo interdiocesano dependente da Congregação Consistorial. Esta proposta não foi para a frente porque o cardeal Tardini manifestou no mês de junho que ainda não era oportuno apresentar uma solicitação formal[8].

Monsenhor Tardini faleceu no verão de 1961. Em dezembro, o Papa nomeou cardeal protetor do Opus Dei a monsenhor Pietro Ci-

A HISTÓRIA DO OPUS DEI

riaci. Ciente do problema jurídico do Opus Dei, o cardeal disse ao fundador que pedisse formalmente um novo enquadramento canônico. Este resistiu porque a consulta ao cardeal Tardini não havia sido acolhida e porque estava a ponto de começar o Concílio Vaticano. Mas, diante da insistência do cardeal Ciriaci, que assegurou que o projeto iria para a frente, no dia 7 de janeiro de 1962, monsenhor Escrivá de Balaguer propôs oficialmente que o Opus Dei se transformasse em prelazia *nullius* ou que se confiasse ao presidente do Opus Dei uma prelazia na qual pudesse incardinar os sacerdotes do instituto. Acrescentou uma nota à petição, redigida também por indicação do cardeal Ciriaci, na qual mencionava instituições com prelados que tinham jurisdição territorial e pessoal, como os encarregados de atender espiritualmente os emigrados de diversos ritos orientais, os vicariatos castrenses ou a Mission de France[9].

Durante as semanas seguintes, o fundador recebeu notícias negativas. O cardeal Carlo Confalonieri, secretário da Congregação Consistorial, comentou que os bispos diocesanos se inquietavam com as instituições subtraídas da sua jurisdição; o cardeal Valerio Valeri, prefeito da Congregação para os Religiosos, temia que a mudança do Opus Dei fosse seguida por outros institutos seculares; e o cardeal Antonio Samorè também não apoiava a solicitação. Esses temores e inquietações concretizaram-se no dia 20 de maio de 1962. O secretário de Estado, cardeal Amleto Cicognani, comunicou a monsenhor Escrivá de Balaguer que, «tratando-se de uma coisa nova e delicada», vários dicastérios haviam se oposto à proposta de erigir o Opus Dei em prelazia *nullius*. Tendo em conta esses relatórios, a Santa Sé havia resolvido não acolher uma petição que continha «dificuldades jurídicas e práticas quase insuperáveis»[10]. De imediato, o fundador respondeu que aderia à decisão e que, ao mesmo tempo, se reservava o direito de voltar a levantar o assunto, pois o considerava um dever de consciência. Internamente, e considerando a negativa da Santa Sé, resolveu interromper as tramitações oficiais durante um bom tempo. Por ora, rogou aos membros da Obra que rezassem e oferecessem a Deus o trabalho por suas intenções.

Um mês mais tarde, em 27 de junho, João XXIII recebeu novamente monsenhor Escrivá de Balaguer em audiência. O fundador aludiu de modo conciso ao problema jurídico do Opus Dei – concre-

15. EVOLUÇÃO TEOLÓGICO-JURÍDICA

tamente, precisou que não lhes convinha depender da Congregação para os Religiosos –, mas garantiu ao Papa que não faria mais petições em breve. Por outro lado, explicou-lhe que as atividades do Opus Dei eram exclusivamente apostólicas, já que na imprensa internacional haviam aparecido afirmações que atribuíam à Obra atuações políticas e econômicas. Depois, conversou com o Santo Padre sobre o ecumenismo, de modo concreto sobre a nomeação de não católicos e não cristãos como cooperadores do Opus Dei[11].

Nos anos anteriores, Escrivá de Balaguer, a quem a Santa Sé havia concedido a faculdade de propor mudanças nas Constituições, havia introduzido nelas algumas modificações, quase todas encaminhadas para salvaguardar a secularidade das pessoas da Obra. Em outubro de 1963, reuniu essas adições e preparou uma nova edição das Constituições, que foi aprovada pela Congregação para os Religiosos. Além disso, em meados dos anos 1960, revisou e ajustou a nomenclatura para que se empregassem categorias de acordo com a natureza e atividade secular do Opus Dei, afastando qualquer equiparação com a consagração religiosa. As principais modificações terminológicas eram (entre parêntesis as expressões que foram substituídas): associação de fiéis (instituto secular); direito peculiar ou *ius peculiare* (Constituições); santidade (perfeição cristã); perfeição no próprio estado (estado de perfeição); diretores (superiores); delegado regional (*missus*); sócios (membros); adscritos (oblatos); comissão de serviço (visita a uma região); centro (casa); tempo de trabalho da tarde e tempo da noite (silêncio menor e silêncio maior); retiro (exercícios espirituais). Desde então, o fundador repetiu de palavra e por escrito que, de fato, o Opus Dei já não era um instituto secular, ainda que o fosse de direito[12].

Em novembro de 1963, produziu-se um acontecimento um tanto singular. O sacerdote e teólogo Hans Urs von Balthasar publicou no jornal suíço *Neue Zürcher Nachrichten* dois artigos com o título «Integralismus» que, um mês depois, apareceram também na revista austríaca *Wort und Wahrheit*. Esses escritos apontavam o Opus Dei como uma forte potência integrista; criticavam a influência política, econômica e social que tinha na Espanha, onde dava prioridade ao poder temporal sobre os valores evangélicos; e acusavam *Caminho* de oferecer uma espiritualidade carente de substância teológica. Imedia-

A HISTÓRIA DO OPUS DEI

tamente, Pedro Turull e Juan Bautista Torelló, que viviam na Suíça e na Áustria respectivamente, entraram em contato com ele. Von Balthasar – fundador de um pequeno instituto secular chamado Comunidade de São João – disse-lhes que não encontrava razões teológicas e espirituais que explicassem a irradiação do Opus Dei; também reconheceu que havia recebido a influência de alguns jesuítas de Zurique que censuravam a residência promovida pela Obra ali[13].

No dia 24 de janeiro de 1964, Josemaria Escrivá de Balaguer teve sua primeira audiência com Paulo VI. O fundador assegurou-lhe a sua oração e a de seus filhos espirituais pelo bom andamento do Concílio Vaticano. Também se referiu ao problema institucional do Opus Dei – em concreto, a que a figura jurídica dos institutos seculares havia se desvirtuado no que dizia respeito à legislação original dessas associações. Semanas depois, enviou ao Papa uma carta na qual agradecia o encontro. Anexava também o direito peculiar do Opus Dei e uma longa nota na qual expressava seu desejo de que, quando chegasse o momento oportuno, a Obra fosse acolhida em um marco jurídico que estivesse de acordo com o seu carisma específico[14].

O resultado da carta foi diferente do esperado. No mês de julho, Escrivá de Balaguer – que se encontrava no norte da Espanha – soube que a cúria vaticana examinava a nota enviada ao Papa tendo em vista a alteração do *status* jurídico do Opus Dei. Inquieto, solicitou ao cardeal Ildebrando Antoniutti, prefeito da Congregação para os Religiosos, que esperasse o seu regresso a Roma, pois o escrito não oferecia todos os dados necessários para um estudo canônico da Obra; contudo, acrescentou que no esquema conciliar *De sacerdotibus*, na seção dedicada às dioceses e prelazias pessoais, aparecia uma possível solução. O fundador também escreveu ao monsenhor Dell'Acqua, substituto da secretaria de Estado, e insistiu em que o fenômeno pastoral do Opus Dei não podia «ser julgado, nem entendido, com a mentalidade de quem está habituado a estudar problemas da vida clerical ou religiosa, mas não habituado a buscar e a se identificar com os problemas dos leigos»[15]. O cardeal Antoniutti respondeu-lhe que não se faria nada antes da conclusão do Concílio Vaticano[16].

No dia 10 de outubro desse ano de 1964, Paulo VI concedeu uma nova audiência a monsenhor Escrivá de Balaguer. O Papa lhe disse que ficasse tranquilo sobre o problema jurídico do Opus Dei, porque

15. EVOLUÇÃO TEOLÓGICO-JURÍDICA

se resolveria mais adiante. Também acrescentou que compreendia a liberdade de que gozavam os membros da Obra em sua atuação profissional, econômica e política. Também lhe entregou um quirógrafo no qual louvava o Opus Dei, «nascido em nosso tempo como expressão vivaz da perene juventude da Igreja», enviava «uma palavra de complacência e de ânimo» a seus membros, que exercitavam o «apostolado de presença e de testemunho em todos os setores da vida contemporânea», e os incentivava a estar «em mútuo acordo com as antigas e recentes obras e instituições religiosas»[17].

A mensagem do Opus Dei no Concílio Vaticano II

Dos quase 2.800 padres conciliares que participaram do Concílio Ecumênico, três eram do Opus Dei. Ignacio Orbegozo, prelado da prelazia *nullius* de Yauyos (Peru), e Luis Sánchez-Moreno, bispo auxiliar de Chiclayo (Peru), eram numerários. Por sua vez, Alberto Cosme do Amaral, bispo auxiliar do Porto (Portugal), era adscrito da Sociedade Sacerdotal da Santa Cruz. A contribuição destes prelados às atividades da assembleia ecumênica foi muito reduzida.

Três peritos conciliares também eram da Obra: Álvaro del Portillo, secretário geral do Opus Dei; José María Albareda, reitor da Universidade de Navarra; e Salvador Canals, auditor do Tribunal da Rota Romana. Além desses, outro sacerdote da Obra, Julián Herranz, atuou como oficial de duas comissões. Del Portillo – que antes do Concílio havia sido presidente da comissão antepreparatória sobre os leigos – foi secretário da comissão sobre a disciplina do clero e do povo cristão, bem como consultor das comissões sobre os bispos e o regime das dioceses, dos religiosos, das associações de fiéis, da disciplina da fé e da revisão do Código de Direito Canônico. Fez várias contribuições para os textos conciliares, nas quais recolhia aspectos do espírito do Opus Dei, como a santificação dos leigos e a missão do sacerdote[18].

Josemaria Escrivá de Balaguer não participou diretamente das sessões e comissões do Concílio. Evitou ser padre conciliar porque o teriam colocado entre os superiores religiosos, dando pé a mais con-

A HISTÓRIA DO OPUS DEI

fusão sobre a natureza secular do Opus Dei. Quando monsenhor Capovilla, secretário pessoal de João XXIII, lhe sugeriu uma nomeação de perito conciliar, monsenhor Escrivá de Balaguer declinou a oferta, já que causaria estranheza que alguns membros da Obra fossem padres conciliares, e o fundador, um perito[19].

Escrivá de Balaguer rezou pelo bom andamento dos trabalhos conciliares e acompanhou com atenção o seu desenvolvimento. Durante os quatro anos do Concílio, manteve mais de duzentos encontros em Villa Tevere com 53 padres conciliares e diversos peritos teólogos e canonistas, em sua maioria bispos de dioceses espanholas e italianos da cúria vaticana. Em outras ocasiões, visitou-os nas casas onde se alojavam. As conversas com os eclesiásticos lhe serviram para explicar o espírito do Opus Dei. Por exemplo, em certa ocasião, monsenhor Frangois Marty, arcebispo de Reims, lhe comentou que os leigos deviam transformar as estruturas da ordem temporal. Escrivá de Balaguer lhe respondeu sorridente: «Se tiverem alma contemplativa, Excelência! Porque, caso contrário, não transformarão nada; antes serão eles os transformados: e, ao invés de cristianizarem o mundo, mundanizar-se-ão os cristãos»[20].

Vários documentos conciliares proclamaram aspectos centrais do espírito do Opus Dei. A constituição dogmática sobre a Igreja, *Lumen gentium*, confirmava a doutrina da vocação universal à santidade: «Todos os fiéis cristãos, de qualquer condição e estado, fortalecidos com tantos e tão poderosos meios de salvação, são chamados pelo Senhor, cada um por seu caminho, à perfeição daquela santidade com a qual é perfeito o próprio Pai»[21]. O modo de abordar a vida e a atividade dos leigos também recordava os ensinamentos de Escrivá de Balaguer: «[É] próprio do estado dos leigos o viver no meio do mundo e dos negócios temporais, eles são chamados por Deus para que, ferventes no espírito cristão, exerçam seu apostolado no mundo ao modo de fermento»[22]. A constituição pastoral *Gaudium et spes* explicava que o trabalho humano «responde à vontade de Deus»[23] e é meio para elevar ao Criador o homem e todas as realidades que realiza; ao mesmo tempo, expunha a liberdade dos fiéis em questões de ordem temporal. O decreto sobre os sacerdotes, *Presbyterorum ordinis,* em seu número 14, recolhia, entre outras, as ideias repetidas pelo fundador de que a Missa é o centro e a raiz da

15. EVOLUÇÃO TEOLÓGICO-JURÍDICA

vida espiritual e de que os clérigos seculares gozam do direito de associação. Outros pontos de coincidência com o espírito do Opus Dei apareciam nos documentos sobre a liturgia, os meios de comunicação, o ecumenismo e a liberdade religiosa.

Escrivá de Balaguer encontrava nos textos conciliares abordagens pregadas desde a fundação. Ao torná-lo doutrina comum, o Concílio Vaticano II confirmava e fortalecia teologicamente o espírito do Opus Dei. Em 1967, o fundador escreveu no prólogo da quarta edição do Catecismo da Obra: «Nessa grande Assembleia Ecumênica e em documentos posteriores do Romano Pontífice, ratificaram-se de modo soleníssimo os princípios fundamentais que o *Opus Dei* pregou e praticou desde 1928: a chamada geral à santidade e o trabalho profissional santificado e santificante, que com a filiação divina nos fazem almas contemplativas no meio da rua, cada um buscando a perfeição cristã, no cumprimento de seus pessoais deveres de estado e no meio de seu trabalho ordinário. Ajudai-me a dar graças a Deus»[24].

O Concílio também confirmou a criação de organizações eclesiásticas flexíveis, de acordo com as necessidades pastorais. Ao critério territorial, que se usava para delimitar as circunscrições na Igreja, acrescentou-se o pessoal. Esta fórmula facilitava a sistematização de fenômenos surgidos nas décadas anteriores. Concretamente, o número 10 do decreto *Presbyterorum ordinis* contemplava a possibilidade de que houvesse prelazias pessoais e dioceses peculiares para o serviço e atendimento de algumas atividades pastorais. Desde o momento da promulgação desse documento, o fundador disse que a solução jurídica definitiva para o Opus Dei encontrava um caminho adequado nessas figuras de caráter pessoal[25].

O congresso geral especial

Em 25 de janeiro de 1966, poucos dias depois da conclusão do Concílio Vaticano II, Paulo VI recebeu em audiência monsenhor Escrivá de Balaguer. O fundador entregou-lhe uma edição especial de *Caminho* que comemorava a publicação de 2 milhões de

A HISTÓRIA DO OPUS DEI

exemplares. Depois, conversaram de novo sobre a situação jurídica do Opus Dei. Escrivá de Balaguer recordou ao Santo Padre que preferia esperar antes de dar início a outro estudo. Um ano e meio depois – em 15 de julho de 1967 –, o Papa lhe concedeu outra audiência. O fundador falou-lhe sobre as vocações ao Opus Dei em diversas partes do mundo; as pessoas que abraçavam a fé católica ao entrar em contato com os apostolados da Obra; o crescimento das ações corporativas, tanto as de caráter social como os projetos de novas universidades; e o ensinamento da santificação por meio da atividade profissional ordinária, unida à formação doutrinal. No entanto, preferiu não se referir ao enquadramento jurídico do Opus Dei[26].

Naquela época – agosto de 1966 –, Paulo VI havia publicado o documento *Ecclesiae Sanctae,* que precisava as normas para a aplicação de alguns decretos do Concílio, entre outros a renovação e atualização (*aggiornamento*) dos institutos religiosos e seculares. Escrivá de Balaguer não quis promover uma adaptação porque pensava que a solução jurídica definitiva da Obra tomaria outro rumo; além disso, já havia sido celebrado um Congresso Geral do Opus Dei em maio daquele ano. Mas, na primavera de 1969, vários cardeais disseram ao fundador que circulavam críticas contra a Obra e que, por proposta do prefeito da Congregação para os Religiosos, Ildebrando Antoniutti, havia sido criada uma comissão especial e reservada para estudar a situação canônica do Opus Dei e modificar suas Constituições. Compunham a comissão cinco pessoas, das quais três – o padre Ramón Bidagor e os monsenhores Sotero Sanz Villalba e Achille Glorieux – se opunham notoriamente ao Opus Dei*.

Adiantando-se a esta dificuldade, no dia 20 de maio de 1969, Escrivá de Balaguer solicitou a vênia da Santa Sé para organizar uma assembleia geral no Opus Dei que revisasse seu direito particular de acordo com as orientações do Concílio e do espírito fundacional.

(*) Monsenhor Sotero Sanz, assessor da cúria romana, mudou de parecer. Em 1974, quando era núncio no Chile, reuniu-se com monsenhor Escrivá de Balaguer e lhe pediu perdão por seu comportamento cinco anos antes (cf. Andrés VÁZQUEZ DE PRADA, *O Fundador do Opus Dei*, III, *o. c.*, p. 570, nt. 91).

15. EVOLUÇÃO TEOLÓGICO-JURÍDICA

Recebida uma resposta afirmativa, convocou um Congresso Geral especial. A primeira parte foi celebrada do dia 1º ao 15 de setembro para os homens e do dia 4 ao 16 do mesmo mês para as mulheres. Participaram 192 membros de todas as regiões da Obra. Os eleitores e representantes das regiões estudaram o espírito, a praxe e o direito do Opus Dei. Em suas conclusões, o fundador e os congressistas manifestaram sua união com o Papa, os bispos diocesanos e os ensinamentos do Concílio Vaticano II. Depois, indicaram que se procedesse «a uma revisão conceitual e terminológica do nosso direito particular»[27]. Além disso, aprovaram que se fizesse uma consulta geral entre os sócios do Opus Dei e que se celebrasse uma segunda parte do congresso um ano mais tarde.

Ao concluir essas jornadas, o fundador informou ao cardeal Antoniutti sobre o andamento do congresso. Além disso, enviou a Paulo VI um relato longo e solene em que lamentava que se houvesse criado uma comissão para assumir de modo unilateral o estudo do Opus Dei; que fosse secreta, com a ideia de revisar umas Constituições que, de per si, eram incômodas para a Obra; que três pessoas da comissão tivessem manifesta animosidade contra a Obra e, portanto, fossem recusáveis; e que a comissão atuasse por via diferente do Congresso Geral especial do Opus Dei, em pleno desenvolvimento[28].

Semanas mais tarde, o cardeal Jean Villot, secretário de Estado, respondeu-lhe que existia uma comissão especial, mas só para o estudo das Constituições dos institutos seculares sacerdotais; acrescentou também que algumas expressões da carta haviam desagradado ao Romano Pontífice. De imediato, o fundador escreveu de novo ao Papa para lhe pedir perdão pelo desgosto que lhe pudesse ter causado e para lhe manifestar sua completa adesão filial[29]. Pouco depois soube que a comissão para o estudo do Opus Dei havia se dissolvido.

O fundador sofria porque comportamentos de pessoas com altas responsabilidades na Santa Sé sugeriam pouca abertura e escassa confiança. Nesse clima rarefeito, o Opus Dei era visto com certa frieza e distância. Às vezes, chegava ao conhecimento de Escrivá de Balaguer que a Obra era acusada de distanciamento e, inclusive, de contestação ao Papa. Para não alimentar a polêmica, preferiu guardar silêncio pu-

A HISTÓRIA DO OPUS DEI

blicamente e, ao mesmo tempo, manter encontros na cúria romana para esclarecer mal-entendidos.

Monsenhor Josemaria Escrivá de Balaguer encontrou dificuldades de relacionamento com monsenhor Giovanni Benelli, substituto da secretaria de Estado a partir de 1967. Em parte, devia-se a duas concepções opostas sobre o modo de atuar na vida política. A secretaria de Estado – com a aprovação do Papa – alentava um projeto para a Espanha que incluía o distanciamento da hierarquia espanhola do regime franquista; o progressivo afastamento de católicos de renome do Governo; e a formação dos quadros de um partido político como a *Democrazia Cristiana*. Benelli pediu que Escrivá de Balaguer desse palavras de ordem aos sócios da Obra nesse sentido – concretamente, aos que ocupavam cargos políticos. No entanto, o fundador considerava a liberdade política um elemento essencial do espírito da Obra; além disso, defendia que os bispos de cada país eram os que tinham de dar orientações concretas aos católicos, algo que até esse momento não havia feito a hierarquia espanhola. Com posições tão divergentes, não havia opção para o entendimento da outra postura. Benelli pensou que Escrivá de Balaguer não o ajudava a evitar que se responsabilizasse a Igreja pelas atividades políticas de católicos destacados, como, por exemplo, os ministros que pertenciam ao Opus Dei; por sua vez, o fundador comprovou que o substituto da secretaria de Estado, movido por uma opinião legítima, não compreendia que os diretores da Obra não interviessem nas decisões políticas de seus membros[30].

A insistência do Opus Dei na mudança jurídica e a negativa a colaborar institucionalmente na transformação política espanhola cobraram seu preço ao fundador. Entre 1968 e 1973, Escrivá de Balaguer não foi recebido por Paulo VI. Nos dois primeiros anos desse período, solicitou audiência ao Papa até dez vezes, umas por carta e outras de palavra, quase sempre por meio do próprio monsenhor Benelli. Como não recebeu resposta, a partir de 1970 preferiu esperar que as circunstâncias mudassem[31].

Outro acontecimento daqueles anos foram as reuniões que manteve com o geral dos jesuítas. Depois dos acontecimentos de 1951-1952, Josemaria Escrivá de Balaguer havia pedido às pessoas da Obra que não tivessem especial relacionamento com os membros da

15. EVOLUÇÃO TEOLÓGICO-JURÍDICA

Companhia de Jesus. Atuando assim, tentava superar as dificuldades nascidas quando alguns estudantes dos colégios dos jesuítas pediram admissão ao Opus Dei. Passaram-se os anos, e as águas se acalmaram até certo ponto. Em maio de 1965, o basco Pedro Arrupe foi eleito superior geral da Companhia de Jesus. Naquele momento, os jesuítas viviam um período de *aggiornamento* à luz do Concílio, no qual buscavam formas de piedade, pastoral popular e ação social, ao mesmo tempo que sofriam certo desconcerto doutrinal, a queda do número de vocações e faltas de disciplina religiosa[32].

Em julho de 1965, Arrupe solicitou uma entrevista com Josemaria Escrivá de Balaguer. Almoçaram em Villa Tevere no dia 12 de setembro. Depois, durante os cinco anos seguintes, encontraram-se em outras onze ocasiões, algumas na cúria geral dos jesuítas e outras na sede central do Opus Dei. Foram encontros cordiais. Muitas vezes, trataram de temas de conteúdo espiritual, como a necessidade de fortalecer a doutrina católica e de promover os meios tradicionais da prática cristã. Desde o início, Escrivá de Balaguer propôs a Arrupe o fim da animosidade de alguns padres da Companhia de Jesus para com o Opus Dei, a qual, por se ter prolongado durante duas décadas e meia, em certo sentido havia se institucionalizado. Acrescentou que não desejava evidenciar acontecimentos superados, mas abordá-los – eram notórios – com a esperança de que desaparecessem.

Por seu lado, Arrupe sugeriu a possibilidade de que os jesuítas e os sócios da Obra tivessem uma atividade apostólica conjunta. O fundador respondeu que não lhe parecia oportuno porque eram duas instituições heterogêneas, de natureza substancialmente diversa: uma estava composta de religiosos consagrados e a outra de fiéis seculares; além disso, e de acordo com seus respectivos carismas, uma se dedicava aos colégios e universidades, às congregações marianas, às missões e à imprensa, onde se propagava a devoção ao Sagrado Coração; a outra estava aberta ao trabalho profissional e apostólico de cada pessoa como um mar sem margens. Escrivá de Balaguer percebia que Arrupe mostrava interesse pelo modo laical e secular de formar os leigos e de orientar os apostolados no Opus Dei, e também que apreciava o desenvolvimento da Obra. Mas considerava mais oportuno que cada um buscasse em seu próprio

A HISTÓRIA DO OPUS DEI

espírito a forma de orientar os apostolados. Além disso, alguns jesuítas criticavam publicamente o Opus Dei – por exemplo, com comentários sobre o suposto controle do Governo, da universidade e dos bancos na Espanha –, e outros utilizavam terminologia ou imitavam formas externas dos apostolados da Obra. Por estas razões, em março de 1970, considerou mais prudente deixar as entrevistas com o superior geral[33].

Josemaria Escrivá de Balaguer intensificou sua oração a Deus pela Igreja e pelo itinerário jurídico do Opus Dei. No mês de abril de 1970, viajou à Espanha e Portugal a fim de rezar diante de Nossa Senhora do Pilar e a Virgem de Fátima. Além disso, passou pela ermida de Torreciudad, perto de Barbastro. No dia 8 de maio, experimentou uma moção interior, pois, sem ruído de palavras, escutou a expressão: *Si Deus nobiscum, quis contra nos?* [Se Deus é conosco, quem contra nós?]. Três meses depois, em 6 de agosto, ouviu outra locução: *Clama, ne cesses!* [Clama, não cesses]. Ambas lhe serviram para fortalecer a confiança em Deus e continuar rezando.

De 15 de maio a 23 de junho, esteve no México. Era a primeira vez que saía do continente europeu. Começou sua estadia com uma novena para Nossa Senhora de Guadalupe. Pedindo a intercessão de Santa Maria, rezou intensamente a Deus pela situação da Igreja e pela *intenção especial,* a solução jurídica que permitisse salvaguardar a natureza genuína do Opus Dei. Depois, manteve encontros com pessoas da Obra de todos os grupos sociais, desde os intelectuais que viviam na Cidade do México até camponeses que participavam das atividades de Montefalco ou Jaltepec, casa de retiros próxima a Guadalajara[34].

Em 30 de agosto de 1970, começou a segunda parte do Congresso Geral especial do Opus Dei. Durante os meses anteriores, um pouco mais de 54 mil comunicações redigidas por membros da Obra de todo o mundo chegaram a Roma. Ao longo do congresso, várias comissões estudaram as principais propostas. Em 4 de setembro, finalizaram-se as sessões plenárias de homens e de mulheres. As conclusões ressaltavam a vigência das normas de piedade e da formação espiritual e doutrinal que se ministrava na Obra, bem como a necessidade de «uma configuração jurídica diversa da dos Institutos Seculares», que suprimisse «os elementos próprios dos Institutos de

15. EVOLUÇÃO TEOLÓGICO-JURÍDICA

perfeição, isto é, a profissão dos três conselhos evangélicos»[35], pois o espírito do Opus Dei não implica um estado canônico diverso, mas conduz a que cada um busque a perfeição em seu estado (clérigo, leigo, solteiro, casado, viúvo etc.). Os congressistas também aprovaram que o congresso permanecesse aberto. Continuaria por meio de uma comissão técnica, composta de doze pessoas – seis numa subcomissão jurídico-canônica e seis numa subcomissão teológica – e presidida por Álvaro del Portillo. Essa comissão proporia soluções para o problema institucional do Opus Dei.

Enquanto a comissão técnica iniciava sua tarefa, surgiram novas dificuldades no Vaticano. Alguns rumores – ofensivos e propalados anonimamente – acusavam de dupla obediência os membros do Opus Dei que trabalhavam na Santa Sé; estavam obrigados a obedecer os superiores dos respectivos dicastérios e também os diretores da Obra, aos quais faziam consultas a respeito de temas profissionais, faltando ao sigilo em matérias reservadas. Dizia-se inclusive que vários sócios do Opus Dei tinham se infiltrado nas congregações romanas de modo secreto*. Em janeiro de 1971, o cardeal Villot pediu a Escrivá de Balaguer uma relação dos membros do Opus Dei que trabalhavam na cúria vaticana. O fundador se apressou em responder, ao mesmo tempo que manifestava sua perplexidade, porque eram dados conhecidos. Além disso, os membros «nunca ocultaram sua pertença à nossa Associação»[36]; os próprios dicastérios os haviam contratado porque eram do Opus Dei. Nesse momento, estavam empregados nos escritórios da Santa Sé cinco pessoas: os sacerdotes Salvador Canals, Julián Herranz, Julio Atienza e Justo Mullor; e o advogado Antonio Fraile. O único cargo de certo relevo era o de Canals: auditor da Rota Romana; o resto eram

---

(*) No momento da incorporação definitiva, os numerários se comprometiam a consultar os diretores a respeito de questões de particular importância profissional ou social: cf. *Constitutiones Societatis Sacerdotalis Sanctae Crucis et Operis Dei* (1950), n. 58, §3. O fundador explicou que a petição de conselho era feita pelo interessado «somente no que se relaciona à sua vida interior e à sua tarefa apostólica» – por exemplo, sobre obrigações contraídas ou modos de vida; que havia liberdade para consultar quem quisessem e para decidir em consciência; e que tinham a obrigação de não falar sobre as informações confidenciais conhecidas por motivos profissionais (segredo de ofício): Nota geral 81/66 (9-XII-1966), em AGP, série E.1.3, 245-2; e Nota geral 11/73 (21-II-1973), em AGP, série E.1.3, 246-5.

A HISTÓRIA DO OPUS DEI

funcionários das congregações. Além disso, havia cinco consultores de diversas congregações, dos quais só um – Álvaro del Portillo – residia em Roma.

Escrivá de Balaguer concentrou suas energias na oração a Deus; na expansão da Obra; e na formação de seus filhos e de todos os que participavam das atividades apostólicas do Opus Dei. No dia 30 de maio de 1971, consagrou a Obra ao Espírito Santo, uma consagração que completava de algum modo as três que havia feito vinte anos antes. O fundador pedia ao Espírito divino a firmeza na fé de seus filhos e a assistência à «Igreja, e em particular o Romano Pontífice, para que nos guie com a sua palavra e com o seu exemplo, e para que alcance a vida eterna juntamente com o rebanho que lhe foi confiado; que nunca faltem os bons pastores e que, servindo-Vos todos os fiéis com santidade de vida e inteireza na fé, cheguemos à glória do céu»[37]. Três meses depois – em 23 de agosto –, experimentou outra locução que o confirmou na necessidade de recorrer sempre à intercessão da Virgem Maria: *Adeamus cum fiducia ad thronum gloriae ut misericordiam consequamur* [Recorramos confiadamente ao trono da glória para obter misericórdia][38].

Depois de seis anos, em 25 de junho de 1973, Paulo VI recebeu monsenhor Escrivá de Balaguer. O fundador evocou nessa audiência a extensão do trabalho apostólico da Obra em países democráticos e o apostolado pessoal que era feito com pessoas que estavam atrás da cortina de ferro; o incremento de vocações no Opus Dei; e a petição que fazia a seus filhos para que quisessem com afeto ao Papa e ao Magistério da Igreja. Ao mesmo tempo, recordou a liberdade política das pessoas da Obra, contestada na Espanha pelos que tinham mentalidade de monopólio e de partido único. Paulo VI elogiou o padre Josemaria – «O senhor é um santo»[39], disse-lhe; também se referiu aos rumores sobre a presença de membros da Obra na cúria vaticana e as consultas de caráter profissional que faziam aos diretores do Opus Dei. O fundador lhe respondeu que eram comentários caluniosos, provenientes de políticos e clérigos opostos à liberdade de opinião em temas temporais. Foi o último encontro entre os dois.

Nesse ínterim, a comissão técnica nomeada pelo Congresso Geral especial examinou as comunicações individuais e as sugestões das sessões plenárias. A tarefa se prolongou durante quatro anos

15. EVOLUÇÃO TEOLÓGICO-JURÍDICA

devido ao volume de material que era objeto de estudo e às dificuldades de relacionamento com algumas autoridades vaticanas, o que tornava prudente certa demora. Finalmente, a comissão técnica preparou uma proposta de estatuto jurídico do Opus Dei. Em 1º de outubro de 1974, o fundador aprovou o projeto do *Codex iuris particularis Operis Dei* [Código de direito particular do Opus Dei][40]. O documento propunha uma nova natureza jurídica ao Opus Dei, que se identificava com a figura da prelazia pessoal, instituída pelo Vaticano II, e eliminava qualquer expressão proveniente da normativa própria do estado de perfeição religioso ou secular. Acabada a elaboração do *Codex*, Escrivá de Balaguer decidiu esperar o momento oportuno para solicitar formalmente à Santa Sé a nova configuração jurídica.

16. UMA HERANÇA EM TEMPOS PÓS-CONCILIARES

Quando o Concílio Vaticano II se encerrou, em dezembro de 1965, Paulo VI e os padres sinodais manifestaram grande alegria e confiança no futuro da Igreja. A assembleia conciliar havia cumprido sua missão. O Povo de Deus aparecia como uma realidade humana e divina plenamente situada no mundo moderno, com uma mensagem rica de doutrina e aberta ao contato com os humanismos contemporâneos, inclusive com os que se definiam agnósticos e ateus.

Paulo VI empreendeu a tarefa de pôr em prática as disposições aprovadas nos documentos conciliares. Transformou a cúria vaticana, na qual deu papel proeminente à secretaria de Estado; criou o sínodo dos bispos, órgão consultivo que sublinhava o princípio da colegialidade; melhorou o diálogo ecumênico por meio de encontros com representantes de confissões separadas em diversos países, sobretudo com Atenágoras I, patriarca de Constantinopla; e promoveu a constituição de conferências episcopais nacionais. Teve especial interesse na reforma litúrgica porque desejava que os fiéis participassem de modo mais ativo na celebração eucarística. Por exemplo, de acordo com o Concílio, aprovou que o altar das Igrejas pudesse estar voltado para o povo e que se substituísse o latim pela língua vernácula.

Ao mesmo tempo, a Igreja sofreu uma crise aguda. Os processos eclesiais de reforma e atualização se viram ultrapassados por correntes favoráveis à descontinuidade e à ruptura. A estas circunstâncias se uniram os movimentos contraculturais de maio de 1968, que contestavam o conceito de autoridade, e o processo de secularização. Alguns

A HISTÓRIA DO OPUS DEI

eclesiásticos advogaram por uma adequação da estrutura hierárquica às democracias liberais contemporâneas. A crises de fé e de estilos de vida cristã começaram no âmbito clerical – de forma mais aguda no clero regular e secular jovem – e nas organizações confessionais. Depois, chegaram aos leigos.

A perda de identidade manifestou a profundidade dessa crise. O fenômeno mais grave se deu entre os que mudaram ou rejeitaram formulações do dogma e da moral cristã, às vezes em temas nucleares como a presença real de Jesus Cristo na Eucaristia, a atualização do sacrifício de Cristo na Missa, a virgindade de Maria e a recepção do sacramento da Penitência. Alguns teólogos invocaram um tal *espírito* do Concílio que tergiversava as disposições da assembleia ecumênica, o magistério pontifício e a tradição da Igreja. A visão imanente, a dissolução dos princípios morais e o afastamento das formas anteriores deixaram perplexos a muitos católicos, pois lhes obscurecia o sentido de sua vocação cristã e os modos de vivê-la.

Outra expressão da crise foi a diminuição da unidade – primeiro entre os clérigos e, depois, também entre os leigos –, expressa na contestação interna, na desobediência à hierarquia e na rejeição da doutrina e de algumas práticas sacramentais, litúrgicas e morais. Tiveram ampla ressonância o Catecismo para adultos holandês (1966), que punha em dúvida aspectos essenciais da verdade católica; ou, no extremo oposto, a negação da obra conciliar do integrista monsenhor Marcel Lefebvre, que criou a Fraternidade Sacerdotal de São Pio X (1970). A reforma litúrgica viveu um tempo de abusos, e a tal ponto que parecia que o único critério válido para a renovação era a novidade. Apareceram Missas que se celebravam de acordo com a espontaneidade do sacerdote, sem o uso dos rituais estabelecidos; o desprezo ao culto eucarístico fora da Missa; e a rejeição da confissão individual em muitas paróquias ou, inclusive, em dioceses inteiras, a favor das absolvições coletivas. A desorientação se manifestou também na disciplina eclesiástica, na crítica à autoridade e no abandono da indumentária clerical por parte de sacerdotes e religiosos.

Paulo VI fortaleceu os católicos diante da perda da fé em Deus e em sua ação na Igreja. Publicou encíclicas doutrinais de particular valor teológico, como a *Ecclesiam suam* (1964), sobre a natureza e missão da Igreja no mundo contemporâneo; a *Mysterium fidei* (1965),

16. UMA HERANÇA EM TEMPOS PÓS-CONCILIARES

sobre a presença de Jesus Cristo na Eucaristia; ou a *Populorum progressio* (1967), sobre a cooperação entre as nações com boa situação econômica e os países em vias de desenvolvimento. Em 1968, reafirmou a verdade da revelação cristã de modo solene em uma profissão de fé que intitulou *Credo do Povo de Deus*.

O Papa sofreu com dois temas controversos que havia reservado para si durante o Concílio. O primeiro se referia ao celibato dos presbíteros. Em junho de 1967, publicou a encíclica *Sacerdotalis caelibatus*, sobre a conveniência pastoral e teológica do celibato sacerdotal. Quatro anos mais tarde, o sínodo dos bispos reiterou a obrigação do celibato na Igreja latina. Mas, à época, a crise de identidade havia causado estragos nas vocações e na perseverança dos sacerdotes e dos religiosos, mas também dos leigos, já que nesses anos se incrementaram exponencialmente as declarações de nulidades e os fracassos matrimoniais. Os seminários do mundo ocidental – Europa e América do Norte – perderam 75 % dos alunos e deixaram uma difícil herança para a evangelização dessas terras. De todo clero, tanto secular como regular, 5% se secularizou na década posterior ao Concílio. As cifras cresceram na segunda metade dos anos 1960 e na primeira dos 1970: das 1.128 secularizações de 1965, passou-se para 3.160 em 1970. Os piores anos foram 1973 e 1974, com 4.222 e 4.044 secularizações, respectivamente.

O segundo tema debatido era a família. Em alguns setores da opinião pública, criticavam-se seus princípios: dizia-se, por exemplo, que era uma instituição opressiva para a mulher e que convinha desligar a sexualidade da procriação. E, na legislação de muitos países, mesmo de tradição católica, se aprovava o divórcio. A anticoncepção era apresentada como direito – em 1965 nos Estados Unidos e, depois, em outros países ocidentais –, o qual mais tarde daria lugar à despenalização do aborto, visto em algumas ocasiões como eliminação do fruto de uma anticoncepção falha.

Na época, pedia-se um parecer à autoridade da Igreja sobre a licitude dos meios de regulação da natalidade, já que se podia evitar a gravidez com a pílula anticoncepcional. Depois de um tempo de estudo, em que interviram especialistas em bioética, Paulo VI publicou, em julho de 1968, a encíclica *Humanae vitae* sobre a transmissão da vida e a moral conjugal. O Papa explicava que o amor conjugal

A HISTÓRIA DO OPUS DEI

requeria a unidade entre o aspecto unitivo e o procriativo e que a natalidade devia ser regulada de modo natural e por razões justas. Portanto, não era lícita «toda ação que, ou em previsão do ato conjugal, ou durante a sua realização, ou também durante o desenvolvimento das suas consequências naturais, se proponha, como fim ou como meio, tornar impossível a procriação»[1]. A publicação deste documento marcou um antes e um depois no pontificado do Papa Montini. Alguns bispos, sacerdotes e professores de Teologia Moral rejeitaram a encíclica e se mostraram publicamente a favor da licitude do uso da pílula e de outros recursos artificiais para controlar a natalidade. A hierarquia holandesa, por exemplo, considerou injusta a condenação do uso dos anticonceptivos.

Medidas doutrinais e litúrgicas

Desde os anos 1950, Escrivá de Balaguer havia advertido a seus filhos espirituais sobre determinados erros doutrinais que se infiltravam paulatinamente. Em 1964, enviou ao Papa uma carta em que manifestava sua inquietação pelo fato de que «o atual Concílio Ecumênico, do qual o Espírito Santo obterá frutos abundantes para a sua Santa Igreja, tem sido ocasião até este momento para que se haja produzido um estado de grave mal-estar – atrever-me-ia a dizer de confusão – no ânimo dos Pastores e dos seus rebanhos: sacerdotes, seminaristas e fiéis – com a propaganda que, sem dúvida de boa-fé, fazem muitos dos que participam direta ou indiretamente nos trabalhos da grande Assembleia – encontram-se como que perdidos»[2].

Depois do Vaticano II, Josemaria Escrivá de Balaguer estudou os documentos conciliares e os citou em seus escritos. No entanto, não realizou uma reflexão teológica dos textos. Deixou essa tarefa para os especialistas nas ciências sagradas. Empreendeu uma tarefa que considerava mais urgente. Preocupavam-no as inúmeras publicações, informações sensacionalistas e atuações opostas à fé e aos costumes da Igreja. Ainda que o magistério pontifício tenha apontado abusos e desvios, as posturas de alguns teólogos e liturgistas causavam confusão. Parecia que uma evolução – lógica após um concílio – tinha se transformado numa ruptura com diversos postulados dogmáticos e morais.

16. UMA HERANÇA EM TEMPOS PÓS-CONCILIARES

Entrevistado sobre o *aggiornamento* da Igreja, monsenhor Escrivá de Balaguer respondeu que se tratava de uma realidade esperançosa e, ao mesmo tempo, delicada. A assembleia conciliar convidava, por um lado, a custodiar a essência intangível da Igreja, da revelação cristã. Acontecia algo semelhante com a mensagem carismática da Obra: «Sem jactância alguma, devo dizer que, no que se refere ao nosso espírito, o Concílio não significou um convite à mudança, antes, pelo contrário, confirmou o que – pela graça de Deus – vínhamos vivendo e ensinando desde há tantos anos»[3]. Por outro lado, a Igreja devia estar presente no mundo atual, tanto na maneira de agir como na forma de se exprimir, unindo o progresso e a tradição, a reforma e a continuidade. O Opus Dei também progredia no tempo, com a peculiaridade de que o fundador estava vivo e, portanto, esclarecia em seus ensinamentos e escritos quais eram os elementos fundamentais de seu espírito e de suas atividades apostólicas.

Pessoalmente, Josemaria Escrivá de Balaguer rezou muito pela situação que a Igreja atravessava e pediu a seus filhos – em particular, ao Conselho Geral e à Assessoria Central – que o acompanhassem em sua petição. Em certa ocasião, qualificou esse momento histórico como um duro período de prova. Sofria quando lhe informavam de que não se transmitia a doutrina de Jesus Cristo, de que havia contestação e de que parte da hierarquia permanecia em silêncio, sem distinguir o trigo do joio. Doíam-lhe as deserções do estado clerical e o desamparo a que tantos fiéis católicos estavam expostos. Ao mesmo tempo, mostrava-se esperançoso e otimista. Repetia que a fé em Deus era uma fonte de segurança e de confiança no futuro. Com o tempo, as águas voltariam ao seu leito.

Como pastor de uma porção de fiéis do Povo de Deus, pensou que tinha a grave responsabilidade de cuidar e defender as pessoas que o Espírito Santo lhe havia confiado. Não podia permanecer mudo ou hesitante quando se punham em xeque a doutrina e as práticas cristãs. Devia afiançar a seus filhos a fé em Deus, na Igreja, no magistério do Papa e na origem divina da Obra. Junto com isso, convinha que desse passos com prudência, tanto para conhecer o que acontecia realmente – ter elementos suficientes para julgar – como para adotar as medidas gerais e concretas oportunas, sem cair na precipitação ou no imobilismo[4].

A HISTÓRIA DO OPUS DEI

Além de Álvaro del Portillo, Josemaria Escrivá de Balaguer se apoiou no sacerdote e filósofo Carlos Cardona, que teve o cargo de diretor espiritual central de 1961 a 1976[5]. Tanto Cardona como os diretores espirituais regionais não tinham função de governo. Sua missão consistia em zelar para que a doutrina cristã chegasse íntegra aos sócios da Obra e da Sociedade Sacerdotal da Santa Cruz. Correspondia a eles redigir temários e roteiros para a pregação, organizar os planos de atividade sacerdotal, assessorar as publicações que tratavam de aspectos da fé e dos costumes cristãos, aprovar os livros sobre esses assuntos que estivessem nos centros da Obra e dar orientações sobre filmes[6]. A contribuição dos diretores espirituais como formadores e garantidores da doutrina foi decisiva em fins dos anos 1960 e começos dos 1970. Reuniram abundante material de orientação, que foi transmitido aos membros da Obra e cooperadores – roteiros desenvolvidos para palestras sobre capítulos do catecismo; temários sobre aspectos doutrinais e morais de atualidade[7]; roteiros para meditações e retiros; resenhas de livros teológicos, que informavam e entravam em diálogo sobre aspectos do conteúdo; exemplares do SIDEC com temas relevantes; editoriais e artigos nas revistas *Crónica* e *Noticias;* e cadernos sobre fé e moral fundamental[8].

Em abril de 1967, Escrivá de Balaguer enviou a todos os seus filhos uma nota na qual advertia que vastos setores da vida eclesiástica haviam se afogado em confusão doutrinária. Indicava, como pautas de atuação: acompanhar explicações doutrinais seguras; reservar para os especialistas o estudo das novas opiniões teológicas; nutrir uma serena vigilância para não se deixar influir pelos possíveis erros; e pedir conselho sobre as leituras. A nota concluía dizendo: «Não se trata de ser alarmistas: trata-se de enfrentar a realidade serenamente, com amor a Deus e com afã de almas»[9].

De acordo com o Conselho Geral, o fundador do Opus Dei aprovou ao longo dos anos 1960 dois grandes tipos de medidas: umas de caráter doutrinal e outras litúrgicas. Os principais critérios doutrinais faziam referência às leituras, pois os livros podiam pesar no incremento ou na perda da fé e na melhora ou no desvio do comportamento moral. O fundador estabeleceu que, se uma pessoa da Obra necessitava ler um livro incluído no Índice da Santa Sé ou de tendência filo-marxista, pedisse permissão, explicando as causas que motivavam

16. UMA HERANÇA EM TEMPOS PÓS-CONCILIARES

a solicitação e o tempo que empregaria na leitura*. As autorizações se dariam acompanhadas de sugestões de livros de orientação positiva como *antídoto,* a advertência de que o interessado comentasse essas leituras no acompanhamento espiritual e o pedido de que redigisse uma resenha crítica da obra, que poderia ser de utilidade para outras pessoas. Por seu caráter restritivo, e por ser matérias de especialistas, essas solicitações de leitura foram relativamente poucas.

Os que ocupavam o cargo de diretor espiritual regional receberam a missão de zelar para que todos os livros que estavam nas sedes dos centros do Opus Dei estivessem de acordo com a fé e a moral e, também, para que as doutrinas filosóficas de raiz marxista ou progressista, que se estendiam a diversos âmbitos do pensamento católico, não afetassem os membros da Obra[10].

Em 1966, a Santa Sé suprimiu o Índice de livros, ainda que insistisse na obrigatoriedade moral de abster-se de leituras contrárias à fé e à moral. O *imprimatur* eclesiástico foi mantido; mas, dada a confusão doutrinal imperante, em alguns lugares ele foi concedido a textos opostos à doutrina ortodoxa. Diante desta situação, Escrivá de Balaguer decidiu manter o critério de que os membros do Opus Dei solicitassem permissão para ler as obras do recém-suprimido Índice e as de tendência marxista. O escritório da direção espiritual central coordenou a preparação de bibliografias dos autores em voga considerados não ortodoxos, acompanhadas de comentários sobre as doutrinas sustentadas e uma qualificação doutrinal[11]. Além disso, elaborou «notas críticas detalhadas sobre obras de atualidade, cujo conteúdo tivesse direta relação com a fé ou com os costumes»[12]. Essas orientações didáticas foram úteis, por exemplo, para os alunos do ensino médio e universitário aos quais se recomendasse ou exigisse o estudo de obras marxistas.

(*) O Santo Ofício elaborava desde o século XVI um Índice de livros de leitura proibida porque eram contrários ao dogma e à moral católicas. A Igreja entendia esta medida como um ato de prudência que evitava a difusão de erros doutrinais e práticos. Em meados do século XX, a lista de livros superava quatro mil títulos. Se um católico necessitasse, por motivos profissionais, ler alguma dessas obras, tinha de solicitar permissão à autoridade diocesana.

A HISTÓRIA DO OPUS DEI

O fundador também estabeleceu como medida provisória de prudência que, entre os autores cujas obras exigiam permissão, estivessem os teólogos sobre os quais ainda não houvesse estudos; que se usassem traduções da Sagrada Escritura com pelo menos dez anos de antiguidade; e que em todos os cursos anuais e convivências se revisse o Catecismo de São Pio X, no qual se expunham os principais elementos da fé cristã de modo breve, segundo o clássico método de perguntas e respostas[13]. Advertiu também que estivessem atentos aos programas de catequese e ensino de religião para crianças, pois, com frequência, continham erros doutrinais ou silenciavam verdades fundamentais da fé católica[14].

O Conselho Geral sublinhou que essas atuações prudenciais eram necessárias pelas circunstâncias do momento. Não desejavam restringir a liberdade das pessoas nem rejeitar as novas contribuições teológicas feitas à luz da fé e em conformidade com o Magistério da Igreja: «É preciso fazer com que todos compreendam que não se trata de limitar nem de tolher de nenhum modo a inteligência, mas do grave dever – comum a todo cristão – de não colocar em perigo a fé», explicava uma nota geral de 1967[15].

Escrivá de Balaguer teve grande interesse em que houvesse sacerdotes e leigos dedicados à pesquisa teológica e à divulgação da doutrina e da espiritualidade cristãs. O espírito do Opus Dei podia contribuir para os estudos de teologia dogmática, moral, pastoral e espiritual em temas como «espírito de serviço, filiação divina, liberdade em tudo o que é temporal e nas questões teológicas opináveis, santificação do trabalho»[16]. Até então, só haviam aparecido obras de caráter espiritual, redigidas por sacerdotes do Opus Dei, que se inspiravam nos ensinamentos de monsenhor Escrivá de Balaguer. Destacavam-se, por suas numerosas edições e por sua tradução a outros idiomas, *O valor divino do humano* (1948), de Jesús Urteaga; *A Virgem Nossa Senhora* (1956), de Federico Suárez; e *Reflexões espirituais* (1962), de Salvador Canals. O primeiro aprofundamento em aspectos teológicos do espírito do Opus Dei foi o livro *A santificação do trabalho, tema do nosso tempo* (1966), de José Luis Illanes.

Em meados dos anos 1960, Escrivá de Balaguer sugeriu às Edições Rialp que elaborasse uma grande enciclopédia católica.

16. UMA HERANÇA EM TEMPOS PÓS-CONCILIARES

Depois de um estudo preliminar, a editora empreendeu um programa mais amplo, «uma obra do mundo hispânico, de caráter universal, de nível universitário e com uma abordagem pluralista»[17] que apresentasse o *status quaestionis* das diferentes áreas do saber, em particular das humanísticas. As dezesseis mil vozes da *Gran Enciclopedia Rialp* (GER) foram publicadas em 24 volumes, editados entre 1970 e 1977.

Em 1967, começou na Universidade de Navarra o Instituto Teológico, erigido canonicamente como Faculdade pela Santa Sé dois anos mais tarde. Integraram a equipe inicial Alfredo García, José María Casciaro e Pedro Rodríguez, que orientaram suas pesquisas para temas eclesiológicos e bíblicos. O fundador manifestou-lhes grande confiança e liberdade em suas cátedras e publicações. A pesquisa teológica podia enriquecer-se com novos conhecimentos e opiniões e, ao mesmo tempo, confirmar a fé e a doutrina da Igreja. No ensino, convinha que seguissem as sentenças comuns dos teólogos, de acordo com os princípios fundamentais de São Tomás de Aquino[18].

Em 1972, monsenhor Escrivá de Balaguer solicitou a essa Faculdade de Teologia uma tradução ao castelhano da Bíblia, com introduções, notas exegéticas e uma linguagem acessível ao grande público. O biblista José María Casciaro coordenou a equipe inicial de professores que assumiram o projeto da *Bíblia de Navarra*. Entre 1976 e 1989, publicaram o Novo Testamento em doze volumes[19].

Do ponto de vista da divulgação, a presença de dois sacerdotes numerários que participaram na televisão espanhola daquela época teve grande repercussão social, pois levaram a doutrina explicada com simplicidade a muitos lares. Jesús Urteaga foi pioneiro da informação religiosa na televisão espanhola. Contratado em 1960 para participar da transmissão de *O dia do Senhor,* um ano depois assumiu o programa para adolescentes *Só para menores de 16 anos,* no qual tornou famoso o seu lema: «Sempre alegres para fazer os outros felizes». Depois, entre 1967 e 1970, protagonizou o espaço *Fala contigo Jesús Urteaga.* Nesses mesmos anos, Ángel García Dorronsoro apresentou um programa religioso na segunda cadeia da televisão espanhola, chamado *Tempo para crer.*

Junto com as disposições de tipo doutrinal, Escrivá de Balaguer estabeleceu outras resoluções de caráter litúrgico. Já ao longo de sua

A HISTÓRIA DO OPUS DEI

vida havia empregado formas previstas para o culto que estavam inspiradas no movimento litúrgico, como a participação dialogada do povo na Missa ou a colocação do altar de frente para o povo nas Igrejas e oratórios grandes[20]. Agora, como pastor no Povo de Deus, devia adotar medidas que seguissem a constituição sobre a liturgia do Concílio Vaticano II e as instruções emanadas pela Santa Sé para a reforma litúrgica. As mudanças, que afetavam especialmente o modo de celebrar a Missa, em certo sentido culminaram no novo Missal romano (com duas edições: uma em 1970 e outra em 1975): orações eucarísticas e prefácios, orações dos fiéis, ritos de comunhão sob as duas espécies, modos de concelebração e uso da língua vernácula.

O fundador acolheu as disposições normativas e as medidas disciplinares da Santa Sé e indicou que se pusessem em prática em todos os oratórios dos centros do Opus Dei; nas igrejas confiadas a sacerdotes do Opus Dei se seguiriam as normas dadas pelo bispo diocesano[21]. Como na maioria das orientações gerais se deixava ampla margem de liberdade na forma concreta de vivê-las, resolveu aplicar à Obra as opções que considerava mais convenientes para a vida espiritual de seus sócios e de seus apostolados[22]. Além disso, ecoou os repetidos apelos da Santa Sé à prudência ao escolher os modos concretos de implantar a norma geral. Eram tempos de precipitação e abusos frequentes[23]. Por isso, indicou como critério geral que nos atos litúrgicos celebrados nas sedes dos centros da Obra só se fariam as modificações indicadas nas novas rúbricas[24].

A maior parte das resoluções que adotou para os centros do Opus Dei orientava-se a fomentar o amor à liturgia, a participação e o recolhimento do celebrante e dos fiéis e a unidade no modo de celebração. Por exemplo, estabeleceu que se usasse o latim na Missa quando assistissem somente pessoas da Obra; recomendou acompanhar a Missa com um missal de fiéis; previu a celebração da Missa vespertina; pediu que não se concelebrasse, salvo nas convivências de sacerdotes; indicou, de acordo com a reverência que a Igreja dá à presença de Jesus Cristo na Eucaristia, que se recebesse a Comunhão de joelhos; e também que só se distribuísse de pé ou na mão naquelas paróquias e igrejas reitorais dirigidas por sacerdotes da Obra «se a autoridade eclesiástica territorial correspondente o prescreveu de modo taxativo»[25].

16. UMA HERANÇA EM TEMPOS PÓS-CONCILIARES

Escrivá de Balaguer acreditava no caráter positivo de todas estas disposições doutrinais e litúrgicas. Comentava que tinha a consciência tranquila porque havia avisado seus filhos do complexo período que atravessava a Igreja. Não desejava criar um alarmismo exagerado, mas estimular a vigilância[26]. Por amor à verdade, à unidade e ao bem espiritual do Opus Dei, necessitava dar fortaleza em temas nucleares: «Coloquei todos os meios para que meus filhos não caiam em erros. Se algum cair, lhe dizemos discretamente. Se não retifica muito sinceramente, lhe dizemos que se vá»[27]. No entanto, não se importava que sua atuação fosse mal-entendida ou criticada por pessoas alheias à Obra: «Ao prevenir-vos para que o ambiente atual não corroa a vossa fé, ninguém poderá dizer com verdade que sou integrista ou progressista, que sou reformador ou reacionário. Qualquer destas qualificações seria injusta e falsa. Sou sacerdote de Jesus Cristo, que ama a doutrina clara»*. Contudo, aconteceu que as etiquetas de progressista e de herege com que havia sido marcado trinta anos antes transformaram-se agora nas de conservador e imobilista[28].

O fundador percebia que essas medidas reduziam a capacidade de pesquisa, dificultavam contatos com os ambientes teológicos e filosóficos de vanguarda, restringiam alguns modos de atuar na liturgia e limitavam a iniciativa e as liberdades legítimas. De fora da instituição podia parecer que o Opus Dei favorecia o isolacionismo, a uniformidade e o abandono do campo intelectual. Por isso, explicou com frequência que os critérios adotados respondiam à grave conjuntura do momento – o próprio Paulo VI utilizava tons sombrios para descrever a situação da Igreja – e que se modificariam quando mudassem as circunstâncias**.

(*) *Carta* 38, n. 3, em AGP, série A.3, 190-1. Perante as verdades de fé, explicava o fundador, «não cabem nem ambiguidades nem compromissos. Se, por exemplo, vos chamassem de reacionários porque vos atendes ao princípio da indissolubilidade do matrimônio, vos absteríeis, por isso, de proclamar a doutrina de Jesus Cristo sobre este tema? Não afirmaríeis que o divórcio é um grave erro, uma heresia?» (*Carta* 41, n. 14, em AGP, série A.3, 190-2-3).

(**) «Filhos meus, senti vós também o peso desta responsabilidade, estando em vigília. Aceitai com agradecimento e docilidade as indicações de prudência que vos venho dando, como uma pessoa prudente observa as medidas antissépticas da autoridade sanitária, perante uma infecção que causa estragos no país» (*Carta* 40, n. 16, em AGP, série A.3, 190-2-2).

A HISTÓRIA DO OPUS DEI

De fato, e diferentemente da derivação de algumas instituições católicas, nos anos pós-conciliares cresceu o número de gente que se aproximou da Obra e das atividades coletivas (os 11.900 membros do Opus Dei em 1966 passaram a ser 32.800 em 1975). Muitas pessoas viram nos membros da Obra um exemplo de doutrina e de vida cristã que lhes ajudava a conservar a fé e a prática religiosa. E os membros do Opus Dei seguiram fielmente as medidas indicadas pelo fundador. Não obstante, três sacerdotes deixaram a Obra porque não aceitaram essas resoluções[29].

Em 19 de março de 1967, Josemaria Escrivá de Balaguer datou uma carta longa na qual, novamente, prevenia contra a confusão doutrinal reinante, denunciada várias vezes pelo Papa. O escrito começava: *«Fortes in fide, assim vos vejo, filhas e filhos queridíssimos: fortes na fé, dando com essa fortaleza divina o testemunho das vossas crenças em todos os ambientes do mundo»*. Depois, e com o desejo de consolidar seus seguidores, o fundador expunha o conteúdo das principais verdades da fé cristã e o modo de praticá-las e de dá-las a conhecer. A carta terminava com uma chamada à oração: «Nós seremos fiéis. E rezar, filhas e filhos meus, vamos rezar muito: porque foi, é e será sempre a oração pessoal nossa grande arma. Rezar, para dar glória ao Senhor e para trabalhar sempre com retidão de intenção»; e, também, com um canto esperançoso, porque os tempos maus passariam: «Otimistas, alegres! Deus está conosco! Por isso, encho-me diariamente de esperança. A virtude da esperança faz-nos ver a vida como é: bonita, de Deus!»[30].

Atuação pessoal na vida civil

Com o passar dos anos, a extensão da Obra tornou possível a ideia fundacional de que homens e mulheres trabalhassem profissionalmente e dessem testemunho de Jesus Cristo em todo tipo de exercício profissional. Nesses anos, com frequência o fundador dizia que a atividade da Obra era «um mar livre sem margens»[31], aberto à iniciativa e responsabilidade de cada um: «O apostolado mais importante do Opus Dei é o que cada sócio realiza com o testemunho de sua vida e

16. UMA HERANÇA EM TEMPOS PÓS-CONCILIARES

com sua palavra, no relacionamento diário com seus amigos e colegas de profissão»[32]. Sem dar indicações concretas, o fundador incentivava seus filhos espirituais e os cooperadores a que se abrissem em leque na sociedade civil para que interviessem na vida pública, «presentes nas atividades sociais que nasçam ou influam, direta ou indiretamente, na convivência entre os homens: nos colégios profissionais, nos sindicatos, na vida municipal e regional, nas associações e concursos artísticos e literários, nas associações públicas de cidadãos»[33].

Entre essas múltiplas atuações na vida social, a presença de alguns membros da Obra nos altos cargos do regime franquista alcançou uma repercussão tão grande que condicionou a percepção da opinião pública mundial sobre o Opus Dei, interpretada por alguns setores segundo um viés político.

Graças ao Plano de Estabilização de 1959 e, depois, aos Planos de Desenvolvimento (1964, 1968 e 1972), a economia espanhola cresceu nos anos 1960, coisa que contribuiu decisivamente para a sobrevivência do regime. Essas políticas favoreceram a criação de polos de desenvolvimento industrial. As redes de comércio e distribuição, os setores de serviços e do turismo e o investimento estrangeiro melhoraram. Muitos espanhóis aumentaram sua renda e seu consumo; por exemplo, grande parte das famílias pôde adquirir um automóvel, ainda que fosse a prazo. A renda *per capita* praticamente duplicou durante a década, indo de 1.042 para 1.904 dólares. No entanto, houve inflação, dificuldades estruturais, déficit na balança comercial com o exterior e pouca facilidade para o sistema de concorrência[34].

Do ponto de vista político, o regime autoritário buscou fórmulas que lhe permitissem manter-se após morte do general Franco. Em certo sentido, a Lei Orgânica do Estado, de 1966, encerrou o processo legislativo de institucionalização da ditadura, vitalícia para Franco e, depois, monárquica. Não havia espaço para um sistema democrático porque o poder político cerceava as liberdades. Tanto a Lei de Imprensa e Impressão (1966) como a Lei de Liberdade Religiosa (1967) diminuíram a censura institucional e as restrições a confissões não católicas, porém não as suprimiram.

Do início dos anos 1960 e até a sua morte (1975), Franco remodelou o Governo oito vezes. Como havia acontecido com Mariano Navarro Rubio (1957-1965) e Alberto Ullastres (1957-1965), al-

A HISTÓRIA DO OPUS DEI

guns ministros durante esses anos pertenciam ao Opus Dei: Gregorio López-Bravo (1962-1973), Laureano López Rodó (1965-1974), Juan José Espinosa (1965-1969), Faustino García Moncó (1965-1969), Vicente Mortes (1969-1973) e Fernando Herrero Tejedor (1975). Esses ministros – como todos os colegas de gabinete – foram leais a Franco, que os havia dado acesso ao poder. Do ponto de vista político, pertenciam às diversas famílias representadas no regime: carlistas, falangistas, independentes e partidários de Juan de Bourbon ou de seu filho Juan Carlos. Alguns discordavam a respeito das estratégias políticas. Por exemplo, Navarro Rubio desejava que o Plano de Desenvolvimento dependesse de seu ministério e, como não o conseguiu, apresentou sua demissão a Franco, que a aceitou, dando entrada a López Rodó como ministro; e García Moncó criticou na revista oficial de seu ministério a política de López-Bravo.

A fim de censurar as políticas de López Rodó – que contava sempre com o apoio do ministro da Presidência, o almirante Luis Carrero Blanco – e forçar sua retirada política, a imprensa falangista criticou a instituição religiosa à qual pertencia. Em 1962, o fundador do Opus Dei mudou sua atitude com relação a estas acusações e, em geral, às informações sobre a Obra na opinião pública. Até então, o silêncio perante as acusações havia sido a norma. Somente em poucas ocasiões a secretaria geral do Opus Dei desmentira oficialmente uma falsidade. Agora, no entanto, num mundo em rápida metamorfose, com meios de comunicação de grande alcance, convinha proclamar a verdade sobre a Igreja e sobre o Opus Dei, em especial sobre a atuação política de pessoas da Obra – em diversos lados do espectro político –, que não era corporativa.

Em junho daquele ano de 1962, Escrivá de Balaguer explicou em uma nota enviada aos membros da Obra: «Uma vez mais recordamos o que sempre soubemos e vivemos: que corporativamente não estamos sujeitos nem unidos a nenhuma pessoa, a nenhum regime, nem a nenhuma coisa terrena»[35]. Um mês mais tarde, a secretaria geral da Obra enviou aos meios de comunicação uma declaração na qual expressava que «os sócios do Opus Dei são libérrimos no seu pensamento e na sua atuação política, tal como qualquer outro cidadão católico. Cabem dentro da Associação, e de fato há, pessoas de diversas e até opostas ideias políticas»[36].

16. UMA HERANÇA EM TEMPOS PÓS-CONCILIARES

Nesse verão, Escrivá de Balaguer referiu a Loris Francesco Capovilla, secretário do Papa João XXIII, algumas críticas que chegavam da Espanha: «Se pôs de moda afirmar que somos integristas, que atacamos a liberdade, que não deixamos a menor possibilidade de inovar e que, por isso, na Espanha, apoiamos o regime político atual, do qual praticamente nos apoderamos»[37]. E lhe pôs como exemplo contrário Ignacio Orbegozo, prelado da prelatura *nullius* de Yauyos, que havia sido nacionalista basco em sua juventude e que havia convivido com pessoas da Obra de distintas tendências.

A fim de sublinhar sua linha de atuação, em dezembro de 1963 o fundador solicitou aos seus filhos na Obra que tivessem como intenção mensal *sine die* rezar para «que se entenda bem que os sócios do Opus Dei que atuam na vida pública da Espanha e dos demais países – muito poucos, entre a totalidade de membros da Associação – o fazem no uso de sua liberdade de católicos e sob a sua exclusiva responsabilidade pessoal»[38]. Rejeitava a mentalidade clerical e a de partido único. Alguns jornais apresentavam os da Obra «como ligados ao regime na Espanha», quando na realidade não se aceitava esta abordagem clerical que se servia do poder temporal: «Não são tempos, como já desde 1928, de apoiar-se nos governos poderosos da terra»[39].

Escrivá de Balaguer solicitou que se criassem escritórios de informação do Opus Dei nas capitais dos diferentes países. Assim, qualquer um podia entrar em contato com alguém da Obra, em especial os redatores de agências de informação, jornalistas, escritores, adidos de imprensa das embaixadas e correspondentes estrangeiros. De modo um tanto gráfico, a inclusão do Opus Dei na lista telefônica deu início a uma presença pública corporativa. Esse trabalho, além disso, liberou as secretarias das comissões regionais da necessidade de enviar comunicados oficiais à imprensa e permitiu que os escritórios do apostolado da opinião pública se dedicassem a tarefas de coordenação.

Em 1964, abriu-se o primeiro escritório de informação, em Madri. Tratava-se de uma evolução favorável para que se pudesse conhecer e contatar o Opus Dei. Seu diretor, Javier Ayesta, empregou boa parte de seu tempo a explicar que a mensagem da Obra era exclusivamente espiritual e que seus membros atuavam com liberdade e responsabilidade pessoais. Em algumas ocasiões, foi-lhe difícil

347

A HISTÓRIA DO OPUS DEI

tomar a iniciativa para mostrar como se transmitia a mensagem do Opus Dei – por exemplo, a componente social das realizações corporativas –, uma vez que o interesse jornalístico estava circunscrito aos assuntos políticos, que exigiam responder aos comunicadores com cartas de retificação e esclarecimentos. Também não facilitou a sua tarefa o fato de que se informasse habitualmente sobre as ações coletivas e pouco sobre os aspectos institucionais ou estatísticos[40].

Em maio de 1964, o cardeal Angelo Dell'Acqua pediu a Josemaria Escrivá de Balaguer que redigisse uma nota extensa sobre a conjuntura espanhola. O cardeal disse-lhe que indicasse nessa proposta que deviam ser «os bispos a dar o critério e unir os católicos, a fim de preparar a mudança da situação política atual». Dessa forma, «o Papa terá material e orientações concretas para falar com cada um dos bispos espanhóis»[41].

Sem dilação, o fundador preparou uma longa missiva, datada de 14 de junho. Essa nota de consciência – estava pensada para conhecimento de Paulo VI, e não para ser publicada – começava com uma introdução sobre a vida política espanhola no século XX, com particular referência ao terror comunista na Guerra Civil, vivido pelo fundador em sua própria carne. Com relação a Francisco Franco, observava que era um homem de vida privada sóbria e modesta. No entanto, como governante tinha o problema de que se considerava garantidor tanto da unidade espanhola como da Igreja, ideia que a hierarquia havia louvado em excesso, de tal modo que «não se pensa de modo eficaz no futuro, e, de fato, na Espanha tudo depende da vida de um homem que, de boa fé, está convencido de ser "providencial"»*.

(*) Entre 1944 e 1953, Escrivá de Balaguer esteve oito vezes com Franco. Nos 22 anos seguintes, o viu em outras cinco ocasiões: em 1960 e 1961, na efeméride do reconhecimento civil da Universidade de Navarra; e, depois, em 1967, 1968 e 1970 (agradecemos esta informação a Onésimo Díaz, que consultou o AGP, o Arquivo da Fundação Francisco Franco e o Arquivo do Palácio Real). O fundador limitou os contatos com o general e evitou os reconhecimentos, segundo explicou ao Papa: «Franco me concedeu várias Grandes Cruzes, que não pude rejeitar – ainda que sempre tenha evitado que me condecorasse, inclusive de modo privado – porque sempre recebi a notícia pela imprensa. Além disso, se as tivesse rejeitado, teria sido interpretado como ato político, mais ainda quando os Bispos de minha terra as aceitam: e não são poucos os que as buscam». Em suma, o fundador – que não hesitara em escrever a Franco em 1958 para felicitá-lo pela promulgação da Lei de Princípios do

I6. UMA HERANÇA EM TEMPOS PÓS-CONCILIARES

Perante a inquietação ante a possibilidade de uma nova revolução marxista na Espanha, Escrivá de Balaguer se manifestava a favor de uma mudança progressiva do regime: «Dada a idade de Franco, as circunstâncias começam a ser graves, caso não se arbitrem medidas que levem a uma evolução rápida, para que não se caia em uma nova revolução, que originaria outras perseguições religiosas». Esta opinião era compartilhada por Álvaro del Portillo, que havia manifestado «a conveniência de que o Generalíssimo abandonasse o poder: esta mesma coisa eu lhe repeti, antes de transladar-me definitivamente para Roma, em 1946, em diversas ocasiões, de modo que, por meio de amigos comuns, chegasse ao conhecimento do General Franco».

O fundador indicava dois itinerários pelos quais pensava que poderia transitar a evolução do regime espanhol. O primeiro fazia referência à doutrina comum de que, se em um país, e por circunstâncias especiais, era preciso dar orientações de tipo político e social aos católicos, isso competia à hierarquia eclesiástica. Sem comprometer a Santa Sé, os bispos espanhóis deviam unir os leigos, dando-lhes critérios claros e doutrinais sobre «as questões fundamentais para a Igreja: a santidade do matrimônio, o ensino cristão, a justiça social, o respeito do mínimo de propriedade privada, o direito de ter filhos, ao trabalho, à ajuda nas doenças e na velhice, ao descanso, ao entretenimento etc., sem impor a criação de um partido único de católicos, o que, na Espanha, seria muito perigoso. Porque poderia começar servindo a Igreja para acabar facilmente servindo-se da Igreja».

O segundo caminho consistia em impulsionar os leigos a «assumirem pessoalmente a responsabilidade política» como cidadãos. Os leigos tinham de receber uma formação profunda, que os ajudasse a trabalhar com honradez pelo bem comum, pois «não são poucos os que aspiram repartir entre si os restos do regime franquista». Também era necessária uma amplidão de objetivos para evitar que, uma vez acabado o regime, aparecessem revanchismos de um sinal ou de outro.

Movimento Nacional – manifestava ao Papa, em 1964, seu desejo de uma evolução pacífica do regime para uma forma política não revolucionária e sublinhava a liberdade política de que gozavam seus filhos espirituais.

A HISTÓRIA DO OPUS DEI

Escrivá de Balaguer aproveitava a nota para sublinhar a liberdade em temas políticos das pessoas do Opus Dei. Os que colaboravam «com Franco em postos de Governo e de Administração o fazem livremente, sob sua pessoal responsabilidade: e não como técnicos, mas como políticos, do mesmo modo como os demais cidadãos – sem dúvida mais numerosos – que colaboram em postos semelhantes e que pertencem à Ação Católica, à Associação Católica Nacional de Propagandistas etc.». Ao mesmo tempo, recordava que «realizam seus encargos como cidadãos, com a máxima liberdade, com a mesma liberdade com que outros dos meus filhos – muitos – se opõem, também com escritos públicos, ao regime de Franco: é bem conhecido o caso do Prof. Calvo Serer». E esclarece que, a título pessoal, vinte anos antes, havia repetido a Franco, «de todos os modos possíveis, que eu não era franquista, nem antifranquista, mas sacerdote para todos: e ele o entendeu»[42].

José Solís, ministro-secretário do Movimento – responsável máximo da Falange Espanhola – e Manuel Fraga, ministro de Informação, censuravam politicamente os que não procediam de suas filas. Em 1966, as publicações do Movimento organizaram uma campanha de imprensa contra a Obra para coagir alguns de seus membros a se retirarem da vida pública. De acordo com a mentalidade de partido único, sua crítica se dirigiu aos que se opunham à férrea estrutura política do regime. Concretamente, a campanha originou-se porque havia eleições sindicais no mês de setembro, e vários meios de comunicação – por exemplo, o jornal *El Alcázar,* dirigido por José Luis Cebrián, membro da Obra – pediam sindicatos mais representativos e democráticos, pois sabiam que os candidatos oficiais da organização sindical falangista haviam perdido parte da base social e seriam derrotados*.

(*) A título de amostra, Solís escreveu a López Rodó que era incompreensível para ele que um ministro pertencente ao Opus Dei não pudesse dar instruções a um meio de comunicação dirigido por outra pessoa da Obra: «Não compreenderei nunca, e creio que minha atitude será muito compartilhada, que os homens mais proeminentes do "Opus Dei" vos declareis estranhos ao que proclamem aquelas publicações e jornais que são regidas ou dirigidas por membros da Obra»: Carta de José Solís a Laureano López Rodó, Madri, 27-IV--1966, citado em Jordi RODRÍGUEZ VIRGILI, *El Alcázar e Nuevo Diario. Del asedio al expolio (1936-1970),* CIE Dossat, Madri 2005, p. 285. Na Falange havia interdependência, coor-

I6. UMA HERANÇA EM TEMPOS PÓS-CONCILIARES

Outros ataques contra o Opus Dei se deram depois que Rafael Calvo Serer foi nomeado presidente do conselho de administração do vespertino *Madrid*, em julho de 1966. Durante os meses seguintes, Calvo publicou artigos que manifestavam a evolução do seu pensamento político. As longas estadas em países ocidentais com sistemas representativos lhe haviam convencido de que a contraposição entre uma direita tradicional autoritária e uma esquerda revolucionária estava superada. Além disso, o Concílio Vaticano II havia proclamado a autonomia em matérias políticas e temporais. Com este pano de fundo, Calvo propunha uma evolução reformista do regime que conduzisse a um sistema democrático com partidos políticos e eleições livres. Imediatamente, a imprensa falangista refutou Calvo com severidade, uma vez que ele atacava a atuação do Executivo e a continuidade do Movimento Nacional.

Seguindo a indicação do fundador, o conselheiro na Espanha, Florencio Sánchez Bella, visitou o ministro-secretário do Movimento, José Solís, e outros chefes da Falange. Como não pareciam dispostos a mudar de parecer, no dia 28 de outubro monsenhor Escrivá de Balaguer enviou uma carta a Solís na qual lhe solicitava que cessassem os ataques. A missiva recordava a finalidade espiritual do Opus Dei e que seus membros gozavam de liberdade de pensamento e de atuação na vida pública: «Repito uma vez mais que os sócios da Obra – cada um deles – são pessoalmente libérrimos, como se não pertencessem ao Opus Dei, em todas as coisas temporais e nas teológicas que não são de fé, que a Igreja deixa à livre disputa dos homens. Portanto, não tem sentido trazer à baila a pertença à Obra de uma determinada pessoa, quando se trata de questões políticas, profissionais, sociais etc.; como não seria razoável, falando das atividades públicas de V.E., trazer à baila a sua mulher ou os seus filhos, a sua família»*.

---

denação de estratégias e ordens recebidas de cima, e por isso era difícil que Solís entendesse que os diretores do Opus Dei não dessem palavras de ordem de atuação política e que nessa organização convivessem ao mesmo tempo os governantes de um regime, os partidários de sua reforma e os opositores.

(*) Carta de Josemaria Escrivá de Balaguer a José Solís Ruiz, Roma, 28-X-1966, em AGP, serie A.3.4, 285-4, 661028-1. Com frequência, o fundador recordava que é errôneo tomar a

A HISTÓRIA DO OPUS DEI

Nas entrevistas que concedeu a vários jornalistas entre março de 1966 e junho de 1968, Escrivá de Balaguer respondeu a perguntas relacionadas com o regime franquista: «Aproveito a ocasião para declarar uma vez mais que o Opus Dei não está vinculado a nenhum país, a nenhum regime, a nenhuma tendência política, e a nenhuma ideologia. E que seus sócios agem sempre nas questões temporais com plena liberdade, sabendo assumir suas próprias responsabilidades; e abominam toda e qualquer tentativa de servir-se da religião em benefício de posições políticas e de interesses partidários»; «seus fins – repito – são exclusivamente espirituais e apostólicos. De seus sócios exige apenas que vivam cristãmente, que se esforcem por ajustar suas vidas ao ideal do Evangelho». Rejeitou explicitamente a visão única em temas políticos: «Os que têm essa mentalidade e pretendem que todos pensem o mesmo que eles acham difícil de admitir que haja quem seja capaz de respeitar a liberdade dos outros. Atribuem assim à Obra o caráter monolítico que têm os seus próprios grupos»[43].

Na homilia pronunciada no *campus* da Universidade de Navarra, em outubro de 1967, o fundador recalcou sua abordagem de atuação autônoma na sociedade. A liberdade dos cristãos traz consigo «um chamado para que exerçam – diariamente!, não apenas em situações de emergência – os direitos que têm; e para que cumpram nobremente as obrigações que têm como cidadãos – na vida pública, na vida econômica, na vida universitária, na vida profissional – assumindo com valentia todas as consequências das suas livres decisões, e arcando com o peso da correspondente independência pessoal». Além disso, com uma interrogação que denotava cansaço pela necessidade de repetir o mesmo, disse: «Será que ainda tenho de voltar a afirmar que os homens e mulheres que querem servir a Jesus Cristo na Obra de Deus são simplesmente cidadãos iguais aos outros, que se esforçam por viver com séria responsabilidade – até as últimas conclusões – sua vocação cristã?»[44].

---

parte pelo todo: «Atribuir ao Opus Dei as opiniões ou o trabalho profissional, político, econômico etc, de algum ou de alguns dos seus membros é tão pouco lógico como atribuir à ordem, à associação ou ao sindicato dos jornalistas o pensamento ou a atividade de dois ou três dos seus membros»: Nota geral 308, n. 2 (16-III-1960), em AGP, série E.1.3, 242-2.

16. UMA HERANÇA EM TEMPOS PÓS-CONCILIARES

As polêmicas continuaram. A pressão contra Calvo Serer cresceu quando o Governo espanhol suspendeu o diário *Madrid* entre junho e setembro de 1968. Um ano mais tarde, em julho de 1969, Franco designou Juan Carlos de Bourbon seu sucessor. Calvo Serer manifestou no jornal sua desconformidade porque era partidário de Juan de Bourbon, pai de Juan Carlos. Então, o Executivo resolveu fechar o jornal. Além disso, Luis Valls-Taberner – banqueiro que havia constituído uma sociedade que sustentava o jornal – propôs a Calvo que deixasse a presidência do *Madrid*. Sem capacidade de manobra, Calvo Serer acusou Carrero Blanco e vários ministros de cercear a liberdade informativa na Espanha. Em novembro de 1971, o Governo fechou definitivamente o *Madrid*. Calvo Serer se ausentou, indo a Paris, onde entrou em contato com grupos de oposição ao franquismo que propunham a implantação da democracia na Espanha[45].

No meio desses confrontos políticos, alguns meios internacionais apresentaram a pugna entre Calvo y Valls-Taberner e entre Calvo e os ministros que pertenciam à Obra como divisões internas no Opus Dei. De novo se confundia a atuação de umas pessoas com a institucional. Calvo contestou em carta enviada à agência France Press: «Não fui nunca nem posso ser o ideólogo do Opus Dei. Se eu sou ideólogo de algo, o sou de minhas convicções intelectuais, de minhas ideias culturais, políticas ou profissionais, que nada têm a ver com a doutrina do Opus Dei, que acaba no meramente espiritual. O único depositário do espírito do Opus Dei é o seu fundador». Acrescentava ainda: «Nunca formei parte de nenhum órgão de governo da Obra em qualquer nível, apesar de ser sócio do Opus Dei desde antes da Guerra Civil espanhola, em 1936. Portanto, não faz sentido falar numa fratura interna na hierarquia do Opus Dei baseando-se no fato de que eu discorde de outros sócios da Obra em assuntos políticos e profissionais»[46].

Em 1969, um escândalo financeiro explodiu no âmbito político. A imprensa e o rádio do regime informaram que a empresa de maquinaria têxtil Matesa vendia a filiais suas os teares que havia construído com créditos oficiais para a exportação. Esses meios de comunicação disseram falsamente que os postos diretivos da empresa estavam ocupados por membros do Opus Dei. A seguir, pe-

A HISTÓRIA DO OPUS DEI

diram a demissão dos ministros pertencentes à Obra, acusando-os de dar dinheiro público aos seus. Com esta acusação, os falangistas pressionavam Franco para que retirasse seu apoio aos planos de desenvolvimento e para que Juan Carlos de Bourbon – patrocinado, entre outros altos cargos, por López Rodó – não fosse o sucessor do general. Como a notícia teve grande repercussão dentro e fora da Espanha, Franco levantou uma crise ministerial singular. Cessaram em seus cargos tanto os ministros Solís e Fraga como García Moncó e Espinosa. No entanto, manteve López Rodó como ministro comissário do Plano de Desenvolvimento e, portanto, reforçou a linha de Carrero Blanco[47].

Estas e outras disputas da época nas quais o Opus Dei foi implicado tinham como motivo de fundo a luta pelo poder político na Espanha. Com frequência, Escrivá de Balaguer insistiu em que era injusto acusar a Obra, pois seus interesses e problemas moviam-se no âmbito religioso; a instituição estava assentada em mais de 25 países com sistemas políticos distintos; estendia-se graças à atividade pessoal de seus membros em todos os âmbitos sociais e, do ponto de vista corporativo, nos espaços educacionais e sanitários; e era notória a variedade de classes sociais e de pensamentos políticos – às vezes opostos – das pessoas do Opus Dei.

No entanto, os chefes da Falange e alguns propagandistas insistiam em mostrar o Opus Dei como uma família política. De modo coerente com o seu pensamento, transformavam as contendas políticas em questões político-religiosas. Para eles, a pertença ao Opus Dei de Ullastres e Navarro Rubio, num primeiro momento, e de López Rodó, López-Bravo, García Moncó e Espinosa, depois, evidenciava que a instituição à qual pertenciam buscava corporativamente o controle do poder político e econômico na Espanha; ou, pelo menos, aqueles que ocupavam altos cargos formavam um grupo político com um programa comum de modernização da Espanha dentro do marco autoritário franquista*.

(*) Os altos cargos da vida pública franquista – tanto os que eram do Opus Dei como os demais – complicavam essa situação, pois sua competência comunicativa era mínima e eles evitavam os debates públicos e tinham uma concepção da sociedade ordenada de cima, com projetos próprios do corporativismo católico.

16. UMA HERANÇA EM TEMPOS PÓS-CONCILIARES

De modo particular, a influência e a permanência no poder político de López Rodó fizeram com que, desde finais dos anos 1960, alguns comentaristas aglutinassem os que pertenciam à Obra dentro de um grupo político-religioso denominado *tecnocratas do Opus Dei:* católicos com alta competência profissional que atuavam com abordagens pragmáticas de eficácia econômica. Esta unidade foi criada de modo artificial, pois o próprio López Rodó era mais político que tecnocrata e seu grupo era o de Carrero Blanco. E, em grande parte, isso teve fim quando López Rodó deixou de ser ministro. No entanto, contribuiu decisivamente para a mudança da imagem pública do Opus Dei no imaginário coletivo dos meios de comunicação e, em suma, na historiografia sobre o franquismo. De fato, a Obra figurava como uma instituição conservadora, que afiançava um regime autoritário e que tinha pessoas tão liberais no terreno econômico como reacionárias no doutrinal*.

Não parece que a presença de ministros influísse no crescimento do número de membros do Opus Dei, na expansão nacional e inter-

---

(*) Cf. Antonio Argandoña, «El papel de los *tecnócratas* en la política y en la economía española, 1957-1964», em Paulino Castañeda e Manuel J. Cociña (coord.), *Iglesia y Poder Público. Actas del VII Simposio de Historia de la Iglesia en España y América,* Obra Social y Cultural Cajasur, Córdoba 1997, pp. 221-235; Jesús María Zaratiegui Labiano, *La tecnocracia y su introducción en España,* Universidad de Valladolid, Valladolid 2019; Anna Catharina Hofmann, *Francos Moderne. Technokratie und Diktatur in Spanien 1956-1973,* Wallstein, Gotinga 2019. Entre outras publicações, os livros *El Opus Dei en España. Su evolución ideológica y política,* de Jean Bécarud (1968, assinado sob o pseudônimo Daniel Artigues); *La prodigiosa aventura del Opus Dei. Génesis y desarrollo de la Santa Mafia,* de Jesús Ynfante (1970); e *Sainte Mafia. Le dossier de l'Opus Dei,* de Yvon Le Vaillante (1971) contribuíram para fixar a ideia de que o Opus Dei era um grupo de pressão que controlava parte do poder político e econômico espanhol. Os autores utilizaram informações jornalísticas, e além disso Ynfante teve acesso a papéis subtraídos da Comissão do Opus Dei na Espanha, os quais ele apresentou de modo tergiversado. Bécarud e Ynfante publicaram seus trabalhos na Ruedo Ibérico, uma editora espanhola antifranquista com sede em Paris. Apenas décadas mais tarde a historiografia matizou e diferenciou a atuação política de umas poucas pessoas no franquismo da atividade da instituição religiosa internacional à qual pertenciam. Além disso, houve ministros em várias nações democráticas que pertenciam ao Opus Dei, como Jorge Rossi Chavarría, na Costa Rica; Ruth Kelly, no Reino Unido; Roberto Pedro Echarte, na Argentina; ou João Bosco Mota Amaral, presidente do governo regional dos Açores e da Assembleia da República de Portugal no período democrático. Nestes casos, a imprensa não costumou apresentar o Opus Dei como grupo que buscava o controle político do respectivo país.

A HISTÓRIA DO OPUS DEI

nacional ou no financiamento das atividades coletivas. Por outro lado, tornou-se obstáculo para a difusão do carisma. Em vez das atuações corporativas e sociais, o Opus Dei ficou conhecido no mundo pela vida política de uns poucos sócios. Mas Escrivá de Balaguer rejeitou a tentação de lhes fazer qualquer sugestão. Segundo comentou a César Ortiz-Echagüe, membro da Comissão da Espanha, «deixaria de ter muitos problemas se esses teus irmãos não fossem ministros, mas, se eu insinuasse isso, não lhes respeitaria a liberdade e destruiria a Obra»[48].

Houve outros assuntos em que o Opus Dei teve certa presença na opinião pública espanhola, um deles relacionado com uma atuação pessoal do fundador do Opus Dei e outro com a vida da Igreja. O primeiro se refere à família Escrivá de Balaguer y Albás. Desde o início da Obra, o padre Josemaria se sentia em dívida com os seus. Pensava que o fato de ter sido fundador lhes havia condicionado, exigindo-lhes a renúncia a uma vida familiar própria para atender aos membros e às iniciativas do Opus Dei. Como seus pais e sua irmã Carmen haviam falecido, pensava no que poderia fazer em benefício de seu irmão Santiago.

Por ocasião de uma reconstrução da árvore genealógica do fundador da Obra que almejava conhecer suas origens familiares, Álvaro del Portillo soube que os Escrivá de Balaguer Albás podiam ter direito a dois títulos nobiliárquicos, sendo um deles o marquesado de Peralta. Caso desejasse reabilitá-lo, o padre Josemaria devia fazer a solicitação. Ao saber desta circunstância, o fundador rejeitou em primeiro momento tal possibilidade. Depois cedeu, porque del Portillo apresentou-a como um modo de compensar, de alguma forma, os sacrifícios e ajudas de sua família à Obra. Antes de dar esse passo, aconselhou-se com várias personalidades da cúria vaticana, pois pensava que seria criticado, como se desejasse as honras de um título. Nessa fase de discernimento, teve especial peso a recomendação do cardeal Larraona, que lhe disse que aquilo não só era um direito, mas uma obrigação de justiça e um exemplo para seus filhos.

Feitos os trâmites oficiais oportunos, no dia 24 de julho de 1968 o Governo espanhol reabilitou o título de marquesado de Peralta em favor de Josemaria Escrivá de Balaguer. Uma vez recebido, o fundador esperou o tempo obrigatório, no qual sofreu algumas diatribes sobre seu pretenso afã de reconhecimento público. Na realidade, durante

16. UMA HERANÇA EM TEMPOS PÓS-CONCILIARES

três anos e onze meses, nem fez uso do título, nem o empregou em documentos pessoais, cartões ou papel timbrado. Depois, cedeu o título a seu irmão Santiago, que o aceitou perante o notário em 22 de junho de 1972[49].

O segundo assunto tem como contexto a complexa relação entre o regime de Franco e a hierarquia após o Concílio, em particular depois da declaração *Dignitatis humanae* sobre a liberdade religiosa (1965). Os princípios que sustentavam o regime instaurado na Espanha décadas antes – entre outros, o confessional – debilitaram-se simultaneamente com a saúde do chefe do Estado, incapaz de reformar a base ideológica e o ordenamento jurídico da ditadura. A Igreja espanhola, no entanto, começou a se desvincular das instituições políticas franquistas, em meio a numerosas tensões dentro da comunidade eclesial e em pleno desenvolvimento pós-conciliar.

Parte da ação social católica orientou-se para a melhora das condições de vida e de trabalho, sem propor mudanças políticas estruturais. Outra parte promoveu a consciência crítica, o compromisso social e a mudança política. Foram anos de manifestos, enquetes para ouvir as bases, debilitação da autoridade dos prelados, forte desorientação doutrinal e precipitação ao atualizar os seminários, noviciados e conventos.

A Ação Católica (AC) entrou em colapso porque o modelo histórico do apostolado com mandato hierárquico não se compaginava bem com a liberdade de associação e de apostolado propugnada pelos documentos conciliares. Como os partidos políticos e os sindicatos livres estavam proibidos, as organizações da AC – as únicas toleradas pelo regime franquista, com exceção das oficiais – foram utilizadas como plataformas para emitir juízos políticos, assumindo um espírito contestatário e inclusive agressivo em relação à ordem estabelecida. As tensões intraeclesiais de raiz política puseram em segundo plano a finalidade espiritual das associações confessionais e geraram uma forte crise de identidade. No mundo operário, alguns dirigentes e jovens da AC e de ordens religiosas abraçaram posições marxistas, aceitando a luta de classes revolucionária como meio para alcançar a justa redistribuição da riqueza. Vários movimentos cristãos operários participaram, junto com outras forças políticas, do impulsionamento do sindicato comunista Comisiones Obreras.

A HISTÓRIA DO OPUS DEI

Nesse complexo contexto eclesial espanhol, em setembro de 1971 teve lugar uma Assembleia Conjunta de bispos e sacerdotes a fim de facilitar o diálogo, elaborar um programa de renovação pós-conciliar do clero e estudar a adaptação da Igreja a uma nova sociedade livre e plural, desvinculada do regime franquista. Cinco meses mais tarde, um documento da Congregação para o Clero, firmado por seu presidente e seu secretário – o cardeal John Wright e o arcebispo Pietro Palazzini –, desautorizou uma explicação da Assembleia porque, a seu juízo, deformava a natureza e os fins da Igreja e do ministério sacerdotal: a missão da Igreja parecia dissolver-se em uma ação sociopolítica; além disso, apontava que algumas orientações suscitavam reservas doutrinais e disciplinares. O cardeal Enrique y Tarancón, presidente da Conferência Episcopal Espanhola, comentou que não havia recebido oficialmente esse documento da Congregação para o Clero. Ademais, teve uma entrevista no Vaticano com o secretário de Estado, que lhe disse que o documento não tinha caráter normativo, e com o Papa Paulo VI, que manteve sua confiança no cardeal espanhol.

Vários meios eclesiais espanhóis acusaram Álvaro del Portillo – consultor da Congregação para o Clero – de ser o autor do documento romano. A imputação era caluniosa porque, além de não apresentar provas, de algum modo insinuava-se que o Opus Dei era uma entidade eclesial contrária à aplicação do Concilio Vaticano II na Espanha. Embora o documento romano ficasse de fato suspenso e a polêmica se diluísse com o tempo, permaneceu na opinião pública a suspeita sobre a atuação de Álvaro del Portillo e da Obra[50].

O Opus Dei também foi bode expiatório para alguns problemas políticos nacionais ou locais de outros países. Em fevereiro de 1964, tornou-se público que a princesa Irene, dos Países Baixos, segunda na linha sucessória da coroa, tinha se convertido ao catolicismo e se casaria com o príncipe Carlos Hugo de Bourbon-Parma, pretendente carlista ao trono da Espanha. A imprensa holandesa criou um escândalo porque a monarquia era tradicionalmente protestante e, além disso, a princesa residia em um país com um regime ditatorial. Durante os meses seguintes, os meios de comunicação desacreditaram Irene. Quando publicaram que uma das pessoas que havia contribuído para a sua conversão era membro do Opus Dei e carlista, criticaram também a

16. UMA HERANÇA EM TEMPOS PÓS-CONCILIARES

Obra, apresentando-a como uma força política reacionária espanhola. Devido à pressão, a princesa renunciou aos seus direitos à coroa.

Mais originais foram os acontecimentos dados no Warrane College (Sydney, Austrália). A residência universitária havia começado em 1970 como instituição associada à University of New South Wales. Pelos acordos estabelecidos com a universidade, Warrane oferecia alojamento a duzentos residentes. Esta capacidade era insólita nas residências promovidas pela Obra; por exemplo, na própria Sydney, as mulheres alojavam 25 universitárias no Creston College. Para atender a tantos estudantes, Warrane criou um sistema de tutores, uns voltados para os aspectos acadêmicos e outros para a convivência dentro da residência. Desde o princípio, acolheu jovens de todo o mundo, muitos do sudeste asiático; e só a metade era católica. Tanto as atividades culturais e esportivas como o atendimento ao estudo deram bons resultados: por exemplo, em 1973, 82% dos residentes foram aprovados em seus exames.

O contexto internacional de protesto universitário frente à autoridade e à moral religiosa afetou o Warrane College. Uma minoria de estudantes radicais queria que a University of New South Wales defendesse essas mudanças sociais e políticas – e encontrou no Warrane uma vítima fácil. A revista do sindicato de estudantes da universidade publicou artigos grosseiros contra o Opus Dei, acusando-o de autoritário, sustentador do regime franquista e contrário aos princípios universitários, já que não permitia que as estudantes fossem aos dormitórios ou ao refeitório da residência. Em duas ocasiões – agosto de 1971 e junho de 1974 –, centenas de universitários se manifestaram em frente ao Warrane e pediram seu fechamento. Os dirigentes da universidade se pronunciaram a favor do pluralismo de ideias e da autonomia da direção do *college*. Como o objetivo final dos ativistas era desbancar as autoridades universitárias, a crítica a Warrane logo cessou, restando a recordação de um episódio pouco agradável[51].

Últimos projetos, escritos e viagens

Em meados dos anos 1960, o fundador da Obra impulsionou a construção de dois grandes projetos institucionais: um santuário

A HISTÓRIA DO OPUS DEI

mariano e a sede definitiva do Colégio Romano da Santa Cruz. Pela magnitude dos empreendimentos – singulares no contexto dos reveses pós-conciliares –, denominava-os suas últimas loucuras, às quais acrescentava com bom humor uma terceira: a de «morrer a tempo», ou seja, deixar este mundo quando já não pudesse trabalhar mais, sem causar inconvenientes para os que estavam ao seu redor.

Josemaria Escrivá de Balaguer havia comentado em algumas ocasiões que desejava impulsionar a construção de alguma igreja grande em honra da Santíssima Virgem, como agradecimento por sua maternal proteção ao Opus Dei. Em 1968, manifestou o desejo de que, no Estados Unidos, as pessoas da Obra promovessem um santuário dedicado à Mãe do Amor Formoso, onde se rezasse pela santidade das famílias. Não viu esse projeto em vida. No entanto, foi em frente a ideia de um santuário edificado em sua terra natal, o Somontano aragonês.

No município de Bolturina (Huesca), no alto de uma falésia que domina o vale, a ermida de Nossa Senhora de Torreciudad conservava uma talha românica da Virgem, do século XI, pela qual as pessoas da comarca tinham grande devoção. Em 1956, por indicação de Josemaria Escrivá de Balaguer, alguns membros da Obra – que conheciam sua devoção à Virgem e seu desejo de promover a construção de alguns santuários – visitaram a região. Não obstante o lugar fosse recôndito e de difícil acesso, propuseram ao fundador restaurar a ermida e construir uma casa de retiros. Aprovada a iniciativa, em setembro de 1962 o bispo de Barbastro cedeu o uso e usufruto do lugar à Imobiliária General Castellana, sociedade anônima estabelecida por pessoas da Obra para manter o culto e a restauração da Virgem de Torreciudad.

Depois de alguns estudos, o arquiteto Heliodoro Dols desenhou o projeto de um santuário que incluía uma casa de retiros e um centro de formação rural para a promoção de labores sociais na comarca. Para gerenciar as obras e buscar fundos, instituiu-se um patronato que recebeu donativos de milhares de membros e de cooperadores do Opus Dei de todo o mundo. Mais de seiscentas famílias dos povoados vizinhos se beneficiaram dos trabalhos, que ajudaram a frear o incipiente despovoamento da região.

As obras se prolongaram de 1969 a 1975. Dols adotou um estilo moderno e compatível com a arquitetura local, que combina edifícios

16. UMA HERANÇA EM TEMPOS PÓS-CONCILIARES

de pedra e de tijolo. O escultor Joan Mayné lavrou um retábulo de alabastro policromado, ao estilo dos daquela região, com oito grandes cenas da vida de Nossa Senhora. Na capela do Santíssimo, colocou-se uma escultura de Cristo vivo na Cruz, com as pálpebras abertas, obra do escultor Pasquale Sciancalepore. A imagem de Nossa Senhora de Torreciudad foi restaurada e a ermida, renovada. Na cripta do santuário foram instalados quarenta confessionários, pois o fundador da Obra desejava que Torreciudad fosse um lugar de conversão, de encontro com Deus por meio da Virgem Maria.

O segundo grande projeto foi a construção da sede definitiva do Colégio Romano da Santa Cruz. Depois de algumas buscas no espaço urbano de Roma, considerou-se mais vantajoso comprar um terreno e levantar novos edifícios. Em fins de 1969, a entidade Collegio Romano della Santa Croce adquiriu uns terrenos próximos à via Flaminia, ao norte de Roma. O arquiteto Jesús Alvarez Gazapo coordenou o projeto arquitetônico, que se chamou Cavabianca, com capacidade para 150 residentes. As obras começaram em 1971 e terminaram em 1975. Na ermida da Santa Cruz foi colocada uma imagem do mesmo Cristo que tinha sido colocado em Torreciudad.

Nessa época, Josemaria Escrivá de Balaguer enfrentou outra empreitada, neste caso no âmbito das publicações. Acabados os ciclos das *Instruções* e das *Cartas* para os membros da Obra, e depois de ter concedido entrevistas a vários meios de comunicação, a partir de 1968 publicou algumas homilias. Queria ajudar mais os cristãos correntes a buscarem a santidade e dar testemunho de Cristo.

Nos cinco anos seguintes, publicou dezoito homilias a partir das transcrições de meditações que havia pregado, enriquecidas com referências bíblicas, do Magistério e de autores de espiritualidade. Depois, publicou-as por separado em revistas e jornais. Em 1973, elas foram reunidas no livro *É Cristo que passa*. Todas essas homilias conservam o estilo oral, de interlocução pessoal com Deus e com os destinatários. Repassam os grandes mistérios da revelação cristã porque estão ligadas aos tempos litúrgicos e às solenidades e festas.

Como o volume teve boa acolhida, o fundador empreendeu a tarefa de redigir outro composto de homilias dedicadas às virtudes cristãs. Concluiu catorze, e outras quatro, que estavam em fase de

A HISTÓRIA DO OPUS DEI

elaboração quando faleceu, foram revisadas por seu sucessor. Todas essas homilias vieram a público em 1977 sob o título *Amigos de Deus*. Depois, como já havia acontecido com o livro anterior, o volume foi traduzido para vários idiomas[52].

Em março de 1973, em junho do mesmo ano e em fevereiro de 1974, redigiu suas três últimas *Cartas* remetidas aos membros do Opus Dei. Recordando o costume das paróquias de tocar os sinos [*campanas*, em língua castelhana] por três vezes para anunciar o começo da Missa, denominou-as, de modo familiar, as *três campanadas*. Neste caso, desejava advertir a seus filhos da situação de dura prova que Igreja atravessava e confirmá-los na fé.

Escrivá de Balaguer utilizou nas cartas pastorais um tom claro e esperançoso. Apontou que não desejava carregar as tintas ou desenhar infortúnios, ainda que fosse evidente a enormidade da crise de valores no mundo contemporâneo: «Toda uma civilização cambaleia, impotente e sem recursos morais»[53]. Na Igreja, a crítica da doutrina católica e o abandono da prática religiosa haviam dado lugar à perda do sentido do pecado e a visões imanentes que abraçavam posturas materialistas. Assistia-se «a uma subversão total: a eternidade é substituída pela história, o sobrenatural pela natureza, o espiritual pela matéria, a graça divina pelo esforço humano»[54]. A confusão e o declínio eram patentes: negar ou atrasar o batismo das crianças, empregar catecismos com afirmações contrárias à fé católica, apresentar princípios morais equivocados, alterar textos da Sagrada Escritura, ocultar o caráter sacrificial da Missa e perder o sentido da presença real e substancial de Jesus Cristo na Eucaristia. O próprio Papa – precisava Escrivá de Balaguer – «falou claramente de *autodestruição* da Igreja, e periodicamente volta a se lamentar pelo que está acontecendo»[55].

Ao mesmo tempo, o fundador pedia a seus filhos espirituais que evitassem a tentação do desalento ou do confinamento em uma cidadela. As soluções passavam, em primeiro lugar, pela busca pessoal da santidade, pela exigência no combate espiritual e na lealdade à revelação e aos compromissos adquiridos. Era necessário pedir a Deus com um coração humilde, adorá-lO em sua presença eucarística, confiar na força da graça divina. Depois, fazia-se necessário semear a doutrina cristã no meio do mundo, explicar a verdade sobre Deus e sobre

16. UMA HERANÇA EM TEMPOS PÓS-CONCILIARES

o homem na cultura contemporânea, ser pessoas modernas que não derivavam para o modernismo. A este comportamento unia a esperança e o otimismo. Recordava o exemplo de suas filhas e filhos que, com uma doação sacrificada e alegre, irradiavam a mensagem cristã da Obra pelo mundo. Como consequência, Deus «derramou a sua eficácia santificadora: conversões, vocações, fidelidade à Igreja em todos os cantos do mundo»[56].

Nos anos 1960, em poucas ocasiões o fundador manteve encontros multitudinários na Espanha – fê-lo, em geral, por ocasião de atos organizados pela Universidade de Navarra, em Pamplona. Reuniu-se em locais alugados, em residências da Obra e ao ar livre[57]. Algo semelhante aconteceu no México, em 1970; depois da novena dedicada a Nossa Senhora de Guadalupe, encontrou-se com pessoas da Obra na Cidade do México e em Guadalajara. Ali utilizou um termo que repetiu desde então em seus deslocamentos: *viagens de catequese,* isto é, visitas a vários lugares a fim de expor coloquialmente a doutrina cristã e o espírito do Opus Dei. Em certo sentido, esta forma de atuação era um novo ciclo que se acrescentava às publicações das *Instruções,* das *Cartas,* das entrevistas e das homilias.

Em 1972, decidiu fazer um périplo de dois meses pela Península Ibérica no intuito de confirmar na fé os seus filhos, os cooperadores e todos os que quisessem escutá-lo. De 4 de outubro a 30 de novembro esteve em Pamplona, Bilbau, Madri, Porto, Lisboa, Sevilha, Valência e Barcelona. Foram muitos os encontros – os mais multitudinários aconteceram, geralmente, em obras corporativas do Opus Dei –, aos quais assistiram cerca de cem mil pessoas. Escrivá de Balaguer denominou essas reuniões de tertúlias, ainda que fossem milhares os assistentes. As equipes técnicas que organizaram os atos gravaram-nos em vídeo. Em geral, o fundador iniciava os encontros com uma introdução sobre algum aspecto da vida cristã e, a seguir, iniciava um diálogo a partir das perguntas dos assistentes. Os temas foram variados, geralmente relacionados com as alegrias e dificuldades da vida, o sentido da dor, a compatibilidade entre o trabalho profissional e a família, o relacionamento com os filhos adolescentes ou o relacionamento pessoal com Deus[58].

Em 1974, Escrivá de Balaguer considerou a oportunidade de fazer outra viagem de catequese para estar com seus filhos da América

A HISTÓRIA DO OPUS DEI

Latina e confirmá-los na fé da Igreja. O plano concretizou-se em um longo percurso de três meses por seis países. De 22 de maio a 31 de agosto de 1974, esteve no Brasil, Argentina, Chile, Peru, Equador e Venezuela. Com a experiência adquirida nas catequeses de dois anos antes, as comissões e assessorias regionais organizaram os calendários para que todas as pessoas da Obra pudessem se fazer presentes, pois, para muitos, aquela era a primeira vez em que viam o fundador[59].

O ritmo das reuniões e visitas a centros, residências, escolas do lar e atividades corporativas foi intenso. No Brasil e na Argentina, o fundador teve tertúlias em teatros públicos, algumas com mais de cinco mil pessoas. Dada a situação política do Chile – controlada por uma junta militar –, preferiu reunir-se com menos gente nas sedes das obras corporativas do Opus Dei. À medida que a travessia latino-americana foi avançando, a saúde de Escrivá de Balaguer se ressentiu. Juntou-se à sua insuficiência renal e cardíaca um processo bronco-pulmonar com altos e baixos, que o obrigou a ficar acamado durante cinco dias em Lima. Quando chegou a Quito, a altitude da cidade complicou o déficit respiratório, e ele só pôde receber algumas poucas pessoas. Em Caracas, teve uma nova bronquite, mas manteve várias reuniões antes de regressar à Europa[60].

Fez a última *viagem de catequese* à Venezuela e Guatemala, de 4 a 25 de fevereiro de 1975. Em consequência da insuficiência renal e da anemia, teve de abreviar a estadia, durante a qual se reuniu com grupos pequenos de membros da Obra e cooperadores.

Tanto na viagem de 1974 como na de 1975, Escrivá de Balaguer viu de perto o trabalho formativo, educativo e assistencial desenvolvido por seus filhos. Explicou o espírito do Opus Dei – a chamada de Deus à santidade e ao apostolado – a pessoas de todos os estratos socioculturais, adaptando as respostas à capacidade de cada um. Seu estilo direto e positivo converteu esses encontros em agradáveis momentos de família, às vezes repletos de bom humor.

Nas tertúlias, tratou de todos os temas que lhe propuseram. Com frequência, glosou verdades fundamentais da fé cristã. Recordou que a vida cristã está radicada na união com Jesus Cristo. Cada um deve buscar um tempo durante o dia para falar com Deus; receber com frequência os sacramentos da Eucaristia e da Penitência; e realizar obras de caridade e misericórdia com as pessoas e grupos sociais mais neces-

16. UMA HERANÇA EM TEMPOS PÓS-CONCILIARES

sitados. Glosou a doutrina da Igreja sobre a castidade e a sexualidade. E incentivou a prática de meios ascéticos de utilidade comprovada, como a defesa do pudor, a guarda do coração, a sinceridade na direção espiritual pessoal e o assessoramento para escolher as leituras e o entretenimento audiovisual[61].

Diante da situação da Igreja, recordou aos seus ouvintes que o tesouro da fé e da moral católicas não haviam mudado com o Concílio Vaticano II. Ao contrário, viviam todos uma época em que os homens e mulheres estavam chamados a dar testemunho público e audaz de Jesus Cristo na vida social. Insistiu também na unidade e no amor ao Papa, aos bispos, aos sacerdotes e aos religiosos. Comentava que não existia – como propagavam alguns meios – uma Igreja hierárquica e outra carismática, mas uma só que unia as duas realidades. Quando lhe contavam sobre algum abuso ou desordem, costumava dizer que não conhecia sacerdotes maus, mas *enfermos* do ponto de vista doutrinal. A oração era o melhor modo de ajudá-los.

De 23 a 26 de maio de 1975, esteve na Espanha para receber a medalha de ouro de sua cidade natal, Barbastro. Além disso, visitou com admiração as obras do santuário de Torreciudad, que estavam muito adiantadas, e consagrou o altar-mor. De volta a Roma, tratou de encerrar antes do verão os assuntos pendentes.

No dia 26 de junho, celebrou a Missa pela Igreja e pelo Papa, conforme explicou aos seus colaboradores mais próximos*. Depois, foi a Villa delle Rose para ter um tempo de tertúlia com suas filhas do Colégio Romano de Santa Maria. Logo se sentiu indisposto. Regressou a Villa Tevere. Assim que entrou no quarto de trabalho de dom Álvaro, colapsou, provavelmente por causa de uma fibrilação ventricular. Embora tenha recebido cuidados médicos e respiração artificial, faleceu depois de alguns minutos.

(*) Desde fins dos anos 1960, e diante da crise do pós-concílio, pedia orações pelo sucessor de Paulo VI, a quem caberia reestabelecer a unidade: «A Igreja me causa dor: tudo é desconcerto e falta de autoridade. Convém rezar – e muito – pelo próximo Papa, porque terá de ser um mártir impopular, se pegar nas rédeas e colocar cada um em seu lugar. Rezai, repito. Depois, a esse novo Pontífice que tenha autoridade e a faça sentir – é o vice-Cristo –, o adorará a terra inteira, e o amará» (Carta de Josemaria Escrivá de Balaguer a Florencio Sánchez Bella, Roma, 17-VI-1968, em AGP, série A.3.4, 291-2, 680617-1).

Em certa ocasião, havia anotado: «Este é o nosso destino na terra: lutar por amor até o último instante. *Deo gratias*!»[62]. Com apenas 73 anos, e de modo repentino, Josemaria Escrivá de Balaguer acabava seu périplo terreno. A fundação do Opus Dei havia terminado.

V. A SUCESSÃO DO FUNDADOR
(1975-1994)

Os Anos 1970 se iniciaram na economia mundial com a crise energética de 1973, que desacelerou o crescimento dos países. A Europa Ocidental avançou rumo à unificação. O Acordo de Schengen, de 1985, permitiu a livre circulação, sem controle de passaportes. E o Tratado de Maastricht, de 1992, criou a União Europeia, conduziu à unificação da moeda (o euro) e facilitou uma linha de política externa e de segurança comum a todos os Estados membros. Por sua vez, vários países da América Latina viveram um processo de democratização que deixaria para trás os regimes autoritários.

A transformação política na Europa Central e do Leste começou em meados dos anos 1980, quando Mikhail Gorbatchov, secretário geral do Partido Comunista da União Soviética, iniciou uma série de reformas que incluíam a abertura (*glasnost*) e a reconstrução *(perestroika)*. A partir de 1989, as eleições em muitas repúblicas comunistas europeias abriram espaço a regimes multipartidários, com economias incipientes de mercado. Quando o Governo da Alemanha Oriental permitiu a travessia para a Ocidental, os cidadãos derrubaram o Muro de Berlim e se produziu a reunificação alemã. Em 1991, a União das Repúblicas Socialistas Soviéticas se dissolveu. O novo presidente da Rússia, Boris Iéltsin, proibiu o Partido Comunista.

A HISTÓRIA DO OPUS DEI

A Guerra Fria terminou quando caíram os regimes totalitários do Leste europeu. No entanto, muitas tensões marcaram esses anos, causando às vezes dezenas de milhares de mortos. O terrorismo internacional – apoiado por Estados ou por agentes não estatais – gerou grande violência em todo o mundo. Na revolução islâmica do Irã (1979), o aiatolá Khomeini tomou o poder e seu país se converteu em uma república islâmica autoritária. O genocídio horrorizou o mundo repetidas vezes nas guerras iugoslavas (1991-2001) e chechenas (1994-2009), bem como nos massacres de Ruanda (1994). Após a morte de Mao Tsé-Tung (1976), as políticas de Deng Xiaoping na China iniciaram um socialismo de mercado que, para muitos analistas, conduziria a uma maior abertura política. No entanto, a brutal supressão dos protestos em 1989, na Praça da Paz Celestial (Pequim) e em todo o resto do país, mostrou que essas reformas tinham limites muito estreitos.

Quando Franco morreu (1975), a Espanha entrou em um processo de transição pacífica, em direção a uma democracia parlamentar sob o rei Juan Carlos. A União de Centro Democrático, liderada por Adolfo Suárez, ganhou as primeiras eleições livres após quatro décadas e governou até a vitória do Partido Socialista, nas eleições de 1982. A Espanha ingressou na OTAN e na Comunidade Europeia. Entre suas políticas sociais, o Governo socialista ampliou o divórcio – que havia sido legalizado em 1981 – e despenalizou o aborto. A ETA – organização terrorista partidária da independência do País Basco e da implantação de um regime revolucionário socialista – assassinou, sequestrou e extorquiu centenas de pessoas[1].

A república italiana, por sua vez, viveu nessa época os *anos de chumbo*, caracterizados pela crise econômica e pelos ataques terroristas. Em meados dos anos 1980, a economia se recuperou. A Democracia Cristã foi o partido dominante até 1994, quando, devido à paralisia política e à corrupção – descoberta pela operação Mãos Limpas –, as forças políticas se desintegraram em várias facções.

O rápido desenvolvimento tecnológico não só transformou a economia, mas também a vida dos indivíduos. O primeiro computador pessoal apareceu em 1977. O que no princípio era caro e difícil de utilizar, em meados dos anos 1990 já fora difundido por todo o mundo, e seu uso não requeria conhecimento especializado. Uma

V. A SUCESSÃO DO FUNDADOR (1975-1994)

era de comunicações rápidas, baratas e fáceis tornou-se possível com o crescimento vertiginoso da informática. Os videogames ocuparam muito tempo livre dos cidadãos, e a música se converteu num fundo contínuo em suas vidas.

Os efeitos da revolução sexual dos anos 1960 cresceram nas décadas seguintes. O divórcio, a anticoncepção, o aborto e a fecundação *in vitro* se tornaram práticas comuns nas sociedades ocidentais. Os colégios públicos passaram a ministrar programas de educação sexual, às vezes desde a infância. E muitas pessoas manifestaram o desejo de que fossem reconhecidas civilmente as uniões homossexuais.

Junto a um feminismo radical – minoritário, mas influente –, foram dados passos para a igualdade entre homem e mulher. Altas porcentagens de mulheres começaram a trabalhar fora do lar, em diversas áreas e profissões. Talvez as mudanças mais visíveis se tenham percebido na política: Indira Gandhi foi primeira-ministra da Índia entre 1966 e 1977 e, de novo, de 1980 até seu assassinato, em 1984; e Margaret Thatcher foi eleita presidente do Partido Conservador em 1975 e primeira-ministra do Reino Unido de 1979 a 1990. Também cresceu a sensibilidade em relação ao meio ambiente, em particular à água e à conservação das espécies; e, já nos anos 1990, irrompeu a preocupação com a mudança climática.

No catolicismo, a eleição, em 1978, do cardeal polonês Karol Wojtyla como primeiro Papa não italiano em 455 anos marcou a identidade da Igreja no quarto de século seguinte. Desde a sua primeira encíclica, *Redemptor hominis* (1979), João Paulo II impulsionou o Concílio Vaticano II com uma perspectiva de continuidade e um marcante tom cristocêntrico. O *Código de Direito Canônico* (1983) situou a Igreja no direito global moderno, enquanto o *Catecismo da Igreja Católica* (1992) apresentou uma panorâmica dos ensinamentos da Igreja à luz da tradição e do Concílio. As viagens de João Paulo II pelo mundo impactaram pessoas de todos os credos e culturas, e isso também entre os jovens, com as jornadas mundiais da juventude, que começaram em 1986. O Papa apelou para a identidade cristã e a missão evangelizadora da Igreja. Foi decisivo na defesa da liberdade religiosa e nos processos de reforma e resistência cultural nos países comunistas. Publicou encíclicas sobre Deus, a Igreja, as questões sociais e a antropologia cristã. Entre estas,

Veritatis splendor, Evangelium vitae e *Fides et ratio* trazem uma visão que põe a verdade, a vida, a razão e a cultura como modos de acesso ao amor a Deus e aos homens.

Várias realidades jovens na Igreja tiveram impacto profundo, como as Missionárias da Caridade, de Madre Teresa de Calcutá, e outras que punham forte acento no protagonismo dos leigos: o Caminho Neocatecumenal, a Comunhão e Liberação, o Movimento dos Focolares, a Renovação Carismática e a Comunidade de Santo Egídio.

17. UMA NOVA MÃO NO ARADO

Só um punhado de pessoas sabia que Josemaria Escrivá de Balaguer sofria de insuficiência renal e cardíaca, junto com períodos de pneumonia e limitações nas vias respiratórias superiores. Durante sua viagem à Espanha, em maio de 1975, havia passado por dois momentos de dificuldades pulmonares e taquicardias, que superou. Ninguém imaginava que em breve podia morrer. Mesmo Álvaro del Portillo se surpreendeu com seu falecimento um mês depois, no dia 26 de junho. Para a maioria dos membros da Obra, tratou-se de um completo *choque*[1].

Talvez por este motivo, enquanto se preparavam as exéquias, Álvaro del Portillo dedicou tempo a escrever uma longa carta às pessoas do Opus Dei. O escrito, datado de 29 de junho, relata com delicadeza e detalhe os últimos dias da vida do fundador, a morte e o funeral; descreve inclusive os ornamentos que lhe puseram no ataúde. Na primeira parte da carta, de estilo narrativo, del Portillo recorda que o fundador havia sugerido anos antes que, sobre a lápide de sua tumba, se escrevesse em latim: «Josemaria Escrivá de Balaguer y Albás. Pecador. Rezai por ele. Gerou filhos e filhas». Del Portillo o descreveu como «uma grande lição de humildade»[2]. Porém, como havia acrescentado que era uma sugestão, decidiu que só se colocasse «*El Padre*», com as datas de nascimento e morte.

Na segunda parte da carta, Álvaro del Portillo inseriu uma exortação de caráter espiritual: «O Padre vive; vive em Deus, e dessa participação na vida divina continuará a nos guiar, continuará dirigindo a Obra». Descreveu esse momento como «tempo de uma decidida conversão de nossa vida para uma fidelidade mais plena,

A HISTÓRIA DO OPUS DEI

mais delicada, mais sincera, mais enamorada, mais generosa a toda a herança espiritual que o Padre nos transmitiu». Além disso, exortou à unidade e ao cuidado do plano de vida das pessoas da Obra. Finalmente, convidou à humildade e a implorar a Deus a graça de «uma fome santa de desaparecer, de ser o último, de obedecer com maior finura que nunca»[3].

O «Padre» no Opus Dei

De acordo com as Constituições, del Portillo convocou um Congresso Geral Eletivo do presidente geral do Opus Dei; enquanto isso, governou o Opus Dei em razão de seu cargo de secretário geral.

No dia 14 de setembro de 1975, festa da Exaltação da Santa Cruz, o pleno da Assessoria Central – composto de oito diretoras residentes em Roma e de 23 delegadas regionais – reuniu-se para propor os candidatos. Álvaro del Portillo, que presidiu o encontro, rogou na introdução ao ato que cada uma renovasse «o propósito de serem fiéis, de estarem muito unidas ao seu espírito [do fundador], de seguirem muito unidas entre nós». Insistiu em que fizessem a proposta do novo presidente geral tendo em conta as mulheres do Opus Dei, pois «o sacerdote que vá bem para a Seção feminina irá bem para a Obra inteira»[4]. Depois, cada qual escreveu sua proposta em um papel e o depositou dentro de um envelope fechado.

No dia seguinte, compareceram 124 homens que tinham a nomeação de eleitores. Primeiro leram as propostas do pleno da Assessoria Central, que por unanimidade traziam o nome de Álvaro del Portillo. Depois, votaram e também o elegeram unanimemente. Del Portillo aceitou ser o novo padre e presidente do Opus Dei[5].

No dia 16 de setembro, começou a segunda sessão do Congresso Geral. Álvaro del Portillo pediu aos eleitores que rezassem por ele e glosou alguns momentos da vida do fundador da Obra. Depois acrescentou: «Recebemos uma herança, que é o espírito da Obra, e essa herança temos de transmitir íntegra aos que venham depois, sem deformá-la, sem mudá-la, sem diminuir, sem aumentar, tal como é!»[6]. Sugeriu uma série de propostas para ratificar o *Codex iuris particularis*

17. UMA NOVA MÃO NO ARADO

aprovado pelo fundador em 1974, expressou sua gratidão a Escrivá de Balaguer e manifestou o desejo de que se iniciasse o mais cedo possível sua causa de canonização. Estas propostas foram acolhidas com parecer unânime.

Depois, em votação secreta, os eleitores aprovaram – quase sempre por unanimidade – os cargos de governo central propostos por Álvaro del Portillo. O novo Conselho Geral ficou composto por Javier Echevarría, secretário geral; Francisco Vives Unzué, sacerdote secretário central; Daniel Cummings, procurador geral; Fernando Valenciano Polack, vice-secretário de São Miguel; César Ortiz de Echagüe, vice-secretário de São Gabriel; Umberto Farri, vice-secretário de São Rafael; Rolf Thomas, prefeito de estudos; Giuseppe Molteni, administrador geral. Além desses, Carlos Cardona foi feito diretor espiritual. Formaram parte da Assessoria Central Carmen Ramos, secretária central; Marlies Kücking, secretária da Assessoria; Carmen Pérez-Colomer, vice-secretária de São Miguel; Maria Ivanna Lobay, vice-secretária de São Gabriel; Alison Birkett, vice-secretária de São Rafael; María Luisa Vaquero, prefeita de estudos; Maria Podgornik, prefeita de numerárias auxiliares; e María Rosario Esteve, procuradora central.

A eleição unânime de Álvaro del Portillo não foi uma surpresa. Ao longo de sua vida, Josemaria Escrivá de Balaguer havia dito repetidas vezes que desejava que fosse ele o seu sucessor. Dois dias antes de morrer, disse a Joaquín Alonso: «Meu filho, se não sois tolos, quando eu morrer seguireis a este irmão vosso»[7]. Tanto os homens como as mulheres que votaram tinham consciência de que o fundador havia preparado del Portillo durante 35 anos para sucedê-lo. Talvez seja mais chamativa a aprovação por unanimidade de todas as propostas que fez del Portillo no Congresso Geral Eletivo, mas parece provável que vissem em seu voto uma forma de manifestar a unidade da Obra e a adesão ao legado do fundador[8].

A morte de Escrivá de Balaguer causou profunda dor aos membros da Obra, inclusive aos que não o haviam conhecido. Ele fora muito mais que um simples presidente geral e, de certo modo, mais até que um fundador. Ainda que só uma pequena porção tivesse lidado com ele pessoalmente – muitos nem sequer o haviam visto –, todos lhe manifestavam um afeto cálido porque era *o Padre,* algo que se

A HISTÓRIA DO OPUS DEI

apreciava também em sua personalidade. Manifestava uma profunda vida interior e se esforçava por manter uma presença de Deus contínua; ao mesmo tempo, era extrovertido, com grande capacidade de amar e de manifestar afeição. Havia conquistado a adesão dos membros do Opus Dei por meio de sua mensagem espiritual e também pelo carinho. O dito espanhol *Amor com amor se paga* verificou-se no Opus Dei durante sua vida. Apreciava e amava seus filhos e filhas espirituais, e eles respondiam da mesma maneira. O relacionamento com ele havia sido um elemento essencial de unidade no Opus Dei.

O desaparecimento do fundador podia ser um desafio para a instituição. No entanto, Escrivá de Balaguer preparara as pessoas da Obra para quando chegasse o momento. Em várias ocasiões lhes disse que não só estivessem unidos ao seu sucessor, mas que o amassem de todo o coração[9]. E, como tinham ciência de que o fundador desejava que del Portillo o sucedesse, os sócios da Obra responderam com entusiasmo à notícia de sua eleição como novo Padre. Um deles escreveu: «Isto é uma maravilha! Agora me dou conta – ainda que já o soubesse – de que o Padre, o presidente geral, é sempre o Pai; e já não sei distinguir, no carinho e no desejo de ser um bom filho, entre o Padre do Céu e o Padre de agora na terra»[10]. Outro lhe escreveu: «Se ao senhor o nosso Padre concedeu amar-nos como ele nos amava, eu lhe posso garantir que a nós ele concede amar ao senhor como nós amávamos a ele. E ainda mais, porque assim ele nos havia dito»[11].

Álvaro del Portillo, por sua vez, manifestou: «Eu não vivo senão pensando em nosso Padre – em como ser mais fiel a ele – e em vocês – em como ajudá-los a ser santos»[12]. Seu afeto e preocupação se manifestaram nas circunstâncias grandes e pequenas. Esforçou-se por transmitir às suas filhas e filhos o espírito do fundador. Dava prioridade a rezar. Pregava frequentemente aos membros do Conselho Geral e da Assessoria Central durante a meia hora que destinava todas as manhãs à oração mental. Mensalmente, dava-lhes um círculo breve sobre o espírito do Opus Dei. Sua preocupação por formar as pessoas da Obra não se limitava aos que estavam mais perto. Fez inúmeras viagens para estabelecer contato com os que eram do Opus Dei e escreveu muitas cartas para manter a proximidade, tentando não ceder ao crescente cansaço que a idade lhe trazia. Del Portillo, que sofria de hipertensão arterial crônica, teve vários edemas pul-

17. UMA NOVA MÃO NO ARADO

monares e crises de fibrilações auriculares. Também foi submetido a uma cirurgia de catarata.

Josemaria Escrivá de Balaguer, o *Padre*, também havia sido o fundador. De fato, não havia diferença entre os dois papéis. O Padre era o fundador, e o fundador era o Padre. Del Portillo encarou o desafio de ser o Padre sem ser o fundador. Um de seus colaboradores mais próximos, Julián Herranz, descreveu sua forma de atuar como uma *fidelidade dinâmica*, pois teve de distinguir entre o espírito, que devia ser respeitado e conservado, e as formas concretas de viver esse espírito, que teriam de se adaptar às novas situações. Del Portillo esteve consciente de que não podia se limitar a repetir de cor o que Escrivá de Balaguer havia dito e feito; ao mesmo tempo salientou que preservar e transmitir o carisma que Deus havia dado ao fundador era a sua principal obrigação. A capacidade de discernimento era tão necessária quanto difícil em tempos de mudanças rápidas e bruscas, sobretudo depois da chamada revolução sexual, da difusão do relativismo e da rejeição da autoridade.

Após cinco décadas, talvez seja possível notar que del Portillo pôs mais ênfase na fidelidade ao carisma e na prática sacramental do que em oferecer uma resposta acelerada às condições mutáveis. A situação doutrinal na Igreja dos anos 1970 e 1980 exigia especial cautela e prudência dos pastores. Dentro do Opus Dei, o pedido do fundador aos membros para que solicitassem permissão antes de ler livros doutrinalmente questionáveis e a reserva perante as mudanças litúrgicas evitaram os problemas que algumas instituições católicas sofreram; mas, ao mesmo tempo, produziram certo clima de desconfiança diante de determinados desenvolvimentos filosóficos, teológicos e litúrgicos. Del Portillo reafirmou a necessidade da prudência antes de qualquer modificação das disposições estabelecidas, inclusive em aspectos conjunturais.

De 14 a 22 de maio de 1994, del Portillo fez peregrinação à Terra Santa. Pôde rezar em diversos lugares em que, segundo a tradição, estivera Jesus Cristo. No último dia, celebrou a Missa na Igreja que se encontra junto ao Cenáculo. Depois, regressou a Roma. Na madrugada do dia 23, faleceu por insuficiência cardíaca, depois de receber a unção dos enfermos. Na tarde desse dia, João Paulo II foi a Villa Tevere para rezar diante do seu corpo. No dia seguinte, dom Álvaro foi enterrado na cripta da igreja prelatícia.

A HISTÓRIA DO OPUS DEI

Governo

Primeiro como presidente geral do Opus Dei e depois como prelado, Álvaro del Portillo foi a cabeça do que, em frase de Escrivá de Balaguer, era «uma *partezinha* da Igreja» e, ao mesmo tempo, uma organização internacional com estruturas de governo e de apostolado assentadas. Isso trouxe consigo muitos e diversos trabalhos. Alguns dos mais importantes consistiram em: fortalecer a direção geral e os objetivos dentro do amplo marco do carisma do Opus Dei, transmitir essa visão às pessoas da Obra e construir o sentido de família, com a fraternidade entre todos e a filiação ao Padre. Também tomou decisões sobre temas concretos, como a mobilização de recursos humanos e econômicos para tarefas apostólicas específicas ou a chamada de alguns membros ao sacerdócio.

Escrivá de Balaguer havia determinado que a tomada de decisões no Opus Dei fosse colegial. Del Portillo aplicou esta norma a si mesmo e buscou a colaboração de outros. Praticou e pediu aos que trabalhavam com ele que vivessem «uma exigência cheia de caridade, cheia de delicadeza no relacionamento mútuo, como nos pedia o Padre, mas, ao mesmo tempo, exigente: é preciso chamar ao pão, pão, e ao vinho, vinho. Caso contrário, não cumprimos nossas obrigações de diretores»[13]. Concretamente, manteve a tradição de estudar e resolver a maioria dos assuntos por escrito, com apenas umas breves reuniões. Antes de aprovar resoluções concretas, del Portillo passou muitas horas em seu escritório revisando as questões e problemas levantados nos expedientes, bem como as propostas iniciais de solução ou abordagem dos assuntos redigidos pelos membros dos conselhos centrais.

Tratou de ver por trás dos escritos as pessoas concretas que seriam afetadas por suas decisões. Certa vez comentou: «Chegam todos os dias montões de expedientes. Não os lemos em diagonal: estudamos tudo devagar, na presença de Deus, fazendo o possível para acertar, pois sabemos muito bem o que tantas vezes nos ensinou o nosso Padre: que detrás dos papéis há almas»[14].

Para facilitar as decisões e evitar o acúmulo de papelada – repetir assuntos que já tinham sido resolvidos em outras ocasiões –, os go-

17. UMA NOVA MÃO NO ARADO

vernos centrais agruparam nas *Recopilações* os conteúdos das notas e avisos remetidos às regiões sobre a formação e as atividades de apostolado. Em 1980, esses textos se juntaram em um volume chamado *Praxis* – foi editado um para o governo regional e outro para os conselhos locais – e em quatro vade-mécuns ou livros com orientações informativas e práticas[15]. Depois, os diretores consideraram mais útil dividi-los por temas. Entre 1987 e 1990, publicaram-se quinze vade-mécums e glosas, dedicados aos governos regionais e locais, às obras de São Rafael, de São Miguel e de São Gabriel, aos sacerdotes, às cerimônias litúrgicas, aos estudos e formação, ao apostolado da opinião pública, à orientação doutrinal e às sedes dos centros[16].

Um organismo de governo fundamental são os congressos gerais, que, segundo os Estatutos da Prelazia do Opus Dei, celebram-se a cada oito anos, com uma fase para homens e outra para mulheres. O prelado nomeia os congressistas – depois de conhecer as opiniões dos demais eleitores da própria região – com cargo vitalício. Reúnem-se «para expressar seu parecer sobre o estado da Prelazia e para poder aconselhar as oportunas normas para a futura ação de governo»[17].

Durante o mandato de del Portillo celebraram-se dois congressos gerais, em 1984 e em 1992. Em ambos os casos, os congressistas chegaram a Roma uns dias antes das reuniões e tiveram tempo de conversar entre si e de fazer sugestões para as conclusões da assembleia. Os encontros oficiais se prolongaram por quatro jornadas, com sessões breves nas quais não se debateram os temas porque haviam sido acordados com antecedência. Del Portillo deu no início informações sobre os progressos realizados durante os anos transcorridos desde o congresso anterior, sublinhou o desejo de fidelidade e continuidade à herança do fundador e apresentou um conjunto de propostas que foram aprovadas por unanimidade.

As conclusões dos congressos de 1984 e 1992 foram, em geral, similares e sem notáveis surpresas. Ambas começaram com uma ação de graças à Santíssima Trinidade pela ajuda recebida durante o período anterior. No congresso de 1984 em particular, agradeceu-se a ereção da Obra como prelazia; e, no de 1992, a beatificação do fundador. Também em ambos os casos manifestou-se a unidade da Obra com o Papa, seu magistério e seus ensinamentos. O congresso de 1992 acrescentou uma expressão de gratidão «pelas repetidas mani-

A HISTÓRIA DO OPUS DEI

festações de carinho e confiança que [João Paulo II] teve para com a Prelazia e o Padre»[18]. Os congressos destacaram também a unidade com os bispos locais e o serviço às Igrejas locais[19].

Essas conclusões não centraram-se em problemas ou dificuldades, mas apresentaram um tom esperançoso e manifestaram o desejo de aproximar muitas outras pessoas a Deus. O congresso de 1984 propôs abrir pela primeira vez centros na Coreia, Malásia, Nova Zelândia, Taiwan e, na medida do possível, na Índia, Indonésia, Nicarágua, Panamá, Sri Lanka, Santo Domingo e outras ilhas do Caribe. Em 1992, a lista incluía de novo Índia, Indonésia e Panamá, mas também Angola, Coreia, Croácia, Eslovênia, Israel, Lituânia, Togo, Uganda e, quando a situação permitisse, Cuba.

Ambos os congressos insistiram na necessidade de ampliar e tornar mais eficazes as atividades apostólicas do Opus Dei com a juventude – especialmente com os estudantes – e os casados, assim como fomentar o aumento de vocações. Com assombroso otimismo, o congresso de 1984 instou a que se rogasse a Deus para que o número de membros triplicasse nos oito anos seguintes e, deste modo, fosse possível servir melhor à Igreja.

Os congressos insistiram no impulso do apostolado entre os profissionais da opinião pública e incentivaram a que trabalhassem nesse setor os membros da Obra que quisessem. Assinalaram ser desejável que vários jovens da Obra estudassem teologia e outras matérias eclesiásticas além dos estudos universitários civis. E o congresso de 1984 propôs que alguns fizessem cursos de humanidades para contribuir para a evangelização do âmbito intelectual.

No relatório que apresentou ao congresso de 1992, del Portillo destacou que o crescimento do número de membros havia sido menor no período compreendido entre 1984 e 1992 do que entre 1975 e 1984. Não ofereceu explicações sobre a diminuição, mas disse que, devido à menor formação da gente jovem, convinha cuidar tanto do discernimento sobre os que podiam entrar para o Opus Dei como da formação dos novos membros. Talvez por estas razões, o congresso de 1992 sublinhou a necessidade de melhorar a formação permanente de todos. Todos tinham de ter ciência de que, como havia explicado o fundador, «não vêm ao Tabor [onde Cristo se transfigurou glorioso], mas ao Calvário; e que, como a santificação é obra de toda a vida,

17. UMA NOVA MÃO NO ARADO

hão de renovar continuamente sua entrega a Deus, dando-se de todo, enamorando-se mais e mais do Senhor: este é o segredo da perseverança, e não uma visão puramente humana, voluntarista»[20].

O congresso de 1992 também levantou a necessidade de fomentar a iniciativa e a responsabilidade pessoais, de modo a que cada membro da Obra sentisse a urgência de cristianizar seu próprio ambiente profissional, familiar e social. Destacou a importância de que os fiéis do Opus Dei que tivessem condições para tanto participassem da vida pública, dos organismos nacionais e internacionais em que se pudessem promover os valores cristãos relacionados à profissão, à família e a outros âmbitos da atividade humana, fazendo especial referência à Doutrina Social da Igreja e à cultura da vida.

Escritos e viagens pastorais

Nas semanas que se seguiram à sua eleição como presidente geral do Opus Dei, Álvaro del Portillo enviou a todos os membros uma carta relativamente breve e outra muito mais extensa na qual pedia orações e fidelidade à herança do fundador. A partir de então, redigiu com frequência cartas a todos os membros. Algumas foram curtas; outras, de grande dimensão. Uma somou mais de cem páginas: aquela em que anunciava a beatificação de Escrivá de Balaguer e recordava aspectos da fidelidade ao espírito do Opus Dei à luz dos mistérios do Rosário. A carta que escreveu por ocasião do cinquentenário da fundação da Sociedade Sacerdotal da Santa Cruz é ainda mais longa. Examina com detalhe duas características essenciais da resposta vocacional no Opus Dei: a alma sacerdotal e a mentalidade laical.

Durante a primeira década posterior à morte de Escrivá de Balaguer, as cartas de del Portillo foram geralmente motivadas por algum acontecimento específico. A partir de fevereiro de 1984, redigiu uma carta pastoral no primeiro dia de cada mês. Essas missivas preenchiam normalmente quatro páginas, com espaçamento simples. Tinham por objetivo ajudar os fiéis da Obra a aprofundar a própria vida interior e a melhorar as atividades apostólicas. Refletiam uma aguda consciência das dificuldades e desafios que encontram aqueles que levam a sério

A HISTÓRIA DO OPUS DEI

sua vocação cristã em um mundo relativista que tem por objetivo o bem-estar. Entre 1975 e a sua morte, em 1994, del Portillo enviou 176 cartas pastorais. Em versão impressa, são cerca de 1.500 páginas. Muitas delas foram publicadas entre 1989 e 1994, somando três volumes que estão disponíveis nos centros do Opus Dei. Uma antologia temática apareceu em 2013, e outra seleção de textos com as cartas relacionadas às festas do ano litúrgico foi editada em 2014[21].

No princípio, Álvaro del Portillo não achava que pudesse continuar a prática de Escrivá de Balaguer de se reunir informalmente com grandes multidões e entabular diálogo com elas. Era amistoso e atento, mas não lhe agradava falar em público. No entanto, por insistência dos membros do Conselho Geral e da Assessoria Central, aceitou reunir-se com os milhares de estudantes de todo o mundo que foram a Roma na Páscoa de 1976 para participar do congresso universitário UNIV e assistir à audiência geral com o Papa. Esses encontros foram bem-sucedidos, pois os jovens sentiram seu afeto genuíno e responderam da mesma forma. Muitos membros do Opus Dei e cooperadores saíram das reuniões dotados de um forte sentimento da Obra como família e de desejos de colocar Deus no centro de suas vidas.

Depois do congresso UNIV, Álvaro del Portillo decidiu viajar a diferentes países para se reunir com o maior número possível de pessoas em tertúlias informais. Naturalmente, circulou pela Europa mais do que por outros continentes, a começar pela Espanha. As visitas lhe deram a oportunidade de estar com muita gente: geralmente em centros do Opus Dei, com pequenos grupos de membros, e mais um ou dois encontros em grandes locais públicos. Suas viagens fora da Europa, pelo contrário, envolveram estadias prolongadas e tertúlias com grandes grupos de pessoas.

Realizou várias viagens de longa duração à América. A primeira, em 1983, teve por centro a visita ao santuário de Nossa Senhora de Guadalupe, onde foi agradecer à Virgem pela ereção do Opus Dei como prelazia pessoal. Na ida, fez uma parada de dois dias no Canadá e, depois, permaneceu no México de 27 de abril a 23 de maio. Após uma novena de ação de graças, del Portillo teve reuniões com milhares de pessoas na Cidade do México e outros lugares do país. Também encontrou tempo para estar pessoalmente com membros do Opus Dei em circunstâncias especiais. O primeiro foi um numerário de

17. UMA NOVA MÃO NO ARADO

meia-idade que, devido a um tumor cerebral, estava paralisado e incapacitado de falar. Ao entrar no quarto, disse-lhe: «Tu és a primeira pessoa, depois da Virgem, a quem venho ver. Com os olhos expressas que amas a Deus, que amas a Obra, que amas o Padre, que amas teus irmãos». E prosseguiu: «Todos os dias me lembro de ti. Todos os dias rezo por ti. Necessitamo-nos mutuamente: eu necessito de ti, e tu necessitas de mim». Ao final da visita, pediu-lhe que estivesse alegre e sereno: «Já sei que estás. Leio em teus olhos o teu amor a Deus, o teu amor à vocação, o teu amor ao Padre»[22]. Quando ia sair, deu-lhe um beijo na testa e comentou que beijava a Santa Cruz.

No dispensário médico e na casa de retiros de Toshi, teve uma tertúlia multitudinária com as comunidades indígenas da região. Utilizou um castelhano muito simples, para que todos os assistentes o entendessem. Comentou que recorria à intercessão do fundador da Obra «para que se aliviem vossas penas, para que o Senhor vos conceda os bons desejos que tenhais no coração e para que sejais melhores: todos temos que ser melhores cristãos, melhores discípulos de um Mestre tão grande como é Nosso Senhor Jesus Cristo»[23].

Depois do México, esteve uns dias na Guatemala e na Colômbia e, no final da viagem, em Nova York. Ali, reuniu-se com o cardeal Terence Cooke, rezou na catedral de São Patrício e falou com membros e amigos do Opus Dei, incentivando-os a realizar uma grande evangelização, com a consciência de que os Estados Unidos exercem enorme influência, para o bem e para o mal, sobre o resto do mundo[24]. Durante este primeiro trajeto ao México e a outros países da América, falou com mais de 150 grupos de pessoas, alguns muito numerosos.

Em 1987, Álvaro del Portillo passou mais de um mês na Austrália, Singapura, Hong Kong, Taiwan, Filipinas, Coreia e Japão. Muitos dos que participaram das reuniões com ele não eram cristãos. O prelado falou-lhes com carinho e com frequência louvou suas virtudes humanas. Em Taipei, por exemplo, referiu-se à dedicação ao trabalho, que havia produzido grande crescimento econômico, à hospitalidade e a outras virtudes que havia observado. Também expressou a esperança de que «a luz de Cristo – que é a única luz verdadeira – chegue a todas as pessoas deste grande país». E acrescentou: «Ao vos dizer isto, não ofendo ninguém. Tenho de falar como o que sou: um sacerdote católico que crê firmemente em Deus Todo-poderoso,

A HISTÓRIA DO OPUS DEI

Criador do céu e da terra; e em Jesus Cristo, seu único Filho, Nosso Senhor, que veio à terra para morrer por nós, satisfazendo por nossos pecados e abrindo-nos as portas do céu»[25].

A viagem de catequese mais longa o levou ao Canadá, Estados Unidos e Porto Rico, com uma breve escala no México para rezar diante de Nossa Senhora de Guadalupe. Aterrissou em Nova York no dia 17 de janeiro de 1988 e regressou dali a Roma em 11 de março. Visitou praticamente todas as cidades dos Estados Unidos em que havia centro do Opus Dei: Boston, Nova York, Washington, Miami, Houston, Los Angeles, São Francisco, Chicago, Saint Louis, Milwaukee e Pittsburgh.

Em Boston, del Portillo disse que, ao ver os *campi* universitários de Harvard e do MIT, havia perguntado a si mesmo que mensagem levava o Opus Dei a um ambiente tão privilegiado: «Que vamos fazer? Temos de nos empenhar em ser sal e fermento, para que aqueles que compõem essas instituições se aproximem mais de Deus e tenham mais espírito cristão. Deste modo, faremos um grande serviço a esta nação e ao mundo inteiro»[26].

Tema recorrente foi o do cuidado da família e a abertura à vida. Em Los Angeles, abordou com certa extensão uma pergunta sobre o distanciamento dos nascimentos devido a dificuldades econômicas: «Este problema só se levanta nos países ricos onde há muita riqueza e abundância de bens materiais. Nos países menos ricos, não se prendem a esta pequenez; as famílias numerosas são vistas como uma bênção de Deus. Cada filho, como muito bem disseste, é um dom de Deus, uma prova da confiança divina nos pais, porque, no momento em que a criatura é concebida, Deus cria uma alma imortal. Cada ser humano está destinado a gozar eternamente da Santíssima Trindade. Mas, antes de que chegue esse momento, o Senhor confia a nova criatura ao papai e à mamãe, para que a formem». E prosseguiu: «Cada filho é uma prova de confiança de Deus nos pais, mas não podem entender isto aqueles que não tenham uma fé vibrante nem os que se deixem arrastrar pelo egoísmo. Amai muito aos filhos! Não cegueis as fontes da vida! É falso que os filhos sejam uma carga!»[27].

Talvez pelo tamanho do país e por sua influência sobre o mundo, nos Estados Unidos insistiu mais que o habitual na necessidade de rezar para que aumentasse o número de católicos e o de pessoas

17. UMA NOVA MÃO NO ARADO

que se sentissem chamadas ao Opus Dei. Quando lhe perguntaram, em Chicago, qual era a sua invocação favorita, respondeu: «Uma jaculatória muito boa, ao ver esta imensa cidade e este imenso Estado, é pedir o que escreveu o nosso Padre em *Caminho:* "Jesus, almas!... Almas de apóstolo! São para Ti, para a tua glória."»[28].

Algumas das últimas viagens de Álvaro del Portillo tiveram por destino a África, onde passou mais de trinta dias durante o ano de 1989. Tanto por sua precária saúde como pelas dificuldades para se deslocar diretamente de um país a outro, fez quatro estadias em datas distintas e regressou a Roma entre umas e outras: Quênia, de 1 a 10 de abril; Zaire e Camarões, de 22 a 30 de agosto; Costa do Marfim, de 14 a 19 de outubro; e Nigéria, de 9 a 20 de novembro. Em Nairóbi, a recepção foi particularmente colorida: sua iniciação como *ancião* incluiu a apresentação de uma cabra, um escudo e uma lança, que simbolizam o papel do homem avançado em idade que protege seu povo; além disso, ofereceram-lhe um espantador de moscas, que representa a obrigação de abrir caminho para os que vêm depois dele[29].

Em todos os países africanos, del Portillo insistiu na necessidade de trabalhar para diminuir a pobreza e superar as divisões entre raças e tribos: «Temos de compreender e amar a todos; e se recebemos mais bens de Deus, temos de empregá-los ajudando os nossos irmãos mais necessitados»[30]. «É lógico que, por um motivo humano», acrescentou, «se tenha especial carinho aos que pertencem à mesma comunidade tribal ou à mesma nação, mas sobre o humano se constrói o sobrenatural. A pertença à tribo não deve separar dos demais. Sobre esta força da união tribal é preciso colocar Cristo, e então o coração se dilata, e cabem todas as demais tribos». E conclui: «Vós daqui tendes o coração grande; e, movidos pelo amor a Deus, sois muito capazes de amar os demais»[31].

Durante os anos em que dirigiu o Opus Dei, del Portillo visitou mais de três dúzias de países e falou a milhares de pessoas de diferentes culturas e condições sociais, estudantes e camponeses, trabalhadores manuais e pesquisadores, ricos e pobres, jovens e anciãos. Ao término de sua última viagem à África, tinha 75 anos, e sua saúde era delicada. Quase até o final da vida, viajou a diversos lugares da Europa, mas já não teve forças para empreender grandes périplos intercontinentais.

A HISTÓRIA DO OPUS DEI

Álvaro del Portillo estabeleceu no Opus Dei alguns *anos marianos* de ação de graças a Deus, como o período entre 1978 e 1980, por ocasião do quinquagésimo aniversário da fundação da Obra e do início das atividades com mulheres; 1982, pela ereção do Opus Dei em prelazia pessoal; e 1992-1993, pela beatificação do fundador do Opus Dei e o cinquentenário da Sociedade Sacerdotal da Santa Cruz.

Del Portillo reuniu-se frequentemente com bispos de todo o mundo, tanto na sede central da Obra, em Roma, como nas viagens pastorais. Este relacionamento esteve marcado pela aprovação e posterior implantação do Opus Dei como prelazia pessoal. Perante a acusação de que a Obra desejava ser uma instituição isenta da autoridade diocesana, uma espécie de *Igreja paralela*, explicou que cada membro do Opus Dei colabora a título individual na difusão da doutrina da Igreja nas dioceses, que os fiéis da prelazia, em sua grande maioria, vão às paróquias e que a atividade institucional do Opus Dei se reduz fundamentalmente a proporcionar aos membros a assistência espiritual necessária para a sua vida de piedade e uma adequada formação espiritual, doutrinal-religiosa e humana[32].

Também apoiou várias causas de beatificação de religiosas e prestou ajuda a algumas instituições. Em particular, atendeu com seus conselhos e orações duas instituições que desejavam conservar seu próprio carisma original: a Congregação das Filhas de Santa Maria do Coração de Jesus, às quais Álvaro del Portillo ajudou para que fossem aprovadas como instituto de direito pontifício, em 1998; e as Carmelitas Descalças da madre Maria Josefa do Coração de Jesus, que receberam a aprovação de suas Constituições[33] em 1990.

Relacionamento com João Paulo II

Álvaro del Portillo conheceu o futuro Paulo VI em 1946, quando monsenhor Montini ocupava um alto cargo na secretaria de Estado vaticana. Desde então, os dois nutriram um pelo outro mútua estima, ainda que não se tenham encontrado com frequência. Por ocasião do falecimento do fundador, o Papa o recebeu em duas audiências – março de 1976 e junho de 1978 –, nas quais manifestou-

17. UMA NOVA MÃO NO ARADO

-lhe seu apreço a Escrivá de Balaguer e seu desejo de que se resolvesse a configuração jurídica da Obra.

O relacionamento com João Paulo II foi muito mais próximo e teve importantes repercussões na vida do Opus Dei. Um amigo comum, o sacerdote polonês Andrzej Maria Deskur, apresentou-os durante uma das sessões do Concílio Vaticano II. Nos anos seguintes, del Portillo e Wojtyla viram-se esporadicamente. Convidado por Joaquín Alonso, o cardeal Wojtyla ministrou uma conferência no Centro Romano di Incontri Sacerdotali em 1974 e almoçou em Villa Tevere em novembro de 1977.

O cardeal Wojtyla e o monsenhor Deskur almoçaram com del Portillo na sede central do Opus Dei em agosto de 1978, pouco antes do conclave que elegeria o Papa João Paulo I. No dia 17 de outubro – um dia depois da eleição de João Paulo II –, del Portillo foi ao hospital para visitar monsenhor Deskur, que acabava de sofrer um derrame cerebral. À saída, encontrou-se com o Santo Padre, que lhe deu um cálido abraço. Dois dias mais tarde, peregrinou ao santuário da Virgem da Mentorella, na periferia de Roma, porque sabia que o cardeal Wojtyla o visitava com frequência. Dali enviou um afetuoso postal ao Papa, no qual lhe assegurava que podia contar com os milhares de Missas que ofereciam os fiéis do Opus Dei por suas intenções e que ele dirigia para a pessoa do Santo Padre. Logo a seguir, João Paulo II lhe telefonou para expressar seu agradecimento[34]. No dia 28 de outubro, recebeu del Portillo em um encontro privado, no qual afirmou: «Isto não é uma audiência, é uma reunião de família»[35]. Umas semanas mais tarde, João Paulo II voltou a convidar del Portillo para outra audiência privada.

Antes do Natal, Álvaro del Portillo soube que era costume polonês enviar laranjas a amigos e familiares na festa de São Nicolau, em 6 de dezembro. Levou pessoalmente ao Papa algumas laranjas e um báculo com uma imagem de Nossa Senhora de Częstochowa, algumas figuras de chocolate de São Nicolau e vários livros de Escrivá de Balaguer. João Paulo II respondeu de modo semelhante no dia 18 de dezembro, enviando uma cesta de frutas e uma fotografia com sua bênção manuscrita. No dia 20, também lhe enviou alguns cartões de Natal com a sua assinatura impressa, para que fossem distribuídos aos fiéis do Opus Dei, e, um dia depois, um *panettone*.

A HISTÓRIA DO OPUS DEI

No dia do ano-novo, João Paulo II convidou Joaquín Alonso, *custos* para os aspectos materiais de Álvaro del Portillo, para jantar. À mesa, o Papa fez um brinde à Obra e pediu que no novo ano Deus concedesse ao Opus Dei o que necessitasse[36].

João Paulo II percebeu que podia contar com a oração das pessoas do Opus Dei e com o testemunho dos leigos na vida da Igreja e no âmbito profissional de cada um. Como bispo de Roma, queria organizar uma Missa especial para os estudantes universitários. Os capelães das universidades lhe disseram que iriam muito poucos. Del Portillo prometeu seu apoio incondicional. Além disso, ofereceu os serviços ministeriais dos sacerdotes do Opus Dei para atender confissões na Basílica de São Pedro durante horas antes do ato; depois, o Papa diria que os da Obra tinham «o carisma da confissão»[37]. A primeira Missa universitária foi um sucesso. Desde então, João Paulo II celebrou a Missa duas vezes por ano, no Advento e na Quaresma, para centenas de estudantes.

Após um hiato de mais de cem anos, João Paulo II propôs que se organizasse uma procissão de Corpus Christi pelas ruas de Roma. De novo, muitas pessoas se mostraram céticas. Duvidavam de que a Prefeitura o permitisse e achavam que, ainda que isso acontecesse, participaria pouca gente. Del Portillo voltou a prestar seu apoio, aconselhando aos membros e amigos do Opus Dei que fossem à procissão, que acabou por se tornar um tradicional evento anual[38].

Durante o seu pontificado, João Paulo II fez 147 viagens ao exterior. Del Portillo os secundou com a oração e incentivou os membros do Opus Dei residentes nos países que o Papa visitava a que rezassem e fizessem todo o possível para que o ouvissem muitas pessoas. Especialmente nos casos em que a viagem pastoral apresentava maiores dificuldades, del Portillo pediu às pessoas da Obra e aos cooperadores que secundassem as iniciativas do Romano Pontífice e que lhe manifestassem proximidade, também afetiva – por exemplo, com uns momentos de serenata na parte externa do lugar onde pernoitava.

Quando o Papa recebeu ataques e censuras, del Portillo se esmerou em oferecer-lhe o apoio dos fiéis do Opus Dei. Frente às críticas à encíclica *Veritatis splendor* (1991), instou aos fiéis e amigos do Opus Dei que a difundissem e enviou ao Papa uma carta de agradecimento

17. UMA NOVA MÃO NO ARADO

pelo documento, na qual anexou vários artigos favoráveis de pessoas de diversos países. Também rogou aos estudantes que participavam do congresso UNIV, na Semana Santa em Roma, que demonstrassem seu carinho ao Papa, de modo particular quando João Paulo II os recebia no Pátio São Dâmaso, na tarde do Domingo da Ressurreição.

O relacionamento entre João Paulo II e del Portillo intensificou-se ao longo do pontificado. Os dois se reuniram em audiências formais e, com maior frequência, informais. O Papa convidou del Portillo a concelebrar a Missa e a acompanhá-lo em algumas refeições. Também celebrou com ele alguns aniversários especiais do Opus Dei. Em janeiro de 1989, para citar um exemplo, convidou-o para jantar por ocasião do aniversário de Escrivá de Balaguer. Uma estudiosa do relacionamento entre João Paulo II e del Portillo documentou 63 encontros entre ambos, oficiais ou informais, sem contar a participação de del Portillo em cerimônias ou reuniões de grupo, nas quais cumprimentou o Santo Padre brevemente[39].

João Paulo II oferecia a Álvaro del Portillo um pequeno presente em seus aniversários. Por sua vez, dom Álvaro enviava saudações ao Papa em seu natalício e em datas mais significativas. De vez em quando, também lhe deu pequenos presentes, principalmente livros. Depois do atentado contra o Papa do dia 13 de maio de 1981, del Portillo foi à Praça de São Pedro todos os dias para rezar por ele[40]. No dia 15 de julho, pôde visitá-lo no hospital, quando ainda tinha febre alta. Del Portillo se permitiu dizer-lhe que, se a enfermidade é sempre um tesouro, o padecimento do Papa supunha uma riqueza maior para ele e para a Igreja. O Pontífice respondeu simplesmente: «É isso mesmo o que eu penso»[41].

Também houve espaço para brincadeiras em seu relacionamento pessoal. Quando Álvaro del Portillo contou ao Santo Padre que, quando jovem sacerdote, Escrivá de Balaguer se imaginava rezando o Rosário junto ao Papa e caminhando pela rua envolto em sua capa, João Paulo II lhe perguntou: «E o seu sucessor faz o mesmo?». Ao que del Portillo respondeu: «Seu sucessor faz o mesmo, mas sem a capa». Numa ocasião em que o Papa, Madre Teresa e dom Álvaro estavam juntos, João Paulo II perguntou brincando: «Por que a imprensa fala tão bem da Madre Teresa e, pelo contrário, não faz o mesmo quando fala do Opus Dei ou de mim?»[42].

A HISTÓRIA DO OPUS DEI

Del Portillo acatou os desejos do Papa inclusive quando a petição implicava em alterar os planos do Opus Dei. Por exemplo, o prelado queria que o Opus Dei se desenvolvesse mais no Extremo Oriente, visando começar o mais cedo possível alguns projetos na China. Quando mencionou esse projeto, em dezembro de 1982, João Paulo II respondeu que estava preocupado com os países nórdicos. Del Portillo imediatamente concentrou-se nessa região. Uns dias mais tarde, em suas saudações natalinas aos membros da Obra, pediu-lhes que rezassem pelo futuro apostolado do Opus Dei no norte da Europa. Pouco depois, viajou à Noruega, Finlândia, Suécia e Dinamarca a fim de rezar e explorar a possibilidade de começar ali atividades apostólicas da Obra. Tinha plena ciência das grandes dificuldades que envolvia o início em países com minorias católicas, mas decidiu-se movido pelo interesse do Papa. Um ano mais tarde, o Opus Dei abria seu primeiro centro na Suécia[43].

Os esforços apostólicos do Opus Dei na Europa setentrional fizeram parte de uma resposta mais ampla: a chamada de João Paulo II a uma nova evangelização da Europa e da América do Norte. Pessoalmente, del Portillo viajou pelo continente europeu a fim de estimular o apostolado da Obra e organizou duas reuniões de uma semana em Roma e outras duas similares na Espanha para tratar das diversas atividades apostólicas na Europa e na América.

Em 1994, pouco antes de sua morte, soube que João Paulo II havia pensado em que o Opus Dei pudesse estabelecer-se no Cazaquistão, na Ásia Central, onde a maior parte da população é muçulmana, com apenas 2% de católicos. É pouco provável que del Portillo ou algum dos seus colaboradores houvesse cogitado começar ali as atividades da Obra. Mas, imediatamente, propôs que se estudasse o início nessas terras[44]. Três anos mais tarde, o Opus Dei abriu um centro em Almati.

João Paulo II, sem dúvida, apreciava tanto a mensagem e as atividades do Opus Dei quanto a sua fidelidade ao Papa e ao Magistério. Colocou o jornalista Joaquín Navarro-Valls, numerário da Obra, como porta-voz da Santa Sé em 1984. O afeto para com del Portillo era pessoal, como demonstrou na visita ao velório do amigo falecido. E sua intervenção foi fundamental na ereção da prelazia do Opus Dei e na beatificação do fundador. No entanto, ao analisar sua ati-

17. UMA NOVA MÃO NO ARADO

tude magnânima frente a outras realidades eclesiais, não parece que *discriminasse positivamente* o Opus Dei. Por sua vez, del Portillo não prestou especial atenção a quem criticou a inquebrantável fidelidade da Obra ao Romano Pontífice. Em certa ocasião, disse: «Temos de continuar como até agora, bem unidos ao Papa: a João Paulo II, como aos anteriores e aos que virão depois, porque o Papa é Cristo na terra. Dirão que isso talvez é *papolatria...* Não nos importa nada. Temos o orgulho de nos sabermos filhos de Deus e também filhos do Papa, que é o Pai comum dos cristãos»[45].

18. O ITINERÁRIO JURÍDICO

Quando terminou o Concílio Vaticano II, o fundador explicou aos que colaboravam com ele nos governos centrais que a figura jurídica da prelazia pessoal, criada para atender «peculiares tarefas pastorais» (*Presbyterorum ordinis,* n. 10), oferecia um marco adequado para a Obra. A transformação em prelazia pessoal permitiria que o Opus Dei conservasse seu espírito originário e levasse a cabo sua missão sem os obstáculos trazidos por alguns requisitos legais alheios ao seu caráter secular e ao carisma fundacional.

O processo de constituição da prelazia pessoal

Na primeira audiência de Álvaro del Portillo com Paulo VI, no dia 5 de março de 1976, o Papa comentou que a solução jurídica do Opus Dei era uma questão em aberto. Del Portillo respondeu-lhe que desejava esperar um pouco para evitar a impressão de que fazia mudanças substanciais imediatamente após ter sucedido o fundador. Paulo VI se mostrou de acordo. Numa segunda audiência, em 19 de junho de 1978, o Santo Padre incentivou del Portillo a solicitar a transformação jurídica do Opus Dei. Desta vez, del Portillo disse que começaria o processo depois do verão, mas o Papa faleceu no dia 6 de agosto[1].

A HISTÓRIA DO OPUS DEI

Poucos dias depois de ser eleito, João Paulo I transmitiu a del Portillo seu desejo de que se encontrasse uma solução para o problema institucional do Opus Dei e também comunicou à Congregação para os Religiosos que o assunto devia ser resolvido[2]. Antes de que se pudesse dar algum passo nesse sentido, João Paulo I morreu.

No dia 15 de novembro de 1978, o secretário de Estado disse a del Portillo que o Papa recém-eleito, João Paulo II, considerava «uma improrrogável necessidade que se resolva a questão da configuração jurídica do Opus Dei»[3]. Nesse momento, parecia que a esperada solução era iminente. Na realidade, ia prolongar-se por quatro anos.

Em janeiro de 1979, a Congregação para os Religiosos deu sua autorização para que o Opus Dei iniciasse o processo relativo à mudança de personalidade jurídica. No dia 2 de fevereiro, Álvaro del Portillo apresentou formalmente a petição para que o Opus Dei se transformasse em uma prelazia pessoal. Poucas semanas depois, o Papa indicou ao cardeal Sebastiano Baggio, prefeito da Congregação para os Bispos, que estudasse o caso[4].

Em 23 de abril, o Opus Dei apresentou à Congregação para os Bispos um estudo-relatório que explicava os motivos pelos quais a Obra podia se transformar em prelazia pessoal. Este documento começava com uma referência ao compromisso pessoal dos membros do Opus Dei de viver e difundir as exigências do batismo. Desenvolvem essa tarefa por meio de uma espiritualidade secular, já que nenhum deles é «uma pessoa consagrada pela profissão dos conselhos evangélicos»[5]. De modo institucional, o Opus Dei não era uma sociedade, movimento ou associação, mas uma porção do povo de Deus estruturada hierarquicamente. Além disso, o estudo resumia os principais marcos históricos do Opus Dei para encontrar um lugar adequado no direito canônico.

A terceira e mais importante parte do relatório apontava que a prelazia pessoal era uma figura canônica completamente secular que permitiria que o Opus Dei levasse a cabo as suas tarefas apostólicas específicas e conservasse o seu espírito, pois a Obra cumpria todos os requisitos jurídicos exigidos. Além disso, o serviço às Igrejas locais ficaria fortalecido, e a Igreja disporia de um grupo de sacerdotes e leigos preparados para o apostolado.

18. O ITINERÁRIO JURÍDICO

O Opus Dei seria uma prelazia pessoal formada tanto pelo prelado e seu clero como por uma maioria de leigos, homens e mulheres. Em carta de 2 de junho de 1979 ao prefeito da Congregação para os Bispos, Álvaro del Portillo destacou que os fiéis leigos da prelazia continuariam sob a autoridade do bispo local em tudo o que o direito prevê para os leigos e sob a jurisdição do prelado do Opus Dei nos aspectos requeridos por sua vocação específica. Nesse sentido, a transformação em prelazia pessoal não afetava os direitos dos ordinários locais nem as relações do Opus Dei com as autoridades eclesiásticas. Por exemplo, continuar-se-ia a solicitar a vênia do ordinário diocesano para erigir um centro em uma cidade[6].

Sete especialistas da Congregação para os Bispos analisaram a petição feita pelo Opus Dei. Seis se mostraram favoráveis e um rejeitou as jurisdições pessoais propostas pelo Concílio Vaticano II[7]. Apesar desse relatório, na reunião ordinária da congregação, celebrada em 28 de junho, os cardeais e bispos presentes decidiram «quase por unanimidade que não havia motivos suficientes para proceder à ereção do Opus Dei em prelazia pessoal»[8]. A decisão foi expressa de modo diplomático com a fórmula *dilata et compleantur acta ad mentem*, isto é, retrasar e, enquanto isso, completar a documentação apresentada. Aparentemente anódina, esta fórmula levava consigo o perigo de que a questão ficasse arquivada indefinidamente.

Em 3 de julho, quando ainda não se conhecia o que havia decidido a congregação, del Portillo escreveu a João Paulo II para expressar sua confiança, pois – glosando umas palavras de Escrivá de Balaguer – «do Romano Pontífice só me podem vir coisas boas»[9]. Na carta rogava que, se por qualquer circunstância se considerasse oportuno modificar sua proposta de 23 de abril, lhe concedesse uma audiência. Seis dias mais tarde, o cardeal Baggio informou verbalmente a del Portillo sobre a decisão adotada pela congregação e que o Papa havia aprovado uma série de disposições que lhe entregaria.

No dia 12 de julho, João Paulo II recebeu Joaquín Alonso, *custos* de Álvaro del Portillo. O Papa lhe pediu que comunicasse a del Portillo que havia feito bem em solicitar à Santa Sé a concessão do *status* legal desejado pelo fundador e que o material enviado à congregação no mês de abril estava bem apresentado. No dia seguinte, del Portillo escreveu uma nova carta ao Papa para agradecer-lhe seu apoio, su-

A HISTÓRIA DO OPUS DEI

gerindo que o adiamento decidido pela congregação se interpretasse não como um freio, mas como estímulo para melhorar a solicitação. Além disso, rogou que se permitisse ao Opus Dei trabalhar na elaboração dos novos estatutos e nos demais temas que a Congregação para os Bispos propusesse[10].

Álvaro del Portillo e seus colaboradores mais próximos trabalharam diligentemente para convencer os membros-principais da congregação de que deviam seguir em frente. Javier Echevarría explicou que esses esforços abarcaram «entrevistas, viagens a diferentes países, o esclarecimento de questões às pessoas que deviam estudar o assunto, sem interferir em suas decisões; e, sobretudo, muita oração e expiação, levadas com alegria constante»[11]. Del Portillo encontrou firmes partidários da ereção em prelazia pessoal no cardeal Sebastiano Baggio, no cardeal Pietro Palazzini e no cardeal Franz König, arcebispo de Viena. König recordava depois: «No princípio, eu mesmo havia pensado que se trataria mais de um capricho e que não seria necessário empreender novos caminhos na Igreja. No entanto, com base em suas explicações, compreendi que a novidade do fenômeno Opus Dei necessitava também de um novo traje jurídico»[12].

Em 18 de julho de 1979, o cardeal Baggio informou por escrito a del Portillo as instruções aprovadas pelo Papa. Ainda que a carta não dissesse que havia recebido o mandato de avançar rápido, estava implícito nas entrelinhas. O texto começava esclarecendo que a necessidade de um estudo cuidadoso se devia à «novidade e à complexidade do assunto e à importância que, como precedente, assume no quadro institucional da Igreja; e não à prevenção em relação ao Opus Dei, sendo bem conhecida a grande estima e o sincero afeto, várias vezes manifestado, que lhe dedica o Romano Pontífice»[13]. Depois, explicava que, antes de analisar os futuros estatutos do Opus Dei, o Papa desejava que a Congregação para os Bispos, com a ajuda da Congregação para os Religiosos, completasse um estudo geral prévio que eliminasse qualquer reserva. Além disso, solicitava abundante documentação e especificava três áreas que deviam ser esclarecidas: como se diferenciava a secularidade do Opus Dei daquela dos institutos seculares e dos demais batizados; a submissão dos clérigos e leigos ao prelado nos diversos modos de pertença à Obra; e as medidas concretas que impediam «a constituição de uma "Igreja paralela"

I8. O ITINERÁRIO JURÍDICO

dentro das jurisdições territoriais, praticamente em todo o mundo»[14]. Talvez essas questões refletissem as reservas manifestadas por alguns membros da congregação e explicam por que vários haviam votado a favor de um adiamento da transformação jurídica da Obra.

Antes de que o Opus Dei pudesse preparar o material solicitado, produziu-se uma tentativa de inviabilizar o processo. Em outubro, alguns dos documentos que a Obra apresentara à Congregação para os Bispos com vistas à transformação em prelazia pessoal foram subtraídos, apesar de estarem protegidos pelo segredo pontifício, por uma pessoa que tinha acesso ao material. Depois, um sacerdote da Legião de Cristo, seguindo as indicações do seu fundador, difundiu um panfleto anônimo titulado *The New Face of the «Opus Dei»: A Personal Prelacy?* e o enviou por correio a muitos bispos do mundo*. Estava assinado por Andreas, Bispo de X – sem mais dados do nome ou da diocese –, que afirmava ser um dos prelados consultados pela Congregação para os Bispos. Na introdução a esses documentos, asseverava que a transformação do Opus Dei em prelazia pessoal criava uma «hierarquia bicéfala em cada diocese», uma «nova diocese dentro da tua diocese, com total autonomia, deixando de lado a autoridade apostólica que recebeste, a mesma de Pedro, recebida das mãos de Cristo»[15]. Depois, o autor recolhia em inglês e em italiano o material subtraído, em concreto as cartas de Álvaro del Portillo ao cardeal Baggio de 23 de abril e de 2 de junho, bem como o longo anexo à carta de 23 de abril. A leitura desses documentos evidenciava a falsidade das

---

(*) Cf. Relação do 6-X-79 ao 12-V-80 sobre o folheto *¿El nuevo rostro del* Opus Dei: *Prelatura Personal?*, em AGP, série L1.2, 1411. Desconhecemos quem foi a pessoa que subtraiu os documentos da Congregação para os Bispos. Em 1980, Javier Echevarría pediu a Francisco Ugarte – atual delegado do Opus Dei no México – «que saibamos perdoar desde o primeiro momento» (entrevista a Francisco Ugarte Corcuera, 19-I-2021). Por este acontecimento e por outros desencontros de anos posteriores, as autoridades do Opus Dei estabeleceram um relacionamento de respeito e de certa distância com os dirigentes da Legião de Cristo enquanto seu fundador continuou como superior geral (2005). Ao mesmo tempo, já então havia membros de ambas as instituições que mantinham boa amizade por motivos familiares ou de outro tipo, e hoje vive-se uma comunhão eclesial e uma colaboração serena. Em janeiro de 2021, os autores desta monografia entramos em contato com o religioso que enviou o panfleto a bispos dos cinco continentes; ele ratificou a substância dos fatos e nos pediu que não se revelasse o seu nome.

A HISTÓRIA DO OPUS DEI

acusações, mas era muito provável que os destinatários se limitassem a ler a introdução do libelo. De fato, suscitou a indisposição de alguns prelados, que se mostraram contrários à transformação do Opus Dei em prelazia pessoal.

A secretaria geral do Opus Dei emitiu um breve comunicado de imprensa para denunciar a falsidade do panfleto e manifestou sua vontade de trabalhar em estreita e leal comunhão com os bispos das dioceses[16]. Álvaro del Portillo informou ao prefeito da Congregação para os Bispos e lhe rogou que interviesse com urgência. O cardeal Baggio enviou o comunicado de imprensa do Opus Dei aos núncios dos países onde a Obra estava presente. Del Portillo também escreveu ao Papa João Paulo II: «Sei que o Santo Padre defenderá seus filhos e a suas filhas do Opus Dei»[17]. Pediu ainda aos conselheiros da Obra que visitassem os bispos diocesanos de suas circunscrições a fim de lhes explicar os fatos e prevenir mal-entendidos.

João Paulo II solicitou então à Congregação para os Bispos que completasse seu estudo por meio de uma comissão paritária, de caráter técnico, composta de representantes da congregação e do Opus Dei, todos especialistas em direito canônico. Por parte da Santa Sé foram designados Marcello Costalunga, subsecretário da congregação; Mario Pompedda, auditor da Rota Romana; e Mariano Oles, oficial da congregação. Representaram o Opus Dei Amadeo de Fuenmayor, decano da Faculdade de Direito Canônico da Universidade de Navarra; Xavier de Ayala, conselheiro regional do Opus Dei no Brasil; e Julián Herranz, que era então consultor do Conselho Geral[18].

A comissão reuniu-se pela primeira vez em 27 de fevereiro de 1980. Durante um ano, teve 25 sessões de trabalho e revisou uma ampla documentação relacionada com os aspectos jurídicos, históricos, pastorais e institucionais do Opus Dei. Um dos temas que se esclareceram foi que a expressão *prelazia pessoal «cum proprio» populo* não significava que os fiéis a integrar a porção do povo de Deus confiada ao prelado ficariam isentos de outras jurisdições eclesiásticas. Os leigos do Opus Dei permaneceriam sob a jurisdição dos ordinários locais em tudo o que o direito comum da Igreja especifica para a generalidade dos fiéis comuns. De fato, as relações do Opus Dei com os bispos permaneceriam substancialmente as mesmas[19].

18. O ITINERÁRIO JURÍDICO

A comissão paritária reuniu-se pela última vez em fevereiro de 1981. Seus membros votaram unanimemente a favor da criação da prelazia pessoal para o Opus Dei. Elaboraram um relatório de seiscentas páginas com a análise técnica em um volume e a documentação em outro. A comissão concluía: «O Opus Dei – como fenômeno pastoral realmente existente – possui as características e responde às exigências do *ius conditum* para ser transformado em prelazia pessoal. Tudo, sem prejuízo algum para os Ordinários locais»[20]. No dia 4 de abril, o cardeal Baggio apresentou ao Santo Padre a documentação e as conclusões da comissão paritária, junto com o rascunho dos estatutos da possível prelazia. João Paulo II disse que estudaria o material e daria uma resposta no dia 16 de maio[21].

Todavia, no dia 13 de maio, o Papa foi atingido por vários tiros em um atentado perpetrado na Praça de São Pedro. Álvaro del Portillo pediu de imediato aos membros da Obra que intensificassem a oração por João Paulo II e que oferecessem por ele a Missa e a Comunhão. A recuperação do Santo Padre foi lenta e complexa, agravada por uma infecção viral. No dia 20 de julho, da cama do hospital, disse ao prefeito da Congregação para os Bispos que desejava que o trabalho de transformação do Opus Dei prosseguisse – de modo concreto, com a leitura das conclusões da comissão paritária a cargo de uma comissão especial de cardeais[22].

Em agosto daquele ano de 1981, um segundo panfleto tratou de obstaculizar de novo o processo. Bispos de todo o mundo receberam um libelo anônimo que afirmava ser de um membro da Obra que necessitava desafogar sua consciência, pois o Opus Dei queria converter-se em uma *diocese universal* ou *Igreja paralela*. Além de estar fora do controle dos bispos – prosseguia o panfleto –, «o próprio Vaticano se submeteria» à Obra. O autor afirmava que uma prelazia de âmbito universal era «contrária à vontade do próprio Cristo» e que criaria em «cada diocese um regime eclesiástico com duas cabeças»[23]. A semelhança do conteúdo e do estilo entre este libelo e o precedente, o uso do mesmo método de distribuição e a presença de idênticos erros gramaticais nas traduções de textos castelhanos ao italiano e ao inglês sugeriam que os dois provinham de uma única fonte. O Opus Dei fez uma declaração pública na qual denunciou a falsidade do folheto e destacou especificamente que a Obra não desejava mudar suas rela-

A HISTÓRIA DO OPUS DEI

ções com os bispos das dioceses. No entanto, absteve-se de identificar o autor de ambos ataques[24].

Esta manobra anônima não conseguiu o que buscava. A comissão especial de cardeais deu parecer favorável em 26 de setembro. Dias depois – em 7 de novembro de 1981 –, o Santo Padre manifestou ao cardeal Baggio seu propósito de erigir o Opus Dei em prelazia pessoal e de aprovar os estatutos[25].

Antes de formalizar essa decisão e de torná-la pública, João Paulo II quis que fosse informada a todos os bispos das dioceses em que havia centros do Opus Dei. Deste modo, dava-se a eles a oportunidade de formular perguntas e manifestar possíveis observações. Cerca de dois mil bispos de 39 países receberam uma nota informativa com as características da prelazia que a Santa Sé desejava erigir. O relatório explicava que não seria uma prelazia *nullius* ou uma diocese pessoal e que seus fiéis permaneceriam sob a dependência dos bispos diocesanos, como qualquer outro fiel[26]. Dos mais de quinhentos bispos que responderam a nota informativa nos seis meses seguintes, uns quatrocentos expressaram sua satisfação; 68 mostraram algumas ressalvas ou perplexidades; e 76 pediram esclarecimentos ou manifestaram alguma crítica. O Papa pediu à Congregação para os Bispos que respondesse individualmente a cada um dos prelados que haviam formulado reservas ou que solicitavam esclarecimentos[27].

A Espanha representava um caso especial porque o Opus Dei estava muito desenvolvido nesse país. Em fevereiro de 1982, Gabino Díaz Merchán, presidente da Conferência Episcopal Espanhola, enviou à Congregação para os Religiosos duas cartas nas quais não ocultava certa apreensão e explicava que, na plenária da Conferência Episcopal, a maioria dos prelados havia votado uma proposta contrária à criação de uma prelazia pessoal para o Opus Dei; em outras ocasiões, havia escrito sobre esse particular ao cardeal Agostino Casaroli, secretário de Estado[28]. No entanto, mais de vinte bispos espanhóis manifestaram à Congregação para os Bispos seu agrado pela transformação do Opus Dei em prelazia pessoal.

Segundo o núncio Antonio Innocenti, o voto na Conferência Episcopal não foi tanto uma expressão do seu parecer sobre o estatuto jurídico da Obra, mas uma queixa ao Vaticano porque havia sido informada mas não consultada; além disso, tratava-se de uma

18. O ITINERÁRIO JURÍDICO

demonstração de apoio ao presidente da Conferência Episcopal, que havia sido criticado por enviar cartas à Santa Sé sobre este tema sem pedir o parecer de outros membros da Conferência. Num relatório de 15 de julho, o núncio dizia: «Apesar da situação existente na Espanha, penso que a medida prevista pela Santa Sé pode ser publicada. Desagradará a uma parte do episcopado»; acrescentava, ainda, que os mais cautos «apreciarão os benefícios que a certeza jurídica dará à pastoral diocesana nas relações com o Opus"[29].

Para monsenhor Innocenti, os prelados espanhóis reconheciam «o zelo e a eficácia das pessoas e iniciativas» do Opus Dei. No entanto – acrescentava –, alguns «não compreendem sua vontade de independência com relação aos Ordinários locais e às indicações da própria Conferência Episcopal»[30]. Os bispos achavam que esta atitude era particularmente evidente nos membros leigos da Obra porque, com suas atividades políticas e econômicas, comprometiam a Igreja sem que pudessem ser suficientemente controlados. Outro motivo de atrito para aqueles prelados eram «os sacerdotes diocesanos simpatizantes do Opus. Se afastam do resto do clero e seguem as indicações dos diretores da Obra, mesmo que sejam distintas das do Ordinário diocesano (Igreja paralela)»[31].

Em 5 de agosto de 1982, João Paulo II aprovou o projeto de ereção da prelazia do Opus Dei e o texto da declaração preparada pela Congregação para os Bispos. No dia 19 de agosto, a Congregação para os Bispos informou oficialmente a dom Álvaro que «o Santo Padre erigiu a Prelazia da Santa Cruz e Opus Dei e o nomeou Prelado desta instituição», estabelecendo o dia 23 como data para publicar a decisão e a declaração[32].

Monsenhor Gabino Díaz Merchán e monsenhor Fernando Sebastián, presidente e secretário da Conferência Episcopal Espanhola, respectivamente, viajaram a Roma numa tentativa final de modificar o processo. Depois de um longo e infrutífero encontro com o cardeal Sebastiano Baggio, falaram com João Paulo II em 21 de agosto[33]. O Papa os escutou e, segundo monsenhor Sebastián, respondeu-lhes em termos semelhantes a estes: «O Opus Dei tem um problema institucional, é preciso avaliá-lo em seu âmbito de implantação universal; estudou-se uma solução que está prevista no Direito da Igreja, com a qual eles estão de acordo, e depois de muitos estudos é compatí-

A HISTÓRIA DO OPUS DEI

vel com os caminhos jurídicos já previstos. Na Igreja, temos de favorecer o que cresce, todos têm de se sentir acolhidos, e, se a solução que se previu é do seu agrado, eles trabalharão melhor, contentes, e será um bem para todos. Com o tempo verão que tudo será para o bem da Igreja»[34].

No dia 23 de agosto, a sala de imprensa da Santa Sé anunciou em um breve comunicado a decisão do Papa de erigir o Opus Dei em prelazia pessoal. Acrescentava também que a publicação do documento se adiava por «razões técnicas»[35]. Estas *razões* parecem ter sido o resultado da entrevista de João Paulo II com os bispos espanhóis: o Papa havia resolvido publicar o decreto de ereção canônica depois de sua visita à Espanha, que durou de 30 de outubro a 9 de novembro[36].

O anúncio da decisão do Papa alegrou todos os membros, cooperadores e amigos do Opus Dei. O integrante da comissão paritária que parecia no início mais cético sobre a ereção da prelazia pessoal – monsenhor Pompedda – enviou um telegrama a Álvaro del Portillo dizendo-lhe: *Haec est dies quam fecit Dominus* (Este é o dia que fez o Senhor)[37]. Del Portillo disse ao cardeal Baggio, que havia se esmerado em concluir o processo, apesar da oposição: «Sei perfeitamente que devemos tudo à bondade e ao senhorio de V. E. e à benignidade do Santo Padre»[38]. Contudo, o adiamento da ereção do Opus Dei em prelazia pessoal acrescentava um novo motivo de inquietação. Del Portillo também confiou a Baggio: «Nestes momentos, nos quais toco a realidade de que o Senhor abençoa com a Cruz, sinto-me movido a escrever a V. E., porque a carga fica mais leve para mim ao pensar no carinho, na compreensão, na ajuda, no amor sincero à Igreja e às almas, que vi brilhar de modo particular em todas as intervenções de V. E.»[39]

Durante aquele verão de 1982, reiteraram-se informações recorrentes nos meios de comunicação que pareciam estar pensadas para alterar a decisão do Papa no último instante. Alguns jornais acusaram o Opus Dei de dois escândalos. Um estava relacionado com a loja maçônica Propaganda Due (P2); o outro, com a morte de Roberto Calvi, presidente de um banco católico que foi encontrado enforcado num período em que sua entidade bancária sofria uma grave crise financeira. Ainda que a acusação de que o Opus Dei estava vinculado a esses acontecimentos carecesse de fundamento, as

18. O ITINERÁRIO JURÍDICO

notícias invadiram a imprensa internacional. No entanto, não influíram em João Paulo II[40].

Finalmente, no dia 28 de novembro de 1982, *L'Osservatore Romano* tornou público que o Papa havia erigido a Sociedade Sacerdotal da Santa Cruz e Opus Dei em prelazia pessoal e que havia nomeado Álvaro del Portillo prelado. O anúncio oficial incluía a declaração *Praelaturae personales*, de 23 de agosto, onde se explicava a natureza e estrutura da nova figura jurídica, a autoridade do prelado e suas relações com os bispos locais[41]. O prefeito da Congregação para os Bispos, cardeal Baggio, escreveu no jornal vaticano um artigo intitulado «Um bem para toda a Igreja», em que resumia as razões espirituais e eclesiais que sustentavam a decisão do Papa de transformar o Opus Dei em prelazia pessoal. Com este ato, se transformava «em realidade viva e operativa uma nova estrutura eclesiástica predisposta pelo Concílio, mas que havia permanecido até agora como mera possibilidade teórica»[42]. Além disso, Marcello Costalunga, subsecretário do dicastério para os Bispos, descrevia a ereção do Opus Dei em prelazia pessoal como «um ato que constitui uma pedra miliar no caminho do desenvolvimento promovido pelo Concílio dentro do campo doutrinal e jurídico». Sublinhava que «a nova configuração jurídica do Opus Dei conserva inalteradas, precisando ainda mais, as normas que regularam até agora as relações da instituição com os Bispos diocesanos e as Igrejas particulares»[43].

Nesse dia, Álvaro del Portillo escreveu a João Paulo II: «Obrigado, Santo Padre, por ter feito mais seguro o nosso caminho para a santidade e o nosso serviço à Igreja universal e às Igrejas locais e seus Pastores. Tentaremos pagar esta dívida de reconhecimento com mais abundantes orações pela Pessoa de Vossa Santidade; e o mesmo farão, ao longo do tempo, todas as almas que o Senhor quererá enviar ao Opus Dei»[44].

Faltava ainda o passo definitivo. A ereção pontifícia de um ente pertencente à organização hierárquica da Igreja torna necessária sua execução com um documento de máximo nível, uma constituição apostólica, que costuma ser consignada em forma de bula, com o texto definitivo. E, enquanto se preparava essa cerimônia, que ocorreu três meses e meio mais tarde, surgiram mais dificuldades.

O *Código de Direito Canônico* estava em sua fase final de prepa-

A HISTÓRIA DO OPUS DEI

ração. Os quatro cânones relacionados com a figura das prelazias pessoais formavam parte do Livro II (O Povo de Deus), Título II (A constituição hierárquica da Igreja), Seção II (Igrejas particulares e prelazias pessoais). Por sugestão do cardeal Ratzinger, a comissão de cardeais encarregada da revisão última do texto considerava a possibilidade de trasladar os quatro cânones sobre as prelazias pessoais a outro lugar, de modo que ficasse claro que não eram Igrejas particulares. O Opus Dei admitia sem reservas que uma prelazia pessoal não é uma Igreja particular. Insistia, no entanto, em que as prelazias pessoais formassem parte da estrutura hierárquica da Igreja. E, por esta razão, desejava que os cânones sobre as prelazias pessoais estivessem no Título II[45]. Finalmente, em janeiro de 1983, a comissão de cardeais decidiu mover esses cânones ao Título I (Dos fiéis cristãos).

Imediatamente, o cardeal Baggio assegurou a Julián Herranz – para que o transmitisse a del Portillo – que o deslocamento de posição não levava consigo modificações no conteúdo dos cânones ou nos documentos relacionados com a ereção do Opus Dei em prelazia pessoal[46]. Uns dias mais tarde, João Paulo II assegurou a Álvaro del Portillo, em uma audiência, que a mudança de lugar não afetaria os documentos com os quais o Opus Dei seria erigido em prelazia[47]. Em 17 de janeiro, o cardeal Baggio testemunhou em uma carta dirigida a del Portillo que o Santo Padre lhe havia dito que o traslado dos cânones não modificava a natureza das prelazias pessoais, pois eram «estruturas jurisdicionais, com caráter secular e hierárquico, erigidas pela Santa Sé para a realização de peculiares atividades pastorais, como estabeleceu o Concílio Vaticano II»[48]. Além disso, apontava que a modificação não afetava os documentos com os quais a Santa Sé estabelecia o Opus Dei como prelazia pessoal, nem a sua dependência da Congregação para os Bispos.

Logo apareceu mais um problema, neste caso com o texto do cânon 296. O *Código de Direito Canônico* falava de «incorporação» dos leigos, homens e mulheres, às prelazias pessoais; no entanto, nas segundas provas para impressão do *Código,* utilizou-se o sintagma «cooperação orgânica» nas obras apostólicas da prelazia. Após esta modificação, alguns canonistas afirmaram que os leigos não eram realmente membros da prelazia, mas simples auxiliares ou associados. Portanto,

18. O ITINERÁRIO JURÍDICO

as prelazias pessoais estariam compostas somente pelo prelado e seu clero. Os leigos podiam associar-se, mas não tinham direitos e deveres regulados pela jurisdição do prelado, nem sua incorporação era completa e permanente[49].

Se esta interpretação se refletisse na versão final da bula que continha a constituição apostólica na qual se erigia o Opus Dei como prelazia pessoal, se debilitaria toda a sua estrutura jurídica e teológica. De fato, é o que esteve a ponto de ocorrer. Em fevereiro, Julián Herranz soube que o texto latino da bula que se preparava nos escritórios da secretaria de Estado indicava que o prelado não teria jurisdição sobre os leigos do Opus Dei. Portanto, não seriam verdadeiros membros, mas simples associados. Del Portillo reagiu com energia em uma carta enviada ao substituto da secretaria de Estado: «Seria uma pena que publicassem uma Bula com inexatidões que me obrigassem a recorrer ao Santo Padre para que fossem retificadas, uma vez que estaria deturpada a realidade orgânica da Obra, sem mencionar que ficaria mal a autoridade do próprio Santo Padre se a Bula não estivesse de acordo com a *Declaratio* que foi publicada já em todo o mundo e muito bem recebida em todos os lugares, e na qual consta a aprovação desse Documento por parte do Papa»[50].

Esta última dificuldade se resolveu com um novo texto, conforme com a natureza jurídica do Opus Dei, que del Portillo recebeu em princípios de março. A constituição apostólica *Ut sit* apresentava o Opus Dei «como um organismo apostólico composto de sacerdotes e leigos, tanto homens como mulheres, que é ao mesmo tempo orgânico e indiviso, isto é, dotado de unidade de espírito, de fim, de regime e de formação espiritual». Explicava que a jurisdição do prelado «estende-se aos clérigos nela incardinados, como também, só no que se refere ao cumprimento das obrigações peculiares assumidas pelo vínculo jurídico, mediante convenção com a Prelazia, aos leigos que se dedicam às tarefas apostólicas da Prelazia»[51].

Enfim, a solene cerimônia de inauguração da prelazia e da entrega oficial da bula pontifícia teve lugar no dia 19 de março de 1983, na Basílica de Santo Eugênio de Roma. Presidiu o ato o monsenhor Romolo Carboni, núncio apostólico.[52]

Em uma longa carta pastoral dirigida aos membros do Opus Dei, monsenhor Álvaro del Portillo apontou as melhoras aqui-

A HISTÓRIA DO OPUS DEI

latadas com a figura jurídica da prelazia pessoal. Até aquele momento, a unidade jurídica do Opus Dei como entidade composta de sacerdotes e leigos, homens e mulheres, estivera baseada em um privilégio, concedido pela Santa Sé, que havia sido ameaçado em alguns momentos*. A ereção do Opus Dei em prelazia pessoal e a aprovação de seus Estatutos pelo Papa confirmavam e reforçavam a unidade jurídica do Opus Dei como aplicação das disposições do novo *Código de Direito Canônico*[53].

O estatuto jurídico também protegia, como precisou, «o nosso espírito e ascética claramente seculares, bem como os modos específicos próprios do apostolado do Opus Dei». Del Portillo sublinhava assim que a nova figura jurídica reconhecia que a plena secularidade dos membros da Obra e dos sócios da Sociedade Sacerdotal da Santa Cruz não era uma mera classificação legal ou um método apostólico, mas algo de acordo com a sua natureza. O mundo, prosseguia, é «o lugar onde nos coloca o Senhor, bem metidos em seu Coração, para fazer a sua Obra, para santificar este mundo, no qual compartilhamos as alegrias e as tristezas, os trabalhos e as distrações, as esperanças e as tarefas cotidianas dos demais cidadãos, nossos iguais». Secularidade «significa, insisto, uma conatural participação no mais sério da vida: no trabalho bem realizado, no bom cumprimento das obrigações familiares e sociais, na participação nas dores dos homens e nos esforços para construir em paz e de cara a Deus a cidade terrena»[54].

O prelado pensava que o longo e complexo processo havia sido em si mesmo um dom de Deus: «A Obra, *firme, compacta e segura,* bem unida ao nosso Padre na mesma intenção, rezou, sofreu, esperou, trabalhou. E isto significou um imenso bem para o Opus Dei e para a Igreja inteira». Resumindo os dilatados anos de esperança e de sofrimento, prosseguia: «Tudo, tudo o que o Senhor atuou ou permitiu que se cumprisse com a Obra conduzia a isto: a formar, deste pobre barro nosso, bons amigos seus. Vejam: planejou tudo, com uma sapiente estratégia, para a nossa santificação. E, como muito

---

(*) No capítulo 7 («As aprovações pontifícias») resume-se a tentativa de dividir o Opus Dei nos anos 1951-1952. Escrivá de Balaguer desejava que a figura jurídica que se aplicasse ao Opus Dei não fosse um privilégio, mas parte do direito comum.

18. O ITINERÁRIO JURÍDICO

bem sabem, em toda a tarefa santificadora, a iniciativa pertence ao Espírito Santo, que derrama sobre os homens o seu Amor Misericordioso. Não o esqueçamos jamais: a Obra é principalmente trabalho de Deus, *Opus Dei*, por isto sua história é a *história das misericórdias divinas*». E, acrescentava, «tudo foi operado e permitido por Deus, para que sejamos bons filhos seus»[55].

Del Portillo especificava com detalhes os benefícios recebidos pelo Opus Dei durante o processo jurídico: «Aprendemos a trabalhar face a Deus, sem esperar pagamentos terrenos. Aprendemos a querer os que, pelo motivo que fosse, não entendiam ou não queriam entender o nosso caminho. Aprendemos a ter paciência e o perdão fácil quando alguns – movidos pelo diabo ou ingenuamente equivocados – nos caluniavam com perseverantes campanhas denigratórias. O Senhor nos confirmou em nosso amor grande por todos os que trabalham por Ele, compreendendo e estimando muito deveras a generosidade e o sacrifício de tantas almas boas – sacerdotes, religiosos e religiosas, leigos – que servem à Igreja. O Senhor nos urgiu a querer cada dia mais o Papa: quantas longas horas de oração do nosso Padre pelo Romano Pontífice e que injeção de *romanidade* infundia em toda a Obra! Sentimos a urgência e o dever de rezar mais intensamente por todos os Bispos e nos entregamos, com afã de unidade, no serviço às dioceses onde trabalhamos»[56].

Primeiros passos da nova figura

A ereção do Opus Dei em prelazia pessoal iniciou uma nova etapa de sua história. Del Portillo explicou algumas particularidades que afetavam o Opus Dei em diversas notas enviadas às distintas circunscrições da Obra. Por exemplo, esclareceu que a forma de incorporação temporária e definitiva ao Opus Dei se faria por meio de uma declaração de tipo contratual e que as relações com os bispos diocesanos não se tinham modificado. Também recordou que, durante muitos anos, Escrivá de Balaguer havia pedido aos membros do Opus Dei que rezassem pela solução jurídica com a oração *Cor Mariae dulcissimum, iter para tutum!* [Coração Dulcíssimo de Maria, prepara um

A HISTÓRIA DO OPUS DEI

caminho seguro]. Agora que havia sido erigida a prelazia pessoal, del Portillo sugeriu o acréscimo de uma nova invocação: *iter para et serva tutum!* [prepara e conserva o caminho seguro].

Também explicou que a prelazia pessoal do Opus Dei não é uma diocese ou outro tipo de Igreja particular, e isso por pelo menos dois motivos: os leigos pertencem tanto à diocese onde vivem como à prelazia pessoal; e só aqueles que têm vocação específica podem se incorporar ao Opus Dei, diferentemente das dioceses, que não exigem condições especiais de pertença. Ao mesmo tempo, a prelazia do Opus Dei se assemelha a uma diocese no sentido de que integra a estrutura ordinária da Igreja e é uma realidade na vida eclesial que pressupõe e implica a atividade laical e sacerdotal em mútua relação orgânica[57].

Uma vez erigido o Opus Dei em prelazia pessoal, circularam rumores no Vaticano sobre uma iminente ordenação episcopal de Álvaro del Portillo*. Logo que ouviu esses boatos, o interessado solicitou uma audiência com João Paulo II. Explicou-lhe que durante anos haviam rezado na Obra para conseguir a aprovação definitiva. E depois acrescentou: «Se agora sou nomeado bispo, o diabo pode fazer alguém pensar que fiz rezar tanto para que eu seja bispo; e isto não é verdade, e eu não quero escandalizar ninguém. Ou seja, Santo Padre, não posso aceitar. E se for tido por necessário que o prelado seja bis-

---

(*) A função do prelado do Opus Dei também é, em muitos sentidos, semelhante à de um bispo diocesano, pois, desde o momento em que é nomeado prelado pelo Papa, goza de jurisdição ordinária e própria, não vicária. Sua consagração episcopal é teológica e juridicamente coerente com a missão que desempenha, ajudado por seu presbitério, para o bem da parte do povo cristão que lhe está confiada. O motivo desta autoridade se encontra na relação orgânica dos sacerdotes e dos leigos do Opus Dei, própria da constituição hierárquica da Igreja, que se estrutura pelos sacramentos da ordem e do batismo. Por isso, muitos canonistas e teólogos apontam que existem importantes razões jurídicas e teológicas para que o prelado do Opus Dei seja bispo, como, por exemplo, que o prelado chame às ordens sagradas aos candidatos ao sacerdócio. Cf. Javier Echevarría, «El ejercicio de la potestad de gobierno en las prelaturas personales», *Romana* 40 (2005) 9394; Fernando Ocáriz, «Reflexiones teológicas sobre la ordenación episcopal del Prelado del Opus Dei, *Palabra* 310 (1991/II) 92-95; Velasio De paolis, «Nota sul titolo di consacrazione episcopale», *Ius Ecclesiae* 14 (2002) 59-79; Juan Fornés, «Prelado del Opus Dei», em José Luis Illanes (coord.), *Diccionario de san Josemaria Escrivá de Balaguer,* Monte Carmelo – Instituto Histórico San Josemaria Escrivá de Balaguer, Burgos, 2013, pp. 1007-1012.

18. O ITINERÁRIO JURÍDICO

po, eu desde este momento ponho meu cargo em suas mãos. Então [o Papa] me disse: "Não, fique tranquilo"»[58].

Desde então, Álvaro del Portillo rezou para que seu sucessor fosse bispo, pois achava que ele já não receberia o sacramento. No entanto, em fins de 1990, o cardeal Bernardin Gantin, prefeito da Congregação para os Bispos, informou-lhe que o Santo Padre desejava ordená-lo. Com a permissão do cardeal Gantin, del Portillo, que tinha 76 anos, consultou Javier Echevarría, vigário geral da Obra, que lhe respondeu que não se tratava de um reconhecimento pessoal, mas de algo conveniente para um melhor serviço a Deus da prelazia. Além disso, se o primeiro prelado fosse bispo, seria mais fácil que também o fossem seus sucessores. Movido por estas razões e por seu desejo de fazer o que o Papa quisesse, del Portillo aceitou[59]. Pouco depois, confiou aos membros da Obra que viviam e trabalhavam na sede central de Roma: «O Prelado receberá o Sacramento da Ordem em plenitude: haverá uma nova efusão do Espírito Santo sobre a cabeça da Obra e, pela comunhão dos santos, de algum modo, sobre todo o Opus Dei. Será um impulso para a Obra em todo o mundo, um grande dom de Deus, porque deste modo o Prelado formará parte do Colégio Episcopal e será sucessor dos Apóstolos»[60].

João Paulo II ordenou Álvaro del Portillo bispo, junto com outros onze, no dia 6 de janeiro de 1991, em cerimônia celebrada na Basílica de São Pedro. A ordenação não modificou as relações do Opus Dei com os bispos das mais de trezentas dioceses nas quais estava presente. Fernando Ocáriz, que mais adiante seria o terceiro sucessor do fundador, escreveu: «A relação da Prelazia com as Igrejas particulares é necessariamente uma relação de serviço: toda a atividade do Opus Dei está orientada a colaborar na intensificação da vida cristã dos fiéis das Igrejas particulares (pertençam ou não ao Opus Dei)»[61].

Semanas mais tarde, o prelado conferiu o diaconato a alguns fiéis do Opus Dei e, no mês de setembro, ordenou como presbíteros a outro grupo. Nos dois anos seguintes, até o seu falecimento, ordenou outros membros da Obra candidatos ao sacerdócio. Também administrou a fiéis da diocese de Roma o sacramento da confirmação. E, como bispo, participou em vários sínodos organizados pela Santa Sé.

Entre os membros da Obra, não foi difícil a compreensão da prelazia pessoal. No entanto, alguns bispos diocesanos e personalidades

A HISTÓRIA DO OPUS DEI

da Igreja não entenderam bem a figura jurídica. Sem dúvida, a difusão da constituição *Ut sit* na imprensa e nas publicações católicas ajudou a explicar a realidade espiritual e canônica do Opus Dei e a que se apaziguassem algumas polêmicas. Mas, dado que a prelazia pessoal representava uma notável novidade na Igreja, alguns prelados e professores universitários acharam que essa figura não se alinhava à natureza e à estrutura do Opus Dei.

Em particular, vários canonistas e teólogos entendiam a Igreja quase exclusivamente como uma organização territorial baseada nas Igrejas particulares. Em seu pensamento, uma prelazia pessoal só podia ser uma associação de sacerdotes unidos em torno de um prelado para servir com o seu ministério em dioceses diferentes. Alguns leigos estariam associados à prelazia, mas de modo externo. Essa concepção não dava espaço para que um operário, uma enfermeira ou um bancário fossem membros de pleno direito de uma prelazia.

Houve membros de ordens religiosas que reconheceram a novidade e a potencial importância das prelazias pessoais, entendendo que os leigos podiam se incorporar plenamente[62]. Outros, no entanto, caracterizaram as prelazias pessoais como associações clericais, e não como parte da estrutura hierárquica ordinária da Igreja, e negaram que os leigos pudessem se incorporar a elas. Um dos acadêmicos que sustentou este ponto de vista foi o jesuíta Gianfranco Ghirlanda, professor de Direito Canônico da Universidade Gregoriana[63]. Outro professor com pensamento semelhante é o paulino Giancarlo Rocca. Em 1985, publicou um livro no qual argumentava que os leigos não podiam ser verdadeiros membros de uma prelazia pessoal. Apresentava a história do Opus Dei como uma complexa busca de identidade e sugeria que sua transformação em prelazia pessoal não estava de acordo com as intenções do fundador[64].

Esses pontos de vista encontraram certo eco na Santa Sé. Em fevereiro de 1986, del Portillo escreveu uma longa carta ao cardeal Casaroli, secretário de Estado, sobre a «tenaz oposição que alguns religiosos levantam, desde há anos, contra a figura jurídica das prelazias pessoais»[65]. Sem mencionar sua influência a partir da secretaria de Estado, pedia a Casaroli que fizesse o possível para evitar que essa campanha contra o Opus Dei fosse mais longe.

18. O ITINERÁRIO JURÍDICO

Outra fonte de preocupação foi a posição do cardeal Ratzinger, prefeito da Congregação para a Doutrina da Fé, que nesse momento também não achava que as prelazias pessoais formassem parte da estrutura ordinária da Igreja. Estava em sintonia com as opiniões de Winfried Aymans, professor da Universidade de Munique, cujo pensamento sobre a estrutura hierárquica dava tal importância ao território e às Igrejas particulares que não deixava espaço nessa estrutura para as prelazias pessoais[66].

O entorno canônico da prelazia em abril de 1985 era tão pouco claro que del Portillo, numa carta ao Papa João Paulo II, o qualificou como uma «situação ainda instável juridicamente»[67]. Naquela época, alguns canonistas especialistas em prelazias pessoais e em sua aplicação ao caso concreto do Opus Dei tratavam de explicar esta nova figura jurídica – e, concretamente, a cooperação orgânica de sacerdotes e leigos – aos funcionários do Vaticano, aos bispos diocesanos, aos teólogos e aos canonistas profissionais[68].

O sucesso foi pequeno, pois nos anos 1985-1986 malograram-se algumas oportunidades de aplicar a figura da prelazia pessoal a outros entes eclesiásticos. Foi o caso dos militares católicos e suas famílias, que, por suas singulares circunstâncias de vida, exigem um atendimento pastoral peculiar. Nesses anos, haviam sido feitos os estudos oportunos, e tudo estava preparado para que a Santa Sé aprovasse as prelazias militares. No entanto, em 21 de abril de 1986, promulgou-se a constituição apostólica *Spirituali militum curae,* que criava a figura dos ordinariatos militares, que proporcionam atendimento pastoral de pessoas que pertencem às forças armadas ou estão em relação com elas. Essas circunscrições eclesiásticas pessoais, juridicamente assimiladas à diocese, são de algum modo um tipo específico de prelazia pessoal porque ambas as circunscrições eclesiásticas contam com um ordinário com potestade própria e cumulativa com a do bispo diocesano, dotado de clero próprio e fiéis (que o são tanto do ordinariato como da diocese). Mas o direito não as denomina prelazias, e sim ordinariatos[69].

Em 1989, três membros do Opus Dei – Amadeo de Fuenmayor, Valentín Gómez-Igrejas e José Luis Illanes – publicaram uma minuciosa história sobre a evolução jurídica do Opus Dei desde a sua fundação até a ereção como prelazia pessoal: *El itinerario jurídico del Opus Dei.*

A HISTÓRIA DO OPUS DEI

Historia y defensa de un carisma. O livro explica de modo detalhado o espírito do Opus Dei e sua adequação ao direito da Igreja, com um resumo das diversas aprovações, primeiro na diocese de Madri-Alcalá e depois na Santa Sé. Inclui também um extenso apêndice documental. Ainda que não mencionasse Rocca ou outros autores que argumentam que os leigos não podem ser membros de pleno direito das prelazias pessoais, refutava essa postura, bem como a afirmação de que o Opus Dei não tivesse definido bem sua identidade[70].

Em 1985, o Opus Dei iniciou a publicação semestral de seu boletim oficial – *Romana. Bollettino della Prelatura della Santa Croce e Opus Dei* – na versão italiana e, pouco depois, também em espanhol e inglês. O título havia sido escolhido nos anos 1960 pelo fundador, a fim de sublinhar o caráter universal da missão pastoral do Opus Dei. O boletim está pensado, sobretudo, para oferecer informações às autoridades eclesiásticas e civis, aos fiéis do Opus Dei, aos cooperadores e às pessoas que se beneficiam de suas atividades. Está disponível por assinatura e *on-line*. Cada número conta com um editorial e seções dedicadas ao Papa e à Santa Sé, ao prelado do Opus Dei e a São Josemaria; também inclui notícias da vida da Obra, iniciativas apostólicas e profissionais de seus fiéis, uma lista dos fiéis da prelazia e dos sócios da Sociedade Sacerdotal da Santa Cruz falecidos no último semestre, assim como um ensaio teológico ou canônico.

Romana oferece muita informação sobre o prelado e a composição dos órgãos de governo, tanto de Roma como das circunscrições do Opus Dei no mundo. Desde o ano de 2019, também resume a situação econômica da prelazia.

19. CRESCIMENTO

Evolução numérica

Durante as duas décadas nas quais Álvaro del Portillo esteve à frente do Opus Dei, a instituição cresceu 140% (45.700 membros): dos 32.800 de 1975 aos 78.500 de 1994. O número de mulheres quase triplicou, pois passou de 17.200 a 45.900. A seção masculina duplicou os 15.600, chegando aos 32.600. O incremento foi menor durante o período entre 1984 e 1994 (16.800 pessoas) do que nos anos entre 1975 e 1984 (28.900). O menor crescimento foi especialmente marcado entre os homens, que aumentaram em 12.400 membros durante a primeira década e 4.600 durante a segunda. As mulheres, por contraste, somaram 16.500 na primeira década e 12.200 na segunda. Ao final dos anos de del Portillo, as mulheres da Obra eram 58% do total de membros[1].

Nesses anos, foram ordenados 873 sacerdotes do presbitério do Opus Dei, incluindo 31 adscritos. O número de sacerdotes diocesanos que pertenciam à Sociedade Sacerdotal da Santa Cruz cresceu em quase seiscentos. Desde 1983, os seminaristas que se sentiam chamados solicitavam a condição de aspirantes da Sociedade Sacerdotal, a fim de se formarem no espírito da Obra; com efeito, só podiam se associar após receberem a ordenação diaconal[2].

Houve várias circunstâncias a afetar o ritmo de incorporações à Obra: umas relacionadas com a evolução social e cultural e outras, com os processos de vinculação ao Opus Dei. Por um lado, o menor número de pessoas que abraçavam o celibato na Igreja afetou também o Opus Dei a partir de meados dos anos 1980, ou seja, os numerários,

A HISTÓRIA DO OPUS DEI

as numerárias auxiliares e os adscritos. Por outro, em 1979 del Portillo indicou que, se não houvesse verdadeira necessidade, não se atrasasse a data de incorporação à Obra daqueles que haviam solicitado a admissão e ainda mantinham dúvidas sobre sua continuidade na instituição. Além disso, em algumas regiões, muitos dos jovens que pediram admissão não chegaram a se incorporar ao Opus Dei. Na Espanha, por exemplo, no período entre 1983 e 1985, cerca de 3.400 mulheres pediram para ser admitidas e 1.700 delas não perseveraram – 850 nos primeiros dezoito meses meses[3]. Neste caso, estavam em fase de discernimento prévio, pois, além de não terem ainda se incorporado, em muitos casos não haviam chegado aos dezoito anos.

Também na Espanha, o número de pedidos de admissão como numerários entre os jovens do ensino médio permaneceu estável. No ano acadêmico de 1981-1982, 172 estudantes homens solicitaram a admissão[4]; e, durante 1991-1992, pediram para ser do Opus Dei 174[5]. No entanto, o número de universitários caiu notavelmente durante a segunda década de Álvaro del Portillo. Assim, em 1978, 208 universitários pediram admissão ao Opus Dei na Espanha, enquanto, em 1991-1992, somente 36 estudantes o fizeram nas dezessete residências e 22 centros para universitários da região espanhola[6]. A mesma dificuldade ocorreu em relação aos adscritos; por exemplo, entre 1983 e 1985, na Espanha, 385 mulheres pediram admissão como adscritas, mas um número considerável delas – 332 – não se incorporou depois[7]. Essas diminuições eram relevantes porque indicavam que a atividade apostólica tinha limitações. Além disso, essa região contribuía com parte considerável dos numerários que faziam o Opus Dei se arraigar em novas regiões ou se trasladavam a outras para colaborar na expansão do conteúdo evangélico da Obra[8]. Por outro lado, a Espanha necessitava de braços para continuar o desenvolvimento dos projetos apostólicos iniciados pelos que agora estavam aposentados e doentes ou já haviam falecido.

Com relação às numerárias auxiliares, o número das que pediram admissão variou notavelmente entre as regiões, tanto pela extensão do Opus Dei nessas localidades como pela visão – atraente ou não – que se tinha do trabalho no setor da hotelaria. Na Espanha, no México e em outras nações com numerosa população rural, essa qualificação profissional era uma opção válida para as jovens que

19. CRESCIMENTO

desejavam educar-se mais e deixar as áreas rurais onde não havia muitas oportunidades nem expectativas. Nesses contextos, foi relativamente simples encontrar estudantes interessadas nos centros de formação profissional e residências que ofereciam capacitação hoteleira. As estudantes recebiam aulas de educação geral e do lar e, no caso das residências, trabalhavam durante meio período na Administração[9]. Durante esse tempo, conheciam mais as pessoas e atividades do Opus Dei, e algumas descobriam sua chamada para a Obra como numerárias auxiliares.

Em 1978, 355 mulheres pediram admissão ao Opus Dei como numerárias auxiliares: 129 na Espanha; 78 no México; 35 nas Filipinas; nove na Argentina e Brasil; e as demais no resto das regiões. Um bom número de mulheres que inicialmente se sentiram atraídas com a vocação de numerária auxiliar mudou de opinião por motivos pessoais ou porque encontrou uma oposição de seus pais ou amizades. Em doze das 28 regiões das quais há estatísticas para esse ano de 1978, o número de numerárias auxiliares que não continuaram na Obra representa pouco mais de um terço das que pediram a admissão. Na Espanha, a situação era especialmente complexa, pois, das 129 jovens que pediram admissão como numerárias auxiliares, 102 não se incorporaram depois ao Opus Dei[10].

Dado que o número de possíveis vocações que depois não perseveravam era significativo, o governo central do Opus Dei respondeu a esta situação de vários modos: urgiu a que as pessoas da Obra cultivassem uma profunda vida interior de oração e sacrifício; solicitou que se cuidasse do acompanhamento espiritual e do discernimento de cada um; e pediu que se zelasse com esmero pela formação cristã e pelo ensino do espírito da Obra às novas vocações. Esta tarefa repercutiu especialmente nos conselhos locais dos centros, que, em algumas ocasiões, se caracterizaram por uma excessiva juventude, uma escassa experiência e pouca capacidade de assumir as responsabilidades[11].

Em algumas regiões preocupava o alto número de numerários e numerárias que se dedicavam em tempo integral ao governo – comissões e assessorias regionais, delegações –, aos conselhos locais, aos colégios, obras corporativas e labores pessoais, bem como às administrações das casas. Ainda que trabalhar nessas ocupações fosse algo

A HISTÓRIA DO OPUS DEI

enriquecedor, logicamente reduzia o número dos que exerciam sua profissão em outros lugares. Em vários casos, sobretudo entre as mulheres, este fenômeno mostrou-se mais acentuado. Na região da América Central, por exemplo, só 10% das numerárias trabalhavam em outras atividades; no Peru, 14%; no México, 17%; na Itália, 22%; e na Espanha, 36% das numerárias e 66% dos numerários (sem contar, neste último caso, os que exerciam a docência em iniciativas educacionais corporativas ou com empregos de meio período)[12].

Este particular afetou os numerários. A grande maioria dos supernumerários e adscritos trabalhava na mesma ocupação ou profissão que teria se não fosse da Obra. Mas, dada a visibilidade dos numerários, a alta porcentagem deles desempenhando atividades institucionais trazia o perigo de desfocar o entendimento da vocação ao Opus Dei. Por este motivo, a Assessoria Central urgiu as regiões para que se corrigisse essa situação, de modo a que houvesse mais numerárias com dedicação a outros empregos em pelo menos uma parte de sua vida profissional[13]. Contudo, naquele momento só se pôde oferecer como solução o crescimento do número de incorporações de numerárias, sem que diminuísse proporcionalmente o das que se dedicavam ao governo, às administrações dos centros e a ações corporativas.

Novos países

Quando morreu Escrivá de Balaguer, havia centros do Opus Dei em 32 países. Durante as duas décadas seguintes, somaram-se mais 21 nações: Bolívia (1978); Honduras, Hong Kong, Zaire (Congo) e Costa de Marfim (1980); Trinidad e Tobago (1981); Singapura (1982); Suécia (1984); Taiwan (1985); Finlândia (1987); República dos Camarões, República Dominicana e Nova Zelândia (1988); Macau (1989); Polônia (1990); Checoslováquia (1991); Hungria e Nicarágua (1992); Israel e Índia (1993); e Lituânia (1994)[14].

Membros do Opus Dei de todo o mundo trataram de conhecer cidadãos das nações onde a Obra ainda não tinha presença corporativa ou a estava iniciando, com a esperança de que alguns deles

19. CRESCIMENTO

recebessem a chamada ao Opus Dei e ajudassem a expandi-lo em seus países de origem[15]. No entanto, a maior parte dos que começaram as atividades do Opus Dei em novos países era estrangeira. A Espanha continuou contribuindo com muitas pessoas, necessárias para estabelecer a Obra em novos lugares ou para fortalecer sua presença em locais onde era pequeno o número de autóctones que haviam pedido admissão. Por exemplo, no período entre 1977 e 1985, um pouco mais de trezentas numerárias saíram da Espanha para outras regiões[16].

No final dos anos 1980, em menor escala, muitas pessoas da região das Filipinas iniciaram atividades do Opus Dei em outros países da Ásia e ajudaram a expansão em outros continentes. Em 1987, as mulheres da Obra nas Filipinas prepararam estudantes universitárias para irem à Austrália, Estados Unidos e Canadá[17].

Nos novos países, o trabalho da Obra em geral começou com um centro de homens e, posteriormente, outro de mulheres, de modo a que os sacerdotes pudessem assessorá-las em sua chegada e lhes prestar atendimento ministerial. Onde era possível, o grupo inicial incluía pelo menos uma pessoa do país, como Fernanda Mallorga, dominicana que havia pedido a admissão em Barcelona em 1959 e que começou as atividades da Obra em seu país de origem em 1989[18]. De todo modo, evitou-se que todo o grupo fosse de uma só nacionalidade. De início, as reuniões nos centros em geral se limitaram a encontros e conferências – às vezes com professores e profissionais de prestígio –, meditações e dias de recolhimento, além do apostolado individual de cada um. Mais para frente, as pessoas da Obra e os cooperadores pensaram em outros projetos, como a instalação de uma casa para convivências e retiros, um centro de formação para as tarefas do lar, uma academia de idiomas ou uma escola de ensino fundamental e médio.

Os que fariam germinar a Obra em outro país passavam uns dias em Roma, junto ao prelado e aos diretores centrais, para se prepararem para a iminente aventura que enfrentariam. Álvaro del Portillo insistiu em que cultivassem uma intensa vida interior de oração e sacrifícios a Deus. Por vezes, entregou-lhes uma imagem de Nossa Senhora para o primeiro centro que abrissem, incentivando-os a recorrer à sua intersessão[19]. Os membros dos conselhos centrais suge-

A HISTÓRIA DO OPUS DEI

riram-lhes algumas atividades apostólicas, além de estimularem que fossem otimistas diante das dificuldades próprias dos começos.

A expansão geográfica do Opus Dei nesses anos trouxe consigo o compromisso de longo prazo de conseguir pessoas e apoio financeiro. Em muitos casos, era pouca a chance de os novos postos se tornarem autossuficientes, quer financeiramente, quer em termos de pessoal, durante as décadas seguintes. Tratava-se de um verdadeiro desafio, que del Portillo assumiu de modo pessoal.

A maior parte das nações em que o Opus Dei começou seu primeiro centro nos tempos de Álvaro del Portillo enfrentou grandes desafios; mas também houve países que tornaram mais fáceis os projetos. Às vezes, algumas pessoas haviam tido contato prévio com o Opus Dei em outros lugares. Por exemplo, vários residentes antigos da Netherhall House – residência para universitários em Londres – pertenciam a nações da Commonwealth e colaboraram no pagamento do aluguel e na instalação de apartamentos; também foram atrás de ofertas de trabalho e trouxeram novas pessoas[20].

Os fatores que contribuíram para a decisão de abrir um centro do Opus Dei em determinado país e num determinado momento foram variados. Em alguns casos, um ou mais membros casados da Obra haviam se mudado para lá por motivos de trabalho ou outras razões, começando a difundir o espírito do Opus Dei entre seus colegas e amigos[21]. Noutras ocasiões, representantes da hierarquia eclesiástica pediram que a Obra fosse às suas respectivas dioceses[22].

Muitos dos territórios nos quais o Opus Dei começou durante os anos 1980 e começos dos 1990 apresentavam desafios especiais. Do ponto de vista cultural, eram muito diferentes das nações de procedência, e o processo de acomodação podia intimidar. Os idiomas não só eram diferentes, mas, em muitos casos, de notável dificuldade de aprendizado. Com frequência, a obtenção de vistos e de emprego foi bem árdua[23]. Excetuados a Grã-Bretanha e o Japão, antes de 1975 os centros do Opus Dei haviam começado em países onde a Igreja Católica tinha uma presença considerável. Nas duas décadas seguintes, abriram-se centros em oito lugares em que os católicos constituíam uma nítida minoria: Israel, Índia, Hong Kong, Singapura, Taiwan, Macau, Suécia e Finlândia.

19. CRESCIMENTO

Por que o Opus Dei se estabeleceu em lugares assim? Israel correspondia ao antigo desejo do fundador de estar presente na Terra Santa. A Índia, o segundo país mais populoso do mundo, era simplesmente demasiado importante para ser ignorado, mesmo com os católicos não chegando a 2% da população. Hong Kong, Singapura, Taiwan e Macau eram lugares com grande dinamismo na Ásia, e as pessoas de língua inglesa podiam situar-se bastante bem ali desde o início, ainda que, para chegar a fazer parte da sociedade e ter verdadeiros amigos, se fizesse necessário aprender cantonês ou mandarim. Del Portillo e outros diretores centrais consideravam essas quatro nações significativas em si mesmas; além disso, constituíam pontes para a implantação das atividades na China.

Desde 1984, membros do Opus Dei das Filipinas e da Austrália pensavam em abrir um centro de educação superior na cidade de Zhuhai, onde há uma zona econômica especial, ou em Cantão, ambas localizadas no sul da China, junto a Macau. Depois de assíduos contatos com os funcionários do Governo local e as autoridades acadêmicas, viu-se que, apesar de estarem favoráveis ao projeto e reconhecerem verbalmente a liberdade religiosa e a autonomia necessária, não podiam oferecer garantias por escrito, pois seria muito difícil conseguir as permissões necessárias de Pequim[24].

No começo dos anos 1990, o Ministério de Assuntos Exteriores da Itália e o Istituto per la Cooperazione Universitaria (ICU), ONG italiana que desde a sua origem contou com membros do Opus Dei, desenvolveram no Cantão um projeto na área de engenharia de manutenção. O ICU gerenciou o traslado de especialistas italianos e de outros países, a fim de que trabalhassem com os pesquisadores chineses da Universidade de Cantão, e instalou uma residência universitária. Como os comunistas negaram a permissão para que houvesse ali uma capela católica, a residência foi deixada nas mãos da universidade e se encerrou o projeto.

Nos países nórdicos, os católicos são minoria em relação aos luteranos e às altas porcentagens de homens e mulheres que não praticam nenhuma religião. No caso da Finlândia, por exemplo, os membros da Obra chegaram ali em agosto de 1987. Graças à ajuda de um casal, os Aalto, começaram o centro cultural de Bulevardi Foorumi, em Helsinki; meses mais tarde, as mulheres da Obra estabeleceram

A HISTÓRIA DO OPUS DEI

o centro Vanha Puisto. Desde o começo, tomaram parte no diálogo ecumênico e tiveram cooperadores do Opus Dei que eram luteranos. O primeiro que se aproximou da Obra foi o médico Seppo Rotinen, que a tinha conhecido quando na faculdade, em Viena; e, em 1991, pediu admissão a finlandesa Elisabeth Clement[25].

Após a queda do muro de Berlim, em 1989, os regimes comunistas da União Soviética e de seus satélites europeus se fundiram. Algumas pessoas do Opus Dei haviam viajado a esses países de modo esporádico e, a partir de 1986, a campos de trabalho de verão organizados na Polônia por residências de estudantes atendidas pelo Opus Dei. Em novembro de 1989, a Obra deu início a seu labor na Polônia graças ao bispo de Szczecin, monsenhor Kazimierz Majdański, que alojou no seminário de sua diocese os sacerdotes numerários Stefan Moszoro e Rafael Mora. Meses mais tarde, chegaram alguns leigos, homens e mulheres, e se abriram centros do Opus Dei em Varsóvia e Szczecin. Por sua vez, os inícios na Checoslováquia (1991) e na Hungria (1992) foram acompanhados pela Comissão e a Assessoria Regional da Áustria[26].

20. SEMEAR DOUTRINA

Escrivá de Balaguer explicou sem interrupção que o principal apostolado das pessoas do Opus Dei consistia em transmitir a doutrina católica por meio do relacionamento pessoal. É impossível documentar todas as manifestações deste apostolado, que o fundador denominava *de amizade e confidência* – o exemplo e o testemunho de vida cristã e as conversas com os colegas de trabalho, amigos, vizinhos e parentes.

Cooperadores e gente jovem

Desde o início, nas residências de estudantes, colégios e casas de retiro, organizaram-se meios de formação doutrinal, cursos e conferências sobre os ensinamentos da Igreja a respeito de temas de debate público, como a bioética, o matrimônio e a família. Estas atividades se incrementaram quando João Paulo II, que estava preocupado com o crescente secularismo na Europa e na América do Norte, pediu à Igreja que se comprometesse numa «nova evangelização» dos países tradicionalmente católicos. No fechamento de um simpósio do Conselho de Conferências Episcopais Europeias, celebrado em Roma no mês de outubro de 1985, convocou a um renovado zelo missionário[1]. Dois meses mais tarde, del Portillo escreveu uma carta pastoral aos fiéis e cooperadores da prelazia instando-os a colaborar nesta tarefa, e ele próprio redobrou seus esforços pastorais fazendo frequentes viagens por toda a Europa[2].

Em 1986, os organismos centrais do Opus Dei organizaram em

A HISTÓRIA DO OPUS DEI

Roma vários encontros para os diretores e para as diretoras regionais da Europa, Estados Unidos e Canadá, a fim de estimular o apostolado dos membros da Obra na nova evangelização, que começava pelo testemunho cristão no âmbito familiar e profissional. Celebraram-se reuniões semelhantes em Torreciudad para pessoas de regiões de língua inglesa, bem como na casa de retiros Hohewand, na Áustria, para as de língua alemã.

Como forma de contribuir para a nova evangelização, muitas das residências de estudantes atendidas pelo Opus Dei convidaram professores católicos de prestígio para ministrar conferências sobre a história da Igreja e sobre a contribuição dos cristãos ao desenvolvimento da cultura europeia. Em cidades da Europa, Estados Unidos e Canadá, algumas palestras analisaram os documentos magisteriais *Reconciliatio et paenitentia e Familiaris consortio*, bem como a instrução *Libertatis conscientia*, da Congregação para a Doutrina da Fé, sobre a liberdade cristã e a libertação[3].

Os diretores da Obra incentivaram os supernumerários e cooperadores a ensinar o catecismo aos seus filhos e aos amigos de seus filhos. Só na Espanha, cerca de 20 mil crianças receberam aulas. Na cidade de Nova York, um supernumerário iniciou os Clubes Nárnia, com um programa de instrução religiosa na própria casa para estudantes católicos que iam a escolas onde não se dava a matéria de Religião.

Os organismos de governo do Opus Dei favoreceram que inúmeros jovens da Obra e amigos fizessem os estudos universitários de Pedagogia, Comunicação, Publicidade e outros campos que se prestassem a oferecer uma visão cristã da vida humana e da sociedade. Também incentivaram os estudantes a cogitar temas de teses doutorais que tivessem esse enfoque doutrinal. Além disso, prepararam vários supernumerários para que ministrassem cursos de formação cristã e dirigissem clubes familiares.

Nas regiões com mais atividades coletivas, boa parte dos jovens que buscavam a formação da obra de São Rafael provinha de colégios que são obras corporativas e labores pessoais; sobretudo, tinha sido testemunha da vida cristã de seus pais. Por exemplo, na Espanha, em 1988, 60% dos meninos que pediram admissão como numerários eram filhos de supernumerários[4].

20. SEMEAR DOUTRINA

Em fins dos anos 1970, membros da Obra de várias partes do mundo observaram que, devido ao avanço da secularização, muitas das pessoas que assistiam aos círculos na verdade sabiam pouco sobre a religião. Era frequente «encontrar rapazes ou profissionais que, em países de tradição cristã, ignoram até as orações mais elementares, que desconhecem algumas verdades da fé ou que têm a consciência deformada em relação a princípios e preceitos da própria lei natural»[5]. Para remediar esta situação, organizaram-se aulas sobre os fundamentos da fé católica. Baseando-se nessa experiência, o Conselho Geral elaborou um programa detalhado para um *Curso básico de formação humana e cristã* dirigido, principalmente, a jovens abertos a ter um conhecimento e relacionamento com Deus, mas que carecem da base necessária.

Esses cursos básicos começaram em todo o mundo em 1980[6]. As aulas foram ministradas em formatos que iam desde conferências para grupos grandes até explicações individuais. Na maior parte dos casos, adotou-se o modelo de aulas semanais, quinzenais ou mensais para pequenos grupos. Normalmente, o programa completo era cumprido ao longo de um ano letivo. Depois, os estudantes interessados continuavam a formação com os círculos de São Rafael. Em 1982, o Conselho Geral enviou algumas notas detalhadas para facilitar a preparação das aulas[7]. Nos anos seguintes, os cursos básicos se converteram em um aspecto importante do apostolado do Opus Dei, especialmente entre os jovens. Por exemplo, no caso de mulheres, em 1987, assistiam aos cursos de formação cristã 5.155 estudantes e 1.848 empregadas do lar em todo o mundo[8].

Por sua vez, o sacerdote numerário Francisco Fernández-Carvajal redigiu entre 1986 e 1991 sete volumes intitulados *Falar com Deus*. Esta obra reúne 450 meditações, algumas para os ciclos do ano litúrgico – Advento, Natal, Quaresma, Páscoa e Tempo Comum – e outras para as festividades. Recolhe muitos escritos de São Josemaria e de outros autores espirituais, clássicos e contemporâneos. Por seu estilo agradável, tornou-se popular entre católicos de todo tipo, desde comunidades de vida contemplativa até fiéis correntes. Vendeu mais de 2 milhões de exemplares em nove idiomas[9].

A HISTÓRIA DO OPUS DEI

Formação das pessoas da Obra

Desde o primeiro momento, o fundador se empenhou em que os membros do Opus Dei tivessem um bom conhecimento dos ensinamentos da Igreja. Isso os ajudaria a crescer em vida interior, saberiam explicar a seus colegas, amigos e parentes o núcleo da fé e poderiam entender os posicionamentos contrários às verdades da Igreja quando os encontrassem em suas leituras e no debate público. Nas convivências, os fiéis da Obra repassavam o *Catecismo* de São Pio X, com um acréscimo que cobria o magistério dos papas seguintes e o Concílio Vaticano II. A partir do ano de 1992, o *Catecismo da Igreja Católica* foi o texto-base utilizado nos cursos de formação cristã, nos círculos e nas meditações[10].

A instrução não se limitou ao estudo do *Catecismo*. As convivências anuais dos supernumerários e os cursos anuais de adscritos e numerários incluíram aulas de filosofia e teologia adaptadas ao nível acadêmico dos participantes. Nas regiões em que o número de membros viabilizava, organizaram-se cursos de estudos de dois anos de formação mais intensa para os supernumerários. De acordo com uma nota enviada da cúria prelatícia em Roma, o primeiro objetivo do curso de estudos era «dar aos supernumerários uma formação doutrinal mais sólida e um conhecimento mais amplo e profundo do espírito da Obra». Para consegui-lo, o currículo incluía aulas de filosofia e teologia, além das aulas específicas sobre o espírito do Opus Dei. Esses programas visavam também «ajudar os participantes a desenvolver seu apostolado pessoal de amizade e confidência e seu espírito de iniciativa, para que promovessem e mantivessem as atividades apostólicas»[11].

Para os numerários, a formação doutrinal incluía os estudos institucionais filosóficos e teológicos; no caso dos homens, estavam estruturados de modo similar ao plano de estudos para a ordenação sacerdotal, ainda que só a recebesse uma pequena porcentagem[12]. A maior parte dos numerários completou os estudos em sua própria região, mas alguns foram ao Colégio Romano da Santa Cruz e várias mulheres, ao Colégio Romano de Santa Maria. Quase todos os numerários que foram ordenados haviam estudado no Colégio Romano.

20. SEMEAR DOUTRINA

Pouco antes da morte do fundador da Obra, o Colégio Romano da Santa Cruz havia se transferido para a nova sede de Cavabianca, construída nos arredores de Roma. Trata-se de um complexo residencial amplo com salas de aula, biblioteca e zonas esportivas. A mudança deu mais espaço aos escritórios do Conselho Geral em Villa Tevere. Álvaro del Portillo acompanhou com particular atenção o andamento do Colégio Romano, que garantia novas turmas de diretores e de sacerdotes a serem enviados a todas as regiões da Obra. Entre 1975 e 1994, chamou ao sacerdócio 842 numerários, com turmas anuais entre quarenta e cinquenta pessoas. A partir de 1982 – era um antigo desejo de Escrivá de Balaguer –, também se ordenaram anualmente alguns adscritos, depois de obterem um doutorado eclesiástico.

O Colégio Romano de Santa Maria transladou-se em 1992 da Villa delle Rose, em Castel Gandolfo, para a Villa Balestra, em Roma, a um quilômetro de Villa Tevere. A nova sede permitiu acolher mais alunas, reduziu as viagens das que faziam a licenciatura e o doutorado na Pontifícia Universidade da Santa Cruz e facilitou o relacionamento com as diretoras da Assessoria Central. Pouco antes, em 1989, havia se encerrado o Instituto Internacional de Ciências da Educação, uma vez que as alunas que iam ao Colégio Romano já eram licenciadas ou tinham título acadêmico superior. Deste modo, podiam concentrar-se no estudo do quadriênio teológico e na formação específica no espírito e nos apostolados do Opus Dei, para depois serem diretoras e professoras no *Studium generale* das regiões[13].

Na formação de seus membros, dos cooperadores e de outras pessoas que frequentavam as aulas e os meios de formação, o Opus Dei optou por utilizar textos tradicionais. Em 1978, por exemplo, o Conselho Geral sugeriu o uso de dois manuais de teologia clássica – Diekamp-Hoffmann, para a dogmática, e Prümmer, para a moral – escritos antes do Concílio Vaticano II[14]. Alertou os membros da Obra sobre a leitura de vários tratados de filosofia e teologia contemporâneos*. Nos anos seguintes, tanto a recepção do magistério de João

---

(*) Entre esses intelectuais esteve, durante alguns anos, Joseph Ratzinger. O motivo remonta a 1969, quando 38 teólogos – um deles Ratzinger – publicaram uma declaração sobre a liberdade e a função da teologia na Igreja. Pouco Depois, *L'Osservatore Romano* disse que a declaração merecia sérias reservas. Escrivá de Balaguer indicou que, como medida de

A HISTÓRIA DO OPUS DEI

Paulo II – que glosou a doutrina católica em diálogo com a cultura contemporânea – como o estabelecimento da Pontifícia Universidade da Santa Cruz e o relacionamento entre os teólogos que eram da Obra e outros pesquisadores levaram a uma progressiva leitura e reflexão sobre o pensamento de autores modernos*.

Del Portillo difundiu também a instrução *Libertatis nuntius* (1984), da Santa Sé, que apontava os erros de alguns autores relacionados com a Teologia da Libertação[15]. O prelado descreveu os temas levantados por essa corrente como «um assunto muito importante, que influi na vida da sociedade e das pessoas», e pediu «uma catequese incisiva e constante» para «combater os erros sobre a natureza da Redenção e da Igreja». Pediu que em todos os meios de formação de membros e cooperadores da Obra se insistisse «na primazia do sobrenatural sobre o natural e terreno; na realidade do pecado e da Redenção; na essência teologal da vida cristã; na esperança da vida eterna; no sentido cristão do sofrimento; no caráter sobrenatural da missão da Igreja»[16]. Também acrescentou que os cristãos devem sentir «a responsabilidade de viver seriamente – cada um no lugar que ocupa no mundo – a justiça com caridade, e de ajudar para que os demais a vivam»[17].

No final dos anos 1980 e começo da nova década, vivia-se uma grande mudança social que afetava todos, em especial o papel da mulher na sociedade e no lar. Era preciso levar isso em conta na aborda-

---

prudência, se pedisse permissão para ler as obras desses autores (cf. Nota geral 3/69 [22-I--1969], em AGP, série E.1.3, 246-1). Álvaro del Portillo, que foi consultor da Congregação para a Doutrina da Fé de 1966 a 1983, conservou essas medidas de caráter doutrinal – por exemplo, nos *Studia generalia* e na Faculdade de Teologia da Universidade de Navarra – durante um tempo porque boa parte da teologia moderna ainda não havia decantado. As circunstâncias mudaram com João Paulo II, a nomeação do cardeal Ratzinger como prefeito da Congregação para a Doutrina da Fé e um maior estudo por parte dos teólogos que pertenciam ao Opus Dei dos escritores contemporâneos. Em 1998, o cardeal Ratzinger recebeu o doutorado *honoris causa* pela Universidade de Navarra.

(*) Um projeto de relevo foi a coleção Crítica Filosófica, da Editorial Magisterio Español, que entre 1975 e 1987 publicou 64 livros. Os autores – filósofos e teólogos, em sua maioria membros do Opus Dei – avaliaram a partir da fé católica o conteúdo e o pensamento das principais obras filosóficas de história moderna e contemporânea. Contudo, a prolongação das medidas excepcionais tomadas nos anos 1960 pelo fundador teve como consequência a dificuldade de estar na vanguarda dos estudos de filosofia, teologia e direito canônico.

20. SEMEAR DOUTRINA

gem formativa e profissional do trabalho doméstico. Nesse sentido, parte importante da formação profissional das numerárias auxiliares teve lugar durante o centro de estudos, realizado geralmente em uma escola que gozava de reconhecimento oficial como centro de capacitação técnica no setor de hotelaria. Em relação ao âmbito espiritual e apostólico, a formação que se dava no centro de estudos era a mesma que recebiam as demais pessoas do Opus Dei: o encontro com Cristo e o conhecimento dos ensinamentos da Igreja e do espírito do Opus Dei. Uma característica distintiva dessa formação das jovens numerárias auxiliares estava em que entendiam o seu trabalho na Administração não só como tarefa profissional, mas também como um apostolado essencial para toda a Obra, que implicava o cuidado de cada pessoa e a criação de um ambiente familiar nas casas. Os centros de estudos foram, neste sentido, um lugar em que aprenderam que não eram só nem principalmente cozinheiras ou faxineiras, mas pessoas que trabalham em sua própria casa e que colocam o coração materno a serviço dos demais.

Ao mesmo tempo, qualificavam-se em sua profissão. Alguns centros de estudos obtiveram o reconhecimento de seus programas, de modo que, ao concluir seus estudos, as alunas recebiam um certificado oficial ou um diploma de gestão hoteleira ou de *catering*. Os currículos também se adequaram aos padrões oficiais, em algumas ocasiões após longas negociações com os governos ou as instituições acadêmicas[18]. Ao mesmo tempo, os programas se adaptaram ao ritmo da mudança social. Ainda em meados dos anos 1970, um número significativo de numerárias auxiliares não havia terminado o ensino fundamental ao iniciar o centro de estudos, e por isso completá-lo fazia-se o objetivo prioritário. Com o passar dos anos, os níveis gerais de instrução cresceram, e esses cursos do ensino fundamental deixaram de ser necessários[19]. Nos países mais desenvolvidos, as moças que pediram a admissão como numerárias auxiliares tinham terminado pelo menos o ensino médio[20].

Devido à importância da Administração para a vida em família no Opus Dei, Escrivá de Balaguer desejava que todas as numerárias tivessem alguma experiência nas tarefas relacionadas com o atendimento doméstico. Em 1978, quando se havia reduzido o tempo dedicado a essas tarefas, dom Álvaro insistiu em que «é fundamental para

A HISTÓRIA DO OPUS DEI

o nosso trabalho que as sedes dos Centros sejam cuidadas como lares de família: seria muito triste que as novas vocações não se formassem nessa tradição, que sustenta e defende o espírito»[21]. O plano de estudos de 1986 para as numerárias, por exemplo, indicava as tarefas que se podiam desempenhar em tempo parcial na Administração além do trabalho em período completo durante um mês e meio[22]. Anos mais tarde, indicou-se que todas as numerárias, como havia pedido o fundador, dedicassem «algum tempo»[23] às administrações*.

Como antes de meados dos anos 1980 a educação em economia do lar e gestão hoteleira não era oferecida em âmbito acadêmico, houve mais regiões que se uniram às que já tinham estudos superiores de ciências domésticas dentro do *Studium generale* do Opus Dei. Foi o caso, concretamente, da Argentina (1976), Brasil (1977), Itália (1981), Filipinas (1983) e Estados Unidos (1987). Por exemplo, a faculdade que funcionou em Buenos Aires se chamava Instituto Superior de Administração de Serviços no Lar e em Instituições. As professoras tinham se graduado no México, Colômbia ou Espanha. O curso durava quatro anos, incluindo os estágios práticos, e se obtinha um título privado de licenciatura. A cada ano, graduavam-se entre cinco e oito pessoas.

Em fins dos anos 1980, as circunstâncias sociais haviam mudado de novo. Por um lado, os estudos superiores em ciências do lar podiam ser feitos em muitas universidades e centros especializados que, além disso, outorgavam títulos oficiais; por outro, a maior parte das numerárias – também as futuras administradoras – cursava estudos universitários. Por esses motivos, em 1989 suprimiram-se as faculdades de ciências domésticas do *Studium generale*[24].

Algumas das mais antigas e florescentes faculdades de ciências domésticas se integraram a universidades: a Escola de Administração de Instituições (Cidade do México) vinculou-se à Universidade Panamericana; a Escola Superior de Administração Montemar (Lima), que outorgava um título de ensino médio profissional reconhecido,

---

(*) Nos últimos anos, em razão de um maior aprofundamento na cultura do cuidado, pela qual devem ser responsáveis homens e mulheres, os numerários passaram a dedicar mais tempo aos trabalhos do lar, assumindo algumas tarefas que tradicionalmente a Administração realizava.

20. SEMEAR DOUTRINA

passou a ser o Instituto de Educação Superior da Universidade de Piura; e o Instituto Feminino de Estudos Superiores (Cidade da Guatemala), que durante trinta anos havia conferido títulos oficiais graças a um convênio com a Universidade de São Carlos, fundiu-se, em 1997, com a Universidad del Istmo.

Na Espanha, o Centro de Estudos e Pesquisa de Ciências Domésticas (CEICID) transladou sua sede de Madri para Pamplona em 1989 e mudou sua abordagem, pois exigia um notável esforço que algumas numerárias passassem quatro anos em Madri fazendo um curso de Ciências Domésticas que – diferentemente de outros países – não tinha reconhecimento oficial. Em Pamplona, podiam completar os estudos superiores na Universidade de Navarra e receber cursos específicos no CEICID sobre a direção e trabalho das administrações. O CEICID converteu-se, assim, em centro de estudos para graduadas, dedicado à profissionalização do cuidado pessoal.

Nas outras regiões, esses estudos profissionais foram feitos em centros públicos e privados. Por sua vez, as diretoras da Obra ministraram às futuras administradoras a formação específica sobre temas como o regulamento da Administração e a formação das numerárias auxiliares[25].

O clero diocesano

A Sociedade Sacerdotal da Santa Cruz viveu momentos importantes em seu desenvolvimento. Um deles está ligado aos anos anteriores à crise pós-conciliar, quando se irradiou nos países onde o Opus Dei havia se estabelecido, pois os sacerdotes numerários difundiram a mensagem da Obra entre seus colegas diocesanos. Nos anos do pós-concílio, por sua vez, os presbíteros da Sociedade Sacerdotal sofreram algumas vezes a incompreensão ou a rejeição por parte de outros eclesiásticos por sua vocação à Obra. De modo concreto, como vimos, Escrivá de Balaguer solicitou às pessoas do Opus Dei prudência diante da evolução da doutrina e da liturgia. Os que não compartilhavam desta atitude qualificaram os presbíteros da Sociedade Sacerdotal como pessoas que preservavam uma

A HISTÓRIA DO OPUS DEI

identidade sacerdotal já superada; por este motivo encontraram dificuldades para difundir um caminho de santidade sacerdotal diocesana atraente e de vanguarda.

Não obstante, e sem contar o milhar de sacerdotes numerários e adscritos incardinados na prelazia do Opus Dei, a Sociedade Sacerdotal da Santa Cruz cresceu progressivamente de 1.237 sócios – 945 adscritos e 292 supernumerários – em 1975 para 1.839 – 1165 adscritos e 674 supernumerários – em 1993[26].

Os diretores dos centros da Sociedade Sacerdotal da Santa Cruz insistiram a cada um dos sacerdotes para que fomentassem um clima de amizade e fraternidade entre seus amigos diocesanos. Nos centros, organizaram encontros informais, conferências, círculos e retiros.

Com a criação, em 1988, da Faculdade Eclesiástica de Filosofia, a Universidade de Navarra ofereceu toda a gama de estudos eclesiásticos necessários para os que se preparavam para o sacerdócio: os ciclos de graduação, licenciatura e doutorado, com professores como José María Casciaro, Pedro Rodríguez, Lucas Francisco Mateo-Seco, Jutta Burggraf e Mariano Artigas[27]. Nesse ano, o Opus Dei abriu em Pamplona o Colégio Eclesiástico Internacional Bidasoa, a fim de acolher os seminaristas enviados por seus bispos para estudar na Universidade de Navarra[28].

Em 1983, Álvaro del Portillo pensou que havia chegado o momento de pôr as primeiras pedras de uma universidade eclesiástica em Roma. Além de o fundador do Opus Dei lhe ter um dia manifestado o desejo de ter na Cidade Eterna um lugar de formação de sacerdotes, contava com o respaldo do Papa[29]. Para iniciar o projeto fazia-se necessário encontrar um edifício, buscar o professorado, garantir um desenvolvimento economicamente sustentável, obter a aprovação formal da Santa Sé e conseguir estudantes numa época em que havia menos vocações sacerdotais e religiosas que em décadas anteriores, e quando muitas pessoas achavam que havia um excesso de universidades e faculdades eclesiásticas em Roma.

O problema do edifício se resolveu por meio do aluguel de um imóvel de propriedade da Santa Sé e a aquisição de outro. E as peripécias administrativas foram superadas com uma fórmula de transição que estabelecia as seções romanas das faculdades eclesiásticas de Teologia e de Direito Canônico da Universidade de Navarra[30]. O Centro

20. SEMEAR DOUTRINA

Acadêmico Romano da Santa Cruz abriu suas portas em outubro de 1984, com 41 alunos. A Congregação para a Educação Católica o aprovou como Ateneu em 1990, com as faculdades de Teologia e de Filosofia[31]. Nesse ano começou o translado dos serviços de direção e administração para o Palazzo dell'Apollinare, ao lado da Piazza Navona[32]. Em 1995, passou a ser Ateneu Pontifício, com as faculdades de Teologia, Filosofia e Direito Canônico e o Instituto Superior de Ciências Religiosas. Em 1996, teve início uma quarta faculdade, a de Comunicação Social Institucional, que prepara sacerdotes, leigos e religiosos para serem os comunicadores das dioceses, dos institutos religiosos e de outras realidades eclesiásticas.

O acondicionamento das instalações e os gastos de funcionamento exigiram um grande esforço econômico e de pessoal. Além disso, muitos dos estudantes provinham de dioceses da América do Sul, Ásia e África, que não podiam pagar a matrícula. Para ajudar a satisfazer essas necessidades, em 1989 alguns fiéis e cooperadores do Opus Dei estabeleceram na Espanha a Fundação CARF (Centro Académico Romano Fundación), à qual se somaram posteriormente fundações semelhantes em países como Alemanha, Chile, Estados Unidos e Itália.

A contribuição do Opus Dei para a formação dos sacerdotes diocesanos não se limitou a estes desafios institucionais. Em 1986, uns trinta sacerdotes numerários do Opus Dei trabalhavam como professores e diretores espirituais nos seminários de várias dioceses, a pedido dos ordinários locais[33].

Os bispos diocesanos atribuíram a sacerdotes do presbitério do Opus Dei várias igrejas em diferentes lugares do mundo. Um caso significativo foi a paróquia de Sant'Eugenio a Valle Giulia, situada a pouco menos de um quilômetro da sede central do Opus Dei, em Roma. A construção do templo havia acabado em 1951, com fundos doados à Santa Sé por católicos de todo o mundo que desejavam comemorar o vigésimo quinto aniversário da ordenação episcopal do Papa Pio XII. Foi confiada aos sacerdotes da Obra em 1981 e logo se converteu no lugar onde se celebram muitas cerimônias litúrgicas relacionadas com a vida da prelazia, como as ordenações diaconais e sacerdotais, ou as Missas comemorativas do fundador.

Por ocasião da beatificação do fundador, o Opus Dei ofereceu ao Papa um templo no sul de Roma sob a invocação do fundador.

A HISTÓRIA DO OPUS DEI

A construção da paróquia do então Bem-aventurado Josemaria começou em 1994. Dois anos mais tarde, João Paulo II inaugurou a nova igreja[34].

A Santa Maria dos Anjos de Chicago (Illinois) fora inaugurada em princípios do século XX como uma paróquia voltada à colônia polonesa, mas pouco a pouco, graças à mudança da estrutura social da região, compareciam ali cada vez menos fiéis poloneses. A enorme igreja, com capacidade para quase o dobro de gente comportada pela catedral católica de Chicago, se deteriorava visivelmente. A arquidiocese de Chicago decidiu, em 1988, demoli-la, pois havia se tornado pouco segura. Perante os protestos dos fiéis contra esta solução, o cardeal Bernardin atribuiu a paróquia a sacerdotes do Opus Dei. Graças a um esforço popular de arrecadação de fundos, o templo foi completamente restaurado em 1999. Com o passar dos anos, imigrantes latino-americanos e jovens profissionais foram morar no bairro. Hoje, a paróquia é composta de uma comunidade multicultural e multiétnica, com Missas em inglês, espanhol e polonês.

Nessa época, houve outros templos confiados aos sacerdotes do Opus Dei, como a igreja de Santa Maria da Paz (Cidade da Guatemala, 1981), a paróquia de São Pantaleão (Colônia, 1987), a paróquia de Santo Ambrósio (Montreal, 1989) e a igreja da Sagrada Família de Nazaré (Caracas), que inaugurou sua sede definitiva em 1998 e, a partir de 2002, teria também a invocação de São Josemaria em seu título. Cada templo desenvolveu suas próprias atividades e devoções populares. Com o passar do tempo, foram identificados como lugares em que era fácil encontrar confessores e onde se podiam fazer recolhimentos mensais e propor outras iniciativas pastorais em comum.

21. ATIVIDADES APOSTÓLICAS

As FORMAS COLETIVAS COM AS quais o Opus Dei transmite o Evangelho e toma parte na melhoria das necessidades sociais exigem a colaboração de muitas pessoas e costumam ter um impacto e uma continuidade superiores à ação individual*. A prelazia do Opus Dei reconhece em seus Estatutos duas maneiras de configurar sua presença nessas iniciativas coletivas, ambas as quais tiveram seu primeiro desenvolvimento na etapa fundacional. De um lado figuram aquelas denominadas, de modo geral, *obras de apostolado corporativo* ou, também, *obras corporativas*. Estas atividades são «promovidas pelo Opus Dei como tal», com uma participação direta das autoridades da Obra em sua implantação. Por «promover» entende-se o detectar uma necessidade concreta social e estimular alguns fiéis para que iniciem uma entidade que dê resposta a essa carência, fornecendo aos gestores o respectivo atendimento espiritual[1]. Do outro lado há os *labores pessoais*, iniciativas chamadas assim informalmente e promovidas pelos fiéis do Opus Dei «juntamente com outras pessoas, e para os quais eles solicitam ao Opus Dei ajuda espiritual». Em nenhum dos dois casos a prelazia do Opus Dei é a titular; tampouco o vigário regional e seus conselhos participam diretamente de seu governo ordinário.

Em ambos os casos, trata-se de estruturas educacionais, sanitárias, sociais e beneficentes, com uma identidade católica profunda, que se reflete em sua missão, visão e valores. De acordo com os ensinamen-

---

(*) Neste capítulo, apresentam-se apenas algumas atividades, as quais acabaram por se tornar mais notórias devido ao local onde foram levadas a cabo ou ao desenvolvimento que proporcionaram. Para um panorama mais amplo, vejam-se também os capítulos 14 e 26.

A HISTÓRIA DO OPUS DEI

tos do fundador da Obra, essas entidades desejam «que haja muitos homens e mulheres que procurem ser bons cristãos e, portanto, testemunhas de Cristo no meio de suas ocupações diárias»[2]. Ao mesmo tempo, constituem iniciativas civis que gozam da autonomia própria das atividades temporais; portanto, nem estão erigidas por uma autoridade eclesiástica – salvo, como diremos, a Universidade de Navarra e a Pontifícia Universidade da Santa Cruz –, nem são oficialmente católicas. Trata-se de um modo de atuação corporativa que se manteve ao longo da história da Obra e que fomenta a iniciativa e a responsabilidade dos fiéis leigos.

Por solicitação das entidades proprietárias e gestoras de cada atividade, e com a finalidade de garantir um atendimento pastoral adequado, o vigário regional do Opus Dei nomeia os capelães – que promovem a vida sacramental e atendem espiritualmente às pessoas – e, quando é o caso, os professores de religião[3]. Em geral, os acordos se formalizam por meio de um convênio no momento em que ambas as partes consideram oportuno, em consonância com as normas da legislação civil e da Igreja.

Os membros da Obra e os cooperadores que trabalham nessas iniciativas buscam que se reflita o espírito cristão em sua atividade e promovem o respeito à liberdade de consciência de cada pessoa. Estão abertos a contratar pessoas de prestígio profissional – católicos e não católicos – que respeitem o ideário de promoção humana, espírito de serviço e excelência profissional, bem como a identidade da instituição. Uma vez que o Opus Dei assume a responsabilidade da missão evangelizadora, oferecem-se atividades de formação cristã aos funcionários.

As entidades proprietárias e gestoras destas fundações e associações sem fins lucrativos são as responsáveis pelos aspectos técnicos, legais e econômicos, conforme a configuração e os veículos jurídicos usados no país. Como qualquer outro ente civil, estas iniciativas sustentam-se com as receitas derivadas de sua atividade, com donativos individuais e corporativas – de modo particular nos projetos de âmbito social – e, quando é o caso, com as subvenções públicas.

Visto de fora – por exemplo, da perspectiva de um casal que pensa no colégio a que enviar seus filhos –, o fato de que uma instituição seja obra corporativa ou labor pessoal não tem particular importância. Provavelmente a maior parte das pessoas percebe, em ambos os

21. ATIVIDADES APOSTÓLICAS

casos, que são entidades profissionalmente competentes e de identidade cristã, porque estão relacionadas com o Opus Dei. No entanto, há diferenças entre as duas.

Para que uma iniciativa seja reconhecida pelo vigário regional do Opus Dei e seus conselhos assessores como *obra corporativa,* são necessários alguns requisitos além dos já indicados. Essas autoridades assumem oficialmente a responsabilidade pelo caráter cristão da atividade «por meio dos oportunos meios de orientação e formação doutrinal e espiritual, assim como pela assistência pastoral adequada»[4]. No caso dos colégios, o governo regional ou a delegação erige um centro e nomeia um conselho local, composto de pelo menos três numerários[5]. Este conselho local é responsável pelos aspectos doutrinais e formativos da obra corporativa.

Desde o início dos colégios, os diretores da Obra solicitaram às entidades proprietárias que nomeassem dirigentes aos membros do conselho local. O conselho local se responsabilizava «pelo governo da obra corporativa em seu conjunto», seus membros intervinham «em todo o trabalho de direção [do colégio]» e respondiam «pela direção desse labor perante a comissão regional ou delegação»[6]. De modo indireto, esta prática deu aos diretores do Opus Dei certa autoridade sobre as pessoas que havia nomeado e, portanto, tanto sobre o caráter apostólico e formativo das obras corporativas como sobre outras áreas, em especial quando relacionadas com o impacto apostólico. Como veremos, esta forma de atuação mudou, pois, desde os anos 2000, os que governam e gerem as obras corporativas não são sempre numerários e, quando o são, às vezes não pertencem ao conselho local que coordena as atividades apostólicas*.

Cada obra corporativa contribui para resolver alguma necessidade social do ambiente em que nasce; em certos casos, atender famílias desfavorecidas pode ser a razão principal de sua existência. Quando é necessário para a sua sustentabilidade, as autoridades do Opus Dei estimulam os fiéis e cooperadores a contribuir com doações econômicas ou a dedicar tempo a tarefas de assessoramento e de gestão.

Nos chamados *labores pessoais,* o Opus Dei firma um acordo pelo qual se compromete a atendê-los pastoralmente com o atendimento

---

(*) Cf. a introdução ao capítulo 26.

A HISTÓRIA DO OPUS DEI

ministerial de um ou vários sacerdotes e com professores de religião. Além disso, responsabiliza-se pelo fato de que essas pessoas ministrarão educação cristã e oferecerão assistência pastoral segundo os ensinamentos da Igreja. No entanto, o Opus Dei como tal não assume a responsabilidade da vivificação cristã e da orientação doutrinal dos projetos. Este compromisso recai sobre os que promovem e dirigem as iniciativas.

Educação

Quando o fundador faleceu, havia duas universidades que eram obras corporativas do Opus Dei: a Universidade de Navarra, em Pamplona, com outros *campi* em Barcelona e em San Sebastián; e a Universidade de Piura, a 850 quilômetros ao norte de Lima.

Durante o mandato de Álvaro del Portillo, a Universidade de Navarra continuou crescendo. Duplicou-se o número de professores, passando de setecentos a quase 1.600. O número de estudantes de licenciatura passou de 9 mil a 11.500. A Clínica Universitária duplicou com folga seu número de leitos, de 225 para 475. E o número anual de visitas de pacientes ao hospital e de serviços ambulatoriais aumentou de 40 mil para 89 mil.

Algumas pessoas do Opus Dei iniciaram cinco novas universidades em lugares onde a Obra estava mais desenvolvida. Em alguns casos, começaram como escolas de especialização em uma ciência concreta para, pouco a pouco, somarem mais áreas de ensino, até alcançar o reconhecimento oficial como universidade. Em outras ocasiões, estabeleceram-se como universidades desde o princípio. O caminho seguido variou de acordo com os recursos locais e seus respectivos marcos legislativos.

Em 1978, na Cidade do México, foi fundada a Universidade Panamericana a partir de uma escola de negócios (IPADE) iniciada em 1967 e do Instituto Panamericano de Humanidades, de 1968. Em 1971, em Bogotá (Colômbia), foi iniciado o Instituto Superior de Educação, que viria a se transformar na Universidade de La Sabana em 1979. A Universidade dos Andes, em Santiago do Chile, come-

21. ATIVIDADES APOSTÓLICAS

çou a funcionar como universidade em 1989. Em Buenos Aires, na Argentina, a Universidade Austral abriu suas portas em 1991, ainda que, desde 1978, o Instituto de Altos Estudos Empresariais já tivesse iniciado atividades acadêmicas. Por sua vez, o Instituto Feminino de Estudos Superiores, na Cidade da Guatemala, começou seu processo de reconhecimento como universidade em 1991[7].

As raízes do que hoje é a Università Campus Bio-Medico estão em uma sugestão feita por Álvaro del Portillo em 1988 a respeito do estabelecimento de estudos de Medicina e de um hospital universitário. O projeto era um desafio tanto pelos recursos humanos e financeiros necessários como pelo monopólio estatal de boa parte do ensino superior na Itália. Em 1990, um grupo de médicos, muitos dos quais eram membros do Opus Dei, criou duas entidades sem fins lucrativos para apoiar a iniciativa. Em 1993, abriram suas portas a Faculdade de Medicina e a Escola de Enfermagem. Um ano depois, o hospital universitário admitia pacientes.

Nas Filipinas, o Center for Research and Communication, criado em 1967, voltou-se inicialmente à pesquisa aplicada em economia e estatística para corporações locais. Pouco depois, ofereceu mestrados em economia industrial, administração de empresas e pesquisa econômica. Em 1989, agregou uma Faculdade de Artes e Ciências e, em 1993, uma Faculdade de Economia.

Em relação aos colégios de ensino fundamental e médio impulsionados por membros da Obra e cooperadores, o Conselho Geral resumiu a finalidade dessas escolas, com tradição no Opus Dei desde os anos 1950: «Proporcionar aos alunos uma educação integral de inspiração cristã, com uma sólida formação doutrinal e espiritual; e que o maior número possível de pais, professores e alunos recebam o espírito básico da Obra»[8]. Em muitos casos, os colégios começaram pequenos, com uma ou duas turmas do ensino fundamental, e foram somando novas turmas a cada ano, até chegarem, finalmente, ao ensino médio completo.

Foi o que aconteceu em Nagasaki quando, em 1978, algumas mulheres da Obra abriram a escola primária. Em 1981, o colégio se ampliou: Nagasaki Seido, para meninas, com o ensino fundamental; e o Seido Mikawadai, para meninos, com o ensino fundamental e médio completos. Além disso, em 1983 teve início uma escola de cozinha e

A HISTÓRIA DO OPUS DEI

hotelaria para jovens, como parte da fundação Seido. Os colégios alcançaram um bom prestígio profissional. A maioria dos professores, que não são católicos, assimila e transmite os ensinamentos do fundador do Opus Dei sobre o trabalho bem feito a alunos que, em sua maior parte, também não são católicos. Todo ano, alguns deles se batizam. Por exemplo, Mitsuko Hori – professora do Seido, que se preparava para receber o batismo – resumiu assim o clima do colégio: «A mensagem de São Josemaria me faz ver cada uma das minhas alunas como um tesouro e me estimula a ajudá-las, respeitando sua personalidade, para que no futuro sejam pessoas úteis para a sociedade»[9].

De modo semelhante, o projeto Tak Sun (1992), em Hong Kong, inclui dois colégios de ensino fundamental e um jardim de infância, com um total de 2 mil alunos. O projeto é promovido por fiéis do Opus Dei, que assumiram uma escola que já tinha noventa anos de existência na cidade. A maior parte dos estudantes não é cristã, mas seus pais os enviam a esses centros educacionais por seu prestígio profissional e pelos valores que transmitem. E, na África, dois exemplos da década de 1980 são Etimoé e Makoré, colégios de educação diferenciada que nasceram no ano de 1989 em Abidjan (Costa do Marfim).

Os colégios, cujos alunos são de classe média e alta, procuram oferecer fórmulas – seguindo o desejo do fundador – para abrir as portas a outros em situação econômica de carência. Alguns, por exemplo, contam com um período diurno para alunos de famílias mais ou menos abastadas e um período noturno para estudantes que necessitam trabalhar durante o dia. Várias escolas recebem sobretudo filhos de famílias com escassos recursos econômicos. Assim com a Ciudad de los Niños (Monterrey, 1986), que possui quatro centros educacionais e mais um espaço de formação familiar e uma unidade médica. Um pouco mais de 1.200 crianças e jovens se formam ali no ensino fundamental, médio e profissionalizante; além disso, conta com um centro de educação familiar com programas para pais.

A situação financeira dos colégios varia muito de um país para outro, ou mesmo dentro de um único território. Alguns receberam subvenções governamentais para sua construção e funcionamento. Em outras nações, como os Estados Unidos, as escolas privadas não têm ajudas públicas; costumam ser geridas por uma sociedade anônima

21. ATIVIDADES APOSTÓLICAS

composta de pais de alguns alunos do colégio. Esta sociedade propõe aos pais que comprem ações quando matriculam seus filhos e que as vendam à sociedade ou a outros pais quando seus filhos terminarem o curso. Além disso, cada família paga a matrícula, que costuma ser reduzida quando tem três ou mais filhos no colégio[10].

Entre os professores e o pessoal administrativo, alguns pertencem ao Opus Dei. Na Espanha, por exemplo, em 1978, 45% dos professores das obras corporativas e 35% dos professores dos labores pessoais eram membros da Obra. Esta ajuda aos pais para criar e dirigir escolas envolveu uma dedicação significativa de pessoal. No final dos anos 1970, quatrocentos homens do Opus Dei – havia números semelhantes no caso das mulheres – davam aulas em colégios que eram obras corporativas ou labores pessoais[11]. E, no México, em meados dos anos 1980, 18% das numerárias e 25% das adscritas trabalhavam nesse tipo de instituição[12].

Esses colégios esforçam-se para que haja uma participação frequente e ativa da família, seguem o modelo de educação diferenciada e usam a tutoria individual como forma de ajudar os estudantes a potencializar suas qualidades pessoais. Uma vez que a Igreja Católica ensina que «os pais são os primeiros responsáveis pela educação de seus filhos»[13], Escrivá de Balaguer explicou que um colégio com essas características iria para frente com o impulso parental. E assim aconteceu. Em um estudo para a Associação Europeia de Pais, um professor escocês examinou o papel das famílias em catorze escolas que eram fruto de labores pessoais na Itália. Descobriu que cada uma havia sido criada como resposta à demanda local e com a união de um grupo de pais. Os colégios tinham «os pais no centro de um plano de cooperação prática» junto com os docentes. Por sua vez, os professores gozavam de «alto grau de autonomia profissional no ensino e possibilitavam que os pais colaborassem na educação em sentido amplo e influíssem na gestão do colégio». Além disso, as escolas ofereciam «formação educacional aos pais e aos professores»[14].

Na Espanha e na Itália, educadores profissionais que pertenciam ao Opus Dei formaram sociedades que dirigiam colégios e ofereciam assessoramento e orientação a grupos de pais e mães interessados em iniciar outras escolas. Também nesses casos, os pais dos alunos desempenhavam um papel crucial na vida e no funcionamento do colégio.

A HISTÓRIA DO OPUS DEI

Outra característica dos colégios relacionados com o Opus Dei é o tom que se dá à tutoria individual, a fim de que, além de aprender as matérias acadêmicas, os estudantes desenvolvam o próprio caráter. Por exemplo, os tutores da The Heights School, em Washington, tratam, nas conversas com seus alunos, dos diferentes aspectos dos programas do colégio, sejam acadêmicos, esportivos ou espirituais[15]. Em algumas ocasiões, os tutores são professores que conheceram o aluno em sala de aula e, por isso, podem oferecer-lhe um assessoramento específico. Um aspecto-chave na tutoria é a colaboração dos pais, que são os primeiros responsáveis pela educação de seus filhos, ao mesmo tempo que o colégio os ajuda em seu projeto familiar.

Em alguns casos, próximo aos colégios os fiéis e cooperadores do Opus Dei promoveram entidades juvenis para atividades educativas e recreativas extraescolares. Normalmente, dividem os estudantes em dois grupos: os mais jovens, que participam em atividades formativas, esportivas e de estudo em alguns dias da semana, e os mais velhos, que são convidados a ir frequentemente depois das aulas para lá a fim de estudar e se reunirem. Assim como nos colégios relacionados com o Opus Dei, nessas entidades juvenis oferecem-se sistemas de tutorias para os que o desejarem. Muitos centros programam também reuniões formativas para os pais[16]. Essas iniciativas dispõem de um oratório e de uma sala que proporciona um bom ambiente de estudo. A finalidade apostólica é garantida com a ereção de um centro de São Rafael, que oferece meios tradicionais de formação como aulas e círculos, meditações, recolhimentos mensais e retiros, além do acompanhamento espiritual de um sacerdote.

Alguns supernumerários e cooperadores enviam seus filhos aos colégios que são obras corporativas e labores pessoais, e outros a escolas públicas ou privadas não relacionadas com o Opus Dei. Ao longo desses anos, os diretores da Obra estimularam constantemente os pais para que desempenhassem um papel ativo na vida dos colégios públicos ou privados, participando de associações de pais ou de professores. Recordaram-lhes que, unidos com outros pais, podiam contribuir para melhorar a seleção de livros didáticos, a contratação dos professores, as aulas de Religião, de História, de Literatura, de Sociologia e de outras áreas importantes para a configuração da personalidade dos alunos[17].

21. ATIVIDADES APOSTÓLICAS

Membros da Obra e cooperadores procuraram resolutamente participar das juntas diretivas de associações de pais de colégios, tanto públicos quanto privados, no intuito de que a matéria de Religião estivesse bem enfocada. Outros abriram as portas de seus lares para ministrar aulas de catecismo a seus filhos e aos amigos deles. Na Espanha, em 1981, as supernumerárias ministraram aulas de catecismo a quase 8 mil crianças e jovens, em preparação para a primeira comunhão e a confirmação[18].

Atividades sociais

Uma consequência da vida cristã é a preocupação pelas pessoas mais necessitadas, algo que jaz nas origens do Opus Dei. Nos anos 1980, os diretores centrais do Opus Dei destacaram a importância da Doutrina Social da Igreja na formação catequética dos fiéis da prelazia, cooperadores e pessoas conhecidas. Por exemplo, em uma nota de 1985, o governo central enfatizava a necessidade de «difundir e ensinar a viver a Doutrina Social da Igreja», insistindo «na grave obrigação que nós os cristãos temos não só de viver fielmente a justiça e a caridade na própria atividade e nas relações com os outros, mas também de nos esforçarmos para que as múltiplas estruturas políticas, sociais, econômicas, profissionais etc. sejam justas: compatíveis com a dignidade de cada pessoa»[19].

Álvaro del Portillo percebeu que os problemas sociais não eram apenas uma questão de caridade, mas também de justiça, e que a desigualdade entre os povos crescia – entre outras razões – porque o materialismo às vezes descartava as pessoas carentes de recursos. Por exemplo, em nota de 1980, dizia: «Insisto-vos na necessidade de que *todos nós* intensifiquemos as obras de misericórdia»; e, no caso concreto dos supernumerários, apontava algumas possibilidades: «Relações familiares, profissionais e sociais; em alguns casos, sua paróquia, as Conferências de São Vicente de Paulo ou outras associações de caridade»[20]. Uma década depois, em 1990, o prelado recordava que «a sensibilidade para os problemas sociais é conatural ao nosso espírito». «Todas as pessoas», prosseguia, «são corresponsáveis pela construção

A HISTÓRIA DO OPUS DEI

da ordem social e estão chamadas a uma atitude proativa: «As necessidades materiais e humanas do próximo – as situações de miséria, a ignorância, o sofrimento –, que frequentemente procedem de injustiças, não podem deixar ninguém indiferente»; «cada um deve fazer o que esteja ao seu alcance para remediar esses males»[21].

Um resultado dessas recomendações está na maior consciência social por parte dos dirigentes empresariais, uma vez que, objetivamente, têm mais possibilidades de criar postos de trabalho; contudo, é impossível medir ou inclusive documentar as formas pelas quais se contribuiu para alcançar uma sociedade mais justa. Este novo impulso à Doutrina Social da Igreja também levou muitos membros da Obra a iniciar ou ampliar múltiplas instituições de formação profissional e de ajuda ao desenvolvimento. Algumas delas foram escolas destinadas a preparar jovens de ambientes carentes. Em quase todas se conseguiu que os títulos profissionais fossem reconhecidos pelo respectivo Governo.

Entre outras iniciativas, pode-se mencionar o centro educacional técnico Kinal, que havia começado em 1961 numa pequena casa alugada na periferia da Cidade da Guatemala, em uma zona extremamente pobre. Em 1994, oferecia o ensino médio combinado com uma formação técnica em áreas como artes gráficas, solda e alvenaria, beneficiando quase oitocentos alunos; ao acabar esses estudos, alguns peritos técnicos continuavam sua formação na universidade. Além disso, estava ministrando cursos de formação técnica a uns 1.500 adultos. Também havia desenvolvido um serviço de consultoria para pequenas empresas e uma clínica com atendimento médico e odontológico[22].

O Junkabal, centro de formação profissional para a mulher, também está situado na periferia da Cidade da Guatemala. Muitas das famílias atendidas ganham a vida vendendo artigos que fabricam ou restauram manualmente. Junkabal oferece formação em corte e costura e em outros ofícios para mulheres adultas, bem como ensino fundamental e médio para meninas. Além disso, conta com um dispensário médico que oferece serviços básicos, medicamentos e leite para as famílias necessitadas. Em meados dos anos 1980, umas duas mil pessoas se beneficiavam de seus programas[23].

O Dualtech Training Center, de Manila, começou em 1982. Introduziu nas Filipinas o sistema de capacitação dual, um modelo ale-

21. ATIVIDADES APOSTÓLICAS

mão de educação profissional técnica em que os estudantes alternam as aulas teóricas com os estágios em empresas associadas à escola. Em 1993, tinha mais de trezentos alunos, quase todos de famílias com recursos limitados. Ao acabar os estudos, encontravam emprego como chefes de oficina, frequentemente nas empresas em que haviam desenvolvido sua formação prática[24].

Na zona carente que circunda a cidade de Jonacatepec, no estado de Morelos, ao sul da Cidade do México, membros do Opus Dei e líderes locais haviam começado, nos anos 1960, cursos sobre técnicas agrícolas e de criação de gado. Em 1973, acrescentaram uma escola de ensino fundamental que retransmitia as aulas pela televisão. Sobre esses fundamentos, em 1984 abriram a escola secundária agrícola e pecuária El Peñón, para meninos, e o colégio Montefalco, para meninas. Ambos os centros oferecem o ensino fundamental completo e uma educação secundária aos filhos e filhas dos camponeses da região. Em épocas recentes (ano 2019), El Peñón obteve os melhores resultados em matemática de todas as escolas de seu estado. Só 6% dos alunos de todo o México obtiveram a nota máxima nessa disciplina; das jovens do Colégio Montefalco, 44% a conseguiram. Além disso, 95% das que concluíram o colégio em tempos recentes passaram para a universidade (33% em biologia e ciências da saúde e 21% em física, engenharia e matemática)[25].

No Chile, a escola Las Garzas oferecia, desde 1963, uma educação técnica que preparava os estudantes para trabalhar como técnicos agrícolas. Em 1980, o colégio teve 150 solicitações de matrícula para as quarenta vagas disponíveis, e 80% dos que se formaram ali receberam ofertas de trabalho. Em um programa de extensão, o professor de Educação Física da escola ofereceu treinamento esportivo aos alunos das escolas primárias públicas da região[26].

As pessoas da Obra no Peru ajudaram na melhoria de vida dos camponeses indígenas que viviam no território da prelazia de Yauyos. O Instituto Rural Valle Grande, obra corporativa do Opus Dei, capacitou agricultores, muitos dos quais cultivavam pequenos lotes de terra em ladeiras íngremes, situadas a uma altitude de até quatro mil metros acima do nível do mar. Oferecia instrução em técnicas agropecuárias simples e práticas, que obtinham resultados notáveis em pouco tempo; em 1977, por exemplo, 2.500 adultos participaram

A HISTÓRIA DO OPUS DEI

de diversos programas. Além disso, promoveu uma entidade juvenil para meninos de dez a quinze anos com aulas de teoria e medicina esportiva e treinamentos. Do mesmo modo, o centro de capacitação profissional para a mulher Condoray estava dirigido tanto para camponesas como para estudantes de ciclos superiores[27].

Em 1982, próximo de Madri, um gerente de colégios chamado José Alberto Torres pôs em funcionamento La Veguilla, um centro especial de emprego para pessoas incapacitadas psíquica e intelectualmente. Hoje, setenta pessoas trabalham nessa obra social, que conta com viveiros, uma residência e um centro ocupacional. Contava Torres: «Eu me propus que essas pessoas, às quais Deus também chama à santidade, descobrissem em suas tarefas um meio para encontrar a Deus e para servir aos demais. "É uma loucura – dizia-me o pai de um rapaz doente – pensar que meu filho será capaz algum dia de se sustentar por conta própria". Hoje, esse rapaz não só se mantém economicamente com o seu trabalho, mas também possui um contrato de trabalho fixo»[28].

Baseando-se na experiência das Escolas Familiares Agrícolas da Espanha, alguns membros do Opus Dei na Argentina estabeleceram, em 1973, vários centros de formação rural. Em 1987, havia três escolas para meninos e uma para meninas, com um total de 228 alunos e 23 professores. O Governo argentino reconheceu os cursos como equivalentes aos três primeiros anos do segundo ciclo do ensino fundamental e concedeu-lhes ajuda financeira. Também se estabeleceu um colégio para os dois últimos anos do ensino fundamental.

Os adultos – em sua maior parte formados nas escolas – recebiam formação permanente em doze grupos, denominados «centros de estudos técnicos agrícolas». Cada grupo era formado por oito ou dez agricultores e um engenheiro agrônomo, que utilizava o método do caso. A ONG que dirigia as escolas, a Fundación Pedro Antonio Marzano, também organizou, para os membros do corpo docente, reuniões pedagógicas mensais em Buenos Aires e cursos anuais de duas semanas sobre métodos educacionais. Também teve participação ativa na Association International de Maisons Familiales Rurales[29].

A Kibondeni School of Management, em Nairóbi, oferece um programa de hotelaria e restaurante para as jovens que, de outro modo, talvez não chegassem ao ensino secundário. A escola tem «como obje-

21. ATIVIDADES APOSTÓLICAS

tivo principal melhorar o nível de vida das jovens de famílias de escassos recursos, dotando-as dos conhecimentos, aptidões e atitudes que lhes permitam conseguir um emprego que satisfaça suas necessidades e as de suas famílias, tornando-as autosuficientes»[30]. Em meados da década de 1980, a Kibondeni recebeu seiscentas solicitações de vagas para as vinte disponíveis.

Em 1991, o Opus Dei levava mais de uma década na República Democrática do Zaire (chamada de Congo a partir de 1997). O país, sob o governo de Mobutu, sofria uma prolongada crise econômica e ocupava os últimos lugares no índice de desenvolvimento humano das Nações Unidas. Em Kinshasa, capital da república, o desemprego alcançava 80%, a pobreza mostrava-se galopante e era frequente a pilhagem por parte dos soldados que não tinham recebido seu soldo. O bairro de Mont-Ngafula, um dos mais pobres de Kinshasa, necessitava desesperadamente de atendimento médico.

A situação podia parecer literalmente insustentável, mas um punhado de médicos decidiu fazer o que estivesse ao seu alcance. Em 1989, iniciaram uma clínica ambulatorial que chamaram Monkole, com uma sala para cirurgia e três leitos. Ao perceber que a desnutrição era a raiz de muitas doenças, perguntavam a cada paciente quando fora a última vez que havia comido, a fim de alimentá-lo em caso de necessidade. Também se especializaram em obstetrícia e ginecologia, para colaborar no atendimento da mulher, já que, naqueles anos, de cada cem mil nascimentos, faleciam no Congo quinhentas mulheres, número muito alto se comparado com as quatro da Itália, as oito do Reino Unido ou as dezessete dos Estados Unidos. Ainda que os princípios fossem modestos, seus fundadores proporcionaram desde o início um atendimento sanitário de qualidade a seus pacientes, independentemente de sua situação econômica.

A 140 quilômetros a noroeste da Cidade do México encontra-se uma antiga fazenda, San José de Toshi, que foi destinada a atividades formativas e assistenciais em fins dos anos 1950. Começou como um centro de alfabetização, nutrição e higiene para as comunidades indígenas que habitam a região. O dispensário era atendido por médicos e enfermeiras da capital, que ofereciam seus serviços. Em 2000, transformou-se em uma clínica dirigida pela Escola de Medicina e Enfermagem da Universidade Panamericana, que oferece consultas

A HISTÓRIA DO OPUS DEI

de odontologia, endocrinologia, oftalmologia, dermatologia, pediatria, ginecologia e medicina familiar. Além disso, Toshi conta com uma casa de retiros e com o centro de formação profissional Ondare, uma escola de serviços de hotelaria com reconhecimento oficial que proporciona às mulheres da região o acesso a postos de trabalho na administração pública e em empresas de cidades próximas[31].

22. NA OPINIÃO PÚBLICA

Depois do Congresso Geral do Opus Dei de 1984, o governo central recomendou aos governos regionais que se esmerassem no atendimento do apostolado da opinião pública e dos fiéis da Obra que trabalhavam nos meios de comunicação, de modo a que informassem com veracidade e colaborassem neste objetivo com seus colegas de profissão. Os que não eram comunicadores também podiam intervir no debate público com artigos ou pontos de vista sobre temas profissionais, dando-lhes um enfoque ético. Todos estavam convidados a participar do diálogo com criadores de opinião – jornalistas, publicitários, livreiros e editores – e a dar testemunho de uma vida que tratava de ser coerente com o Evangelho.

Os escritórios de comunicação do Opus Dei nas diversas regiões adquiriram mais experiência e profissionalismo. Procuraram difundir os documentos e ensinamentos do Papa e mostrar a figura e os ensinamentos do fundador do Opus Dei. Ajudaram também o escritório do apostolado da opinião pública de Roma, que elaborava o SIDEC, um boletim com artigos sobre temas de interesse geral e com certa repercussão doutrinal, o qual era distribuído para as regiões. A partir de 1987, editaram *Documentación,* um impresso com recortes da imprensa internacional sobre a Igreja, o Papa, a prelazia e suas atividades corporativas, em particular as de ajuda ao desenvolvimento[1].

Nesse período (1975-1994), muitas pessoas conheceram o Opus Dei por meio de amigos, vizinhos, parentes e colegas de trabalho que

A HISTÓRIA DO OPUS DEI

eram membros da Obra, ou porque participaram de atividades organizadas nos centros. Outras souberam da existência do Opus Dei mediante artigos em jornais e revistas, e também transmissões de rádio e televisão. Tiveram especial cobertura a beatificação do fundador, a transformação do Opus Dei em prelazia pessoal e alguns projetos apostólicos locais. Por exemplo, a cadeia de televisão e rádio católica EWTN, dos Estados Unidos, difundiu com frequência informações sobre o Opus Dei. Algo semelhante aconteceu em outros meios de comunicação católicos da Itália, Espanha e América Latina. A televisão pública italiana (RAI) retransmitiu vários documentários do jornalista Alberto Michelini em horários de ampla audiência, proporcionando pela primeira vez, a milhares de pessoas, um conhecimento novo e mais amplo da Obra.

Em diversos países onde o Opus Dei tinha presença significativa, como o México e as Filipinas, este tipo de notícias criou uma percepção positiva. Contudo, a presença do Opus Dei na opinião pública foi ainda discreta, pois, inclusive em países de tradição católica, muitas pessoas ou não haviam ouvido falar sobre a Obra, ou só haviam tido informações parciais. Em outras nações, como os Estados Unidos e o Canadá, os jornais de circulação geral não estavam particularmente interessados em publicar artigos sobre as iniciativas dos membros do Opus Dei ou sobre o seu fundador.

Uma figura profissional de destaque foi Joaquín Navarro-Valls, diretor do escritório de imprensa da Santa Sé entre 1984 e 2006. Além de informar sobre o Papa e o Vaticano, em algumas ocasiões os comunicadores lhe preguntaram sobre sua pertença ao Opus Dei. Também teve eco na opinião pública a crescente atividade social das iniciativas relacionadas com a Obra no mundo.

Na Europa, vários meios de comunicação estavam altamente politizados, e alguns dos órgãos mais importantes da opinião pública manifestaram-se hostis à Igreja e ao Papa. Também o Opus Dei se viu envolto em polêmicas. Momentos de pico foram os anos prévios à transformação do Opus Dei em prelazia pessoal e os meses anteriores à beatificação do fundador. Além desses, houve outros acontecimentos de certa relevância em países como o Reino Unido, a Alemanha e a Itália. E, sem que chegue a surpreender, talvez as críticas mais significativas produziram-se na Espanha.

22. NA OPINIÃO PÚBLICA

Espanha. O caso Rumasa

No começo da década de 1980, Rumasa era uma gigantesca *holding* que reunia vinte bancos, umas quarenta empresas reais e muitas outras sem conteúdo, constituídas para canalizar os créditos dos bancos ao resto das sociedades do grupo. Seu fundador e principal proprietário, José María Ruiz-Mateos, era um homem ativo e de forte caráter, supernumerário do Opus Dei. Havia feito generosas contribuições a organizações caritativas, religiosas e sociais, incluindo centros educacionais e sociais dirigidos por pessoas da Obra. Uma delas era o Instituto de Estudios e Investigación, S. A., constituído por Gregorio López-Bravo em 1981 para ajudar estudantes que quisessem fazer estudos na Universidade de Navarra e carecessem de recursos monetários suficientes; neste caso, uma empresa do grupo Rumasa lhe havia concedido um empréstimo de 1,5 bilhão de pesetas a longo prazo e sem juros[2].

Em 23 de fevereiro de 1983, o Governo espanhol, presidido pelo socialista Felipe González, anunciou que o grupo Rumasa tinha uma grave crise financeira. Posteriormente soube-se que, devido a uma heterodoxa concentração de riscos, que ultrapassava 60% do dinheiro que os depositantes deixavam em seus bancos, houve perdas que chegaram a 346 bilhões de pesetas, bem como dívidas enormes. Amparando-se no dano que esse fracasso causaria na estabilidade do sistema bancário e financeiro espanhol, o Executivo editou um decreto-lei para desapropriar as empresas e atividades comerciais do grupo Rumasa[3].

Esta decisão, baseada em informações técnicas, foi uma das mais importantes do Governo de González em suas primeiras semanas de mandato, após as eleições gerais de outubro de 1982. Suscitou a máxima atenção dos meios informativos, pois – além do problema econômico em si – estavam pendentes da ação governamental do Partido Socialista Operário Espanhol em relação aos bancos e à Igreja, de modo especial ao Opus Dei, que acabava de ser erigido em prelazia pessoal. Além disso, o próprio Gabinete devia convencer a opinião pública da legalidade de um decreto-lei duvidoso – o qual, um ano depois, de fato foi declarado constitucional graças ao voto de quali-

A HISTÓRIA DO OPUS DEI

dade daquele que era presidente do Tribunal Constitucional: Manuel García-Pelayo, responsável por desfazer o empate que se dera entre os outros magistrados[4].

O Opus Dei apareceu nos meios de comunicação porque se publicou que Ruiz-Mateos havia feito volumosas doações a atividades da prelazia e que havia uma suposta participação dos diretores da Obra nas decisões do próprio Ruiz-Mateos, também depois da desapropriação. Deste modo, semeou-se na opinião pública espanhola a suspeita de que a prelazia estava envolvida em ajudas financeiras duvidosas, quando não ilegais, e em grande escala.

O escritório de informação da prelazia na Espanha desmentiu formalmente ambos os aspectos. Explicou que as autoridades do Opus Dei não haviam dado indicações ou conselhos a Ruiz-Mateos nem haviam tido qualquer intervenção em supostos pactos econômicos. Além disso, recordou que, como qualquer outro fiel da prelazia, Ruiz--Mateos atuava sob sua responsabilidade, com a mesma liberdade de qualquer outro cidadão, sem que, portanto, suas livres decisões empresariais pudessem ser atribuídas à prelazia. No entanto, esta declaração não amenizou o fato de que, para a maioria das pessoas, era difícil distinguir entre o inexistente financiamento da Rumasa ao Opus Dei e o apoio pessoal que José María Ruiz-Mateos havia dado a várias atividades educacionais impulsionadas por membros da Obra.

Durante os anos seguintes, a desapropriação da Rumasa foi matéria recorrente nos meios de comunicação graças à magnitude da questão e alguns incidentes chamativos protagonizados por Ruiz-Mateos, como seu translado para Londres e Frankfurt depois da desapropriação e a fuga da Audiência Nacional que ele empreendeu disfarçado.

O Opus Dei também apareceu mais vezes na mídia devido aos ataques de José María Ruiz-Mateos contra algumas pessoas da Obra. De modo particular, ele fez declarações em que parecia censurar Luis Valls-Taberner, presidente do Banco Popular, e Rafael Termes, presidente da Associação Espanhola de Bancos, que davam mais importância a suas responsabilidades que a auxiliá-lo nos problemas financeiros. Para Ruiz-Mateos, esta ajuda era algo de estrita justiça[5].

A evolução dos acontecimentos e a forte tensão que suportou José María Ruiz-Mateos o levaram a comportamentos e declarações que não eram coerentes com as obrigações espirituais que havia assumido

22. NA OPINIÃO PÚBLICA

livremente no Opus Dei. Fez declarações críticas sobre a prelazia e alguns dos seus diretores e preferiu não continuar a receber a assistência espiritual da Obra. No entanto, solicitou que o apoiassem no terreno jurídico-penal e empresarial; caso contrário, ameaçava montar um escândalo na opinião pública.

Em vista da sua atitude, e de acordo com os Estatutos da prelazia, Ruiz-Mateos deixou de ser membro do Opus Dei em 1986[6]. Então, e movido talvez pela confusão que sofria – depois pediu perdão publicamente –, apresentou uma querela contra Juan Francisco Montuenga e Alejandro Cantero, membros da Comissão Regional do Opus Dei na Espanha. A denúncia seguiu os trâmites previstos pela justiça espanhola na Audiência Nacional. Em junho de 1989, um juiz deste órgão jurisdicional arquivou a causa porque considerou que tinha havido transparência na atuação dos membros da prelazia acusados por Ruiz-Mateos. Apesar de a causa ter sido extinta, as abundantes notícias desses anos deixaram uma marca negativa na opinião pública espanhola sobre o Opus Dei[7].

Grã-Bretanha. Intervenção do cardeal Hume

Em janeiro de 1981, o *Times* publicou um extenso artigo no qual acusava o Opus Dei de secreto e autoritário. O texto do *Times* baseava-se em material compartilhado por um ex-membro irlandês da Obra, John Roche, que buscava evitar que a Santa Sé erigisse o Opus Dei como prelazia pessoal[8]. Sem entrar em maiores detalhes, a secretaria do Opus Dei na Grã-Bretanha respondeu com uma declaração genérica que proclamava o amor à liberdade, a rejeição ao segredo e a obediência à hierarquia, pois «o Opus Dei não busca de nenhuma maneira um lugar de privilégio dentro da Igreja Católica»[9].

Roche rogou ao cardeal Basil Hume – arcebispo de Westminster e presidente da Conferência Episcopal da Inglaterra e Gales – que se pronunciasse sobre o Opus Dei. Este fato e as declarações de uma mãe pelo tratamento injusto que, segundo ela, se havia dado a sua filha levaram o cardeal Hume a estudar o caso e a entrar em contato com a Comissão Regional do Opus Dei no Reino Unido. Depois, em

A HISTÓRIA DO OPUS DEI

dezembro de 1981, publicou um comunicado no qual apontava quatro recomendações ou pautas para os membros do Opus Dei em sua diocese: que nenhuma pessoa com menos de dezoito anos se incorporasse definitivamente à instituição; que os jovens que desejassem pedir admissão consultassem antes os seus pais; que se respeitasse a liberdade de cada um para pertencer ou deixar a Obra e para escolher o próprio diretor espiritual; e que se identificasse claramente o Opus Dei nas atividades que patrocinava ou dirigia.

O cardeal Hume, que conhecia o apoio de João Paulo II à Obra, esclareceu que suas recomendações «não devem ser interpretadas como uma crítica à integridade dos membros do Opus Dei», pois só as fazia «para responder a inquietações compreensíveis e para fomentar uma boa prática pastoral dentro da diocese»[10]. De imediato, a secretaria da Obra no país manifestou que «acolhia com satisfação este memorando e as recomendações do cardeal, que estão em consonância com o que os membros do Opus Dei sempre trataram de fazer na Grã-Bretanha e em todo o mundo»[11]. A opinião pública entendeu que essas diretrizes censuravam de algum modo o Opus Dei. Mais adiante, em 1988, o cardeal Hume foi o principal celebrante de uma Missa pública de ação de graças pelo 70° aniversário da fundação da Obra, mas este fato passou praticamente inadvertido pelos meios de comunicação.

Alemanha. O Opus Dei recorre aos tribunais

Em seus cinquenta anos de existência, o Opus Dei nunca havia processado nenhum autor ou meio de comunicação por difamação, mas os ataques na imprensa e na televisão alemã nos começos dos anos 1980 o levaram a repensar essa atitude.

As polêmicas começaram por ocasião da publicação do livro *Das Opus Dei, eine Innenansicht* [O Opus Dei, visto por dentro], redigido por Klaus Steigleder, ex-membro da Obra. No texto, outros membros antigos diziam que o Opus Dei era uma seita perigosa. Se os fatos tivessem parado por aí, não teriam tido demasiada importância, mas a influente revista *Der Spiegel* publicou, a começar em 5 de setembro

22. NA OPINIÃO PÚBLICA

de 1983, longos extratos do livro em três artigos consecutivos[12]. Além disso, entre setembro de 1983 e novembro de 1984, a radiotelevisão pública e local Westdeutscher Rundfunk (WDR) transmitiu 25 programas televisivos e de rádio nos quais voltavam às ideias de seita e de sociedade secreta, com declarações críticas de ex-membros, censura das práticas de mortificação corporal e acusações de alguns pais desgostosos porque seus filhos haviam decidido pedir admissão ao Opus Dei[13]. Estas ideias encontraram eco em mais publicações. Além disso, alguns políticos manifestaram-se a favor de que se incoasse uma investigação sobre o Opus Dei.

A maior parte das publicações, programas e declarações ouviu somente a fonte crítica. Como destacou Eberhard Straub, especialista em mídia e cultura do *Frankfurter Allgemeine Zeitung* – segundo jornal mais lido da Alemanha e o mais importante entre os intelectuais –, não se havia entrevistado membros do Opus Dei que estavam contentes com sua vida na Obra ou pais que aprovavam que seus filhos pertencessem à instituição. Para o jornalista, «a polêmica se dirige não tanto contra o trabalho do Opus Dei entre a juventude, da qual praticamente não se informou, mas contra as convicções fundamentais de uma forma de vida cristã»[14].

O escritório de informação do Opus Dei na Alemanha dialogou com os responsáveis pelos meios envolvidos e enviou notícias sobre os projetos institucionais da Obra a cerca de 40 mil pessoas, meios de comunicação e instituições; entre outros, a todas as paróquias alemãs, professores de religião, jornais, revistas, emissoras de rádio e agências de imprensa. Vários bispos, incluindo o presidente da Conferência Episcopal, o cardeal Joseph Höffner, fizeram declarações públicas em apoio ao Opus Dei, e a imprensa católica recolheu algumas dessas afirmações[15]. Também numerosos cidadãos, que conheciam pessoalmente as atividades da Obra, protestaram perante os meios de comunicação[16].

O cardeal Höffner e outras autoridades eclesiásticas instaram ao Opus Dei que empreendesse ações legais, pois havia afirmações que imputavam à Obra interesses comerciais e políticos clandestinos. Os diretores do Opus Dei na Alemanha recorreram aos tribunais civis. Em julho de 1984, apresentaram uma primeira ação e, depois, outras seis: três contra editoras, três contra a WDR e uma contra

A HISTÓRIA DO OPUS DEI

uma pessoa. A justiça deu parecer favorável às seis[17]. Por exemplo, no caso de um numerário criticado, o juiz declarou que a transmissão da WDR havia atentado contra o direito à intimidade pessoal. Em agosto de 1988, saiu a última sentença, que obrigou a WDR a se retratar publicamente – algo inédito nos meios de comunicação da República Federal da Alemanha – porque havia afirmado que o Opus Dei se dedicava ao tráfico ilegal de armas[18].

Apesar de os tribunais terem dado razão ao Opus Dei, a imagem pública e o desenvolvimento da Obra ficaram gravemente deteriorados na Alemanha e em países como a Áustria e a Suíça. Vários sacerdotes do Opus Dei se viram obrigados a deixar o atendimento de atividades formativas, em particular a dos estudantes do ensino médio; nas entidades juvenis de São Rafael viram reduzir-se notavelmente a presença dos adolescentes, pois se havia semeado desconfiança entre os pais católicos. Segundo Ernst Burkhart, que era capelão de um colégio em Viena, «produziu-se uma debandada praticamente total dos rapazes que tinham buscado direção espiritual. O que antes havia sido confiança e entusiasmo se converteu em rejeição e desprezo»[19]. Contudo, «houve também alguns pais que, movidos pelo clima de crítica exagerada, se interessaram pelo Opus Dei e depois deram testemunho público de suas experiências positivas nos meios de comunicação»[20].

Itália. Uma investigação parlamentar

Na Itália, o que começou como um longo artigo publicado em 1985 numa revista acadêmica lida principalmente por uma parcela de especialistas em Teologia e Direito Canônico passou a ser um livro; depois, ecoou nos meios de comunicação; e terminou em uma investigação parlamentar[21]. O autor, Giancarlo Rocca, afirmou que o Opus Dei possuía um estatuto secreto. A influente revista italiana *L'Espresso* recolheu a denúncia em uma matéria que afirmava basear-se no «código secreto [que] regula a vida do Opus Dei». Este «código secretíssimo, encadernado em vermelho» e, segundo o *L'Espresso*, revelado por Rocca era na verdade uma cópia das Constituições de

22. NA OPINIÃO PÚBLICA

1950, as quais haviam sido substituídas três anos antes, em 1982, pelos Estatutos da prelazia pessoal. Além disso, acusava o Opus Dei de governar «as carreiras profissionais de seus afiliados» para conseguir «cargos públicos, em particular os de dirigentes», ou seja, postos do Governo e da Administração pública[22].

Ao artigo do *L'Espresso* se uniram outros do *La Repubblica* e de mais alguns meios de comunicação, que apresentavam novas acusações. Repetidas vezes se aludiu e se tentou relacionar o Opus Dei com a Propaganda Due, uma loja maçônica que havia sido dissolvida pelo Parlamento italiano em 1982, depois de ter gerado muita polêmica.

A secretaria do Opus Dei na Itália negou publicamente a existência de um código secreto e explicou que os Estatutos aprovados pela Santa Sé estabeleciam que os membros da Obra não devem ocultar sua pertença à instituição. Também esclareceu que quando as Constituições de 1950 falavam de um *munus publicum* (cargo público), se referiam a qualquer profissão ou trabalho, e não a um posto no governo ou na burocracia[23].

Dois políticos da Câmara de Deputados da Itália apresentaram uma interpelação formal ao Governo para que se investigasse o Opus Dei. Afirmaram, em concreto, que a suposta natureza secreta da Obra era contrária ao artigo 18 da Constituição. Ao mesmo tempo, manifestaram seu temor de que o Opus Dei fosse uma força de poder católico que se infiltrava na sociedade para obter hegemonia política e econômica. Alguns chegaram a sugerir que se afastassem as pessoas da Obra que ocupavam cargos públicos. Outros deputados, por sua vez, pediram respeito à liberdade religiosa e à Igreja[24].

Em resposta a uma solicitação do governo italiano, a Santa Sé – que ficava envolvida por ter aprovado a Obra – comunicou que o Opus Dei não era uma organização secreta e que se regia por Estatutos públicos, sem que existisse um código oculto. Em 24 de novembro de 1986, Oscar Luigi Scalfaro, ministro do Interior, ofereceu no Parlamento italiano uma longa resposta às perguntas formuladas ao Executivo e concluiu: «O Opus Dei não é secreto nem de fato nem de direito; o dever de obediência refere-se exclusivamente a matérias espirituais; não há mais direitos e deveres que os estabelecidos no *Codex iuris particularis*, e também estes são de natureza espiritual»[25]. Depois desta contestação formal e exaustiva, na qual o Governo ex-

A HISTÓRIA DO OPUS DEI

plicou que o Opus Dei estava em plena conformidade com a legislação civil italiana, a investigação foi arquivada, e a controvérsia definhou até desintegrar-se.

23. A BEATIFICAÇÃO DO FUNDADOR

MAIS DO QUE EM SEUS ESCRITOS, A HERANÇA de Escrivá de Balaguer está em sua conduta. Ensinou o amor a Cristo e à Igreja com o exemplo, a palavra e suas publicações. Para muitas pessoas, *Caminho* foi o primeiro meio de contato com o Opus Dei. Apesar de sua brevidade, converteu-se em uma abundante fonte de material para a oração mental e para a preparação de aulas sobre a santidade e o apostolado na vida corrente. Antes do seu falecimento, também já haviam sido publicados *Santo Rosário, Entrevistas com mons. Escrivá de Balaguer* e *É Cristo que passa,* traduzidos às principais línguas europeias.

Entre 1977 e 1987, vieram a público quatro obras póstumas em espanhol, as quais também foram traduzidas rapidamente para vários idiomas: *Amigos de Deus,* com dezoito homilias; *Sulco,* livro semelhante a *Caminho,* com mil pontos para a meditação; *Forja,* também como os dois anteriores, com 1.055 pontos selecionados, em grande parte, a partir dos *Apontamentos íntimos; Via sacra,* que tece considerações sobre cada uma das estações da via dolorosa de Cristo e lhe acrescenta alguns pontos para meditação; e *Amar a Igreja,* com três homilias sobre a Igreja e o sacerdócio. Esses livros, publicados sob a direção de Álvaro del Portillo, incrementaram o material ao qual podiam ter acesso os fiéis da prelazia e as pessoas interessadas em conhecer o espírito do Opus Dei e os modos de encarná-lo.

A causa de canonização

As pessoas do Opus Dei tinham muitos motivos para solicitar a canonização de Josemaria Escrivá de Balaguer[1]. Aqueles que o conhe-

A HISTÓRIA DO OPUS DEI

ciam e haviam se beneficiado de seu relacionamento com ele o consideravam um santo. Por isso, durante os cinco anos seguintes à sua morte, foram recolhidos e catalogados seus escritos, as notas tomadas de sua pregação e outros apontamentos. Membros da Obra e outros que o haviam conhecido redigiram testemunhos pessoais sobre a sua vida. Seis mil pessoas de mais de cem países solicitaram à Santa Sé a abertura de sua causa de beatificação e canonização; entre outros, e dentro do estamento eclesiástico, 69 cardeais, 241 arcebispos e 987 bispos, mais de um terço de todos os bispos do mundo. Além disso, receberam-se 41 cartas de superiores de ordens e congregações religiosas[2]. Todavia, possivelmente o mais chamativo foram os milhares de relatos de favores, escritos por pessoas de todos os níveis sociais, que mostravam como recorriam a Deus através da intercessão de Escrivá de Balaguer. O próprio Papa Paulo VI disse a del Portillo, em 1976, que considerava o fundador «um dos homens que receberam mais carismas na história da Igreja, e que corresponderam com maior generosidade aos dons de Deus»[3].

Quase imediatamente, após o falecimento, distribuíram-se imagens para devoção privada em muitos idiomas, com uma fotografia do fundador e uma breve oração pedindo favores a Deus por meio de sua intercessão. Também foram publicados boletins informativos sobre sua vida e sobre os favores que eram atribuídos à sua mediação. Uma década depois, em 1984, 3 milhões de pessoas haviam feito a assinatura para receber os boletins[4].

Na sede do governo regional da Obra em Madri, foi recolhido e organizado um volumoso material sobre a vida do fundador, incluindo recordações de pessoas que o conheceram e cópias de documentos que estavam em arquivos civis e eclesiásticos. Isso ajudou vários escritores que redigiam biografias do fundador, proporcionando-lhes acesso a documentação e informações. A primeira dessas biografias, *Monsenhor Josemaria Escrivá de Balaguer. Apuntes sobre la vida del Fundador del Opus Dei,* veio a público em espanhol no ano de 1976. Seu autor, Salvador Bernal, mostrava ao grande público a personalidade e a mensagem de São Josemaria nas principais etapas de sua vida. Posteriormente, nos anos 1980, vieram à luz outras biografias, entre as quais se destacam as de cinco escritores de diferentes países europeus: François Gondrand, Peter Berglar, Andrés Vázquez de Pra-

23. A BEATIFICAÇÃO DO FUNDADOR

da, Hugo de Azevedo e Ana Sastre[5]. Esses autores só tiveram acesso parcial aos materiais de arquivo, pois estes tinham de ser examinados previamente pela Congregação para as Causas dos Santos[6].

Os escritos de Josemaria Escrivá de Balaguer, as biografias, as estampas e os boletins de informação manifestavam sua fama de santidade, requisito essencial para iniciar uma causa de canonização. Em apoio à petição oficial do postulador, foram apresentados dois volumes de testemunhos de pessoas que o consideravam santo; em outro livro, reuniram-se outros 1.500 relatos de favores atribuídos à sua intercessão; e um último volume de seiscentas páginas reproduzia alguns dos artigos publicados na imprensa internacional sobre o fundador do Opus Dei durante os quatro anos seguintes à sua morte, incluindo nove assinados por cardeais[7].

Como Escrivá de Balaguer havia morrido na Cidade Eterna, a instrução do processo correspondia à diocese de Roma. O vigário do Papa para essa circunscrição, o cardeal Ugo Poletti, decretou a introdução oficial da causa em fevereiro de 1981. Um tribunal eclesiástico ouviu durante os cinco anos seguintes 26 testemunhos sobre a vida de Escrivá de Balaguer, entre eles três cardeais, dois arcebispos, um bispo, onze sacerdotes e nove leigos, entre eles dois ex-membros do Opus Dei. Como seu relacionamento com o fundador havia sido muito próximo durante anos, os testemunhos de Álvaro del Portillo e de Javier Echevarría foram notavelmente amplos[8].

O tribunal de Roma recebeu dezesseis cartas de pessoas que se opunham à beatificação. Algumas eram de pais descontentes porque seus filhos haviam se incorporado ao Opus Dei. Esse tribunal, composto de especialistas alheios ao Opus Dei, respondeu que as circunstâncias nas quais os jovens haviam aderido à Obra não estavam suficientemente relacionadas com a pessoa de Escrivá de Balaguer a ponto de interferir em sua causa de canonização. Outras pessoas enviaram textos das homilias do fundador que, segundo elas, eram críticos ao Papa e à Igreja. O tribunal respondeu que as homilias haviam sido incluídas na documentação apresentada pelo postulador e demostravam que Josemaria Escrivá de Balaguer era um homem de fé[9].

Como muitas das testemunhas viviam na Espanha ou falavam castelhano, criou-se um segundo tribunal para tomar testemunhos

A HISTÓRIA DO OPUS DEI

na diocese de Madri. Seus membros foram nomeados pelo cardeal Vicente Enrique y Tarancón. Diferentemente do tribunal de Roma, que instruía várias causas, o de Madri responsabilizou-se somente por testemunhos sobre Escrivá de Balaguer, e assim pôde proceder com mais rapidez. Para presidir as vistas, o cardeal Enrique y Tarancón escolheu o padre Rafael Pérez, frade agostiniano que havia trabalhado anteriormente na Congregação para as Causas dos Santos. Este tribunal – no qual não havia membros da Obra – interrogou sessenta testemunhas, entre as quais dois arcebispos, seis bispos, dezessete sacerdotes, cinco religiosos e trinta leigos, oito dos quais ex-membros do Opus Dei[10].

As testemunhas convocadas pelos dois tribunais haviam conhecido o fundador em diferentes momentos, cobrindo assim praticamente todo o arco de sua vida. Alguns testemunharam durante muito tempo e outros pouco, mas no conjunto apresentaram um quadro completo de sua trajetória vital e do modo como havia exercitado as virtudes cristãs. A maioria destacou a força da mensagem da santidade nas circunstâncias ordinárias; vários disseram que sua caridade se manifestava em um genuíno afeto; alguns casados relataram como lhes havia ajudado a entender que a vida matrimonial é um caminho de santidade; e diversos membros de ordens religiosas disseram que lhes havia auxiliado no discernimento de sua vocação. Um dos bispos explicou com certo detalhamento que o fundador o ajudara a se centrar em sua vocação sacerdotal mais do que em sua carreira acadêmica. Vários que haviam sido membros do Opus Dei também testemunharam favoravelmente sobre as virtudes de Escrivá de Balaguer.

Entre os documentos apresentados à Santa Sé, havia publicações críticas que tinham sido escritas por duas pessoas que o haviam conhecido pessoalmente: Alberto Moncada e María Angustias Moreno[11]. O postulador propôs a ambos como testemunhas. Moncada testemunhou em novembro de 1982. Em carta à Congregação para as Causas dos Santos, os juízes que ouviram seu testemunho concluíram que era pouco fidedigno e não devia ser levado em consideração por seu manifesto repúdio ao fundador. A congregação aceitou esta resolução[12]. Por sua vez, Moreno não respondeu a um convite escrito para testemunhar, mas suas publicações foram incluídas na

23. A BEATIFICAÇÃO DO FUNDADOR

documentação. Como seus escritos e aparições na televisão sugeriam que seu testemunho não seria confiável e, por outro lado, também não havia respondido ao pedido para se manifestar, o tribunal disse à congregação que não era necessário exigir-lhe uma declaração oral. A congregação se mostrou de acordo. Tempo depois, quando o tribunal já havia concluído suas investigações, Moreno pediu para testemunhar, e o tribunal decidiu não reabrir o processo[13].

Os dois tribunais recolheram um total de quase 11 mil páginas de testemunhos orais transcritos e receberam do postulador 13 mil páginas com os escritos do fundador, mais onze volumes de documentos recolhidos em 390 arquivos públicos e privados. Solicitaram o estudo dos escritos do fundador a quatro teólogos. Um deles escreveu: «O corpo probatório desta Causa é de tal riqueza que não se pode desejar mais»[14].

Em 1982, o cardeal Enrique y Tarancón estabeleceu outro tribunal para analisar a repentina cura atribuída à intercessão de Escrivá de Balaguer de uma monja carmelita da caridade, cujo quadro clínico fora grave, com risco de vida. Esse tribunal concluiu no mês de abril que a cura não tinha explicação natural e devia ser atribuída à intercessão de Josemaria Escrivá. O cardeal Enrique y Tarancón enviou a Roma o expediente desse processo[15].

Como relator da causa de Escrivá de Balaguer, a congregação escolheu o dominicano Ambrogio Eszer, veterano da congregação conhecido pela seriedade com que desempenhava o seu trabalho[16]. Por sua vez, o postulador reuniu um grupo de membros do Opus Dei, especialistas em teologia, história e direito canônico e vários especialistas em informática. Essa equipe preparou uma *positio* de 6 mil páginas, que foi concluída em junho de 1988. O relator concluiu que estava bem feita[17].

A *positio* foi entregue a um grupo de teólogos consultores da congregação. Sete dos nove consultores votaram a favor da heroicidade das virtudes. Um deles descreveu Escrivá como «um modelo completo e atraente da santidade de que mais necessita o mundo contemporâneo». Outro o apontou como «mestre da espiritualidade para o nosso tempo» e «homem enviado por Deus para renovar e reavivar o espírito cristão num mundo indiferente»[18]. No entanto, o sacerdote Justo Fernández Alonso deu parecer negativo, e o regente da Peniten-

A HISTÓRIA DO OPUS DEI

ciaria Apostólica, Luigi De Magistris, votou a favor de uma demora. Depois, uma revista italiana publicou uma cópia vazada deste último parecer sem revelar o nome do autor. O consultor resumia suas objeções dizendo que seria prudente deixar passar mais tempo e que era necessário investigar a fundo três questões: as tensões entre Escrivá de Balaguer e os jesuítas; sua percepção pessoal sobre a aparente falta de humildade do fundador; e a abundância de fenômenos místicos na vida de Escrivá de Balaguer[19].

Apesar das reservas dos dois consultores, o relator, padre Eszer, chegou à conclusão de que não eram necessários mais estudos nem testemunhos porque «os procedimentos processuais, a coleta e a análise das fontes documentais, bem como os sucessivos estudos histórico-documentais, são também outro modelo de escrupulosa exatidão, com um sólido corpo crítico, e de aprofundamento sábio e seguro»[20]. Eszer determinou que a causa estava madura para que fosse passada aos cardeais e bispos que compunham a Congregação para as Causas dos Santos. Após analisar o material, recomendaram, em março de 1990, ao Santo Padre que ordenasse a publicação do decreto de virtudes heroicas. O Papa o promulgou em 9 de abril. Depois de um longo resumo do curso biográfico de Escrivá de Balaguer, o decreto indicava que «os traços mais característicos de sua figura não estão só em seus dotes extraordinários de homem de ação, mas em sua vida de oração e nessa assídua experiência unitiva que fez dele um contemplativo itinerante»[21].

Em junho de 1990, os consultores médicos da congregação concluíram unanimemente que a cura instantânea de uma carmelita da caridade, que sofria de um complexo quadro clínico agudo com infeliz prognóstico, não podia ser explicado por causas naturais. Os teólogos consultores da congregação também se manifestaram unanimemente a favor do caráter milagroso da cura. Em julho de 1991, João Paulo II promulgou o decreto sobre a cura milagrosa e decidiu por sua beatificação.

Em 17 de maio de 1992 – dezessete anos depois da morte de Escrivá de Balaguer e onze após a abertura da causa –, entre 200 e 300 mil pessoas, segundo cálculos dos meios de comunicação, encheram a Praça de São Pedro e transbordaram para a Via della Conciliazione. Trinta e cinco cardeais e cerca de trezentos bispos participaram da Missa de

23. A BEATIFICAÇÃO DO FUNDADOR

beatificação da religiosa canossiana Josefina Bakhita e de Josemaria Escrivá de Balaguer, celebrada pelo Papa João Paulo II.

Na homilia, o Papa destacou a mensagem do fundador do Opus Dei: «Com sobrenatural intuição, o beato Josemaria pregou incansavelmente a chamada universal à santidade e ao apostolado. Cristo convoca todos a se santificarem na realidade da vida cotidiana; por isso, o trabalho é também meio de santificação pessoal e de apostolado quando se vive em união com Jesus Cristo, pois o Filho de Deus, ao se encarnar, uniu-se de certo modo a toda a realidade do homem e a toda a Criação. Em uma sociedade em que o afã desenfreado de possuir coisas materiais as converte em ídolo e motivo de afastamento de Deus, o novo Beato nos recorda que estas mesmas realidades, criaturas de Deus e do engenho humano, se forem usadas retamente para a glória do Criador e ao serviço dos irmãos, podem ser caminho para o encontro dos homens com Cristo. "Todas as coisas da terra – ensinava –, também as atividades terrenas e temporais dos homens, hão de ser levadas a Deus"»[22].

Controvérsias

A beatificação de Escrivá de Balaguer foi recebida com alegria não só pela multidão presente na Praça de São Pedro, mas também pelos membros, cooperadores e amigos do Opus Dei em todo o mundo, assim como por muitas pessoas que não tinham contato com a instituição, mas que se haviam familiarizado com o fundador e sua mensagem mediante seus escritos e numerosos artigos de imprensa. Tanto antes como depois da cerimônia, apareceram notícias em jornais e revistas de todo o mundo celebrando sua vida e sua santidade.

A beatificação, no entanto, também deu lugar a comentários críticos. Alguns tinham pouco a ver com a pessoa de Escrivá de Balaguer. Pareciam motivados mais pela rejeição aos ministros do regime franquista que pertenciam ao Opus Dei ou por acusações de que a instituição seria um influente elemento conservador dentro da Igreja. Outros artigos citavam alguns ex-membros do Opus Dei que, mais

A HISTÓRIA DO OPUS DEI

do que envolver o fundador pessoalmente, lamentavam erros de outros membros da Obra.

As críticas dirigidas contra Escrivá de Balaguer e sua idoneidade podem ser agrupadas em quatro capítulos, ainda que qualquer resumo necessariamente venha a deixar de lado certos aspectos e a perder matizes: dizia-se que tinha mau caráter e que às vezes o manifestava externamente; que apoiava Franco; que simpatizava com Hitler e o nazismo; e que carecia de humildade.

A maior crítica a seu caráter foi feita por María del Carmen Tapia, que publicou pouco antes de sua beatificação um livro no qual o descrevia como um tirano que a tratara injustamente e com termos grosseiros e insultantes[23]. Suas afirmações foram recolhidas pelo semanário norte-americano *Newsweek* e por outras publicações. Escrivá de Balaguer possuía um temperamento forte e às vezes ficava bravo. Comentou que, em certa ocasião, havia sido isso necessário e que, em outras, o motivo estava em que era «um pobre homem». Ao mesmo tempo, costumava ser amável e afetuoso com seus filhos espirituais e com as demais pessoas – e, se alguma vez havia reagido com dureza, retificava[24]. A própria Tapia, que pintara um quadro negativo em seu livro prévio à beatificação de Escrivá de Balaguer, emitiu um comunicado pouco antes da canonização em que dizia: «Não considerei nunca seu forte caráter como um obstáculo à sua santidade e consequente canonização». E continuava: «Seria outro erro, e erro grave, servir-se das informações contidas em meu livro para pôr em dúvida a santidade do fundador do Opus Dei»[25].

A imputação de que Escrivá de Balaguer era favorável a Franco baseia-se, sobretudo, em que vários membros do Opus Dei foram ministros em seus Governos e ocuparam outros postos da Administração do Estado do regime franquista, e também em que o fundador não lhes tinha proibido fazê-lo. O respeito à liberdade política de seus membros é um princípio essencial no Opus Dei. Um conhecido vaticanista escreve: «A acusação de ser pró-franquista não é sustentável, exceto no sentido genérico de que a maioria dos católicos espanhóis apoiou Franco no princípio». E, continua, «o máximo que se pode dizer é que Escrivá tampouco era antifranquista. Parece que a sua preocupação principal era a estabilidade da sociedade espanhola, de modo a manter na linha os movimentos radicais que pudessem reto-

23. A BEATIFICAÇÃO DO FUNDADOR

mar os horrores da Guerra Civil. Escrivá não tentou oferecer soluções políticas particulares, nem sequer aos seus membros ou às autoridades espanholas»[26].

A afirmação da simpatia com o nazismo e a denúncia de antissemitismo baseiam-se exclusivamente nas alegações de um ex-membro do Opus Dei, o sacerdote Vladimir Feltzmann. Ele afirmou, sem oferecer provas, que Escrivá de Balaguer dissera que Hitler havia sido acusado injustamente de matar 6 milhões de judeus, quando na realidade só havia mandado assassinar 4 milhões[27]. Não há outras fontes que sustentem esta alegação, que parece inverossímil. Um simpatizante nazista poderia dizer que Hitler tinha boas razões para matar os judeus, ou negar a atrocidade de seus assassinatos, mas é difícil acreditar que consideraria uma boa defesa afirmar que Hitler não matou 6 milhões de judeus, mas *só* quatro[28].

Além disso, as manifestações públicas de afeto do fundador para com o povo hebreu e os judeus individuais estão bem documentadas. O rabino Leon Klenicki, diretor de assuntos interreligiosos da Liga Antidifamação, que havia estado em contato com o Opus Dei durante mais de uma década, disse: «Nunca descobri nenhuma referência antissemita nos escritos do Opus Dei aqui, nos Estados Unidos ou no exterior»[29]. O rabino Ángel Kreiman, vice-presidente internacional do Conselho Mundial de Sinagogas e cooperador da Obra, testemunhou seu agradecimento: «Os membros do Opus Dei ajudaram-me, desde o princípio dos meus estudos no seminário [rabínico], a perseverar em minha vocação»[30].

A acusação de que o fundador carecia de humildade está ligada à rejeição da fundação como acontecimento carismático ou ao desconhecimento de que pedia o parecer de outras pessoas sobre os assuntos relacionados com a vida da Obra e com o seu relacionamento com Deus. Sua insistência em que havia recebido o espírito do Opus Dei e em que era guia da instituição parecerá falta de humildade a qualquer um que não aceite essas realidades. Ao beatificar o fundador, a Igreja aprovou sua atuação e, portanto, interpretou de modo positivo declarações e atitudes que indicariam falta de humildade se o Opus Dei fosse um mero invento de Escrivá de Balaguer.

Outras críticas não se referiam à santidade do fundador, mas à causa que conduziu à sua beatificação. Quatro fatores foram citados: que só

A HISTÓRIA DO OPUS DEI

foi ouvido um número pequeno de testemunhas críticas e que outras foram rejeitadas; a ausência de um *advogado do diabo;* a influência do Opus Dei no processo; e a rapidez com que se concluiu a causa.

Os membros do tribunal de Madri optaram por ouvir somente duas testemunhas contrárias porque eram as únicas que, tendo conhecido o fundador, haviam manifestado publicamente sua atitude de oposição, inclusive por escrito. Quando, terminado o processo, outras quiseram se manifestar, o arcebispo de Madri convocou de novo o tribunal, que, após examinar a documentação, concluiu que tinham uma aversão tão forte a Escrivá de Balaguer que não se podia confiar em seu testemunho. Não se dispõe de provas detalhadas sobre como ou por que o tribunal tomou esta decisão e, revisando como o andamento da causa foi tratada nos meios de comunicação, talvez fosse desejável ouvir mais testemunhas contrárias; mas, nesse momento, os funcionários responsáveis não viram as coisas dessa maneira. O dominicano Eszer, responsável pela causa em Roma, concluiu que a *positio* estava completa e que outros estudos complementares não a enriqueceriam significativamente[31]. Não parece que se pensasse na necessidade de ter mais testemunhos contrários a fim de proteger-se das críticas, inclusive se essas afirmações carecessem de valor. Ou talvez essa possibilidade tenha sido considerada, sendo porém abandonada porque as testemunhas de oposição apresentadas não haviam sido consideradas merecedoras de confiança em suas declarações, quando as normas oficiais das causas de beatificação exigem que todas o sejam.

A causa se iniciou dentro de um marco legal que contemplava a figura do *advogado do diabo.* Avançada a causa, produziu-se a mudança de legislação, e o papel do *advogado do diabo* foi dividido entre o relator, que tinha de descobrir os pontos fracos do candidato e levantá-los ao postulador, para que desse resposta cabal a essas dificuldades, e o promotor de justiça, que zelava para que os procedimentos se ajustassem ao direito. Independentemente de que as novas normas fossem melhores ou piores que as antigas, as investigações foram feitas, segundo o relator, «no mais rigoroso respeito aos critérios jurídicos e à metodologia científica exigidos pela Igreja em tão delicada matéria»[32].

Os críticos fizeram muitas acusações de influência indevida do Opus Dei na causa, em sua maior parte de forma genérica. Para eles,

23. A BEATIFICAÇÃO DO FUNDADOR

o Opus Dei havia *comprado* a beatificação ou havia pressionado os funcionários da Igreja. Segundo um vaticanista conhecido, o sucesso da causa tem uma explicação simples e menos sinistra, sendo provavelmente o argumento mais sólido frente à hipótese de que o Opus Dei manipulou a beatificação: «Não havia nenhum motivo para fazê-lo, pois João Paulo II era favorável e bastava esperar que os papéis chegassem à sua mesa»[33].

A beatificação de Escrivá de Balaguer após doze anos desde a abertura da causa foi naquele momento a mais rápida das beatificações modernas, graças sobretudo às novas normas promulgadas por Paulo VI e João Paulo II. Essas regras facilitaram que outras causas fossem, depois, ainda mais velozes, ora a contar desde o falecimento, ora desde o início da causa: Madre Teresa, quatro anos; o cigano espanhol Ceferino Giménez Malla, *El Pelé,* quatro anos; Chiara Badano, jovem leiga do movimento dos focolares, onze anos; o próprio Papa João Paulo II, seis anos. Que o caso de Escrivá de Balaguer evoluísse com rapidez não é de surpreender. John Allen, em artigo sobre a beatificação do Papa João Paulo II, enumerou cinco fatores que, além da reputação de santidade e dos relatórios sobre os milagres, tornam uma causa *veloz.* Quatro dos cinco parecem ter estado presentes no caso de Escrivá de Balaguer.

Primeiro, há «uma organização por trás deles, totalmente comprometida com a causa». O Opus Dei decerto tinha interesse na causa de canonização. Encontrou entre seus membros um postulador eficaz, o sacerdote italiano Flavio Capucci, e reuniu uma equipe de pessoas – dirigida pelo próprio Álvaro del Portillo – com os conhecimentos necessários de teologia, direito canônico, história, arquivística e informática.

Segundo, trata-se do «"primeiro", geralmente em uma zona geográfica específica ou entre um grupo de pessoas não representadas». Este fator não estava presente no caso de Escrivá de Balaguer porque já havia muitos sacerdotes espanhóis que eram santos.

Terceiro, tem-se «um assunto político ou cultural simbolizado no candidato, (...) o que lhe dá um sentido de urgência». Neste caso, o espírito do Opus Dei, a conhecida lealdade de Escrivá de Balaguer ao Papa, aos bispos e ao Magistério, bem como o desejo da Igreja de estimular os leigos e os sacerdotes diocesanos a buscar a santidade em

A HISTÓRIA DO OPUS DEI

vez de se conformarem com uma vida rasa, ajudaram a entender que a Igreja fizesse avançar com rapidez a causa de quem foi qualificado como «o santo do ordinário»[34] por João Paulo II.

Em quarto lugar, «as causas às vezes se aceleram porque o Papa mostra-se pessoalmente inclinado». João Paulo II conhecia e admirava os ensinamentos de Escrivá de Balaguer e a instituição que havia fundado. Gesto chamativo foi sua decisão de deixar a Praça de São Pedro e o altar papal à disposição para a Missa de ação de graças celebrada por del Portillo no dia seguinte à beatificação e, depois, para Echevarría celebrá-la após a canonização.

E, em quinto lugar, «as causas rápidas geralmente gozam de um esmagador apoio hierárquico»[35]. Um terço dos bispos do mundo havia solicitado à Santa Sé a abertura da causa de Escrivá de Balaguer, e mais de trinta cardeais e trezentos bispos participaram da beatificação. Unidos todos estes fatores, não é tão surpreendente que a causa do fundador da Obra andasse com celeridade.

A esses elementos, seria preciso acrescentar a instrução dos processos sobre possíveis milagres atribuídos à intercessão do candidato. No caso de Josemaria Escrivá de Balaguer, enquanto ainda estava na fase testemunhal sobre sua vida e virtudes, a postulação apresentou outros dois possíveis milagres; além disso, nos documentos enviados à congregação havia mais casos que podiam ser objeto de um processo.

Depois da beatificação, a devoção ao beato Josemaria cresceu, difundiram-se mais os seus escritos e biografias e foram colocadas imagens suas em igrejas, ruas e praças de localidades dos cinco continentes.

VI. A TERCEIRA GERAÇÃO
(1994-2016)

AO FINAL DO SÉCULO XX, POUCO MAIS de 6 bilhões de pessoas habitavam a Terra. Uma década depois, em 2011, esse número ultrapassou 7 bilhões. Entre todas as nações, destacam-se nesse aspecto a China e a Índia, com um bilhão e quatrocentos milhões de pessoas cada uma.

A era da comunicação, iniciada em fins do século passado com os computadores portáteis e o acesso à internet, permite novas formas de contato. A infraestrutura tecnológica massificou o uso dos dispositivos móveis – celulares, *tablets*, câmeras – e das redes sociais, permitindo o acesso contínuo a dados hospedados na nuvem. A elaboração e envio de informações, ideias e imagens em tempo real e a baixo custo modificaram os paradigmas sociais e culturais de um mundo mais global. Os gigantes eletrônicos e computacionais norte-americanos – Amazon, Apple, Google e Microsoft – controlam o mercado tecnológico.

Houve também avanços notáveis na medicina e na engenharia. Os cientistas determinaram a sequência que compõe o DNA e identificaram e cartografaram todos os genes. Desde o ano 2000, há presença humana permanente na Estação Espacial Internacional, centro

A HISTÓRIA DO OPUS DEI

de pesquisa que orbita a quatrocentos quilômetros da Terra, e já se programa a instalação de uma base na Lua e outra em Marte.

A China deslocou progressivamente os Estados Unidos do posto de primeira potência na economia mundial. Em 2008, estourou uma crise financeira global que ainda não terminou. Os diversos governos organizaram resgates financeiros para salvar grandes empresas, com o consequente endividamento público – especialmente nos países da zona do euro – e programas de austeridade econômica, que implicaram em recortes sociais.

A Terra sofreu catástrofes naturais de imensas dimensões, como os terremotos de Caxemira (2005) e Haiti (2010), o ciclone Nargis (2008), o *tsunami* do Japão (2011) e as epidemias de dengue (por vários anos) e de ebola (2014), que mataram dezenas de milhares de pessoas. O homem produziu outras calamidades, em particular as guerras e o terrorismo. Houve conflitos armados em países da Ásia Ocidental e Central e nas zonas do norte e centro da África. O islamismo fundamentalista de grupos terroristas como Al-Qaeda perpetrou graves atentados nos Estados Unidos (2001) e outros países ocidentais, seguidos pelas guerras do Afeganistão e Iraque. O novo século está igualmente marcado pelas tensões entre a Rússia e os Estados Unidos, as quais demonstram que não se alcançou a paz política após a Guerra Fria, e pela instabilidade no mundo árabe, com manifestações como a Primavera Árabe – protestos a favor da democracia e dos direitos sociais no norte da África e Oriente Médio – e a guerra civil síria.

A cultura contemporânea valoriza a transparência, a sensibilidade pela ecologia, a importância da dimensão emotiva, o reconhecimento de outras formas de pensar e a consciência social perante as desigualdades raciais, de gênero ou de nível social, como é o caso dos migrantes e refugiados. Muitos buscam dar sentido à existência humana e compartilhar valores que orientem e deem sentido à vida. Ao mesmo tempo, a cultura está imersa na crise da pós-modernidade, caracterizada pela perda do conceito de identidade, pela radicalização do individualismo e do conforto material, pela confiança no progresso científico e pela busca ideal do estado de bem-estar. O eu dita os desejos e formas de vida que lhe satisfazem e rejeita, por outro lado, critérios normativos de instâncias hierárquicas – chegando, enfim, a Deus

VI. A TERCEIRA GERAÇÃO (1994-2016)

como o absoluto em si mesmo. O *pensiero debole* – o pensamento débil – apoia-se em um agnosticismo prático e na impossibilidade de alcançar certezas universais e absolutas. Em nome da tolerância e da diversidade, rotula de dogmático quem propugna tais certezas, submetendo-se às regras ditadas pela maioria em cada momento. Mas, contrariando seus próprios princípios, estas formas de subjetivismo estabelecem os valores relativos como critérios universais, afogam a liberdade de pensamento dos que não se amoldam à sua narrativa, justificam a pós-verdade – o recurso às emoções, ainda que se minta sobre os fatos –, facilitam que o indivíduo se mostre indiferente ou distante dos que não interagem com o seu próprio eu e cedem à pressão do mercado, que transforma a reivindicação do diverso em objeto de consumo.

Em seus últimos anos, João Paulo II (†2005) convocou os cristãos por ocasião da mudança de milênio e propôs diversas melhoras à religiosidade contemporânea e à cultura. O Papa pediu a cada membro da Igreja que, a partir da abertura e do relacionamento vital com a transcendência, enriquecesse a sociedade com a identidade da fé e da caridade fraterna. Os batizados estavam chamados a uma nova evangelização que humanizasse um mundo vulnerável.

Bento XVI (2005-2013) propôs o desafio da «amizade com Jesus» desde a sua primeira encíclica, *Deus caritas est*. Durante o seu pontificado, realizou diversas viagens apostólicas, entre as quais se destacam as jornadas mundiais da juventude, e deu novos passos no ecumenismo e no diálogo interreligioso. O Papa definiu a crise da verdade, do bem e do belo arraigada na cultura contemporânea como uma «ditadura do relativismo», que estigmatiza quem crê ou propõe verdades absolutas. Para Bento XVI, quem fracassou foi a razão, que renuncia a descobrir a verdade sobre a natureza do real e a moral dos atos humanos. Para sair da crise, ofereceu soluções que unem fé e razão.

O Papa Francisco recolheu pastoralmente essas propostas com fórmulas originais, que são fruto de sua experiência intelectual e vital. Com a exortação apostólica *Evangelii gaudium* (2013), convidou cada cristão a ter mais consciência de sua missão evangelizadora, transmitindo Jesus Cristo – a essência do Evangelho – e aliviando o sofrimento físico e interior do próximo, em particular dos migrantes e descartados pela sociedade. Francisco propôs uma Igreja «em saí-

A HISTÓRIA DO OPUS DEI

da», «um hospital de campanha» para uma sociedade quebrada. Em 2015, proclamou um Jubileu da Misericórdia. Presidiu três sínodos de bispos dedicados à família, à juventude e à região Pan-Amazônica. O Papa também enfrentou outros temas, como a reforma da cúria romana e a transparência financeira do Istituto per le Opere di Religione, conhecido coloquialmente como o Banco do Vaticano.

24. GOVERNO CENTRAL E REGIONAL

DEPOIS DA MORTE DE ÁLVARO del Portillo, a eleição do novo prelado seguiu os passos previstos pelos Estatutos da prelazia do Opus Dei[1]. No dia 19 de abril de 1994 reuniu-se o pleno da Assessoria Central – 32 numerárias de regiões de todo o mundo –, que apresentou o candidato ou candidatos que cada membro considerou oportunos. A proposta foi passada ao Congresso Geral Eletivo – composto de 138 homens, sacerdotes e leigos –, que se reuniu no dia seguinte e elegeu no primeiro escrutínio Javier Echevarría Rodríguez como novo prelado e Padre na Obra. Echevarría aceitou a eleição. O secretário do congresso informou ao Papa João Paulo II, que, de acordo com a legislação canônica, confirmou a eleição de Echevarría e o nomeou prelado do Opus Dei*.

Um prelado preparado pelo fundador

Tanto os eleitores mais antigos – alguns haviam sido nomeados

---

(*) Esta parte da nossa monografia apresenta a evolução do Opus Dei nos últimos vinte e cinco anos. Por faltar perspectiva e ainda não existirem fontes disponíveis, algumas questões desta parte são abordadas de modo genérico. Dada a limitação imposta pela história recente, preferimos fazer poucas avaliações e, em algumas ocasiões, limitar-nos a apresentar uma «fotografia» da situação em que se encontram atualmente as atividades formativas e apostólicas, inclusive com dados posteriores ao ano de 2016.

A HISTÓRIA DO OPUS DEI

nos anos 1940 – como os recentes apoiaram aquele que havia sido formado por Josemaria Escrivá de Balaguer e, desde o seu falecimento, apontado por Álvaro del Portillo. O fato de Javier Echevarría ter estado junto do fundador o convertia em um intérprete autorizado do seu pensamento e em garantia de que a Obra manteria o espírito dos princípios. Além disso, confiavam em que seguiria o exemplo de del Portillo quanto ao modo de exercer a paternidade na Obra.

Javier Echevarría havia nascido em Madri 61 anos antes, no dia 14 de junho de 1932. Era o menor de oito irmãos. Pediu admissão ao Opus Dei em setembro de 1948. Dois anos mais tarde, foi para Roma a fim de realizar os estudos superiores. Doutorou-se em Direito Canônico pela Pontifícia Universidade de São Tomás e em Direito Civil pela Pontifícia Universidade Lateranense. Em agosto de 1955, recebeu a ordenação sacerdotal. A partir de setembro de 1956, foi *custos* do fundador da Obra para assuntos materiais. Passou a fazer parte do Conselho Geral do Opus Dei, com o cargo de vice-secretário de São Rafael, em maio de 1966. Em setembro de 1975, o Congresso Geral o nomeou secretário geral da Obra – vigário geral a partir de 1982, com a prelazia pessoal –, e Álvaro del Portillo o fez *custos* do Padre para temas espirituais. Cumpriu esses encargos até que del Portillo faleceu.

A vida de Javier Echevarría esteve marcada pelos traços e pela herança deixados por Josemaria Escrivá de Balaguer. Os 25 anos passados com o fundador, tanto em Villa Tevere como nas viagens pela Europa e América, configuraram sua mente e sua atuação. Primeiro como seu secretário pessoal, e depois como membro do governo central, Echevarría aprendeu de Escrivá de Balaguer a rezar, trabalhar, dirigir a Obra e se relacionar com os demais, tendo por meta final a própria santidade e a irradiação da mensagem de perfeição cristã entre os homens.

O período sucessivo, com del Portillo à frente da Obra, significou para Echevarría um tempo de grande responsabilidade, pois todos os temas de relevo do governo do Opus Dei passaram pelas mãos do secretário geral antes que o prelado os despachasse. Del Portillo ratificou com frequência as decisões propostas por Echevarría.

Um dos traços da personalidade de Echevarría foi a fidelidade a Jesus Cristo. Segundo Fernando Ocáriz, rezava muito: «Sem que

24. GOVERNO CENTRAL E REGIONAL

ocorresse algo especial, podia-se observar perfeitamente. Sua piedade era contínua»[2]. Manifestava aos que estavam ao seu redor esta forma de raciocinar e de viver, pois estimulava com frequência a ter fé na oração. Repetia que a Igreja – e, nela, o Opus Dei – chegaria aos homens mediante a entrega pessoal de cada um a Deus, cumprindo com generosidade as tarefas que lhe foram confiadas.

Receber a paternidade na Obra foi uma reviravolta em sua vida. A solicitude paternal dulcificou seu caráter[3]. Dizia que amava seus filhos espirituais com carinho humano e sobrenatural e que se sentia correspondido. Acompanhava com sua petição os enfermos, os desempregados e os que sofriam de diversos modos. Procurava dar primazia à pessoa sobre os projetos e se envolvia quando alguém lhe pedia uma oração ou um conselho. Lia um grande número de cartas que seus filhos espirituais lhe enviavam de todo o mundo e respondia a muitas delas. E, à medida que passavam os anos, impulsionava cada vez mais o cuidado de uns pelos outros, numa fraternidade cristã cheia de amabilidade. «Que vos queirais» era um estribilho frequente em seus lábios.*

Como homem de governo, Javier Echevarría demostrou capacidade de liderança e de trabalho. Manteve a coesão e a estabilidade na Obra, ao mesmo tempo que propôs novos desafios. Gostava de acompanhar o desenvolvimento dos projetos e analisar detalhadamente os expedientes. Sua boa memória permitia-lhe recordar muitas pessoas e acontecimentos. Apoiava-se na colegialidade dos ór-

---

(*) Cf. Recordação de Isabel Sánchez, em Álvaro Sánchez León, *En la tierra como en el cielo. Historias con alma, corazón y vida de Javier Echevarría*, Rialp, Madri 2018, 3.ª ed., p. 239. Quando falece um numerário ou adscrito da prelazia, o Padre na Obra envia uma carta de pêsames às pessoas de seus respectivos centros. Um dos momentos mais duros para Echevarría se deu em 13 de setembro de 2016. Nove numerárias auxiliares e duas numerárias faleceram, e outras quatro ficaram gravemente feridas, em um acidente de trânsito em Guadalajara (México). Logo que recebeu a notícia, Echevarría enviou uma carta ao vigário regional em que dizia: «Quando li os nomes, e agora mesmo, meus olhos se enchem de lágrimas. Não é sentimentalismo, mas a realidade de que somos uma família esplêndida, muito unida, e por isso esse transe é sempre muito difícil»; «tranquilizem as que sobreviveram; que não se angustiem com o que aconteceu, e que ofereçam seus esforços de voltar à vida normal» (Carta de Javier Echevarría a Francisco Ugarte, Roma, 14-IX-2016, em AGP, série B.2.3).

A HISTÓRIA DO OPUS DEI

gãos de governo central e, quando não via as soluções com clareza, manifestava suas dúvidas. Depois de ponderar os fatos e as circunstâncias, avançava com fé e desejo de ajudar.

Echevarría sentiu desde o primeiro momento a responsabilidade de ser o sucessor de dois homens com santidade de vida e notável visão de governo. De modo particular, seu ponto de referência foi o fundador, Josemaria Escrivá de Balaguer. Recorria à sua intercessão, estudava e relia seus escritos, pensava em como teria resolvido os problemas que se apresentavam e recordava, nas conversações públicas e privadas, episódios referentes à sua vida.

Em 1994, tinham transcorrido dezenove anos desde o final da etapa fundacional. Ser fiel à substância original da Obra, adaptar os elementos não essenciais às necessidades cambiantes das pessoas e dos tempos e encontrar novas potencialidades do patrimônio espiritual recebido seriam um desafio contínuo em sua vida como prelado. À evolução da sociedade civil e da Igreja – distintas, em muitos aspectos, dos anos 1970 – acrescentava-se uma circunstância nova na história do Opus Dei: a substituição da primeira geração estava em pleno apogeu. Muitos diretores mais velhos ainda estavam ligados ao período fundacional; no entanto, os que tinham menos de trinta anos já não haviam conhecido Escrivá de Balaguer ou, em alguns casos, nem sequer del Portillo. O próprio Echevarría chamou a si mesmo um homem da *terceira geração*, daqueles «que recebemos a Obra já perfilada, como um legado precioso de nosso Padre, através das primeiras gerações de seus filhos. A Obra, agora, está em nossas mãos»[4].

Imediatamente após ser eleito, convocou uma coletiva de imprensa em sua casa, na sede central do Opus Dei. As primeiras declarações – e, também, a primeira carta pastoral – manifestavam que havia «chegado o momento de aprofundar-se mais na mensagem que recebemos, de vivê-la com lealdade, de transmiti-la com integridade e de difundi-la por todos os lugares». A seguir, apontava três prioridades, de acordo com o magistério do Papa João Paulo II: a família, para que «caminhe pelas sendas que lhe indicou o Criador»; o apostolado com a juventude, «de acordo com o carisma próprio do Opus Dei: a necessidade de aproximar-se de Cristo, conhecê-lo e amá-lo; de encontrá-lo na tarefa de preparação para ser bons profissionais e cidadãos responsáveis»; e a evangelização da cultura, na

24. GOVERNO CENTRAL E REGIONAL

qual trabalham homens e mulheres que «são os moderadores da sociedade civil, os que estão em condições de influir profundamente nos modos de pensar e de viver das gerações futuras»[5].

Como já fazia del Portillo, decidiu escrever todos os meses uma carta pastoral aos membros e cooperadores da Obra. A partir de 2006, esta carta foi publicada no *site* institucional do Opus Dei com o objetivo de que chegasse de modo rápido e direto a todas as pessoas. Echevarría também redigiu cartas mais extensas em acontecimentos especiais, como por ocasião da preparação para o jubileu do ano 2000, do centenário do nascimento de Josemaria Escrivá de Balaguer (2002), das conclusões dos congressos gerais ordinários (2002 e 2010), do ano da Eucaristia (2004), do ano da fé (2012) e do ano da misericórdia (2015). Cada carta gira em torno de um tema espiritual; geralmente, contém elementos doutrinais, pedidos de orações por intenções particulares e propostas de melhora na vida cristã para os leitores – propostas, às vezes, com perguntas precisas.

Javier Echevarría empreendeu inúmeras viagens pastorais às circunscrições do Opus Dei a fim de se reunir com seus filhos espirituais, cooperadores e pessoas relacionadas às atividades da Obra. Estabeleceu na prelazia anos marianos de ação de graças a Deus em algumas datas especiais, como a canonização de São Josemaria (2002), os 25 anos da ereção do Opus Dei em prelazia pessoal (2007), os oitenta da presença de mulheres na Obra (2010) e o ano da família na Igreja (2015).

Publicou vários livros de caráter espiritual, entre outros *Recordações sobre monsenhor Escrivá* (2000), que agrupa por temas as ideias e frases que ouviu dos lábios do fundador; *Itinerários de vida cristã* (2001), onde expõe as principais verdades da fé; *Getsemani* (2005), sobre a oração de Jesus no Horto das Oliveiras; e *Viver a Santa Missa* (2010), que segue os ritos da Missa e oferece ideias para a sua preparação. Enviou artigos a diversos meios de comunicação, fez declarações e concedeu entrevistas à imprensa, ao rádio e à televisão. Na Santa Sé, teve as audiências ordinárias que lhe correspondiam como prelado do Opus Dei com os papas e as demais autoridades vaticanas, participou de vários sínodos de bispos por designação pontifícia e foi consultor, e depois membro, da Congregação para as Causas dos Santos, consultor da Congregação para o Clero e membro do Tribunal Supremo da Assinatura Apostólica.

A HISTÓRIA DO OPUS DEI

Echevarría alentou os fiéis da Obra a estarem unidos, intelectual e emocionalmente, aos romanos pontífices que se sucederam no início do século XXI. Durante seu mandato, conheceu três papas, que o receberam com regularidade. Agradeceu a João Paulo II por sua solicitude para com a Obra, manifestada entre outros fatos com a ereção do Opus Dei em prelazia pessoal, a beatificação e canonização de Escrivá de Balaguer e a ereção da Pontifícia Universidade da Santa Cruz. Procurou seguir o magistério de Bento XVI em temas religiosos e culturais, impulsionando estudos sobre a lei natural e as relações entre fé e razão. E secundou a solicitude pelos descartados do Papa Francisco e sua pregação sobre a misericórdia.

O prelado acompanhou os papas em algumas viagens apostólicas e Jornadas Mundiais da Juventude: Cazaquistão (2001), Colônia (2005), Sydney (2008), Madri (2011), Rio de Janeiro (2013) e Cracóvia (2016). Também se deslocou para atender petições dos ordinários locais. Por exemplo, em 2000, concelebrou com o cardeal James Hickey, da diocese de Washington, uma Missa no Catholic Information Center; um ano mais tarde, Juan José Omella, bispo de Barbastro-Monzón, o convidou para a inauguração de uma igreja dedicada a São Josemaria; por ocasião da canonização do fundador da Obra, participou, em Sevilha e em Logroño, como relator de encontros organizados pelos ordinários locais; em 2005, esteve em Helsinki, junto com o bispo Józef Wróbel, nos atos comemorativos da chegada da Igreja à Finlândia; e, em 2009 e 2010, participou da dedicação de templos em honra a são Josemaria na Cidade do México e em Torun (Polônia), respectivamente.

Monsenhor Javier Echevarría viajou à Finlândia e à Estônia em fins de outubro de 2016. Semanas mais tarde, contraiu uma infecção pulmonar a partir de uma fibrose da qual padecia havia anos. Em 12 de dezembro, faleceu no hospital da Università Campus Bio-Medico de Roma. Tinha 84 anos. Suas últimas palavras foram uma súplica a Deus pela fidelidade das pessoas da Obra à sua vocação cristã.

24. GOVERNO CENTRAL E REGIONAL

Conselhos centrais

Uma vez que o Papa João Paulo II nomeou Echevarría prelado do Opus Dei, em 20 de abril de 1994, o Congresso Geral continuou. Os congressistas estudaram a situação da Obra, estabeleceram as principais linhas de expansão da mensagem e das atividades para os oito anos seguintes e nomearam os membros dos governos centrais. Os cargos do Conselho Geral ficaram distribuídos entre Fernando Ocáriz, vigário geral; Francisco Vives, vigário secretário central; Pedro Pérez Botella, vice-secretário de São Miguel; Roberto Dotta, vice-secretário de São Gabriel; Antoine León, vice-secretário de São Rafael; Carlos María González, prefeito de estudos; e Federico Riera-Marsá, administrador geral.

Os cargos diretivos da Assessoria Central foram: Marlies Kücking, secretária central; María Teresa Igrejas, secretária da Assessoria; María Dolores Alonso, vice-secretária de São Miguel; Concepción Ramos, vice-secretária de São Gabriel; María Pía Chirinos, vice-secretária de São Rafael; Monique David, prefeita de estudos; Sylvia Bacharach, prefeita de auxiliares; e Mercedes Gascó, procuradora central.

Javier Echevarría pediu a Fernando Ocáriz que fosse seu colaborador mais direto como vigário geral de toda a prelazia e como confessor pessoal.* Por sua vez, o vigário secretário central, Francisco Vives, ajudou-o na formação e nas atividades apostólicas das mulheres. E, em nível regional, os vigários colaboraram com o prelado nas circunscrições que lhes estavam confiadas.

(*) Nascido em Paris a 27 de outubro de 1944, Ocáriz cursou Ciências Físicas na Universidade de Barcelona. Depois, fez o curso de Teologia na Pontifícia Universidade Lateranense (1969) e o doutorado na Universidade de Navarra (1971). Recebeu a ordenação sacerdotal em 1971. Durante mais de vinte anos, trabalhou no departamento de direção espiritual na sede central do Opus Dei, onde colaborou na orientação bibliográfica e na elaboração de guias doutrinais. Foi professor de Teologia Fundamental e Dogmática nos colégios romanos e no Ateneu Romano da Santa Cruz. Passou a integrar o Conselho Geral do Opus Dei em 1992, como prefeito de estudos. É consultor da Congregação para a Doutrina da Fé e do Pontifício Conselho para a Promoção da Nova Evangelização. Publicou dezenas de livros e artigos relacionados com a teologia fundamental e a cristologia.

477

A HISTÓRIA DO OPUS DEI

Durante os anos em que Javier Echevarría esteve à frente do Opus Dei, celebraram-se dois congressos gerais ordinários em Roma. O primeiro, de 11 a 22 de outubro de 2002. Esteve marcado pela alegria da recente canonização do fundador da Obra. Participaram 140 homens e 107 mulheres, que revisaram e orientaram a ação evangelizadora dos oito anos seguintes. Echevarría agradeceu a Deus a confiança e o afeto de João Paulo II para com o Opus Dei e sublinhou a ideia da continuidade ao espírito recebido. Ao acabar o congresso, escreveu uma carta pastoral para transmitir a todos os membros as conclusões: crescer no próprio desenvolvimento humano e cultural; mostrar Cristo por meio da revitalização da família e de uma vida sóbria; redescobrir o trabalho como âmbito de santificação pessoal e de testemunho cristão; e aprofundar-se no conhecimento e na apresentação dos ensinamentos cristãos em relação a temas centrais, como o matrimônio, a educação, a bioética e a ecologia. Ao mesmo tempo, Echevarría propôs «a realização de estudos interdisciplinares sobre como promover a mobilização de muitas pessoas e instituições em todo o mundo, a fim de fomentar – seguindo o exemplo dos primeiros cristãos – uma nova cultura, uma nova legislação, uma nova moda, coerentes com a dignidade da pessoa humana e seu destino à glória dos filhos de Deus em Jesus Cristo»[6].

Em abril de 2010, teve lugar o oitavo Congresso Geral Ordinário do Opus Dei. Participaram 255 congressistas, com uma fase para homens e outra para mulheres. Quando de seu termo, Javier Echevarría discorreu sobre as conclusões do congresso em uma nova carta pastoral: formação das pessoas e estudo das ciências sagradas; sobriedade e desprendimento dos bens materiais para facilitar a vida contemplativa; mostrar a beleza e importância da virtude da castidade; explicar o celibato cristão; cultivar a amizade; intervenção dos pais dos alunos nos colégios e associações juvenis que recebem assistência pastoral a cargo do Opus Dei; e a «participação de católicos bem formados na vida pública, a fim de que – segundo suas preferências e convicções pessoais libérrimas – contribuam para que corra a linfa do espírito cristão na elaboração de leis e no governo dos povos»[7].

24. GOVERNO CENTRAL E REGIONAL

Mais adiante, produziu-se um acontecimento novo na história do governo da Obra. Em junho de 2014, Javier Echevarría completou 82 anos de idade. Pouco depois, em dezembro, nomeou Fernando Ocáriz vigário auxiliar da prelazia e lhe outorgou todas as competências próprias de sua potestade executiva, inclusive as que tinha reservadas a si por ser prelado. A figura do vigário auxiliar está prevista nos Estatutos; neste caso, devido à idade avançada do prelado e à extensão da prelazia em muitos países, que pode exigir, entre outros aspectos, viagens longas e cansativas[8]. Depois, nomeou como vigário geral Mariano Fazio, que era, desde 2010, vigário regional da Argentina.*

Echevarría encontrou, desde o início, as estruturas de governo e formação bem consolidadas em todos os níveis, desde os gerais até os locais. Periodicamente, reuniu-se com cada um dos conselhos centrais para estudar os assuntos de maior alcance e organizou encontros com os vigários e com as secretárias regionais, e também com os demais membros das circunscrições regionais. Essas reuniões quase sempre ocorreram em Roma; outras vezes, foram organizadas na Argentina, Brasil, Espanha, México e Portugal. A cada oito anos, as circunscrições receberam uma comissão de serviço e, a cada dez, concentraram-se em uma assembleia regional. Com frequência, os diretores recordaram a importância da estabilidade e de uma dedicação suficiente de tempo nos conselhos locais, que se encarregam da direção e da organização dos centros da prelazia.

Um aspecto importante nesses anos de monsenhor Echevarría como prelado foi a participação da mulher no governo e nas atividades da Obra, para que tivesse plena igualdade com os homens, de modo coerente com a estrutura hierárquica própria da prelazia do

---

(*) Nascido em Buenos Aires em 1960, Fazio graduou-se em História e se doutorou em Filosofia. Recebeu a ordenação sacerdotal em 1991. Ocupou os cargos de reitor (2002-2008) da Pontifícia Universidade da Santa Cruz e de presidente da Conferência dos Reitores das Universidades Pontifícias Romanas. Foi perito pontifício da Conferência Geral do Episcopado Latino-americano e do Caribe celebrada em Aparecida (Brasil, 2007) e padre sinodal com nomeação pontifícia do Sínodo de Bispos para os Jovens e o Discernimento Vocacional (2018). De 2010 a 2014, trabalhou como vigário regional do Opus Dei na Argentina. Publicou diversas obras sobre história do pensamento, da Igreja e da América Latina, bem como sobre clássicos da literatura.

A HISTÓRIA DO OPUS DEI

Opus Dei. Desde o começo da Obra, as mulheres realizavam essas tarefas de governo, mas o desdobramento da contribuição da mulher na sociedade exigia novos passos. Javier Echevarría incentivou a mulher a ser protagonista nos múltiplos campos da vida humana, pediu que as equipes de governo central e regional, tanto de mulheres como de homens, compartilhassem da responsabilidade no trabalho dos temas e impulsionou a incorporação de mais quadros femininos na direção e docência das obras corporativas de ensino superior[9].

Esse movimento acentuou-se a partir do ano 2000, ao ritmo da maior consciência social sobre a dignidade, os direitos e as legítimas reivindicações da mulher, como a conciliação de ocupações, a diferença salarial e a paridade jurídica e de oportunidades sociais. Para fomentar uma opinião pública sensível à dignidade da mulher e seu papel na sociedade, em igualdade com o homem, era preciso começar pela própria família para, depois, difundi-la ao ambiente[10]. Echevarría estimulou que houvesse «mulheres maduras, mulheres valentes, [que] deem o tom a todos os ambientes da sociedade»[11].

Em matéria litúrgica, alguns aspectos ratificados por Echevarría – que contaram com a aprovação da Santa Sé – foram a menção do prelado, junto com o Papa e o bispo diocesano, nas orações eucarísticas das Missas que se celebram nos centros da Obra; a Missa crismal do prelado com o clero da prelazia durante a Semana Santa; e o calendário litúrgico próprio da prelatura, semelhante ao das dioceses.

Em 2002, o prelado enviou aos centros da Obra umas experiências sobre cerimônias litúrgicas que revisavam a celebração da Missa e os demais atos de culto à luz da nova edição do Missal Romano, com o desejo de facilitar a piedade eucarística dos assistentes. Além disso, recordou que, dentro das opções aprovadas pela Igreja, cada sacerdote celebra a Missa e cumpre as normas litúrgicas sobre o culto de modo a fomentar o trato com Deus, sem resvalar numa uniformidade completa – uma espécie de liturgia própria da Obra, rejeitada pelo seu fundador – ou numa espontaneidade arbitrária.

Nos congressos gerais de 2002 e 2010, os diretores pediram aos membros do Opus Dei que elaborassem possíveis respostas a temas essenciais da vida social que apareciam no magistério pontifício: a vida humana, o matrimônio, a família, o ensino, os costumes sociais, a comunicação, a política. A vivificação cristã do mundo perante a

24. GOVERNO CENTRAL E REGIONAL

secularização dependia, em grande medida, da ação dos cristãos em seu âmbito de trabalho e de relações familiares e sociais. Ali onde cada um estava, o espírito da Obra o convidava a tomar parte na vanguarda das soluções propostas para melhorar a sociedade.

Javier Echevarría impulsionou a difusão do espírito do Opus Dei porque entendia que, desta forma, contribuía eficazmente para a evangelização. Os três papas com os quais se relacionou quando à frente da prelazia – João Paulo II, Bento XVI e Francisco – incentivaram-no nesse sentido. Ajudou também a progressiva renovação das equipes de governo na Obra, com homens e mulheres da geração dos *millennials*, e o intercâmbio de opiniões entre os níveis centrais, regionais e locais.

Em maio de 2016, reuniu em Roma um pequeno grupo de fiéis da prelazia de diversos continentes para refletir e fornecer ideias sobre a transmissão eficaz da fé a mais pessoas, de modo particular nas sociedades não cristãs ou secularizadas. Levando em conta o panorama contemporâneo e a experiência acumulada, tanto nas regiões anglo-saxãs e asiáticas como nas áreas latinas, convinha pensar em aplicações práticas dos princípios provenientes da tradição da Igreja. Assim se colaboraria melhor com o desafio que o Papa Francisco lançava à Igreja: chegar às periferias existenciais dos homens, também aos que estavam afastados de Deus e da prática religiosa.

Depois dessa reunião, os governos centrais propuseram a todos os membros da Obra um «novo esforço evangelizador, que requer um importante impulso do apostolado para facilitar que muito mais pessoas conheçam a Cristo»[12]. Em particular, consideravam o caso dos familiares e amigos com pouca ou nenhuma fé, sem prática religiosa ou em situação irregular dentro da Igreja, circunstâncias relativamente frequentes nas *sociedades pós-cristãs* do Ocidente. Sugeriam que, junto com o testemunho de vida pessoal de cada um, os centros da Obra programassem mais cursos de formação baseados em conteúdos antropológicos como preâmbulo para um anúncio da fé cristã. Outra possibilidade para que chegasse a mensagem cristã a novas pessoas eram as catequeses, a formação de casais para a vida conjugal, o assessoramento jurídico e as iniciativas de voluntariado das paróquias[13].

Também estimulavam procurar que os conteúdos da formação destacassem os aspectos contemplativos e, depois, os ascéticos, dan-

A HISTÓRIA DO OPUS DEI

do primazia à adoração eucarística e à meditação do Evangelho, sem descuidar do combate espiritual. O estilo positivo e testemunhal da fé – alheio a fórmulas voluntaristas e a atitudes defensivas – facilitaria a liberdade interior de cada pessoa para refletir e adotar em consciência resoluções próprias com iniciativa.

O Opus Dei buscava assim novos modos de irradiar a sua mensagem. Nas palavras de Mónica Herrero, diretora do escritório do apostolado da opinião pública da Assessoria Central, «o desenvolvimento é algo inerente a qualquer instituição, e tanto mais para um ente que tem como mensagem a santificação das realidades cotidianas, sempre mutáveis. Ao longo destes anos, houve mudanças que surgiram de modo natural – por exemplo, o cuidado e atenção aos idosos; outros foram o resultado do trabalho de reflexão dos diretores; e alguns terão de evoluir mais para que estejam totalmente incorporados»[14].

A ajuda de caráter doutrinal aos membros da Obra e cooperadores girou em torno dos escritórios centrais e regionais de direção espiritual. Estimulou-se a publicação de estudos de filosofia e teologia, e se elaboraram guias sobre temas de caráter doutrinal, listas com orientação bibliográfica e qualificações doutrinais de livros. Como havia estabelecido o fundador do Opus Dei, enviaram-se periodicamente aos centros um guia bibliográfico com avaliações de livros de filosofia, teologia, espiritualidade, pensamento e literatura, de acordo com sua aderência à mensagem cristã e ao magistério da Igreja. Esse elenco passou em 2008 para a internet, a fim de que pessoas alheias ao entorno da prelazia pudessem beneficiar-se de seu serviço, de modo que cada um lesse o que em consciência julgasse conveniente. O guia bibliográfico esteve hospedado por um tempo na página *almudi.org*, coordenada por alguns sacerdotes do Opus Dei em Valência. Desde 2014, está acessível em *delibris.org*, aberta a quem desejar colaborar. Além da avaliação das publicações, oferece resenhas e listas bibliográficas de literatura, pensamento e espiritualidade.

O escritório central de direção espiritual coordena também a página *collationes.org*, que proporciona recursos para sacerdotes sobre a fé e a vida cristã, bem como sobre a arte do acompanhamento espiritual. Anualmente, incluem sete *collationes* ou conferências de formação permanente para os sacerdotes da prelazia, com temas de teologia siste-

24. GOVERNO CENTRAL E REGIONAL

mática, teologia bíblica, direito canônico, liturgia, história da Igreja e casos de moral. Colaboram nesta página professores de vários *campus* e centros de formação pastoral, sobretudo da Pontifícia Universidade da Santa Cruz.

No que se refere aos que deixaram o Opus Dei depois de se incorporarem temporária ou definitivamente, as autoridades da Obra revisaram os protocolos de atuação. Em 2009, criaram dois grupos de trabalho – um na sede central e outro na circunscrição da Espanha – com o objetivo de melhorar o atendimento de cada pessoa. Segundo Carlos Cavazzoli, vice-secretário de São Gabriel do Conselho Geral, «movemo-nos em três direções. Em primeiro lugar, adotamos um espírito de escuta e de respeito ao itinerário vital de cada um, evitando julgar as intenções e colaborando na tomada de decisões. Em segundo lugar, desejamos aprender com os erros do passado e retificar quando for preciso: por exemplo, pedindo perdão se percebemos que houve precipitação na hora de propor o processo vocacional de alguém ou descuidos no acompanhamento espiritual. Ao mesmo tempo, esforçamo-nos por dar assistência nos processos de saída, avaliando o sofrimento tanto da pessoa interessada como dos que a conhecem. E, em terceiro lugar, deixamos a porta aberta para que continue uma relação de amizade e de colaboração no que estiver ao nosso alcance: direção espiritual, formação cristã, encontros pessoais etc. De fato, são numerosos os casos de homens e de mulheres que, depois de um tempo de reflexão, manifestam que seu caminho na Igreja está dentro do Opus Dei e voltam a pedir a admissão como supernumerários e supernumerárias»[15].

Javier Echevarría enfrentou outro tema delicado devido a alguns mal-entendidos e queixas perante a Santa Sé de umas pessoas alheias à Obra ou que haviam pertencido a ela. O fiel do Opus Dei que acompanhava espiritualmente a outro guardava a natural reserva – silêncio de ofício – daquilo que ouvia. Ao mesmo tempo, por ambas as partes se aceitava que a pessoa que acompanhava podia consultar uma instância superior – geralmente o diretor do centro ou, quando fosse o caso, um diretor regional – sobre o modo de orientar uma dificuldade ou avanço na vida interior de quem conversava com ele. Esta prática, que provinha da tradição da Igreja, era vivida de acordo com a natureza familiar da Obra, baseada na confiança e no compromisso que assumem umas pessoas para servir a outras[16].

A HISTÓRIA DO OPUS DEI

Com o tempo, no entanto, havia despontado, na sociedade e na Igreja, uma sensibilidade maior sobre a privacidade. Depois de estudar o tema, também com a Santa Sé, e para evitar qualquer impressão de intromissão na consciência das pessoas, Echevarría escreveu, em 2011, uma carta pastoral na qual pedia que se distinguisse claramente, por um lado, o âmbito próprio do governo da Obra e o foro externo, que corresponde aos organismos centrais e regionais, e, por outro, o âmbito interno e de conselho espiritual. Ao mesmo tempo, indicava que se, de modo excepcional, quem conduz uma direção espiritual pensa em consciência que alguém necessita receber orientação de uma instância superior em questões que excedem o conselho que lhe pode proporcionar, deverá dizê-lo ao interessado. Este solicitará essa orientação diretamente à instância superior ou, se preferir e com seu expresso consentimento, autorizará que a pessoa que o acompanha espiritualmente atue como intermediário. Também sublinhava que os diretores locais e os sacerdotes que fazem o acompanhamento espiritual não exercem nenhuma potestade de jurisdição sobre as pessoas que atendem. Portanto, esclarecia, a capacidade de governar dos conselhos locais «não se refere às pessoas, mas só à organização dos centros e das atividades apostólicas»[17].

No início do século XXI, a Santa Sé tomou consciência das dimensões do drama dos abusos de menores cometidos por alguns clérigos. Os papas João Paulo II, Bento XVI e Francisco adotaram medidas de proteção e de apoio às vítimas, de prevenção e agilização dos processos judiciais e de transparência no acompanhamento dos casos. O Opus Dei, que tradicionalmente havia estabelecido estritas normas de prudência tanto no relacionamento entre sacerdotes e mulheres como entre adultos e menores, revisou as medidas de proteção de menores e de pessoas vulneráveis. Por exemplo, Echevarría estabeleceu que em todos os colégios e entidades juvenis houvesse confessionário com grade e película vibratória para ouvir as confissões, com lugares isolados entre o sacerdote e o penitente; que as entrevistas entre um adulto e um menor se realizassem ao ar livre ou em recintos com vidro transparente na porta; e que nas atividades fora dos domicílios, como os acampamentos, os adultos não dormissem no mesmo quarto ou barraca que os menores. Concretamente, até março de 2021, foram tramitados junto à Sé

24. GOVERNO CENTRAL E REGIONAL

Apostólica, segundo o direito, quatro casos de abusos a menores referentes a sacerdotes incardinados na prelazia[18].

Com relação aos aspectos econômicos, os membros da Obra procuram conservar os critérios de caráter pessoal, como sustentar-se com o próprio trabalho profissional; o cuidado individual das virtudes da pobreza e da temperança; e o teor de vida sóbrio e de acordo com a posição social de cada um. Por exemplo, sobre o uso da internet, em fins dos anos 1990 enfatizaram-se as medidas técnicas, como os filtros que ajudam a evitar conteúdos inconvenientes e ofensivos, e também «a formação da responsabilidade e da temperança»[19], pois, dentro de um prazo curto, as pessoas usariam a internet de modo contínuo em sua profissão e em suas relações pessoais.

Do ponto de vista institucional, o Opus Dei financia-se por meio das contribuições dos fiéis da prelazia, dos cooperadores e de outros benfeitores. Com esses recursos, cobre os gastos de funcionamento da cúria prelatícia e das sedes de governo das circunscrições regionais, do sustento dos sacerdotes do seu presbitério, das causas de canonização de fiéis da Obra e, em caso de necessidade, das carências dos pais dos numerários e adscritos. As pessoas da Obra colaboram também para a sustentação das atividades apostólicas do Opus Dei. Contribuem com seu dinheiro para o desenvolvimento e financiamento das entidades promotoras ou gestoras de obras corporativas e de entidades sem fins lucrativos destinadas ao desenvolvimento social[20].

Aproximadamente 10% das doações feitas aos fundos das fundações ficam à disposição do prelado do Opus Dei, para que as destine aos projetos apostólicos que considerar oportuno, geralmente os que são deficitários em países com menos recursos econômicos. Estas ajudas se fazem por meio de créditos favoráveis, de forma que os entes locais assumam o peso dos projetos; só se for absolutamente necessário se concedem a fundo perdido.

De acordo com o critério deixado pelo fundador, a prelazia do Opus Dei, salvo em casos excepcionais, não é proprietária dos edifícios e instalações em que os centros ou as atividades corporativas e apostólicas se estabelecem. A própria sede da cúria prelatícia, ainda que esteja registrada em nome do Opus Dei, é fruto de uma doação modal ou condicionada, ou seja, que foi doada à prelazia só para esse uso e está gravada por uma proibição de venda, de modo que,

A HISTÓRIA DO OPUS DEI

em caso de cessão, o imóvel retornaria aos doadores. Entre os gastos gerais da prelazia está a manutenção da sede central, na qual residem umas 150 pessoas, o que exigiu em 2019 um gasto anual em torno de um milhão e 700 mil euros[21].

A Obra não desenvolve atividades econômicas nem está vinculada aos bens que se utilizam nas iniciativas apostólicas. Os diretores, no entanto, estimularam os entes jurídicos civis das obras corporativas de relevo – caso das universidades ou dos colégios de ensino médio – para que estabelecessem fundos de dotação financeira capazes de garantir seu sustento.

Um projeto corporativo singular foi a promoção de uma casa de retiros na Terra Santa. Josemaria Escrivá de Balaguer ansiava por que muitos cristãos meditassem no Evangelho ali onde ocorreram os fatos e, assim, se aprofundassem nas raízes de sua fé. Ele próprio teria desejado ir à Terra Santa. Álvaro del Portillo fez uma peregrinação até lá em março de 1994 e recordou o desejo do fundador de levantar ali uma casa de retiros. Semanas mais tarde, o Congresso Geral da Obra – reunido por ocasião da eleição de Javier Echevarría como novo prelado – aprovou a promoção dessa edificação.

Após inúmeras pesquisas e trâmites burocráticos, que se prolongaram durante uma década, localizou-se um terreno em Abu Ghosh, a dezoito quilômetros a noroeste de Jerusalém. Cristãos, judeus e muçulmanos trabalharam no projeto e na execução dos edifícios, que começou em 2007. Alguns fiéis da Obra organizaram um plano econômico para conseguir um fundo de doação de 30 milhões de dólares que garantisse a sustentabilidade e ajudasse pessoas de menos recursos que desejassem peregrinar à Terra Santa.

Desde o princípio, a iniciativa chamou-se *Saxum* («rocha», em latim), apelativo que o fundador da Obra dera a Álvaro del Portillo durante a Guerra Civil espanhola. A compra do terreno e a construção custaram 56 milhões de dólares, reunidos mediante mais de cem mil donativos de pessoas de todo o mundo. O complexo, inaugurado em 2017, é composto de três unidades: o centro de visitantes, que oferece um panorama didático da Terra Santa e colabora na formação profissional de guias turísticos; a casa de retiros, na qual se organizam convivências e retiros de modo permanente; e o centro de serviços básicos. Anualmente, *Saxum* acolhe visitantes e peregrinos e organiza

24. GOVERNO CENTRAL E REGIONAL

os Holy Land Dialogues, uns dias de peregrinação e de conferências com os quais promove o diálogo interreligioso e o conhecimento da cultura e da espiritualidade da Terra Santa.

Outra realização corporativa de relevo, com meio século de vida, é o santuário de Torreciudad. O atendimento pastoral e espiritual dos peregrinos visa ao crescimento da devoção à Eucaristia e à Virgem e a administração do sacramento da penitência. Os dirigentes e os delegados do santuário promoveram atividades que atraíram os fiéis: as jornadas marianas das famílias; a rota mariana, que oferece aos que participam a experiência de visitar os santuários marianos de Lourdes, Pilar, Torreciudad, Montserrat e Meritxell, localizados em ambos os lados dos Pirineus; e a peregrinação de outras imagens da Virgem ao santuário de Torreciudad, com a presença de seus devotos e famílias.

Ao longo deste tempo, passaram anualmente por Torreciudad entre duzentas e 300 mil pessoas. Em 2018, implementou-se um plano estratégico com a finalidade de encaminhar a adaptação do santuário ao peregrino durante os próximos anos. Também se impulsionou um fundo de dotação de 30 milhões de euros procedentes de donativos e que permitisse enfrentar os gastos da manutenção e do atendimento dos visitantes, bem como a sustentabilidade dos futuros projetos.

Evolução das circunscrições e novos países

Quando Javier Echevarría foi eleito prelado, pertenciam ao Opus Dei 78.500 pessoas: 45.900 mulheres (58,5% do total) e 32.600 homens (41,5%). Estavam incardinados na prelazia do Opus Dei 1.500 sacerdotes. Além desses, outros 1.800 diocesanos eram sócios da Sociedade Sacerdotal da Santa Cruz. Geograficamente, 46.500 fiéis da Obra residiam na Europa (59%); 27 mil, na América (35%); 4 mil na Ásia e Oceania (5%); e mil na África (1%).

Nos 22 anos seguintes, o crescimento líquido da prelazia – incorporações menos falecimentos e baixas – foi de 14.400 pessoas, o que levava ao total de 92.900 fiéis em 2016. O aumento médio anual foi de 650 pessoas. Por sua vez, os adscritos e supernumerários da

A HISTÓRIA DO OPUS DEI

Sociedade Sacerdotal mantiveram um número constante, em torno de 1.800.

Um fenômeno acusado na demografia e que não havia ocorrido anteriormente porque o Opus Dei era recém-fundado e, portanto, recebia pessoas de pouca ou média idade, foi a chegada de muitos à terceira idade, com o conseguinte incremento dos doentes. Esta evolução trouxe consigo uma maior solicitude no cuidado dos mais idosos e dos afetados por diversas doenças, bem como a criação de estruturas de atendimento a essas pessoas. Também aumentaram os óbitos: em 1997, faleceram 348 fiéis da prelazia e 34 sócios da Sociedade Sacerdotal; em 2006, 670 fiéis e 28 sócios; e, em 2016, 919 fiéis e 41 sócios[22].

Outro aspecto distinto em relação às décadas anteriores foi a menor incorporação de pessoas ao Opus Dei, tanto em números absolutos como percentuais. O forte aumento dos anos 1980 – com momentos em que havia um crescimento líquido anual de mais de 3 mil membros – diminuiu nos anos 1990. Ainda que em todos os anos o crescimento líquido global do Opus Dei tenha sido positivo, a partir do ano 2000 houve em muitos países um decréscimo das vocações ao celibato.

A modificação da pirâmide demográfica, com uma porcentagem menor na base, remete à evolução da sociedade civil e também à necessidade tanto de atualizar as propostas formativas das pessoas e dos centros da Obra quanto de retificar as experiências negativas. A visão antropológica que modifica o conceito natural de família, a desvalorização do matrimônio e a estigmatização do compromisso afetaram o fenômeno vocacional ao Opus Dei tanto quanto nas demais instituições da Igreja. Por exemplo, uma comissão de serviço de 1997 em Madri percebia que a secularização e a perda do vigor da fé entre as famílias e comunidades católicas tinha várias manifestações: o escasso interesse pelos valores espirituais, o sentimentalismo, um individualismo que dificultava a amizade verdadeira com outras pessoas, a perda da intimidade e do pudor, a diminuição da prática religiosa e a dificuldade para discernir uma chamada de seguimento de Cristo. Como solução, sugeriam-se novas formas de promoção das virtudes cristãs entre as famílias e os jovens, a priorização do aumento qualitativo sobre o quantitativo, a formação cristã de cada pessoa em

24. GOVERNO CENTRAL E REGIONAL

profundidade, a precedência da ação individual – sem se refugiar no bom desenvolvimento das realizações coletivas – e a promoção de uma amizade que respeitasse os tempos que cada um necessita para compreender e acolher as propostas de vida cristã[23].

As estruturas de governo do Opus Dei se adequaram a esta situação demográfica. Durante os anos do mandato de monsenhor Echevarría, e com o desejo de continuar a irradiação de sua mensagem e de atender a cada um dos fiéis da Obra, a prelazia acrescentou quinze circunscrições regionais às que já existiam, alcançando um total de 49, num território que abarca 71 países e mais de 350 dioceses. Das regiões em que a organização da Obra estava suficientemente desenvolvida em 2016, oito contavam com delegações: Espanha (10), México (4), Argentina (4), Estados Unidos (3), Brasil (2), Itália (2) e a América Central setentrional (1)[24].

As casas de retiro em que trabalha a Administração são 66, às quais se somam uma centena de casas de convivências e trinta albergues em todas as partes do mundo, também em países de minorias cristãs. Os centros de estudos e cursos de estudos de adscritos amoldaram-se às circunstâncias. Assim, os oito centros de estudos para numerários, os oito para numerárias e os cinco para numerárias auxiliares da Espanha reagruparam-se em quatro, cinco e três, respectivamente.

Com o tempo também tornou-se necessária a reabilitação de casas de retiro, residências e centros que precisavam de melhorias estruturais, bem como a construção de novas sedes de formação e de governo, como as sedes das comissões e assessorias regionais dos Estados Unidos (Nova York, 2001), Itália (Milão, 2005) e México (Cidade do México, 2010). Outro fenômeno foi a mudança das sedes dos centros situados no núcleo das grandes cidades – ocupado em sua maior parte por escritórios – para bairros onde se estabelecem famílias jovens. Por exemplo, em Madri vários centros se mudaram dos distritos do centro para as zonas de expansão da metrópole, a fim de atenderem melhor as atividades das obras de São Rafael e São Gabriel.

As paróquias e as igrejas reitorais confiadas pelos bispos diocesanos a sacerdotes do Opus Dei em cidades grandes do mundo passam de meia centena*. A igreja Onze Lieve Vrouw, em Amsterdã, repre-

---

(*) Nos primeiros anos de Echevarría, acrescentaram-se, por exemplo, a paróquia do

A HISTÓRIA DO OPUS DEI

senta um caso particular, pois o templo é propriedade da Igreja sírio-
-ortodoxa e tem culto ortodoxo e culto católico, neste caso confiado
a sacerdotes do Opus Dei; as duas comunidades utilizam a igreja em
horários diferentes e colaboram na conservação do edifício.

A Santa Sé e os bispos locais solicitaram em algumas ocasiões
ajuda sacerdotal e profissional ao Opus Dei. Echevarría acolheu as
petições sempre que possível, reduzindo às vezes o atendimento dos
sacerdotes numerários e adscritos nas necessidades da pastoral ordinária da Obra. Concretamente, trinta sacerdotes da prelazia colaboram
nos dicastérios e tribunais da cúria romana, e uns duzentos – 10%
do clero da prelazia – têm encargos em paróquias, tribunais, centros
educativos, seminários diocesanos e comunidades de religiosas. Por
outro lado, dezenove sacerdotes numerários foram ordenados bispos
diocesanos nesses anos.* Além disso, o Papa criou dois cardeais que
procediam do clero da prelazia: Juan Luis Cipriani (2001), arcebispo
de Lima; e Julián Herranz (2003), presidente do Pontifício Conselho
para os Textos Legislativos.

O prelado, seus vigários e o pessoal dos organismos de governo
centrais e regionais coordenam as relações institucionais com o Vaticano, as dioceses, as ordens religiosas, os movimentos e comunidades
eclesiais. Um fenômeno particular, presente desde os primeiros anos
da Obra, foi a sintonia com as religiosas consagradas, pois quase seiscentas comunidades de trinta países, em sua maior parte contempla-

---

Beato Josemaria (Roma, 1996), a paróquia de Santo Ildefonso (Granada, Espanha, 1999),
a igreja de Três Cruzes (Montevidéu, 2001) e a paróquia Santa Maria do Mar (Melbourne,
2001). Anos depois, outras mais, como as paróquias São Thomas More (Arquidiocese de
Westminster, Londres, 2005), Nossa Senhora da Paz (Dublin, 2008), São Vandrile de Le
Pecq (Versalhes, 2010), São Joaquim (Milão, 2013), Santa Inês (Nova York, 2016) e a igreja
reitoral da Santa Cruz (Vilnius, 2016). Algumas foram deixadas depois de algum tempo,
como a igreja da Santa Veracruz (Santiago do Chile, 1998-2018) ou de Santa Rosália (Palermo, 1998-2004).

(*) Por exemplo, José Gómez, bispo auxiliar de Denver, Estados Unidos (2001); Anthony
Muheria, bispo de Embu, Quênia (2003); Jaume Pujol, arcebispo de Tarragona, Espanha
(2004); Philippe Jourdan, administrador apostólico da Estônia (2005); Jaime Fuentes, bispo
de Minas, Uruguai (2010); Stephen Lee Bun Sang, bispo auxiliar de Hong Kong (2014);
Levi Bonatto, bispo auxiliar de Goiânia, Brasil (2014) e Richard James Umbers, bispo auxiliar de Sydney (2016). A prelazia do Opus Dei continua atendendo-os espiritualmente
depois da ordenação episcopal, ainda que, logicamente, não continuem incardinados nela.

24. GOVERNO CENTRAL E REGIONAL

tivas, são cooperadoras do Opus Dei.

Com relação ao início da Obra em novas latitudes, o Congresso Geral de 1994 propôs começos em onze nações e em um bom número de cidades de territórios nos quais já estava estabelecida. Em uma primeira etapa, o Opus Dei começou em oito lugares: Lituânia (1994); Estônia, Eslováquia, Panamá, Líbano e Uganda (1996); Cazaquistão (1997); e África do Sul (1998). Com o novo milênio, acrescentaram-se mais oito: Eslovênia e Croácia (2003); Letônia (2004); Rússia (2007); Indonésia (2008); Coreia e Romênia (2009); e Sri Lanka (2011). Outros lugares, como Angola, Vietnã ou Cuba, continuam à espera de que sejam mais propícias as condições políticas. Nessas nações e em outras, como Angola, Arábia Saudita, Bulgária, Dinamarca, Dubai, Grécia, Madagascar, Malta, Tailândia e Tanzânia, residem fiéis do Opus Dei por motivos profissionais e familiares. Como não há centros erigidos da prelazia, essas pessoas da Obra se deslocam periodicamente para receber a formação cristã, além de travarem contato por vias digitais.

O início em países da antiga União Soviética, tanto na Rússia como nos antigos satélites comunistas, fomentou o encontro com as maiorias ortodoxas e com ritos católicos distintos dos latinos. No Líbano, cumpriu-se o sonho de Josemaria Escrivá de Balaguer de assentar o Opus Dei entre os fiéis de rito católico oriental – neste caso, maronita, maioria entre os católicos libaneses. Também assistem ali aos meios de formação pessoas dos ritos caldeu, greco-católico e sírio-católico.

Javier Echevarría realizou o projeto de levar a Obra ao Cazaquistão com o estabelecimento de dois centros, um para homens e outro para mulheres, em Almaty, a cidade mais povoada e cosmopolita da república. Posteriormente, Baybulak, a casa de convivências nos arredores dessa localidade, iniciou suas atividades. Desde 2011, José Luis Mumbiela, sócio da Sociedade Sacerdotal da Santa Cruz, é bispo de Almaty. Além disso, com a autorização de seus respectivos bispos, dois presbíteros que são sócios da Sociedade Sacerdotal transladaram-se para Shymkent, a terceira cidade em importância do país, para atender à comunidade católica. Nesses lugares, pessoas de diversas religiões – cristãos ortodoxos, muçulmanos ou não crentes – entram em contato com a fé cristã católica.

A HISTÓRIA DO OPUS DEI

Um caso singular, entre outros, é o da Coreia, onde os católicos representam 10% da população, com um número significativo de batismos de adultos a cada ano. Em agosto de 2009, os fiéis do Opus Dei instalaram-se na cidade de Daejeon, cujo bispo, monsenhor Nazarius Heung-sik Yoo, já conhecia o Opus Dei. Depois de dois anos, abriram centros de homens e de mulheres em Seul. As pessoas da Obra que ali chegaram estabeleceram-se profissionalmente e aprenderam o idioma e os costumes locais com esforço e constância. O centro das mulheres, Saint Hill, é uma pequena residência universitária junto à Sookmyung Women's University; por sua vez, a residência masculina para estudantes está em construção. Um dos primeiros a entrar no Opus Dei foi o professor Kim June-Hong, médico cardiologista de Busan, ao sul do país. A primeira numerária, Ellie Kim, solicitou a admissão em 2015.

Implantação da prelazia pessoal

Em 1994, o Opus Dei completava doze anos desde que havia sido erigido em prelazia pessoal, figura jurídica que o tinha situado de forma adequada dentro do direito da Igreja. Durante o seu mandato, Javier Echevarría deu alguns passos para que a figura da prelazia estivesse mais assentada na doutrina canônica e se consolidasse nos ordenamentos civis e eclesiásticos[25].

Com frequência, monsenhor Echevarría convidou a Villa Tevere bispos e núncios que estavam de passagem por Roma ou os visitou em suas próprias sedes quando fez viagens pastorais. Por sua vez, os vigários do prelado tiveram contato assíduo com os bispos e as estruturas eclesiais e pastorais, e também com as comunidades religiosas e outras instituições católicas de suas circunscrições. Alguns eclesiásticos que haviam temido nos anos 1980 que a prelazia pessoal distanciasse seus fiéis da vida diocesana manifestaram depois que esse receio não tinha fundamento[26].

Em novembro de 1994 – sete meses desde a eleição de Echevarría para dirigir o Opus Dei – se tornou público que João Paulo II havia chamado o prelado da Obra ao episcopado com o título de Cilibia,

24. GOVERNO CENTRAL E REGIONAL

uma antiga igreja africana. Dois meses mais tarde, no dia 6 de janeiro de 1995, ordenou-o na Basílica de São Pedro. A ordenação episcopal de Javier Echevarría favoreceu o processo de implantação da prelazia do Opus Dei na pastoral da Igreja universal e das Igrejas particulares, bem como a comunhão com os demais bispos.

A Obra tratou de obter o reconhecimento da personalidade civil nos países onde realizava atividades pastorais de modo estável. Esse ato administrativo lhe permite ter uma representação legal se, por exemplo, surgirem questões de caráter processual ou patrimonial. A petição da personalidade civil da prelazia do Opus Dei se fez habitualmente por meio da Santa Sé, que enviava uma nota verbal ao Estado correspondente indicando que a instituição tinha personalidade jurídica canônica na Igreja Católica[27]. Com o passar dos anos, a prelazia pessoal do Opus Dei obteve o reconhecimento civil em quase todos os países onde está estabelecida. Entre as primeiras nações que a reconheceram estão a Itália (1990), a França (1996) e a Espanha (1996). Além disso, muitas das recentes concordatas entre a Santa Sé e os Estados incluem explicitamente as prelazias pessoais entre as circunscrições eclesiásticas que a Igreja pode erigir[28]. Essa inclusão facilita os procedimentos de pedido de reconhecimento do Opus Dei.

Muitos juristas do âmbito civil e eclesiástico que publicaram sobre a figura das prelazias pessoais situam-nas dentro das circunscrições eclesiásticas. A cúria vaticana destacou esta dimensão jurisdicional por meio de diversos instrumentos, como, por exemplo, o *Anuário pontifício*, no qual a prelazia do Opus Dei aparece dentro da estrutura hierárquica da Igreja[29]. Os acadêmicos também propuseram que sejam erigidas outras prelazias pessoais para as circunstâncias de mobilidade humana que exigem particular atenção e estrutura pastoral; é o caso, por exemplo, dos emigrantes que têm dificuldades graves em inserir-se nas comunidades em que chegam e de outras minorias sociais. O Magistério fez referência a possíveis prelazias pessoais para essas necessidades pastorais nas exortações apostólicas pós-sinodais *Ecclesia in America* e *Ecclesia in Europa*[30]. No entanto, alguns canonistas, em particular da Pontifícia Universidade Gregoriana, entenderam que as prelazias pessoais são entes administrativos de caráter associativo que incardinam clérigos; consequentemente, negam que formem parte da estrutura ordinária e que os leigos pertençam a elas[31].

493

A HISTÓRIA DO OPUS DEI

João Paulo II referiu-se à natureza da prelazia do Opus Dei em março de 2001, quando esteve em um congresso organizado pela Obra com o intuito de estudar, com fiéis de todo o mundo – supernumerários, adscritos e numerários, tanto homens como mulheres –, possíveis aplicações sociais e apostólicas da encíclica *Novo millennio ineunte.* Em seu discurso, o Papa recordou o fundamento teológico e canônico da natureza hierárquica do Opus Dei e de sua missão na Igreja. Esclareceu que a prelazia estava organicamente estruturada por sacerdotes e leigos, encabeçados por seu prelado, e que «a pertença dos fiéis leigos tanto à sua Igreja particular como à Prelazia, à qual estão incorporados, faz com que a missão peculiar da prelazia conflua no compromisso evangelizador de toda Igreja particular, tal como previu o Concílio Vaticano II ao propor a figura das prelazias pessoais»[32].

Durante estes anos, criaram-se algumas circunscrições eclesiásticas delimitadas por critérios pessoais que se albergam sob figuras jurídicas semelhantes às prelazias pessoais; no entanto, a cúria vaticana não erigiu mais prelazias pessoais. Em 2009, o Papa criou os *ordinariatos pessoais* para as comunidades anglicanas que querem entrar em plena comunhão com a Igreja Católica e, ao mesmo tempo, desejam manter diversas características específicas. Depois, a Santa Sé erigiu três ordinariatos pessoais: Nossa Senhora de Walsingham, para o território da Conferência Episcopal da Inglaterra e Gales (2011); Cátedra de São Pedro, para o território das Conferências Episcopais dos Estados Unidos e do Canadá (2012); e Nossa Senhora da Cruz do Sul, para o território da Conferência Episcopal da Austrália (2012)[33].

Em 2011, a Santa Sé comunicou que estudava readmitir na Igreja Católica os seguidores de monsenhor Lefebvre – a Fraternidade Sacerdotal de São Pio X – e que um caminho para o reconhecimento canônico poderia ser a prelazia pessoal. O processo atrasou-se devido a questões doutrinais pelas quais os lefebvristas haviam violado sua plena comunhão com a Igreja. No entanto, anos antes, em 2002, o Papa João Paulo II admitiu na plena comunhão eclesial, sob a figura de uma *administração apostólica pessoal,* um grupo de fiéis da diocese de Campos (Brasil) provenientes da Fraternidade de São João Maria Vianney (equivalente à europeia Fraternidade Sacerdotal de São Pio X). A singular figura da administração apostólica pessoal se deve provavelmente

24. GOVERNO CENTRAL E REGIONAL

à excepcionalidade do caso e a que a jurisdição do administrador apostólico pessoal está limitada ao território de Campos.

Em outra esfera, Echevarría constituiu em 1996 o tribunal de primeiro grau da prelazia pessoal do Opus Dei, elemento necessário nas estruturas eclesiásticas para resolver conflitos de caráter jurídico e caminho para o exercício da potestade judicial que compete ao prelado. Como tribunal de segunda instância, a Assinatura Apostólica aprovou, seguindo a norma prevista, que fosse ele o tribunal de apelação do Vicariato diocesano de Roma[34]. Contudo, o prelado resolveu quase todas as questões pela via administrativa, e não pela judicial.

A atividade mais importante em matéria processual da prelazia foi o acompanhamento das causas de canonização de Álvaro del Portillo e de Dora del Hoyo, bem como a resposta às rogatórias que recebeu dos correspondentes tribunais diocesanos para a instrução das causas de canonização de Antonio Zweifel, José María Hernández Garnica e José Luis Múzquiz.

No que se refere ao exercício de sua potestade legislativa, desde o ano de 1999 Echevarría instituiu diversas leis ou decretos gerais em matérias de sua competência, que integram a normativa de direito particular da prelazia.

As glosas e vade-mécuns elaborados, em alguns casos, em fins dos anos 1980, talvez tenham propiciado certa rigidez, algumas atitudes voluntaristas e demasiada regulamentação; além disso, várias formas de proceder logo ficaram desfasadas pela rápida evolução social. Por esses motivos, nos anos 2000 o governo administrativo redigiu alguns poucos documentos que substituíam as praxes anteriores, chamados *Experiências* – umas regionais e outras locais –, as quais tratam dos modos de encarnar as virtudes cristãs e de organizar as atividades corporativas e a vida nos centros da Obra. Esses textos fazem referência aos documentos propriamente normativos e reúnem orientações que, por se tratar de um organismo vivo, variam quando as circunstâncias o tornam conveniente. Também foram atualizados vários números do Catecismo da Obra[35].

O boletim oficial da prelazia do Opus Dei, *Romana,* manteve sua periodicidade semestral, com edições em italiano, espanhol e inglês. Publica por volta de 2 mil exemplares de cada número e pode ser consultado também *online.*

A HISTÓRIA DO OPUS DEI

Causas de canonização e estudos sobre o Opus Dei

Mais de 20 mil membros da Obra faleceram desde a fundação. Muitos deram testemunho de coerência cristã ao longo de sua vida. Em algumas ocasiões, pessoas do Opus Dei, de outras instituições eclesiais ou mesmo não católicos pediram à Igreja que se reconhecesse sua santidade. A começar pelo próprio fundador, a instituição preparou as causas de beatificação e canonização de vários fiéis, de modo a refletir o amplo espectro de membros, homens e mulheres, sacerdotes e leigos, solteiros e casados, que procuram e se esforçam por identificar-se plenamente com Cristo.

No caso do fundador do Opus Dei, uma vez beatificado em 1992, era necessário outro milagre atribuído à sua intercessão. Em novembro daquele ano, produziu-se uma cura inexplicável do ponto de vista médico. Um médico espanhol ficou curado de um câncer de pele crônico que havia contraído no exercício de sua profissão. Apresentadas as provas facultativas, a Santa Sé certificou o milagre em setembro de 2001.

Em 6 de outubro de 2002, João Paulo II proclamou a santidade de Josemaria Escrivá de Balaguer durante a Missa de canonização, celebrada na Praça de São Pedro. Muitas autoridades civis e eclesiásticas, e mais de 250 mil pessoas, segundo estimativas dos meios de comunicação, participaram diretamente da canonização. Vinte e nove redes de televisão transmitiram a cerimônia aos cinco continentes. O espírito que Escrivá de Balaguer havia vivido e proclamado – o Opus Dei – aparecia como um caminho seguro para quem procura a perfeição cristã nas atividades cotidianas. O Papa resumiu o ideal do fundador de «elevar o mundo para Deus e transformá-lo a partir de dentro», de acordo com o conselho: «Primeiro, oração; depois, expiação; em terceiro lugar, muito em "terceiro lugar", ação» (Caminho, n. 82). «Não é um paradoxo, mas uma verdade perene: a fecundidade do apostolado reside, antes de tudo, na oração e em uma vida sacramental intensa e constante. Este é, no fundo, o segredo da santidade e do verdadeiro êxito dos santos.»[36]

No dia seguinte, Javier Echevarría celebrou uma Missa de ação de graças na Praça de São Pedro. Ao concluir, João Paulo II recebeu em

24. GOVERNO CENTRAL E REGIONAL

audiência os peregrinos. Definiu Josemaria Escrivá de Balaguer como o «santo do cotidiano», um sacerdote que «estava convencido de que, para quem vive em uma perspectiva de fé, tudo oferece ocasião de um encontro com Deus, tudo se converte em estímulo para a oração. A vida diária, vista assim, revela uma grandeza insuspeitada»[37]. O Papa quis que a audiência terminasse com uma recepção ao patriarca da Igreja ortodoxa romena, Teoctist I, e com uma oração pela plena unidade dos cristãos.

O comitê organizador da canonização promoveu uma coleta de fundos entre os participantes da cerimônia. O dinheiro foi destinado ao Projeto Harambee 2002, que promoveu planos de solidariedade em países da África subsaariana. Com o tempo, o projeto ampliou-se para o atual Harambee Africa International, com programas sociais de promoção da mulher, fortalecimento de escolas agrícolas familiares, integração social da juventude, construção de colégios do ensino fundamental, formação para a agricultura sustentável e luta contra a transmissão da Aids da mãe para o filho. Essas ações educativas e de progresso foram impulsionadas pelos dirigentes do Harambee e pelas organizações locais. Além disso, ajudaram a dar visibilidade às iniciativas sociais de católicos africanos. A «caridade social», segundo Echevarría, «constitui uma parte substancial da missão da Igreja» e se manifesta de modo preferencial em cuidar dos pobres, «promovendo formas de cooperação ao desenvolvimento que superem as divisões religiosas, raciais, ideológicas, territoriais»[38].

A devoção e o conhecimento da vida e da mensagem de São Josemaria cresceram exponencialmente. Suas obras publicadas ultrapassaram os 9 milhões de exemplares vendidos – entre elas, destaca-se *Caminho*, com 5 milhões. O portal *escrivaworks.org* permite a consulta de seus escritos em vários idiomas e com diversos critérios de busca. No início deste século, editavam-se anualmente mais de 2 milhões de estampas para pedir favores a Deus por meio da intercessão do fundador da Obra, bem como um milhão de folhas informativas. Atualmente, promove-se o conhecimento de Escrivá de Balaguer por meio da internet e das redes sociais. O escritório para as causas dos santos da cúria prelatícia recebe anualmente cerca de 2 mil relatos de favores atribuídos a São Josemaria. A fundação Beta Films (Madri)

A HISTÓRIA DO OPUS DEI

administra um fundo documental com as imagens filmadas de Escrivá de Balaguer.

A Congregação para o Culto Divino e a Disciplina dos Sacramentos aprovou os textos próprios da Missa de São Josemaria em 27 idiomas. Alguns ordinários diocesanos e conferências episcopais incluíram em seus calendários litúrgicos a festa do santo, que se celebra no dia 26 de junho. Igrejas foram dedicadas em honra de São Josemaria em mais de quarenta lugares[39]; além disso, há milhares de quadros e placas comemorativas em capelas e locais de culto. Em setembro de 2005, foi colocada uma escultura de São Josemaria em um nicho da fachada lateral da Basílica de São Pedro. No âmbito civil também se contam às dezenas as ruas, praças, jardins públicos, escolas, hospitais e bibliotecas que têm o nome de Josemaria Escrivá de Balaguer[40]. Em alguns lugares, membros da Obra criaram sociedades que recordam acontecimentos de sua vida, como a Associació d'Amics del Camí de Pallerols de Rialb a Andorra (2002), que resgata a memória da travessia dos Pirineus em fins de 1937.

Acolhendo o pedido de bispos, sacerdotes, religiosos e leigos de todo o mundo, Javier Echevarría preparou a documentação necessária para incoar a causa de canonização de Álvaro del Portillo. Pediu também que se preparassem estampas e folhas informativas para a difusão da devoção privada; em 2010, haviam sido distribuídas 10 milhões de estampas e 4 milhões de folhas informativas em múltiplos idiomas. Logo se receberam relatos sobre favores atribuídos à sua intercessão.

A causa de canonização de Álvaro del Portillo começou formalmente em 2004. Em 2010, foi entregue à Congregação para as Causas dos Santos a *positio,* que inclui uma biografia documentada. Dois anos depois, com a aprovação do Papa Bento XVI, a congregação declarou que del Portillo havia vivido as virtudes cristãs em grau heroico. Depois, ratificou como milagre atribuído à sua intercessão a cura de um menino chileno que, poucos dias depois de nascer com um quadro clínico grave, sofreu uma parada cardíaca. Sua mãe pediu então a intercessão de Álvaro del Portillo e, depois de 45 minutos, o coração da criança voltou a bater; nos dias seguintes, ela se recuperou da hemorragia que havia sofrido. Ainda que lhe ficassem sequelas, o menino cresceu depois com normalidade.

24. GOVERNO CENTRAL E REGIONAL

Dom Álvaro foi beatificado em 27 de setembro de 2014, em Madri. Presidiu a Missa o cardeal Angelo Amato, prefeito da Congregação para as Causas dos Santos, e concelebraram com ele dezessete cardeais e 150 bispos. Na cerimônia foi lida uma carta do Papa Francisco que repetia a frase «Obrigado, perdão, ajuda-me mais» – palavras que del Portillo dirigia a Deus com frequência. O Papa acrescentava: o novo beato «nos diz que confiemos no Senhor, que ele é nosso irmão, nosso amigo que nunca nos defrauda e que sempre está ao nosso lado. Estimula-nos a não ter medo de ir contra a corrente e de sofrer por anunciar o Evangelho. Ensina-nos também que na simplicidade e cotidianidade da nossa vida podemos encontrar um caminho seguro de santidade»[41].

Outro processo que avançou com rapidez foi a causa de canonização de Guadalupe Ortiz de Landázuri, doutora em Química e uma das primeiras mulheres do Opus Dei, responsável por iniciar o desenvolvimento da Obra no México. A causa foi aberta na arquidiocese de Madri em 2001; a *positio* foi entregue em 2009 e o decreto de virtudes heroicas, promulgado em 2017. Um ano depois, a Santa Sé aprovou um milagre atribuído a Ortiz de Landázuri: a cura instantânea de um tumor maligno de pele. Em 18 de maio de 2019, Guadalupe Ortiz de Landázuri foi beatificada em Madri.

Outros quinze membros do Opus Dei já têm a causa de canonização aberta, e existem estudos prévios de outros possíveis processos. Duas causas começadas pelo fundador da Obra são as de Isidoro Zorzano e Montserrat Grases. Esses processos caminharam com lentidão perante a Congregação para as Causas dos Santos e tiveram um atraso maior nos anos 1980, quando se alterou a legislação e foi preciso reelaborar a *positio* (que foram apresentadas, respectivamente, em 2006 e 1999). Em 2016, a Santa Sé aprovou os decretos sobre a heroicidade das virtudes de ambos. Além disso, a prelazia apresentou na Congregação para as Causas dos Santos a *positio* de Eduardo Ortiz de Landázuri (médico supernumerário, 2007), de José María Hernández Garnica (sacerdote numerário, 2017) e de Ernesto Cofiño (médico supernumerário da Guatemala, 2021). A atribuição de um milagre a esses servos de Deus lhes abriria o caminho para a beatificação.

Promovidas pela prelazia do Opus Dei, estão incoadas as causas de Antonio Zweifel (engenheiro e numerário suíço, com início da causa

A HISTÓRIA DO OPUS DEI

em 2001), Encarnación Ortega (secretária central da Obra, numerária espanhola, 2009), o casal de supernumerários Francisca Domínguez (dona de casa espanhola, 2009) e Tomás Alvira (pedagogo, 2009), José Luis Múzquiz (sacerdote numerário, espanhol, 2011), Dora del Hoyo (numerária auxiliar, espanhola, 2012) e Laura Busca (graduada e dona de casa, mulher de Eduardo Ortiz de Landázuri, 2013); e teve início o estudo prévio de outras pessoas, como Hermann Steinkamp (sacerdote numerário que iniciou a Obra na Holanda). Além dessas, estão sendo promovidas pelas respectivas dioceses as causas dos bispos Juan Ignacio Larrea (Guayaquil, Equador, 2016, numerário) e Adolfo Rodríguez Vidal (Santa María de los Angeles, Chile, 2016, numerário); do mesmo modo, a diocese de Abancay (Peru) quer começar a de Enrique Pelach (adscrito da Sociedade Sacerdotal da Santa Cruz). A Associação Marcelo Henrique Câmara iniciou a causa deste supernumerário brasileiro (2018).

Em quatro casos, os restos mortais dos servos de Dios foram transladados a igrejas a fim de favorecer a devoção privada dos fiéis: Zorzano (paróquia de Santo Alberto Magno, Madri), Grases (oratório de Santa Maria de Bonaigua, Barcelona), Hernández Garnica (igreja de Santa Maria de Montalegre, Barcelona) e Câmara (santuário Sagrado Coração de Jesus, Florianópolis). Além disso, Cofiño repousa junto à sua mulher na igreja de Nossa Senhora da Paz (Cidade da Guatemala).

Os estudos sobre a vida de Josemaria Escrivá de Balaguer, seus sucessores à frente do Opus Dei e outros membros, bem como sobre o carisma, a história e o direito da Obra, são numerosos. Sobre o fundador destacam-se a biografia escrita por Andrés Vázquez de Prada, que, por estar baseada na *positio*, contou com uma grande riqueza documental; a biografia dos anos romanos de Escrivá de Balaguer, redigida por Pilar Urbano em *O homem de Villa Tevere;* e o *Dicionário de São Josemaria Escrivá de Balaguer,* com 288 vozes, algumas de caráter teológico-espiritual e outras histórico-biográficas[42]. Além desses, vieram a público mais de cem livros de caráter testemunhal e de recordações de fiéis do Opus Dei.

Em janeiro de 2002 – nessa época já havia sido anunciada a canonização de Josemaria Escrivá de Balaguer –, a Pontifícia Universidade da Santa Cruz celebrou em Roma um congresso internacional para

24. GOVERNO CENTRAL E REGIONAL

comemorar o centenário do nascimento do fundador do Opus Dei e estudar como tornar próprios os seus ensinamentos na vida corrente. O encontro teve certo impacto na opinião pública devido aos conferencistas e aos temas. Participaram pessoas de países, culturas e religiões diversas. As comunicações e debates mostraram de diversos ângulos – teologia, história, arte, família, juventude, educação – a potencialidade da mensagem e dos ensinamentos de Escrivá de Balaguer nos diferentes aspectos da atividade humana[43].

Oito anos mais tarde, Javier Echevarría estimulou os professores universitários dedicados às ciências sagradas a estudarem e dar a conhecer os ensinamentos e contribuições de Escrivá de Balaguer à teologia e à espiritualidade, uma vez que reúnem uma «catequese sobre a santidade na vida ordinária» a que «talvez não tenhamos conseguido abrir caminho de modo suficiente». Echevarría constatava que, «entre os autores que estudam sua doutrina desde uma perspectiva teológica, quase todos são fiéis da Obra, ainda que haja notáveis exceções, como Cornelio Fabro, Leo Scheffczyk e mais alguns»[44]. Nessa época veio a público *Vida cotidiana y santidad en la enseñanza de san Josemaría,* de Javier López e Ernst Burkhart, a primeira explicação sistemática da mensagem do Opus Dei à luz da teologia espiritual[45].

A Pontifícia Universidade da Santa Cruz criou a Cátedra São Josemaria Escrivá, que ministrou cursos na licenciatura de Teologia Espiritual sobre o fundador da Obra e dirigiu teses de doutorado relacionadas com os seus ensinamentos. Em novembro de 2013, essa mesma universidade sediou um congresso internacional sobre São Josemaria e o pensamento teológico que contou com a participação de teólogos de renome que não são da Obra, como François-Marie Léthel e Robert Wielockx[46]. Outros congressos analisaram a contribuição do carisma de Escrivá de Balaguer para a teologia desde o ponto de vista acadêmico ou informativo, como acontece no simpósio bienal organizado pela fundação Catalina Mir, na cidade de Jaén.

Diversos membros do Opus Dei escreveram títulos autobiográficos e deram testemunho público de sua vida na Obra. Também foram publicados livros e artigos redigidos por jornalistas que, por não pertencerem ao Opus Dei, ofereceram um ponto de vista externo do espírito e das atividades da Obra. Foi o caso de *Opus Dei. Un'indagine* (1994), de Vittorio Messori; *Escrivá, fondatore dell'Opus*

A HISTÓRIA DO OPUS DEI

Dei (2002), de Andrea Tornielli; *Opus Dei. An Objective Look Behind the Myths and Reality of the Most Controversial Force in the Catholic Church* (2005), de John Allen; e *L'Opus Dei. Enquete sur le «monstre»* (2006), de Patrice de Plunkett. Talvez o livro com maior ressonância tenha sido o do vaticanista Allen, que analisou os estereótipos e controvérsias sobre a Obra.

Em 9 de janeiro de 2001, Javier Echevarría erigiu o Istituto Storico San Josemaria Escrivá (ISJE), cuja tarefa está em promover a publicação de estudos históricos e acadêmicos sobre o fundador e o Opus Dei. O ISJE tem sua sede na Pontifícia Universidade da Santa Cruz, em Roma. Conta também com uma seção na Universidade de Navarra, denominada Centro de Documentação e Estudos Josemaria Escrivá de Balaguer.

Uma das primeiras tarefas enfrentadas pelo ISJE é a edição crítica em castelhano das obras completas de Josemaria Escrivá de Balaguer. Depois de publicar os livros aparecidos em vida do fundador – *Caminho, Santo Rosário, Entrevistas com monsenhor Escrivá de Balaguer, É Cristo que passa, Amigos de Deus, La abadesa de las Huelgas* e *Escritos vários* –, começou com os inéditos. Os primeiros foram uma coleção de meditações chamada *Em diálogo com o Senhor* e quatro cartas pastorais.

Desde 2007, o ISJE edita a publicação anual *Studia et Documenta*, que recolhe artigos de caráter acadêmico sobre aspectos biográficos do fundador, de membros da Obra e da história da instituição; uma seção documental com textos provenientes do Arquivo Geral da Prelazia do Opus Dei; um noticiário que resume as atividades culturais e sociais relacionadas com a Obra; e uma seção bibliográfica sobre o Opus Dei, as iniciativas apostólicas, o fundador, os demais prelados e outros itinerários vitais. Além disso, o ISJE guarda conserva uma coleção de monografias históricas e fontes, bem como mantém uma biblioteca virtual *online* sobre São Josemaria[47].

A principal base documental para essas pesquisas está no Arquivo Geral da Prelazia do Opus Dei (AGP), erigido pelo prelado da Obra em dezembro de 2017. Conserva a documentação de Escrivá de Balaguer, de seus sucessores e dos organismos da prelazia, com um prolixo repertório de notas de governo, epistolários, diários e fotografias. O progressivo acesso aos materiais e sua análise científica por parte dos pesquisadores fará aumentar o conhecimento de novas facetas da história do fundador, de seus membros e da atividade do Opus Dei.

25. ATIVIDADE FORMATIVA

O ESPÍRITO DA OBRA FOI INSTITUCIONALMENTE TRANSMITIDO por meio das atividades formativas das três obras – São Rafael, São Miguel e São Gabriel – e da Sociedade Sacerdotal da Santa Cruz. Em cada caso os meios empregados, tanto os individuais como os de formação coletiva, apoiam-se em suportes fundacionais como o sentido da filiação divina, o conhecimento e proximidade a Jesus Cristo, a santificação do trabalho como via de santidade e o testemunho cristão.

A formação trata de preparar as pessoas para que enfrentem as grandes questões humanas e as mudanças dos paradigmas sociais contemporâneos. A verdade sobre Deus, o homem e o mundo necessita de uma explicação adequada ao presente. Por isso, os planos formativos no Opus Dei foram atualizados com frequência. Em seguida, os conselhos locais da Obra aplicaram as ideias e linhas medulares às pessoas que estavam em contato com as realizações do Opus Dei, de modo que cada uma as internalizasse e difundisse em seu ambiente e com o seu estilo pessoal.

Formação da juventude

A obra de São Rafael, que leva a mensagem de santidade no meio do mundo aos jovens mediante os vínculos da amizade pessoal, desenvolveu-se ao longo dos anos segundo o ritmo do progresso global do Opus Dei e das transformações sociais. Os diretores incentivaram

A HISTÓRIA DO OPUS DEI

todos os membros da Obra a cuidar dessa tarefa, certa vez definida pelo fundador como a menina dos seus olhos.

Os centros da Obra com atividades de São Rafael estão vinculados normalmente a uma entidade educativa para a juventude. Essas iniciativas educacionais, promovidas por fiéis da prelazia em colaboração com outras pessoas, são de caráter profissional e civil e atribuem sua vivificação cristã à prelazia. Adotam formas diversas, em função da finalidade educativa, a idade dos jovens e outros fatores. Estes são alguns exemplos: uma associação juvenil que oferece atividades para meninos em seu tempo livre, uma residência para estudantes, um centro dedicado à educação acadêmica e do caráter de adolescentes, um centro cultural para universitários... Os que dirigem cada iniciativa procuram elaborar com profissionalismo um projeto educativo que atenda algumas necessidades específicas e, depois, dirigem as atividades correspondentes, de maneira a prestar à sociedade um serviço com espírito cristão, facilitando o apostolado pessoal e fomentando o crescimento do labor apostólico com gente jovem.

As entidades e associações juvenis – somando as de homens e as de mulheres – são umas oitocentas em todo o mundo, desde, por exemplo, os centros culturais Liepkiemis e Vilneles, em Vilnius (Lituânia), até Huayna e Hontanar, em La Paz (Bolívia), ou Hodari e Faida, em Nairóbi (Quênia). A maioria delas destina-se a meninos ou meninas do ensino médio e a estudantes de cursos técnicos, mas também há entidades para jovens de ofícios manuais. Os órgãos de governo dessas sedes educativas são formados por uma junta diretiva, na qual costuma haver alguns pais que levam seus filhos à associação juvenil, e um conselho de gestão, responsável por dirigir os aspectos educativos, formativos e profissionais[1].

Os diretores da Obra incentivam que cada entidade desenvolva um projeto educativo próprio, de modo a cooperar com as famílias na criação de lares com identidade cristã e ser um complemento ao ensino recebido no colégio. Alentam os pais a participarem decididamente das tutorias e das atividades, pois são os responsáveis máximos pela formação de seus filhos e os que melhor os conhecem; com isso, ademais, têm também a oportunidade de crescer com eles.

As entidades juvenis organizam programas pedagógicos segundo

25. ATIVIDADE FORMATIVA

as idades dos participantes, quase sempre dos últimos anos do ensino fundamental e médio, e entrevistas pessoais dos jovens com tutores. Insistem nos hábitos e atitudes de estudo – todas as iniciativas contam com uma sala para essa finalidade – e de leitura. Além disso, oferecem atividades extracurriculares dirigidas por profissionais, como cursos de liderança, voluntariado social, aprendizado de idiomas, cozinha, esportes e excursões.

Também houve fórmulas de caráter não corporativo para o atendimento juvenil realizadas, às vezes, por determinado casal em suas casas e acampamentos, voltadas aos seus próprios filhos e aos amigos de seus filhos. Em algumas ocasiões, reúnem-se crianças de bem pouca idade e, junto com uns minutos de catequese e algumas orações, se lhes oferecem propostas educativas e lúdicas.

As residências universitárias também evoluíram. Como vimos, durante os anos 1930 e 1940 do século XX, o apostolado do Opus Dei se concentrou sobretudo nos estudantes universitários; nos anos 1950, ele se expandiu para pessoas casadas e para os alunos de ensino fundamental e médio. Nas décadas de 1960 e 1970, os projetos apostólicos com alunos do ensino médio cresceram a tal ponto que os diretores da Obra sublinharam a importância de impulsionar também o apostolado com os universitarios[2].

De modo particular, desde os anos 1990 cuidou-se muito do atendimento profissional e acadêmico das residências. Hoje são umas duzentas, algumas para homens e outras para mulheres. São promovidas por fundações e associações criadas por fiéis do Opus Dei, cooperadores e benfeitores. Por exemplo, na Itália, a Fondazione RUI administra treze residências universitárias em seis cidades. Existem também uns novecentos centros universitários de diversos tipos que organizam encontros de formação cristã, de estudo e de enriquecimento do horizonte cultural.

As reuniões com os jovens que participam da obra de São Rafael seguem o critério estabelecido pelo fundador da Obra, baseado na amizade pessoal. Por um lado, há as atividades permanentes, definidas como *tradicionais*: o curso preparatório ou círculo, catequeses para crianças, visitas aos *pobres da Virgem,* encontro com Cristo na oração pessoal, retiros e acompanhamento espiritual. A esses meios acrescentam-se o estudo e o entusiasmo pela própria carreira ou ofício como

A HISTÓRIA DO OPUS DEI

forma eminente de santidade e de serviço à sociedade, bem como o testemunho da própria fé entre os amigos, também entre os que não levam uma vida cristã. De todos esses meios, o círculo configura a formação dos jovens da obra de São Rafael. No exame do círculo – que se lê em voz alta, com uns segundos em silêncio para que cada um medite doze perguntas redigidas pelo próprio fundador –, consideram-se o relacionamento com Deus, o estudo e a relação com os outros. Por exemplo: «Reparo com frequência que estou diante de Deus?»; «Consagrei ao estudo as horas necessárias, sabendo que estudar é para mim uma obrigação grave?»; «Descurei, por egoísmo, por apatia ou desleixo, os meus deveres de fraternidade?»[3].

Por outro lado, cada centro organiza múltiplas atividades, chamadas *auxiliares,* que variam com o tempo e os lugares: seminários profissionais, convivências, tutorias individuais, esportes e acampamentos. Entre os grandes eventos que reúnem jovens relacionados com os apostolados do Opus Dei estão as Jornadas Mundiais da Juventude; eles participam delas por meio de associações juvenis e grupos universitários. Outras propostas têm uma nítida índole altruísta, como a assistência a atividades de voluntariado durante o ano letivo e os campos de trabalho, nacionais ou internacionais, nas férias. Muitos centros de São Rafael colaboraram em ações humanitárias, às vezes em lugares que haviam sofrido catástrofes naturais, como o furacão Mitch, que atingiu Honduras (1998), os terremotos de El Salvador (2001) e as inundações na província de Santa Fé (Argentina, 2003).

Durante a Semana Santa, as regiões organizam encontros formativos para alunos dos últimos anos do ensino fundamental e médio. No denominado Meeting Internacional Fátima-Ourém participam, a cada ano, pouco mais de mil jovens de diversos países europeus; além de viver esses dias em torno do santuário mariano, intercalam-se atividades esportivas e culturais.

Para os universitários, uma atividade institucional de relevo é o encontro internacional UNIV, que reúne em Roma cerca de 2 mil universitários, homens e mulheres, na Semana Santa. A parte cultural desta convivência é organizada em torno de conferências e mesas-redondas que tratam dos desafios e das soluções que a cultura contemporânea demanda. Como a maioria dos assistentes são jovens que participam da obra de São Rafael, organizam-se também reu-

25. ATIVIDADE FORMATIVA

niões formativas e percursos culturais pela Cidade Eterna e se assiste a uma audiência com o Papa e a um encontro com o prelado do Opus Dei. Além disso, procura-se viver a liturgia da Semana Santa com especial intensidade.

De 1991 a 2019, celebrou-se também o Encontro Romano, que agora faz parte do UNIV. Esta reunião internacional promove e difunde a categoria e os estudos das ciências da hotelaria e do lar, bem como as demais profissões dedicadas ao serviço da pessoa, nos espaços públicos e privados. A iniciativa é patrocinada pela ONG de cooperação ao desenvolvimento Associazione Centro ELIS. Anualmente, participam dela cerca de quatrocentas estudantes e profissionais do setor.

Um aspecto formativo em que os diretores da Obra insistiram é o valor do compromisso e o sentido da liberdade e do bem, pois muitos jovens que estão em contato com a obra de São Rafael percebem o contraste entre o ambiente que têm no colégio, ou até na própria família, com o do centro juvenil que frequentam. Organizam-se cursos para refletir sobre a fé e as virtudes humanas do ponto de vista intelectual e prático. Para Echevarría, esses encontros ajudam a entender «a coerência entre a fé e a vida diária, a lealdade no cumprimento dos próprios deveres e da palavra dada, o empenho por ajudar aos demais. Convém aproveitar o fundo de generosidade que sempre existe na gente jovem e que se manifesta agora nas várias formas de voluntariado, porém também se deve apontar para que essas tarefas sejam manifestação do autêntico serviço cristão, que sabe não só *dar*, mas, sobretudo, *dar-se*»[4].

Outros temas em que se insistiu quanto aos adolescentes são a formação do caráter, a afetividade e a integração das emoções e o bom uso do tempo livre. As entidades juvenis convocaram palestras e seminários sobre o amor humano, a pureza de coração, a castidade e o valor da espera como metas possíveis. Também houve sessões sobre o uso da internet, das redes sociais e dos recursos multimídia.

A ênfase em aspirar ideais altos e crescer nas virtudes tem origem na ideia fundacional de chegar tanto à inteligência como à vontade e ao coração das pessoas. Os centros da obra de São Rafael programaram, com a participação de profissionais reconhecidos, jornadas humanísticas e seminários sobre questões de atualidade cultural, dig-

A HISTÓRIA DO OPUS DEI

nidade do ser humano e bioética, ciência e fé, criação artística e religião, ética e economia, finanças e responsabilidade social. Nesses ambientes de reflexão, alguns jovens deram sentido à própria vida cristã, ou mesmo encontraram sua vocação no celibato como numerários ou adscritos do Opus Dei, no matrimônio como supernumerários, no sacerdócio, ou na entrega consagrada.

Com a finalidade de fomentar a petição e o desejo de que houvesse mais pessoas que seguissem Jesus Cristo no Opus Dei, durante anos Javier Echevarría recomendou aos membros da Obra que rezassem para que em cada circunscrição houvesse quinhentas vocações[5]. Com relação aos menores de idade que pensavam na possibilidade de ser da Obra, insistiu nos critérios jurídicos que estavam de acordo com os Estatutos da prelazia e que levavam em conta a evolução da sociedade. Recordou que um menor de idade não pode vincular-se juridicamente ao Opus Dei e, portanto, não pode ser fiel da prelazia[6]. Estabeleceu que, apesar de carecer de relevância jurídica, um jovem aspirante à Obra (entre catorze anos e meio e dezesseis e meio) ou que pede a admissão (entre dezesseis e meio e dezoito) deve pedir permissão a seus pais para fazê-lo. Segundo Echevarría, «além de ser uma medida de prudência, assim se poderá confirmar a seleção e a maturidade desses jovens»[7].

Só a partir dos dezoito anos uma pessoa pode incorporar-se temporariamente ao Opus Dei e, com uma idade mínima de 23 anos, de modo definitivo. Este foi o caso de mais da metade dos numerários e de um terço dos adscritos desta época, que, após terem sido aspirantes quando menores de idade, se incorporaram depois ao Opus Dei. Também houve pessoas que tinham abraçado o celibato na Obra quando jovens e, depois de entender que não era o seu caminho, solicitaram adiante a admissão como supernumerários.

Na obra de São Gabriel

Os supernumerários e os cooperadores exercem todo tipo de profissões e ofícios em todo o mundo. Por meio de seu trabalho profissional e de suas relações familiares e sociais, cada um colabora a seu modo

25. ATIVIDADE FORMATIVA

com a orientação cristã das instituições e estruturas humanas e possibilita que seus colegas e conhecidos descubram a própria vocação humana e sobrenatural. Aos supernumerários, Echevarría recordou com frequência que tinham a mesma chamada à santidade e à irradiação da mensagem da Obra que o resto dos fiéis do Opus Dei, pois não existe uma vocação *de segunda categoria*: a entrega a Deus situa cada um na primeira linha do combate espiritual pela perfeição cristã.

Os planos de formação doutrinal e religiosa da obra de São Gabriel – os guias dos círculos de estudo e outros temários – foram revisados ao longo dos anos e adaptados às circunstâncias variáveis de quem é casado ou não tem compromisso de celibato. Recordaram com frequência que a família é um âmbito eminente de busca da santidade; que o lar é um espaço de convivência em que cada um é convidado a contribuir com o melhor de si mesmo; e que a doação se manifesta no amor delicado ao cônjuge e aos filhos. Os diretores da Obra apresentaram a educação na fé cristã e na prática das virtudes como uma tarefa prioritária dos pais e dos avós. Estas formas de ajuda e fortalecimento da família foram desenhadas de modo positivo e, ao mesmo tempo, como resposta aos problemas, cada vez mais frequentes, da instituição familiar.

Os diretores também sugeriram que os pais participassem das comunidades educativas e que impulsionassem programas que favorecessem o crescimento de seus filhos, como entidades juvenis e reuniões com outras famílias. Alguns grupos de supernumerários colaboraram com centros de São Rafael, tanto no atendimento dos jovens como no de seus pais. Monsenhor Echevarría sugeriu-lhes também que se unissem de diversos modos «a outros pais e mães de família para enfrentar esta tarefa capital: o modo de empregar o tempo livre, o lazer e a diversão, as viagens, a promoção de lugares adequados para que vossas filhas e vossos filhos vão amadurecendo humana e espiritualmente etc.»[8].

Para facilitar a assimilação dessas propostas, a estrutura formativa habitual da obra de São Gabriel – recolhimentos mensais e retiros, convivências, círculos, direção espiritual, aulas de doutrina cristã – girou ao redor de temas relacionados à santidade na família, com argumentos teóricos e soluções práticas orientadas para a unidade entre o casal e para a educação dos filhos. Essas atividades formativas foram

A HISTÓRIA DO OPUS DEI

realizadas nas sedes de centros da Obra, em paróquias e nas próprias casas dos supernumerários. Também se incentivou a organização de atividades para jovens profissionais ou alunos dos últimos anos da graduação, que em breve substituirão os mais velhos.

Os supernumerários vão habitualmente à celebração eucarística de sua paróquia e levam seus filhos para que lá recebam os sacramentos de iniciação cristã. Além disso, muitos colaboram a título pessoal como catequistas de crianças, formadores nos cursos de preparação para o casamento, acompanhantes de doentes, membros da Cáritas e participantes dos sínodos diocesanos.

Um aspecto essencial do espírito do Opus Dei é o fortalecimento da integração entre seus membros, a começar por aqueles que estão mais próximos, no próprio centro de São Gabriel. Os governos da Obra pediram aos integrantes dos conselhos locais, aos encarregados de grupo e aos zeladores que proporcionassem a cada pessoa a ajuda necessária. Alguns supernumerários com aptidões e tempo disponível colaboraram na formação e atendimento dos demais, em particular dos que estão isolados por doença ou por idade avançada. Alguns são encarregados de grupo e zeladores, e a eles se confia o acompanhamento espiritual de outros membros*.

Há por volta de 120 cursos de estudos e de formação intensa que procuram chegar à maior parte dos supernumerários e supernumerárias – em particular aos que pedem a admissão quando jovens –, a fim de que possam receber uma boa base filosófica e teológica dos ensinamentos da Igreja, instrução sobre o espírito e os apostolados do Opus Dei e explicações sobre aspectos práticos da vida cristã sobre a família, a moral matrimonial, a educação dos filhos, a justiça social e o sentido do sofrimento.

Também se insiste na missão apostólica dos fiéis cristãos. Ser e sentir-se apóstolo dá sentido à vocação pessoal ao Opus Dei. Falar de Jesus Cristo a um filho, a um colega de profissão, a um parente, a um amigo, vai além de um simples convite para participar em determinada atividade religiosa ou social.

(*) Sobre os encarregados de grupo e os zeladores, cf. o capítulo 13, seção «Formação dos adscritos e supernumerários».

25. ATIVIDADE FORMATIVA

Os atuais 65 mil supernumerários e os mais de 170 mil cooperadores estão assim convidados a descobrir permanentemente a chamada de Cristo a ser fermento na sociedade, por meio de uma vida alegre e sóbria que, às vezes, se chocará com as ideias dominantes.

Numerários, numerárias auxiliares e adscritos

Entre os celibatários da Obra estão, de um lado, os numerários e numerárias. Sua formação foi um elemento-chave para a difusão do espírito do Opus Dei. São pessoas com estudos superiores que, em sua maioria, vivem em centros da Obra – e, deste ponto de vista, são os primeiros que sustentam o Opus Dei como família – e que estão disponíveis para tarefas formativas e de governo nos níveis central, regional e local. Às vezes esse trabalho exige uma dedicação de tempo integral. Noutras, depois de sua jornada de trabalho, dedicam seu tempo livre ao acompanhamento daqueles que dependem do seu centro.

O ensino doutrinal-religioso continuou no *Studium generale* de cada região com o biênio filosófico, que se realiza habitualmente no centro de estudos, e com o quadriênio teológico, que se conclui nos anos subsequentes. Em 1989, Álvaro del Portillo havia promulgado, com a aprovação da Congregação para a Educação Católica, uma *Ratio institutionis sacerdotalis* – uma formação permanente do clero da prelazia e dos numerários e adscritos candidatos às ordens sagradas –, à qual se unia uma *Ordinatio studiorum*. De acordo com a legislação canônica, nos anos 1996 e 2007 foram promulgadas novas edições dessa *Ratio*. Além disso, del Portillo promulgou uma *Ratio institutionis* para a prelazia do Opus Dei que estabelecia o plano de formação doutrinal, espiritual e apostólica de seus fiéis, e ela também foi renovada anos mais tarde por monsenhor Echevarría.

Os centros inter-regionais de homens acolheram anualmente mais de cem alunos, os quais cursaram a graduação, o mestrado ou o doutorado em ciências sagradas, quase todos na Pontifícia Universidade da Santa Cruz ou na Universidade de Navarra. Em ambos os casos, residiram na sede do centro inter-regional e seminário internacional

A HISTÓRIA DO OPUS DEI

da prelazia: Cavabianca, para os numerários de Roma, e o Colegio Mayor Aralar, para os de Pamplona, além da residência Iturgoyen para adscritos, também em Pamplona. Alguns regressaram às suas regiões ou se transladaram para outras como diretores de governos regionais, conselhos locais e professores do *Studium generale*. Outros, depois de manifestar seu desejo pessoal, foram chamados ao sacerdócio por Javier Echevarría – um pouco mais de seiscentos em seu período como prelado: vinte ou trinta em cada turma, entre os quais havia dois ou três adscritos e o resto, numerários. Desde 1995 e até seu falecimento, Echevarría ordenou os presbíteros e diáconos da prelazia do Opus Dei.

Pelo Colégio Romano de Santa Maria – centro inter-regional para mulheres –, passaram mais de mil numerárias ao longo de sua história. Desde 1992, tem sua sede definitiva em Villa Balestra, no bairro Pinciano. Além de receber formação específica sobre o espírito e a atividade do Opus Dei, aproximadamente oitenta alunas cursam diferentes estudos de graduação em Filosofia, Teologia, Direito Canônico e Comunicação, dependentes da Pontifícia Universidade da Santa Cruz. Em 2005, esse centro universitário assumiu, por meio de um convênio, a docência do Colégio Romano de Santa Maria. Desde 2015, as aulas e seminários têm lugar em uma sede próxima, Rocca Romana, que conta com salas de aula e uma biblioteca especializada.

No conjunto das regiões, estão erigidos para os numerários e numerárias um total de oitenta centros de estudo, mais outros vinte para numerárias auxiliares. Boa parte dos jovens que pedem admissão à Obra e que se incorporam atualmente a esses centros provém de colégios vinculados de algum modo ao Opus Dei, de centros de São Rafael ou de famílias relacionadas com a obra de São Gabriel. Dada a universalidade da mensagem da Obra, além de organizar atividades nos centros e residências para conhecer mais pessoas, os jovens são incentivados a cultivar o relacionamento e a amizade com seus próprios colegas da universidade e da profissão que não tiveram contato prévio com o Opus Dei.

Com a permissão de seus pais, alguns jovens numerários foram cursar seus estudos universitários em países onde a Obra estava dando seus primeiros passos; em razão da idade, foi mais fácil que aprendessem o idioma e se situassem bem no ambiente acadêmico e profissio-

25. ATIVIDADE FORMATIVA

nal desses lugares. Do mesmo modo, como realidade complementar à anterior, é frequente o caso de numerários que vão morar perto de seus pais a fim de os atender quando estes ficam mais idosos ou necessitam de maior apoio.

Por sua vez, a Administração enfrentou obstáculos importantes à sua compreensão e adequação, relacionados ao desenvolvimento social, à plena incorporação da mulher à vida pública e às variadas circunstâncias culturais de cada país. As mulheres que trabalham nessas áreas, sejam administradoras ou numerárias auxiliares, abraçam uma profissão que exige uma mentalidade em parte diferente da mentalidade das décadas precedentes. Entendem que o cuidado da pessoa é uma ocupação profissional que requer conhecimentos amplos sobre as implicações teóricas e práticas do seu trabalho e capacidade de iniciativa para empregar metodologias de vanguarda, de responsabilidade ecológica e de sustentabilidade. Esta competência profissional colocada ao serviço de cada pessoa configura a Administração como um foco de luz singular para a sociedade no que diz respeito ao modo de ser e de fazer família[9].

Desde meados dos anos 1990, a maioria das numerárias auxiliares dos países com alto grau de desenvolvimento provém de ambientes urbanos e tem formação universitária ou outro tipo de estudo superior; isso pode tornar frequente – como acontece com muitas mães de família nesses lugares – que cuidem de pessoas com menos formação e capacitação profissional que elas. Em outros lugares, como a América Central, o Quênia ou as Filipinas, há um número significativo de numerárias auxiliares de procedência rural e de formação profissional média ou superior. Independentemente de onde, as mulheres que trabalham na Administração realizam sua tarefa profissional e familiar de cuidado da pessoa com uma dimensão formativa integral; por isso, não se sentem nem podem ser equiparadas a empregadas domésticas. Esta mudança social ajuda as pessoas que recebem os seus cuidados – homens e mulheres – a compreender que estão sendo atendidas com nível profissional e com carinho materno, e não com uma mera prestação de serviços remunerados.

O positivo progresso da capacitação profissional e humana tornou necessária uma revisão do programa de estudos, segundo as categorias antropológicas, organizativas e de serviço que configuram a Adminis-

A HISTÓRIA DO OPUS DEI

tração. Por exemplo, cresceu o desenvolvimento de competências voltadas à comunicação, ao trabalho em equipe, à inovação, à proatividade e à autoconfiança[10]. Também se desenvolveram os estudos sobre as profissões de cuidado pessoal nos setores hoteleiro, do lar e sanitário. Nesse âmbito, a The Home Renaissance Foundation (2006) é um *think tank* com sede na Grã-Bretanha que promove uma mudança de mentalidade sobre a dimensão e a magnitude profissional do trabalho do lar e da tarefa de criar lares acolhedores, que contribuam para humanizar mais a sociedade. Realiza pesquisas acadêmicas interdisciplinares e organiza conferências internacionais relacionadas à tarefa do lar. Também fomenta o diálogo com instâncias públicas para que haja políticas «que promovam estratégias de educação e comunicação que aumentem a consciência de que as tarefas familiares são uma questão de responsabilidade compartilhada»[11].

Para as numerárias que se orientavam profissionalmente ao trabalho da Administração, o CEICID organizou em Pamplona, nos anos 1990, um programa que combinava as aulas com a rotação nos diferentes serviços prestados. Em 2002, esse programa foi substituído pelo Programa de Direção de Serviços (PDS), que cobre todos os âmbitos das ciências do lar. Este plano, de dois anos de duração, é feito em grande parte *online*. Está dividido nas áreas de humanidades e antropologia, gestão de organizações, alimentação e serviços gerais e de alojamento. A parte prática está estruturada de modo a que cada aluna conte com uma mentora no posto de trabalho.

Em 2006, o CEICID deu outro passo à frente com um plano de formação profissional das numerárias auxiliares, algumas das quais também haviam feito curso universitário. Esta linha concretizou-se em 2010 no Programa de Desenvolvimento em Administração de Serviços (PDA), de três anos de duração e com um método formativo dual, alternando entre o plano de estudos e a rotação no lugar de trabalho. Além disso, o PDA abarca um suporte *online* e o acompanhamento das alunas por professoras que trabalham com elas nas Administrações[12].

Como vimos, no México as futuras administradoras podem fazer a licenciatura de Administração e Hospitalidade na Escola de Administração de Instituições da Universidade Panamericana; e, para citar outro exemplo, o mesmo acontece na Colômbia com as que se

25. ATIVIDADE FORMATIVA

formam na carreira de Administração e Serviço da Universidade de La Sabana. Em vários países, organizam-se sessões formativas e cursos de atualização dirigidos por profissionais com experiência, tanto em administrações grandes como nas de casas pequenas. Inclusive em lugares onde há poucas pessoas da prelazia, como em Almaty (Cazaquistão), programam-se cursos de especialização em serviços de hotelaria.

Nesses anos, trabalhou-se para que a situação profissional das Administrações em todos os lugares se adequassem à legislação trabalhista, também mediante os correspondentes seguros sociais estatais ou de entidades privadas. As questões trabalhistas e contratuais «são da responsabilidade das pessoas e entidades civis (corporações, fundações ou associações) que promovem as iniciativas sociais ou culturais onde esse apostolado se desenvolve»[13].

Com relação aos adscritos, o entendimento de sua entrega a Deus amadureceu ao longo dos anos. São homens e mulheres com compromisso de celibato que desempenham todo tipo de trabalho – nas nações mais desenvolvidas, geralmente depois de fazer os estudos universitários. Alguns, poucos, trabalham em obras de apostolado corporativo da Obra; a maioria está disseminada em uma profusão de tarefas intelectuais e manuais. Levam a esses ambientes profissionais e de relacionamento social a mensagem da santidade na vida corrente.

Os adscritos e adscritas recebem formação permanente como os demais membros: círculos breves, retiros e convivências, direção espiritual... Nas sete regiões onde há cursos de estudos para adscritos – uns para homens e outros para mulheres –, recebem uma formação mais intensa no espírito do Opus Dei durante dois anos. Ao concluir esta etapa, é habitual que os que tenham disponibilidade de tempo sejam encarregados de grupo e zeladores, incumbindo-se do atendimento espiritual de outros adscritos, supernumerários e cooperadores e colaborando com as atividades apostólicas[14].

Os diretores da Obra puseram particular atenção na moradia dos adscritos, incentivando-os a conseguir uma situação estável. Cada um escolhe o modo de residir que prefere, segundo sua condição social, profissional e familiar. Enquanto são estudantes ou jovens profissionais, alguns vivem com seus pais. Depois, a maioria tem casa própria. Também adotam outras fórmulas, como residências para profissio-

A HISTÓRIA DO OPUS DEI

nais com zonas e serviços compartilhados e administrada por uma sociedade criada para este fim; apartamentos individuais em um mesmo edifício com espaços comuns; e apartamentos próprios ou alugados nos quais moram três ou quatro adscritos[15].

Entre o clero secular

Desde os anos 1980, contribui para o impulso da Sociedade Sacerdotal da Santa Cruz o grande número de jovens que, como fruto da atividade formativa dos colégios e centros relacionados com o Opus Dei, procuram os seminários com vocação sacerdotal e levam já o germe da espiritualidade da Obra; uma vez que recebem o diaconato, muitos solicitam a admissão como sócios da Sociedade Sacerdotal. Nestas últimas décadas, muitos sacerdotes solicitaram também ser cooperadores da Sociedade Sacerdotal depois de haver estudado nas faculdades eclesiásticas da Universidade de Navarra e da Pontifícia Universidade da Santa Cruz.

Hoje, os sócios são cerca de 2 mil numerários e oitenta adscritos da prelazia, 1.300 adscritos e seiscentos supernumerários diocesanos, bem como aproximadamente 4 mil cooperadores. Existem cerca de duzentos centros que promovem encontros de caráter formativo: círculos, acompanhamento espiritual, recolhimentos mensais e retiros para o clero diocesano. Além disso, programam atividades para a formação teológica e canônica do clero. Na maior parte dos casos, contam com uma biblioteca física ou digital para consulta e empréstimo de livros de temas espirituais e sacerdotais. Às vezes, o diretor do centro convida o bispo local e outras personalidades eclesiásticas para pronunciar uma conferência ou assistir a uma tertúlia. Por exemplo, em Praga, reúnem-se com regularidade uma dezena de sacerdotes no centro Terasa, a fim de fomentar a fraternidade sacerdotal e superar possíveis tentações de desânimo perante as dificuldades pastorais em uma sociedade secularizada. E, na Lituânia, há uma década, um ou dois recolhimentos mensais para sacerdotes diocesanos são realizados na casa de convivências Strevadvaris.

Entre outras atividades, o Centro Sacerdotal Rosselló, de Barcelona, convoca a cada ano as Jornadas de Questões Pastorais de

25. ATIVIDADE FORMATIVA

Castelldaura, e algo análogo se realiza no seminário promovido no Conference Center Thornycroft Hall (Manchester) e no Curso Internacional de Atualização Teológica do México. O centro Biblioteca Sacerdotal Almudí de Valência (Espanha) promove o portal de internet *almudi.org*, que oferece informações sobre a fé, a vida cristã, a Igreja e temas sociais de atualidade. Outros centros editam publicações de caráter teológico e pastoral, como a revista periódica *Temes d'avui* (Barcelona). Em Dworek (Polônia), todos os anos se convoca um encontro de uma semana para seminaristas, que se voltam para um tema de atualidade. E o Midwest Theological Forum (Chicago) coordena, com o assessoramento de um comitê de bispos, o programa The Rome Experience, que consiste em um período de estudo de seminaristas norte-americanos na Cidade Eterna para que se dilate sua visão universal da Igreja.

O fundador da Obra desejava que as dioceses fossem as grandes beneficiárias da ação da Sociedade Sacerdotal da Santa Cruz. A melhora espiritual dos sacerdotes repercute nos fiéis aos quais eles prestam seu serviço pastoral e, consequentemente, na evangelização da cidadania. Seu raio de ação é tão amplo e variado como o dos homens que a compõem. Por exemplo, na Rússia, um sócio, pároco de São João Batista (Pushkin, São Petersburgo), recuperou para o culto o edifício onde está a igreja. Depois, com a ajuda de mais gente, comprou uma casa em outra cidade próxima, Kolpino, a fim de construir uma nova paróquia.

A formação dos seminaristas e dos sacerdotes segundo o espírito da Obra adequou-se aos problemas do clero contemporâneo. Insiste-se, por exemplo, em aspectos permanentes, como a vida de oração pessoal do sacerdote, a promoção do desejo de santidade e o crescimento nas virtudes da fortaleza, do domínio dos sentimentos, da empatia e da capacidade de perdoar.

Junto com os aspectos formativos, o ambiente de família cristã característico do Opus Dei é um elemento essencial dos centros da Sociedade Sacerdotal. Os presbíteros valorizam almoços em grupo, tertúlias e reuniões informais, os quais facilitam o cultivo da amizade e da fraternidade sacerdotais[16].

Cada sacerdote da Sociedade Sacerdotal da Santa Cruz reflete e difunde a chamada universal à santidade entre seus amigos presbí-

A HISTÓRIA DO OPUS DEI

teros e as pessoas que lhes estão confiadas nas paróquias e alhures por meio das homilias, do acompanhamento espiritual, da cateque-se e de reuniões. Nutrem especial interesse em promover vocações para o seminário. Também colaboram com as obras de São Rafael e São Gabriel, de modo particular nas grandes cidades, onde atendem espiritualmente a muitas famílias. Só alguns poucos, e com a auto-rização do seu bispo, trabalham ministerialmente em obras corpo-rativas do Opus Dei; a grande maioria dedica-se exclusivamente às tarefas pastorais confiadas por seus respectivos ordinários.

26. INICIATIVAS DE APOSTOLADO COLETIVO

Os DESENVOLVIMENTOS DE CARÁTER COLETIVO, como vimos, ocorreram de acordo com as mudanças socioeconômicas e os sistemas educativos e de assistência social de cada país*. Em alguns casos, os projetos profissionais evoluíram e se reestruturaram com acerto, permanecendo pujantes até hoje; em outros, foram redimensionados ou deixaram de existir.

Há três tipos de entes e grupos que intervêm nas ações coletivas e que, com o passar dos anos, avançaram no esclarecimento e no modo de assumir as competências que lhes são próprias. Em primeiro lugar, estão os entes que têm a propriedade e a gestão. Como responsáveis pela orientação estratégica de cada iniciativa, dão continuidade ao projeto que os promotores puseram em andamento, tanto na viabilidade profissional e econômica como na missão evangelizadora. Os membros dos conselhos de administração e das juntas diretivas desses entes esforçam-se para que as novas gerações que se incorporam às sociedades e patronatos se identifiquem com a finalidade pelas quais foram criados.

Atualmente, as entidades proprietárias e gestoras firmam um convênio com as autoridades do Opus Dei no qual se estabelecem a colaboração e os meios concretos que promovem os fins de caráter

---

(*) Pode-se ver a introdução ao capítulo 21 («Atividades apostólicas»), onde se descrevem as semelhanças e diferenças entre as obras corporativas e os labores pessoais. Todas as iniciativas que se recolhem neste capítulo têm uma página na internet em que se especifica sua relação com o Opus Dei.

A HISTÓRIA DO OPUS DEI

espiritual. O relacionamento habitual se realiza mediante reuniões informativas de coordenação entre os diversos níveis de governo e os responsáveis da prelazia; nelas trata-se dos aspectos apostólicos relacionados com a correspondente obra corporativa ou labor pessoal. Para os cargos diretivos mais relevantes, solicitam a opinião das autoridades do Opus Dei sobre os candidatos a esses trabalhos, avaliando de que modo compartilham da missão apostólica da iniciativa; depois as entidades proprietárias procedem às nomeações.

Em segundo lugar, estão os dirigentes de cada projeto, que, do ponto de vista profissional, respondem aos proprietários e gestores que os contrataram. No que se refere à identidade cristã, têm contato com as autoridades do Opus Dei para coordenar, informar e solicitar assessoramento sobre as atividades – sobre a inspiração cristã que se deve refletir em sua tarefa e, em algumas ocasiões, os meios que empregam para ser justos no pagamento de salários ou na distribuição de bolsas; sobre o impulso da caridade cristã, que une as equipes de trabalho e cria uma cultura de compreensão e de perdão com os colegas; e sobre a colegialidade na tomada de decisões.

Em terceiro lugar, estão o vigário regional do Opus Dei e seus conselhos. Estes ajudam na vivificação cristã das obras corporativas por meio de reuniões periódicas com os proprietários, os dirigentes e também os capelães e professores de religião que nomearam. Nesses encontros, aprovam as matérias e programas relacionados com os ensinamentos cristãos*.

Esse relacionamento da prelazia com cada iniciativa tem matizes diversos segundo as circunstâncias das pessoas envolvidas e a trajetória de cada atividade. Com a experiência das décadas passadas, busca-se que cada instância seja responsável e proativa, sem descarregar sua responsabilidade nas outras. Por exemplo, já não se exige que os dirigentes das obras corporativas sejam escolhidos entre os membros do conselho local nomeado pelo governo regional ou pela delegação. Esta prática limita a influência das comissões, assessorias e delegações

---

(*) Tanto nas obras corporativas como nos labores pessoais, se a identidade católica ou a finalidade apostólica desaparecem ou se a instituição não incorpora as pautas que a prelazia considera necessárias para cumprir com sua missão, em conformidade com o convênio estabelecido, as autoridades da Obra podem revogar o convênio assinado.

26. INICIATIVAS DE APOSTOLADO COLETIVO

aos aspectos apostólicos e evita a tentação de outros tipos de intervenções. Por outro lado, as autoridades da Obra procuraram não dar passos maiores que as pernas, ou seja, fizeram um esforço institucional proporcional ao pessoal e aos meios disponíveis.

De acordo com as evoluções sociais, as atividades coletivas assumiram políticas e meios capazes de garantir e promover a igualdade e a corresponsabilidade de homens e de mulheres nos organismos de governo e cargos diretivos, bem como no claustro de professores e entre o pessoal não docente. Por exemplo, todos os colégios femininos com atendimento espiritual do Opus Dei estão nas mãos de mulheres, e muitas fazem parte dos conselhos de administração das instituições que são obras corporativas e labores pessoais. Se olhamos para a obra corporativa mais importante – a Universidade de Navarra –, 68% dos funcionários, 38% dos professores e 42% dos médicos da clínica universitária são mulheres.

Nestas décadas, vários centros de educação superior receberam o título de universidade, consolidaram-se os colégios de educação fundamental e secundária como espaços de ajuda prioritária à sociedade, cresceram notavelmente os centros de formação profissional, nasceram mais iniciativas de ajuda social e as redes tecnológicas possibilitaram inovadoras formas de difusão da mensagem da Obra.

Ensino superior

Havia sete universidades como obras corporativas do Opus Dei em 1994: a Universidade de Navarra (erigida como universidade, em Pamplona, em 1960), a Universidade de Piura (Peru, 1969), a Universidade Panamericana (Cidade do México, 1978), a Universidade de La Sabana (Bogotá, 1979), a Universidade dos Andes (Santiago do Chile, 1989), a Universidade Austral (Buenos Aires, 1991) e a Università Campus Bio-Medico (Roma, 1993).

Durante os anos seguintes, receberam o título de universidade outras oito obras corporativas de apostolado, algumas após décadas de desenvolvimento prévio como centros superiores de pesquisa e docência: a University of Asia and the Pacific (Manila, 1995), a Uni-

A HISTÓRIA DO OPUS DEI

versidade do Istmo (Cidade da Guatemala, 1997), a Universidade de Montevideo (Montevideo, 1997), a Pontifícia Universidade da Santa Cruz (Roma, 1998), a Universidade Monteávila (Caracas, 1998), a Pan-African University (Lagos, 2002), que se denomina Pan-Atlantic University desde 2013, a Universidade dos Hemisferios (Quito, 2004) e a Strathmore University (Nairóbi, 2008). A estes centros uniram-se dois labores pessoais que também são instituições civis de ensino superior: a Universitat Internacional de Catalunya (Barcelona, 1997) e a Universidade Villanueva (Madri, 2020).

As entidades proprietárias e promotoras, junto com as autoridades da reitoria, estabeleceram acordos ou convênios com a prelazia do Opus Dei em cada um dos centros universitários. A comunicação entre esses três entes – proprietários, dirigentes e a autoridade da prelazia – é particularmente intensa no caso da Universidade de Navarra e da Pontifícia Universidade da Santa Cruz porque trata-se, respectivamente, de uma universidade católica e de uma universidade eclesiástica.

Todas essas universidades têm como ideal a excelência acadêmica e profissional, o arraigamento nos ensinamentos cristãos e a promoção de iniciativas sociais. De uma forma ou de outra, pesquisam-se ali matérias de notável repercussão social, como a vida humana, a bioética, a família, a comunicação, a formação da juventude e as causas e soluções da pobreza. Por este motivo, várias contam com uma policlínica, uma escola de negócios, um instituto para a família e uma faculdade de comunicação.

Do ponto de vista do governo e da gestão econômica, cada universidade é autônoma. Todas criaram sistemas de bolsas para estudantes de famílias com poucos recursos econômicos e programas de voluntariado.

Para reforçar a identidade cristã dessas iniciativas apostólicas, os organismos de governo central do Opus Dei organizaram encontros, nos anos 2003 e 2004, com dirigentes de universidades, de clínicas e de escolas de direção de empresas. Estudaram qual era a incidência cristã que tinham na sociedade, no pessoal docente e não docente, nos alunos e nos pacientes. Posteriormente, propuseram novas linhas de atuação.

26. INICIATIVAS DE APOSTOLADO COLETIVO

A Universidade de Navarra é a obra corporativa mais conhecida do Opus Dei no âmbito acadêmico e cultural. Atualmente, ocupa notável posição nos *rankings* nacionais e internacionais. Conta com quinze faculdades e escolas; quatro *campi* – Pamplona, San Sebastián, Barcelona e Madri; seis centros de pesquisa; 1.100 pesquisadores; 1.100 professores; pouco mais de 12 mil alunos matriculados a cada ano nos 38 cursos de graduação – catorze dos quais são de dupla graduação e treze, bilíngues; 42 mestrados; vinte programas de doutorado e especialização; quase 130 mil ex-alunos, vinte revistas editadas pelo serviço de publicações; e uma biblioteca central com mais de um milhão de volumes[1].

Como todos os centros de ensino superior, para manter o ideário reinventaram-se ao longo do tempo a qualidade do serviço e a adaptação ao mercado de trabalho de seus alunos e dos programas. Também se atualizaram os modos de transmitir a identidade e as virtudes cristãs, com realizações como as aulas de Teologia para universitários, o Instituto *Core Curriculum**, os cursos do Instituto para a Família ou o Grupo de Pesquisa sobre Ciência, Razão e Fé, que promove estudos relacionados com a origem do universo e do gênero humano, a natureza e a pessoa, a ciência e a religião. Tiveram grande importância seus professores nas ciências humanas, como se vê pelas propostas de renovação metodológica da filosofia do pensador Leonardo Polo.

No seio desta universidade germinaram iniciativas de impacto no mundo da saúde e da cultura. É o caso da Clínica da Universidade de Navarra, centro onde trabalham mais de 2 mil profissionais e que recebeu muitos reconhecimentos pela qualidade do seu atendimento médico e pelo cuidado do paciente. O Centro de Pesquisa Médica Aplicada reúne duzentos pesquisadores que estudam doenças degenerativas, oncológicas e cardiovasculares; e os centros de Bioengenharia e de Saúde Tropical colaboraram em programas de desenvolvimento. Entre as atividades de caráter social, o programa Tantaka reúne universitários que, junto com instituições civis e religiosas, atendem

---

(*) O Instituto Core Curriculum tem a missão de impulsionar a formação humanística que a Universidade de Navarra oferece aos seus alunos e professores, como propõe o seu ideário. É tarefa específica do Instituto o diálogo entre a visão cristã do mundo e a cultura contemporânea. Por seu caráter interdisciplinar, depende da Reitoria.

A HISTÓRIA DO OPUS DEI

pessoas com incapacidades, realizam programas de acompanhamento a idosos e a doentes e participam de programas de cooperação internacional. Na área humanística, o Grupo de Pesquisa sobre o Século de Ouro lidera os estudos e publicações sobre esse período da cultura espanhola. O Instituto de Cultura e Sociedade abarca uma centena de pesquisadores que estudam diferentes desafios das ciências sociais e humanas. E o Museu da Universidade de Navarra foi formado sobretudo a partir de dois grandes legados: o de María Josefa Huarte, com peças de artistas de relevo do século XX, como Picasso, Rothko, Tapies ou Chillida, e a coleção de fotografias do engenheiro e fotógrafo José Ortiz Echagüe. Neste museu, a coleção permanente, as exposições, as representações de artes cênicas, as projeções cinematográficas e o mestrado em estudos de curadoria estabelecem pontes de diálogo entre a cultura e a fé cristã. Além disso, a universidade promoveu um Museu de Ciências centrado na proteção e no cuidado do meio ambiente.

O Ateneu Pontifício da Santa Cruz recebeu da Santa Sé o título de Pontifícia Universidade em julho de 1998. No ano de 2009, a Faculdade de Teologia acrescentou um Instituto de Liturgia às especializações que já existiam: Teologia Dogmática, Teologia Moral, Teologia Bíblica, História da Igreja e Teologia Espiritual. Anualmente, inscrevem-se cerca de 1.200 alunos – sacerdotes, seminaristas e leigos – nas quatro faculdades, aos quais se juntam mais trezentos que fazem os cursos de catequese, pedagogia e didática da religião no Instituto Superior de Ciências Religiosas. Devido ao elevado número de sacerdotes e de seminaristas, 79% dos estudantes são homens. Boa parte dos leigos é do Opus Dei[2].

As universidades de Navarra e da Santa Cruz sustentam-se com os rendimentos do fundo de dotação, com as taxas acadêmicas, as receitas de reserva e as doações para a atividade ordinária. Por exemplo, quase 70% das receitas da Universidade de Navarra procedem das taxas acadêmicas e das contribuições dos pacientes da Clínica; e, na Pontifícia Universidade, 80% do financiamento é coberto com contribuições de entidades particulares e com as cotas dos alunos. Em 2018, a fundação CARF conseguiu 5 milhões de euros de donativos e ajudas indiretas para as faculdades eclesiásticas de Pamplona e de Roma; mais de 2,5 milhões foram destinados a

26. INICIATIVAS DE APOSTOLADO COLETIVO

bolsas para estudantes, e outros dois, usados em gastos estruturais e de docência[3].

As faculdades eclesiásticas dessas duas universidades totalizam um pouco mais de oitocentos alunos de Teologia e duzentos de Direito Canônico. Cerca de 2.300 alunos foram ordenados sacerdotes e outros cem – de 31 países diferentes – receberam a ordenação episcopal. Com a finalidade de contribuir para a formação ascética e espiritual dos seminaristas e do clero diocesano que procuram essas universidades, o Opus Dei dirige três instituições em Roma e duas em Pamplona: o Colégio Eclesiástico Internacional Sedes Sapientiæ (1991) acolhe quase uma centena de seminaristas que se formam na Pontifícia Universidade da Santa Cruz; e as residências sacerdotais Tiberino (2004) e Altomonte (2012) hospedam quase cem presbíteros e diáconos. Na Universidade de Navarra, o Colégio Maior Echalar atende cinquenta sacerdotes, enquanto o Colégio Eclesiástico Internacional Bidasoa, que concluiu sua sede definitiva em 2011, aloja cem seminaristas diocesanos que estudam nas faculdades eclesiásticas[4].

Entre as demais universidades que constituem obras corporativas, destacam-se, de um lado, aquelas da América Latina com décadas de existência, como a Universidade Panamericana, com mais de 12 mil alunos e *campi* na Cidade do México, Guadalajara e Aguascalientes; a Universidade de La Sabana (Bogotá), com 11 mil alunos; e a Universidade de Piura, com 7 mil alunos e *campi* em Piura e Lima. Também estão em fase de crescimento outras mais recentes, como a Universidade de los Andes (Santiago do Chile) e a Universidade Austral (com sedes em Buenos Aires e Rosário). Nas Filipinas, a University of Asia and the Pacific tem sete faculdades, com cursos de graduação, mestrado e doutorado.

A Università Campus Bio-Medico é uma obra corporativa que iniciou suas atividades em Roma no ano de 1993. Em 2008, estabeleceu um novo *campus* no sul da cidade. Conta com as faculdades de Engenharia e de Medicina e Cirurgia, a Escola de Enfermagem, os cursos superiores de Alimentação e de Diagnóstico e Radioterapia, junto com a policlínica universitária. Foi o primeiro centro docente italiano a oferecer o ensino de Enfermagem com nível universitário.

Na África, a Strathmore College recebeu o título de universidade em 2002. Tem faculdades de Direito, Administração de Empresas,

A HISTÓRIA DO OPUS DEI

Ciências Matemáticas, Tecnologia Empresarial, Tecnologia Informática, Turismo e Hospitalidade, Humanidades e Ciências Sociais. Em Lagos (Nigéria), a escola de negócios Lagos Business School integrou-se à Pan-Atlantic University em 2002. A universidade oferece hoje diversas graduações nas Faculdades de Administração de Empresas e Ciências Sociais, Comunicação e Ciências e Tecnologia.

Há duas universidades que nasceram como iniciativa de vários fiéis e cooperadores do Opus Dei e que, como tantos labores pessoais de apostolado, solicitaram depois a ajuda espiritual da prelazia. Uma é a Universitat Internacional de Catalunya (Barcelona), que possui agora doze faculdades, além de um Instituto de Bioética, outro de Estudos Superiores da Família e uma Clínica Universitária de Odontologia. Outra é a Universidade de Villanueva (Madri), que começou como um projeto pessoal de Francisco Ansón e Juan Gutiérrez Palacio. Eles criaram uma academia preparatória para o ingresso na universidade e ofereciam tutorias aos estudantes. Em 1990, o Centro Universitário Villanueva se agregou à Universidade Complutense de Madri; em 2020, foi aprovado como universidade.

Das dezessete universidades que são obras corporativas ou labores pessoais, dez têm escolas de negócios para a formação de empresários[5]. A de maior prestígio é o Instituto de Estudos Superiores da Empresa (IESE) da Universidade de Navarra, com *campi* em Barcelona, Madri, Munique, Nova York e São Paulo Desfruta de 1.900 alunos nos cursos ordinários de mestrado, doutorado e especialização[6]. Um aspecto essencial dessas escolas é a sua identidade cristã, que tem por base os princípios da Doutrina Social da Igreja e a ética nos negócios.

Dois centros superiores têm instituições relacionadas com a moda. A jornalista Covadonga O'Shea criou o Instituto Superior de Empresa e Moda (ISEM Fashion Business School, 2001). Essa escola de negócios é especializada na formação de profissionais que trabalham na indústria da moda. Em 2012, O'Shea cedeu o ISEM à Universidade de Navarra. Atualmente, ele tem um mestrado universitário executivo em direção de empresas de moda, além de diversos cursos e programas. Por sua vez, a Universidade Villanueva oferece um curso de comunicação e gestão de moda em paralelo com outra graduação.

Quase todas as universidades contam com uma faculdade de Comunicação ou, pelo menos, um instituto de estudos sobre meios

26. INICIATIVAS DE APOSTOLADO COLETIVO

de comunicação e publicidade. Em três casos – Universidade de Navarra, Universidade de La Sabana e Universitat Internacional de Catalunya –, existem institutos de ciências para a família que fazem pesquisas sobre os valores familiares e oferecem docência em cursos e programas sobre temas como a integração trabalho-família e a igualdade homem-mulher. No âmbito sanitário, cinco universidades têm um hospital policlínico: Clínica Universidade de Navarra (com sedes em Pamplona e em Madri), Policlínico Universitário Campus Bio-Médico, Clínica da Universidade de La Sabana, Hospital Universitário Austral e a Clínica da Universidade de los Andes.

Aos hospitais universitários unem-se outros projetos profissionais e corporativos em âmbito sanitário. O Hospital-Centro de Cuidados Laguna nasceu em Madri, por ocasião do centenário do nascimento do fundador do Opus Dei. Trata-se uma iniciativa inovadora no atendimento sanitário e social de cuidados paliativos, doenças neurodegenerativas e pessoas idosas. Conta também com unidades de enfermagem, ortogeriatria, *descanso familiar* e centros-dia. Em Santiago do Chile, o Policlínico El Salto, que começou como uma atividade de voluntariado em uma zona marginal da cidade, oferece serviços de medicina, odontologia, saúde mental e reabilitação do alcoolismo. Em Paris, a École du Service a la Personne (2014) é um colégio de ensino médio profissionalizante orientado para o apoio assistencial e sanitário da pessoa[7].

O Centro Médico Monkole (Kinshasa, 1989) é um hospital que conta com 150 leitos, oito salas cirúrgicas e três ambulatórios em bairros periféricos e indigentes da capital, atendendo mais de 20 mil pessoas por ano. Recebe ajudas de ONGs internacionais. Desde 1997, seu Instituto Superior de Ciências da Enfermagem conta com uma centena de alunas, quase todas com bolsas de estudo. Em cooperação com a ONG canadense Lincco, essa escola oferece um mestrado que qualifica instrutoras de enfermagem, necessárias em um país onde muitas pessoas ainda não conseguem ter acesso à medicina moderna.

Monkole é um hospital-piloto para outros hospitais do Congo e da África Central. Dá o mesmo atendimento médico a pessoas de todos os níveis sociais. Cada família paga de acordo com sua capacidade econômica. Algumas famílias de classe alta e média alta – locais

A HISTÓRIA DO OPUS DEI

e estrangeiras – procuram o hospital para se tratar em vez de viajar a hospitais europeus[8].

O Niger Foundation Hospital começou em 1993, em Enugu (Nigéria), para colaborar com as necessidades básicas de saúde da cidade. Foi promovido por fiéis do Opus Dei por sugestão de Álvaro del Portillo. Na Costa de Marfim, alguns membros da Obra e cooperadores iniciaram em 2004 o Centro Médico-Social Walé, estabelecimento de atendimento médico primário situado em Yamusukro. Oferece serviços de medicina geral, pediatria e ginecologia, bem como tratamento contra doenças crônicas como diabetes ou AIDS. Acrescentou-se a este centro outro semelhante em Toumbokro, próximo da capital do país.

Uma obra corporativa particular é o Polis: The Jerusalem Institute of Languages and Humanities. Este instituto se dedica ao ensino de humanidades e dos idiomas antigos e semíticos. Começou sua atividade em Jerusalém, em 2011. Ministra cursos de cinco línguas antigas (latim, grego clássico, siríaco, hebraico bíblico e copta), um mestrado em filologia antiga e outro em idiomas do Oriente Próximo, bem como aulas nos idiomas vivos de árabe falado, árabe comum moderno e hebraico moderno.

Segundo o seu diretor, Christophe Rico, «o Polis elaborou um método de ensino próprio, que tem por base a completa imersão na língua lecionada, inclusive no caso dos idiomas antigos: o aluno ouve, fala, escreve e lê a língua que estuda»[9]. Além de Jerusalém, o instituto ministra cursos no Christendom College (Virgínia, Estados Unidos) e na Pontifícia Universidade da Santa Cruz (Roma). A cada dois anos, organiza um congresso internacional para especialistas em ciências humanas.

Por outro lado, após cinco décadas de existência, em 2013 o Seido Language Institute (Ashiya, Japão) foi encerrado. A escola necessitava renovar seus programas, a fim de adaptá-los às mudanças no ensino de idiomas. Depois de estudar o caso, a fundação proprietária do Seido preferiu centrar seus esforços na residência de estudantes que administrava e em outras atividades educativas, culturais e espirituais.

26. INICIATIVAS DE APOSTOLADO COLETIVO

Ensino fundamental e médio

Em 1994, havia pouco mais de duzentos colégios promovidos por membros da Obra. Muitos tinham escolas infantis. Este número de colégios cresceu até alcançar, em 2016, trezentos em todo o mundo, responsáveis por educar 150 mil alunos; nesse âmbito, destaca-se a Espanha, com 120 escolas. Desses colégios, 80% são labores pessoais e o resto, obras corporativas. Atualmente, nos países em que o Opus Dei está assentado há décadas, o esforço concentra-se em consolidar e melhorar os colégios que já existem, mais do que em impulsionar outros novos.

Nestes anos, foram iniciadas instituições educacionais com um marcante componente social. Por exemplo, em duas zonas vulneráveis de Santiago do Chile, a fundação Nocedal (1996) estabeleceu quatro escolas, duas das quais são técnicas, com diplomas profissionais nas especialidades de eletrônica, telecomunicações, atendimento de enfermagem e administração. Em São Salvador, o colégio de ensino fundamental Citalá (2011) foi promovido com a finalidade de fornecer bolsas para a educação de jovens de famílias com recursos econômicos limitados. Em Madri, o colégio Las Tablas Valverde começou em 2007; trata-se de um dos 32 colégios da instituição Fomento de Centros de Enseñanza, presente em onze províncias espanholas, com 24 mil alunos.

Do ponto de vista institucional, os diretores da Obra estimularam os promotores e dirigentes dos colégios a que fomentassem a identidade cristã dos professores, pais e alunos, pois certo número de famílias procuram as escolas por seu prestígio, mas desconhecem ou sabem pouco sobre o ideário. Também assessoraram os textos de caráter catequético e religioso dos programas de educação na afetividade, na temperança no uso de meios digitais e na responsabilidade solidária.

Os labores pessoais nasceram graças ao empenho dos pais de família de diversas cidades que acreditavam em certo projeto educativo. Agora, por diferentes motivos, alguns pais não acompanham de perto a educação de seus filhos ou se contentam em deixá-los nas mãos de empresas eficientes que lhes inspiram confiança; outros não consideram o colégio como seu e se limitam a arcar com o custo do ensino.

A HISTÓRIA DO OPUS DEI

Diante desta realidade, os dirigentes propuseram fórmulas que suscitem a participação ativa dos pais de família e renovem o entusiasmo e o espírito empreendedor dos primeiros dias, mediante entrevistas, o assessoramento familiar e a associação de pais e mães de alunos. Também revisaram os sistemas de bolsas para famílias de menores recursos, de forma a que possam ter acesso aquelas que desejam formar seus filhos nos valores que o colégio sustenta.

Junto com as famílias, que são o elemento evangelizador fundamental, as escolas facilitam o desenvolvimento das obras de São Rafael e São Gabriel. Atualmente, em países com muitos fiéis do Opus Dei, parte dos estudantes que solicitam admissão à Obra ou que são cooperadores frequenta colégios relacionados com o Opus Dei; em algumas ocasiões, seus pais pertencem à Obra.

Desde os primeiros centros educacionais, há setenta anos, os promotores optaram pela educação diferenciada e fizeram escolas para meninos e para meninas. Esta prática educacional tem por fundamento uma tradição pedagógica que remete às diferenças entre o ritmo de desenvolvimento de homens e mulheres; entre a forma como cada qual aprende e processa as emoções; e entre as motivações dos períodos da infância e adolescência. Essa é uma opção pedagógica legítima e que foi majoritária durante séculos em quase todo o mundo, mas que, durante as últimas décadas, foi gradualmente substituída pela metodologia da educação mista.

Os colégios diferenciados estão em geral bem avaliados e, ainda que minoritários, são bem aceitos no mundo anglo-saxão. Em épocas recentes, noutros âmbitos, foram fortemente questionados, e sobre eles lançaram-se estereótipos que associam a educação diferenciada a uma ideologia conservadora, com certa resistência ao progresso da consciência da igualdade de gênero. Na maioria dos casos, as críticas associam a educação diferenciada a estilos educacionais de épocas passadas. A verdade, porém, é que essas escolas evoluíram com a sociedade, gozam de prestígio acadêmico, são demandadas pelas famílias e alcançam resultados excelentes, inclusive nos índices e parâmetros que costumam medir os objetivos de igualdade.

Não obstante a pressão social recebida, os que promoveram esses colégios optaram, de acordo com as autoridades do Opus Dei, por manter o ensino diferenciado devido à boa experiência, tanto no

26. INICIATIVAS DE APOSTOLADO COLETIVO

que diz respeito aos resultados acadêmicos quanto à satisfação das famílias e à qualidade da formação dos alunos*. Nas publicações pedagógicas e em suas intervenções no âmbito da opinião pública, os promotores e dirigentes desses colégios explicaram que essas escolas promovem a participação ativa do homem e da mulher em condições de igualdade em todos os âmbitos da sociedade e que estão bem longe de algumas propostas de épocas anteriores, quando havia planos de estudo desiguais para cada sexo, que eram preparados para diferentes papeis na sociedade.

Na Espanha, as sucessivas tentativas de legislar contra a educação diferenciada quase sempre foram impedidas pelos tribunais. A sentença mais veemente foi a do Tribunal Constitucional, que em 2018 determinou que é «uma opção pedagógica de voluntária adoção pelos centros e de livre escolha pelos pais», a qual «não pode ser conceituada como discriminatória» e, portanto, deve «ter acesso ao sistema de financiamento público em condições de igualdade com o resto dos centros educacionais»**.

Centros de formação profissional e técnica

(*) Por vezes, alguns colégios criados por iniciativa de fiéis do Opus Dei e que haviam solicitado ajuda espiritual aos diretores da Obra renunciaram, com o passar do tempo, à educação diferenciada, geralmente em razão de dificuldades financeiras e da redução da natalidade. Nesses casos, os diretores da Obra preferiram deixar de os classificar como labores pessoais. A maior parte dessas escolas mantêm sua identidade cristã. As pessoas do Opus Dei que lá trabalham prosseguem com seu trabalho profissional e se relacionam de modo pessoal com as autoridades da prelazia na região. Quando é possível, os presbíteros da prelazia ou da Sociedade Sacerdotal da Santa Cruz prestam atendimento espiritual aos professores, funcionários e alunos. Esse é o caso, por exemplo, da Institució Igualada (Barcelona), que em 2018 uniu em um mesmo centro educativo dois colégios, de modo que dispõe de classes mistas nas etapas de educação infantil e fundamental. No ensino médio, meninos e meninas estão no mesmo edifício, com salas de aula separadas e vários espaços comuns.
(**) Na Espanha, a maioria dos colégios com contratos de associação recebe apoio do Estado. Em 2020, o Parlamento aprovou uma lei que impede os centros diferenciados de aceder aos contratos de associação e restringe as liberdades dos colégios que recebem ajudas públicas.

A HISTÓRIA DO OPUS DEI

São mais de uma centena os centros de formação profissional impulsionados por membros do Opus Dei no mundo: institutos superiores e centros de nível técnico superior, nível técnico profissional, colégio técnico e de práticas profissionais.

Alguns existem há décadas, como os centros educacionais de desenvolvimento social Kinal e Junkabal, na Cidade da Guatemala. O mesmo acontece com a escola profissional Centro Elis de Roma, onde se ministram cursos semestrais de mecânica, eletrônica industrial, *marketing*, informática e desenho técnico; a instituição conta também com uma escola de formação superior que ministra cursos de manutenção, telecomunicações, tecnologia multimídia, técnicos de empresa e de planejamento e uso da terra. Por sua vez, o Istituto Alberghiero Enogastronomico Safi Elis é um centro profissional de hotelaria que, além dos cinco últimos anos do ensino fundamental e médio, inclui a alternância escola-trabalho em hotéis e restaurantes de Roma[10].

A AFESU é uma ONG brasileira especializada em educação e qualificação profissional de mulheres em situação de vulnerabilidade social. Conta com três unidades situadas na periferia de São Paulo: Morro Velho (1963), com um projeto de inserção no mercado de trabalho e outro de formação de jovens mães; Casa do Moinho (1998), com dois cursos técnicos: um de hotelaria e outro de cozinha para jovens entre dezessete e 23 anos, mais aulas de apoio escolar para meninas e adolescentes; e Veleiros (2001), com um curso técnico de enfermagem e outro de assistente familiar, junto com atividades educativas para meninas[11]. Do mesmo modo, o Centro Educacional e Assistencial da Pedreira (1985) é uma escola de formação profissional para homens localizada em uma zona de São Paulo habitada por pessoas com menos recursos econômicos. Oferece módulos de formação profissional em eletricidade, eletrônica e informática a mais de quatrocentos alunos[12].

Xabec é um centro de formação profissional para manutenção industrial e de instalações situado em Orriols, bairro com maior população estrangeira de Valência (Espanha). Começou em 2006. A entidade titular – fundação Eifor – é uma organização sem fins lucrativos que fomenta, por meio do ensino, a incorporação ao mercado de trabalho de jovens, desempregados, imigrantes e pessoas em risco de

26. INICIATIVAS DE APOSTOLADO COLETIVO

exclusão social. Xabec ministra ciclos formativos, aulas de formação ocupacional para pessoas desempregadas e cursos de aperfeiçoamento dos trabalhadores de algumas empresas.

Há muitas outras escolas técnicas nos cinco continentes, como o Instituto Profesional Madero (Buenos Aires), que oferece preparação técnica e humana a jovens que cursaram somente o ensino fundamental; o centro de capacitação La Fragua (São Salvador), que dá instrução por meio de cursos para pequenos empresários, estudantes e funcionários; o Dualtech Training Center (com sedes em Manila e Canlubag), com estudos de tecnologia eletromecânica que combinam o aprendizado na escola e em empresas do setor; o Center for Industrial Technology and Enterprise (Cebu, Filipinas), que desenvolve programas técnicos industriais para oitocentos alunos; o Institute for Industrial Technology (Lagos), que dá cursos de eletromecânica a novecentos alunos; e o Eastlands College of Technology (Nairóbi), um projeto de instituto técnico situado em um bairro populoso e modesto[13].

Outras estruturas estão orientadas à capacitação profissional com um nítido matiz social. É o que ocorre em Casavalle, um dos maiores bairros marginalizados de Montevidéu, conhecido pela delinquência e pelo tráfico de drogas. Moradores do bairro entraram em contato com Glenda Vilela, que trabalha em um departamento público voltado a problemas de moradia. Vilela desenvolveu algumas iniciativas em conjunto com jovens da Residencia del Mar. Em 1992, construiu-se a sede do Centro de Apoio ao Desenvolvimento Integral (CADI), que colabora para o desenvolvimento comunitário com uma creche, um consultório médico, um consultório de assistência social e jurídica e oficinas para mães. Ao longo dos anos, houve diversos programas de apoio para todas as idades, capacitação profissional da mulher e um politécnico para adolescentes; além disso, em 2015, começou o colégio Los Rosales, uma proposta educacional de qualidade para as meninas do bairro.

Também em Casavalle, Pablo Bartol e Santiago Altieri impulsionaram, em 1998, o centro educacional Los Pinos, para meninos. Em um terreno doado por um empresário de religião judaica, levantaram um edifício com a ajuda do Governo da Alemanha. Hoje, Los Pinos oferece apoio escolar e cursos de capacitação pro-

A HISTÓRIA DO OPUS DEI

fissional para trabalhar na indústria; desde 2016, conta com um instituto técnico[14].

Iniciativas semelhantes são, por exemplo, a fundação Siramá (El Salvador), que organiza oficinas de cozinha, costura e cosmetologia para mães solteiras, desempregadas e aposentadas, conseguindo com que oito de cada dez formadas montem um pequeno negócio[15]; e o centro de capacitação para a mulher artesã Las Gravileas, localizado em Santa Catarina Bobadilla, uma aldeia da Antiga Guatemala. Iniciou suas atividades em 1997 e ministra cursos a umas quatrocentas mulheres, em sua maioria indígenas de idioma caqchiquel.

Por ocasião do centenário do nascimento do fundador e de sua posterior canonização em 2002, alguns membros da Obra criaram organizações de integração social. A ONG Iniciatives de Solidaritat i Promoció favorece a coesão social de imigrantes e desocupados no bairro de El Raval (Barcelona) com dois centros – Braval, para homens, e Terral, para mulheres; cada um deles conta com cerca de 150 voluntários que dão apoio escolar, atendimento às famílias e orientação para o ingresso no mundo profissional[16]. Outros projetos destinados ao reforço escolar em bairros desfavorecidos de grandes capitais são The Baytree Centre, em Londres; Midtown Center e Metro Achievement Center, em Chicago; Crotona Center e Rosedale Center, no bairro nova-iorquino do Bronx. Todos eles têm programas de tutorias escolares, humanas, espirituais e esportivas que ajudam a ir superando as desvantagens do ambiente.

A promoção no setor da hotelaria e do cuidado da pessoa encontra sua expressão em dois grandes âmbitos: as residências e as escolas profissionais. De um lado, as residências para empregadas do lar deram lugar, em fins dos anos 1980, a novos modelos formativos. À medida que passava o tempo, a maioria dessas jovens fazia estudos de nível superior. Ao mesmo tempo, estavam interessadas em se capacitar no trabalho do lar tanto por algum interesse profissional futuro no setor da hotelaria como pelo desejo de adquirir hábitos profissionais no atendimento doméstico que depois aplicariam em seu próprio lar.

No ano letivo de 1988-1989, começaram os chamados *centros de estudo e trabalho* (CET), como La Chacra (Buenos Aires), La Loma, Fontana e Navacerrada (Madri) e Yarraton (Sydney). Nesses centros, as estudantes compaginam o curso universitário ou profis-

26. INICIATIVAS DE APOSTOLADO COLETIVO

sionalizante com o trabalho nos serviços da administração doméstica de uma residência. Assinam um contrato de trabalho remunerado de jornada reduzida e compatível com os horários acadêmicos, o que muitas vezes lhes permite pagar o alojamento e cobrir seus gastos pessoais. Além disso, os CET organizam programas formativos, culturais e esportivos.

Por outro lado, a aposta em escolas e centros de educação superior no setor da hotelaria, das ciências do lar e da alimentação evoluiu no ritmo da demanda de serviços profissionais. Algumas alcançaram grande prestígio, chegando a aumentar a oferta de estudos. Assim, o centro educacional de ensino médio e formação profissional Ribamar (Sevilha) tem sete ciclos formativos: Técnico em Farmácia e Parafarmácia, Auxiliar de Enfermagem, Dietética, Gestão de Alojamentos Turísticos, Higiene Bucodental, Educação Infantil e Atenção a Pessoas em Situação de Dependência. O Kenvale College (Sydney) esteve muito relacionado com a indústria do turismo e hospedagem desde os seus primórdios; oferece cursos de administração de eventos, hotelaria e cozinha comercial. A escola profissional Punlaan (Manila) especializou-se no setor da hotelaria e do turismo; seu modelo pedagógico inclui práticas das alunas em empresas hoteleiras e gastronômicas. O Institute of Management and Services (Biblos, Líbano) é uma escola de nível superior para a formação de alunas na área da hotelaria. E a Kimlea School (Quênia) é uma escola técnica para mulheres estabelecidas no âmbito rural – em sua maioria, jovens que trabalham na colheita de chá e café – que começou em 1989 com aulas de alfabetização, costura e agricultura e que agora oferece cursos bienais de hotelaria[17].

Outras escolas técnicas que haviam nascido por iniciativa de membros da Obra se incorporaram a universidades que são obras corporativas, como a Strathmore School of Tourism and Hospitality, na Strathmore University (Quênia), e a Faculdade de Administração de Empresas de Serviço da Universidade dos Andes (Santiago do Chile). Também nasceram titulações superiores nesse setor na Universidade de La Sabana (Colômbia) e na Università Campus Bio-Medico (Itália).

Os centros de estudo e trabalho (CET) e as escolas profissionais recebem certificados oficiais, como as normas de gestão de qualidade

A HISTÓRIA DO OPUS DEI

da International Organization for Standardization (ISO) e do National Vocational Qualifications (NVQ), um reconhecimento profissional que se obtém no local de trabalho de acordo com padrões oficiais homologados na Europa. Foi o caso, por exemplo, da Escola Hoteleira Europrof, em Moergestel (Holanda), e do CET Adarga, em Valência (Espanha), que se credenciaram junto ao NVQ. Em Lagos (Nigéria), o Wavecrest College of Hospitality recebeu durante anos um prêmio no setor da hotelaria da África Ocidental. Também obtiveram reconhecimento oficial escolas técnicas como o Yarani, centro de formação profissional em hotelaria e saúde de Abidjan (Costa do Marfim).

No meio rural, existem setenta escolas de formação profissional e promoção social – na Argentina, Colômbia, Filipinas, México, Peru, Portugal, Espanha, Uruguai e Venezuela – que são labores pessoais do Opus Dei. Por exemplo, a fundação argentina Marzano conta com onze centros de formação rural, nove educacionais e dois de formação profissional, que proporcionam o ensino fundamental a mais de seiscentos alunos[18]. No Peru, a organização Pro Rural é constituída por quarenta escolas rurais. Em Macheta (Colômbia), a escola familiar agrária Guatanfur proporciona o ensino médio técnico a quinhentos jovens. O Instituto Superior de Ciências Sociais e Econômico-Familiares (ICSEF, situado em Fusagasugá, Colômbia) é uma instituição de ensino superior dedicada à formação da mulher colombiana desde 1969; concede as titulações de técnico profissional em gastronomia e processos hoteleiros e de serviços, tecnólogo em gestão hoteleira e, desde tempos recentes, a de profissional em administração hoteleira e de serviços[19].

As 29 escolas familiares agrárias da Espanha estão associadas e possuem pouco mais de 4 mil alunos. Adaptaram seu ensino às novas especializações demandadas nas zonas rurais, ministrando aulas regulares do ensino fundamental, ciclos de formação profissional de grau médio e superior em gestão administrativa, explorações agrícolas intensivas, jardinagem, meio ambiente e comércio exterior[20].

26. INICIATIVAS DE APOSTOLADO COLETIVO

Apostolado da opinião pública

Escrivá de Balaguer pediu que seus filhos espirituais «anunciem sempre – de dia e de noite – fatos e doutrinas de misericórdia e de verdade»[21], de modo que cada pessoa do Opus Dei – e, em sentido mais amplo, todos os cristãos –, a partir do seu lugar na sociedade, dê a conhecer Jesus Cristo e leve o Evangelho ao seu trabalho profissional. Todos estão convidados a participar dos debates públicos que fluem através dos meios de comunicação. Uns o fazem como sujeitos imediatos porque são profissionais da informação ou vão a tribunas da opinião pública para transmitir conhecimentos sobre a matéria de sua especialidade; outros, a maioria, como cidadãos correntes que usam e participam dos meios de comunicação de formas diversas.

De modo institucional, nas duas últimas décadas, a comunicação sobre o Opus Dei girou em torno da difusão da mensagem cristã da Igreja e do Papa; da explicação do espírito, história e vida da Obra e seus membros; e da divulgação da biografia e dos escritos do fundador do Opus Dei.

A beatificação de Josemaria Escrivá de Balaguer, em 1992, foi, em grande parte, a primeira visualização da Obra em nível mundial. A fotografia de uma multidão variada, reunida na Praça de São Pedro, marcou certa mudança de paradigma na percepção da opinião pública: depois das críticas contra a causa de beatificação, a Igreja e os fiéis cristãos acolhiam de modo pacífico o novo beato. A partir de então, acontecimentos de grande relevância pública, como o falecimento de Álvaro del Portillo e a eleição de Javier Echevarría (1994), ou ainda o congresso comemorativo do centenário do nascimento do fundador e sua posterior canonização (2002), exemplificam uma melhora substancial na compreensão pública mundial sobre o fenômeno eclesial do Opus Dei[22].

A comunicação institucional da prelazia assumiu o desafio de ser uma fonte confiável a dar resposta a perguntas legítimas dos meios de comunicação – «se nada temos a ocultar, também nada temos a temer»[23] –, com notícias da vida da Obra e dos principais eventos. Enfrentaram-se, por exemplo, alguns estereótipos sobre a configuração

A HISTÓRIA DO OPUS DEI

jurídica definitiva, a realidade da vida dos numerários, o trabalho da Administração, o sentido da mortificação corporal para o cristão, o suposto elitismo e riqueza dos fiéis da Obra e a pretensa conexão com o conservadorismo político. Esses planos de comunicação proativos, que promoviam a transparência informativa e evitavam a atitude autorreferencial, baixaram os níveis de controvérsia e facilitaram que a Obra fosse reconhecida como uma realidade a mais no conjunto da Igreja, embora ainda seja um campo onde se possa crescer[24].

Em diversas regiões, foi reforçada ou constituída uma equipe de comunicação, com mulheres e homens da prelazia, que colaborou nessas tarefas*. Em 1999, abriu suas portas o escritório de imprensa internacional da prelazia, em Roma, que se relaciona com os cerca de quinhentos jornalistas credenciados junto à Santa Sé, responsáveis por gerar boa parte da opinião pública sobre a Igreja. Além da comunicação de eventos próprios do Opus Dei, este departamento dedicou-se a dar informações sobre a Igreja em temas como o Jubileu do ano 2000; a atender os meios de comunicação por ocasião do falecimento de João Paulo II, da eleição dos dois papas seguintes e da beatificação de monsenhor Óscar Romero; e a esclarecer a dignidade do sacerdócio e do celibato laical. Presta também assessoramento de comunicação a instituições educacionais e sociais de identidade cristã que veem diminuída a sua capacidade de agir em contextos sociais – às vezes também legais – que reclamam ou impõem propostas contrárias à dignidade humana.

A cada dois anos, a Faculdade de Comunicação Institucional da Igreja da Pontifícia Universidade da Santa Cruz organiza um seminário profissional de comunicação institucional da Igreja, no que se tornou um fórum mundial para os porta-vozes eclesiásticos. E os organismos centrais do Opus Dei organizam periodicamente seminários internacionais com dirigentes das faculdades de Comunicação daquelas universidades inspiradas na mensagem de São Josemaria,

---

(*) Os escritórios de comunicação do Opus Dei cresceram e se organizaram melhor. Em 1992 só havia escritórios de comunicação na Espanha (Madri e Barcelona). Alemanha, Itália, Estados Unidos, México e Portugal. Dez anos mais tarde, quase todas as regiões grandes ou médias contavam com alguém que trabalhava profissionalmente no escritório de comunicação.

26. INICIATIVAS DE APOSTOLADO COLETIVO

onde se estudam modos de compaginar a melhor capacitação profissional possível com a vivificação cristã dos estudos e do trabalho no âmbito da comunicação. Também se consolidaram outros encontros com dirigentes de comunicação de grandes labores coletivos – universidades, colégios, hospitais e escolas de negócios –, a fim de refletir sobre a raiz cristã desses centros[25].

Parte da comunicação interna foi canalizada pelas revistas *Crónica* e *Obras,* para os homens, e *Noticias* e *Iniciativas,* para as mulheres. *Obras* e *Iniciativas,* que editavam artigos espirituais e notícias sobre a história do Opus Dei e dos labores apostólicos, deixaram de ser publicadas em dezembro de 2018. Nessa época, os canais de comunicação tinham se transformado, e o *site* institucional já recolhia testemunhos e reportagens das realizações coletivas. Pelo mesmo motivo, em 2004 deixou de ser publicada *Documentación*, uma seleção de artigos com notícias sobre a Igreja e o Opus Dei que se enviava aos centros da Obra, acompanhada às vezes por uma separata sobre atividades de promoção social impulsionadas em todo o mundo por fiéis e cooperadores do Opus Dei.

Como aconteceu com as demais instituições eclesiásticas e civis, a comunicação corporativa sobre o Opus Dei encontra um especial canal de expressão externa e interna na internet. Aos custos relativamente baixos para mantê-lo, une-se a ajuda que prestam numerosos voluntários que, junto com alguns profissionais, trabalham nos escritórios de informação do Opus Dei das diversas regiões.

O site institucional *opusdei.org* começou em 1996 nas línguas alemã, francesa, inglesa, italiana e espanhola. Em 2021, havia administradores de *website* em 73 países, os quais, de acordo com os organismos regionais de governo, atualizam os conteúdos locais da página em 33 idiomas distintos. Esse site passou por cinco fases de renovação gráfica e de conteúdos. No início, tratava-se de uma página estática que explicava o que era o Opus Dei e oferecia alguns recortes de imprensa e um e-mail de contato. Pouco a pouco, e em paralelo com o crescimento exponencial do uso da rede, tornou-se mais dinâmica, com textos diários, novidades e recursos audiovisuais. Também foram aperfeiçoados os aspectos tecnológicos a fim de adaptá-la aos dispositivos móveis.

A HISTÓRIA DO OPUS DEI

Junto com as informações gerais, os usuários do *site* institucional buscam notícias de atualidade sobre a Igreja e o Opus Dei, conteúdos formativos e recursos para a vida espiritual. Por isso, a página pôs cada vez mais ênfase na mensagem cristã e no modo de encarnar-se nas pessoas – no testemunho de mulheres e homens que comunicam os valores do Evangelho na vida cotidiana –, e menos nos aspectos institucionais. Por exemplo, em 2006, o site publicou *54 perguntas sobre Jesus Cristo,* respondidas por teólogos da Universidade de Navarra, que tiveram 8 milhões de consultas diretas e *downloads*; e a seção *Resumos dos ensinamentos católicos* desenvolve o plano de formação teológica inicial que os membros do Opus Dei recebem. O *site* produziu a série *Basta começar: formas de ajudar os outros* e a reportagem *A imaginação da caridade,* com testemunhos de pessoas que colaboraram em iniciativas sociais coletivas e pessoais que aliviam as necessidades de seu ambiente.

Nos últimos anos, ao *opusdei.org* agregaram-se as páginas digitais das causas de canonização abertas ou concluídas de vários membros da Obra, de modo particular as de Josemaria Escrivá de Balaguer, Álvaro del Portillo e Guadalupe Ortiz de Landázuri. Por ocasião do falecimento de monsenhor Echevarría e da eleição de seu sucessor, no ano de 2017, o *site* ultrapassou um milhão de visitantes únicos num mês. Depois, cresceu até alcançar 10 milhões de visitantes únicos anuais. Em abril de 2020, a página superou um milhão e meio de *unique visitors* mensais.

Hoje o *site* institucional é um portal com recursos *online* e audiovisuais sobre vida cristã, uma forma contemporânea de «envolver o mundo em papel impresso»[26], nas palavras do fundador do Opus Dei. Além disso, consolidou-se como um modo ordinário de conhecimento da Obra e de contato com suas atividades formativas. Por se tratar de uma janela na qual se expõe a mensagem sem passar pelo filtro de terceiros, o site dá à instituição uma voz própria e uma conexão direta com o receptor. Também diminui a sensação de falta de informação, gerada às vezes pelo fato de o Opus Dei fazer poucas declarações corporativas e dar prioridade a que cada fiel transmita sua mensagem mediante o trabalho profissional e a vida familiar e social.

A partir de 2005, a chegada da *web 2.0* permitiu acentuar a interação com os usuários, graças a plataformas digitais como o Facebook,

26. INICIATIVAS DE APOSTOLADO COLETIVO

Twitter, Instagram, YouTube e Flickr. Esses canais apresentam algumas facetas do espírito do Opus Dei e da vida de seus membros, de acordo com as linguagens digitais: imagens, áudios, vídeos e animações. Permite que os seguidores possam levantar questões, manifestar sua aprovação e difundir o que lhes pareça interessante.

No Facebook, os escritórios de informação do Opus Dei se agrupam por idiomas; o canal foi aberto em 2009 em espanhol e, a seguir, foram a ele acrescentadas outras línguas. O Twitter é uma via de informação mais própria para jornalistas e líderes de opinião; o primeiro canal (@opusdei_es) começou em fevereiro de 2009. Desde 2011, outra plataforma interessante é o Instagram, que chega a um público jovem. Também existem canais em outras redes sociais, como o YouTube, desde 2005. A partir de 2014, ganhou importância o SoundCloud, canal que aloja documentos de áudio com homilias do fundador, mensagens do prelado do Opus Dei, comentários ao Evangelho e meditações de sacerdotes da Obra. Além disso, o Flickr tem amplos arquivos de fotografias de alta resolução[27].

A cultura digital também recolheu, por meio de vários *sites*, as vozes críticas ao Opus Dei. É o caso de *odan.org*, nos Estados Unidos, e *opuslibros.org*, na Espanha. Essas páginas reúnem testemunhos e experiências negativas, com relatos que reprovam, entre outros temas, o que é tido por uma distância entre o ideal e a vida real da organização – que qualificam de rígida –, atitudes pouco respeitosas para com a consciência individual, a desigualdade entre homens e mulheres e uma prática desfasada de mortificação corporal.

Para Mónica Herrero, ainda que se usem desqualificações pessoais fortes e que podem ser injustas, elas expressam a ótica de quem se sente prejudicado, e por esta razão geraram autocrítica. Um efeito positivo disso foi compreender melhor os motivos que geraram essas feridas, entrar em certo diálogo pacífico com os que se sentem feridos e explicar melhor alguns aspectos da realidade do Opus Dei que talvez parecessem óbvios. Em geral, manifestar os limites e erros ajuda a crescer. Ainda que às vezes, de fora, alguns percebam uma organização monolítica, no Opus Dei há grande liberdade para apontar tudo o que não pareça positivo e manifestar opiniões sobre qualquer questão. A insistência do fundador na sinceridade e em entender a essência das coisas caminha nessa direção. Como fruto das críticas

A HISTÓRIA DO OPUS DEI

e da experiência nem sempre positiva, tratou-se de melhorar alguns aspectos, como a formação espiritual das pessoas, para evitar cair no voluntarismo ou em um mal-entendido espírito de sacrifício, ou a organização da vida dos centros, de modo a que se levem em conta as necessidades das pessoas mais idosas»[28].

Nas duas últimas décadas, houve um número significativo de filmes e romances que fazem referência ao Opus Dei, em algumas ocasiões com apresentações confusas ou polêmicas. A publicação, em 2003, de *O código Da Vinci*, de Dan Brown, suscitou um interesse informativo sobre o Opus Dei sem precedentes. O livro apresenta a Obra como uma seita religiosa que ajuda a Igreja a encobrir o segredo de um pressuposto casal que descende de Jesus Cristo e Maria Madalena. O livro foi um *best-seller*, com mais de 80 milhões de exemplares editados em 44 idiomas. Três anos depois, fez-se a adaptação do livro para o cinema, com Tom Hanks como ator principal. Orçada em 120 milhões de dólares, o filme arrecadou mais de 750.

Pouco antes da estreia, em maio de 2006, o Opus Dei viveu o momento de maior presença institucional na opinião pública mundial de sua história. Apenas nos Estados Unidos, apareceram pessoas da Obra em uma centena de programas de televisão, em alguns casos *talk shows* de grande audiência, como o que realizou o canal ABC na sede do governo regional do Opus Dei nesse país. O escritório de informação da prelazia desenvolveu uma intensa tarefa informativa. A resposta comunicativa adotou um tom positivo e sereno que se forjou segundo o lema «fazer do limão uma limonada», às vezes com toques de humor, pois no Brooklyn vivia um supernumerário chamado Silas que, diferentemente do assassino albino do livro, era um corretor de bolsa nigeriano de amável comportamento. O escritório solicitou à produtora – Sony Pictures – que, como «gesto de respeito para com a figura de Jesus Cristo, à história da Igreja e às crenças religiosas dos espectadores»[29], o filme incluísse uma declaração no início (*disclaimer*) que dissesse que se tratava de uma ficção. A Sony não aceitou a proposta. Depois da estreia, a polêmica terminou. O livro e o filme deixaram um impacto negativo sobre a divindade de Jesus Cristo e do verdadeiro Opus Dei, mas serviram para que muitos membros da Obra e cooperadores dessem testemunho de sua vida cristã, sobretudo nos países de língua inglesa.

26. INICIATIVAS DE APOSTOLADO COLETIVO

Em 2008, apareceu outro filme, *Camino*, em que também estava envolvido o Opus Dei. Neste caso, a distribuição se concentrou mais na Espanha – país onde havia sido produzido – e arrecadou um pouco mais de um milhão e meio de euros. O filme inspira-se na vida de Alexia González-Barros, menina que faleceu de câncer aos catorze anos e que tem sua causa de canonização em andamento. A representação de seus pais, que eram do Opus Dei, foi dolorosa para os filhos e seus amigos. A narração do filme ridiculariza a forma pela qual a família enfrentou a doença de Alexia, sobretudo no modo de rezar, mas também nas atitudes e inclusive no vestuário. Os González-Barros pediram ao diretor do filme, Javier Fesser, que retirasse a referência explícita a Alexia e que retificasse a afirmação de que os pais e irmãos da menina celebraram sua morte com aplauso, mas o diretor não concordou.

There be Dragons é um longa-metragem produzido pela Mount Santa Fe (Estados Unidos, Espanha e Argentina) em 2011. O roteiro e a direção são de Roland Joffé, diretor do filme *A missão*. Participaram da película atores como Charlie Cox, Wes Bentley, Olga Kurylenko, Derek Jacobi, Geraldine Chaplin e Rodrigo Santoro. Ambientado na Guerra Civil espanhola, este drama histórico trata da amizade e do perdão. Ao longo do filme, aparece Josemaria Escrivá de Balaguer, sacerdote que ajuda um personagem fictício a encontrar a paz consigo mesmo e com Deus. O filme estreou em salas de trinta países e foi transmitido por várias televisões do mundo. Parte da crítica e dos espectadores elogiaram sua qualidade e valores; outros não tiveram facilidade em acompanhar o roteiro. No ano de lançamento, o filme arrecadou 4,5 milhões de dólares de bilheteria. Depois, a distribuidora colombiana Tayrona, de acordo com Joffé e os produtores, realizou uma versão simplificada que se difundiu em alguns países, inclusive no Brasil, com o título *Segredos da paixão*.

Alunos da Academia DYA. A primeira atividade coletiva do Opus Dei foi uma residência universitária, iniciada durante a Segunda República espanhola. Os jovens se reuniram com a proposta de alcançar a plenitude da vida mediante o estudo, a relação pessoal com Deus e a amizade.

Residência de Jenner (Madri), 27 de março de 1940. O Opus Dei começou no ambiente universitário, com homens que abraçaram o celibato e que estavam disponíveis para difundir uma mensagem cristã a todo tipo de gente. Da esquerda para a direita: Isidoro Zorzano, mais antigo dos fiéis da Obra e o primeiro a ter aberta sua causa de canonização; Fernando Valenciano, futuro membro do Conselho Geral; e Teodoro Ruiz Jusué, que deu início ao trabalho apostólico do Opus Dei na Colômbia.

Guadalupe Ortiz de Landázuri (ao centro, com um livro) ministra uma aula na Residência Abando (Bilbau), em 26 de fevereiro de 1947. Em meados dos anos 1940, as mulheres assumiram responsabilidades de governo e de formação no Opus Dei. Foram pioneiras na aventura de transmitir o espírito da Obra.

Tear da casa de retiro de Los Rosales, em 7 de março de 1947. As manufaturas melhoraram a ornamentação dos centros do Opus Dei e contribuíram para o desenvolvimento da arte sacra. Hoje em dia, o Taller Artesano Los Rosales integra a empresa Granda.

17 de junho de 1951 no Pensionato (Roma). Da esquerda para a direita: o futuro arcebispo de Guyaquil, Juan Larrea, Josemaria Escrivá de Balaguer e Fernando Acaso, que difundiu o Opus Dei no Japão a partir de 1958. O estabelecimento do fundador em Roma possibilitou um desenvolvimento orgânico por todo o mundo, além de facilitar o contato regular com a Santa Sé.

Da esquerda para a direita: Eileen Maher, Olive Mulcahy, Máire Gibbons e Honoria (Teddy) Burke durante uma viagem ao santuário mariano de Knock, em 23 de maio de 1953. Junto com Anna Barrett, essas jovens irlandesas decidiram pedir admissão ao Opus Dei quando ainda não havia mulheres da Obra em seu país.

Adscritas num encontro de formação em La Estila (Santiago de Compostela), em 1º de setembro de 1957. Os adscritos – homens e mulheres – vivem o celibato no meio do mundo segundo suas circunstâncias familiares e desenvolvem toda sorte de tarefas profissionais.

Partida de Catherine Bardinet (esquerda) e Thérèse Truel para dar início às atividades do Opus Dei em Paris, a 14 de junho de 1958. O fundador desejava que a mensagem de santidade no meio do mundo se difundisse a partir – e dentro – da a capital francesa, em razão de sua influência na cultura contemporânea.

Nairóbi, 2 de julho de 1962. Olga Marlin (direita) foi a primeira secretária regional do Opus Dei no Quênia. Este país, unido ao Japão e à Austrália, possibilitou que houvesse atividades da Obra nos cinco continentes no início dos anos 1960.

Ernesto Cofiño (centro) – primeiro médico pediatra da Guatemala, cuja causa de canonização encontra-se hoje iniciada – e outros supernumerários e cooperadores num retiro na casa de Altavista (Cidade da Guatemala), em 28 de dezembro de 1962. Os cooperadores são católicos, cristãos, membros de outras religiões e não crentes que ajudam o Opus Dei com sua oração, com doações e dedicando seu tempo a diversas atividades. Beneficiam-se dos bens espirituais e formativos que a Obra oferece.

Oficina de formação profissional do Colégio Tajamar (Madri), em 7 de junho de 1962. Fundado num bairro de periferia, o Tajamar permitiu a escolarização dos jovens da região, com um turno diurno e outro noturno, para os que trabalhassem durante o dia.

Lakefield Center for Hospitality Training (Londres), 6 de setembro de 1968. Nos anos 1960, os Estados reconheceram oficialmente as escolas dedicadas à capacitação no setor hoteleiro e de turismo.

Turma para agricultores das ERPA (Escuelas Radiofónicas Populares Andinas), em 30 de agosto de 1968. Além dos cursos presenciais, as ERPA retransmitiram programas de instrução agropecuária, humana e espiritual aos indígenas da província de Cañete (Peru).

Roma, 24 de setembro de 1969. Marisa Vaquero, Carmen Puente, Rita di Pasquale e Amelia Díaz Guardamino durante o Congresso Geral Especial. Esta assembleia aprovou que se solicitasse à Santa Sé uma nova natureza jurídica ao Opus Dei que se identificasse com a figura da prelazia pessoal, estabelecida no Vaticano II.

Consagração do altar-mor do santuário de Torreciudad, em 24 de maio de 1975. Como se, um mês antes de sua repentina morte, se encerrasse o círculo de uma vida, Josemaria Escrivá de Balaguer viu com gratidão o fim das obras de Torreciudad e rezou para que o santuário se tornasse um local de encontro com Deus pela intercessão de Santa Maria.

Jovem do centro universitário Tanglaw dá catequese a meninas de primeira comunhão em Manila, 1981. O ensino da doutrina é uma das atividades mais tradicionais da obra de São Rafael.

Encontro de formação de supernumerárias em Alabang (Filipinas), em 17 de outubro de 1990. Os supernumerários e supernumerárias, que são em sua maioria casados, vivem o matrimônio e a vida familiar como um caminho que leva à santidade.

Convencido da força evangelizadora da Obra, João Paulo II erigiu o Opus Dei em prelazia pessoal e aprovou a beatificação e canonização do fundador. Junto ao Papa, da esquerda para a direita: Julián Herranz, Javier Echevarría, Álvaro del Portillo e um bispo não identificado. Roma, 2 de março de 1986.

Praça de São Pedro, 17 de maio de 1992. Com a beatificação de Josemaria Escrivá de Balaguer, a Igreja ratificou que o Opus Dei é um caminho de santidade e que este caminho havia sido vivido em plenitude pelo fundador.

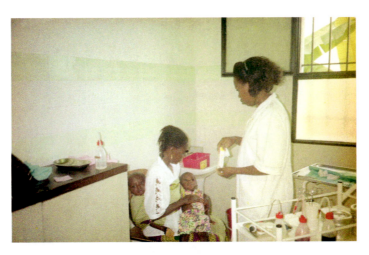

Cuidados pediátricos no hospital Monkole (Kinshasa), 1992. Esta obra corporativa oferece atenção sanitária de qualidade a seus pacientes, independentemente de suas condições econômicas. Conta, também, com um instituto superior de enfermagem.

Reunião organizada pela Sociedade Sacerdotal da Santa Cruz no Seminário conciliar de Madri, por ocasião do centenário de nascimento de São Josemaria, em 20 de junho de 2002. A Sociedade Sacerdotal apresenta um horizonte de santidade ao presbítero diocesano mediante o acompanhamento espiritual e o espírito de família da Obra.

Campo de trabalho em Maggona (Sri Lanka), 2005. Junto com a comunidade, alguns fiéis do Opus Dei constituíram associações que desenvolvem projetos de voluntariado e desenvolvimento em diversas partes do mundo.

Distribuição de presentes num lar de idosos, Santiago do Chile, 2007. O voluntariado, que atende e acompanha pessoas vulneráveis, cria consciência social nos jovens e os ajuda a serem generosos com seu tempo e suas capacidades.

Iniciada em 2005, a paróquia de São Josemaria (Cidade do México) foi consagrada em 2009. O templo é constituído por dois muros altos e curvos que assumem a forma de um peixe, símbolo de Jesus Cristo. Além de suas múltiplas ações sacramentais e pastorais, ela presta ajuda a um centro comunitário dedicado à melhoria das coletividades vulneráveis da região.

O Museu Universidade de Navarra (Pamplona, Espanha, 2015), de Rafael Moneo, vencedor do Prêmio Pritzker, alberga obras de artistas como Picasso, Rothko, Tápies e Chillida. Por meio de exposições, de apresentações de artes cênicas e do máster em estudos de curadoria, criam-se pontes de diálogo entre a cultura e a fé cristã.

A Heights School (Washington, DC) é uma das trezentas escolas impulsionadas por membros da Obra em todo o mundo. Além da qualidade docente, esses colégios se esforçam para que os pais participem de modo frequente e ativo e recorrem à tutoria individual para potencializar as qualidades dos alunos.

27. «UM MAR SEM MARGENS»: AÇÃO INDIVIDUAL NA SOCIEDADE

Do ponto de vista da missão da Igreja e da repercussão social, a história do Opus Dei é fundamentalmente uma soma de biografias pessoais. Como os demais cidadãos, cada membro tem um trabalho, uma vida familiar e uma gama de relações humanas que exercita do seu modo, no lugar onde está. Além disso, une a esta existência a consciência de uma chamada transcendente. Trata de realizar bem sua atividade para oferecê-la a Deus e para irradiar o Evangelho. Enfrenta o fato de ser católico na vida pública e privada porque entende que a abertura em leque, para propor as próprias ideias e modos de vida, caracteriza as entranhas missionárias da Igreja.

Acerquemo-nos agora da vida e da atividade de diversas pessoas da Obra e cooperadores. Serão só umas poucas, pois, se quiséssemos abranger em sua plenitude a ação dos fiéis do Opus Dei, seriam necessárias milhares de biografias, tantas quantas são as pessoas*.

Acontece com o Opus Dei o mesmo que com um *iceberg*. Muitas vezes se vê a ponta, isto é, um aspecto institucional, corporativo,

---

(*) Do ponto de vista metodológico, este estudo é complexo, tanto pela variedade de pessoas e de âmbitos sociais como pelo desenvolvimento da vida cristã de cada um. Por exemplo, é difícil investigar a repercussão evangelizadora de um funcionário, de um empregado, de um taxista ou de uma dona casa que trabalha, educa os filhos e fala de Deus a seus amigos. Além disso, não teria sentido juntar os funcionários, taxistas ou donas de casa que pertencem ao Opus Dei em uma só categoria porque distorceríamos o que são e fazem. Cada um é, de acordo com sua personalidade, *fermento* de vida cristã na *massa* social, com estilos de vida e modos de pensar diversos.

A HISTÓRIA DO OPUS DEI

ou a ação de um indivíduo com dimensão pública; no entanto, não se enxerga a base: a imensa maioria de pessoas que levam uma vida comum. Quem não conhece esta realidade corre o risco de atribuir ao Opus Dei as decisões que adota um determinado fiel que tem presença pública. Além disso, como todo mundo, essa pessoa é falível e vulnerável ao mal. Suas eventuais incoerências a desprestigiam e, de maneira reflexa, ao Opus Dei e à Igreja, mesmo que não os represente. Quanto maior for a sua dimensão pública, maior será o escândalo e o descrédito causado como cristão e como membro da Obra. Nesses casos, se procurar reverter o dano causado pedindo perdão e reparando, mostrará uma atuação coerente com sua fé.

Neste capítulo traçamos dois tipos de análise. Por um lado, dedicamos uma seção a homens e mulheres comuns que, em sua grande maioria, *não são nem serão notícia:* familiares, colegas de trabalho e vizinhos que levam uma vida ordinária e realizam a ação evangelizadora da Igreja de forma tão *capilar* quanto inadvertida. Para isso, entrevistamos meia centena de fiéis e cooperadores do Opus Dei do Congo, Costa do Marfim, Espanha, França, Hong Kong, Itália, Nigéria, Peru e Reino Unido. Perguntamos a eles sobre a sua aproximação à Obra e sobre a transmissão dos valores cristãos em seu lugar de trabalho e em sua rede de amizades*.

A atividade apostólica dessas pessoas supera qualquer relação de iniciativas e é incalculável, um verdadeiro mar «sem margens»[1] que remete à transmissão da fé entre os primeiros cristãos. Gira em torno da amizade, do ombro a ombro, do tu a tu entre dois amigos que se apreciam e compartilham entusiasmos, projetos e dores no escritório, no bar, após um dia de trabalho no campo, num programa de televisão durante um jantar, ao acabar uma partida de tênis, esperando junto com outros pais e mães a saída das crianças da escola, no ponto de táxi, na sala de enfermeiras do hospital durante uns minutos de descanso... No amplo panorama do relacionamento mútuo, um amigo revela a outro a grandeza e a alegria de se saber filho de Deus e irmão dos outros homens[2].

(*) As entrevistas foram realizadas no ano 2020. Como são testemunhos orais, não oferecemos referências nas notas. Também consultamos o folheto *Cooperadores do Opus Dei*, elaborado pelos organismos gerais de governo do Opus Dei no ano de 2012.

27. «UM MAR SEM MARGENS»: AÇÃO INDIVIDUAL NA SOCIEDADE

Por outro lado, mencionamos diversos percursos profissionais. Dentre as múltiplas opções que tínhamos – por exemplo, pessoas de âmbitos como a indústria, o mundo operário, a agricultura, a mineração ou o esporte –, decidimos reunir em quatro seções homens e mulheres do Opus Dei e cooperadores com trabalhos profissionais e iniciativas de impacto social nos âmbitos da família e vida, cultura e comunicação, educação, voluntariado e desenvolvimento. Ofereceremos apenas alguns exemplos de cada um desses âmbitos, sem a menor pretensão de fazer uma lista exaustiva.

Quando lhes propusemos aparecer em um livro sobre a história do Opus Dei, alguns manifestaram dúvida e outros até pediram para não ser mencionados. Alegavam que seu trabalho e sua vida privada *não eram corporativos*, que levavam o Evangelho à sociedade de acordo com o seu critério pessoal e que o Opus Dei – entendido como instituição – não estava presente em seu desenvolvimento profissional. Respondemos-lhes que o objetivo deste capítulo era, precisamente, oferecer múltiplos exemplos de pessoas que fazem sua a mensagem da Obra e que a manifestam livremente. Diante desta explicação, quase todos aceitaram contar lembranças pessoais.

Portanto, nos relatos a seguir aparecem as ações livres de cidadãos que têm em comum a pertença a esta realidade eclesial. Então, o que lhes acrescenta a *instituição* Opus Dei? Podemos responder que fortalece a sua identidade: quem são diante si mesmos, diante dos homens e diante de Deus, recordando-lhes a missão que receberam – identificar-se com Cristo e levá-Lo a todos os ambientes, promovendo os valores evangélicos no trabalho profissional e no debate público, em todos os âmbitos de convivência[3]. Se, para fomentar «uma nova cultura, uma nova legislação, uma nova moda»[4], a Obra impulsiona institucionalmente – como vimos no capítulo anterior – apenas umas poucas atividades, alenta a maioria de seus membros a pensar e atuar na sociedade a título individual e com coerência cristã*.

(*) Há uma exceção, que aparecerá nestas páginas: iniciativas em cuja origem intervêm as autoridades do Opus Dei como catalizadores. São realidades singulares porque, uma vez que começam os projetos, os diretores da Obra deixam que cada uma siga o seu caminho com responsabilidade, marque seu próprio estilo e enfrente os naturais problemas de desenvolvimento e sucessão. Por exemplo, depois dos congressos gerais do Opus Dei dos anos

A HISTÓRIA DO OPUS DEI

Gente comum

A existência da maior parte das pessoas do Opus Dei é tão normal como a do resto dos cidadãos do seu país. Trabalham em sua profissão ou ofício e se desenvolvem em seu próprio ambiente. Sabem que foram chamados por Deus para buscá-Lo nas diversas circunstâncias da vida e para dar sentido apostólico à sua existência de cristãos correntes.

Definem seu encontro inicial com o espírito da Obra como um descobrimento que iluminou o modo de contemplar a realidade na qual estavam imersos. Ainda que não se tenham modificado suas circunstâncias humanas ou profissionais, transformou-se a sua relação com Deus – que começou a se manifestar na piedade pessoal e em uma nova visão da vida –, com os outros e com as ocupações cotidianas, a começar pelo trabalho profissional.

Jean-Luc Navarro é um enfermeiro de radiologia aposentado. Casado, tem seis filhos e mora em Paris. Para ele, rezar é o primeiro passo da missão apostólica do cristão, ao que se segue o cuidado delicado de cada um, em especial dos doentes que ele atende como voluntário: «A maneira de me aproximar da pessoa que sofre consiste em colocar-me fisicamente de joelhos diante dela. Há doentes que chegam muito cansados, em cadeiras de rodas. Aproximo-me deles e lhes pergunto se podem levantar os pés, e me ajoelho ali, a fim de erguer as placas que apoiam os pés na cadeira. Então eu ajudo o paciente a colocar o pé no chão e lhe digo que vou ajudá-lo a se levantar. Como ele não está acostumado a tanto cuidado, me olha... Já desde o primeiro momento juntos, somos amigos. Essa pessoa me olha com carinho, eu a olho

---

2002 e 2010, os diretores reuniram, quase sempre em Roma, alguns especialistas – pensadores, dirigentes de universidades, comunicadores e empresários – para criar *think tanks* de caráter interdisciplinar que analisassem e contribuíssem com ideias de matriz cristã e de incidência cultural, social e de opinião pública. Foi proposta, de modo particular, a necessidade de transmitir valores mediante a ficção na literatura, nos meios de comunicação, nos videogames e nas redes sociais. Surgiram assim algumas poucas iniciativas de caráter internacional, profissionalmente competentes, direcionadas à evangelização da cultura e autônomas do ponto de vista econômico e jurídico, como o Institute for Media and Entertainment (Nova York), Social Trends Institute (Barcelona-Nova York), Intermedia Social Innovation (Roma), Rome Reports (Roma) e Thomas More Institute (Londres).

27. «UM MAR SEM MARGENS»: AÇÃO INDIVIDUAL NA SOCIEDADE

com carinho, e já nos conhecemos. E quando volta para outra sessão de rádio, porque está hospitalizado, e me pergunta: "Por que você é tão bom comigo?", eu digo que é porque é uma pessoa que sofre, que é algo que sai do meu coração e que minha fé também me leva a servi-lo. A fé ajuda muito. Com o passar do tempo a amizade chega ao ponto de que eu possa dizer-lhe: "Bem, você também poderia rezar um pouco". E me responde: "Eu não sei rezar". E eu lhe explico que rezar é falar com Jesus, com Alguém que o ama muito».

O irlandês Gavin Dixon é mecânico de automóveis. Recorda: «Recebi o batismo e a confirmação quando pequeno, mas não tinha conhecimentos profundos sobre a fé. Um amigo me propôs que assistisse os recolhimentos mensais e, pouco a pouco, fui descobrindo as razões da fé. Trabalho em uma oficina de automóveis: pinto muitos veículos que foram consertados após acidentes e, em cada tarefa, peço a Deus por uma intenção particular. Com frequência, trabalho em partes do carro que não se veem, mas procuro oferecer meu trabalho como uma oração; prestar atenção aos detalhes nessas zonas ocultas é algo que me entusiasma. Aprender como aplicar a fé católica de modo prático e compartilhá-la com os outros é algo que me atrai muito e me ajuda a tornar mais profundo o meu relacionamento com Jesus Cristo».

Mirian Solís, de 55 anos, é diretora do departamento de Obstetrícia da Faculdade de Medicina da Universidad Nacional Mayor de San Marcos (Lima, Peru): «Quando conheci a Obra, encantou-me o ambiente cordial e alegre; as pessoas que me receberam trataram-me como se me conhecessem de toda a vida, e senti que confiavam em mim. Comecei a ir aos sábados [a um centro], assisti aulas de doutrina e depois círculos, participei de visitas a doentes e idosos, recebi a confirmação». Em um dia de recolhimento, ao ler uma homilia do fundador da Obra sobre a vocação cristã, continua, «senti-me nervosa, porque nesse momento Deus me fez ver que me chamava para que O levasse a todos os lugares, para pô-Lo no cume de todas as atividades. Isto ficou gravado em minha mente e em meu coração. Decidi pedir admissão [como adscrita] porque encontrei o que procurava: Deus em minha vida no meio do mundo».

Edwige Topé, de 39 anos, é casada e tem cinco filhos. Trabalha no colégio Etimoé, de Abidjan (Costa do Marfim), e está escrevendo

A HISTÓRIA DO OPUS DEI

uma tese de doutoramento sobre comércio internacional. Ela conta como se aproximou da Obra: «Sentia-me em família, pois as pessoas do centro que frequentava me davam encargos que se dão a pessoas de confiança. Além disso, notei que me escutavam, estimulavam e incentivavam a me superar». Explica que Deus está em primeiro lugar em sua vida; «na educação que dou aos meus filhos e na formação aos pais, destaco a necessidade de evitar trapaças, de buscar a justiça e, sobretudo, de amar a pessoa. Para mim teve muita ressonância a mensagem evangélica: "gratuitamente o recebestes, dai-o gratuitamente"».

Alphonsine Nlandu nasceu em Kinshasa (Congo) há 46 anos. É professora em uma escola de hotelaria. Discerniu a chamada ao Opus Dei como numerária auxiliar porque ficou impactada pela «alegria das pessoas com as quais vivia na escola Kibali» e «a atenção que se dava a cada pessoa, com suas coisas, suas preocupações, a cada uma tal como é. Esta maneira de nos relacionar não era fictícia».

Um ambiente semelhante foi o que percebeu o sacerdote britânico Stephen Langridge, de 58 anos, pároco na arquidiocese de Southwark e, até pouco tempo atrás, diretor da pastoral vocacional diocesana. Rememora seu contato inicial com sacerdotes da Obra: «A formação que recebi no Opus Dei se destacava por dois motivos. Em primeiro lugar, havia um calor humano que não experimentava em outros lugares. Depois, ajudava a me centrar em Cristo diante de quaisquer dificuldades que surgissem no seminário. Creio que, às vezes, é difícil entender a ideia de que uma entidade existe com a única finalidade de que seus membros se santifiquem».

Mariano Sánchez é professor industrial de eletrônica, aposentado. Foi contratado aos dezessete anos para instalar emissoras de rádio por toda a cidade de Madri. Depois fez parte do serviço técnico da marca Canon. Relata com simplicidade que, quando conheceu alguns adscritos do Opus Dei, «o que mais me atraiu é que eram pessoas com muito entusiasmo na vida... e que, além disso, rezavam, coisa que eu não fazia». Algo semelhante aconteceu a Aitor Jusdado, de trinta anos. Estudou Engenharia Industrial e agora trabalha a distância no serviço pós-venda da Renault, em Madri: «Quando comecei a frequentar os meios de formação num centro da Obra para universitários, logo percebi que havia encontrado, feito realidade em gente de carne e osso, um caminho de coerência cristã. Depois de um tempo, incentivaram-

27. «UM MAR SEM MARGENS»: AÇÃO INDIVIDUAL NA SOCIEDADE

-me a fazer oração sobre a minha possível chamada, e eu o fiz. E pedi a admissão porque vi que Deus me havia conduzido por aí».

O congolês Michel Hingase ficou impactado ao conhecer um centro cultural da Obra: «Desde os meus primeiros momentos em Loango, disse a mim mesmo que essas pessoas eram boas e que eu também gostaria de ser como eles». Quando acabou a universidade, era adscrito do Opus Dei. Depois, esteve um ano e meio no Senegal para fazer mestrado. Ali, recorda, «encontrei um grupo de pessoas em Dakar, amigos de São Josemaria. Era gente que havia participado de meios de formação da Obra em diferentes países e que haviam decidido promover a devoção ao santo. Pouco depois, começamos uns círculos com profissionais senegaleses e, também, cursos de doutrina cristã com estudantes da Costa do Marfim residentes em Dakar». Quando regressou ao Congo, Hingase conseguiu um contrato na Coca-Cola e dirigiu a primeira empresa do país a engarrafar essa marca internacional. Depois de alguns anos, o hospital Monkole o contratou como diretor de serviços gerais, que inclui manutenção e segurança.

Theo Grilli é um barbeiro de 62 anos que trabalha desde os dezessete em Foggia (Itália). Foi estilista de empresas de cosméticos para o cabelo. Agora codirige um salão de beleza com sua esposa. Quando ouviu que podia santificar seu trabalho ordinário, sentiu-se conquistado; havia mudado seu modo de ver a profissão: «Entusiasma-me a ideia de imitar Jesus antes dos três anos de sua vida pública, ao Jesus que trabalhou na oficina de seu pai e que teve uma vida normal, em que fazia bem todas as coisas. Penso que trabalhava bem, com dedicação, que cuidava do relacionamento com os clientes e com seus colegas, que era amável, atento aos demais, carinhoso, humilde, compreensivo e alegre. Este é o melhor modo de mostrar a mensagem cristã do Opus Dei».

De modo semelhante, Pablo Sánchez Jiménez – 47 anos, casado, com quatro filhos e funcionário do departamento de meios de pagamento do Banco Santander em Madri – diz que «minha vida é bastante normal. Talvez por isso me entusiasme a possibilidade da santidade no ordinário, no trabalho, nas pausas com os colegas à máquina de café, nas esperas à porta do colégio das crianças... Nesses momentos, escutar, interessar-me pelos problemas dos outros e falar dos meus são oportunidades de estar perto de Deus».

A HISTÓRIA DO OPUS DEI

Instalada em Macau, Wai-ping Chan é uma ortodontista chinesa. É mãe de cinco filhos. Junto com o marido, abriu sua própria clínica dentária em 2013. Relata que, «no princípio, tratava meus pacientes o melhor que podia. Um ano mais tarde, percebi que cada paciente era muito diferente, assim como meus filhos. Tive de aprender o modo de enfrentar os problemas respeitando cada pessoa, escutando com paciência seus incômodos, entendendo-os e demonstrando simpatia. Além do trato mútuo, também compreendi que devia aperfeiçoar minhas competências técnicas. Santifico meu trabalho quando me esforço por ser a melhor ortodontista de acordo com as minhas capacidades».

Sonia Ramoneda, de 31 anos, é casada e tem dois filhos. Explica-nos a sua trajetória: «Desde pequena eu queria dançar. Meus pais preferiam que eu fizesse um curso mais convencional, mas os convenci. Obtive o título superior de Artes Dramáticas em uma escola especializada. Já podia ser bailarina, professora de dança e atriz. E, com 23 anos, começou a minha aventura profissional. Abri o Estúdio de Dança Sonia Ramoneda em San Cugat del Vallés. Até 2020, tive a cada ano cerca de 130 jovens às quais ensinei a dançar e a ser respeitosas com os outros no modo de se relacionar, de se movimentar no palco, de se vestir. Além de professora de dança», continua Ramoneda, «muitas meninas me olham como uma irmã mais velha. Com frequência, me contam seus problemas. Recordo uma pessoa que fazia cortes nos braços porque sofria *bullying*. No musical que fazemos anualmente, eu a coloquei como protagonista porque ela precisava sentir-se acolhida, e, quando viu que as outras bailarinas confiavam nela, deixou de se automutilar. Agora, devido à crise sanitária do coronavírus, vi-me obrigada a fechar o estúdio de dança. Mas, quando esta situação passar, abrirei de novo, pois a educação me apaixona».

Nkem Emezie-Ejinima trabalha na comunicação corporativa de uma empresa do setor de gás e petróleo estabelecida em Lagos (Nigéria). É casada e tem quatro filhos. Diz que, quando está com seus colegas de profissão, trata de «ser íntegra em tudo o que faço, esforçando-me por estar alegre, respeitando a dignidade dos que trabalham comigo e sendo grata. Por meio deste conhecimento mútuo, ajudamo-nos com favores pessoais, como conselhos sobre temas profissionais e tutorias para os filhos. A palavra que me move no

27. «UM MAR SEM MARGENS»: AÇÃO INDIVIDUAL NA SOCIEDADE

trabalho é "serviço": dar meu tempo, talento e ajuda para que os outros progridam».

Para o polonês Józef Morawski, seu ofício de sapateiro é agora inseparável do sofrimento que o limita fisicamente: «Conheci o Opus Dei graças à minha filha Agnieszka. Foi ela que me explicou que eu podia colocar Deus entre os meus sapatos, e isso me ajudou. Por causa de minha doença, tive de reduzir minha dedicação profissional (três dias por semana eu tenho que ir ao hospital para fazer diálise, enquanto espero receber um transplante de rim). Sobretudo, coopero oferecendo os incômodos da doença, as sessões de diálise e os Terços que rezo durante as longas caminhadas que os médicos me aconselharam».

Nas Filipinas vive Sunshine Plata, artista que pinta seus quadros com café: «Mediante os meios de formação, aprendi a amar minha profissão de pintora, porque um trabalho bem-feito dá glória a Deus e facilita o exercício das virtudes. Por exemplo, aprendi a falar com o Senhor quando estou sozinha, trabalhando em um quadro e talvez com dificuldade para me concentrar. Quando algo me custa, penso em uma pessoa – às vezes o futuro proprietário do quadro – e ofereço cada ponto ou pincelada. Assim, posso garantir que tudo o que pintei está feito com amor e com orações».

O escritor José Luis Olaizola é pai de nove filhos. Publicou livros de diversos gêneros, com mais de 2 milhões de exemplares vendidos. Em 1983, ganhou na Espanha o Prêmio Planeta com o livro *A guerra do general Escobar.* É fundador da ONG Somos Uno, que ajudou a mais de duas mil meninas tailandesas a se escolarizar e a evitar cair em redes de prostituição infantil. Explicou-nos que «posso dizer, sucintamente, que em nenhum dos meus 85 livros, sejam romances, ensaios ou infantis, Deus está ausente do relato. Não me considero um autor católico, ao estilo de Graham Greene, mas um católico que escreve, e isso é lógico que se note».

María Gudín é médica neurologista. Em 2006, publicou o seu primeiro romance, *A rainha sem nome,* ambientado na Espanha goda do século VI, e a este seguiram-se outros. Diz que escreve porque, «por profissão, estou em contato com gente que me conta vidas mais complexas e apaixonantes que mil romances. O sofrimento que tantas pessoas derramam em mim deve encontrar vazão nas histórias.

A HISTÓRIA DO OPUS DEI

Escrevo como necessidade, como terapia, como um projeto e um entusiasmo por algo que não é e que será».

Lucía Rodríguez nasceu há 59 anos em Zamora (Espanha). Conseguiu um cargo de professora de Latim e Grego no ensino público. Esteve em vários colégios até chegar a um de Móstoles (Madri), onde está agora. Quando lhe perguntamos como transmitia a mensagem cristã em seu trabalho, respondeu: «Não se trata de algo que eu me proponha a fazer. Penso que é mais o que procuramos ser e viver. Talvez seja o caso de perguntar às pessoas ao meu redor o que veem em mim. Tento trabalhar o melhor que posso; quando cometo um erro, trato de retificar o mais rápido possível sem me aborrecer, procuro tornar-me amiga das pessoas, fazer favores e ajudá-las no que seja... Como meu campo de ação quase sempre são alunos, procuro ajudá-los a ser pessoas melhores, a resolver seus problemas e a se aproximar do Senhor».

Juan José Nieto também dedicou boa parte de sua vida ao ensino público. Filho de uma família de poucos recursos – seu pai foi caminhoneiro e sua mãe, analfabeta, dona de casa –, viveu sempre no bairro madrilenho de Vallecas. Durante onze anos foi diretor de um colégio público e, durante outros quatro, diretor geral de Educação da Comunidade de Madri. Organizou a associação *Mejora tu escuela pública*. Comenta: «Criamos um sistema de tutoria pessoal. Quando falo com os rapazes, um a um, preocupo-me em aprimorá-los pessoalmente em virtudes como a honradez e o trabalho em equipe. Também cuido da amizade com meus colegas professores: cumprimento-os pelo aniversário, interesso-me pelos doentes, vou aos enterros de seus familiares. Todos sabem que rezo por eles. Às vezes, algum deles que se declara agnóstico me diz: "Reze por mim, porque no Céu o escutam mais"».

A vida de Peter Green – um eletricista aposentado da Grã-Bretanha de 71 anos e que foi *hippie* em sua juventude, sendo hoje pai de nove filhos – é uma história de conversão. Quando pequeno, ia somente aos batizados, casamentos e funerais anglicanos. Depois, casou-se com uma católica, e lhe atraiu o modo como o pároco da Igreja vivia a fé. Depois, conheceu em Oxford a residência Grandpont: «A verdade é que os jovens que vi ali estavam contentes, também quando havia dificuldades. Sua atitude perante a vida – fazer as coisas

27. «UM MAR SEM MARGENS»: AÇÃO INDIVIDUAL NA SOCIEDADE

bem e converter tudo em oração – me impressionou». Então teve início um longo percurso que o fez ser católico, cooperador e supernumerário do Opus Dei. Há nove anos é responsável por um círculo de estudos para gente que vive no condado de Kent. Com frequência recorda aos que o ouvem que o que o atraíra foi «viver a fé em casa, no lugar de trabalho e em qualquer ambiente».

Gustavo Entrala é um estrategista de comunicação. Especialista na cultura da inovação, assessorou o posicionamento digital de marcas como o Grupo L'Oréal, a Diageo, os Laboratórios Janssen e a Red Bull. Também foi consultor do Governo da Espanha e da ONG Médicos Sem Fronteiras. Foi diretor geral e executivo da agência de publicidade 101 durante quinze anos. Trabalhou na conta @Pontifex – na qual Bento XVI publicou seu primeiro *tweet* em 2012 –, «com a ideia de ajudar a Igreja a ser mais atrativa na comunicação da verdade»[5]. Colabora com o programa «A vivir que son dos días» (Cadeia SER), líder de audiência nos fins de semana na Espanha.

Habib Moussa é um muçulmano xiita nascido no Líbano. Graduado em Informática, vive na Espanha. Rememora o dia em que um amigo lhe deu de presente *Caminho*: «Ao lê-lo, quis colaborar com a Obra. Entusiasmou-me pensar que eu também podia ajudar a outros. Costumo dar uma mão em diversas atividades do Club Nerpio, em Albacete. Creio que isto me ajudou a conhecer melhor a Igreja Católica, pela qual tenho grande apreço. Assim, minha vida se enriqueceu, e minha condição de muçulmano não me trouxe nenhum obstáculo. Chamam-me a atenção muitas coisas, mas, sobretudo, a ação de perdoar, que não é nada fácil e que é algo que desejaria aprender a viver melhor».

A última sinopse biográfica nos leva a Galway, Irlanda. A vida de Nora Heneghan (1910-1994) se resume em seu coração de esposa, mãe e amiga. Teve dez filhos, 52 netos e dezenove bisnetos. Conheceu inúmeras pessoas em sua cidade. Aproximou-se do Opus Dei por meio de seus filhos, dois dos quais são fiéis da prelazia. Trabalhou no cuidado de sua família e, de modo particular, dedicou-se ao seu marido doente em seus anos finais. Nora faleceu enquanto cuidava de seu esposo[6].

A HISTÓRIA DO OPUS DEI

No âmbito do ensino

Alguns membros da Obra encontraram sua vocação profissional no magistério e são diretores ou professores de universidades, colégios, institutos de idiomas, escolas de educação infantil e centros de formação profissional, tanto públicos como privados, que – diferentemente dos mencionados no capítulo anterior – não têm relações jurídicas ou institucionais com a prelazia do Opus Dei.

A Universidade Internacional de La Rioja (UNIR) é uma instituição de ensino superior de caráter privado com sede em Logroño, Espanha. Nasceu no ano de 2009 com a ideia de dar acesso à educação a pessoas que não podem cursar as universidades presenciais tradicionais. Desde o início, foi seu reitor José María Vázquez García-Peñuela, catedrático de Direito Eclesiástico do Estado que, nas duas décadas anteriores, havia trabalhado em universidades públicas espanholas. Segundo Vázquez, «o modelo didático da UNIR é baseado em aulas por videoconferência – as quais podem ser acompanhadas ao vivo ou gravadas –, um material de estudo enriquecido e um acompanhamento contínuo dos alunos por meio de tutorias pessoais. Atualmente, oferecemos 25 graduações e oitenta mestrados. Toda a nossa atividade tem uma orientação humanista cristã. A UNIR é a universidade privada espanhola com o maior número de alunos, e 45% de seus 35 mil estudantes residem na América Ibérica. O perfil do estudante médio é a mulher de pouco mais de trinta anos, com algum filho sob a sua responsabilidade e que cursa uma graduação ou um mestrado oficial em educação»[7].

O engenheiro Alfonso Aguiló especializou-se em direção de centros educativos. Em 2002, era diretor do Colégio Tajamar e, poucos anos depois, foi eleito presidente para Madri da Confederação Espanhola de Centros de Ensino. Nessa época, havia um importante crescimento urbanístico em diversos municípios ao redor da capital, com a necessidade de escolas para os assentamentos da população. Aguiló comprovou que, apesar da forte demanda, pouquíssimos desses novos centros se apoiavam nos valores cristãos. Quando conversou sobre esta circunstância com os diretores regionais do Opus Dei, disseram-lhe que não consideravam oportuno impulsionar mais colégios que fos-

27. «UM MAR SEM MARGENS»: AÇÃO INDIVIDUAL NA SOCIEDADE

sem iniciativas apostólicas da Obra, pois os que havia em Madri consumiam muitas energias. Então, Aguiló começou um projeto próprio junto com outras pessoas, iniciando uma fundação dedicada à criação de centros educacionais com identidade cristã, excelência acadêmica, relacionamento pessoal com o aluno e sustentabilidade econômica.

O primeiro projeto foi o Colégio Alborada (Alcalá de Henares, perto de Madri), que abriu suas portas em 2009 com 350 alunos, apesar de sofrer uma forte campanha midiática contrária. Somaram-se outros colégios similares em diversos lugares da Comunidade de Madri e, deste modo, estabeleceu-se o grupo Arenales Red Educativa. A maior parte desses centros é de educação mista e tem contratos de associação com a comunidade autônoma[8].

A partir de 2015, com a natalidade em forte queda na Espanha, não eram necessários novos colégios. Mas surgiu outra necessidade. Várias congregações religiosas desejavam manter a identidade e missão para as quais haviam criado suas escolas, mas tinham dificuldades pela falta de pessoal ou de recursos. Nesse momento – explica Aguiló – «Arenales ofereceu-lhes integrar-se a seu grupo com diferentes acordos de gestão, respeitando sua identidade e sob o princípio de sustentabilidade de cada escola, sem dependência econômica das demais. O pensamento orientador foi o fomento da responsabilidade e o arraigamento local, unido ao trabalho conjunto com as demais escolas da rede, sempre sob a ideia de que diversas realidades eclesiais colaborassem na nova evangelização promovida pelos últimos papas»[9]. Atualmente, Arenales conta com pouco mais de 10 mil alunos em 25 escolas. A maioria está na Espanha – Madri, Ciudad Real, Teruel, Vitoria, León, Barcelona e Burgos –, mas também há outras em Munique, Porto, Riga, Luanda, Sofia, São Francisco e Miami.

Na Polônia, vários pais de família fundaram em 2003 a associação Sternik para promover escolas. Os dois primeiros colégios foram inaugurados em Varsóvia, ao que se seguiram outros em Poznan, Szczecin e Cracóvia. A partir de 2010, surgiram mais associações que fundaram centros educacionais em Gdansk, Wroclaw, Bielsko-Biala, Wadowice, Lódz, Bialystok e Olsztyn. Atualmente, há catorze jardins de infância, dezoito escolas do ensino fundamental e quatro escolas do ensino médio criadas por quinze entidades que são autônomas tanto do ponto de vista diretivo como econômico. Geralmente, se-

A HISTÓRIA DO OPUS DEI

guem um modelo de educação diferenciada[10].

A maior parte dessas escolas polonesas foi estabelecida por pessoas que, sem pertencer ao Opus Dei, sentiram-se atraídas pelo modelo educacional dos colégios que são iniciativa de membros da Obra. Segundo Dobrochna Lama, que desempenhou diferentes cargos diretivos na associação Sternik de 2004 a 2018, «une-os uma mesma base pedagógica, enraizada na antropologia cristã: trabalho bem-feito, respeito à liberdade pessoal, confiança na melhora de cada pessoa, otimismo perante as dificuldades e abertura às inovações. Cuidam também da formação permanente dos professores e dos dirigentes e buscam um maior envolvimento dos pais na educação dos filhos; por exemplo, muitos casais acompanham os cursos de orientação familiar»[11].

As autoridades do Opus Dei deram assistência pastoral a outros colégios impulsionados por membros da Obra que não foram promovidos pela instituição. Por exemplo, em Londres, a Oliver House e a Oakwood School são duas escolas de coeducação do ensino fundamental que prosseguem no ensino médio com a The Cedars School para meninos e The Laurels School para meninas; os capelães destas instituições são sacerdotes da prelazia do Opus Dei. Outros centros educacionais inspirados na mensagem da Obra são Stella International School (Viena, Áustria); os colégios Ruzicnjak e Lotrscak, bem como um jardim de infância, em Zagreb (Croácia); as escolas Parentes e Navisen em Praga (República Checa); e um jardim de infância em Bratislava (Eslováquia).

Vários fiéis da Obra criaram escolas de idiomas, como o Jingdou Language Center, em Macau, que ensina inglês desde o ano de 1992. Ou o Centro Cultural Irtysh, em Almaty (Cazaquistão), que começou suas atividades em 1999 para colaborar no processo de abertura e desenvolvimento do país; ministra cursos regulares de inglês e espanhol e, de modo ocasional, de italiano e turco[12].

Voluntariado e desenvolvimento social

Trabalhar ou colaborar na ajuda social é uma forma de irradiação do Evangelho. No Opus Dei, essa realidade tem suas origens na época

27. «UM MAR SEM MARGENS»: AÇÃO INDIVIDUAL NA SOCIEDADE

em que o jovem sacerdote Josemaria Escrivá atendia os doentes em Madri, ao mesmo tempo que dava seus primeiros passos na fundação. Junto com outras pessoas, alguns fiéis da Obra constituíram mais de uma centena de fundações e organizações não governamentais que realizam projetos em setores sociais vulneráveis. Algumas delas são atividades profissionais; outras, de voluntariado. Umas recebem fundos estatais, enquanto há as que se mantêm com financiamento privado. Às vezes, algumas se tornam um ponto de referência cultural e social, e outras passam despercebidas porque reúnem poucas pessoas. A maioria foi iniciativa de seus promotores, e só umas poucas viram-se estimuladas pelos diretores da Obra[13]. Todas destacam sua raiz cristã e missão evangelizadora, que se manifesta na companhia e no afeto – além da ajuda material – a pessoas necessitadas, doentes ou excluídas. Não têm, no entanto, dependência institucional, jurídica ou econômica da prelazia do Opus Dei[14].

O Istituto per la Cooperazione Universitaria (1966), com sede em Roma, executou mais de quatrocentos projetos de cooperação para o desenvolvimento em todo o mundo[15]. Na Colômbia, a fundação Beatriz Londoño de Arango multiplica projetos de integração social em Medellín desde 1982: construção de moradias em zonas de favelas, um centro de capacitação em artes manuais, um centro de graduação de guias turísticos e programas de atividades extracurriculares para crianças[16].

Também no início dos anos 1980, e após uma vida dedicada à cátedra e à política, Laureano López Rodó quis dar resposta a uma inquietação de Álvaro del Portillo: em uma viagem ao México e à Guatemala, haviam ficado impressas na memória do prelado imagens de enormes subúrbios de favelas; então, ao passar depois pela Espanha, incentivou os diretores da Obra a pensarem se era possível impulsionar um trabalho social para ajudar essas pessoas. López Rodó abraçou o projeto, compartilhando-o com empresários e professores amigos. Eles então criaram a fundação Codespa (1985), que, atualmente, mantém setenta projetos em vários países, divididos em quatro áreas: criação de contexto econômico em zonas rurais remotas, formação e inserção no mercado de trabalho de populações desfavorecidas, fortalecimento do empresariado social para facilitar a passagem de um sistema de subsistência para a economia de mercado e microfinanças

A HISTÓRIA DO OPUS DEI

para o desenvolvimento. Entre as iniciativas que promove, só algumas têm relação com membros do Opus Dei, como o Dualtech Training Center (Manila, Filipinas). Além disso, junto com outras fundações e empresas, a Codespa criou o Observatório Empresarial para o Crescimento Inclusivo, que promove as boas práticas empresariais[17].

Um momento particular para as ONGs deu-se entre a segunda metade dos anos 1980 e a primeira dos 1990. As organizações de desenvolvimento e de ação social cresceram porque os cidadãos – em particular, os estudantes – adquiriram maior sensibilidade em relação à vulnerabilidade dos mais necessitados e à conveniência de encarar a vida profissional e familiar como um serviço. Nesse contexto, alguns membros da Obra promoveram ações humanitárias e assistenciais.

Em 1986, em Madri, Manuel García Bernal, José Miguel Cejas e David Palacios iniciaram a Solidariedade Universitária Internacional, associação sem fins lucrativos que, em pouco tempo, agrupou dezenas de voluntários. A entidade existiu durante sete anos. Dedicavam umas horas por semana à integração social de jovens com problemas de marginalização em regiões de favelas e de realojamento dos subúrbios. Segundo García Bernal, «muitos jovens entravam em sintonia. Era uma atividade extrema porque íamos a bairros muito pobres. Organizávamos programas de apoio escolar para que as crianças voltassem à escola e tivessem entusiasmo por estudar; dávamos aulas de língua e escrita, catequese, esporte. Também regularizávamos a documentação dos pais das crianças»[18].

Por sua vez, Jumana Trad Yunés dirige a fundação Promoção Social da Cultura (1987), ONG de Madri com projetos de cooperação para o desenvolvimento e a educação no Oriente Médio, América Latina, África e Ásia. Esta instituição recebe respaldo financeiro de uma ampla gama de setores, entre eles a Comissão Europeia e o Google[19].

Atendendo à chamada de João Paulo II na encíclica *Sollicitudo rei socialis*, onde alentava os homens de boa vontade a se envolverem em iniciativas profissionais e caritativas de luta contra a pobreza, Xavier Boutin fundou, em 1988, o Instituto Europeu de Cooperação e Desenvolvimento (IECD) em Estrasburgo. O instituto promove programas de apoio a pequenas empresas e escolas técnicas que facilitam a integração profissional de jovens sem emprego em dezesseis países da África, do Oriente Próximo e do sudeste asiático. Por exemplo,

27. «UM MAR SEM MARGENS»: AÇÃO INDIVIDUAL NA SOCIEDADE

formou uma ampla rede de escolas de agricultura familiar na Costa do Marfim e no Camarões; várias escolas de formação hoteleira, em particular na Nigéria, Líbano, Tailândia e Quênia; e um programa de escolarização para alunos do ensino fundamental e médio de zonas rurais pobres em Madagascar[20].

A Organização Navarra para Ajuda entre os Povos (Onay) nasceu em Pamplona, em 1992. Compunham-na pessoas vinculadas à Universidade de Navarra – professores e alunos – desejosas de empreender ações solidárias com coletivos marginalizados em Navarra e fomentando a cooperação para o desenvolvimento. Atualmente, a Onay coordena uma dúzia de programas internacionais de ajuda sanitária e educacional; o principal projeto social em que colabora é o hospital Monkole de Kinshasa (Congo). Também trabalhava na educação e sensibilização para o desenvolvimento em vários colégios[21].

A ONG Cooperação Internacional começou a funcionar em Madri em 1993, a fim de fomentar o voluntariado e a sensibilização social entre os jovens. Segundo o seu diretor geral, Rafael Herraiz, «a associação trabalha em quatro grandes áreas: ajuda a colégios e universidades para formar uma mentalidade de serviço aos demais; colaboração no desenvolvimento de competências entre os jovens, para que empreendam iniciativas de benefício social; cooperação para o desenvolvimento com sócios de vários países; e realização de projetos de voluntariado, como o atendimento a pessoas sem moradia, a reabilitação de casas e a educação de crianças em bairros de exclusão social»[22]. A Cooperação Internacional agrega mais de 5 mil estudantes voluntários. Alguns sócios são individuais e outros jurídicos, como, por exemplo, várias associações juvenis impulsionadas por membros da Obra.

Em 1995, o economista Daniel Turiel profissionalizou a ONG belga Actec, fundada na década anterior. A Actec concluiu duzentos projetos de desenvolvimento, num valor de cerca de 100 milhões de dólares, beneficiando mais de 200 mil pessoas da Guatemala, El Salvador, Colômbia, Equador, Haiti, República Democrática do Congo, Quênia, Nigéria, Burundi, Camarões e Líbano. Os programas da Actec apoiam a formação profissional de populações vulneráveis, para que sejam os atores e protagonistas da mudança de suas comunidades. Os projetos mais importantes são os de formação gerencial,

A HISTÓRIA DO OPUS DEI

microcrédito e assessoria de criadores de microempresas.

Além disso, Turiel fundou em 2010 um novo tipo de programa inspirado nas escolas de negócios – o que era uma novidade no âmbito da cooperação para o desenvolvimento: o microMBA. Baseado nas virtudes da excelência, do profissionalismo e do espírito de serviço, este programa transforma os microempresários em líderes, com impacto no desenvolvimento pessoal e empresarial: aumento acelerado de vendas e benefícios, capacidade de investimento e criação de emprego digno... Atualmente, 1.200 empresários seguem este programa na Colômbia, Guatemala e El Salvador, e já está planejada a sua expansão para a África[23].

A Desenvolvimento e Assistência é uma ONG que começou em 1995 e passou a se chamar Nadiesolo Voluntariado em 2020. Sua diretora geral, Isabel Antúnez, explica que «esta fundação beneficente desenvolve programas de acompanhamento a pessoas que sofrem de solidão indesejada: doentes em hospitais, idosos que vivem em seus domicílios ou em residências da terceira idade, pessoas com incapacidade intelectual, pessoas sem lar que também sofrem deterioração na autoestima ou caíram em dependências, e crianças em risco de exclusão por fracasso escolar»[24]. Nadiesolo conta com 2.200 voluntários que atendem a mais de 70 mil pessoas em diversas cidades da Espanha.

A partir de uma experiência de sucesso no Chile, Abel Albino iniciou em 1993, em Mendoza (Argentina), a ONG Conin, que combate a desnutrição infantil. Seu método capacita as mães para que adquiram hábitos corretos de saúde, higiene, nutrição e estimulação psicoafetiva e motora da criança. Atualmente, existem mais de cem centros de prevenção em dezoito províncias argentinas, os quais atenderam até o momento 17 mil jovens. Também existem centros Conin no Paraguai, Peru e Gâmbia[25].

Vários aposentados que tinham sido empresários e militares criaram um banco de alimentos em Madri no ano de 1994. Graças aos seus dotes de organização, o banco de alimentos cresceu rapidamente e se replicou em outras cidades. Com o tempo, formou-se a Federação Espanhola de Bancos de Alimentos, que tem uma sede em cada uma das cinquenta províncias da Espanha. Essa organização beneficente recolhe excedentes de alimentos em boas condições e, com

27. «UM MAR SEM MARGENS»: AÇÃO INDIVIDUAL NA SOCIEDADE

a ajuda de outras entidades, os distribui a milhares de pessoas que passam necessidade[26].

Tecpán é um município situado no planalto guatemalteco. A Fundação para o Desenvolvimento Integral estabeleceu ali, em 1995, três centros formativos que têm como objetivo a capacitação e o acompanhamento na área rural: ensino agropecuário e programas de microcréditos para pequenos produtores da região; prevenção e serviços de saúde, com farmácias comunitárias que vendem remédios a baixo custo; e promoção da mulher para que melhorem suas condições de vida e participem ativamente no desenvolvimento de sua comunidade[27].

Na Bolívia, existe um contraste grande entre as zonas rurais e as urbanas. Em 1999, Sergio Elío Marcilla criou, com vários conhecidos, uma associação civil para o desenvolvimento chamada Ayni. Ela desenvolve programas de serviços básicos em trinta zonas rurais muito vulneráveis: acesso a água potável, construção de esgotos e de latrinas e implantação de sistemas de irrigação. Em todos os casos, pede-se à população das comunidades que contribuam com mão de obra, de modo a que se convertam em protagonistas de seu próprio desenvolvimento. Também trabalham na melhoria das capacidades organizativas, para não terem de depender continuamente de ajudas externas, e no empoderamento das mulheres, para que ocupem postos de liderança em suas comunidades[28].

Um engenheiro mecânico argentino, Facundo Garayoa, criou em 1999 a fundação FonBec para evitar o êxodo escolar. Procura padrinhos e madrinhas que deem bolsas a estudantes que se destacam pelo esforço e compromisso no estudo e que se encontram em situação de vulnerabilidade socioeconômica. Mais de cem empresas e trezentos voluntários tornam possível que a FonBec cubra as necessidades de 1.600 alunos argentinos e bolivianos[29].

No mundo de língua alemã, Heidi Burkhart dirigiu durante 26 anos a ONG Hilfswerk International, uma das principais organizações austríacas de cooperação para o desenvolvimento. Ela promove projetos de atendimento médico, formação profissional e programas agrícolas em mais de vinte países. Atende também crianças e famílias que ficam na indigência por causa de desastres naturais ou conflitos armados. Por sua vez, mais de 350 voluntários colaboraram na ONG

A HISTÓRIA DO OPUS DEI

Help (Aachen, 1998), visitando orfanatos, residências de idosos e casas de acolhimento. E, em épocas mais recentes, alguns fiéis do Opus Dei e amigos vienenses promoveram a AMAL (2015), que acolhe imigrantes procedentes do Oriente Médio. De modo significativo, amparam a integração de refugiados cristãos da Síria[31].

As atividades de ajuda social desenvolvidas em paróquias nas quais há sócios da Sociedade Sacerdotal da Santa Cruz são múltiplas. Por exemplo, José Manuel Horcajo, sacerdote da diocese de Madri e pároco de São Raimundo Nonato, no bairro de Vallecas, criou uma iniciativa social com a cooperação de duzentos voluntários da paróquia. A Obra Social Familiar Álvaro del Portillo, explica Horcajo, tem «mais de quarenta projetos que atendem algumas necessidades básicas dos mais vulneráveis do bairro, entre outros o refeitório familiar, que serve 250 refeições quentes por dia, a escola de pais, quinze cursos profissionais, uma loja solidária de roupas, distribuição de alimentos não perecíveis a duzentas famílias necessitadas e visitas a idosos que vivem sozinhos. Além disso, as instalações acolhem cerca de vinte moradores de rua e quinze famílias sem teto, cuidando ainda de crianças enquanto suas mães estão no trabalho»[32].

Família, vida e bioética

Como tantos outros cidadãos, alguns fiéis do Opus Dei dedicaram-se profissionalmente ou colaboraram como voluntários em associações e fóruns dedicados ao cuidado e fortalecimento da família e à promoção do amor humano, da dignidade da sexualidade e do matrimônio – com suas manifestações de indissolubilidade e abertura à vida –, bem como do sentido da virgindade e do celibato.

Iniciada em fins dos anos 1960 por Rafael Pich-Aguilera, entre outros, a Orientação Familiar cresceu paulatinamente nas duas décadas seguintes com o impulso de seus iniciadores, que, aproveitando viagens profissionais, ministravam cursos em cidades espanholas e de outros países. Em 1978, constitui-se como fundação internacional em Zurique. Depois, no 14º Congresso Internacional da Família, celebrado em 1998 em Orlando (Estados Unidos), a organização

27. «UM MAR SEM MARGENS»: AÇÃO INDIVIDUAL NA SOCIEDADE

passou a ser uma federação de associações: a International Federation for Family Development (IFFD), ONG sem fins lucrativos, independente e não confessional.

Nesta etapa final dos anos 1990, houve dois grandes avanços na Orientação Familiar, denominada desde então Family Enrichment. Por um lado, a divisão dos programas segundo as idades dos filhos – desde os primeiros passos até os adolescentes – e a incorporação de cursos sobre o amor matrimonial, os avós e o chamado *projeto pessoal*, neste caso para jovens que entram na idade adulta. Por outro lado, a promoção da família deu-se de modo mais profissional e coordenado.

Em 2004, a IFFD celebrou um congresso internacional em Nova York. Tomou maior consciência da ajuda que prestava e da necessidade de explicar à sociedade o conceito de família. Dois anos mais tarde, a IFFD nomeou secretário geral ao advogado Javier Vidal-Quadras. Acabava a etapa dos pioneiros e começava outra, caracterizada pela expansão sustentável, a estruturação jurídica e a organização econômica do Family Enrichment. Com estas medidas, a IFFD adquiriu prestígio institucional. Hoje, estão associadas à federação organizações de setenta países. Para melhorar o projeto pessoal e familiar, os pais empregam o método do caso em sua reflexão e diálogo sobre a educação dos filhos e o relacionamento do casal.

Por ser uma organização independente e não confessional, a Family Enrichment não assina acordos com instituições religiosas. Dada a sua origem – em que participaram vários membros do Opus Dei –, e devido ao fato de que se explica a família do ponto de vista antropológico de raízes cristãs, muitos supernumerários e cooperadores participaram dessas atividades, pois, além de robustecer o próprio projeto familiar, têm a oportunidade de ajudar casais amigos a melhorar como pais e esposos[33].

No final dos anos 1980, o engenheiro Fernando Corominas reconsiderou sua vida profissional e passou a trabalhar na educação de crianças em seu ambiente familiar, interessando-se especialmente por temas como a estimulação precoce, a educação positiva, os períodos sensitivos, os planos de ação e o assessoramento pessoal. Em pouco tempo, criou a coleção de livros Fazer Família, que publicou quase cem títulos nas Edições Palabra, traduzidos a vários idiomas. Esses livros centram-se nas virtudes da vida familiar, no desenvolvimento

A HISTÓRIA DO OPUS DEI

dos filhos segundo as respectivas idades e os possíveis cenários que os pais encontram. A mesma editora promoveu a revista *Hacer familia*[34]. Em 1991, Fernando Corominas e Alfonso Aguiló começaram o Instituto Europeu de Estudos da Educação, uma entidade sem fins lucrativos que estendeu por muitos países seus cursos de educação familiar. O instituto prepara equipes de assessores familiares, que, por sua vez, formam equipes em colégios, paróquias e grupos de pais[35].

Outro projeto espalhado pela América Latina e pela Espanha é a Identitas, organização promovida por Juan José Javaloyes e dedicada à formação de educadores para a escola e a família. A Identitas oferece um curso intensivo de educação familiar, um curso básico de educação personalizada e um plano de formação para o desenvolvimento harmônico da identidade pessoal[36].

Em 1997, os esposos romanos Antonio Affinita e Maria Munizzi esperavam gêmeos. Naquela época, recordam, «estávamos preocupados com a falta de proteção dos menores nos meios de comunicação, que ofereciam conteúdos explícitos de violência, sexo, abuso e discriminação. E tivemos a ideia de dar voz pública aos pais»[37]. Criaram assim o Movimento Italiano Genitori (Moige), organização sem fins lucrativos, independente e não confessional.

As primeiras ações da Moige tinham caráter reivindicatório, em particular contra os programas de televisão violentos e vulgares que podiam ferir a sensibilidade das crianças e dos menores de idade. Depois de conseguir acordos com vários meios de comunicação, ampliou seu raio de ação e promoveu iniciativas frente a problemas como drogas, álcool, assédio, pedofilia e videogames violentos. Atualmente, a Moige conta com uma rede de 80 mil pais de família, está presente em 35 cidades italianas e se associou a várias federações internacionais que trabalham na tutela de menores. Para sensibilizar a opinião pública com argumentos positivos, concede anualmente os Prêmios Moige a programas de televisão, publicidade e canais do YouTube de qualidade[33].

Também são numerosos os projetos a favor da vida, tanto profissionais como de voluntariado, que promovem a dignidade do ser humano desde a concepção até a sua extinção natural. Nos Estados Unidos, por exemplo, a associação EMC Frontline ofereceu assistência a mães que pensavam na possibilidade de abortar; graças a esta ajuda,

27. «UM MAR SEM MARGENS»: AÇÃO INDIVIDUAL NA SOCIEDADE

mais de 43 mil mulheres deram à luz. Dirigida por Pablo Ortiz, a associação civil A Família Importa propõe na Guatemala estratégias positivas de promoção da vida e da família. Domtila Ayot gerencia o St. Martin's Crisis Pregnancy & Prolife Education Centre em Kibera (Quênia), incentivando as mães a trazer seus filhos à vida. Um médico do Opus Dei trabalha no Centro de Ajuda para a Mulher da Bolívia; anualmente, atende quinhentas mulheres que têm uma gravidez inesperada, e em sua grande maioria elas desistem de abortar. Outro médico de família, ademais, está no conselho de administração do Scottish Council on Human Bioethics (Escócia); e, como parte de seu trabalho, promove sinergias entre várias associações pró-vida[39].

Na Espanha, o advogado Benigno Blanco criou uma Associação de Defesa da Vida em meados dos anos 1980, quando foi despenalizado o aborto. Anos mais tarde, foi nomeado assessor jurídico da Federação Espanhola de Associações Pró-vida e, depois, ocupou a presidência da Federação Espanhola de Famílias Numerosas. Depois de oito anos de trajetória política, Blanco passou a dirigir o Fórum da Família, plataforma civil e não confessional que agrupa as principais organizações espanholas relacionadas com a família. Em 2005, enquanto se tramitava a legalização do casamento homossexual, o Fórum da Família convocou em Madri uma manifestação que reuniu um milhão de pessoas sob o lema «A família importa, pelo direito a uma mãe e a um pai» e apresentou no Congresso uma iniciativa popular com um milhão e meio de assinaturas. Ainda que tenha sido rejeitada pelos deputados, os argumentos a favor da família natural estiveram presentes no debate público.

Em 2007, como alternativa à proposta de ampliação da lei do aborto na Espanha, Blanco criou a fundação RedMadre, uma rede solidária que «assessora e apoia a mulher para que possa superar os conflitos que surgem perante uma gravidez imprevista ou com risco de exclusão social»[40]. A cada ano, acompanha 10 mil mulheres para que levem a bom termo sua gravidez. Além disso, a fundação apresentou iniciativas populares nos parlamentos das comunidades autônomas espanholas, propondo leis a favor da maternidade e a assistência a quem espera um filho. Deste modo, a RedMadre dá protagonismo à mulher na delicada fase da gravidez.

Com relação à bioética, o Bioethics Study Group organizou duran-

A HISTÓRIA DO OPUS DEI

te uns anos conferências em Dublin para médicos e especialistas nesse campo da ciência; o Instituto de Bioética e Ciências da Saúde, em Saragoça (Espanha), especializou-se na assistência a doentes terminais; uma catedrática de Bioquímica representou o Governo espanhol no comitê de bioética da Unesco e, depois, foi presidente da Associação Espanhola de Bioética e Ética Médica; e uma médica brasileira, membro do Opus Dei, representou a conferência episcopal de seu país nas sessões da Câmara e do Senado em que se discutiram temas relacionados com a bioética e o direito à vida do não nascido[41].

Etienne Montero estabeleceu o Institut Européen de Bioéthique, com sede em Bruxelas; alguns fiéis da Obra criaram a Schweizerische Gesellschaft für Biomedizinische Ethik, que promove a bioética na Suíça; e outros, uma associação nacional para a defesa do direito à objeção de consciência do pessoal biossanitário na Espanha[42].

Para formar a juventude, a Protege tu Corazón – iniciada no ano de 1993 em Medellín (Colômbia) pelo engenheiro Juan Francisco Vélez e sua esposa, a educadora María Luisa Estrada – é «uma instituição líder na América Latina em programas sobre o caráter e a sexualidade, e que estendeu sua presença a países da Europa e da Ásia em mais de oitocentas instituições educacionais, confessionais e não confessionais. Expomos o conteúdo da antropologia filosófica cristã para que os pais e os filhos entendam a si próprios como pessoas, descubram que o amor é o que dá sentido à sexualidade e consigam integrá-lo à sua personalidade»[43]. Outras associações são, por exemplo, a Formando Corazones, um curso de formação integral em afetividade e sexualidade de Chihuahua (México), e o Programa de Educação em Valores, Afetividade e Sexualidade, criado pela médica Verónica Valenzuela, «com o qual capacitamos», afirma, «mais de 2 mil professores de uma centena de estabelecimentos educacionais chilenos»[44].

Cultura, moda, arte e comunicação

Em ambientes de vanguarda, as ideias renovadoras e transformadoras encontram caminhos de expressão inesperados, também em

27. «UM MAR SEM MARGENS»: AÇÃO INDIVIDUAL NA SOCIEDADE

instituições que – como as mencionadas anteriormente – não têm vínculos com o Opus Dei, mas surgiram em consequência da recepção de uma mensagem nuclear dos ensinamentos de São Josemaria: o alento para que cada leigo católico assuma sua responsabilidade e participe da construção de um mundo que promova a dignidade humana. É o que aconteceu com os homens e mulheres que empreenderam projetos pessoais inovadores.

Luis E. Téllez dedicou boa parte de seus primeiros anos profissionais à gestão de ONGs nos Estados Unidos. Em 2003, fundou The Witherspoon Institute, em Princeton. Esta instituição ministra cursos de caráter acadêmico e de divulgação e publica estudos sobre os valores culturais e os pilares fundamentais da sociedade contemporânea. The Witherspoon Institute está radicado na Universidade de Princeton e oferece alguns programas em outras universidades norte-americanas[45].

Carlos Caballé é o presidente do Social Trends Institute, um centro de pesquisa, com sedes em Nova York e em Barcelona, que oferece ajuda institucional e financeira a especialistas em tendências sociais e seus efeitos nas comunidades humanas. Suas principais áreas de estudo são a cultura, o governo e a sociedade civil. Além das publicações, organiza encontros de especialistas e concede bolsas a estudantes que pesquisam sobre temas de caráter sociológico[46].

Em 2002, o historiador independente Andrew Hegarty criou em Londres, junto com outros colegas, o Thomas More Institute, que promove conferências sobre política e pensamento[47]. Por sua vez, o Lindenthal Institut, localizado em Colônia, dedica-se à pesquisa interdisciplinar em filosofia, ética, cultura do trabalho e família[48].

Em 1970, Salvador Bernal e Ignacio Aréchaga iniciaram a agência de colaborações Aceprensa, em Madri, que elabora conteúdos sobre as grandes questões do momento, com rigor universitário, estilo jornalístico e amplo uso de documentação. Pessoas individuais, centros educacionais e meios de comunicação estão inscritos no boletim semanal. Segundo Bernal, os serviços da Aceprensa buscam ser «pontos de referência sobre fatos e tendências – cultura, educação, sociedade, religião –, dirigidos a pessoas com inquietações, mas sem muito tempo: jornalistas, professores, orientadores familiares, sacerdotes, dirigentes de instituições culturais e educacionais»[49].

A HISTÓRIA DO OPUS DEI

Na Austrália e Nova Zelândia, Michael Cook e Carolyn Moynihan dirigem a *Mercatornet* (2005), portal digital de reflexão sobre os debates éticos e antropológicos em aspectos como cultura, família, sexualidade, direito e religião. A *Firstlife* é outra revista digital, neste caso alemã e escrita por jovens; analisa temas relacionados com a dignidade humana e a solidariedade. Dirige-se a pessoas entre quinze e trinta anos interessadas em um enfoque proativo dos problemas sociais[50].

No campo da moda há estilistas, *designers*, organizadores de desfiles, proprietários de lojas e dirigentes de associações e cursos de *design* que se inspiram nos ensinamentos de São Josemaria. Difundem soluções positivas para promover a unidade de vida entre a vestimenta e a identidade autêntica e para revelar uma imagem pessoal coerente com a cultura contemporânea. É o caso, por exemplo, de Lula Kiah, fundadora da Style Innovators, «empresa de capacitação e inovação para assessores de imagem que teve programas sobre moda durante cinco anos na cadeia Univisión e, atualmente, na Telemundo»[51]; de Elisa Alvarez Espejo, redatora de moda, beleza e estilo de vida da revista *Telva*; e de Paloma Díaz Soloaga, professora de Moda na Universidade Complutense de Madri, diretora honorífica de uma graduação em moda na Universidade Villanueva e autora de vários livros sobre gestão de marcas[52].

Dentro das iniciativas *online* destaca-se Josefina Figueras, mulher com ampla experiência profissional, organizadora de congressos de moda para donas de *boutiques* e ciclos de caráter divulgativo. Junto com uma sócia, criou a *asmoda* (Madri, 2008), a primeira revista digital espanhola sobre moda, com quinze seções que se renovam mensalmente[53].

A Fashion Awareness Direct (FAD) é uma associação de moda londrina dirigida por María Álvarez. Seus programas estiveram orientados durante vinte anos a jovens criativos e com talento que desejavam dedicar-se ao mundo da moda. A FAD forjou uma comunidade inclusiva, com projetos que exploram a herança africana dos britânicos, o nexo entre a educação e a indústria do *design* e o trabalho associado com empresas de moda[54].

Enrique Concha dirige a EC&Co, empresa internacional de *design* de interiores radicada em Santiago do Chile. Explica que «o bo-

27. «UM MAR SEM MARGENS»: AÇÃO INDIVIDUAL NA SOCIEDADE

nito é enfrentar cada projeto como uma folha em branco e que a equipe consiga colocar sua experiência de 25 anos para obter um resultado criativo, único e dentro de um orçamento razoável». Quando questionado sobre sua chamada ao Opus Dei, responde: «Cabem-me duas possibilidades nesta vocação no meio do mundo: ou é uma loucura, ou é verdade. Creio profundamente, nos anos que já levo, que é verdade. E, nessa verdade, sou imensamente feliz»[55].

Javier Muñoz fundou a Jana Producciones em 2000. Escreveu e dirigiu diversos musicais, como *Antígona tem um plano,* que recebeu dois prêmios Max de Artes Cênicas, e *Blancanieves Boulevard,* melhor musical espanhol do ano de 2010. Muñoz quer, «por meio da arte, fazer um mundo melhor»[56]. Também José Gabriel López Antuñano é professor de dramaturgia. Dirigiu a Escola Superior de Arte Dramática de Castela e León e, atualmente, realiza adaptações de textos dramáticos para encenação e coordena um mestrado de estudos de teatro[57]. Outra iniciativa neste campo é a do dramaturgo Pierre Ruthes, que criou em Curitiba (Brasil) um espetáculo sobre a afetividade em estilo educativo, levado ao palco em muitas escolas públicas do Estado do Paraná.

Na arte sacra, encontramos a Talleres de Arte Granda, que tem sua sede central em Alcalá de Henares (Madri) e conta com sessenta artesãos e artistas que trabalham na produção de ourivesarias, retábulos, mobiliário litúrgico, esculturas e restauração. A empresa inclui o ateliê de artesanato Los Rosales, que confecciona ornamentos têxteis. A Granda realiza numerosos trabalhos na Europa, nos Estados Unidos e em vários países da América Latina.

Desde 2011, a Sacred Art School de Florença é uma academia para escultores e pintores, dirigida por alguns fiéis da Obra junto com pessoas diversas. Outras iniciativas mais específicas são, por exemplo, o ateliê Decorações e Artesanato Litúrgico (Brasil), iniciado por Maria Laura Faria dos Santos Correia, e o ateliê litúrgico Guaicamacuto (Venezuela), que elabora e restaura ornamentos.

Fernando Rayón é um jornalista com longa trajetória profissional. Há doze anos dirige *Ars Magazine,* prestigiosa revista de arte e colecionismo na qual colaboram acadêmicos e doutorandos de todo o mundo. Rayón afirma: «O mundo da arte é apaixonante. Tratamos de fazer uma revista de grande qualidade. Creio que fazendo as coisas bem é

A HISTÓRIA DO OPUS DEI

como melhor posso transmitir os valores do Evangelho. Sem dúvida, a parte mais grata do meu trabalho é o relacionamento e a amizade com os artistas. São pessoas de grande qualidade humana»[58].

Na Sétima Arte, Ettore Bernabei (1921-2016) foi diretor geral da RAI entre 1961 e 1974 e, já com setenta anos, começou, em 1992, a Lux Vide, produtora audiovisual que estreou obras de ficção de gêneros muito diversos, desde a comédia até o drama histórico, com adaptações da Bíblia e de grandes obras literárias. A empresa tem como ideário o entretenimento inteligente e coerente com a antropologia cristã. A produtora continua ativa sob a direção do filho de Ettore, Luca Bernabei. Outro fiel da Obra, Armando Fumagalli, é professor da Universidade Católica de Milão, onde havia trabalhado Gianfranco Bettetini (1933-2017), estudioso dos meios de comunicação, especialmente na área da semiótica. Fumagalli lançou um mestrado para a formação de roteiristas e produtores de cinema e televisão que formou um amplo número de profissionais italianos e de outros países. Além disso, ele é consultor da Lux Vide e de outras empresas audiovisuais[59].

Roberto Girault é diretor, roteirista e produtor mexicano de filmes como *El estudiante, Ilusiones, S.A.* e *Onyx: Kings of the Grail*. Afirma: «Procuro fazer com que o trabalho me leve aos valores do Evangelho. Graças aos golpes de cinzel que a vida me deu e à formação que recebi no Opus Dei, entendi que o trabalho é um meio e não um fim, o que é muito difícil de entender em minha profissão, onde o artista vive para e por sua obra. No meu caso, agradeço porque minha esposa e meus filhos limitam o meu tempo e me ajudam a ter ordem e prioridades. E a forma mais concreta em que o trabalho se converte em meio é quando trato de ver pessoas por trás de cada roteiro, de cada filme, de cada *set* ou tela de computador, e então busco realmente ajudar, viver as obras de misericórdia em meu trabalho. Quando estava filmando *El estudiante,* me veio à mente uma jaculatória que era: "Meu Deus, que eu faça algo que dê gloria a Ti e de que as pessoas gostem...". Penso que isso se cumpriu»[60].

Alberto Fijo estudou Direito e dirigiu centros de ensino. Aos quarenta anos, conforme declara, «me reorientei profissionalmente. Eu tinha paixão pelo cinema. Comecei a trabalhar como crítico em vários meios e como professor de Narrativa Audiovisual e His-

27. «UM MAR SEM MARGENS»: AÇÃO INDIVIDUAL NA SOCIEDADE

tória do Cinema em duas universidades. Fiz uma tese sobre o filme *A árvore da vida* e pude conversar com [seu diretor,] Terrence Malick, algo muito pouco comum». Publicou cerca de vinte livros sobre o cinema contemporâneo, coordenando o trabalho de uma centena de especialistas. Com o jornalista Juan Pedro Delgado fundou, em 1998, a *FilaSiete,* revista de crítica de cinema, séries e cultura audiovisual. Na *FilaSiete,* acrescenta Fijo, «procurei fomentar o sadio espírito crítico na redação e em nossos leitores. Tento ser substantivo, contextualizar, escutar e não me tornar imprescindível. Creio que trabalhamos com rigor, amenidade e sentido positivo. Eu diria que se percebe com clareza que manejamos uma antropologia cristã»[61].

O grupo Estrenos 21 criou em 2006, na cidade de Madri, o portal de informação cinematográfica *Decine21.* José María Aresté dirige este jornal digital de filmes e séries que aborda as estreias e a atualidade do mundo cinematográfico, contando com avaliações de mais de 42 mil títulos. Mediante a análise dos conteúdos e da linguagem cinematográfica, a *Decine21* estimula o espírito crítico e orienta o internauta na escolha de filmes. Desde 2014, celebra anualmente o Educacine, festival para estudantes dos últimos anos do ensino fundamental e médio, com projeções de longas-metragens, acompanhadas de colóquios moderados por profissionais e que despertam o interesse pela cinematografia como algo além do mero entretenimento[62].

Por ocasião da beatificação da Madre Teresa de Calcutá, Alfonso Nieto e Yago de la Cierva, professores da Pontifícia Universidade da Santa Cruz, iniciaram a agência televisiva de notícias Rome Reports, especializada na vida da Igreja, em particular do Papa e da Santa Sé. Ela produz, diariamente, informações breves em espanhol e inglês que vende a mais de quarenta redes de televisão de todo o mundo. Também edita documentários e serviços de longa duração[63]. Juan Martín Ezratty é o impulsionador e diretor da Digito Identidad – produtora audiovisual de Buenos Aires, especializada em reportagens e entrevistas – e Andrés Garrigó, da Goya Producciones, em Madri, que edita documentários e filmes sobre temas de história e doutrina da Igreja, entre outros[64].

A InterMedia Social Innovation (2005) é uma ONG com sedes em Roma e Buenos Aires. Esta agência planeja, gerencia e avalia projetos e programas de pesquisa em áreas relacionadas com o desenvolvimento

A HISTÓRIA DO OPUS DEI

da infância e da juventude, bem como um grupo internacional de estudos sobre mediação cultural e assuntos públicos. Por exemplo, em colaboração com vários governos e universidades, aprofunda-se em estudos com aplicações concretas no setor da educação do caráter e da afetividade entre os jovens. Também organiza congressos internacionais.

Um *spin-off* da InterMedia foi o Interaxion Group, plataforma educativa para a formação de pais e educadores sobre o uso de tecnologias da informação e comunicação entre os adolescentes, como as redes sociais e os videogames. Oferece conteúdos formativos em publicações, cursos *online* e tutoriais[65].

Scott Hahn é um teólogo católico converso, professor da Universidade Franciscana de Steubenville (Pittsburgh). *Um pai que cumpre suas promessas* e *Todos os caminhos levam a Roma* são duas de suas obras mais conhecidas. Especialista na Bíblia, Hahn ajudou milhares de cristãos a renovar a própria fé. Por outro lado, Francis J. Hoffman é um presbítero incardinado na prelazia. Desde 2010 dirige a Relevant Radio, uma emissora de rádio católica unida a uma rede de 168 estações afiliadas nos Estados Unidos. Além de momentos de oração e de temas espirituais, a Relevant Radio oferece programas pensados para levar a fé à vida corrente[66].

O sacerdote James Socías criou o Midwest Theological Forum (Chicago). Publica livros de espiritualidade e textos para a docência da religião católica. Entre suas coleções está a *Didache Series,* um repertório de manuais sobre a Sagrada Escritura, a doutrina dogmática e moral, os sacramentos e a história da Igreja. Esses livros tiveram grande difusão nos colégios de ensino médio nos Estados Unidos e nas paróquias, sobretudo para a preparação da primeira comunhão e da confirmação.

Por ocasião da visita do Papa Bento XVI à Inglaterra em 2010, nasceu o grupo Catholic Voices, organizado por Jack Valero, diretor do escritório de informação do Opus Dei no Reino Unido, e por Austen Ivereigh, jornalista que havia sido vice-diretor do *The Tablet* e porta-voz do arcebispo de Westminster. O Catholic Voices prepara leigos e sacerdotes para que intervenham, de modo positivo e moderno, nos meios de comunicação sobre temas polêmicos relacionados com a Igreja e o Papa. O projeto foi estabelecido em mais de vinte países e uniu católicos pertencentes a muitas dioceses e realidades eclesiais[67].

A CAMINHO DO CENTENÁRIO

Em 12 de dezembro de 2016, dia do falecimento de Javier Echevarría, encerrou-se uma etapa da história do Opus Dei. Aos 47 anos do período fundacional haviam se seguido outros 41 liderados por duas pessoas formadas pelo próprio Escrivá de Balaguer. Em certos aspectos, a fundação e a imediata pós-fundação formavam uma unidade. Agora, a nova fase coincidia com um momento de forte mudança social, política e econômica no mundo, bem como de dificuldades e esperanças na Igreja.

Em 23 de janeiro de 2017, os congressistas e eleitores do Opus Dei elegeram Fernando Ocáriz como padre e pastor da Obra. Nesse mesmo dia, o Papa Francisco o confirmou como prelado. Depois, com a aprovação do congresso, monsenhor Ocáriz nomeou os cargos do governo central. Os mais relevantes foram: Mariano Fazio, como vigário geral (e que, em maio de 2019, passou a ser vigário auxiliar); Antoni Pujals, como vigário secretario central (vigário geral em maio de 2019); e Isabel Sánchez, como secretária central. O prelado resumiu as conclusões do Congresso Geral posterior à sua nomeação em uma carta pastoral publicada em *opusdei.org*. Como ponto de partida, colocou a centralidade de Jesus Cristo na vida do cristão: «Quais são as prioridades que Nosso Senhor nos apresenta neste momento histórico do mundo, da Igreja e da Obra? A resposta é clara: em primeiro lugar, cuidar da nossa união com Deus com delicadeza de apaixonados, partindo da contemplação de Jesus Cristo, rosto da Misericórdia do Pai. O programa de São Josemaria será sempre válido: "Que procures Cristo. Que encontres Cristo. Que ames a Cristo"»[1].

Nos anos seguintes, Fernando Ocáriz redigiu outras três cartas

A HISTÓRIA DO OPUS DEI

pastorais. Duas tocam temas nucleares do ser e do viver cristãos à luz dos ensinamentos de São Josemaria: o dom da liberdade pessoal (9--I-2018) e o valor da amizade, manifestado no cuidado de cada um (1-XI-2019). A terceira carta reflete sobre a vocação cristã e sua concretização nos fiéis do Opus Dei segundo as distintas circunstâncias pessoais (28-X-2020).

O prelado serve-se do conceito de *fidelidade dinâmica* para se referir ao desenvolvimento do carisma fundacional do Opus Dei na Igreja. Aprofundar-se na herança recebida é uma fonte de impulso criativo para a tarefa atual: «A fidelidade à fé cristã, que é fidelidade a Jesus Cristo, mostrou-se sempre dinâmica, inovadora e transformadora»[2]. Dada a grande evolução da Igreja e da sociedade desde que se encerrou a etapa fundacional, aponta que é imprescindível o «discernimento, sobretudo para conhecer qual é o limite entre o acidental e o essencial»; trata-se do que «São Josemaria afirmou expressamente: mudam os modos de dizer e de fazer, permanecendo intocável o núcleo, o espírito»[3].

De forma gráfica, monsenhor Ocáriz comentou que o Opus Dei não são os edifícios, mas as pessoas: os atuais 93 mil fiéis e 175 mil cooperadores. Dos membros, 57% vivem na Europa, 34% na América Latina e 9% no resto do mundo. Entre todos os países, destaca-se a Espanha, com 43% do total. Como realidade que participa da missão da Igreja, o Opus Dei busca a propagação da vida cristã tanto nos lugares onde está estabelecido há décadas como nas culturas da Europa Oriental, do mundo árabe, Índia e China.

Paul O'Callaghan, agente de preces do Opus Dei, que acompanha o relacionamento institucional da prelazia com a Santa Sé, pensa que, «dentro da Igreja, a Obra se esforça por mostrar um talante sereno e construtivo. As relações com o Papa, os bispos residenciais e as instituições da Igreja são fluidas e habituais. O magistério pontifício – que propõe a necessidade de cuidar dos mais vulneráveis e dos que vivem nas periferias existenciais – encontra inúmeras respostas no apostolado pessoal e corporativo do Opus Dei, algumas de grande interesse»[4]. Os fiéis da prelazia e os sócios da Sociedade Sacerdotal procuram dar um testemunho cristão nas Igrejas particulares às quais pertencem e na sociedade civil. A beatificação de uma mulher da Obra, Guadalupe Ortiz de Landázuri (2018), mostrou que o ideal de santidade é

A CAMINHO DO CENTENÁRIO

uma meta à qual podem aspirar pessoas correntes. Segundo o Papa Francisco, «muitas vezes somos tentados a pensar que a santidade esteja reservada apenas àqueles que têm possibilidade de se afastar das ocupações comuns, para dedicar muito tempo à oração. Não é assim. Todos somos chamados a ser santos, vivendo com amor e oferecendo o próprio testemunho nas ocupações de cada dia, onde cada um se encontra»[5].

A vitalidade da mensagem da santidade secular repercute nas novas gerações de jovens, estudantes e profissionais. Pessoas solteiras ou recém-casadas assumem, como missão pessoal, o desafio de ser cristãos coerentes. De acordo com os ensinamentos de São Josemaria, entendem que encarnar o Evangelho e difundi-lo pela sociedade – nos âmbitos do trabalho, do direito, da ciência, da política, da cultura, da moda, da arte, da comunicação – é uma aventura pela qual vale a pena desafiar a vida. Esta tarefa exige abordagens atualizadas, raízes assentadas no espírito fundacional e capacidade inovadora e criativa. Dentro da instituição, novas pessoas se incorporam aos órgãos de governo centrais e regionais e às tarefas de direção espiritual e de coordenação nos conselhos locais. São homens e mulheres que buscam na mensagem do fundador e na narrativa dos fatos passados o discernimento das respostas que o presente demanda.

As pessoas da Obra enfrentam desafios como o de expor uma mensagem racional e permanente em um contexto marcado pelo relativismo e pela volatilidade; de evangelizar por *atração* em uma sociedade imersa na tecnologia digital; de apreciar o mundo moderno de modo positivo e como espaço adequado para o desdobramento da potencialidade cristã; de criar lares de família unidos e alegres; de transmitir aos filhos a fé; de potencializar a identidade cristã e o alto profissionalismo das atividades apostólicas do Opus Dei; de adequar as estruturas corporativas às possibilidades de pessoal; e de adaptar-se às circunstâncias conjunturais – inclusive às naturais, como a pandemia do coronavírus, desencadeada em 2020, que acelerou a transformação social contemporânea.

Junto com suas possibilidades, limites e vulnerabilidades, os membros da Obra trouxeram um dinamismo próprio para os processos sociais e eclesiais em que viviam e manifestaram a vitalidade da religião nos lugares onde cresce o secularismo. Se quiséssemos averiguar a atual extensão do seu carisma, teríamos de ser capazes de responder a uma interrogação que, por pulsar no mais profundo da interioridade das pessoas, acrescenta outro desafio a nós, que nos dedicamos à ciência histórica: quantos cristãos seculares – leigos e sacerdotes – aspiram à santidade, a amar a Deus como Pai, a identificar-se com Cristo por meio do trabalho e das demais circunstâncias da vida corrente? Esta é a mensagem evangélica que o Opus Dei irradia.

NOTAS

Precedentes

[1] Uma versão prévia deste capítulo foi publicada por José Luis González Gullón, «La vocación de Josemaría Escrivá de Balaguer (1918-1928)», *Scripta theologica*, 50/3 (2018) 637-653. Cf. Carlo Pioppi, «Infanzia e prima adolescenza di Josemaría Escrivá: Barbastro 1902-1915. Contesti, eventi biografici, stato delle ricerche e prospettive di approfondimento», *Studia et documenta* 8 (2014) 149-189; Andrés Vázquez de Prada, *El Fundador del Opus Dei*, vol. I, Rialp, Madri 1997, pp. 13-64. [Edição brasileira: *O Fundador do Opus Dei*, 3 vols., São Paulo, Quadrante, 2004.]

[2] Como ele mesmo recordava, «Deus Nosso Senhor foi preparando as coisas para que a minha vida fosse normal e corrente, sem nada de chamativo. Fez-me nascer num lar cristão, como costumam ser os do meu país, de pais exemplares que praticavam e viviam a sua fé» (*Meditação*, 14-II-64, em Andrés Vázquez de Prada, *El Fundador del Opus Dei*, I, o. c., p. 13).

[3] Cf. AGP, série A.1, 12-1-1.

[4] *Apontamentos íntimos*, n. 1637b (4-X-1932). Esta é a recordação mais antiga de Escrivá do episódio das pegadas na neve. Citamos os *Apontamentos íntimos* de Josemaría Escrivá pela edição inédita de Pedro Rodríguez, que está em AGP (nós os mencionaremos daqui em diante sem a referência ao arquivo). Sobre o conteúdo e alcance desta fonte, cf. Josemaría Escrivá de Balaguer, *Camino* (edición crítico-histórica), o. c., pp. 18-27, e Pedro Rodríguez, «Apuntes íntimos (obra inédita)», em *Diccionario de san Josemaría Escrivá de Balaguer*, o. c., pp. 131-135. [Edição brasileira: *Caminho*, edição comentada por Pedro Rodríguez. São Paulo, Quadrante, 2014.]

[5] Frase ouvida por Álvaro del Portillo e recolhida em Andrés Vázquez de Prada, *El Fundador del Opus Dei*, I, o. c., p. 96.

[6] *Meditação*, 14-II-1964, em Josemaría Escrivá de Balaguer, *En diálogo con el Señor* (edição crítico-histórica), Rialp, Madri 2017, p. 200. [*Em diálogo com o Senhor*, textos da pregação oral. São Paulo, Quadrante, 2020.]

A HISTÓRIA DO OPUS DEI

[7] *Idem.*

[8] *Apontamentos de uma meditação*, 19-III-1975, citado em Andrés Vázquez de Prada, *El Fundador del Opus Dei*, I, o. c., p. 97. Escrivá sempre achou que se tratava de uma chamada divina. Em suas palavras, rezou «durante anos, a partir do primeiro de minha vocação em Logronho»: *Apontamentos íntimos*, n. 289 (17-IX-1931).

[9] Citado em *Crónica* III-1975, p. 12, em AGP, Biblioteca, P01. Em outra ocasião acrescentou que «essas intuições de amor levaram-me ao sacerdócio» (Homilia de 2-X--1968, citada em *Meditações*, vol. VI, p. 306, em AGP, Biblioteca, P06).

[10] *Carta* 32, n. 41, em AGP, série A.3, 94-2-3; *Apontamentos íntimos*, n. 289 (17-IX--1931).

[11] Recordação de Luis Felipe Gómez Caballero, Gaztelueta (Bilbau), 9-VIII-1975, em AGP, série A.5, 216-1-7.

[12] *En diálogo con el Señor*, o. c., p. 200. Em algumas ocasiões, Josemaría Escrivá rememorava esse diálogo com seu pai: «Disse-me: – Meu filho, pense bem. Os sacerdotes têm que ser santos... É muito duro não ter casa, não ter lar, não ter um amor na terra. Pensa um pouco mais, mas eu não me oporei» (*Idem*).

[13] Jaime Toldrà, «Seminario Conciliar de Logroño», em *Diccionario de san Josemaría Escrivá de Balaguer*, o. c., p. 1143. Para estes anos, cf. Idem, *Josemaría Escrivá en Logroño (1915-1925)*, Rialp, Madri 2007.

[14] *Meditação*, 14-II-1964, em Josemaría Escrivá de Balaguer, *En diálogo con el Señor*, o. c., p. 199.

[15] Para este período, cf. Ramón Herrando Prat de la Riba, *Los años de seminário de Josemaría Escrivá en Zaragoza (1920-1925). El seminario de San Francisco de Paula*, Rialp, Madri 2002.

[16] *Apontamentos íntimos*, n. 179 (Álvaro del Portillo transcreveu essas palavras do fundador em 1968); *Meditação*, 2-II-1962, em Josemaría Escrivá de Balaguer, *En diálogo con el Señor*, o. c., p. 179.

[17] *Apontamentos íntimos*, n. 414 (24-XI-1931); *Apontamentos íntimos*, n. 306 (2-X--1931); *Meditação*, 14-II-1964, em Josemaría Escrivá de Balaguer, *En diálogo con el Señor*, o. c., p. 201; Apontamentos de um encontro familiar, em *Crónica* V-1968, p. 48, em AGP, Biblioteca, P01; Apontamentos de um encontro familiar, 19-III-1975, em Josemaría Escrivá de Balaguer, *En diálogo con el Señor*, o. c., p. 403; *Carta* 31, n. 3, em AGP, série A.3, 94-2-2. Ao final de sua vida, repetiu várias vezes esta ideia: «Eu intuía o amor de Deus, mas não sabia que era tão imenso» (*Meditações*, vol. V, p. 117, em AGP, Biblioteca, P06).

[18] *Apontamentos íntimos*, n. 1748 (17-VII-1934).

[19] Juan Francisco Baltar Rodríguez, «Los estudios de Derecho de san Josemaría en la Universidad de Zaragoza», *Studia et documenta* 9 (2015) 231.

[20] Recordação de Arsenio Górriz Monzón, Teruel, XII-1975, em AGP, série A.5, 218--1-8; recordação de Francisco Javier de Ayala (que cita uma conversa com Pou de Foxá), São Paulo, 8-IX-1979, em AGP, série A.5, 196-2-7. Ayala acrescenta que Jose-

NOTAS

maria visitou seu tio Carlos nos inícios do anos 1940 e lhe disse que não estava ressentido dos acontecimentos do passado.

[21] Sobre o particular, cf. Pedro Rodríguez, «El doctorado de san Josemaría en la Universidad de Madrid», *Studia et documenta* 2 (2008) 13-103.

1. A fundação da Obra

[1] Cf. Julio Montero y Javier Cervera Gil, «Madrid en los años treinta. Ambiente social, político, cultural y religioso», *Studia et documenta* 3 (2009) 13-39; Julio González-Simancas y Lacasa, «San Josemaría entre los enfermos de Madrid (1927-1931)», *Studia et documenta* 2 (2008) 147-203; Constantino Ánchel, «Actividad docente de san Josemaría: el Instituto Amado y la Academia Cicuéndez», *Studia et documenta* 3 (2009) 307-333.

[2] *Apontamentos íntimos*, n. 331 (15-X-1931).

[3] *Apontamentos íntimos*, n. 306 (2-X-1931). De 1928 a 1930, Escrivá não usou nenhum nome para definir a realidade que estava iniciando. Depois, empregou a expressão «Obra de Deus».

[4] *Apontamentos íntimos*, n. 306. Essa frase é uma nota marginal de Escrivá datada de 1968, quando revisou junto com Álvaro del Portillo os *Apontamentos íntimos* e fez vários acréscimos e correções.

[5] *Apontamentos íntimos*, n. 179. Álvaro del Portillo transcreveu no verão de 1968 essas palavras do fundador.

[6] Carta de Josemaria Escrivá de Balaguer a José María Hernández Garnica, Roma, 29-XII-1948, em AGP, série A.3.4, 260-1, 480129-2 (o fundador rememora o acontecimento de 2 de outubro de 1928).

[7] *Apontamentos íntimos*, n. 978b (10-IV-1933).

[8] Sobre o significado teológico, canônico e histórico da fundação do Opus Dei, cf. Antonio Aranda, *«El bullir de la Sangre de Cristo». Estudio sobre el cristocentrismo del beato Josemaría Escrivá*, Rialp, Madri 2000; Carlos José Errázuriz M., «Reflexiones sobre la unidad esencial entre el carisma del Opus Dei y su dimensión institucional constitutiva», *Ius Ecclesiae* 31, 1 (2019) 289-302; José Luis Illanes Maestre, «Datos para la comprensión histórico-espiritual de una fecha», *Anuario de Historia de la Iglesia* 11 (2002) 655-697; Gonzalo Redondo, «El 2 de octubre de 1928 en el contexto de la historia cultural contemporánea», *Anuario de Historia de la Iglesia* 11 (2002) 699-741; Pedro Rodríguez, *Opus Dei: Estructura y Misión. Su realidad eclesiológica*, Cristiandad, Madri 2001.

[9] *Apontamentos íntimos*, n. 179 (essas palavras do fundador foram transcritas por Álvaro del Portillo em 1968); *Apontamentos íntimos*, n. 179 (22-III-1931); *Apontamentos íntimos*, n. 475b (12-XII-1931); *Apontamentos íntimos*, n. 475b (12-XII-1931). Para os primeiros anos da Obra, cf. John F. Coverdale, *La fundación del Opus Dei*, Ariel, Madri 2002.

A HISTÓRIA DO OPUS DEI

[10] *Meditação* de 14-II-1964, citada em Andrés Vázquez de Prada, *El Fundador del Opus Dei*, I, o. c., p. 318; *Apontamentos íntimos*, n. 1869 (14-VI-1948). Cf. *Carta* 20, n. 249, em AGP, série A.3, 95-3-1. Anos mais tarde, acrescentou que havia passado aquela época «como que em um torpor; e foi o Senhor quem me conduziu e me tirou» (*Carta* 15, n. 5, em AGP, série A.3, 93-1-4).

[11] Em AGP conservam-se mais de quarenta recortes de imprensa, publicados entre 1920 e 1933, sobre instituições católicas diversas – pias uniões, ordens terciárias e associações – e escolas, congressos e editoras confessionais da Espanha, Estados Unidos, França, Holanda, Hungria, Itália e Polônia. Josemaria Escrivá os recopilou com a ajuda de José Romeo (cf. AGP, série A.1, 6-4-1, série A.3, 179-1-5, e 179-1-6).

[12] Cf. Relato autobiográfico de José Romeo Rivera (princípios de 1935), em AGP, série A.2, 34-3-10. Romeo e Rodríguez deixaram a Obra em 1935 (cf. José Luis González Gullón, *DYA. La Academia y Residencia en la historia del Opus Dei*, o. c., pp. 32, 37 e 294-300).

[13] *Apontamentos íntimos*, n. 179 (22-III-1931); *Apontamentos íntimos*, n. 179. Essas palavras do fundador foram transcritas por Álvaro del Portillo em 1968.

[14] *Apontamentos íntimos*, n. 1871 (14-VI-1948); *Apontamentos íntimos*, n. 1872 (14--VI-1948). Sobre este acontecimento, pode-se ver Francisca R. Quiroga, «14 de febrero de 1930: la transmisión de un acontecimiento y un mensaje», *Studia et documenta* 3 (2009), 163-189.

[15] *Apontamentos íntimos*, n. 290 (IX-1931) e n. 240 (24-VIII-1930). Em 1931 escreveu: «Reinado efetivo de Cristo, toda a glória para Deus, almas»: *Apontamentos íntimos*, n. 171 (10-III-1931).

[16] Cf. Nota manuscrita, em AGP, série A.3, 87-6-1.

[17] Cf. Nota manuscrita, em AGP, série A.3, 175-9-1.

[18] *Idem*.

[19] *Apontamentos íntimos*, n. 14 (13-III-1930), n. 65 (16-VI-1930) e n. 60 (16-VI--1930).

[20] *Apontamentos íntimos*, n. 993 (30-IV-1933).

[21] *Carta* 13, n. 11, em AGP, série A.3, 92-6-2.

[22] *Apontamentos íntimos*, n. 306 (esta frase é uma interpolação de Escrivá do ano 1968); recordação de Pedro Rocamora Valls, Madri, 12-XI-1977, em AGP, série A.5, 241-1-5.

[23] Sobre Zorzano, pode-se ver José Miguel Pero-Sanz Elorz, *Isidoro Zorzano Ledesma. Ingeniero industrial (Buenos Aires, 1902 – Madrid, 1943)*, Palabra, Madri 2009.

[24] *Apontamentos íntimos*, n. 548. Esta frase é de uma apostila de Escrivá de 1968.

[25] *Apontamentos íntimos*, n. 164. Esta frase é uma anotação de Escrivá do ano 1968.

[26] *Apontamentos íntimos*, n. 731d (20-V-1932).

[27] *Apontamentos íntimos*, n. 217 (7-VIII-1931). As ideias iniciais da santificação do trabalho em Josemaria Escrivá estão relacionadas com este fato fundacional. Há outras referências em seus *Apontamentos íntimos*: «O trabalho santifica e obriga a todos» (n. 970b, 28-III-1933).

NOTAS

[28] *Carta* 29, n. 60, em AGP, série A.3, 94-1-5.

[29] Depois, Escrivá completou a frase com um acréscimo cristológico e o repetiu como lema de sua vida: «Ocultar-me e desaparecer é o meu, que só Jesus brilhe» (Carta de Josemaría Escrivá de Balaguer aos membros da Obra, Roma, 28-XII-1975, em AGP, série A.3.4, 309-2, 750128-2). A ideia da via ou *pequena via* da infância espiritual é original de Santa Teresa de Lisieux. Cf. Federico M. Requena, «San Josemaría Escrivá de Balaguer y la devoción al Amor Misericordioso (1927-1935)», *Studia et documenta* 3 (2009) 139-174. O próprio Papa Pio XI chegou a escrever na encíclica *Miserentissimus Redemptor* (8-V-1928) que a devoção ao Coração de Jesus «contém a soma de toda a religião e ainda a norma de vida mais perfeita»: *AAS* 20 (1928) 178.

[30] Cf. Josemaría Escrivá de Balaguer, *Santo Rosario* (edición crítico-histórica), Rialp, Madri 2010. [Edição brasileira: *Santo Rosário*, 6a ed. São Paulo, Quadrante, 2021.]

[31] Cf. Josemaría Escrivá de Balaguer, *Camino*, o. c., pp. 28-30.

[32] Cf. José Luis González Gullón e Jaume Aurell, «Josemaría Escrivá en los años treinta: los sacerdotes amigos», *Studia et documenta* 3 (2009) 41-106.

[33] Escobar morreu em 13 de setembro de 1933. Cf. José Miguel Cejas, *La paz y la alegría: María Ignacia García Escobar en los comienzos del Opus Dei. 1896-1933*, Rialp, Madri 2001; Gloria Toranzo, «Los comienzos del apostolado del Opus Dei entre mujeres (1930-1939)», *Studia et documenta* 7 (2013) 15-93.

[34] Cf. José Luis González Gullón, *DYA. La Academia y Residencia en la historia del Opus Dei*, o. c., pp. 60-64. Além disso, um dos participantes no golpe, Luis Gordon – jovem profissional recém-incorporado à Obra – faleceu no mês de novembro, por pneumonia. Cf. Pedro Pablo Ortúñez Goicolea e Luis Gordon Beguer, «Luis Gordon Picardo. Un empresario en los primeros años del Opus Dei (1898-1932)», *Studia et documenta* 3 (2009) 107-138; José Miguel Cejas, *José María Somoano en los comienzos del Opus Dei*, Rialp, Madri 1995.

[35] *Apontamentos íntimos*, n. 1076 (6-XI-1933); *Apontamentos íntimos*, n. 1725 (22-VI-1933).

2. A academia e residência DYA

[1] Recordação de Fidel Gómez Colomo, Madri, 15-X-1975, em AGP, série A.5, 216-1-8.

[2] *Apontamentos íntimos*, n. 89 (2-X-1930). Cf. Ethel Tolansky, «The Dynamic Role of the Intellectual in the Message of Blessed Josemaría», em Fernando de Andrés (ed.), *Figli di Dio nella Chiesa. Riflessioni sul messaggio di San Josemaría Escrivá. Aspetti culturali ed ecclesiastici*, EDUSC, Roma 2004, pp. 237-249.

[3] Em 1935, escreveu que «aos homens, como aos peixes, é preciso pegar também pela cabeça, pela inteligência»: Josemaría Escrivá de Balaguer, *Camino* (edición crítico-histórica), o. c., p. 1033.

[4] *Instrucción sobre el modo de hacer el proselitismo* (1-IV-1934), n. 63, em AGP, série A.3, 89-2-1; *Estatutos* (1941), «Espíritu», n. 25, em AGP, série L.1.1, 1-3-3.

A HISTÓRIA DO OPUS DEI

[5] *Diario de la Academia DYA*, 9-VIII-1934, p. 175, em AGP, série A.2, 7-2-1. Algo semelhante ocorreu no verão de 1930, quando Escrivá comentou ao Pe. Sánchez que pensava explicar a Obra a Isidoro Zorzano. O jesuíta lhe recomendou: «Fale-lhe remotamente... Diga-lhe o assunto das cátedras» (*Apontamentos íntimos*, n. 84 [25-VIII-1930]). Com relação aos diários, o fundador indicou que se fosse feito um em cada casa da Obra, a fim de refletir os acontecimentos significativos, ainda que pequenos, da vida cotidiana; de modo semelhante, teve interesse em que se tirassem fotografias para conservar documentos gráficos para a posteridade: cf. José Luis González Gullón, *DYA. La Academia y Residencia en la historia del Opus Dei*, o. c., p. 16.

[6] Recordação de Juan Jiménez Vargas, Madri, 22-II-1985, AGP, série A.5, 221-1-2.

[7] *Apontamentos íntimos*, n. 234 (19-VIII-1931).

[8] Josemaria Escrivá de Balaguer, *Surco*, 2ª ed., Rialp, Madri 1986, p. 104, n. 183, e ficha de Juan Jiménez Vargas, que parafraseia uma ideia de Josemaria Escrivá de 1943, em AGP, série E.2.2, 171-2-2.

[9] «Academia» (sem data), em AGP, série A.3, 174-1-6. No original, os grifos estão em maiúsculos e sublinhados.

[10] Cf. Luis Cano, «Instrucciones (obra inédita)», em *Diccionario de san Josemaría Escrivá de Balaguer*, o. c., pp. 650-652. Os originais das instruções *sobre o espírito sobrenatural da Obra de Deus* (19-II-1934), *sobre o modo de fazer proselitismo* (1-IV-1934) e *sobre a obra de São Rafael* (9-I-1935) foram escritos nas datas em que estão datados. Veremos que o fundador os publicou como livro nos anos 1960 e que, nesse momento, acrescentou algumas poucas ideias aos textos de três décadas antes.

[11] Para este capítulo, pode-se ver José Luis González Gullón, *DYA. La Academia y Residencia en la historia del Opus Dei*, o. c., pp. 261-509.

[12] AGP, série A.2, 7-3-1; e série A.2, 41-2-2.

[13] Para a atividade do Conselho da Obra antes da Guerra Civil, cf. José Luis González Gullón, *DYA. La Academia y Residencia en la historia del Opus Dei*, o. c., pp. 284-286, 297-299 e 396-397.

[14] Contamos com biografias destes personagens: José Carlos Martín de la Hoz, *Roturando los caminos. Perfil biográfico de D. José María Hernández Garnica*, Palabra, Madri 2012; Javier Medina Bayo, *Álvaro del Portillo. Un hombre fiel*, Rialp, Madri 2012.

[15] *Instrução sobre a obra de São Rafael* (9-I-1935), p. 49, em AGP, série A.3, 89-3-1.

[16] Sobre o encontro entre os dois, cf. Santiago Casas Rabasa, «Las relaciones escritas de san Josemaría sobre sus visitas a Francisco Morán (1934-1938)», *Studia et documenta* 3 (2009) 371-411.

[17] *Instrução sobre a obra de São Rafael* (9-I-1935), p. 40, em AGP série A.3, 89-3-1. A descrição aponta algumas atividades da Ação Católica no momento.

[18] Josemaria Escrivá de Balaguer, *Conversaciones con Mons. Escrivá de Balaguer*, o. c., p. 488 (são palavras de uma homilia do ano de 1967). [Edição brasileira: *Questões atuais do cristianismo*. São Paulo, Quadrante, 1968.]

[19] A emissão de votos se fez porque, junto com a recepção dos sacramentos, era o modo pelo qual se expressava na Igreja a doação a Deus. Escrivá os utilizou «para facilitar que

NOTAS

aqueles que chegavam ao Opus Dei adquirissem consciência do compromisso assumido» (Amadeo de Fuenmayor et al., *El itinerario jurídico del Opus Dei*, o. c., p. 77).

[20] Carta de Josemaria Escrivá a Ángel Basterra, S.J., Madri, 28-II-1936, em AGP, série A.3.4, 253-4, 360228-1.

[21] Carta de Josemaria Escrivá a Ángel Basterra, S.J., Madri, 25-IV-1936, em AGP, série A.3.4, 253-4, 360425-1. Essa linguagem de tom bélico era típica na ascética do momento.

3. A Guerra Civil espanhola

[1] Sobre o Opus Dei na Guerra Civil espanhola, cf. Pedro Casciaro, *Soñad y os quedaréis cortos*, Rialp, Madri 2011, 16ª ed.; Coverdale, *La fundación del Opus Dei*, o. c., pp. 167-234; José Luis González Gullón, *Escondidos. El Opus Dei en la zona republicana durante la Guerra Civil española (1936-1939)*, Rialp, Madri 2018; Pablo Pérez López, «San Josemaría y José María Albareda (1935-1939)», *Studia et documenta* 6 (2012) 13--66; Pablo Pérez López, «Burgos», em *Diccionario de san Josemaría Escrivá de Balaguer*, o. c., pp. 169-174; Andrés Vázquez de Prada, *El Fundador del Opus Dei*, vol. II, Rialp, Madri 2001.

[2] Pode-se ver um breve resumo das meditações em José Luis González Gullón, *Escondidos*, o. c., pp. 209-218.

[3] Sobre Dolores Fisac, pode-se ver Yolanda Cagigas Ocejo, «Cartas de Josemaría Escrivá de Balaguer a Dolores Fisac (21 de maio de 1937 – 16 de novembro de 1937)», *Studia et documenta* 4 (2010) 375-409.

[4] *Apontamentos íntimos*, n. 1440 (22-XII-1937).

[5] O texto foi reproduzido por Alfredo Méndiz, «Tres cartas circulares del fundador del Opus Dei (Burgos, 1938-1939)», *Studia et documenta* 9 (2015) 368-373.

[6] Carta de Josemaria Escrivá de Balaguer a Leopoldo Eijo Garay, Burgos, 10-I-1938, em AGP, série A.3.4, 254-5, 380110-1.

[7] Carta de Josemaria Escrivá de Balaguer a Juan Jiménez Vargas, 6-VI-1938, em AGP, série A.3.4, 255-3, 380606-1.

[8] Recordação de Amparo Rodríguez Casado, Guadalajara, 16-VIII-1975, em AGP, série A.5, 239-1-6.

[9] Carta circular, Burgos, 9-I-1939, em AGP, série A.3.4, 256-2.

[10] Carta circular, Burgos, 24-III-1939, em AGP, 256-2.

II. Aprovações e expansão inicial (1939-1950)

[1] O fundador do Opus Dei teve consciência dos problemas que levantavam o nazismo e o comunismo antes da Segunda Guerra Mundial e criticou publicamente esses regimes (cf. Andrés Vázquez de Prada, *El Fundador del Opus Dei*, vol. II, o. c., pp. 392-394). Dos membros do Opus Dei, só um – Silverio Palafox, que acabava de pedir admissão em Valencia – lutou com a Divisão Azul. Juan Jiménez Vargas, Miguel Fisac e Eduardo

A HISTÓRIA DO OPUS DEI

Alastrué também se apresentaram como voluntários depois de terem consultado o bispo de Madri, mas não foram escolhidos (agradecemos esta informação a Onésimo Díaz). Escrivá rejeitou qualquer forma de nacionalismo e respeitou as ideias políticas das demais pessoas. É significativo o caso de Juan Bautista Torelló, que solicitou admissão à Obra em Barcelona: «Corria o ano 1941, período de quente exaltação nacionalista entre os da Falange. Eram os dias em que os muros e fachadas de Barcelona se encheram de pichações patrióticas: "Se você é espanhol, fale espanhol!"; e outras desse estilo: "Espanhol, fale a língua do Império!". Em uma longa conversa que Juan Bautista teve com Pe,. Josemaria, manifestou-lhe que pertencia a uma organização de defesa da cultura catalá tida pela polícia como clandestina e antifranquista, pois estava proibido o uso do idioma catalão. O fundador recordou-lhe a liberdade de que gozava nesse aspecto; era problema seu, e ninguém na Obra lhe perguntaria sobre isso» (*Ibidem*, p. 389).

4. A difusão entre os homens

[1] Cf. *Diario de la residencia de Jenner*, 4-IX-1939, p. 33; 10-X-1939, pp. 39 e 40; 29--X-1939, p. 46; 12-XI-1939, p. 50, em AGP, série A.2, 11-1-1. Os encargos mudaram em função das necessidades de cada momento. Por exemplo, em abril de 1940, Justo Martí foi nomeado subdiretor da residência de Jenner, José María Hernández Garnica se responsabilizou pela obra de São Rafael ajudado por Vicente Rodríguez Casado e Francisco Botella colaborou com a Sociedad de Colaboración Intelectual (cf. *Diario de la residencia de Jenner*, 9-IV-1940, p. 13; 17-IV-1940, pp. 15 e 16).

[2] Cf. Pablo Pérez López, «Josemaría Escrivá de Balaguer, profesor de Ética para periodistas: Madrid 1941», *Studia et documenta* 3 (2009) 335-368; Beatriz Comella Gutiérrez, *Josemaría Escrivá de Balaguer en el Real Patronato de Santa Isabel de Madrid (1931-1945)*, Rialp, Madri 2010, p. 238. O fundador da Obra foi reitor de Santa Isabel até dezembro de 1945.

[3] Cf. Onésimo Díaz, *Posguerra*, Rialp, Madri 2018.

[4] *Relato da viagem a Valência*, 26-V-1940, em AGP, série A.2, 48-1-2.

[5] Cf. Francesc Castells i Puig, «Barcelona 1939-1940: los viajes para establecer el primer centro del Opus Dei», *Studia et documenta* 8 (2014) 191-210.

[6] Cf. «Advertências para as viagens», II-1940, II-1941 e XI-1944, em AGP, série A.2, 47-1.

[7] Relato de Francisco Ponz (sem data), em AGP, série A.2, 47-1-4. Nessas anotações de 1940 ou 1941, Ponz indicava: «Estamos cansados de ver o tipo de estudante inteligente apanhado por uma associação que, se ele estuda Direito, o faz falar do piloro, o bajula (sua humildade desmorona), o faz falar mais; ele faz comícios e não estuda; tira umas notas mínimas para ser aprovado e acaba o curso sem ter aprendido bem; em vez de ir para uma cátedra, se conforma com um salário para ir levando a vida e fica em uma mediania, enquanto os inimigos ocupam as universidades» (*Idem*). Depois, mencionava a formação cristã que davam: «Nós fazemos tudo isto com um fim sobrenatural. Não somos políticos, mas pretendemos que os povos estejam governados pelo espírito religioso, católico. Como os primeiros cristãos, compartilharemos o trabalho profissional com o apostolado. E pescaremos homens» (*Idem*). Segundo Orlandis, «precisa-

NOTAS

mente a possibilidade de seguir Jesus Cristo sem aparências de "católicos oficiais" era um dos atrativos que tinha para muitos a vocação ao Opus Dei» (José Orlandis, *Años de juventud en el Opus Dei*, Rialp, Madri 1993, p. 105).

[8] Cf. AGP, E.2.2, 171-1-1 a 171-1-4.

[9] A casa denominou-se Donadío, Lagasca e, mais tarde, Diego de León. Para unificar as referências, só utilizamos a terceira acepção. Cf. Santiago Martínez Sánchez, «Diego de León, Centro de Estudios», em *Diccionario de san Josemaría Escrivá de Balaguer*, o. c., pp. 332-334.

[10] Para este capítulo, cf. Amadeo de Fuenmayor et al., *El itinerario jurídico del Opus Dei*, o. c., pp. 85-139.

[11] Relato manuscrito de Josemaria Escrivá de Balaguer, 9-I-1943, em AGP, série L.1.1, 1-3-8.

[12] *Diário da residência de Jenner*, 19-VI-1939, p. 28, em AGP, série A.2, 11-1-1; *Diário da residência de Jenner*, 28-V-140, p. 23; 7-VI-1940, p. 25, em AGP, série A.2, 11-1-2.

[13] *Estatutos* (1941), «Regulamento», art. 1. Esta citação dos Estatutos e as que se seguem provêm do original, que se encontra em AGP, série L.1.1, 1-3-4. O «Regulamento» se encontra também AAV, *Arch. Nunz. Madrid*, 1305, fasc. 2.

[14] *Estatutos* (1941), «Espírito», art. 1 e 3.

[15] *Estatutos* (1941), «Regulamento», art. 3, 3, y «Regime», art. 7.

[16] *Estatutos* (1941), «Ordo», art. 16, §2. O trabalho dos administradores no Opus Dei assegura, por um lado, a boa gestão dos bens econômicos; e, por outro lado, ajuda a seus membros no emprego dos rendimentos de seu trabalho, de modo que estejam desprendidos das coisas materiais.

[17] *Estatutos* (1941), «Espírito», art. 7 e 27; «Regime», art. 1, §2, e «Espírito», art. 28, respectivamente.

[18] Cf. María Rosario de Felipe (ed.), *Homenaje a D. José María Albareda en el centenario de su nacimiento*, Consejo Superior de Investigaciones Científicas, Madri 2002; Pablo Pérez López, «José María Albareda en los comienzos del Consejo Superior de Investigaciones Científicas (1936-1949)», em Francisco Javier Caspistegui e Ignacio Peiró Martín (eds.), *Jesús Longares Alonso: el maestro que sabía escuchar*, EUNSA, Pamplona 2016, pp. 203-229.

[19] Cf. *Diário da residência de Jenner*, 19-VI-1940, p. 28, em AGP, série A.2, 11-1-2.

[20] José Orlandis, *Años de juventud...*, o. c., p. 179.

[21] Cópia do «Informe confidencial sobre la organización secreta Opus Dei», 16--I-1942, em AGP, série M.2.4, 117-3-3. Cf. Onésimo Díaz, «Falange versus Opus Dei. Política y religión en la posguerra española (1939-1945)», *Hispania Sacra* 142 (2018) 671-680; Idem, *Expansión. El desarrollo del Opus Dei entre los años 1940 y 1945*, Rialp, Madri 2020, pp. 344-355.

[22] Entrevista de Mons. Eijo Garay com Valcárcel e Eduardo [Alastrué], Madri, 10--III-1942, em AGP, série M.2.4, 115-03-02. Essas insídias às vezes traziam tons insultantes, como se lia na revista falangista *¿Qué Pasa?* (22-V-1941), que criticava o que denominava seita secreta dos «Socoines, Sanmigueles y Hermarsanes».

A HISTÓRIA DO OPUS DEI

[23] Cópia do relatório de 21-II-1944, em AGP, série M.2.4, 125-1-5; cf. cópia do relatório de 2-VI-1943, em AGP, série M.2.4, 125-1-2. No relatório de junho se dizia que os três graus de pertença à organização são «1. Hermarsanes. 2. Sanmigueles. 3. Zacoinos».

[24] Cf. Onésimo Díaz, *Expansión*, o. c., pp. 238-52.

[25] Por exemplo, em 1947, o ministro de Assuntos Exteriores, Alberto Martín Artajo, «deu a ordem de não admitir no Corpo Diplomático membros do Opus Dei ou pessoas consideradas como tais, ainda que houvessem ganho o correspondente concurso. Contra toda a justiça, essa ordem se cumpriu em vários casos» (Álvaro del Portillo, *Entrevista sobre el Fundador del Opus Dei*, Rialp, Madri 2014, 10ª ed., p. 44).

[26] Cf. Alfons Balcells, *Memoria ingenua. Primeros pasos del Opus Dei en Cataluña*, Rialp, Madri 2009; Andrés Vázquez de Prada, *El Fundador del Opus Dei*, II, o. c., pp. 437-449 e 474-553.

[27] *Apontamentos íntimos*, n. 1622 (14-IX-1940).

[28] *Carta* 13, n. 77, em AGP, série A.3, 92-6-2. Ainda que a frase seja de anos posteriores, o fundador resume seu pensamento e atuação durante a década de 1940.

[29] Carta de Leopoldo Eijo Garay a Aurelio María Escarré Jané, O.S.B., de 24-V-1941, citada em Andrés Vázquez de Prada, *El Fundador del Opus Dei*, II, o. c., p. 493.

[30] Relato da entrevista entre Josemaria Escrivá e Gaetano Cicognani, 24-V-1941, em AGP, série M.2.4, 136-5-5.

[31] Relato da entrevista entre Josemaria Escrivá e Gaetano Cicognani, 10-VI-1941, em AGP, série M.2.4, 136-5-5.

[32] Relato manuscrito de José María González Vallés, 27-III-1945, em AGP, série M.2.4, 127-4-1.

[33] Os relatórios de vários bispos espanhóis, jesuítas e religiosos se encontram em AAVV, *Arch. Nunz. Madrid*, 1305, fasc. 4. Gaetano Cicogani os enviou, junto com o seu parecer, à Santa Sé nos despachos dos dias 15 de outubro e 21 de novembro de 1941 (cf. AAVV, *Arch. Nunz. Madrid*, 1305, fasc. 4). Cf. Francisca Colomer Pellicer, «Un informe del arzobispo de Valencia sobre el Opus Dei para la nunciatura de Madrid (1941)», *Studia et documenta* 7 (2013) 403-430.

[34] Cf. Fernando Crovetto, «Los primeros pasos del Opus Dei en Italia. Epistolario entre Roma y Madrid (noviembre 1942–febrero 1943)», *Studia et documenta* 11 (2017) 267-314.

[35] Cf. AGP, série M.2.4, 116; Jaume Aurell Cardona, «La formación de un gran relato sobre el Opus Dei», *Studia et documenta* 6 (2012) 242-250.

5. O desenvolvimento com as mulheres

[1] Para esta etapa, cf. Inmaculada Alva y Mercedes Montero, *El hecho inesperado. Mujeres en el Opus Dei (1930-1950)*, Rialp, Madri 2021.

NOTAS

[2] Citado segundo a recordação de Dolores Fisac Serna, Madri, 5-IX-1975, em AGP, série A.5, 212-1-4.

[3] Recordação de Encarnación Ortega Pardo, Valladolid, 21-VIII-1975, em AGP, série A.5, 232-1-2. Sobre essas mulheres do Opus Dei, cf. Maite del Riego Ganuza, *Encarnita Ortega Pardo: hablando de tú a Dios*, Palabra, Madri 2006; Francisca R. Quiroga, «Apuntes para una reseña biográfica de Narcisa González Guzmán, una de las primeras mujeres del Opus Dei», *Studia et documenta* 4 (2010) 339-371; Beatriz Torres Olivares, «Botella Raduán, Enrica», em *Diccionario de san Josemaría Escrivá de Balaguer*, o. c., pp. 163-164.

[4] Recordação de Encarnación Ortega Pardo, Valladolid, 21-VIII-1975, em AGP, série A.5, 232-1-2.

[5] *Apontamentos íntimos*, n. 1101b (5-I-1934); cf. *Apontamentos íntimos*, n. 137 (26--XII-1930).

[6] Cf. José Luis González Gullón, *Escondidos*, o. c., pp. 250-258 e 305-306.

[7] Palavras recolhidas em recordação de Narcisa González Guzmán, Madri, 5-IX-1975, em AGP, série A.5, 216-3-1. O fundador escreveu que «somente dez por cento – pouco mais ou menos – das associadas [do Opus Dei] se ocuparão da Administração» (nota manuscrita em «Plan del Curso para las Nuevas [Junio 1949]», em AGP, série A.3, 179-1-11). Sobre este aspecto, cf. Mercedes Montero, «Mujer y Universidad en España (1910-1936). Contexto histórico del punto 946 de *Camino*», *Studia et documenta* 6 (2012) 211-234.

[8] Recordação de Encarnación Ortega Pardo, Valladolid, 21-VIII-1975, em AGP, série A.5, 232-1-2.

[9] Cf. María Isabel Montero Casado de Amezúa, «Mujeres en el Opus Dei. Inicio del apostolado», em *Diccionario de san Josemaría Escrivá de Balaguer*, o. c., pp. 860-868.

6. A Sociedade Sacerdotal e a propagação europeia

[1] Cf. José Luis González Gullón, *DYA. La Academia y Residencia en la historia del Opus Dei*, o. c., pp. 288-300.

[2] Cf. Nicolás Álvarez de las Asturias, «San Josemaría, predicador de ejercicios espirituales a sacerdotes diocesanos (1938-1942). Análisis de las fuentes conservadas», *Studia et documenta* 9 (2015) 277-321.

[3] Cf. José Luis González Gullón, «Los tres primeros sacerdotes del Opus Dei (mayo--junio 1944)», em Pablo Gefaell (ed.), *Vir fidelis multum laudabitur*, EDUSC, Roma 2014, pp. 93-106; Federico M. Requena, «El claustro académico del Centro de Estudios Eclesiásticos de la Sociedad Sacerdotal de la Santa Cruz: los profesores de Teología del beato Álvaro del Portillo», *Studia et documenta* 9 (2015) 13-55.

[4] Citado em John F. Coverdale, *La fundación del Opus Dei*, o. c., p. 329.

[5] Cf. Nota manuscrita de Josemaria Escrivá de Balaguer, 28-II-1943, em AGP, série L.1.1, 2-1-3.

A HISTÓRIA DO OPUS DEI

[6] *Constitutiones Societatis Sacerdotalis Sanctae Crucis* (1950), nn. 1 e 3, em AGP, série L.1.1, 2-4-2.

[7] Cf. *Carta* 9, n. 12, em AGP, série A.3, 92-2-2.

[8] *Carta* 13, n. 160, em AGP, série A.3, 92-6-2; e *Carta* 9, n. 17, em AGP, série A.3, 92-2-2.

[9] *Carta* 15, n. 18, em AGP, série A.3, 93-1-4.

[10] Anotações em torno dos dias da ordenação dos três primeiros sacerdotes do Opus Dei, 23 de maio a 28 de julho de 1944, pp. 24-25, em AGP, série A.1, 14-1-13. Cf. Amadeo de Fuenmayor et al., *El itinerario jurídico del Opus Dei*, o. c., pp. 119-127.

[11] Podem-se ver os recortes dessas publicações em AGP, série L.1.1, 18-1.

[12] Cf. Mercedes Montero, «La Editorial Minerva (1943-1946). Un ensayo de cultura popular y cristiana de las primeras mujeres del Opus Dei», *Studia et documenta* 11 (2017) 227-263.

[13] Cf. Mercedes Montero, *Historia de Ediciones Rialp. Orígenes y contexto, aciertos y errores*, Rialp, Madri 2020.

[14] Cf. Mercedes Montero, «Los comienzos de la labor del Opus Dei con universitarias: la Residencia Zurbarán de Madrid (1947-1950)», *Studia et documenta* 4 (2010) 15-44.

[15] Aurora Nieto foi a primeira supernumerária que se incorporou temporariamente ao Opus Dei, em 31 de maio de 1953; Ramona Sanjurjo fez a oblação em 26 de maio de 1955. Cf. Francisca Colomer Pellicer, «Ramona Sanjurjo Aranaz y los inicios del Opus Dei en Vigo», *Studia et documenta* 12 (2018) 311, n. 32.

[16] Cf. Josep-Ignasi Sarayana, «Ante Pío XII y Mons. Montini. Audiencias a miembros del Opus Dei, en los diarios de José Orlandis (1942-1945)», *Studia et documenta* 5 (2011) 311-343; Luis Cano, «San Josemaría ante el Vaticano. Relaciones y trabajos durante el primer viaje a Roma: del 23 de junio al 31 de agosto de 1946», *Studia et documenta* 6 (2012) 165-209; Alfredo Méndiz, *Salvador Canals. Una biografía*, Rialp, Madri 2019; José Orlandis, *Memorias de Roma em guerra (1942-1945)*, Rialp, Madri 1998, 2ª ed.; Idem *Mis recuerdos. Primeros tiempos del Opus Dei en Roma*, Rialp, Madri 1995.

[17] *Carta* 17, n. 18, em AGP, série A.3, 93-2-4; cf. *Carta* 13, n. 166, em AGP, série A.3, 92-6-2.

[18] Cf. «Relación sobre el estado actual de la Sociedad Sacerdotal de la Santa Cruz», 1946, em AGP, série L.1.1, 5-1-1.

[19] Cf. Alfredo Méndiz, «Orígenes y primera historia de Villa Tevere. Los edifícios de la sede central del Opus Dei en Roma (1947-1960)», *Studia et documenta* 11 (2017) 175-182.

[20] Recordação de Francesco Angelicchio, Roma, 24-VII-1975, em AGP, série A.5, 193--4-1. Cf. Cosimo di Fazio, «Itália», em *Diccionario de san Josemaría Escrivá de Balaguer*, o. c., pp. 658-662.

[21] Cf. Hugo de Azevedo, «Primeiras viagens de S. Josemaria a Portugal (1945)», *Studia et documenta* 1 (2007) 15-39.

NOTAS

[22] Cf. Maureen Mullins, «Grã-Bretaña», em *Diccionario de san Josemaría Escrivá de Balaguer*, o. c., pp. 585-589.

[23] Cf. Marie Heraughty, «Irlanda», em *Diccionario de san Josemaría Escrivá de Balaguer*, o. c., pp. 655-658.

[24] Carta de Josemaría Escrivá de Balaguer aos membros da Obra em Paris, Madri, 16--II-1949, em AGP, série A.3.4, 260-4, 490216-1.

[25] Cf. François Gondrand, «Francia», em *Diccionario de san Josemaría Escrivá de Balaguer*, o. c., pp. 543-547.

7. As aprovações pontifícias

[1] *Carta* 31, n. 6, em AGP, série A.3, 94-2-2.

[2] Cf. Alfredo Méndiz, *Salvador Canals*, o. c., pp. 166-176.

[3] Pio XII, Constituição apostólica *Provida Mater Ecclesia. De statibus canonicis institutisque saecularibus christianae perfectionis adquirendae*, 2-II-1947, em AAS 39 (1947) 114. Pouco depois foram promulgados outros dois documentos pontifícios – o motu proprio *Primo feliciter* (12-III-1948) e a instrução *Cum Sanctissimus* (19-III-1948) – que insistiam na secularidade como nota distintiva dos institutos seculares.

[4] Cf. AGP, série L.1.1, 7-2-2, onde se encontra uma cópia encadernada do *Laudis Decretum* e das *Constitutiones Societatis Sacerdotalis Sanctae Crucis et Operis Dei*.

[5] Decreto *Primum institutum*, 24-II-1947, em AGP, série L.1.1, 7-2-2.

[6] Relato manuscrito, 9-I-1943, em AGP, série L.1.1, 1-3-8; e *Carta* 23, n. 36, em AGP, série A.3, 93-3-3.

[7] Josemaria Escrivá de Balaguer, *Escritos varios. 1927-1974* (edición crítico-histórica), Rialp, Madri 2018, pp. 182-184 e 189. A conferência também está publicada no *Boletín de la Asociación Católica Nacional de Propagandistas*, XXV, 427 (15-I-1949) 1-5.

[8] Cf. AGP, série A.3, 87-7-7; Livro de atas do Conselho Geral (24-IX-1947), pp. 23--27, em AGP, série E.1.2.

[9] Catecismo (1947, 1ª ed.), n. 7, em AGP, série E.1.1, 181-1-3.

[10] Cf. AGP, série Q.1.7, 9-50.

[11] Cf. AGP, série E.2.2, 171-3 y 171-4. Esta Semana de Trabalho foi a terceira porque provavelmente se contou como primeira a Semana de Estudos de 1940 – que teve três sessões, segundo explicamos – e como segunda a Semana de Trabalho do verão de 1943 (cf. AGP, série E.2.2, 171-2-1; Entrevista dos autores com Fernando Valenciano Polack, Roma, 14-XII-2017).

[12] Cf. Diário da viagem exploratória pela América em AGP, série M.2.1, 23-1-1.

[13] Cf. Diário de Juan Bravo, 25-X-1949, em AGP, série U.2.2, D-1012.

[14] «Opus Dei. Regulamento interno da Administração», Roma, 19-III-1947, em AGP, série Q.1.7, 1-5. A primeira edição impressa deste regulamento está datada de 14 de fevereiro de 1950.

A HISTÓRIA DO OPUS DEI

[15] Víctor García Hoz, *Tras las huellas del beato Josemaría Escrivá de Balaguer*, Rialp, Madri 1997, p. 35.

[16] Cf. Luis Cano, «Los primeros supernumerarios del Opus Dei. La convivência de 1948», *Studia et documenta* 12 (2018) 251-302.

[17] Cf. «Relación sobre el estado actual del Instituto Secular Opus Dei», em AGP, série L.1.1, 11-3-5.

[18] *Carta* 20, n. 148, em AGP, série A.3, 95-3-1.

[19] Cf. «Statuto riguardante in Sodali Sacerdoti diocesani della Società Sacerdotale della Santa Croce», 2-VI-1950, em AGP, série L.1.1, 12-1-6. Sobre a Sociedade Sacerdotal, cf. Lucas F. Mateo-Seco e Rafael Rodríguez-Ocaña, *Sacerdotes en el Opus Dei: secularidad, vocación y ministerio*, EUNSA, Pamplona 1994.

[20] Decreto *Primun inter*, §7. Cf. Carta de Álvaro del Portillo aos membros do Conselho Geral, 31-I-1947, em AGP, L 1.1, 8-1-5; Amadeo de Fuenmayor et al., *El itinerario jurídico del Opus Dei*, o. c., pp. 145-296.

[21] *Constitutiones Societatis Sacerdotalis Sanctae Crucis et Operis Dei* (1950), n. 4, §2, em AGP, série L1.1, 12-3-2.

[22] *Constitutiones Societatis Sacerdotalis Sanctae Crucis et Operis Dei* (1950), n. 64, em AGP, série L1.1, 12-3-2.

[23] *Constitutiones Societatis Sacerdotalis Sanctae Crucis et Operis Dei* (1950), n. 27, §1, em AGP, série L1.1, 12-3-2. As Constituições diziam que os numerários eram sócios em «sentido estrito» do instituto secular. Escrivá de Balaguer afirmou que teve de aceitar essa forma de dizer, mas que todos tinham a mesma vocação.

[24] *Constitutiones Societatis Sacerdotalis Sanctae Crucis et Operis Dei* (1950), nn. 13-29, em AGP, série L1.1, 12-3-2.

[25] Cf. AGP, série A.1, 53-1-2.

[26] Andrés Vázquez de Prada, *El Fundador del Opus Dei*, vol. III, Rialp, Madri 2003, p. 194.

[27] Entre outras coisas, o prelado comentou-lhe abertamente: *«Mi hanno detto della vostra vita che non era tanto limpida»* (Relato de Juan Udaondo sobre a visita ao cardeal Schuster, Milão, 22-IX-1951, em AGP, série A.1, 52-2-1).

[28] Carta de Arcadio María Larraona a Álvaro del Portillo, Roma 5-I-1952, em AGP, série A.1, 52-2-4.

[29] Relato de Juan Udaondo sobre a visita ao cardeal Schuster, Milão, 15-VIII-1951, em AGP, série A.1, 52-2-3. Que o Opus Dei contasse com duas seções unidas institucionalmente era um privilégio, pois só por exceção se aprovavam institutos seculares com homens e mulheres (cf. Amadeo de Fuenmayor et al., *El itinerario jurídico del Opus Dei*, o. c., pp. 317-318).

[30] *Carta* 31, n. 44, em AGP, série A.3, 94-2-2.

[31] O Opus Dei teve quatro cardeais protetores: Luigi Lavitrano, de maio de 1947 a agosto de 1950; Federico Tedeschini, de janeiro de 1951 a novembro de 1959; Domenico Tardini, de dezembro de 1959 a julho de 1961; e Pietro Ciriaci, de outubro de 1961 a dezembro de 1966. Esta figura eclesiástica foi suprimida pela Santa Sé em abril

NOTAS

de 1964, mas alguns cardeais mantiveram o título durante mais tempo. Cf. AGP, série L.1.1, 17-2-2; AGP, série L.1.1, 17-2-3; AGP, série L.1.1, 17-2-4.

[32] Carta de Josemaria Escrivá de Balaguer a Federico Tedeschini, Roma, 12-III-1952, em AGP, série A.1, 52-2-7. A carta contém também a assinatura do secretário geral do Opus Dei, Álvaro del Portillo.

[33] Relato manuscrito de Álvaro del Portillo, Roma, 26-III-1952, em AGP, série A.1, 52-2-10.

[34] A revisão do Regulamento interno da Administração, redigido em castelhano e em latim, está datada de 27 abril de 1954 (cf. AGP, série Q.1.7, 1-7).

[35] Relato manuscrito de Álvaro del Portillo, Roma, 29-XII-1961, em AGP, série L.1.1, 17-4-8.

8. Organização do Opus Dei

[1] «Relación sobre el estado actual del Instituto Secular Opus Dei», em AGP, série L.1.1, 11-3-5. Este relato não está datado, mas os dados que oferece são de 1950.

[2] *Crónica* V-1969, p. 18, em AGP, Biblioteca, P01.

[3] *Apontamentos íntimos*, n. 169 (7-III-1931).

[4] *Crónica* I-1971, p. 10, em AGP, Biblioteca, P01.

[5] *Diário de Villa Tevere*, 10-XII-1950, em AGP, série M.2.2, 436-17.

[6] Andrés Vázquez de Prada, *El Fundador del Opus Dei*, III, o. c., p. 421.

[7] *Diário de Villa Tevere*, 10-XII-1950, em AGP, série M.2.2, 436-17.

[8] Adelaida Sagarra Gamazo, «Escrivá de Balaguer Albás, Carmen», em *Diccionario de san Josemaría Escrivá de Balaguer*, o. c., p. 410.

[9] Pilar Urbano, *El hombre de Villa Tevere: los años romanos de Josemaría Escrivá*, Plaza & Janés, Barcelona 1995, 8ª ed., p. 216. Edição brasileira: O homem de Villa Tevere.

[10] Cf. «Curso Formación de Sirvientas», 1952, em AGP, série R6.5, 2-18.

[11] Cf. AGP, série R6.3, 1-3.

[12] Sobre as escolas dominicais, cf. AGP, série R3.2.5, 1-4.

[13] Cf. AGP, série R6.2.2, 1-10. Escrivá de Balaguer pensou em erigir um «Colégio Romano da Sagrada Família» na zona da Administração de Villa Tevere. Seria um centro inter-regional em que se formariam numerárias servidoras com programas formativos de acordo com os seus trabalhos. Ainda que só permanecesse como ideia, as servidoras que trabalharam nessa casa tiveram a oportunidade de escutar o espírito da Obra dos lábios do próprio fundador.

[14] Cf. Recordação de Mónica Miguel Sancha, Valladolid, 8-VII-2013, em AGP, série U.1.2, 4-56.

[15] Ata do I Congresso Geral do Opus Dei (11-X-1951), em AGP, D.1, 457-2-8.

A HISTÓRIA DO OPUS DEI

[16] Palavras de um encontro familiar de Josemaria Escrivá de Balaguer, 26-V-1972, citadas em *Meditaciones*, II, p. 718 (AGP, Biblioteca, P06).

[17] Cf. Plano de Estudos, 9-I-1951, em AGP, série G4.2.1, 131-3-2; Plano de Estudos, 14-II-1955, em AGP, série G4.2.1, 131-3-3.

[18] Cf. AGP, série G4.2.1, 130-3-2.

[19] Carta de Josemaria Escrivá de Balaguer a José Luis Múzquiz, Roma, 30-IX-1952, em AGP, série A.3.4, 264-2, 520930-1.

[20] Andrés Vázquez de Prada, *El Fundador del Opus Dei*, III, o. c., p. 279. Por *romanizar* Escrivá de Balaguer entendia a unidade pessoal e coletiva com o Papa, Cabeça da Igreja, e com o Padre. Em certo dia de 1951, discorreu sobre o sentido da presença na Cidade Eterna dos alunos do Colégio Romano: trata-se de uma «segunda vocação. Fala-nos de voar muito alto, muito alto, com as duas asas da nossa formação intelectual e nossa santidade. A responsabilidade da nossa formação é duplamente maior porque da segurança e altura do nosso voo depende o voo dos nossos irmãos, aos quais num dia não distante teremos que formar» (*Diário de Villa Tevere*, 10-II-1951, em AGP, série M.2.2, 436-17).

[21] Cf. Luis Cano, «Colegio Romano de la Santa Cruz», em *Diccionario de san Josemaría Escrivá de Balaguer*, o. c., pp. 235-241.

[22] Cf. Gertrud Lutterbach, «Colegio Romano de Santa María», em *Diccionario de san Josemaría Escrivá de Balaguer*, o. c., pp. 241-244; María Isabel Montero Casado de Amezúa, «L'avvio del Collegio Romano di Santa Maria», *Studia et documenta* 7 (2013) 259-319.

[23] *Instrução para os Diretores* (31-V-1936), n. 26, em AGP, série A.3, 89-4-1. Esta instrução está dirigida de modo particular aos integrantes dos conselhos locais. Tem a data de 1936, ano em que se preparava a primeira expansão do Opus Dei. Escrivá de Balaguer concluiu-a em princípios dos anos 1960.

[24] *Instrução para os Diretores* (31-V-1936), n. 27, em AGP, série A.3, 89-4-1. Cf. *Constitutiones Societatis Sacerdotalis Sanctae Crucis et Operis Dei* (1950), nn. 293-436 e 450-479.

[25] *Instrução para os Diretores* (31-V-1936), n. 43, em AGP, série A.3, 89-4-1.

[26] Cf. Ata da segunda sessão do II Congresso Geral do Opus Dei (24-X-1956), em AGP, D.1, 457-3-12.

[27] Cf. Ata da segunda sessão do II Congresso Geral do Opus Dei (24-VIII-1956), em AGP, D.1, 457-3-6.

[28] Cf. AGP, série D.1, 457-2-4 a 457-2-8.

[29] Conclusões do II Congresso Geral do Opus Dei (25-VIII-1956, para os homens; 25-X-1956, para as mulheres), em AGP, D.1, 457-3-6 e 457-3-12, respectivamente.

[30] Pode-se ver uma concisa biografia de Antonio Pérez Hernández em Constantino Ánchel, José Luis Illanes, «Sacerdotes en el Opus Dei: 1944-1949», *Studia et documenta* 14 (2020) 200-201.

[31] Cf. AGP, série E.4.1, 89-3-1.

NOTAS

9. Irradiação mundial

[1] *Obras*, X-1957, p. 11, em AGP, Biblioteca P03.

[2] Citado segundo recordação de Encarnación Ortega Pardo, Valladolid, 21-VIII-1975, em AGP, série A.5, 232-1-2.

[3] Cf. Juan Larrea Holguín, «Dos años en Ecuador (1952-1954)», *Studia et documenta* 1 (2007) 113-125.

[4] Cf. *Carta* 30, n. 33, em AGP, série A.3, 94-2-1.

[5] Cf. Recordação de Manuel Botas Cuervo, La Coruña, 19-IV-1984, em AGP, série A.5, 199-1-4. A liberdade de pensamento político foi decisiva para o Opus Dei. O fundador explicou-a com frequência a seus filhos do Colégio Romano: «Nós não somos "anti" nada. *Possiamo abbracciare qualunque fede politica che non sia espressamente condannata dalla Chiesa... In politica non esistono dogmi»* (Diário de Villa Tevere, 17-IX-1950, em AGP, série M.2.2, 436-17).

[6] Citado em John Coverdale, *Echando raíces. José Luis Múzquiz y la expansión del Opus Dei*, Rialp, Madri 2009, p. 57.

[7] Cf. Andrés Vázquez de Prada, *El Fundador del Opus Dei*, III, o. c., pp. 359-365. Em 1972, o cardeal Cerejeira pediu perdão a Escrivá, pois quinze anos antes «havia se deixado levar por uma cegueira incompreensível» (*Ibidem*, p. 365).

[8] Cf. Chris Noonan, «The Beginnings of Opus Dei in Ireland Leading to the Establishment of its First Corporate Apostolate, Nullamore University Residence, Dublin in 1954», *Studia et documenta* 13 (2019) 177-241.

[9] Cf. Jordi Cervós, *Cruzando el muro. Recuerdos sobre los inicios del Opus Dei em Alemania*, Rialp, Madri 2016.

[10] Cf. Marlies Kücking, *Horizontes insospechados*, o. c., pp. 25-40; Barbara Schellenberger, «Das Studentinnenheim Müngersdorf – eine Initiative des heiligen Josemaría: 1957-1966», *Studia et documenta* 5 (2011) 53-76.

[11] Palavras de uma meditação, 2-XI-1958, em Andrés Vázquez de Prada, *El Fundador del Opus Dei*, III, o. c., p. 343.

[12] Cf. Ricardo Estarriol, «Die Vorgeschichte des Opus Dei in Österreich: Drei Reisen des heiligen Josefmaria (1949-1955)», *Studia et documenta* 7 (2013) 221-257; María Casal, *Una canción de juventud*, o. c.

[13] Cf. Hermann Steinkamp, «Holanda», en *Diccionario de san Josemaría Escrivá de Balaguer*, o. c., pp. 595-597.

[14] Em fins dos anos 1930, alguns haviam emigrado para a América Latina, fugindo da Guerra Civil espanhola; e, nos anos da Segunda Guerra Mundial, havia se produzido uma forte emigração de pessoas que escapavam dos sistemas totalitários. Uma vez acabados esses conflitos, ainda houve outra onda de europeus produzida pela carestia e pela devastação da guerra. Cf. María Estela Lépori de Pithod, «El contexto histórico de la posguerra y la expansión del Opus Dei en América Latina», em *La grandezza della vita quotidiana*, vol. II (San Josemaría Escrivá. Contesto Storico. Personalità. Scritti), Roma, Edizioni Università della Santa Croce, 2003, pp. 119-134.

A HISTÓRIA DO OPUS DEI

[15] Cf. Víctor Cano, «Los primeros pasos del Opus Dei en México (1948-1949)», *Studia et documenta* 1 (2007) 41-64.

[16] Cf. Mercedes Montero, *En vanguardia: Guadalupe Ortiz de Landázuri (1916-1975)*, Rialp, Madri 2019, pp. 95-205.

[17] Cf. Lucina Moreno-Valle y Mónica Meza, «Montefalco, 1950: una iniciativa pionera para la promoción de la mujer en el ámbito rural mexicano», *Studia et documenta* 2 (2008) 205-229.

[18] Cf. Federico M. Requena, «El Opus Dei en Estados Unidos (1949-1957). Cronología, geografía, demografía y dimensiones institucionales de unos inicios», *Studia et documenta* 13 (2019) 13-93; John Coverdale, *Echando raíces. José Luis*, o. c.

[19] Cf. Federico M. Requena, *«"Harvard and Catholic... are not incompatible".* Father William Porras' Chaplaincy at Harvard University, 1954-1960», *U.S. Catholic Historian*, 36 (2018), pp. 79-98.

[20] Cf. Adelaida Segarra Gamazo, «Una iniciativa a favor de la integración social: La Escuela Hotelera Zunil (Guatemala)», *Studia et documenta* 7 (2013) 347-368.

[21] Ata do Conselho Geral, 17-XI-1958, pp. 35-36.

[22] Cf. Antonio Mélich Maixé, «Koichi Yamamoto (1940-1983) and the Beginnings of Opus Dei in Japan», *Studia et documenta* 1 (2007) 127-159.

[23] Cf. Andrés Vázquez de Prada, *El Fundador del Opus Dei*, III, o. c., pp. 381-382.

[24] Comissão de Serviço no Quênia, 16-II-1962, em AGP, série Q.2.1, 2-51. Cf. Christine Gichure, «The Beginnings of Kibondeni College, Nairobi. A Historical and Sociological Overview», *Studia et documenta* 5 (2011) 77-129.

[25] Cf. Amin Abboud, «Australia», em *Diccionario de san Josemaría Escrivá de Balaguer*, o. c., pp. 145-148.

10. Atuação individual na sociedade

[1] *Instrução de São Gabriel* (V-1935/IX-1950), nn. 93-94, em AGP, série A.3, 90-3-1.

[2] «Na Obra todos nós temos as nossas ideias, variadas, cada um com seu pensamento, seu modo de ser: um numerador variadíssimo. Como denominador, além da fé e da moral da Igreja, temos essa *dedicação* a Deus. No resto, libérrimos!» (*Obras*, XII-1963, p. 47, em AGP, Biblioteca P03).

[3] *Constitutiones Societatis Sacerdotalis Sanctae Crucis et Operis Dei* (1950), n. 7, em L1.1, 12-3-2.

[4] Escrito autógrafo de Josemaria Escrivá, 9-IX-1943, em AGP, série L.1.1, 1-3-8.

[5] Escrito autógrafo de Josemaria Escrivá, 9-IX-1943, em AGP, série L.1.1, 1-3-8.

[6] *Estatutos* (1941), «Espírito», art. 10, em AGP, série L.1.1, 1-3-3.

[7] Cf. Catecismo (1951, 2ª ed.), n. 76, em AGP, série E.1.1, 181-2-1.

NOTAS

[8] O direito peculiar aprovado para a Obra sancionava a primazia da atividade singular: «Os sócios do Opus Dei atuam e operam mais individual do que corporativamente» (Decreto *Primum inter*, 1950, §21).

[9] Nota geral 67, n. 15 (15-XI-1956), em AGP, série E.1.3, 242-1; e Nota geral 60, n. 15 (15-XI-1956), em AGP, série Q.1.3, 2-12. A «intenção de oração mensal» por um tema de caráter espiritual é uma prática habitual dos papas.

[10] Cf. Onésimo Díaz Hernández, *Rafael Calvo Serer y el grupo* Arbor, Universitat de València, València 2008.

[11] Nota geral 23, n. 1 (22-II-1956), em AGP, série E.1.3, 242-1; e Nota geral 53, n. 1 (10-X-1956), em AGP, série Q.1.3, 2-12.

[12] Nota geral 308, n. 2, c (16-III-1952), em AGP, série E.1.3, 242-1.

[13] Ver, por exemplo, *Daily Telegraph*, 1-III-1957; *The Observer*, 3-III-1957; *Daily Express*, 12-III-1957; *Time*, 18-III-1957; *Le Monde*, 7-VI-1957.

[14] Lembrança de Julián Herranz Casado, citado em Andrés Vázquez de Prada, *El Fundador del Opus Dei*, III, o. c., p. 526. Pelo contexto, parece-nos que a frase não é desdenhosa para com o trabalho de varredor.

[15] Nota geral 90, n. 6 (7-III-1957), em AGP, série E.1.3, 242-1; e Nota geral 79, n. 6 (15-IV-1957), em AGP, série Q.1.3, 2-12.

[16] Julián Herranz, «El Opus Dei y la política», *Nuestro tiempo* 34 (IV-1957) 394.

[17] Nota da Secretaria do Conselheiro do Opus Dei na Espanha, Madri, 12-VII-1957, publicada em Julián Herranz, «El Opus Dei», *Nuestro tiempo*, 97-98 (1962) 12.

[18] Cf. José Luis Illanes, «L'azione politica dei cattolici nella Spagna d'oggi», *Studi cattolici: rivista di teologia pratica*, IV-17 (1960) 54.

11. Atividades apostólicas institucionais

[1] Cfr. *Constitutiones Societatis Sacerdotalis Sanctae Crucis et Operis Dei* (1950), n. 365, em AGP, série L1.1, 12-3-2; Catecismo (1951, 2ª ed.), n. 339, em AGP, série E.1.1, 181-2-1.

[2] Catecismo (1951, 2ª ed.), n. 339, em AGP, série E.1.1, 181-2-1.

[3] *Carta* 24, n. 34, em AGP, série A.3, 93-3-4.

[4] Os Estatutos de 1941, por exemplo, mencionavam que se dedicariam de modo excepcional «ao ensino privado, que é sempre, só e exclusivamente, meio, nunca fim»: *Estatutos* (1941), «Ordo», art. 13, §10.

[5] Cf. Ramón Pomar, «San Josemaría y la promoción del Colegio Gaztelueta», *Studia et documenta* 4 (2010) 103-146.

[6] Cf. Carlos Barrera, «Josemaría Escrivá de Balaguer y el Instituto de Periodismo de la Universidad de Navarra», *Studia et documenta* 2 (2008) 231-257.

[7] Cf. Beatriz Torres Olivares, *Los orígenes del IESE*, LID, Madri 2015.

A HISTÓRIA DO OPUS DEI

[8] Estas providências beneficiaram outras instituições. Em 1963, foram reconhecidos efeitos civis aos estudos cursados em algumas faculdades da Universidade Católica de Deusto (Bilbau) – que, a propósito, foi erigida pela Santa Sé naquele ano – e da Universidade Pontifícia de Salamanca. Cf. Vicente Cárcel Ortí, *Historia de la Iglesia en la España contemporánea*, Palabra, Madri 2002, p. 493.

[9] Esteban López-Escobar e Pedro Lozano, *Eduardo Ortiz de Landázuri. El médico amigo*, Rialp, Madri 2003, pp. 200-201.

[10] Cf. Jesús Carnicero, *Entre chabolas. Inicios del colegio Tajamar en Vallecas*, Rialp, Madri 2011.

[11] Cf. AGP, série Q.2.1, 3-85.

[12] *Carta* 12, n. 8, em AGP, série A.3, 92-5-1.

[13] *Carta* 12, n. 37, em AGP, série A.3, 92-5-1.

[14] *Carta* 12, n. 19, em AGP, série A.3, 92-5-1. Em outro momento acrescentava: «Temos que confessar a Deus, enchendo o mundo – como costumo repetir-vos com frequência – de papel impresso, porque é um modo de manifestar essa paixão dominante dos meus filhos: dar doutrina» (n. 49).

[15] Palavras de Josemaría Escrivá de Balaguer, 1958, citadas em AGP, série K.1, 184-4.

[16] *Carta* 12, n. 55, em AGP, série A.3, 92-5-1. De acordo com Escrivá de Balaguer, as obras comuns nem eram um disfarce de uma direção oculta das autoridades do Opus Dei nem criavam sociedades de mútuo apoio. Nelas, «os membros do Opus Dei, o repetirei sempre, gozam de uma absoluta liberdade de critério e de atuação, sem imposição que não venha de sua consciência» (*Ibidem*, n. 56).

[17] Cf. AGP, série T.7, 1-6.

[18] Cf. AGP, série T.7, 1-7.

[19] Cf. AGP, série T.7, 1-2.

[20] Conclusões do II Congresso Geral do Opus Dei (25-VIII-1956, para homens; 25-X--1956, para mulheres), em AGP, D.1, 457-3-6 y 457-3-12, respectivamente.

[21] Cf. AGP, série K.1, 186-1.

[22] Nota geral 10/66 (21-I-1966), em AGP, série E.1.3, 244-5.

[23] Cf. Nota geral 74/65 (4-VI-1965), em AGP, série E.1.3, 244-4.

[24] *Instrução de São Gabriel* (V-1935/IX-1950), n. 126, em AGP, série A.3, 90-3-1.

[25] Nota geral 4, n. 2 (VI-1952), em AGP, série Q.1.3, 2-10.

[26] Nota geral 239, n. 4 (28-VI-1959), em AGP, série E.1.3, 242-2, e Nota geral 176, n. 4 (3-IX-1959), em AGP, série Q.1.3, 2-14.

[27] Cf. Nota geral 56 (5-XII-1956), em AGP, série Q.1.3, 2-10.

[28] Relato manuscrito, 9-I-1943, em AGP, série L.1.1, 1-3-8.

[29] AGP, série K.8, 872, 1125. O suplemento continha reportagens originais sobre obras corporativas e reproduções de recortes de imprensa. Ao SIDEC e ao suplemento acrescentou-se, em 1971, a *Interpress*, um boletim quinzenal que recolhia artigos publicados na imprensa internacional sobre a vida cristã em diversos países.

NOTAS

[30] Cf. Nota geral 506 (13-IV-1962), em AGP, série E.1.3, 242-4.

[31] Cf. Nota geral 242 (1-VII-1959), em AGP, série E.1.3, 242-1; Nota geral 310 (16-IV-1960); e Nota geral 352 (5-XII-1960), em AGP, série E.1.3, 242-2.

12. Governo de uma entidade global

[1] *Obras*, XII-1960, p. 21, em AGP, Biblioteca P03.

[2] Cf. III Congresso Geral Ordinário (1961), em AGP, série D.1, 457-4-5, e AGP, série D.1, 457-5-2.

[3] Cf. Nota geral 17/62 (9-V-1962), em AGP, série E.1.3, 243-1; IV Congresso Geral Ordinário (1966), em AGP, série D.1, 457-5-7.

[4] Elaboração própria a partir de AGP, série E.2.1, 204-1-2.

[5] Cf. AGP, série E.2.1, 204-1-2.

[6] Nota geral 5/67 (11-II-1967), em AGP, série E.1.3, 245-3.

[7] Recordação de Encarnación Ortega Pardo, Valladolid, 21-VIII-1975, em AGP, série A.5, 232-1-2.

[8] Nota geral 28/73 (20-VI-1973), em AGP, série E.1.3, 246-5.

[9] Cf. Nota geral 44/65 (26-IV-1965), em AGP, série E.1.3, 244-4; Nota geral 5/68 (28-II-1968), em AGP, série E.1.3, 245-5.

[10] Cf. Nota geral 100/64 (25-VI-1964), em AGP, série E.1.3, 244-1.

[11] Cf. AGP, série D.1, 457-5-2.

[12] Cf. Josemaria Escrivá de Balaguer, *En diálogo con el Señor*, o. c., pp. 34-55.

[13] Acréscimo manuscrito de 1968 aos *Apontamentos íntimos*, n. 35.

[14] Nota geral 131/64 (26-X-1964), em AGP, série E.1.3, 244-2. 15. Talvez tenha pesado nessa decisão o fato de que a constituição apostólica *Veterum sapientia* – publicada pelo Papa João XXIII em fevereiro de 1962 – afirmasse que a língua latina era um idioma preciso, que facilitava uma interpretação imutável e que deveria, pois, impor-se na docência das ciências eclesiásticas. Essa indicação caiu em desuso pouco depois, uma vez que muitos jovens professores das universidades pontifícias já não dominavam com perícia suficiente esse idioma.

[16] Cf. Josemaria Escrivá de Balaguer, *Cartas*, o. c., pp. 20-23. As *Cartas* não tinham então direitos de autor. Haviam sido distribuídas somente nos centros do Opus Dei.

[17] *Carta* 6, n. 2, em AGP, série A.3, 91-6-1.

[18] *Carta* 3, n. 92, em Josemaria Escrivá de Balaguer, *Cartas*, o. c., p. 236. O trabalho como meio de santificação é um dos elementos essenciais do espírito difundido pelo fundador da Obra: «O caráter peculiar da espiritualidade do Opus Dei está em que cada um deve santificar sua própria profissão ou ofício, seu trabalho ordinário; santificar-se precisamente em sua tarefa profissional; e, através dessa tarefa, santificar os demais» (*Carta* 31, n. 10, em AGP, série A.3, 94-2-2).

[19] *Carta* 27, n. 76, em AGP, série A.3, 94-1-3.

599

A HISTÓRIA DO OPUS DEI

[20] *Ibidem*, n. 34.

[21] Josemaria Escrivá de Balaguer, *Conversaciones con Mons. Escrivá de Balaguer*, o. c., pp. 487, 489 e 493.

[22] Cf. Conclusões do III Congresso Geral Ordinário (1-X-1961, para os homens; 22--X-1961, para as mulheres), em AGP, série D.1, 457-4-4 e AGP, série D.1, 457-4-8, respectivamente.

[23] Marlies Kücking, *Horizontes insospechados*, o. c., p. 112.

[24] *Apontamentos íntimos*, n. 956 (III-1933). Cf. Josemaría Escrivá de Balaguer, *Conversaciones con Mons. Escrivá de Balaguer*, o. c., pp. 245 e 319; e Carta 29, n. 11, em AGP, série A.3, 94-1-5.

[25] Josemaria Escrivá de Balaguer, *Conversaciones con Mons. Escrivá de Balaguer*, o. c., p. 319.

[26] Cf. Marlies Kücking, *Horizontes insospechados*, o. c. pp. 115-121. Kücking resume as comissões de serviço que ela mesma fez em diversos países da Europa e da América nos anos 1968-1975, quando era secretária da Assessoria Central.

[27] A primeira edição impressa do Catecismo é de 1947. A segunda edição (1951), a terceira (1959) e a quarta (1966) perfilaram a explicação de algumas ideias sobre a natureza e os labores do Opus Dei (cf. AGP, série E.1.1, 181-1 e 181-2). A edição do *De spiritu* está datada de 24 de outubro de 1963 (cf. AGP, série L.1.1, 14-3-6).

[28] Cf. AGP, série Q.1.7, 2-19, 2-20, 2-21 e 2-22.

[29] Comissão de Serviço no México, 31-X-1967, em AGP, série Q.2.1, 4-122.
30 Cf. AGP, série E.2.1, 204-1-2.

[31] Ata do Conselho Geral, 30-XI-1957, p. 22, em AGP, série E.1.2.

[32] Cf. AGP, série G1.1.1, 55-1-4.

[33] IV Congresso Geral Ordinário (17-V-1966), em AGP, série D.1, 457-5-8.

[34] Comissão de Serviço na Espanha, 3-I-1974, em AGP, série Q.2.1, 6-176; cf. Nota geral 511 (13-IV-1962), em AGP, série E.1.3, 242-4.

[35] Cf. Nota geral 101/65 (31-XII-1965), em AGP, série E.1.3, 244-4.
[36] Cf. AGP, série Q.2.1, 2-79.

[37] Cf. AGP, série E.2.1, 203-3-17.

[38] Cf. Cosimo di Fazio, «Centros ELIS y SAFI», em *Diccionario de san Josemaría Escrivá de Balaguer*, o. c., pp. 230-231.

[39] *Carta 3*, n. 77, em Josemaria Escrivá de Balaguer, *Cartas*, o. c., pp. 220-221.

[40] Cf. Maureen Mullins, «Grã-Bretanha», em *Diccionario de san Josemaría Escrivá de Balaguer*, o. c., pp. 585-589; James Pereiro, «Netherhall House, London (1960-1984): The Commonwealth Dimension», *Studia et documenta* 5 (2011) 13-51.

[41] Cf. Nota de Josemaria Escrivá de Balaguer a Angelo Dell'Acqua, IV-1966, em AGP, série H.1, 166-3.

[42] Cf. ae-Kf 2/67 (16-I-1967), em AGP, série R3.1, 1-1.

NOTAS

[43] Cf. Ana Labrada Rubio, *La vanguardia del Oriente. Recuerdos sobre la expansión del Opus Dei en Filipinas*, Rialp, Madri 2015.

[44] Cf. Nota geral 38/63 (62-III-1963), em AGP, série E.1.3, 243-2. A oblação é a incorporação temporária ao Opus Dei e se renova anualmente; a fidelidade é a definitiva.

[45] Cf. AGP, série R1.3.3, 1-3.

[46] Cf. Nota geral 15 (12-XI-1955), em AGP, série E.1.3, 242-1; e AGP, série R1.1.4, 1-1.

13. Labor formativo

[1] Citado em *Meditaciones*, vol. III, p. 527, em AGP, Biblioteca, P06; Nota autógrafa, 23-IV-1964, em AGP, série K.1, 186-2.

[2] «Labor de São Rafael», em AGP, série Q.1.3, 19-152; Nota geral 118 (25-V-1958), n. 6, em AGP, série Q.1.3, 2-13.

[3] Cf. Nota geral 36/63 (27-III-1963), em AGP, série E.1.3, 243-2.

[4] Cf. Nota geral 451 (4-I-1962), Nota geral 465 (24-I-1962) e Nota geral 467 (2-II-1962), em AGP, série E.1.3, 242-3.

[5] Cf. Nota geral 75 (8-XII-1956), em AGP, série E.1.3, 242-1.

[6] Cf. Nota geral 434 (30-XI-1961), em AGP, série E.1.3, 242-3; e Nota geral 481 (24-II-1962), em AGP, série E.1.3, 242-4.

[7] Cf. Hf 221/66 (1-VI-1966), em AGP, série R3.2.2, 2-14.

[8] Josemaría Escrivá de Balaguer, *Caminho*, o. c., n. 382; *Carta 7*, n. 9, em AGP, série A.3, 91-7-1; Nota geral 118 (25-V-1958), em AGP, série Q.1.3, 2-13.

[9] Cf. Marlies Kücking, *Horizontes insospechados*, o. c., pp. 184-186.

[10] Cf. AGP, série E.1.1, 133-4-3; e AGP, série Q.1.7, 1-4.

[11] Cf. AGP, série R4.2.3, 2-21. Os colégios maiores na Espanha – que remontam à Baixa Idade Média, quando ofereciam formação acadêmica além de alojamento – são equivalentes às residências em outros países.

[12] Cf. AGP, série G4.2.3.

[13] Cf. Relatório da Prefeitura de Estudos, 24-IX-1961, em AGP, série D.1, 457-4-2.

[14] Ofício da Congregação de Seminários e Estudos Universitários, Roma, 2-X-1964, em AGP, série G4.4.1, 51-3-5.

[15] Cf. AGP, série R4.2.2, 5-41.

[16] Cf. César Izquierdo y José Ramón Villar, *Notas para un aniversario. 50 años de la Facultad de Teología de la Universidad de Navarra (1967-2017)*, Servicio de Publicaciones de la Universidad de Navarra, Pamplona 2017, p. 16.

[17] Cf. Nota geral 20/68 (7-VI-1968), em AGP, série E.1.3, 245-5.

A HISTÓRIA DO OPUS DEI

[18] *Conversaciones con Mons. Escrivá de Balaguer*, o. c., pp. 409-410. Esta resposta sobre a visão da mulher está na entrevista «La mujer en la vida del mundo y de la Iglesia», realizada pela jornalista Pilar Salcedo em 1968 (cf. *ibidem*, pp. 397-471).

[19] Cf. Nota geral 90/64 (9-VII-1964), em AGP, série Q.1.3, 6-29. Desde anos antes, algumas escolas dominicais já se chamavam «escolas do lar».

[20] Um episódio sobre o trabalho profissional no lar: em 1966, celebrou-se um congresso internacional de empregadas domésticas em Barcelona, organizado por instituições católicas. Participaram algumas mulheres das escolas de lar e cultura de Barcelona. Mais tarde, informaram a Assessoria Central de que, durante os debates, «as numerárias auxiliares falaram longamente do sentido profissional do seu trabalho, da preparação e superação que ele exige, da importância que tem dentro da sociedade»: Hf 261/66 (14-VI-1966), em AGP, série R6.3, 1-2).

[21] Palavras citadas em Nota geral 17/82 (5-IV-1982), em AGP, série E.1.3, 1141.

[22] Cf. Ana Sastre, *Con las alas del viento*, Rialp, Madri 2013, pp. 147-151.

[23] Cf. AGP, série R4.2.4, 1-8.

[24] Cf. Mercedes Eguíbar Galarza, *Guadalupe Ortiz de Landázuri: trabajo, amistad y buen humor*, Palabra, Madri 2001, pp. 225-288.

[25] Cf. AGP, série R4.2.4, 1-8, e AGP, série R4.2.4, 2-12.

[26] Cf. Recordação de Salud Fernández-Castañeda Álvarez-Ossorio, Madri, 21-VIII--1975, em AGP, série A.5, 323-2-6.

[27] Cf. AGP, série R6.2.2, 1-8.

[28] Cf. AGP, série R6.1, 1-1.

[29] Comissão de Serviço nos Estados Unidos, 12-X-1972, em AGP, série Q.2.1, 6-169.

[30] Cf. María Hernández Sampelayo Matos e María Eugenia Ossandón Widow, «Las primeras agregadas del Opus Dei (1949-1955)», *Studia et documenta* 13 (2019) 280--285.

[31] Cf. AGP, série G1.4, 230-1-1.

[32] Cf. AGP, série R1.4, 2-47.

[33] Cf. Nota geral 77 (8-XII-1956), em AGP, série E.1.3, 242-1; e Nota geral 408 (22-VI-1961), em AGP, série E.1.3, 242-3. «Zelador» era um termo corrente nas associações de fiéis (neste sentido, não se usava como equivalente de vigilante, mas como quem cuida dos demais).

[34] *Instrução de São Gabriel* (V-1935/IX-1950), nn. 1, 5, 8 e 9, em AGP, série A.3, 90--3-1.

[35] *Instrução de São Gabriel* (V-1935/IX-1950), n. 85, em AGP, série A.3, 90-3-1.

[36] Cf. AGP, série R4.2.3, 6-731, e AGP, série R2.3, 1-3.

[37] *Instrução de São Gabriel* (V-1935/IX-1950), n. 148, em AGP, série A.3, 90-3-1.

[38] Cf. Nota geral 29/62 (5-VI-1962), em AGP, série E.1.3, 243-1; Nota geral 103/63 (5-XII-1963), em AGP, série E.1.3, 243-3.

NOTAS

[39] Cf. Daniel Arasa, *Rafael Pich, pasión por la familia. La Orientación Familiar, um sueño hecho realidad*, Styria, Barcelona 2010.

[40] Cf. AGP, série R2.4.2, 1-11.

[41] Cf. AGP, série I.4, 278-1-1.

[42] Cf. AGP, série I.4, 279-1.

[43] Cf. Federico Prieto Celi, *Don Ignacio. Por las montañas a las estrellas*, Palabra, Madri 2018; Esteban Puig Tarrats, «Los inicios de la Prelatura de Yauyos (Perú) 1957-1968. Antecedentes y recuerdos documentados», *Studia et documenta* 4 (2010) 295-338.

[44] Cf. AGP, série I.4, 278-2-1; Des 392 (18-III-1961), em AGP, série I.4, 278-1-3.

[45] Cf. AGP, série I.4, 278-2-1; AGP, série I.4, 278-4-1.

[46] Cf. AGP, série G1.5, 57-3-1; AGP, série G1.5, 58-4-1; AGP, série G1.5, 58-4-3; AGP, série G1.5, 58-4-5; y AGP, série E.41, 88-3-1.

[47] Nota geral 13/67 (29-III-1967), em AGP, série E.1.3, 245-3. Cf. Nota geral 115/63 (28-XI-1963), em AGP, série E.1.3, 243-3; e Nota geral 37/64 (11-III-1964), em AGP, série E.1.3, 243-4.

14. Atividades coletivas

[1] Nota geral 101/65 (31-XII-1965), em AGP, série E.1.3, 244-4.

[2] Catecismo (1966, 4ª ed.), em AGP, série E.1.9, 208-1-2.

[3] Cf. Nota geral 26/64 (28-II-1964), em AGP, série E.1.3, 243-4.

[4] Javier Echevarría, *Memoria de San Josemaría*, Rialp, Madri 2016, 6ª ed., p. 304.

[5] Cf. AGP, série E.2.1, 204-1-2.

[6] Cf. AGP, série R4.5, 2-34.

[7] Cf. Fernando Fernández Rodríguez (ed.), *El Espíritu de la Rábida*, Unión Editorial, Madri 1995.

[8] Cf. AGP, série G3.2.4, 1673.

[9] Entrevista dos autores com César Ortiz-Echagüe, Madri, 30-III-2017. Em 1963, Ortiz-Echagüe ocupava o cargo de defensor na Comissão Regional da Espanha.

[10] Cf. Recordação de Florencio Sánchez Bella, Madri, 15-VIII-1978, em AGP, série A.5, 244-1-1.

[11] Cf. Nota geral 25/65 (13-III-1965), em AGP, série E.1.3, 244-3.

[12] Cf. Nota geral 482 (3-III-1962), em AGP, série E.1.3, 242-4. Cf. Nota geral 408 (22-VI-1961), em AGP, série E.1.3, 242-3.

[13] Cf. AGP, série R4.5, 1-24.

[14] Recordação de Gloria Toranzo, Madri, 10-IV-2014, em AGP, série U.1.2, 4-75. Houve escolas semelhantes em outros lugares do mundo, como o Kianda College (Nairobi, Quênia, 1961) ou o Colegio de Arte y Hogar Ogarapé (Assunção, Paraguai, 1964).

603

A HISTÓRIA DO OPUS DEI

[15] Cf. AGP, série R3.2.5, 1-4.

[16] Cf. AGP, série R6.3, 1-2. Para o caso do ICIED, cf. Ana María Sanguineti, «El Instituto de Capacitación Integral en Estudios Domésticos (ICIED): génesis y evolución de una escuela dirigida a promover la dignidad de la mujer y el valor del servicio», *Studia et documenta* 13 (2019) 127-173.

[17] Cf. AGP, série R6.3, 2-9.

[18] Cf. AGP, série R6.3, 1-2.

[19] Cf. Samuel Valero, *Yauyos: una aventura evangelizadora en los Andes peruanos*, Rialp, Madri 1990.

[20] Cf. AGP, série R4.5, 1-18.

[21] Cf. Felipe González de Canales e Jesús Carnicero, *Roturar y sembrar. Así nacieron las Escuelas Familiares Agrarias (EFA)*, Rialp, Madri 2005.

[22] Nota geral 507, n. 4 (13-VI-1962), em AGP, série E.1.3, 242-4.

[23] Entrevista dos autores com Covadonga O'Shea e Artiñano, Madri, 1-XI-2019. Cf. Roberta Bueso e Mónica Codina, *La democratización de la moda en España. Telva, 1963-1975*, EUNSA, Pamplona 2020.

[24] Cf. AGP, série M.2.5, 45.

[25] Cf. Nota geral 168 (5-IX-1958), em AGP, série E.1.3, 242-1; e Nota geral 509 (13--IV-1962), em AGP, série E.1.3, 242-4.

[26] Cf. AGP, série T.7, 1-2.

[27] Cf. AGP, série T.7, 1-5.

[28] Cf. AGP, série K.1, 186-4.

[29] Cf. Nota geral 12/65, n. 1 (14-I-1965), em AGP, série E.1.3, 244-3.

[30] Nota geral 80/66 (5-XII-1966), em AGP, série E.1.3, 245-2. Dois meses antes, um jornalista perguntou ao fundador se o Opus Dei controlava entidades econômicas. Respondeu-lhe: «Os sócios que dirigem empresas de qualquer tipo o fazem de acordo com os seus critérios pessoais, sem receber orientação alguma dos diretores sobre o modo de executarem esse trabalho. Tanto a política econômica e financeira que seguem na administração da empresa, como a orientação ideológica, no caso de uma empresa de opinião pública, é de sua exclusiva responsabilidade.» (Josemaria Escrivá de Balaguer, *Conversaciones con Mons. Escrivá de Balaguer*, o. c., pp. 279-280).

[31] Nota geral 80/67 (2-XII-1967), em AGP, série E.1.3, 245-4.

[32] O Opus Dei assume o gasto da pensão mensal dos pais dos numerários e adscritos quando eles passam por uma necessidade econômica grave. Em 1966, por exemplo, essa ajuda totalizava um valor anual de quarenta e 3 milhões de liras italianas.

[33] Para a organização de grupos promotores e patronatos na Espanha, cf. Hf 32/79 (29-III-1979), em AGP, série R2.4.1, 1-5.

[34] Cf. Nota geral 6/66 (20-I-1966), em AGP, série E.1.3, 244-5.

[35] Cf. AGP, série D.1, 457-5-2.

NOTAS

[36] Manuscrito, Roma, 8-XII-1950, em AGP, série D.1, 457-1-3. Uma década depois, acrescentou a sustentação do clero, a de todos os membros, particularmente dos doentes: cf. Nota geral 366 (1-II-1961), em AGP, série E.1.3, 242-2.37. Também manteve o costume de que os presbíteros do Opus Dei não recebessem estipêndios – dinheiro que dão os fiéis ao sacerdote para que ofereça a Missa por determinada intenção –, e só deu dispensas a estas práticas em lugares onde não havia recursos econômicos suficientes, como ocorreu com os que foram a El Salvador e Costa Rica e, em alguns momentos, aos da Bélgica, Holanda, Itália, Japão, Nigéria e Paraguai.

[38] Cf. AGP, série D.1, 457-5-2.

[39] Agustín López Kindler, *Toni Zweifel: huellas de una historia de amor*, Rialp, Madri 2016, p. 73.

[40] Cf. *Ibidem*, p. 82.

[41] Para a atuação de Valls Taberner nesse banco, cf. Gabriel Tortella, José María Ortiz--Villajos e José Luis García Ruiz, *Historia del Banco Popular. La lucha por la independencia*, Marcial Pons, Barcelona-Madri-Buenos Aires 2011.

15. Evolução teológico-jurídica

[1] Decreto *Pluribus ex documentis*, 22-III-1950, em AAS 42 (1950) 330-331.

[2] Relato de uma conversa entre Arcadio Larraona e Álvaro del Portillo, 12-VII-1963, em AGP, série L.1.1, 14-2-19.

[3] Entre outros estudos, cf. Álvaro del Portillo, «El estado actual de los Institutos Seculares», *Nuestro tiempo* VIII (V-1958) 515-530; Salvador Canals, *Institutos seculares y estado de perfección*, Rialp, Madri 1954; Idem, *Los Institutos Seculares*, Rialp, Madri 1960; Julián Herranz, «Natura dell'Opus Dei ed attività temporali dei suoi membri», *Studi cattolici*, VI/31 (1962) 73-90.

[4] Cf. AGP, série E.4.1, 89-1-1.

[5] Cf. Julián Herranz, «La evolución de los institutos seculares», *Ius Canonicum* IV/8 (1964) 329.

[6] Cf. AGP, série E.4.1, 227-2.

[7] *Appunto*, n. 2, 9-IV-1960, em AGP, série L.1.1, 14-1-1. Oito dias mais tarde, o fundador acrescentou uma segunda consulta, um *Appunto suppletivo* no qual apontava que se propunha a mudança porque o Opus Dei caminhava contra a corrente dos demais institutos seculares (cf. AGP, série L.1.1, 14-1-7).

[8] Cf. Valentín Gómez-Iglesias C., «El proyecto de prelatura personal para el Opus Dei en los primeros años sesenta», em Eduardo Baura (coord.), *Estudios sobre la Prelatura del Opus Dei. A los veinticinco años de la Constitución apostólica «Ut sit»*, EUNSA, Pamplona 2009, pp. 149-158.

[9] Cf. AGP, série L.1.1, 14-2-5. A prelazia *nullius* era equivalente à prelazia territorial do direito atualmente vigente.

605

A HISTÓRIA DO OPUS DEI

[10] Despacho de Amleto Cicognani a Josemaria Escrivá de Balaguer, 20-V-1962, em AGP, série L.1.1, 14-2-18.

[11] Cf. AGP, série E.4.1, 227-2.

[12] Cf. Carta de Josemaria Escrivá de Balaguer a Ildebrando Antoniutti, Roma, 31-X--1963, em AGP, série L.1.1, 14-3-4; e Nota geral 27/64 (29-IV-1964), em AGP, série E.1.3, 243-4.

[13] Uma década depois, von Balthasar afirmou que a mensagem do Opus Dei era uma síntese do Evangelho. Para todo o *affair* relacionado com von Balthasar, cf. AGP, série M.2.4, 128-1 e 128-2.

[14] Cf. AGP, série E.4.1, 227-4-1; e Carta de Josemaria Escrivá de Balaguer a Paulo VI, Roma, 14-II-1964, em AGP, série L.1.1, 17-3-2.

[15] Carta de Josemaria Escrivá de Balaguer a Angelo Dell'Acqua, Paris, 15-VIII-1964, em AGP, série E.4.1, 227-3-1.

[16] Cf. Manuscrito de Álvaro del Portillo, 27-IX-1964, em AGP, série L.1.1, 17-3-8.

[17] Quirógrafo, 1-X-1964, em AGP, série L.1.1, 17-3-8.

[18] Cf. Manuel Valdés Mas, «Algunos aspectos del trabajo de Álvaro del Portillo como secretario de la Comisión conciliar *De Disciplina Cleri et Populi Christiani*», *Studia et documenta* 9 (2015) 57-100.

[19] Cf. Álvaro del Portillo, *Entrevista sobre el Fundador del Opus Dei*, o. c., pp. 21-22.

[20] Citado em Julián Herranz, *En las afueras de Jericó. Recuerdos de los años con san Josemaría y João Paulo II*, 4ª ed., Rialp, Madri 2007, p. 111. Cf. Carlo Pioppi, «Alcuni incontri di san Josemaría Escrivá con personalità ecclesiastiche durante gli anni del Concílio Vaticano II», *Studia et documenta* 5 (2011) 165-228; Barbara Schellenberger, «Begegnungen des hl. Josemaría mit deutschen Bischöfen 1949-1975», *Studia et documenta* 10 (2016) 261-292.

[21] Concílio Vaticano II, Constituição dogmática *Lumen gentium*, n. 11.

[22] Concílio Vaticano II, Decreto *Apostolicam actuositatem*, n. 2.

[23] Concílio Vaticano II, Constituição pastoral *Gaudium et spes*, n. 34.

[24] Manuscrito, 25-III-1967, em AGP, série E.1.1, 182-2-1. Publicou-se o texto na nova edição do Catecismo (cf. AGP, série E.1.1, 182-2-3).

[25] Cf. Nota geral 59/66 (22-X-1966), em AGP, série E.1.3, 245-1.

[26] Cf. AGP, série E.4.1, 227-4-3; e AGP série E.4.1, 227-4-4.

[27] Conclusões do Congresso Geral Especial, 15-IX-1969 (homens) e 16-IX-1969 (mulheres), em AGP, série D.3.

[28] Cf. Carta de Josemaria Escrivá de Balaguer a Pablo VI, Roma, 16-IX-1969, em AGP, série A.3.4, 294-4, 690916-2.

[29] Carta de Josemaria Escrivá de Balaguer a Paulo VI, Roma, 11-X-1969, em AGP, série A.3.4, 294-4, 691011-2.

[30] Cf. Julián Herranz, *En las afueras de Jericó*, o. c., pp. 234-240.

[31] Cf. AGP, série E.4.1, 227-4-5.

NOTAS

[32] Cf. Teófanes Egido (coord.), *Los jesuitas en España y en el mundo hispánico*, Marcial Pons-Fundación Carolina, Madri 2004, pp. 399-430.

[33] Cf. AGP, série E.4.3, 104-1-2.

[34] Cf. AGP, série A.4, 72-2-1.

[35] Conclusões do Congresso Geral Especial, 14-IX-1969, em AGP, série D.3.

[36] Carta de Josemaria Escrivá de Balaguer a Jean Villot, Roma, 2-II-1971, em AGP, série A.3.4, 298-4, 710202-1.

[37] Citado em Andrés Vázquez de Prada, *El Fundador del Opus Dei*, III, o. c., p. 611. Cf. AGP, série A.1, 52-5-1.

[38] A frase é uma variante do texto da Epístola aos Hebreus 4, 16, que diz «trono da graça» em vez de «trono da glória». Para Escrivá de Balaguer, este novo entendimento da frase indicava-lhe que, para apelar à misericórdia de Deus, devia recorrer à mediação de Maria (cf. Andrés Vázquez de Prada, *El Fundador del Opus Dei*, III, o. c., p. 609, n. 56)

[39] AGP, série E.4.1, 227-4-5.

[40] Cf. AGP, série L.1.1, 115.

16. Uma herança em tempos pós-conciliares

[1] Paulo VI, Carta encíclica *Humanae vitae*, n. 14, em AAS 60 (1968) 490.

[2] Carta de Josemaria Escrivá de Balaguer a Paulo VI, Roma, 23-IV-1964, em AGP, série E.4.1, 227-3-1.

[3] Josemaria Escrivá de Balaguer, *Conversaciones con Mons. Escrivá de Balaguer*, o. c., pp. 349-350.

[4] Cf. Nota geral 9/70 (12-V-1970), em AGP, série E.1.3, 246-2.

[5] Cardona analisou em seus estudos a particular vinculação entre o ato de ser pessoal, a liberdade e o amor: Deus – Ser pessoal e Amor por essência – cria o homem por amor e o dota de liberdade para amar (cf. Carlos Cardona, *Metafísica de la opción intelectual*, Rialp, Madri 1973). Entre outros, manteve contato acadêmico com o filósofo Cornelio Fabro, que buscava uma renovação do tomismo frente ao imanentismo estabelecido na cultura ocidental, e com Augusto del Noce, fino analista do devir do marxismo e de sua influência na sociedade.

[6] Cf. Nota geral 108/64 (14-VII-1964), em AGP, série E.1.3, 244-2; e Nota geral 44/66 (6-VI-1966), em AGP, série E.1.3, 245-1.

[7] Foram de especial importância os guias enviados a partir de 1970, que explicavam a doutrina cristã tendo em conta as circunstâncias cambiantes da vida da Igreja (cf. Nota geral 26/70, de 4-XII-1970, em AGP, série E.1.3, 246-2).

[8] Cf. Nota geral 8/72 (1-IV-1972), em AGP, série E.1.3, 246-4. Até 1975, foram preparados três volumes de *Cuadernos* que tratavam, respectivamente, da fé, da moral e de temas ascéticos.

[9] Nota geral 18/67, n. 8 (20-IV-1967), em AGP, série E.1.3, 245-3.

A HISTÓRIA DO OPUS DEI

[10] Cf. Nota geral 212, n. 6 (18-III-1959), em AGP, série E.1.3, 242-2.

[11] Cf. Nota geral 89/64 (4-VI-1964), em AGP, série E.1.3, 244-1.

[12] Nota geral 10/69 (6-III-1969), em AGP, E.1.3, 246-1; e Nota geral 23/70 (27-XI--1970), em AGP, série E.1.3, 246-2, que proíbe a leitura de autores de pensamento marxista. Cf. o elenco de 1852 livros sobre temas de fé e moral aprovados para as bibliotecas das sedes dos centros da Obra, no Apontamento à Nota geral 17/72 (24--VI-1972), em AGP, série E.1.3, 246-4.

[13] Cf. Nota geral 2/69 (22-I-1969), em AGP, série E.1.3, 246-1. O Catecismo tinha dois graus ou níveis: o «menor», para crianças, e o «maior», para adultos.

[14] Cf. Nota geral 9/72 (1-IV-1972), em AGP, série E.1.3, 246-4.

[15] Nota geral 20/67 (20-IV-1967), em AGP, série E.1.3, 245-3. Cf. Nota geral 1/70, n. 6 (10-I-1970), em AGP, série E.1.3, 246-2.

[16] Nota geral 33/67, n. 5, b (24-VI-1967), em AGP, série E.1.3, 245-3. Cf. Nota geral 81/65 (18-VI-1965), em AGP, série E.1.3, 244-4.

[17] Mercedes Montero, *Historia de Ediciones Rialp*, o. c., p. 231.

[18] Cf. Nota geral 20/71 (15-IX-1971), em AGP, série E.1.3, 246-3.

[19] Depois acrescentaram o Antigo Testamento em quatro tomos e agruparam os volumes do Novo num tomo só. O projeto foi concluído no ano de 2004. Esta obra foi editada em vários idiomas. Cf. César Izquierdo e José Ramón Villar, *Notas para un aniversario. 50 años de la Facultad de Teología*, o. c., p. 28.

[20] Cf. Nota geral 67/65 (28-V-1965), em AGP, série E.1.3, 244-4.

[21] Cf. Nota geral 44/64 (30-III-1964), em AGP, série E.1.3, 243-4.

[22] Cf. *Crónica* IV-1974, p. 14, em AGP, Biblioteca, P01.

[23] Cf. Nota geral 76/65 (10-VI-1965), em AGP, série E.1.3, 244-4.

[24] Cf. Nota geral 24/69 (23-IX-1969), em AGP, série E.1.3, 246-1.

[25] Nota geral 29/70 (23-XII-1970), em AGP, série E.1.3, 246-2. Cf. Nota geral 97/65 (11-XI-1965), em AGP, série E.1.3, 244-4; Nota geral 45/66 (24-VI-1966), em AGP, série E.1.3, 245-1; Nota geral 7/70 (27-III-1970), em AGP, série E.1.3, 246-2; e Nota geral 18/73 (27-III-1973), em AGP, série E.1.3, 246-5.

[26] Cf. Nota geral 8/71 (12-II-1971), em AGP, série E.1.3, 246-3.

[27] Recordação de Covadonga O'Shea e Artiñano, Madri, 15-IX-1975, em AGP, série A.5, 235-1-2.

[28] Nesses anos, referiu-se com muita frequência à liberdade. Usava-se um termo clássico no magistério de Pio XI: a «liberdade das consciências» (*Carta* 3, nn. 66 e 72, em Josemaria Escrivá de Balaguer, *Cartas*, o. c., pp. 212 y 217). Todas as pessoas tinham o direito de ser respeitadas, defendidas e ajudadas a agir em consciência, sem sofrer coação física ou moral. Deste modo, cada homem poderia adotar as decisões que lhe parecessem mais oportunas e ser responsável por seus atos. Evitava-se assim enquadrar a vida dos demais ou criar na sociedade civil e na Igreja cidadãos e fiéis de segunda categoria. Insistia também na liberdade dentro da Igreja, frente ao clericalismo que tentava governar todas as atividades ou que se intrometia nas questões temporais que compe-

NOTAS

tiam aos leigos. Era contrário, por exemplo, à chamada pastoral de conjunto (*pastorale d'ensemble*), que impunha critérios únicos na diocese «sob o disfarce de *coordenação* de energias, de unificação de esforços, de *intercâmbio* de métodos de apostolado e de experiências». Essa atitude afogava outros métodos peculiares de fazer apostolado e a liberdade dos indivíduos para acorrer às associações, aos sacerdotes e aos meios de formação que quisessem. Cf. Nota geral 69/67, n. 6 (7-XI-1967), em AGP, série E.1.3, 245-4.

[29] Entrevista dos autores com Fernando Valenciano Polack, Roma, 24-I-2020. Valenciano foi vice-secretário de São Miguel do Conselho Geral, de 1961 a 1994.

[30] *Carta* 38, nn. 1, 149 e 150, em AGP, série A.3, 190-1. Paulo VI convocou um «Ano da Fé» de julho de 1967 a junho de 1968.

[31] Carta de Josemaria Escrivá a Florencio Sánchez Bella, Roma, 29-II-1964, em AGP, série A.4, 280-2, 640229-2.

[32] Josemaria Escrivá de Balaguer, *Conversaciones con Mons. Escrivá de Balaguer*, o. c., p. 230. Cf. Julián Herranz, «El Opus Dei», *Nuestro tiempo*, 97-98 (1962) 3-28.

[33] Nota geral 31/65 (24-III-1965), em AGP, série E.1.3, 244-3.

[34] Cf. Jaume Aurell Cardona, «La formación de un gran relato sobre el Opus Dei», o. c.; Onésimo Díaz y Fernando de Meer, *Rafael Calvo Serer. La búsqueda de la libertad (1954-1988)*, Rialp, Madri 2010; Pablo Hispán Iglesias de Ussel, *La política en el régimen de Franco entre 1957 y 1969. Proyectos, conflictos y luchas por el poder*, Centro de Estudios Políticos y Constitucionales, Madri 2006; Laureano López Rodó, *Memorias, 4 vols.*, Plaza & Janés, Barcelona 1990-1993.

[35] Nota geral 25/62 (V-1962), em AGP, série E.1.3, 243-1.

[36] *ABC*, 12-VI-1962, p. 37.

[37] Relato da entrevista entre Josemaria Escrivá de Balaguer e Loris Francesco Capovilla, Roma, 6-VII-1962, em AGP, série E.4.1, 227-2.

[38] Intenção mensal, XII-1963, em AGP, série K.1, 186-1.

[39] Nota autógrafa, 23-IV-1964, em AGP, série K.1, 186-2; e Nota geral 20/64, n. 4 (27-II-1964), em AGP, série E.1.3, 243-4.

[40] Entrevista dos autores com Javier Fernández del Moral, 6-VII-2020. Fernández del Moral trabalhou no escritório de informação do Opus Dei na Espanha entre 1969 e 1975.

[41] Relato da entrevista entre Josemaria Escrivá de Balaguer e Angelo Dell'Acqua, Roma, 19-V-1964, em AGP, série E.4.1, 227-3-1.

[42] Nota de Josemaria Escrivá de Balaguer a Paulo VI, Roma, 14-VI-1964, em AGP, série E.4.1, 227-3-1.

[43] Josemaria Escrivá de Balaguer, *Conversaciones con Mons. Escrivá de Balaguer*, o.c., pp. 275-276; cf. *Ibidem*, pp. 322-324.

[44] *Ibidem*, pp. 496 e 497.

[45] Sobre este particular, cf. Carlos Barrera, «El Opus Dei y la prensa en el tardofranquismo», *Historia y política* 28 (2012) 139-165; Onésimo Díaz e Fernando de Meer, *Rafael Calvo Serer. La búsqueda de la libertad (1954-1988)*, Rialp, Madri 2010.

[46] Rafael Calvo Serer, *La dictadura de los franquistas. I. El affaire del «Madrid» y el futuro político*, Impr. Alançonnaise, Alençon 1973, p. 196.

[47] Cf. Juan Vilá Reyes, *El atropello MATESA*, Plaza & Janes, Barcelona 1992; Mariano Navarro Rubio, *Mis memorias. Testimonio de una vida política truncada por el «Caso Matesa»*, o. c.

[48] Citado em Jaume Aurell Cardona, «La formación de un gran relato sobre el Opus Dei», o. c., p. 285, e em Andrés Vázquez de Prada, *El Fundador del Opus Dei*, III, o.c., p. 529. Escrivá de Balaguer pode ter pensado naquela época – ainda que não se manifestasse publicamente neste ou em outro sentido – que a presença de católicos e profissionais competentes no Governo franquista favoreceria uma futura transição pacífica para um regime democrático, evitando uma revolução contra a Igreja (Entrevista dos autores com Mons. Julián Herranz, Roma, 25-II-2020). De acordo com o fundador, os diretores do Opus Dei explicaram com frequência que a relação de fraternidade entre os membros da Obra «não há de ter manifestação na vida social (cf. *De Spiritu*, n. 109); nenhum sócio pode oferecer um trabalho profissional a outro se o conhece exclusivamente por ser da Obra»: Aviso geral 141/75, n. 2 (9-V-1975), em AGP, série E.1.3, 255-3. A acusação de que o Opus Dei apoiava regimes autoritários apareceu anos mais tarde nos meios de comunicação de outros países, como, por exemplo, na ditadura cívico-militar argentina (1976-1983) ou no regime militar chileno do general Pinochet (1973-1990). Ainda que se tenha empregado argumentações semelhantes às que se levantaram com o franquismo, as polêmicas duraram menos tempo porque naqueles países não houve membros da Obra que fossem ministros. Segundo Stefan Moszoro, vigário regional do Opus Dei na Polônia, no caso dos países do leste da Europa, «as fontes de informação sob influência da propaganda soviética criticaram a Obra, em diversos momentos, até bem avançados os anos 1990. Com maior ou menor ênfase, apresentaram o Opus Dei como uma força anticomunista católica. Em certa medida – é algo que deverá ser estudado com documentação de arquivo –, quando rejeitavam o Opus Dei, tinham como ponto de mira final o pensamento e os ensinamentos de João Paulo II» (Entrevista dos autores, 3-I-2021).

[49] Cf. Constantino Ánchel, «Nombramientos y distinciones de San Josemaría», em *Diccionario de san Josemaría Escrivá de Balaguer*, o. c., pp. 888-892.

[50] Cf. Fernando de Meer Lecha-Marzo, *Antonio Garrigues embajador ante Pablo VI. Un hombre de concordia en la tormenta (1964-1972)*, Thomson-Aranzadi, Cizur Menor 2007, p. 342, n. 52; Yolanda Cagigas Ocejo, *La revista* Vida nueva *(1967-1976). Un proyecto de renovación en tiempos de crisis*, EUNSA, Pamplona 2007, pp. 203-204.

[51] Cf. José Manuel de la Cerda, «Like a Bridge over Troubled Water in Sydney: Warrane College and the Student Protests of the 1970s», *Studia et documenta* 4 (2010) 147-181.

[52] Cf. Josemaria Escrivá de Balaguer, *Es Cristo que pasa* (edición crítico-histórica), Rialp, Madri 2013, 2ª ed.; Josemaria Escrivá de Balaguer, *Amigos de Dios* (edición crítico-histórica), Rialp, Madri 2019.

[53] *Carta* 42, n. 10, em AGP, série A.3, 190-2-4.

NOTAS

[54] *Carta* 41, n. 12, em AGP, série A.3, 190-2-3. Escrivá de Balaguer descia aos pormenores para indicar que o mal tinha sua origem nos clérigos «que perderam, com a fé, a esperança: sacerdotes que quase não rezam, teólogos – assim se denominam eles, mas contradizem até as verdades mais elementares da revelação – incrédulos e arrogantes, professores de Religião que explicam porcarias, pastores mudos, agitadores de sacristias e de conventos, que contagiam as consciências com suas tendências patológicas, escritores de catecismos heréticos, ativistas políticos» (*Carta* 42, n. 13, em AGP, série A.3, 190-2-4).

[55] *Carta* 41, n. 20, em AGP, série A.3, 190-2-3.

[56] *Carta* 42, n. 5, em AGP, série A.3, 190-2-4.

[57] Em 1960, recebeu o doutorado *honoris causa* pela Universidade de Saragoça e o título de filho adotivo da cidade de Pamplona; em 1964, o título de filho adotivo de Barcelona. Nos anos 1964, 1967, 1972 e 1974, presidiu como grão-chanceler as cerimônias de doutorados *honoris causa* na Universidade de Navarra (foram treze pessoas no total, como o canonista Willy Onclin, o médico geneticista Jérôme Lejeune e o bioquímico Jean Roche). Nesses casos, pronunciou discursos públicos ou acadêmicos e se reuniu com muitas pessoas.

[58] Cf. José Antonio Loarte, «Catequesis, Labor y viajes de», em *Diccionario de san Josemaría Escrivá de Balaguer*, o. c., pp. 219-223.

[59] Cf. Carlo Pioppi, «I viaggi di catechesi in America Latina di Josemaría Escrivá. Uno sguardo d'insieme (1974-1975)», *Studia et documenta* 11 (2017) 49-64; Alexandre Antosz Filho, «Com os braços abertos a todos. A visita de São Josemaria Escrivá ao Brasil», *Studia et documenta* 11 (2017), 65-100; Antonio Ducay Vela, *San Josemaría en el Perú. Crónica de viaje: 9 de julio a 1 de agosto de 1974*, Centro de Estudios y Comunicación, Lima 2017; María Eugenia Ossandón Widow, «Josemaría Escrivá de Balaguer en Santiago de Chile (1974)», *Studia et documenta* 11 (2017) 101-150.

[60] Cf. Diego Martínez Caro e Alejandro Cantero Fariña, «¡Santificado sea el dolor! Aspectos médicos de la biografía del Beato Josemaría Escrivá de Balaguer», *Scripta theologica*, XXXIV/2 (2002) 605-621.

[61] Estas ideias sobre a castidade e a pureza cristãs apareceram várias vezes nos avisos enviados às pessoas da Obra. Cf. Nota geral 5/70 (17-III-1970), em AGP, série E.1.3, 246-2.

[62] Palavras de 31-XII-1971, citadas em Andrés Vázquez de Prada, *El Fundador del Opus Dei*, III, o. c., p. 639.

V. A sucessão do fundador

[1] Em seus sessenta anos de história, a ETA assassinou 864 pessoas. A organização terrorista atentou com explosivos em 1979 contra o Santuário de Torreciudad e seis vezes contra a Universidade de Navarra (1979, 1980, 1981, 1983, 2002 e 2008); o Edifício Central dessa universidade tem o triste recorde de ter sido o edifício europeu no qual

A HISTÓRIA DO OPUS DEI

se explodiram mais bombas desde a Segunda Guerra Mundial. A ETA não tolerava o ideário universal e cristão da universidade, alheio aos nacionalismos ideológicos.

17. Uma nova mão no arado

[1] Cf. Álvaro del Portillo, Carta, 29-VI-1975, nn. 15-16, em AGP, Biblioteca, P17.

[2] *Ibidem*, n. 12.

[3] *Ibidem*, nn. 17, 18 e 23, respectivamente.

[4] Palavras de Álvaro del Portillo ao pleno da Assessoria Central, 14-IX-1975, em AGP, série D.1, 458-1-1.

[5] Cf. Ata da eleição do Presidente geral do Opus Dei, 15-IX-1975, em AGP, D.1, 458-1-5. Na realidade, faltou um voto para a unanimidade completa porque del Portillo explicou depois que não votou em si mesmo.

[6] Ata do Congresso Geral Eletivo, 15-IX-1975, em AGP, D.1, 458-1-5.

[7] Citado em Javier Medina Bayo, Álvaro del Portillo. Un hombre fiel, Rialp, Madri 2013, p. 451.

[8] Cf. Ata do Congresso Geral Eletivo, 15-IX-1975, em AGP, D.1, 458-1-5 e 458-2-2.

[9] Cf. Javier Medina Bayo, Álvaro del Portillo, o. c., p. 451.

[10] Carta de um membro da Obra não identificado, citada em *Crónica*, IX-1975, p. 58, em AGP, Biblioteca, P01.

[11] Carta de um membro da Obra não identificado, citada em *Crónica*, IX-1975, p. 63, em AGP, Biblioteca, P01.

[12] Álvaro del Portillo, Carta pastoral, 9-I-1980, n. 286, em AGP, Biblioteca, P17.

[13] Citado em Salvador Bernal, *Recuerdo de Álvaro del Portillo*, Rialp, Madri 1996, p. 218.

[14] Citado em Javier Medina Bayo, Álvaro del Portillo, o. c., pp. 629-630.

[15] Aviso geral 198/80 (31-XII-1980), em AGP, série E.1.3, 1138.

[16] Esses documentos estão em AGP, série E.1.9 e AGP, série Q.1.7. Para uma explicação do sentido das glosas e vade-mécuns, cf. Aviso geral, 110/91 (3-VI-1991), em AGP, série Q.1.3, 14-92.

[17] *Codex iuris particularis Operis Dei*, 1982, n. 133.

[18] Conclusões do VI Congresso Geral Ordinário do Opus Dei, 21-IX-1992, em AGP, série D.2.

[19] Cf. Conclusões do V Congresso Geral Ordinário do Opus Dei, 13-IX-1984, em AGP, série D.2.

[20] Conclusões do VI Congresso Geral Ordinário do Opus Dei, 21-IX-1992, em AGP, série D.2.

[21] Cf. AGP, Biblioteca, P17; Álvaro del Portillo, *Orar. Como sal y como luz*, editado por José Antonio Loarte, Planeta, Madri 2013; Idem, *Caminar con Jesús al compás del*

NOTAS

año litúrgico. Textos tomados de las cartas pastorales, editado por José Antonio Loarte, Ediciones Cristiandad, Madri 2014.

[22] Catequese do Padre, 1983, pp. 110-111, em AGP, Biblioteca, P04.

[23] Catequese do Padre, 1983, p. 290, em AGP, Biblioteca, P04.

[24] Cf. Catequese do Padre, 1983, p. 586, em AGP, Biblioteca, P04.

[25] Catequese do Padre, 1987, p. 342, em AGP, Biblioteca, P04.

[26] Catequese do Padre, 1988, p. 539, em AGP, Biblioteca, P04.

[27] Catequese do Padre, 1988, pp. 294-295, em AGP, Biblioteca, P04.

[28] Catequese do Padre, 1988, p. 375, em AGP, Biblioteca, P04.

[29] Cf. Catequese do Padre, 1989, p. 38, em AGP, Biblioteca, P04.

[30] Catequese do Padre, 1989, p. 42, em AGP, Biblioteca, P04.

[31] Catequese do Padre, 1989, p. 342, em AGP, Biblioteca, P04.

[32] Cf. Nota 34/80, A, em AGP, série Q.1.3, 8-51.

[33] Cf. Javier Medina Bayo, Álvaro del Portillo, o. c., pp. 550-553.

[34] *Ibidem*, pp. 474-475.

[35] Citado em María Eugenia Ossandón Widow, «Un calendario de encuentros entre Álvaro del Portillo y João Paulo II», *Studia et documenta* 9 (2015) 154.

[36] Cf. Javier Medina Bayo, Álvaro del Portillo, o. c., p. 483.

[37] Citado em Salvador Bernal, *Recuerdo de Álvaro del Portillo*, o. c., p. 89.

[38] Cf. Javier Medina Bayo, Álvaro del Portillo, o. c., pp. 524-526.

[39] Cf. María Eugenia Ossandón Widow, «Un calendario de encuentros entre Álvaro del Portillo y João Paulo II», o. c., p. 201.

[40] Cf. Salvador Bernal, *Recuerdo de Álvaro del Portillo*, o. c., p. 254.

[41] Citado em Javier Medina Bayo, Álvaro del Portillo, o. c., p. 493.

[42] Carta de Álvaro del Portillo a João Paulo II, 5-III-1986, citada em *Romana* 2 (1986) 85.

[43] Cf. Javier Medina Bayo, Álvaro del Portillo, o. c., pp. 556-557; Javier Echevarría, «Discurso del prelado en el congreso del centenario de Mons. Álvaro del Portillo, Universidad Pontificia de la Santa Cruz, Roma (12-III-2014)», *Romana* 58 (I-VI 2014) 110-129.

[44] Cf. Javier Medina Bayo, Álvaro del Portillo, o. c., p. 672.

[45] Citado em Salvador Bernal, *Recuerdo de Álvaro del Portillo*, o. c., pp. 255-256.

18. O itinerário jurídico

[1] Cf. Estudo-relatório remetido ao cardeal Sebastiano Baggio como anexo a uma carta de Álvaro del Portillo, Roma, 23-IV-1979, recolhido em Amadeo de Fuenmayor et al., *El itinerario jurídico del Opus Dei*, o. c., pp. 601-604.

A HISTÓRIA DO OPUS DEI

[2] Cf. Javier Medina Bayo, Álvaro del Portillo, o. c., p. 481.

[3] Citado em Amadeo de Fuenmayor et al., *El itinerario jurídico del Opus Dei*, o. c., p. 423.

[4] Cf. respectivamente, carta de Álvaro del Portillo a Paul Augustin Mayer, secretário da Congregação para os Religiosos, e rescrito da Congregação, Roma, 11 e 12-I-1979, em Amadeo de Fuenmayor et al., *El itinerario jurídico del Opus Dei*, o. c., pp. 594-595; carta de Álvaro del Portillo a João Paulo II, Roma, 2-II-1979, recolhida em *ibidem*, pp. 595-596; Sebastiano Baggio, «Un bene per tutta la Chiesa», em *L'Osservatore Romano*, 28-XI-1982; Julián Herranz, *En las afueras de Jericó*, o. c., p. 287.

[5] Estudo-relatório remetido ao cardeal Sebastiano Baggio como anexo a uma carta de Álvaro del Portillo, Roma, 23-IV-1979, recolhido em Amadeo de Fuenmayor et al., *El itinerario jurídico del Opus Dei*, o. c., p. 601.

[6] Cf. Carta de Álvaro del Portillo a Sebastiano Baggio, Roma, 2-VI-1979, reproduzida em Amadeo de Fuenmayor et al., *El itinerario jurídico del Opus Dei*, o. c., pp. 610-612; Estudo-relatório remetido ao cardeal Sebastiano Baggio como anexo a uma carta de Álvaro del Portillo, Roma, 23-IV-1979, *ibidem*, p. 608, n. 17, §9.

[7] Cf. Carta de Álvaro del Portillo a João Paulo II, Roma, 13-VII-1979, em AGP, série H.1.

[8] Testemunho de Javier Echevarría, citado em Javier Medina Bayo, Álvaro del Portillo, o. c., p. 488.

[9] Carta de Álvaro del Portillo a João Paulo II, Roma, 13-VII-1979, em AGP, série H.1.

[10] Cf. *Idem*.

[11] Testemunho de Javier Echevarría, citado em Javier Medina Bayo, Álvaro del Portillo, o. c., p. 486.

[12] Testemunho de Franz König, citado em Javier Medina Bayo, Álvaro del Portillo, o. c., p. 487.

[13] Carta de Sebastiano Baggio a Álvaro del Portillo, Roma, 18-VII-1979, em Amadeo de Fuenmayor et al., *El itinerario jurídico del Opus Dei*, o. c., p. 612.

[14] *Ibidem*, p. 613.

[15] AGP, série L 1.2, 1407.

[16] Citado em Amadeo de Fuenmayor et al., *El itinerario jurídico del Opus Dei*, o. c., p. 431, n. 20.

[17] Carta de Álvaro del Portillo a João Paulo II, Roma, 20-X-1979, em AGP, série H.1.

[18] Cf. Amadeo de Fuenmayor et al., *El itinerario jurídico del Opus Dei*, o. c., p. 432.

[19] Cf. Carta de Álvaro del Portillo, Roma, 6-II-1980, citada em Amadeo de Fuenmayor et al., *El itinerario jurídico del Opus Dei*, o. c., p. 433, nt. 24.

[20] Citado em Amadeo de Fuenmayor et al., *El itinerario jurídico del Opus Dei*, o. c., p. 438.

[21] Cf. Javier Medina Bayo, Álvaro del Portillo, o. c., p. 491.

NOTAS

[22] Cf. Relatório resumo da ereção do Opus Dei em prelazia pessoal, enviado em 19 de agosto de 1982 à Congregação para os Bispos, em AGP, série L.1.2, 1414; Julián Herranz, *En las afueras de Jericó*, o. c., p. 298.

[23] «Rapporto urgente e grave sull'Opus Dei. Informe agli emm.mi sign.ri cardinali della Sacra Romana Chiesa, ai Presidenti delle Conferenze Episcopali e ai vescovi residenziali», em AGP, L.1.2, 1407.

[24] Ver a declaração do Opus Dei na nota 12225/81, em AGP, série L.1.2, 1407.

[25] Cf. Relatório resumo da ereção do Opus Dei em prelazia pessoal, enviado em 19 de agosto de 1982 à Congregação para os Bispos, em AGP, série L.1.2, 1414.

[26] Cf. Sacra Congregatio pro Episcopis, «Nota informativa circa l'erezione dell'Opus Dei in Prelatura personale, per opportuna conoscenza dei Vescovi», 14-XI-1981, em AGP, série L.1.2, 1408; «Vescovi che hanno ricevuto la *Nota Informativa* della Sacra Congregazione», em AGP, série L.1.2, 1408.

[27] Cf. Julián Herranz, *En las afueras de Jericó*, o. c., pp. 300-301.

[28] Cf. Cópia de carta de Gabino Díaz Merchán a Agostino Casaroli, 2-VII-1982, em AGP, série L.1.2, 1414.

[29] Cópia do relatório «Opus Dei e vescovi in Spagna», 15-VII-1982, em AGP, série L.1.2, 1414.

[30] *Idem*. Por exemplo, Ángel Suquía, presidente da comissão episcopal para a relação entre os bispos e os superiores maiores religiosos, mostrou-se favorável a uma aprovação iminente na linha da nota informativa que a Santa Sé havia enviado aos bispos, com as mudanças ou correções que se viram oportunas: «Dilatá-la prejudica a Igreja na Espanha, ao Opus e ao próprio Santo Padre» («Dal rapporto di S.E. Mons. Ángel Suquía», 20-VIII-1982, em AGP, série L.1.2, 1414).

[31] Cópia do relatório «Opus Dei e vescovi in Spagna», 15-VII-1982, em AGP, série L.1.2, 1414.

[32] Cf. Carta de Sebastiano Baggio a Álvaro del Portillo, 19-VIII-1982, em AGP, série L.1.2, 1414.

[33] Cf. *L'Osservatore Romano*, 25-VIII-1982, p. 1.

[34] Relato de uma entrevista de Pedro Álvarez de Toledo com Fernando Sebastián, 14--VI-2005, em AGP, série L.1.2, 1414. Com palavras semelhantes, cf. Fernando Sebastián, *Memorias con esperanza*, Encuentro, Madri 2016, pp. 263-264.

[35] Cf. Julián Herranz, *En las afueras de Jericó*, o. c., p. 302, n. 7.

[36] Cf. Fernando Sebastián, *Memorias con esperanza*, o. c., p. 264.

[37] Cf. Julián Herranz, *En las afueras de Jericó*, o. c., p. 304.

[38] Carta de Álvaro del Portillo a Sebastiano Baggio, Roma, 25-VIII-1982, em AGP, série L.1.2, 1414.

[39] Carta de Álvaro del Portillo a Sebastiano Baggio, Roma, 24-VIII-1982, em AGP, série L.1.2, 1414.

[40] Cf., por exemplo, «El Parlamento italiano quiere saber si existen relaciones entre el Opus Dei y la logia P-2», *El País*, 25-IX-1982.

A HISTÓRIA DO OPUS DEI

[41] Cf. Congregação para os Bispos, Declaração Praelaturae personales, 23-VIII-1982, em AAS 75 (1983) 464-468. Publicada também em Amadeo de Fuenmayor et al., *El itinerario jurídico del Opus Dei*, o. c., pp. 618-619. Para ser precisos, no *L'Osservatore Romano* foi publicado no sábado 27 de novembro de 1982, pois este diário sai para a venda na tarde anterior ao dia de sua data.

[42] Sebastiano Baggio, «Un bene per tutta la Chiesa», em *L'Osservatore Romano*, 28-XI--1982, p. 2.

[43] Marcello Costalunga, «L'erezione dell'Opus Dei in prelatura personale», em *L'Osservatore Romano*, 28-XI-1982, p. 3.

[44] Carta de Álvaro del Portillo a João Paulo II, Roma, 28-XI-1982, em AGP, série L.1.2, 1415.

[45] Cf. *Appunto* de uma nota de Javier Echevarría a Eduardo Martínez Somalo, substituto da Secretaria de Estado, Roma, 22-XII-1982, em AGP, série L.1.2, 1415; carta de Julián Herranz a Sebastiano Baggio, Roma, 23-XII-1982, em AGP, série L.1.2, 1418; *Appunto* de uma carta de Álvaro del Portillo a Sebastiano Baggio, Roma, 4-I-1983, em AGP, série L.1.2, 1418.

[46] Cf. Carta de Álvaro del Portillo a Sebastiano Baggio, Roma, 4-I-1983 (AGP, série L.1.2, 1418), em que agradece as palavras tranquilizadoras que havia dito a Julián Herranz.

[47] Cf. Nota de 8 de janeiro de 1983, na qual se resume a audiência privada de João Paulo II com Álvaro del Portillo, em AGP, série L.1.2, 1418.

[48] Carta de Sebastiano Baggio a Álvaro del Portillo, Roma, 17-I-1983, em AGP, série L.1.2, 1418. Está publicada em José Luis Illanes, «Lettera del card. Sebastiano Baggio a Mons. Álvaro del Portillo del 17 gennaio 1983, sulle prelature personali», *Studia et documenta* 5 (2011) 369-380.

[49] Este era o parecer, por exemplo, de certa parte dos docentes da Faculdade de Direito Canônico da Universidade Pontifícia Gregoriana de Roma. Cf. o capítulo seguinte – «Primeiros passos da nova figura» – e o capítulo 24, seção «Implantação da prelazia pessoal».

[50] Carta de Álvaro del Portillo a Eduardo Martínez Somalo, Roma, 15-II-1993, citada em Javier Medina Bayo, Álvaro del Portillo, o. c., p. 503.

[51] Constituição apostólica *Ut sit*, art. III, em AAS 75 (1983) 423.

[52] Cf. Julián Herranz, *En las afueras de Jericó*, o. c., p. 311. Um mês e meio mais tarde, a *Acta Apostolicae Sedis* 75 (1983) 423-425 publicou a constituição apostólica *Ut sit* e a declaração *Praelaturae personales*.

[53] Cf. Álvaro del Portillo, Carta pastoral, 28-XI-1982, n. 47, em AGP, Biblioteca, P17.

[54] *Ibidem*, nn. 48, 22 e 23, respectivamente.

[55] *Ibidem*, nn. 3 e 16, respectivamente.

[56] *Ibidem*, n. 25.

[57] Cf. Fernando Ocáriz, «Reflexiones teológicas sobre la ordenación episcopal del Prelado del Opus Dei», *Palabra* 310 (1991/II) 92-95.

NOTAS

[58] Citado em Javier Medina Bayo, Álvaro del Portillo, o. c., p. 648.

[59] Cf. Javier Medina Bayo, Álvaro del Portillo, o. c., p. 648.

[60] Citado em Crónica, XI-1990, p. 1270, em AGP, Biblioteca, P01.

[61] Fernando Ocáriz, «Reflexiones teológicas sobre la ordenación episcopal del Prelado del Opus Dei», o. c., p. 95.

[62] Ver, por exemplo, Robert Ombres, O.P., «Opus Dei and Personal Prelatures», The Clergy Review LXX (VIII-1985) 292-295. Ombres lecionou Direito Canônico na Universidade de Santo Tomás em Roma e Teologia na Universidade de Oxford.

[63] Cf., por exemplo, «De differentia Praelaturam personalem inter et Ordinariatum militarem seu castrensem», Periodica 76 (1987) 219-251, e «Natura delle Prelature personali e posizione dei laici», Gregorianum 69/2 (1988) 299-314.

[64] Giancarlo Rocca, L'Opus Dei. Appunti e documenti per una storia, Paoline, Roma 1985.

[65] Carta de Álvaro del Portillo a Agostino Casaroli, Roma, 22-II-1986, em AGP, série L.1.2, 1420.

[66] Já em 1979, Aymans havia publicado um artigo intitulado «Die ganze Welt als Personaldiözese für das Opus Dei?», Frankfurter Allgemeine Zeitung, 13-XII-1979, p. 9.

[67] Relato de uma entrevista entre João Paulo II e Álvaro del Portillo, 22-IV-1985, em AGP, série L.1.2, 1420.

[68] Relatório de Julián Herranz 6-I-1986, «Explicación y defensa de las Prelaturas personales», em AGP, L. 1.2 1420.

[69] http://prelaturaspersonales.org/ordinariatos-militares/preguntas-frecuentes/

[70] Cf. Amadeo de Fuenmayor et al., El itinerario jurídico del Opus Dei, o. c.; Giancarlo Rocca, L'Opus Dei. Appunti e documenti per una storia, o. c.

19. Crescimento

[1] Dados estatísticos extraídos dos relatórios quinquenais que a Prelazia da Santa Cruz e Opus Dei envia à Santa Sé, em AGP, série E.4.1.

[2] Cf. Dados tomados do material preparado para o Congresso Geral do Opus Dei de 1984, em AGP, série D.2 e AGP, série I.4, 1136.

[3] Cf. «España, datos al 31-XII-1985», em AGP, série Q.1.9, 2-12.

[4] Cf. H 1967/82 e H 179/92, em AGP, série G3.2.2, 3152.

[5] Cf. H 179/92, em AGP, série G3.2.2, 3151.

[6] Cf. Nota 2252/89, em AGP, série G3.2.2, 3151, H 179/92, em AGP, série G3.2.2, 3151, e H 179/92, em AGP, série G3.2.2, 3151.

[7] Cf. «España, datos al 31-XII-1985», em AGP, série Q.1.9, 2-12.

[8] Dados tirados do material preparado para um encontro do Vigário na Espanha com o Prelado do Opus Dei, em AGP, série Q.1.9, 11-1.

A HISTÓRIA DO OPUS DEI

[9] Relatório preparado para o Presidente Geral pela Assessoria Central sobre o apostolado de numerárias auxiliares em 1978, em AGP, série R6.2.1.

[10] *Idem*.

[11] *Idem*. Seria necessária uma análise ponderada da documentação do AGP para conhecer como os diretores centrais estudavam a evolução da vida social, cultural e religiosa que, entre outros aspectos, afetava os processos de discernimento vocacional. Por exemplo, no Congresso Geral de 1992, foi recolhido que, «por causa da generalizada falta de formação da juventude na maioria dos países, torna-se necessário cuidar muito da seleção e da formação das novas vocações» (AGP, série D.1). Como veremos – por exemplo, nas mudanças propostas no Congresso Geral do Opus Dei do ano 2002 –, essas questões foram enfrentadas com profundidade décadas mais tarde.

[12] Cf. «Trabajo profesional de las Numerarias», em AGP, série R4.3, 1-2; Comissão de Serviço na Espanha, 1980, em AGP, série E.2.1.

[13] Aviso geral, 165/91 (30-XII-1991), em AGP, série Q.1.3, 14-92.

[14] Cf. Carlo Pioppi, «Verso le aree marginali del cattolicesimo contemporaneo. La diffusione internazionale dell'Opus Dei sotto la guida di Álvaro del Portillo (I)», *Studia et documenta* 9 (2015) 101-143.

[15] Nota 253/84, em AGP, série E.1.3. A nota convida a conhecer pessoas da Coreia do Sul, Taiwan, Singapura, Malásia, Indonésia e Nova Zelândia.

[16] «España, datos al 31-XII-1985», em AGP, série Q.1.9, 2-12.

[17] Relatório da delegada nas Filipinas, 4-V-1987, em AGP, série Q.2.2, 1-5.

[18] Isabel Pareja Roldán, «Comienzos en República Dominicana (marzo 1989-1994)», VI-2016, em AGP, série U.2.1, 5-94.

[19] Javier Medina Bayo, Álvaro del Portillo, o. c., p. 568.

[20] Cf. James Pereiro, «Netherhall House, London (1960-1984): The Commonwealth dimension», *Studia et documenta* 5 (2011) 13.

[21] Cf. AGP, série M.2.1, 33-2 (Trinidad y Tobago); Isabel Pareja Roldán, «Comienzos en República Dominicana (marzo 1989-1994)», VI-2016, em AGP, série U.2.1, 5-94.

[22] Cf. AGP, série M.2.1, 38-1-1 e 2 (Polônia).

[23] Cf. os estudos prévios aos começos na Polônia e Singapura em AGP, série M.2.1, 38-1-1 e AGP, série M.2.1, 3-33, respectivamente.

[24] Cf. AGP, série M.2.1, 35-1-1.

[25] No início do novo século acrescentaram-se duas residências universitárias – uma para homens e outra para mulheres – e, em 2011, a casa de convivências Malminharju, às margens de um lago. Em 2016, ordenou-se Oskari Juurikkala, o primeiro sacerdote finlandês da prelazia do Opus Dei. Entrevista eletrônica dos autores a Raimo Goyarrola, 6-X-2020 (Goyarrola é sacerdote da prelazia do Opus Dei, residente em Helsinki). Cf. https://opusdei.org/es-es/article/ecumenismo-finlandia-luteranos-catolicos/ (última consulta em 12-XII-2020).

[26] Carlo Pioppi, «*Prima o poi le mura costruite con la violenza crollano da sole*. Mons. Álvaro del Portillo, la fine della Cortina di Ferro e la diffusione iniziale dell'Opus Dei

NOTAS

nei paesi dell'Europa centrorientale», em P. Gefaell (ed.), *Vir fidelis multum laudabitur*, vol. 2, EDUSC, Roma 2014, pp. 227-249.

20. Semear doutrina

[1] Cf. João Paulo II, «Discorso di Giovanni Paolo II ai partecipanti al VI Simposio del Consiglio delle Conferenze Episcopali d'Europa», 11-X-1985, em AAS LXXVIII (1986) 178-189.

[2] Depois de se referir ao «paganismo contemporâneo» que buscava o bem-estar material a qualquer custo, del Portillo manifestava sua dor por aqueles que, «com uma soberba ridícula e presunçosa, querem elevar em seu posto a pobre criatura, perdida sua dignidade sobrenatural e sua dignidade humana, e reduzida – não é exagero: está evidente em todos os lugares – ao ventre, ao sexo, ao dinheiro». E, citando João Paulo II, aponta que a reação viria dos novos evangelizadores «arautos do Evangelho, especialistas em humanidade, que conheçam a fundo o coração do homem de hoje»: Álvaro del Portillo, Carta pastoral, 25-XII-1985, nn. 376 e 378, em AGP, Biblioteca, P17. Cf. Javier Echevarría, «Discurso do prelado no congresso do centenário de Mons. Álvaro del Portillo, Universidade Pontifícia da Santa Cruz, Roma (12-III-2014)», em *Romana*, 58 (I-VI, 2014) 110-129.

[3] Cf. AGP, série R1.1.3, 32-2.

[4] Cf. Resumo da ata da Comissão de Serviço na Espanha, 4-II-1989, em AGP, série E.2.1.

[5] Cf. Aviso geral 15/80, n. 3, em AGP, série E.1.3, 1138.

[6] Cf. *Idem*.

[7] Cf. Aviso geral 13/82, em AGP, série E.1.3, 1138.

[8] Cf. AGP, série R1.1.3, 2-32.

[9] Cf. Francisco Fernández Carvajal, *Hablar con Dios, 7 vols.*, Palabra, Madri 2017, 26ª ed.

[10] Cf. Nota geral 123/92, em AGP, série E.1.3, 1146.

[11] Aviso geral 138/76, em AGP, série E.1.3, 1137.

[12] Em meados dos anos 1980, havia 24 centros de estudos para numerários, trinta para numerárias, 22 para numerárias auxiliares, treze para adscritos e outros tantos para adscritas, mais uns vinte centros de formação mais intensa (cf. Relatório do prefeito de estudos para o Congresso Geral, fase dos homens, Roma, 3-IX-1984, em AGP, série D.2; e dados para o Congresso Geral, fase das mulheres, IX-1984, em AGP, D.2).

[13] Cf. 4817/89, em AGP, R4.2.2, 7-58.

[14] Cf. Aviso geral 118/78, em AGP, série E.1.3, 1137.

[15] *De quibusdam rationibus «Theologiae Liberationis»*, em AAS LXXVI (1984) 876-909.

[16] Aviso geral 160/84, nn. 7, 1 e 3, respectivamente, em AGP, série E.1.3, 1137.

[17] Aviso geral 140/84, n. 8, em AGP, série E.1.3, 1137.

A HISTÓRIA DO OPUS DEI

[18] Cf., por exemplo, a experiência de Montemar (Lima), Pf 209/79, em AGP, série R. serie R6.3.

[19] Cf. AGP, série R6.2.2, 8-1; Hf 86/81, em AGP, série R6.2.2, 4-28; e Hf 517/84, em AGP, série R6.2.2, 4-28.

[20] Cf. AGP, série R4.5, 38-2; e Euf 196/79, em AGP, série R6.2.2, 4-28.

[21] Escrito de Álvaro del Portillo, 1978, em AGP, série B.1.3.

[22] Cf. AGP, série R6.2.2, 3-21.

[23] Consulta da Assessoria Central, 10-X-1989, em AGP, série R4.2.4, 2-20.

[24] Cf. Aviso geral 162/89, 6-XI-1989, em AGP, série R4.2.4, 2-20.

[25] Cf. Consulta da Assessoria Central, 27-V-1989, em AGP, série R4.2.4, 2-20.

[26] Cf. AGP, série I.4, 1350.

[27] http://www.unav.edu/web/facultad-eclesiastica-de-filosofia/origen-desarrolloy-fines (última consulta em 17-VII-2020).

[28] http://www.ceibidasoa.org/01/espanol-quien-somos/ (última consulta em 17-VII-2020). A Congregação dos Seminários e dos Institutos de Estudos erigiu o colégio eclesiástico internacional Bidasoa em 14 de julho de 1988.

[29] Cf. Javier Medina Bayo, Álvaro del Portillo, o. c., pp. 543-544.

[30] A Congregação para a Educação Católica aprovou este acordo com um decreto de 8 de janeiro de 1985, com efeitos retroativos a 15 de outubro de 1984 (cf. Aviso geral 111/85, em AGP, série E.1.3, 1139).

[31] Cf. Nota geral 101/90, em AGP, série E.1.3, 1145.

[32] Cf. Antonio Miralles, «Il germe di una nuova istituzione universitaria», em *Pontificia Università della Santa Croce. Dono e Compito: 25 anni di attività*, Silvana, Milão 2010, pp. 40-47.

[33] Cf. AGP, série I.4, 3116.

[34] Cf. AGP, série G1.5, 3237.

21. Atividades apostólicas

[1] *Codex iuris particularis Operis Dei*, 1982, n. 121, §2.

[2] Josemaria Escrivá de Balaguer, *Conversaciones con Mons. Escrivá de Balaguer*, o. c., p. 276.

[3] Cf. *Codex iuris particularis Operis Dei*, 1982, n. 121, §2. Ordinariamente, o vigário regional informa o bispo diocesano antes de proceder às nomeações.

[4] *Ibidem*, n. 123.

[5] A ereção de um centro nas obras corporativas está prevista nos Estatutos da prelazia (cf. *Idem*).

[6] Nota geral, 5/86, em AGP, série G4.4.2, 2612.

NOTAS

[7] https://www.up.edu.mx/es/sobre-la; https://www.unisabana.edu.co/nosotros/nosotros/historia/; https://www.uandes.cl/la-uandes/historia/; https://www. austral.edu. ar/la-universidad/historia/; https://unis.edu.gt/en/identidad/ (última consulta em 29--VII-2020). Aviso geral 156/85, n. 1, em AGP, série E.1.3, 1139.

[9] Kazuko Nakajima, Ryoko Makiyama, «The Founding of Nagasaki Seido School», *Studia et documenta* 9 (2015) 323-349; Folheto *Cooperadores do Opus Dei*, Escritório de informação do Opus Dei em Roma, 2012.

[10] Cf. AGP, série G4.4.2, 2612.

[11] Cf. Aviso geral 156/85, anexo, em AGP, série E.1.3, 1139; H 2002/78, Tabla II, em AGP, série G3.2.3, 3152; H 2002/78, Tabla I, em AGP, série G3.2.3, 3152 (este número não inclui os sacerdotes do Opus Dei que eram capeláes nem os membros da Obra com trabalhos administrativos).

[12] Cf. Comissão de Serviço no México, XI-1985, anexo XXI, em AGP, série E.2.1.

[13] *Catecismo da Igreja Católica*, n. 2223.

[14] Alastair Macbeth, *FAES. Parent-Teacher Educational Structure*, European Parents' Association, Bruxelas 1991, p. 4 (cópia em AGP, série G4.4.3, 1547). FAES era a sociedade que administrava os colégios.

[15] https://heights.edu/mentoring/ (última consulta em 20-VII-2020).

[16] Cf. Aviso geral 77/77, anexo, em AGP, série E.1.3, 1137.

[17] Cf. Aviso geral 134/81, em AGP, série E.1.3, 1138.

[18] Cf. Hf 2092/81, em AGP, série R2.4.2, 1-1.

[19] Aviso geral 120/85, nn. 1 e 2, respectivamente, em AGP, série E.1.3, 1139.

[20] Nota geral 2/82, nn. 1 e 4, respectivamente, em AGP, série Q.1.3, 8-52.

[21] Nota geral 119/90, em AGP, série E.1.3, 1145. Este pensamento estava baseado nas propostas sociais da Igreja: «Cultivamos a profunda e urgente preocupação de aliviar as necessidades do próximo em todos os lugares, fazendo tudo quanto esteja ao nosso alcance para que os princípios da doutrina social da Igreja sejam conhecidos e levados à prática, respeitando plenamente a liberdade de todos naquilo que é opinável, mas ajudando para que ninguém, sob pretexto de liberdade, busque justificativas para se desentender de colaborar – naquilo que lhe corresponda – para a solução de muitas injustiças» (Álvaro del Portillo, Carta pastoral, 1-VIII-1990, n. 94, em AGP, Biblioteca, P17). De novo, em 1992, o Congresso Geral da Obra sugeriu que houvesse novas iniciativas «para a promoção de pessoas de escassos recursos econômicos ou socialmente marginalizadas»: Nota geral, 122/92 (3-XII-1992), em AGP, série E.1.3, 1146.

[22] https://www.kinal.org.gt/historia.html (última consulta em 20-VII-2020).

[23] http://junkabal.edu.gt/ (última consulta em 20-VII-2020). Cf. Amcf 65/85, anexo, em AGP, R4.5, 28-2.

[24] http://www.dualtech.org.ph/ (última consulta em 14-X-2020).

[25] https://colegiomontefalco.edu.mx/wp-content/uploads/2019/12/InformeAnual-Montefalco-2016-web.pdf (última consulta em 20-VII-2020).

[26] Cf. Ch 73/80, em AGP, série G4.4.3, 1547.

A HISTÓRIA DO OPUS DEI

27 Cf. AGP, série G4.4.3, 2674; e AGP, série R4.5, 2-38.

28 Folheto «Centro especial de empleo La Veguilla», separata de *Documentación* (V--1997), em AGP, série K.4.

29 Cf. Nota 7298/87 e Arg 210/87, em AGP, série G4.4.3, 2674.

30 http://kibondeni.ac.ke/ (última consulta em 20-VII-2020).

31 https://opusdei.org/es-mx/article/la-clinica-que-inspira-vidas/ (última consulta em 20-VII-2020).

22. Na opinião pública

1 Cf. Nota geral 106/87 (27-III-1987), em AGP, série E.1.3, 1145.

2 Cf. «El ministerio fiscal acusará a Ruiz-Mateos de irregularidades penales», *El País*, 13-IV-1983.

3 Cf. «El Gobierno expropia los bancos y todas las empresas del Grupo Rumasa», *El País*, 24-II-1983. Sobre as notícias de Ruiz-Mateos, há muitas publicações e citações nos principais jornais espanhóis da época. Aqui oferecemos só algumas referências. Cf. Aristóbulo de Juan, *De bancos, banqueros y supervisores. 50 años desde la trinchera*, Deusto, Barcelona 2021.

4 Cf. «García-Pelayo afirma que hay sentencia definitiva sobre Rumasa», *El País*, 6-X--1984.

5 Cf. «Ruiz-Mateos declara que no piensa rectificar lo que dijo sobre algunos miembros del Opus Dei», *El País*, 29-V-1986.

6 Cf. «El Opus Dei pide a Ruiz-Mateos que rectifique sus declaraciones», *ABC*, 29-V--1986.

7 Por exemplo, em 1988, o escritório do apostolado da opinião pública da Comissão Regional calculava que, de cerca de duas mil referências negativas à Obra nos meios de comunicação espanhóis naquele ano, mais de quinhentas estavam relacionadas com o caso Ruiz-Mateos. Cf. Comissão de Serviço na Espanha, 4-I-1989, em AGP, série E 2.1.

8 Clifford Longley, Dan Van der Vat, «New Mood in Rome Encourages "Church within a Church"», em *The Times*, 12-I-1981, p. 9.

9 Aviso geral 104/81 (13-I-1981), em AGP, série E.1.3, 1138.

10 https://www.icsahome.com/articles/statmnt-by-cardinl-hume-guidelines-foropus-dei-csj-2-2 (última consulta em 25-VII-2020).

11 Cf. Comunicado da secretaria do Opus Dei na Grã-Bretanha, em «Cardinal Lays Down Ground Rules for Opus Dei», *Catholic Pictorial*, 13-XII-1981.

12 Cf. a série de três artigos «Jeden Tag eine Abtötung. Opus Dei – die heimliche Elite der Katholischen Kirche?», de Klaus Steigleder, em *Der Spiegel* 36 (5-IX-1983), 37 (12-IX-1983), 38 (19-IX-1983). E ainda outro: «Opus Dei – Stoßtrupp Gottes oder Heilige Mafia?», sem assinatura, também em *Der Spiegel* 37 (12-IX-1983).

NOTAS

[13] A primeira emissão da WDR foi em 10 de setembro de 1983, sob o título «Mit heiliger Unverschämtheit». Após a retransmissão do programa «Gott und die Welt: Opus Dei – Irrenhaus Gottes?», em 4 de maio de 1984, os diretores do Opus Dei na Alemanha pensaram em recorrer aos tribunais, coisa que fizeram no mês de julho, como diremos (entrevista eletrônica dos autores a Hans Thomas, 4-VIII-2020. Thomas trabalhou durante os anos 1980 no escritório de informação do Opus Dei na Alemanha).

[14] Eberhard Straub, «Opus Dei – Irrenhaus Gottes», *Frankfurter Allgemeine Zeitung*, 7-V-1984. Este título (em português, «Opus Dei – O manicômio de Deus») foi o que puseram na primeira emissão televisiva da WDR.

[15] Cf. *Katholische Nachrichten Agentur*, 25-VIII-1984, com um suplemento do dia 30--VIII-1984.

[16] Cf. AGP, M.24, 3274.

[17] Cf. Nota 14888/84, em AGP, M.24, 3274.

[18] Cf. G 251/85, 2-X-1985, em AGP, M.24, 3274.

[19] Citado em Javier Medina Bayo, Álvaro del Portillo, o. c., p. 576.

[20] Entrevista eletrônica dos autores a Hans Thomas, 4-VIII-2020.

[21] Cf. Giancarlo Rocca, «*L'Opus Dei*. Appunti e documenti per una storia», em *Claretianum* XXV (1985) 5-227.

[22] Sandro Magister, «Santa Faccia tosta», *L'Espresso*, 2-III-1986, pp. 22 e 23. Desde março de 1983, o Opus Dei contava com um novo código, os Estatutos da prelazia pessoal. As Constituições do ano 1950 não haviam sido publicadas, como vimos, porque Escrivá de Balaguer comprovou, pouco tempo após a sua aprovação, que não serviam para salvaguardar o espírito secular do Opus Dei, e por isso não desejava dar publicidade a uma legislação que era inadequada para a Obra.

[23] Cf. Comunicado da secretaria do Opus Dei na Itália, 24-II-1986, em AGP, série E.4.4, 1401.

[24] Cf. Marco Tosatti, «Opus Dei troppo segreta. Richiesta una indagine», *La Stampa*, 2-III-1986.

[25] Palavras de Oscar Luigi Scalfaro em *Atti Parlamentari*. Camera dei Deputati, IX Legislatura, 24-XI-1986, p. 49461. Scalfaro foi presidente da República Italiana de 1992 a 1999.

23. A beatificação do fundador

[1] A Igreja «propõe homens e mulheres que sobressaem pelo fulgor da caridade e de outras virtudes evangélicas para que sejam venerados e invocados»: João Paulo II, Constituição apostólica *Divinus perfectionis Magister*, 25-I-1983, AAS LXXV (1983) 349. Nessa constituição, o Papa simplificou e modernizou as causas de canonização para que os cristãos tivessem modelos de santidade próximos no tempo. Estabeleceu um único processo diocesano, sob a supervisão da Santa Sé, e a possibilidade de começar uma causa aos cinco anos da morte do candidato. Suprimiu a figura do promotor da

A HISTÓRIA DO OPUS DEI

fé, conhecida como «advogado do diabo», que tinha como missão mostrar os pontos fracos que o candidato apresentava desde a perspectiva da santidade. Foi substituído por um promotor de justiça, que se encarrega de zelar pelo cumprimento do direito na instrução. Com este modelo, passava-se de um julgamento, com um promotor e um advogado defensor, para algo semelhante a uma tese doutoral em história (cf. Kenneth L. Woodward, *Making Saints*, Simon and Schuster, Nova York 1990, p. 91). Segundo os novos procedimentos, o primeiro passo é a nomeação de um postulador, que promove a causa como representante dos atores: recolhe todas as informações possíveis sobre o candidato; elabora uma lista de testemunhas, tanto favoráveis como contrárias, para que testemunhem perante o tribunal diocesano; e busca os escritos e documentos relacionados com o candidato. Depois, o bispo diocesano nomeia um tribunal que recebe as declarações das testemunhas. O bispo elege também um grupo de peritos teólogos que comprovam se a documentação não se opõe à fé e aos costumes. Se os relatórios dos peritos forem positivos, o bispo fecha a fase diocesana e envia a documentação para a Congregação para as Causas dos Santos. Em Roma, a Congregação nomeia um relator que elabora, com o postulador, um relatório oficial, tecnicamente conhecido como a *Positio super vita et virtutibus* ou, mais brevemente, a *positio*. Trata--se de um trabalho de síntese de toda a documentação recolhida nas fases processuais. Depois, uma comissão de teólogos estuda a *positio* e passa o seu parecer a outra comissão de cardeais, que decidem se recomendarão ao Santo Padre que emita um decreto de virtudes heroicas – ou, se for o caso, de martírio, de milagre ou de oferecimento da vida pelo próximo –, isto é, um documento que descreva a vida do candidato e decrete que morreu santamente. Além disso, a Igreja pede um milagre – não é necessário no caso de martírio – que possa ser atribuído ao servo de Deus. Os presumíveis milagres são examinados na diocese com um procedimento análogo ao da vida e virtudes. Caso se chegue à conclusão de que se operou um milagre pela intercessão do candidato, o material é enviado à Congregação para as Causas dos Santos, que realiza um processo no qual intervêm uma comissão científica e outra teológica. Se as conclusões forem positivas e o Papa o aprova, emite-se um decreto de milagre, e o candidato pode ser beatificado em uma cerimônia pública. A partir desse momento, é venerado publicamente nos lugares relacionados com a sua vida. O procedimento de canonização de um beato é muito mais curto porque não se realiza uma nova investigação sobre a vida da pessoa. Os únicos requisitos essenciais são um segundo milagre que se tenha operado depois da beatificação, uma ampla difusão da fama de santidade e a decisão do Santo Padre de celebrar a canonização. Na cerimônia de canonização, a pessoa é inscrita no cânone ou lista oficial das pessoas que a Igreja declara santas, isto é, que estão unidas a Deus no céu, e a Santa Sé autoriza seu culto público nas cerimônias litúrgicas em todo o mundo.

[2] Cf. Flavio Capucci, *Josemaría Escrivá, santo. El itinerario de la causa de canonización*, Rialp, Madri 2009, p.18. Capucci foi o postulador da causa do fundador do Opus Dei.

[3] Citado em Álvaro del Portillo, *Entrevista sobre el fundador del Opus Dei*, Rialp, Madri 2014, 10ª ed., p. 213.

[4] Dados tomados do material preparado para o Congresso Geral do Opus Dei de 1984, em AGP, série D.2.

NOTAS

[5] Cf. François Gondrand, *Au pas de Dieu. Josemaría Escrivá de Balaguer, fondateur de l'Opus Dei*, France-Empire, Paris 1982; Peter Berglar, *Opus Dei. Leben und Werk des Gründers Josemaría Escrivá*, Ottto Muller, Salzburgo 1983; Andrés Vázquez de Prada, *El fundador del Opus Dei: Mons. Josemaría Escrivá de Balaguer (1902-1975)*, Rialp, Madri 1983; Hugo de Azevedo, *Uma luz no mundo*, São Paulo, Quadrante, 2021; Ana Sastre, *Tiempo de caminar*, Rialp, Madri 1991.

[6] Cf. Peter Berglar, *Opus Dei. Leben und Werk des Gründers Josemaría Escrivá*, o. c., p. 15.

[7] Cf. Flavio Capucci, *Josemaría Escrivá, santo*, o. c., p. 19.

[8] Cf. *Ibidem*, p. 44. Parte desses testemunhos estão publicados em Álvaro del Portillo, *Entrevista sobre el fundador del Opus Dei*, o. c.; e Javier Echevarría, *Memoria de San Josemaría*, o. c.

[9] Entrevista dos autores com Constantino Ánchel, 23-I-2019. Ánchel trabalhou no escritório histórico da Comissão Regional da Espanha e na parte processual. Em 1987, fez parte da equipe que, sob a direção do relator e do postulador, elaborou a *positio*.

[10] Cf. Flavio Capucci, *Josemaría Escrivá, santo*, o. c., pp. 20 e 43.

[11] Cf. Alberto Moncada, *Opus Dei: una interpretación*, Índice, Madri, 1974, e *Los hijos del Padre*, Argos Vergara, Barcelona 1977. María Angustias Moreno, *El Opus Dei. Anexo a una Historia*, Planeta, Barcelona 1976, e *La otra cara del Opus Dei*, Planeta, Barcelona 1978. Moreno também havia publicado artigos na revista *Interviú* que foram incluídos na documentação do processo.

[12] Entrevista dos autores com Constantino Ánchel, 23-I-2019.

[13] Enquanto o tribunal de Madri ainda estava ouvindo as testemunhas, o cardeal madrilenho comentou ao padre Pérez que várias pessoas lhe haviam dito que queriam testemunhar. O religioso agostiniano pediu-lhe que lhe fornecesse uma lista de nomes e informações documentais que tivessem apresentado, mas não recebeu outros materiais. Após o encerramento oficial da fase madrilenha do processo, algumas das pessoas envolvidas se dirigiram ao novo arcebispo de Madri, Ángel Suquía, o qual questionou o tribunal. Entre os que haviam comunicado ao cardeal Enrique y Tarancón seu desejo de testemunhar estavam María del Carmen Tapia e Miguel Fisac, ambos ex-membros do Opus Dei e críticos. Depois de considerar as informações que forneceram e suas declarações públicas, o tribunal, reunido em sessão extraordinária, decidiu que não eram testemunhas confiáveis e recomendou à congregação que não se fizesse nada mais. De novo, a congregação esteve de acordo. O padre Pérez explicou a decisão baseando-se em que todas as testemunhas contrárias e potencialmente úteis deveriam ser escutadas, mas que não ajudava ouvir pessoas cuja aversão ao candidato era tão forte que viciasse seu testemunho (Entrevista dos autores com Constantino Ánchel, 23-I-2019).

[14] Citado em Flavio Capucci, *Josemaría Escrivá, santo*, o. c., p. 21.

[15] Cf. Flavio Capucci, *Josemaría Escrivá, santo*, o. c., pp. 30-31.

[16] Cf. Kenneth L. Woodward, *Making Saints*, o. c., p. 104.

[17] Cf. Flavio Capucci, *Josemaría Escrivá, santo*, o. c., p. 75.

[18] Citados, ainda que não nomeados, em Flavio Capucci, *Josemaría Escrivá, santo*, o. c., p. 28.

A HISTÓRIA DO **OPUS DEI**

[19] Cf. «Voto VI», *Il Regno* 682 (1-V-1992) 301-304.

[20] Ambrogio Eszer, O.P, «Actualidad eclesial del mensaje de Josemaría Escrivá», em Rafael Serrano (ed.), *Así le vieron. Testimonios sobre Monseñor Escrivá de Balaguer*, Rialp, Madri 1992, pp. 67-72.

[21] Citado em Flavio Capucci, *Josemaría Escrivá, santo*, o. c., p. 83.

[22] https://opusdei.org/es/article/homilia-en-la-beatificacion-17v1992/ (última consulta em 9-X-2020).

[23] Cf. María del Carmen Tapia, *Tras el umbral*, o. c.

[24] Em 10 de outubro de 1964, Paulo VI comentou a Escrivá de Balaguer que dava graças a Deus por havê-lo conhecido. Este replicou: «Santità, io non sono stato lo strumento; sono stato sempre un ostacolo. Non sono umile, mi arrabbio, soprattutto quando vedo delle ingiustizie». Paulo VI riu-se e disse: «*Irascimini et nolite peccare*» (Se vos irardes, não pequeis). Cf. AGP, série E.4.1, 227-4-2

[25] Declaração de María del Carmen Tapia à agência ANSA, 24-XII-2001, em http://www.dimarzio.info/it/articoli/chiesa-cattolica/75-persone-e-gruppi-riconosciuti/opus-dei/182-dichiarazione-di-maria-del-carmen-tapia.html (última consulta em 9-X-2020). Ao mesmo tempo, não retirou ou modificou sua versão crítica aos fatos de 1965-1966 que a levaram a deixar a Obra.

[26] John L. Allen, *Opus Dei*, Planeta, Barcelona 2006, p. 81.

[27] Citado em Kenneth L. Woodward, «A Questionable Saint», *Newsweek*, 12-I-1992.

[28] Cf. John L. Allen, *Opus Dei*, o. c., pp. 87-89. Em declaração posterior, Feltzmann garantiu que não queria sugerir que Escrivá fosse antissemita, mas que, devido ao seu anticomunismo, era favorável a Hitler e ao nazismo alemão. Alguns testemunhos da rejeição do fundador ao nazismo e a Hitler encontram-se em https://www.temesdavui.org/node/6985?lang=es& (última consulta em 13-I-2021).

[29] Citado em «Conservative Catholic Group Denies Candidate for Sainthood Hated Jews», Jewish Telegraphic Agency, 13-I-1992. https://www.jta.org/1992/01/13/archive/conservative-catholic-group-denies-candidate-for-sainthood-hated-jews (última consulta em 11-X-2020).

[30] «How Does a Rabbi Gauge the Ideas of Opus Dei Founder Josemaría Escrivá de Balaguer?», Zenit, 13-I-2002. https://zenit.org/articles/how-a-rabbi-views-blessed-escriva (última consulta em 11-X-2020).

[31] Cf. Ambrogio Eeszer, O.P, «Actualidad eclesial del mensaje de Josemaría Escrivá», o. c., p. 72.

[32] Ambrogio Eszer, O.P, «Actualidad eclesial del mensaje de Josemaría Escrivá», o. c., p. 72.

[33] John L. Allen, *Opus Dei*, o. c., p. 326.

[34] http://www.vatican.va/content/john-paul-ii/es/speeches/2002/october/documents/hf_jp-ii_spe_20021007_opus-dei.html (última consulta em 8-X-2020).

[35] John L. Allen, Jr. «With Beatification of John Paul II, What Makes a *Fast Track* Saint?», *National Catholic Reporter*, 1-II-2011.

NOTAS

24. Governo central e regional

[1] O processo de eleição do prelado do Opus Dei consta de três fases: reunião plenária da Assessoria Central, na qual cada participante propõe o nome ou nomes dos sacerdotes que avalia como os mais adequados para o cargo de prelado; o Congresso Geral Eletivo, em que os congressistas, tendo em conta as propostas do pleno da Assessoria Central, procedem à votação do prelado; e a nomeação pelo Santo Padre. Cf. *Codex iuris particularis Operis Dei*, 1982, n. 130.

[2] Recordação de Fernando Ocáriz, em Álvaro Sánchez León, *En la tierra como en el cielo*, o. c., p. 187.

[3] Cf. Ernesto Juliá, *Instantáneas de un cambio. Javier Echevarría, Prelado del Opus Dei*, Palabra, Madri 2018.

[4] Javier Echevarría, Carta pastoral, 28-XI-1995, n. 12, em AGP, Biblioteca, P17.

[5] Javier Echevarría, Carta pastoral, 1-V-1994, nn. 4 e 5, em AGP, Biblioteca, P17, e «Declaraciones del nuevo Prelado del Opus Dei» (sem data), em AGP, série D.1.

[6] Javier Echevarría, Carta pastoral, 28-XI-2002, n. 11, em AGP, Biblioteca, P17.

[7] Javier Echevarría, Carta pastoral, 17-V-2010, n. 23, em AGP, Biblioteca, P17.

[8] Cf. *Codex iuris particularis Operis Dei*, 1982, nn. 134-135.

[9] Segundo Isabel Sánchez Serrano, secretária central do Opus Dei, Javier Echevarría estimulou a que a mulher ocupasse «os postos mais relevantes do mundo, tornando-os lar, humanizando esse ambiente. E a queria também no centro do lar, realizando ali a tarefa mais importante da sociedade: cuidar da pessoa» (citada em Álvaro Sánchez León, *En la tierra como en el cielo*, o. c., p. 317). Sánchez é secretaria central da Assessoria Central desde o ano de 2010.

[10] Um campo particular em que se insistiu, em razão de sua grande influência social, é a moda, na qual a pessoa se manifesta e busca «ser vista» com o que veste. Echevarría recordou que o cristão está convidado a que a apresentação externa agradável e elegante reflita sua sintonia interior com Deus e corresponda à verdade sobre a criatura humana, criada à imagem de Deus, beleza absoluta. Incentivou o intercâmbio de ideias e impulsionou as pessoas que eram profissionais desta área da cultura a que estivessem presentes nos lugares de administração e difusão das novas tendências. Como resultado disso, surgiram variadas iniciativas que buscavam difundir uma moda que dignificasse a pessoa, o decoro nos espetáculos e anúncios publicitários e o sentido atraente do pudor: centros de ajuda à mulher, seminários de antropologia, congressos e publicações, desfiles e cursos de estética... Cf. aula de Javier Echevarría em uma reunião sobre moda e apostolado cristão, Roma, 17-II-1996, em AGP, série R.2.4.2, 4-245. No capítulo 27 figuram algumas iniciativas concretas.

[11] Javier Echevarría, Carta pastoral, 28-XI-2002, n. 11, em AGP, Biblioteca, P17. Por exemplo, 150 profissionais do Opus Dei e cooperadores, tanto homens como mulheres, participaram da Conferência Internacional sobre a Mulher em Pequim (1995), como integrantes de suas correspondentes delegações oficiais ou de associações e várias ONGs, com o desejo de fomentar a igualdade homem-mulher e a solidariedade interpessoal recíproca (cf. AGP, série R4.1, 1-263).

A HISTÓRIA DO OPUS DEI

[12] Nota geral 102/16 (21-IX-2016), n. 1.

[13] Cf. Nota geral 103/16 (21-IX-2016). Essas ideias remontam à fundação do Opus Dei e ao seu desenvolvimento. Em 1980, lembrava-se que «não podemos limitar o nosso apostolado aos que já possuem uma boa base cristã: é preciso chegar a todos os recantos e difundir a doutrina cristã viva de Jesus Cristo entre pessoas das mais diversas procedências» (Nota geral 15/80, n. 5, em AGP, série E.1.3, 1138.).

[14] Entrevista dos autores, Roma, 6-IV-2021. Herrero é diretora do escritório de informação do Opus Dei desde 2018.

[15] Entrevista dos autores com Carlos Cavazzoli, Roma, 20-I-2021.

[16] Cf. por exemplo, Nota geral 7/89, n. 4, em AGP, série Q.1.3, 9-59.

[17] Javier Echevarría, Carta pastoral, 2-X-2011, n. 15, em AGP, Biblioteca, P17. Dois anos antes, já se haviam dado algumas indicações nesse sentido. Cf. Nota geral 103/09 (13-III-2009) e 104/09 (5-XI-2009), em AGP, série E.1.3.

[18] Em 2013, Mons. Echevarría publicou diretrizes sobre a gestão de eventuais casos de abusos. Monsenhor Ocáriz revisou esses protocolos em 2020 a fim de adequá-los às novas normas e recomendações da Santa Sé. Desde então, em cada circunscrição da prelazia há um comitê assessor e um coordenador de proteção de menores, cuja missão é a de receber e estudar as eventuais denúncias, e outro que acompanha as investigações pertinentes sobre possíveis casos: https://opusdei.org/es-es/article/proteccion-de-menores/ (última consulta em 12-XII-2020).

[19] H 417/99 (16-III-1999), em AGP, série G3.2.4, 3153.

[20] As fundações e sociedades civis como, por exemplo, a Fundación Casatejada ou a Fundación Cárdenas Rosales – criadas para proporcionar capacidade financeira a projetos de tipo cultural e social – são as que, no cumprimento de suas finalidades, realizam as operações correspondentes.

[21] Cf. https://romana.org/68/notizie/alcune-informazioni-economiche-del-2018/

[22] Cf. *Romana* 24 (1997) 154; *Romana* 25 (1997) 350; *Romana* 42 (2006) 136; *Romana* 43 (2006) 250; *Romana* 62 (2016) 172; *Romana* 63 (2016) 376.

[23] Elaboração própria a partir da comissão de serviço na delegação de Madri Leste, 22--II-1997, em AGP, série Q.2.1, 81-307.

[24] Nesse período, seis países passaram a ser região: Brasil, Chile, Colômbia, Estados Unidos, Portugal e Venezuela. Entre as divisões territoriais, as mais importantes se deram na Ásia, com a delegação do Leste da Ásia (Hong Kong, Macau, Cantão, Taiwan e Coreia) e a delegação da Ásia Meridional Ocidental, que compreende Singapura, Malásia, Tailândia e Vietnã. Também se dividiram as circunscrições centro-americanas entre América Central Norte, com Guatemala e Honduras; América Central Sul, com Costa Rica, Nicarágua e Panamá; e El Salvador.

[25] Cf. Javier Echevarría, «L'esercizio della potestà di governo nelle prelature personali», *Folia Canonica* 8 (2005) 237-251.

[26] Cf. Fernando Sebastián, *Memorias con esperanza*, o. c., pp. 261-266.

[27] Habitualmente, juntou-se à nota verbal uma nota explicativa: cf. José María Vázquez García-Peñuela (coord.), *El Opus Dei ante el Derecho estatal. Materiales para un estudio*

NOTAS

de Derecho comparado, Comares, Granada 2007, p. 154. O livro – elaborado por vários autores, especialistas na matéria – explica o processo pelo qual se adquiriu o reconhecimento da personalidade civil da prelazia nos distintos países.

[28] No caso, por exemplo, do art. 6 §1 da concordata entre a Santa Sé e a República da Polônia, de 28 de julho de 1993; do art. 5 do acordo sobre questões jurídicas entre a Santa Sé e a República da Croácia, de 19 de dezembro de 1996; do protocolo adicional ao acordo entre a Santa Sé e a República do Gabão sobre princípios e sobre disposições jurídicas relativas às suas relações e à sua colaboração, de 12 de dezembro de 1997; e do art. 5 do *Agreement between the Holy See and the Republic of Lithuania concerning juridical aspects of the relations between the Catholic Church and the State*, de 5 de maio de 2000.

[29] Aparece de modo semelhante em anuários eclesiásticos e documentos de caráter prático, como o que se utiliza para preparar as relações quinquenais das visitas *ad limina* (cf. Congregação para os Bispos, *Formulario per la relazione quinquennale*, Editorial Vaticana, 1997).

[30] Cf. João Paulo II, Exortação apostólica pós-sinodal *Ecclesia in America*, 22-I-1999, AAS 91 (1999) 717-815, n. 65, nt. 237; Idem, Exortação apostólica pós-sinodal *Ecclesia in Europa*, 28-VI-2003, AAS 95 (2003) 649-719, n. 103, nt. 166. Esta solução ecoou na Instrução *Erga migrantes*, 3-V-2004, n. 24, do Pontifício Conselho para a Pastoral dos Emigrantes e Itinerantes.

[31] Uma exposição deste debate doutrinal pode ser vista, por exemplo, em Eduardo Baura, «Le attuali riflessioni della canonistica sulle Prelature personali», em *Le Prelature personali nella normativa e nella vita della Chiesa*, Pádua 2002, pp. 15-53; Gaetano lo Castro, «Le Prelature personali nell'esperienza giuridica e nel dibattito dottrinale dell'ultimo decennio», em *Studi in onore di P. Bellini* I, Catanzaro 1999, pp. 423-456; Julián Herranz Casado, «La razón pastoral de las prelaturas personales: consideraciones a los 50 años del Concílio Vaticano II», em *Ius communionis* 3/2 (2015) 245-260; Antonio Viana, «El contexto doctrinal sobre las prelaturas personales. (Con ocasión de unas recientes páginas de Gaetano Lo Castro)», *Ius canonicum* 40 (2000) 289-306; Antonio Viana, *Introducción al estúdio de las Prelaturas*, EUNSA, Pamplona 2006.

[32] http://www.vatican.va/content/john-paul-ii/es/speeches/2001/march/documents/hf_jp-ii_spe_20010317_opus-dei.html (última consulta em 25-V-2020). Cf. Jorge Miras, «Notas sobre la naturaleza de las prelaturas personales. A propósito de un discurso de Juan Pablo II», *Ius canonicum* 42 (2002) 363-388.

[33] Sobre a relação desta nova figura com as prelazias pessoais, cf. Antonio Viana, «Ordinariatos y prelaturas personales. Aspectos de un diálogo doctrinal», em *Ius canonicum* 53 (2012) 481-520. Em *prelaturaspersonales.org* há uma lista atualizada de bibliografia sobre o tema com indicações interessantes.

[34] Cf. *Romana* 22 (1996) 26-28; João Paulo II, Constituição apostólica *Ecclesia in Urbe*, 1-I-1998, AAS 90 (1998) 177-193, art. 40.

[35] Cf. AGP, série E.1.9 y AGP, série Q.1.7. A edição mais recente – oitava – do Catecismo da Prelazia da Santa Cruz e Opus Dei é do ano 2010.

A HISTÓRIA DO OPUS DEI

[36] http://www.vatican.va/content/john-paul-ii/es/homilies/2002/documents/hf_jp--ii_hom_20021006_escriva.html (última consulta em 8-X-2020).

[37] http://www.vatican.va/content/john-paul-ii/es/speeches/2002/october/documents/hf_jp-ii_spe_20021007_opus-dei.html (última consulta em 8-X-2020).

[38] Javier Echevarría, «Discurso en el 10 Aniversario de Harambee, Ponficia Universidad de la Santa Cruz, Roma (5-X-2012)», *Romana* 55 (VII-XII 2012) 316 e 318.

[39] Entre outros, Barbastro, Burgos, Madri e Valencia (Espanha), Cidade do México, Guadalajara e Culiacán (México), Bogotá e Medellín (Colômbia), Lima (Peru), Tacloban City e Tarlac City (Filipinas), Caracas (Venezuela), Cidade da Guatemala, Guayaquil (Equador), Nairóbi (Quênia), Szczecin (Polônia), Santiago do Chile e Roma.

[40] Cf. Aldo Capucci, «La memoria di san Josemaría Escrivá nello spazio urbano in Italia», *Studia et documenta* 4 (2010) 439-451.

[41] http://www.vatican.va/content/francesco/es/letters/2014/documents/papafrancesco_20140927_lettera-beatificazione-alvaro-del-portillo.html

[42] Andrés Vázquez de Prada, *El Fundador del Opus Dei*, 3 vols., o. c.; Pilar Urbano, *El hombre de Villa Tevere*, o. c.; *Diccionario de san Josemaría Escrivá de Balaguer*, o. c.

[43] Cf. *La grandezza della vita quotidiana*, 13 vols., Edizioni Università della Santa Croce, Roma 2002-2003.

[44] Javier Echevarría, Carta pastoral, 23-IV-2010, n. 395, em AGP, Biblioteca, P17.

[45] Ernst Burkhart e Javier López, *Vida cotidiana y santidad en la enseñanza de san Josemaría*, o. c.

[46] Cf. Javier López Díaz (ed.), *San Josemaría e il pensiero teologico*, 2 vols., EDUSC, Roma 2014-2015.

[47] Cf. María Eugenia Ossandón, «Instituto Histórico San Josemaría Escrivá de Balaguer», em *Diccionario de san Josemaría Escrivá de Balaguer*, o. c., pp. 644-645. Biblioteca virtual: https://www.unav.edu/web/centro-de-estudios-josemaria-escriva/biblioteca-virtual/index.vm (última consulta em 10-XI-2020).

25. Atividade formativa

[1] Desde 1990, também há entidades juvenis dirigidas por numerárias auxiliares. Anteriormente, atendiam as atividades da obra de São Rafael nas escolas de lar e cultura dependentes dos centros de numerárias auxiliares e dirigidas a jovens que se formavam profissionalmente (cf. AGP, série R6.2.2, 4-28). As numerárias auxiliares também atendem as pessoas que participam de diversos modos na obra de São Gabriel.

[2] Cf., por exemplo, Avisos gerais 109/78 e 154/79, em AGP, série E.1.3, 1137.

[3] Guia, em AGP, série A.3, 186-1-17.

[4] Javier Echevarría, *Carta, 28-XI-2002*, n. 14.

[5] Echevarría inspirou-se em umas palavras pronunciadas pelo fundador em 1º de janeiro de 1951. Em momentos de grande expansão do Opus Dei por todo o mundo, Es-

NOTAS

crivá de Balaguer pediu «quinhentas novas vocações de estudantes» (citado em *Crónica* I-1977, p. 49, em AGP, Biblioteca, P01).

[6] Cf. *Codex iuris particularis Operis Dei*, 1982, nn. 17 e 20, §1.

[7] Nota geral 100/08, n.v. (16-XII-2008), em AGP, série E.1.3 y Q.1.3. Essa indicação supunha certa evolução: «Aos mais jovens deve-se explicar que sua vocação não é nenhum segredo. Por exemplo, nunca teria sentido dizer-lhes que não falem deste tema com seus pais. No entanto, quando se considere oportuno, convirá aconselhá-los a que não se deixem levar pela precipitação, que sejam prudentes» (Aviso geral 121/84 [27--IV-1984], em AGP, série Q.1.3, 13-85).

[8] Javier Echevarría, Carta pastoral, 28-XI-2002, n. 12, em AGP, Biblioteca, P17.

[9] «Se vossas famílias, vossas amigas e conhecidas vos veem alegres e serviçais, sempre contentes, acabarão se perguntando pela causa desse gozo e se sentirão movidas a seguir o vosso exemplo, esmerando-se no cuidado dos seus próprios lares ou daqueles onde trabalham» (Javier Echevarría, Carta pastoral, 23-X-2005, em AGP, Biblioteca, P17).

[10] Cf. Aviso geral 106/09 (17-V-2009), em AGP, série E.1.3 y Q.1.3. Entrevista dos autores com Isabel García-Jalón, Pamplona, 30-I-2019.

[11] https://homerenaissancefoundation.org/about/ (última consulta em 22-VII-2020). Há muitas publicações científicas e de divulgação em vários idiomas. Cf., por exemplo, *Mujer y hogar. Manual de administración familiar*, Edac-Trillas, Cidade do México 1996; Claire Mazoyer e Béatrice Carrot, *Je suis débordé(e) à la maison!*, Carnets De L'info, Paris 2008; Elisa Tumbiolo, *Casalinga in carriera*, Ares, Milão, 2008; Mariángeles Nogueras, *Mi familia. Mi mejor empresa*, Yumelia, 2009.

[12] Entrevista dos autores com Isabel García-Jalón, Pamplona, 30-I-2019. Desde 2006, o CEICID publica a coleção Trasfondos, em que apresenta estudos antropológicos, estéticos e morais que fundamentam o cuidado da pessoa, da família e do lar: https://ceicid.es/categoria-producto/publicaciones/trasfondos/ (última consulta em 5-III-2021).

[13] Decreto de Javier Echevarría de aprovação da sétima edição do «Regulamento interno para a Administração», 15-IX-2014, em AGP, série Q.1.7. Cf. Aviso geral 157/94 (23-VI-1994), em AGP, série E.1.3, 1146.

[14] Cf. H 1112/95, em AGP, série G3.2.4, 3153.

[15] Cf. Hf 320/02, em AGP, série R1.4, 232-60.

[16] Entrevista dos autores com José Ramón Vindel, 3-XI-2020. Vindel é diretor de um centro da Sociedade Sacerdotal da Santa Cruz em Madri.

26. Iniciativas de apostolado coletivo

[1] https://issuu.com/universidaddenavarra/docs/un_memoria_curso_2018_19_web. Todas as páginas web citadas neste capítulo e no seguinte foram consultadas em setembro de 2022.

[2] http://www.universityholycross.org/santa_croce_101

[3] https://carfundacion.org/indicadores-cifras/

A HISTÓRIA DO OPUS DEI

[4] https://carfundacion.org/indicadores-cifras/ A sede definitiva de Bidasoa foi financiada por um empresário basco, sem vinculação com o Opus Dei, que estava interessado na formação do clero.

[5] Instituto de Estudios Superiores de la Empresa (IESE, Universidade de Navarra), Instituto Panamericano de Alta Dirección de Empresas (Universidade Panamericana), Instituto de Altos Estudios Empresariales (Universidade Austral), Instituto de Alta Dirección de Empresas (Universidade de La Sabana), Lagos Business School (Pan-Atlantic University), Escuela de Alta Dirección (Universidade de Piúra), Instituto de Desarrollo Empresarial (Universidade dos Hemisférios), Instituto de Estudios Empresariales (Universidade de Montevidéu), a UNIS Business School (Universidade do Istmo) e Estudios Superiores de Empresa (Universidade dos Andes). A estas escolas podem-se acrescentar a Associação de Estudos Superiores de Empresa (Porto e Lisboa) e o CEU Law School (São Paulo).

[6] O IESE é considerado uma das melhores escolas de negócios do mundo. Em 2018, o *Financial Times* aponta-a como número um nos programas de educação de executivos e número oito no máster de administração de empresas (MBA).

[7] https://policlinicoelsalto.cl/; https://www.esp-paris.fr/

[8] http://monkole.cd/

[9] Entrevista dos autores a Christophe Rico, 14-VI-2020. https://www.polisjerusalem.org/

[10] http://safi.elis.org/home/

[11] https://www.afesu.org.br/

[12] https://ceappedreira.org.br/

[13] https://cite.edu.ph/; https://www.iit.edu.ng/

[14] Entrevista dos autores a Santiago Altieri, 22-XI-2020.

[15] https://www.facebook.com/fundacionsirama.org/

[16] https://www.braval.org/es

[17] Também se destacam o centro de educação profissional Pinhais (Curitiba, Brasil; https://ospinhais.org.br/); o centro de capacitação Surí (San José, Costa Rica), que oferece educação secundária e uma vasta gama de cursos para mulheres com poucos recursos econômicos (https://proyectosuri.org/); o instituto técnico Cefim (La Paz, Bolívia), que ministra o curso de técnico superior em administração de serviços gastronômicos (https://sites.google.com/a/instituto-cefim.com/test-cefim/); o centro de formação profissional Sorawell (Yaundé, Camarões, 2001; https://www.sorawell.com/), especializado em hotelaria e restaurantes; o centro de formação profissional Altaviana (Valência, Espanha; https://www.altaviana. com/); e a escola técnica de ensino médio com orientação para hotelaria Zunil (Cidade da Guatemala; http://escuelazunil.blogspot.com/).

[18] http://www.fundacionmarzano.org.ar/

[19] http://www.icsef.edu.co/

[20] https://unefa.org/

NOTAS

[21] *Carta* 12, n. 74, em AGP, série A.3, 92-5-1.

[22] Cf. Juan Manuel Mora, «Eco de la canonización en la opinión pública internacional», *Anuario de Historia de la Iglesia*, 11/1 (2003) 609-628.

[23] John Allen, «El firme y discreto liderazgo de los dos sucesores de Escrivá», *Palabra* 647 (I-2017) 16.

[24] Cf. Gianni Riotta, «L'arma della trasparenza. L'Opus Dei batte il *Codice da Vinci*», *Il Corriere della Sera*, 20-V-2006.

[25] Cf. Dirección de Publicaciones de la Universidad de la Sabana (coord.), *Comunicación e identidad cristiana en la universidad del siglo XXI – Actas de Redecom II (Pamplona, 24-25 de abril de 2015)*, Publicaciones Universidad de La Sabana, Bogotá 2015.

[26] Palavras de Josemaria Escrivá de Balaguer, 1958, citadas em AGP, série K.1, 184-4.

[27] Entrevista dos autores com Juan Narbona, Roma, 29-VI-2020. Narbona es *webmaster* de *opusdei.org* desde 2006.

[28] Entrevista dos autores com Mónica Herrero, 6-IV-2021.

[29] Comunicado do Escritório de informação do Opus Dei no Japão, 6-IV-2006, em Juan Manuel Mora, *La Iglesia, el Opus Dei y El* Código Da Vinci. *Un caso de comunicación global*, EUNSA, Pamplona 2009, p. 137.

27. Um «mar sem margens»: ação individual na sociedade

[1] Carta de Josemaria Escrivá a Florencio Sánchez Bella, Roma, 29-II-1964, em AGP, série A.4, 280-2, 640229-2.

[2] Recordamos o ponto 973 de *Caminho*: «Essas palavras, que tão em tempo deixas cair ao ouvido do amigo que vacila; a conversa orientadora que soubeste provocar oportunamente, e o conselho profissional que melhora o seu trabalho universitário; e a discreta indiscrição, que te faz sugerir-lhe imprevistos horizontes de zelo... Tudo isso é *"apostolado da confidência"*»: Josemaria Escrivá de Balaguer, *Caminho* (edición crítico-histórica), o. c., p. 1029.

[3] Por exemplo, na intenção mensal de julho de 1994, Mons. Echevarría pedia que «saibamos rezar e atuar com generosidade, iniciativa e fortaleza para defender a família e difundir ao nosso redor – e na opinião pública, cada um segundo as suas possibilidades – a verdade sobre o amor humano, a indissolubilidade do matrimônio, o respeito à vida humana desde a concepção e a alegria de receber os filhos como um dom e uma prova de confiança de Deus» (Intenção mensal, Roma 1-VII-1994, em AGP, série E.1.3, 1146).

[4] Javier Echevarría, Carta pastoral, 28-XI-2002, n. 11, em AGP, Biblioteca, P17.

[5] Entrevista dos autores com Gustavo Entrala, 3-IX-2020.

[6] Cf. *Romana* X, 19 (VII-XII 1994) 368.

[7] Entrevista dos autores com José María Vázquez García-Peñuela, 28-VI-2020.

[8] https://arenalesrededucativa.es/

A HISTÓRIA DO OPUS DEI

[9] Entrevista dos autores com Alfonso Aguiló, 21-VI-2020.

[10] Atualmente, só os colégios de Sternik – um jardim de infância, duas escolas do ensino fundamental e duas do ensino médio – são labores pessoais do Opus Dei na Polônia; os demais não têm relação jurídica com a prelazia, ainda que alguns contem com a atenção pastoral de um sacerdote da Obra.

[11] Entrevista dos autores com Dobrochna Lama, 14-XI-2020. Atualmente, Lama dirige um instituto de formação de professores.

[12] Entrevista dos autores com Trinidad Terriza, 22-VI-2020. https://irtysh-center.kz/

[13] Em carta de 2002, Echevarría apontava que, nas nações mais desenvolvidas, «aparte de que sempre haverá grupos de pessoas indigentes, adquire particular importância o atendimento de imigrantes – irmãos nossos –, que saem de seus próprios países em busca de trabalho e melhores condições de vida. Do mesmo modo, nos países menos desenvolvidos é urgente continuar alentando – com a colaboração de muitas outras pessoas, católicas e não católicas – a implementação de iniciativas peremptórias nesses lugares: centros educacionais, dispensários e centros de saúde, centros de desenvolvimento agrícola e industrial etc.» (Javier Echevarría, Carta pastoral, 28-XI-2002, n. 15, em AGP, Biblioteca, P17).

[14] Oferecemos neste capítulo só alguns exemplos. Agradecemos a ajuda que nos prestaram os dirigentes de várias organizações e fundações ao serem entrevistados.

[15] http://www.icu.it/it/

[16] https://www.fundacionbeatrizlondono.org/

[17] Entrevista dos autores com José Ignacio González-Aller, diretor geral da Codespa, 20-XI-2020. https://www.codespa.org/conocenos/historia/

[18] Entrevista dos autores com Manuel García Bernal, Madri, 5-XI-2019.

[19] https://promocionsocial.org/

[20] https://www.iecd.org/

[21] https://onay.org/. No País Basco, a ONG Zabalketa foi criada em 1991 por Jaime Bernar. Coordena projetos de cooperação, educação e ação social. Cf. https://zabalketa.org/

[22] Entrevista dos autores com Rafael Herraiz, 20-XI-2020 (https://ciong.org/).

[23] Entrevista a Daniel Turiel, 27-XI-2020 (https://actec-ong.org/; www.micrombaproject.com).

[24] Entrevista dos autores com Isabel Antúnez Cid, 20-XI-2020 (http://desarrolloyasistencia.org/).

[25] https://www.conin.org.ar/. Também é de meados dos anos 1990 a iniciativa ReachOut!, realizada por alguns fiéis e cooperadores do Opus Dei em Manchester, Londres e Glasgow. Eles criaram uma rede de tutores que assessorou crianças de escolas situadas em áreas problemáticas das cidades. https://www. facebook.com/ReachOut-Manchester-106508942742186/

[26] https://www.fesbal.org.es/

NOTAS

[27] http://www.fudigt.org/. De modo semelhante, desde meados dos anos 1990, o centro assistencial Dispensario del Bajo atende a população que reside em zonas inundáveis junto ao rio Paraguai em Bañado Sur (Paraguai). Oferece serviços gratuitos de atendimento ambulatorial, um jardim de infância e um refeitório escolar. Firmou um convênio com a Faculdade de Medicina da Universidade Católica de Assunção, que proporciona pessoal para os cuidados sanitários. Por sua vez, o centro de apoio escolar Laguna Grande, em Assunção, oferece ajuda a crianças do ensino fundamental e médio e apoio aos pais em sua tarefa educativa (http://lagunagrande.org.py/).

[28] https://ayni.org.bo/

[29] http://www.fonbec.org.ar/. Também em Buenos Aires, a Impulso Social e o Universitarios para el Desarrollo (2002) são duas ONGs que realizam programas como viagens solidárias a uma comunidade, apoio escolar, visitas solidárias a doentes nos hospitais e os «voluntários por um dia», que, por exemplo, durante uma jornada melhoram uma escola de determinada região de exclusão social (http://universitarios.org.ar/; http://impulsosocial.org.ar/).

[30] https://opusdei.org/es-ar/article/ir-a-gonzalez-catan-duele/. No Chile, um grupo de empresários criou a fundação Casa Básica, que ajuda famílias mais frágeis por meio da entrega de alimentos básicos e roupa de inverno (https://casabasica.cl/). Nesse mesmo país, a fundação Banigualdad (2006) entrega microcréditos e oferece capacitação a pessoas de poucos recursos como método para promover a mobilidade social; atualmente, já ultrapassou 50 mil beneficiários (https://www.banigualdad.cl/).

[31] http://www.hwa-tn.org/; https://www.amal-integration.or.at/

[32] Entrevista dos autores com José Manuel Horcajo, 25-I-2021 (http://www.parroquiasanramonmadrid.com/).

[33] Entrevista dos autores com Javier Vidal-Quadras Trías de Bes, 14-VII-2020 (http://iffd.org/).

[34] https://www.palabra.es/coleccion/hacer-familia-0005.html; https://www.hacerfamilia.com/

[35] http://ieee.com.es/

[36] https://educarpersonas.com/

[37] Entrevista dos autores com Maria Munizzi e Antonio Affinita, Roma, 15-VII-2020.

[38] https://www.moige.it/. Há outras associações assim em vários países, como a Icmedia, na Espanha (https://www.icmedianet.org/es/inicio/). Entre outras iniciativas para a família impulsionadas pelos fiéis da Obra e conhecidos, apontamos a Acción Familiar (https://accionfamiliar.org/), associação civil espanhola que oferece cursos formativos, orientação e apoio jurídico a famílias, atendimento a menores, idosos e imigrantes, além de publicar pesquisas de caráter interdisciplinar; a associação Atout Famille (http://atout-famille.over-blog. com/), na França, e a fundação Fase (https://www.fasefundacion.org/), na Espanha, que oferecem seminários de *home management* em que tratam da corresponsabilidade, da integração trabalho-família e do papel dos jovens; a ONG Institute for Work and Family Integration, da Nigéria, que promove soluções que tornem compatíveis a vida familiar e as atividades profissionais (http://www.iwfionline.org/); a iniciativa polonesa Mama i Tata, que explica a família no de-

A HISTÓRIA DO OPUS DEI

bate público; e a fundação Alliance for the Family, que dá suporte à Conferência Episcopal das Filipinas (http://alfi.org.ph/).

[39] https://emcfrontline.org/; https://afiguatemala.com/; https://www.facebook. com/ StMartinsCrisisPregnancyProlifeEducationCentre/; https://www.schb.org.uk/. Outras iniciativas são, por exemplo, o ISFEM, organização chilena que promove atividades pró-vida e programas de prevenção de gravidez entre os adolescentes (https://isfem. cl/). Rede semelhante é a associação civil VIFAC, que dispõe de vinte casas-lar e dezoito centros de apoio no México e em Brownsville (Texas), e que ajudou mais de 50 mil mulheres com dificuldades econômicas a levarem adiante suas gravidezes; foi fundada por Marilú Mariscal de Vilchis, fiel do Opus Dei (https://www.vifac.org/es). Na Alemanha, a 1000plus ajuda psicológica e materialmente gestantes com uma gravidez difícil (https://www.1000plus.net/). Em Córdoba (Argentina), a ONG Portal de Belén tem como objetivo a promoção da vida desde a concepção (https://www. facebook.com/portaldebelenonline/). A Universidad Libre Internacional de las Américas é um projeto que começou no ano de 1993 em San José (Costa Rica), com vários profissionais da saúde, alguns deles fiéis do Opus Dei. Organiza másters e cursos *online* de desenvolvimento social e de dignidade da vida humana (https://ulia.org/). Outras pessoas iniciaram o Instituto Valenciano de Fertilidad, Sexualidad y Relaciones Familiares (IVAF), um centro de pesquisa, formação e assistência clínica (http://ivaf.org/). No Chile, o chamado «Programa de cuidado de la fertilidad humana» é um projeto que difunde a integração da sexualidade e do amor humano (www.procef.cl).

[40] Entrevista dos autores com Benigno Blanco Rodríguez, 8-VII-2020 (https://www. redmadre.es/).

[41] https://www.bioeticacs.org/?dst=ibcs

[42] https://www.ieb-eib.org/fr/; http://andoc.es/; https://www.bioethics.ch/sgbe/

[43] Entrevista dos autores com Juan Francisco Vélez, 12-III-2021.

[44] Entrevista dos autores com Verónica Valenzuela, 15-III-2021 (https://formandocorazones.org/). A página pró-vida *bioedge*, da Austrália, dá notícias sobre temas éticos relacionados com a eutanásia, o aborto e as barrigas de aluguel (https://www.bioedge. org/). Também nesse país, a Women's Forum Australia é um *think tank* que propugna pesquisas, educação e desenvolvimento de políticas públicas sobre questões sociais, econômicas, sanitárias e culturais que afetam a mulher (https://www.womensforumaustralia.org/).

[45] https://winst.org/

[46] https://www.socialtrendsinstitute.org/

[47] http://thomasmoreinstitute.org.uk/

[48] https://www.lindenthal-institut.de/start.html

[49] Entrevista dos autores com Salvador Bernal, 25-XI-2020 (https://www.aceprensa. com/).

[50] https://www.firstlife.de/

[51] Entrevista dos autores com Lula Kiah, 6-III-2021. Cf. https://styleinnovators.com/

[52] Entrevista dos autores com Elisa Álvarez Espejo e Paloma Díaz Soloaga, 7-XII-2020.

NOTAS

[53] Entrevista dos autores com Josefina Figueras, 15-XI-2018 (https://asmoda.com/home). Outras páginas sobre moda estabelecidas por fiéis do Opus Dei são, por exemplo, a *modaemodi* (Italia, 2004) e *notorious-mag* (Áustria, 2012): http:// www.imore.it/rivista/; https://www.notorious-mag.com/

[54] https://www.fad.org.uk/

[55] Entrevista dos autores com Enrique Concha, 19-III-2021.

[56] Entrevista dos autores com Javier Muñoz, 4-VII-2020.

[57] Entrevista dos autores com José Gabriel López Antuñano, 15-XII-2020.

[58] https://arsmagazine.com/. Entrevista dos autores com Fernando Rayón, 3-XII--2020.

[59] https://www.luxvide.it/en/; https://international.unicatt.it/ucsinternational-graduate-programs-master-in-international-screenwriting-and-production

[60] Entrevista dos autores com Roberto Girault, 13-III-2011.

[61] Entrevista dos autores com Alberto Fijo, 24-XI-2020 (https://filasiete.com/).

[62] https://decine21.com/; https://festivaleducacine.es/. Também na comunicação, o Institute for Media and Entertainment é um organismo especializado na formação de empresários dos meios de comunicação e da indústria do entretenimento. Começou no ano de 2004 em Nova York, e três anos depois passou a ser um centro de pesquisa do IESE em sua sede novaiorquina (https:// www.iese.edu/es/claustro-investigacion/centros-investigacion/ime-institute-media-entertainment/).

[63] https://www.romereports.com/

[64] https://www.goyaproducciones.com/; http://www.digitoidentidad.com/home/

[65] https://www.interaxiongroup.org/

[66] https://relevantradio.com/

[67] https://www.catholicvoices.org.uk/

A caminho do centenário

[1] Fernando Ocáriz, Carta pastoral, 14-II-1917, n. 30, em AGP, Biblioteca, P17.

[2] https://alfayomega.es/podemos-tocar-a-jesus-vivo-en-todas-las-ocasiones-de-laexistencia-ordinaria/

[3] Entrevista com monsenhor Fernando Ocáriz, *Palabra* 649 (III-2017) 12.

[4] Entrevista dos autores com Paul O'Callaghan, 25-III-2021.

[5] Papa Francisco, Exortação apostólica *Gaudete et exsultate*, n. 14.

Direção geral
Renata Ferlin Sugai

Direção editorial
Hugo Langone

Produção editorial
Gabriela Haeitmann
Juliana Amato
Ronaldo Vasconcelos

Revisão
Juliana Amato

Capa
Gabriela Haeitmann

Diagramação
Sérgio Ramalho

ESTE LIVRO ACABOU DE SE IMPRIMIR
A 02 DE OUTUBRO DE 2022,
EM PAPEL OFFSET 75 g/m^2.